A Construção do Direito Internacional Privado

Heterogeneidade e Coerência

André de Carvalho Ramos

A Construção do Direito Internacional Privado

Heterogeneidade e Coerência

2ª edição
revista, atualizada
e ampliada

2025

EDITORA JusPODIVM
www.editorajuspodivm.com.br

EDITORA
*Jus*PODIVM
www.editorajuspodivm.com.br

Rua Canuto Saraiva, 131 – Mooca – CEP: 03113-010 – São Paulo – São Paulo
Tel: (11) 3582.5757
• Contato: https://www.editorajuspodivm.com.br/central-de-relacionamento

Diagramação: Claudia Fatel Lino *(claudiafatellino@gmail.com)*

Capa: Ana Caquetti

R175c Ramos, André de Carvalho
A Construção do Direito Internacional Privado: Heterogeneidade e Coerência / André de Carvalho Ramos – 2. ed., rev., atual. e ampl. – São Paulo: Editora JusPodivm, 2025.
576 p.

ISBN 978-85-442-5411-0

1. Direito Internacional e Direitos Humanos. I. Ramos, André de Carvalho. II. Título.

CDD 342.3

Bibliotecária responsável:
Ana Carolina Ribeiro Mois – CRB7 – RJ 007348/0

"Quem viveu pregado a um só chão
não sabe sonhar com outros lugares".

(COUTO, Mia. *Antes de nascer o mundo*. São Paulo:
Companhia das Letras, 2009, p. 24).

AGRADECIMENTOS

Não se chega a uma reflexão geral e crítica de uma disciplina sem o apoio e incentivo de muitos, professores e alunos, que, ao longo dos anos, contribuíram decisivamente para o aprimoramento dos textos escritos e das aulas ministradas.

Inicialmente, devo um agradecimento especial ao Professor *José Carlos de Magalhães*, meu orientador do Programa de Doutorado na Faculdade de Direito da Universidade de São Paulo (Largo São Francisco) e grande incentivador ao longo dos anos. Também aproveito para externar um agradecimento sincero aos docentes do Departamento de Direito Internacional e Comparado do Largo São Francisco. Aprendi com todos importantes lições sobre o ensino e pesquisa no campo jurídico, sempre respeitando, acima de tudo, as divergências e visões acadêmicas antagônicas, que são salutares no ambiente universitário.

Gostaria de agradecer, *in memoriam*, ao Professor *Paulo Guilherme de Almeida*, cujo convite para ministrar aulas na Faculdade de Direito da Universidade São Judas Tadeu, em 1995, foi o primeiro passo no meu caminho pelo magistério universitário, que completará, em 2025, trinta anos.

Agradeço também aos demais colegas Professores de Direito Internacional Público e Privado de todo o Brasil, na pessoa do Professor *Márcio Pereira Pinto Garcia*, de Brasília. A força do estudo do direito internacional no país passa pelo diálogo e intercâmbio acadêmico entre as mais diversas tradições e regiões.

A presente obra não seria possível sem o acesso aos centros de pesquisa e às bibliotecas. No exterior, agradeço especialmente ao *Max Planck Institut für ausländisches und internationales Privatrecht* (Hamburgo) e à Biblioteca da Academia de Direito Internacional do Palácio da Paz (Haia), com especial menção à dedicação e ao auxílio de *Niels van Tol*. No Brasil, agradeço o generoso e indispensável apoio das servidoras *Maria Lúcia*

Beffa, *Rosângela Pupo* e *Mércia Maria Costa da Fonseca*, da Biblioteca da Faculdade de Direito da USP.

Agradeço também à Juspodivm, pelo inestimável apoio na publicação desta obra, que agora tem uma 2ª edição, depois de ter se esgotado rapidamente.

Às amigas e aos amigos do Ministério Público Federal, agradeço pelo convívio enriquecedor e por acreditarem em uma instituição que deve trabalhar para o bem de todas e todos.

Às alunas e aos alunos, registro meu agradecimento especial por serem a motivação para a continuidade de minha pesquisa e docência. À Professora Titular Claudia Lima Marques (UFRGS), fica aqui meu reconhecimento pela profundidade e rigor do seu conhecimento no direito internacional privado. A seriedade e ensinamentos da Professora Claudia me acompanham desde meus estudos de Pós-Graduação, nos anos 90 do século passado. Sua participação na minha Banca de Livre-Docência, há quase vinte anos, foi para mim uma honra. Por isso, fico especialmente agradecido pela sua aceitação em fazer o prefácio desta obra.

Ao estimado Professor e Ministro Antônio Herman de Benjamin, fica aqui meu profundo agradecimento. Sua apresentação da obra contém a exata e precisa compreensão do seu conteúdo. Fiquei emocionado com suas palavras a respeito da importância desta obra na fundação de um rejuvenescido Direito Internacional Privado *pro persona*. Espero estar à altura – sempre – de suas palavras nas minhas futuras obras e reflexões sobre o Direito Internacional Privado tendo como fio condutor a promoção dos direitos humanos. Conforme disse o Min. Benjamin, na "Apresentação", "e pode haver liga melhor no ordenamento jurídico?".

Deixo um reconhecimento póstumo a Erik Jayme (1934-2024), autor indispensável na construção e renovação do Direito Internacional Privado no mundo.

À minha amada família, e em especial aos meus pais, Leyla e Victor Hugo, que fizeram inúmeros sacrifícios ao longo de toda a vida para me preparar para o futuro, minha mais profunda gratidão. Me ensinaram a importância do esforço, do saber e da vida. Continuarei a honrar o amor que vocês sempre demonstraram.

Ao Daniel, Victor e Denise. Sempre. Por tudo.

NOTA DO AUTOR À 2ª EDIÇÃO

Esta 2ª edição da presente obra, revista e ampliada, tem um significado especial, de manutenção da esperança na renovação do direito internacional privado no Brasil. O esgotamento da primeira edição confirmou a ótima aceitação da obra entre os alunos, docentes e profissionais da disciplina, que agora tem um instrumento de reflexão sobre a evolução da disciplina, contendo os traços do passado, do presente e ainda as prognoses para o futuro.

A escolha do tema (a construção do direito internacional privado) foi feita propositalmente para expor a visão geral do autor sobre o passado, o estágio atual e as perspectivas do direito internacional privado. Por isso, foi fruto de reflexões acumuladas quase três décadas de docência universitária, com mais de 16 anos na Faculdade de Direito da USP (Largo São Francisco), bem como de pesquisas e publicações nas diversas áreas do direito internacional público e privado[1].

Essas reflexões permitiram analisar criticamente a disciplina do direito internacional privado, explorando as possibilidades de afirmação da (i) justiça social e da (ii) igualdade em um ambiente de globalização e massificação dos fatos transnacionais. Buscou-se contribuir para a formação de uma *visão brasileira e inclusiva do direito internacional privado*, permitindo que a disciplina seja instrumento coerente e consistente apto a lidar com os mais diversos direitos dos indivíduos envolvidos nos fatos transnacionais.

Na primeira parte desta obra, enfrentei o desafio de redefinir o Direito Internacional Privado, superando o antigo paradigma que o limitava a ser uma "disciplina nacional" (desprezando suas fontes internacionais) e ainda

1. A primeira edição do presente livro é fruto, após revisão, de tese apresentada em concurso de Professor Titular junto ao Departamento de Direito Internacional e Comparado – Área de Direito Internacional Privado – da Faculdade de Direito da Universidade de São Paulo (Largo São Francisco), em 2019, no qual obtive a nota final 9,69. A 2ª edição do presente livro foi revista e ampliada, mantendo o objeto original do livro.

de "sobredireito", calcada no método indireto multilateral rígido (ignorando a pluralidade de métodos da disciplina).

Com base em uma análise técnica rigorosa e um extenso levantamento bibliográfico, argumentei a favor da capacidade do direito internacional privado em fomentar uma justiça material autêntica e de garantir direitos efetivos aos indivíduos em contextos transnacionais.

A segunda parte do livro explora a "era do mosaico", uma metáfora que utilizei para descrever a complexidade e a fragmentação das soluções jurídicas do direito internacional privado contemporâneo. Essa visão mosaica ilustra como as peças de um quebra-cabeça, embora tenham ligações frágeis, devem ser integradas para formar um quadro coeso e orgânico do direito internacional privado, evitando distorções, contradições e isolamento.

Na terceira e última parte, prospecto o futuro da disciplina, que vejo como um campo em que a coerência será alcançada por meio da identificação e ponderação dos direitos dos indivíduos envolvidos, culminando na promoção da justiça e na proteção dos direitos de vulneráveis e outros atores da transnacionalidade privada.

Mantendo a linha de um pensamento profundamente humanista, esta obra se propõe a construir um direito internacional privado "pro persona", enfocando os direitos humanos como eixo central e promovendo uma visão emancipatória que defende os ideais de justiça social em um contexto globalizado.

Espero que esta nova edição continue a servir como uma referência para todos aqueles que, com seriedade científica e respeito pelos direitos humanos, buscam compreender e aplicar o direito internacional privado em seu dia a dia e em sua evolução futura.

APRESENTAÇÃO DA OBRA

É gratificante a missão de apresentar esta obra. A começar pelas qualidades intelectuais e acadêmicas do autor, André de Carvalho Ramos, jurista de primeira grandeza, com vasta produção bibliográfica. Contam-se, de sua pena, inúmeros artigos publicados no Brasil e no exterior, além de diversos livros (alguns com várias edições), como o *Curso de Direito Internacional Privado* (Saraiva), *Curso de Direitos Humanos* (Saraiva), *Teoria Geral dos Direitos Humanos na Ordem Internacional* (Saraiva), *Processo Internacional de Direitos Humanos* (Saraiva), *Comentários à Lei de Introdução às Normas do Direito Brasileiro* (Saraiva), *Pluralidade das Ordens Jurídicas* (Juruá), *Direitos Humanos na Integração Econômica* (Renovar), entre outros.

Conhecido e celebrado no magistério universitário, completou, em 2020, 25 anos de dedicação ao ensino do Direito. É professor associado da Faculdade de Direito da Universidade de São Paulo (Largo de São Francisco), desde 2008, e, em 2020, passou a exercer o cargo de professor titular de Mestrado e Doutorado da Faculdade Autônoma de Direito (FADISP).

Doutrinador com os pés no chão e o coração em sintonia com o nosso tempo, desapegado do mofo de ideias ultrapassadas e anacronismo de dogmas do modelo anterior a 1988, André de Carvalho Ramos une, de modo incomum, duas facetas: de um lado, defende um Direito Internacional amarrado (e aplicado) à *finalidade social* de salvaguardar o ser humano, sem perder, na linha do horizonte, o correto delineamento dos institutos existentes, de muito longa evolução; de outro, move-se na expectativa de aperfeiçoamento permanente da disciplina, apoiado em agudo domínio da Ciência Jurídica.

No rol de suas construções teóricas mais festejadas, cita-se a "teoria do duplo controle", pela qual expõe tese criativa de conciliação entre as deliberações do Supremo Tribunal Federal e as da Corte Interamericana de Direitos Humanos. Tal capacidade de ir além das fronteiras do quadro teórico herdado demonstra que estamos diante de doutrinador sério, criativo, com domínio da teoria e da prática, características indispensáveis para os que buscam entender o Direito Internacional Público e o Privado, no contexto real de sua penetração e influência no cotidiano das pessoas.

Cabe aqui outra observação. André de Carvalho Ramos não é um internacionalista que deixa de lado o Direito interno. Sua produção acadêmica revela intensa polinização recíproca com o Direito nacional, comunicação essa concretizada em abalizadas publicações que incursionam pelo Direito Constitucional, Direitos Fundamentais, Direito Processual, Direito do Consumidor, Direito Eleitoral e Direito Ambiental – um legítimo jurista enciclopédico.

Essa abertura ao Direito interno decorre, sem dúvida, de sua outra atuação, que enriquece este livro: Procurador Regional da República (Ministério Público Federal), tendo sido o primeiro Secretário de Direitos Humanos da Procuradoria-Geral da República (2017-2019), primeiro coordenador do Grupo Executivo da Função Eleitoral da Procuradoria-Geral Eleitoral (2013-2015), Procurador Regional Eleitoral do Estado de São Paulo (2012-2016), bem como Procurador Regional dos Direitos do Cidadão no Estado de São Paulo. Atualmente coordena o Núcleo de Apoio à Procuradoria Federal dos Direitos do Cidadão, na Procuradoria Regional da República da 3ª Região (2018-2020), entre outras relevantes funções exercidas no Ministério Público Federal e na Escola Superior do Ministério Público da União. Estamos, pois, diante de doutrinador que, por meio de suas atividades profissionais multifacetadas, não foge ao intenso esforço de buscar realizar, em diversos campos do conhecimento, a missão constitucional de defesa da ordem jurídica e do regime democrático.

Pela intensidade do trabalho no magistério universitário de graduação e pós-graduação, na produção doutrinária e no *Parquet* Federal, não surpreende que André de Carvalho Ramos tenha conseguido escrever este livro, de envergadura e qualidade inquestionáveis. A escolha do título (*A construção do direito internacional privado: heterogeneidade e coerência*) já demonstra sua intenção: expor a visão geral do autor sobre o passado, o estágio atual e as perspectivas do Direito Internacional Privado (DIPr).

É obra de maturidade, após 25 anos de reflexão no ensino universitário e na pesquisa, revelando o autor também o desejo de não repetir mecanicamente fórmulas (nacionais ou estrangeiras), desenhando visão da disciplina enraizada no século XXI à luz das necessidades e dos pilares do Estado Social de Direito.

Na primeira parte, o livro critica, sob a perspectiva brasileira, o enfoque tradicional que define o Direito Internacional Privado como mera *disciplina de sobredireito*, distante da realização da *justiça material*. Com rigor técnico e extensa revisão de bibliografia, o autor demonstra a superação do paradigma clássico, introduzindo diversos institutos que fomentam a justiça real e direitos efetivos dos indivíduos envolvidos nos fatos transnacionais.

Na segunda parte, o autor desenvolve o estudo do que denominou de "era do mosaico". Nessa feliz expressão, apela à imagem visual para explicar as soluções contemporâneas apresentadas: em seu conjunto, os instrumentos analisados assemelham-se a quebra-cabeça, no qual as peças são unidas de modo tênue, sem diálogo recíproco, daí resultando quadro final (o DIPr) que – se largada cada fração ou elemento à sua individualidade e solidão – surgirá distorcido, sem nitidez e organicidade.

Na terceira parte, o foco é no futuro do Direito Internacional Privado, disciplina que logrará coerência somente por meio de processo de identificação e ponderação de direitos, promovendo, ao final das contas, o ideal de justiça e os direitos dos vulneráveis e dos demais sujeitos da transnacionalidade privada.

Salta aos olhos que André de Carvalho Ramos, nesse trabalho de fôlego, mantém congruência no estudo, e nas sensatas observações dele decorrentes, sobre o Direito Internacional Privado, afastando-se, aqui e acolá, do esquema convencional. Em tudo, o autor expressa *pensamento profundamente humanista*, usando como fio condutor – e pode haver liga melhor no ordenamento jurídico? – os *direitos humanos*. Assim, constrói um Direito Internacional Privado *pro persona*, revelador, sem olvidar a ênfase em deveres de entes estatais, da centralidade dos direitos dos indivíduos no discurso jurídico internacional, atores centrais dos fatos transnacionais da vida privada.

Na obra se observa sério e enciclopédico esforço de pesquisa, sem colagem ou repetições inúteis. São mais de 1.600 notas de rodapé, com diversas páginas de referências, tudo a demonstrar o colossal esforço de investigação científica. Menção e homenagem, como haveria de ser, não faltam aos que, da mesma forma que ele e eu mesmo, sempre (re)lembram a imperiosidade de o Direito Internacional Privado ser interpretado sob o guarda-chuva do respeito absoluto aos direitos humanos, a exemplo do Professor Erik Jayme, o autor germânico campeão de citações na jurisprudência do STJ, e da Professora Claudia Lima Marques, a mais consagrada jurista do Direito Privado na América Latina. Ao assim proceder, André de Carvalho Ramos reconhece que *natura non facit saltus*, ou seja, o conhecimento, e não é diferente no Direito, depende dos gigantes do passado, em cujos ombros nos apoiamos para enxergar melhor e mais longe, sem prejuízo de deles eventualmente divergir, pois admiração e respeito não são sinônimos de cegueira e idolatria.

Uma palavra se impõe sobre as *bases metodológicas* do trabalho. O autor, inovadora e acertadamente, enxerga e disseca o DIPr, como acima se adiantou, com esteio na *linguagem dos direitos*. Não a incorpora no discurso da disciplina em mero exercício retórico ou acidental, nem nela se percebe ponta de truísmo, somente pura e nua obediência aos direitos humanos, no verbo e na prática, aliás como deve(ria) ser a regra em todos os ramos do Direito. Na visão do autor, cabe ao Direito Internacional Privado identificar e ponderar os direitos dos envolvidos nos fatos transnacionais, pouco importando o capítulo ou tópico da matéria, do concurso de normas à cooperação jurídica internacional.

Por último, André de Carvalho Ramos sustenta que o Direito Internacional Privado do século XXI deve ser caracterizado pela promoção da *justiça social* e pela defesa da *igualdade material* em ambiente de globalização e massificação dos fatos transnacionais. Com esse desiderato, resgata, em pinceladas de mestre, o DIPr não mais como ramo apenas indicativo ou remissivo, mas como verdadeira *disciplina emancipatória*, de promoção dos ideais do justo e de tutela dos vulneráveis.

Sem sombra de dúvida, aqui se acha obra de consulta obrigatória aos que desejam estudar, com seriedade científica e sentimento de respeito aos direitos humanos, o Direito Internacional Privado do ontem, de hoje e do amanhã, sobretudo o DIPr do cotidiano das pessoas.

Antônio Herman Benjamin

Presidente do Superior Tribunal de Justiça (STJ).

PREFÁCIO À 1ª EDIÇÃO

É um prazer e uma honra prefaciar esta obra sobre a construção do Direito Internacional Privado de **André de Carvalho Ramos**, um dos mais profícuos e renovadores autores do Direito Internacional Privado no Brasil de hoje.[1]

Formado na escola do Largo de São Francisco (Universidade de São Paulo), onde hoje é Professor e atuando no Ministério Público Federal, **André de Carvalho Ramos** escolheu acertadamente um tema que permite mostrar o estágio atual e as perspectivas do Direito Internacional Privado, que deve estar especialmente preocupado com a pessoa humana face à globalização.[2] Doutor e Livre-Docente em Direito Internacional (USP). Professor Associado de Direito Internacional Privado e Direitos Humanos da Faculdade de Direito da Universidade de São Paulo (Largo São Francisco), foi Visiting Fellow do Lauterpacht Centre for International Law (Cambridge) e do Max-Planck Institut (Hamburgo). É ainda Membro da Asociación Americana de Derecho Internacional Privado (ASADIP). Membro da Sociedade Brasileira de Direito Internacional. Membro do Ramo brasileiro da *International Law Association*. Membro do Grupo Executivo da Secretaria de Cooperação Jurídica Internacional do Ministério Público Federal. Ex-membro do Conselho Consultivo e ex-Diretor Executivo, na minha gestão do Instituto Brasileiro de Política e Defesa do Consumidor (Brasilcon). Procurador Regional Eleitoral do Estado de São Paulo (2012-2016). Hoje é Procurador Regional da República.

---

1. Veja como exemplos em Direito Internacional Privado e Processo Civil Internacional, as obras com RAMOS, André de Carvalho. *Curso de Direito Internacional Privado*, São Paulo: Saraiva, 2018; RAMOS, André de Carvalho; GRAMSTRUP, Erik Federico. *Comentários à Lei de Introdução às Normas do Direito Brasileiro – LINDB*, São Paulo: Saraiva,2016 e as coordenações com Nádia de Araújo, *A Conferência da Haia de Direito Internacional Privado e seus impactos na Sociedade – 125 anos (1893-2018)*, Belo Horizonte: Ed. Arraes, 2018 e com Wagner Menezes, *Direito Internacional Privado e a nova Cooperação Jurídica Internacional*, Belo Horizonte: Ed. Arraes, 2015. Ainda em Processo Civil nacional, veja RAMOS, André de Carvalho. A ação civil pública e o dano moral coletivo, *Revista de Direito do Consumidor*, vol. 25/1998, p. 80-98, Jan.-Mar./1998 (DTR\1998\642).
2. Assim ensina Jayme.

André de Carvalho Ramos une, assim, ciência e prática, aliando um forte humanismo, uma expressiva cultura jurídica à visão internacionalista. Daí, a proposta deste belo livro é demonstrar a possibilidade de construção de um Direito Internacional Privado coerente, em especial para a proteção de direitos dos vulneráveis, e na promoção de justiça material na gestão dos fatos que denomina "transnacionais do âmbito privado".

A renovadora obra vem dividida em três partes. A **primeira parte** traça com maestria e cultura a evolução da disciplina rumo à pluralidade de fontes, métodos e objetivos, como leciona o mestre Erik Jayme.[3] Assim, **André de Carvalho Ramos** constata a heterogeneidade inerente à disciplina atual e a multiplicação de valores protegidos pelo Direito Internacional Privado, com foco em três direitos considerados essenciais para a disciplina: direito à segurança jurídica, direito à liberdade e direito à igualdade. O foco é a proteção do direito do indivíduo envolvido em um fato transnacional.

Desde muito, o autor procurava entender a disciplina com o foco na pessoa humana,[4] assim seus estudos sobre direitos humanos,[5] e sua clara postura sobre a necessidade de renovação do Direito Internacional Privado. Como afirma **André de Carvalho Ramos** nesta obra: "*A preocupação com os vulneráveis consolida a função social do direito internacional privado, que passa a ter como bússola a implementação de direitos, a proteção da dignidade humana e a promoção de direitos dos envolvidos nos fatos transnacionais.*"

A **segunda parte**, tendo por base o contexto atual do Direito Internacional Privado – o que **André de Carvalho Ramos** denomina de "Direito Internacional Privado da heterogeneidade" – examina a criação ou a reconfiguração de quatro instrumentos utilizados para promover os novos objetivos relacionados à justiça material do Direito Internacional Privado: o princípio do favorecimento (técnica da prevalência do direito prioritário); a ordem pública (técnica da prevalência do direito essencial); as normas imperativas (técnica da prevalência dos direitos protegidos pelo foro); e o controle de constitucionalidade (técnica da prevalência dos direitos constitucionais), esse último com foco no fenômeno da constitucionalização do

---

3. Veja, por todos, JAYME, Erik. *Identité culturelle et intégration: Le droit internationale privé postmoderne* – in: Recueil des Cours de l' Académie de Droit International de la Haye, 1995,II, p. 37 e seg.
4. Veja RAMOS, André de Carvalho. Jurisdição internacional sobre relações de consumo no novo Código de Processo Civil: avanços e desafios, Revista de Direito do Consumidor, vol. 100/2015, p. 473-499, Jul.-Ago./2015 (DTR\2015\13081).
5. Veja-se, por exemplo, CARVALHO RAMOS, André de. *Curso de direitos humanos*. 2. ed. São Paulo: Saraiva, 2015 e CARVALHO RAMOS, André de. *Teoria geral dos direitos humanos na ordem internacional*. 5. ed. São Paulo: Saraiva, 2015.

Direito Internacional Privado, que criaria um "mosaico" de normas, daí a necessita de maior coerência. O autor prega a necessidade urgente do Direito Internacional Privado atual obter sua sistematicidade formal sem perder a sua legitimidade substancial em face das expectativas dos indivíduos de terem um tratamento justo aos seus anseios nos fatos transnacionais.

Aqui parece estar a contribuição maior da obra, trazendo para a realidade brasileira e seu "envelhecido" Direito Internacional Privado estudos internacionais de ponta e uma plêiade de Cursos de Haia, dominados com maestria por **André de Carvalho Ramos,** além da melhor doutrina nacional e latino-americana. Destaque-se em especial o estudo que realiza sobre as vulnerabilidades de determinados grupos com pessoas vulneráveis ou na linguagem do Direito Internacional Privado tradicional, "contratantes mais fracos": "*...em relação à disparidade entre as partes como fator de vulnerabilidade, a existência de uma parte em clara assimetria em relação a outra parte nos contratos internacionais é motivo de limitação da autonomia contratual para diversos autores. Voulgaris aponta, a existência de partes fracas nos contratos que requerem proteção adicional no direito internacional privado em face do 'poder de negociação exorbitante' que a outra parte possui. Picone defende a proteção dos consumidores e dos trabalhadores como partes fracas nos contratos, apontando a proteção especial que lhes é conferida como exemplo da influência de valores de direito material no direito internacional privado.*"

Chega-se assim na **terceira parte** da obra, que estuda a construção do Direito Internacional Privado "da coerência". **André de Carvalho Ramos** explora a situação atual do pluralismo jurídico para demonstrar o indispensável diálogo entre o Direito Internacional Privado e os direitos previstos em outros ramos jurídicos, com órgãos de interpretação próprios, como o direito internacional dos direitos humanos e o direito da integração regional. Segundo o autor, o Direito Internacional Privado do século XXI possui uma "heterogeneidade agravada pela existência de outras ordens jurídicas que incidem sobre os fatos transnacionais". O foco aqui é a incidência dos direitos humanos no Direito Internacional Privado como consequência do seu caráter universal e emancipatório e da sua necessária eficácia horizontal nas relações entre particulares.

Com essa fundamentação, **André de Carvalho Ramos** busca a coerência e a proteção de direitos em três etapas: "*(i) a demonstração da necessidade de coordenação das ordens jurídicas por meio do diálogo, descartando-se o uso da hierarquia na resolução dos conflitos de direitos no Direito Internacional Privado; (ii) a exposição da proteção dos vulneráveis como fio condutor* *para a coerência e consistência da disciplina, consagrando a função social do Direito Internacional Privado em um panorama de multiplicação de vulnerabilidades e de concomitante necessidade de respeito ao direito à diferença e ao multiculturalismo; (iii) a apresentação do instrumental apto a garantir o Direito Internacional Privado da coerência, representado pelo uso do teste de proporcionalidade como forma de evitar o arbítrio e a insegurança jurídica, conferindo racionalidade à solução de colisão de direitos dos envolvidos nos fatos transnacionais.*"

Realmente, o Direito Internacional Privado (como todas as demais disciplinas jurídicas hoje) deve obediência à centralidade dos direitos humanos.[6] O equilíbrio entre o universalismo[7] dos direitos humanos e o respeito à tolerância e à diversidade do Direito Internacional Privado é dado pela proteção dos mais fracos e dos mais vulneráveis, que confere "*concretude à igualdade, gerando um Direito Internacional Privado promotor da inclusão social na vida privada transnacional dos indivíduos*", afirma o autor.

Neste ponto, estudando a vulnerabilidade como "*parâmetro de orientação da interpretação da colisão de direitos, de modo a justificar, racionalmente, a prevalência de um direito e a compressão de outro*" e o autor trilha o caminho da teoria do 'diálogo das fontes', de meu querido mestre de Heidelberg, Prof. Dr. h.c. multi Erik Jayme. **André de Carvalho Ramos** afirma, então, que é "*essencial a identificação de critérios que orientem o intérprete sobre a intensidade e os limites da proteção dos vulneráveis, no âmbito do diálogo das fontes, em um caso transnacional privado.*" E, por fim, o autor propõe o uso do teste da proporcionalidade, o qual "*permite que se forneça a coerência instrumental e material no bojo do Direito Internacional Privado da heterogeneidade agravada*".

Nesta obra, portanto, a busca de coerência do Direito Internacional Privado é iniciada com o uso amplo do diálogo das fontes, como teoria do Direito Internacional Privado que é e foi concebida. Erik Jayme a lança, de forma resumida, em seu curso de Haia de 1995,[8] mas a desenvolve depois em muito de seus textos, justamente por se tratar de uma visão mais aberta, coordenada e holística do clássico "conflito de leis no espaço".[9]

6. ARAÚJO, Nádia. *Direito Internacional Privado* – Teoria e prática brasileira, 7. Edição, Ed.RT, São Paulo, 2018, p. 27 e seg. E RAMOS, André de Carvalho. *Curso de Direito Internacional Privado*, São Paulo: Saraiva, 2018, p. 80.
7. Veja RAMOS, André de Carvalho. *Curso de Direito Internacional Privado*, São Paulo: Saraiva, 2018 p. 78.
8. JAYME, Erik. *Identité culturelle et intégration: Le droit internationale privé postmoderne* – in: Recueil des Cours de l' Académie de Droit International de la Haye, 1995, II, p. 82 e 259 e seg.
9. Veja JAYME, Erik. Zum Jahrtausendwechsel: das Kollisionsrecht zwischen Postmoderne und Futurismus. *IPRAX – Praxis des Internationalen Privat- und Verfahrensrechts*, p. 165-171, 2000, p. 165 e seg.

André de Carvalho Ramos considera que "o Direito Internacional Privado adquire maturidade para reconhecer identidades e diferenças na resolução de colisões entre direitos, expondo a consistência do teste da proporcionalidade para conciliar a tolerância (traduzida, também, na linguagem de direitos, como o direito à diversidade cultural) com a preservação de outros direitos nos fatos transnacionais."

Para **André de Carvalho Ramos** a coerência do Direito Internacional Privado deverá ser obtida "*nesse processo de identificação e ponderação de direitos, respeitando-se o diálogo das fontes e as diversas interpretações possíveis, promovendo, ao final, os ideais de justiça e os direitos dos vulneráveis e dos demais envolvidos nos fatos transnacionais.*" E utiliza como caso-referência aqui o do sequestro internacional de crianças.

André de Carvalho Ramos defende nesta forte obra a formação de uma visão brasileira e inclusiva do Direito Internacional Privado, permitindo que a disciplina seja "*instrumento coerente e consistente apto a lidar com os mais diversos direitos dos indivíduos envolvidos nos fatos transnacionais da vida privada.*" E afirma na conclusão: "*O direito internacional privado da coerência preserva a heterogeneidade agravada – característica da disciplina consolidada no século XXI –, apresentando tratamento versátil para a tutela dos vulneráveis em novas situações criadas pela globalização e, concomitantemente, oferta o teste de proporcionalidade e a utilização das referências cruzadas como critérios que garantem um tratamento uniforme aos fatos transnacionais.*"

Realmente, o Direito Internacional Privado está desafiado hoje e procurando métodos e critérios para defender os mais vulneráveis. Saúde-se a obra de **André de Carvalho Ramos** que procura caminhos para esta defesa e encontra na obra de Erik Jayme e em muitos autores brasileiros atuais forte apoio. Com bibliografia exemplar e ideias originais, a obra faz refletir sobre o futuro do direito internacional privado no complexo século XXI. Interessante que a coerência da disciplina é buscada nos aspectos mais "públicos" (normas de proteção dos vulneráveis) e "universais" (direitos humanos) de um ramo nacional do direito que era considerado parte do Direito "privado".

Comungo desta visão do autor, mas não considero possível dividir em partes estanques esta evolução: o que caracteriza a pós-modernidade ou a era contemporânea é justamente a "coabitação" (ou existência simultânea) de valores, métodos e objetivos diferentes ou contraditórios,[10] ou como afirma o título: heterogeneidade e coerência.

---

10. Assim, JAYME, Erik. O direito internacional privado do novo milênio: a proteção da pessoa humana face à globalização. *Cadernos do PPGD/UFRGS* 1, n. 1, p. 85-97, mar. 2003, p. 85.

André de Carvalho Ramos defende aqui uma visão de desconstrução (a figura do mosaico) da hegemonia do método clássico, e afirma no início da Parte II: "*A busca pela justiça material no direito internacional privado no século XX e XXI gerou a introdução de objetivos relacionados diretamente à promoção de direitos, distintos dos direitos promovidos, de modo explícito, pelo direito internacional privado clássico (conflitual ou tradicional).*" A pergunta que fica em aberto se daí segue, realmente, o estabelecimento de uma coerência construída pelos direitos humanos e o humanismo presente na obra do autor.

Participando das negociações internacionais em Haia, na OEA e mesmo no Mercosul, para estabelecer uma melhor proteção dos consumidores e turistas estrangeiros, observo sempre que a visão da necessidade de proteção dos vulneráveis não é dividida por muitos, sendo que a maioria defende ainda uma visão clássica conflitual e tradicional de Direito Internacional Privado, permeada por uma visão econômica da disciplina,[11] seja pela crença que o mercada global tudo resolverá[12] ou de uma tendência de fuga para a justiça mais formal do Processo Civil Internacional, o que dificulta o consenso sobre a proteção (e definição) dos vulneráveis...

Em 21 de dezembro de 2017,[13] o Mercosul aceitou a conexão - que sugeri - de aplicação da lei "mais favorável ao consumidor"[14] no "Acordo do Mercosul sobre direito aplicável em matéria de contratos internacionais de consumo".[15] Particularmente, entre países com regras semelhantes de proteção do consumidor, mas não harmonizadas, esta parece a melhor

11. Veja a obra de MUIR-WATT, Horatia. Conflito de leis em mercados integrados e interconectados: uma questão de economia política, in *Revista dos Tribunais*, vol. 870/2008, p. 49-80, Abr./2008 (DTR\2008\292).

12. Veja sobre a dificuldade de consenso e os novos caminhos mais 'privados' ou para-estatais, CALLIES, Gralf-Peter; ZUMBANSEN, Peer. *Rough Consensus and Running Code- A Theory of Transnational Private Law*, Oxford: Hart, 2010, p. 166 e seg., que alega existir um direito do consumidor reflexivo e 'soft' no comercio eletrônico global, dominado por instituições não estatais: "Transnational law regimes protecting consumers in the field of global e-commerce have become independnet from the legal order of states..."

13. Veja notícia http://www.itamaraty.gov.br/pt-BR/notas-a-imprensa/18097-atos-adotados-por-ocasiao-da-li-reuniao-do-cmc-e-da-li-cupula-de-chefes-de-estado-do-mercosul-e-estados-associados-brasilia-20-e-21-de-dezembro-de-2017#V. Acesso 01.05.2018.

14. Veja minha sugestão, em 2000, no Curso da OEA (MARQUES, Claudia Lima. A proteção do consumidor: aspectos de direito privado regional e geral, in XXVII Curso de Derecho Internacional-OEA/CIJ, Washington, 2001, p. 657 e seg.) e aceitação pelo governo brasileiro na proposta para a CIDIPVII e para o Mercosul,in MARQUES, Claudia Lima. *"A insuficiente proteção do consumidor nas normas de Direito Internacional Privado – Da necessidade de uma Convenção Interamericana (CIDIP) sobre a lei aplicável a alguns contratos e relações de consumo"*, in Revista do Tribunais (São Paulo), vol. 788, junho de 2001, ano 90, p. 11-56.

15. Veja MARQUES, Claudia Lima. Nota ao Acordo do Mercosul sobre direito aplicável em matéria de contratos internacionais de consumo, in *Revista de Direito do Consumidor*, vol. 118, ano 27. P. 561-569, São Paulo: Ed. RT, jul.-ago. 2018, p. 561 ss.

solução, ainda mais com a abertura dos mercados nacionais a produtos e serviços estrangeiros, com o crescente comércio *on-line* e turismo internacional de massas na região.[16] Tal conexão aberta, de inspiração no princípio de favor (*Güntigskeitprinzip*)[17] da regra europeia de 1980 na Convenção de Roma[18] ainda não tinha encontrado aprovação em um texto vinculante no Brasil,[19] apesar de presente, tanto no projeto de CIDIP VII de proteção do consumidor nos países da OEA,[20] quanto no PL 3514, 2015 de atualização do Código de Defesa do Consumidor para comércio eletrônico internacional de consumo.[21]

U-topos, o lugar que não está. Realmente, a criação de coerência deve ser objetivo da nossa disciplina, porém há que se constatar que diferentemente do Direito Internacional Público, no Direito Internacional Privado atual os direitos humanos não alcançaram - fora a parte de família e sucessões, apesar dos esforços de muitos –, tão importante grau de valoração no Direito internacional dos negócios e acidentes "transnacionais". Mas como demonstra a carreira de sucesso de **André de Carvalho Ramos**, sem nunca desistir, a incansável luta pela proteção dos vulneráveis acaba por ser vitoriosa.

Saúde-se, pois, essa interessante e sólida obra que contribuiu para a evolução do Direito Internacional Privado no Brasil e joga novas luzes para o estudo da metodologia, método e objetivos da disciplina. Parabenize-se

16. Assim também o autor espanhol VELÁZQUEZ GARDETA, Juan M. El derecho más favorable al consumidor, la mejor solución también para los contratos de consumo online, in Tendencias y Relacionaes - Derecho Internacional Privado americano actual, FERNÁNDEZ ARROYO, Diego P.; GONZÁLES MARTÍNS, Nuria. Ed. UNAM, México, 2010, p. 33.
17. De acordo com JAYME, Erik. *Identité culturelle et intégration: Le droit internationale privé postmoderne* - in: Recueil des Cours de l' Académie de Droit International de la Haye, 1995,II, p. 47 há uma materialização da regra de conflito, para que se aplique a lei mais favorável, logo, a lei 'material' mais favorável aos interesses do mais vulnerável, suplantado o jogo clássico do conflito de leis.
18. Assim defendi em MARQUES, Claudia Lima. Las teorias que se encuentran detrás de la propuesta brasileña em la CIDIP VII. In: ARROYO, Diego Fernández (org.). *Protección de los consumidores en América. Trabajos de la Cidip VII (OEA).* Asunción: La Ley Paraguaya, 2007. p. 161-177.
19. Veja sobre a CIDIP VII, MARQUES, Claudia Lima; DELALOYE, M. L. La Propuesta 'Buenos Aires' de Brasil, Argentina y Paraguay: El más reciente avance en el marco de la CIDIP VII de protección de los consumidores. Revista de Direito do Consumidor, v. 73, p. 224-265, 2010. Porém, encontrou repercussão em textos não vinculantes como os Princípios de Sofia da ILA-International Law Association, veja MARQUES, Claudia Lima; DELALOYE, M. L. El rol de los principios en la proteccion internacional del consumidor: la Declaracion de Sofía de la International Law Association. In: AMARAL JÚNIOR, Alberto do; VIEIRA, Luciane Klein. (Org.). El derecho internacional privado y sus desafíos en la actualidad. 1ed.Bogotá: Ibañez, 2017, (p. 137-150), destacando o Princípio 2: *"It is desirable to develop standards and to apply rules of private international law that entitle consumers to take advantage of the most favourable consumer protection."* (p. 142 e seg).
20. Veja meu livro de pós-doutorado com a proposta de CIDIp VII, MARQUES, Claudia Lima. Confiança no comércio eletrônico e a proteção dos consumidores, Ed. RT, São Paulo, 2004.
21. Veja comentários de DEL´OLMO, Florisbal de S.; JAEGER Júnior, Augusto. *Curso de Direito Internacional Privado,* 12. Ed., GEN, 2017, p. 237.

André de Carvalho Ramos e a editora por mais este texto instigante e humanista. A todos, boa leitura!

Profa. Dra. Dr.h.c. Claudia Lima Marques

*Professora Titular de Direito Internacional Privado da UFRGS, Professora Permanente do PPGD UFRGS, Doutora em Direito (Universidade de Heidelberg), LL.M. (Tübingen) e Diploma de Estudos Europeus (Sarre, Alemanha). Ex-Presidente da ASADIP e do Brasilcon, Líder do Grupo de Pesquisa CNPq 'Mercosul, Direito do Consumidor e Globalização", Pesquisadora 1 A do CNPq, Diretora do Centro de Estudos Europeus e Alemães, UFRGS-PUCRS-DAAD e Presidente do Comitê de Proteção Internacional dos Consumidores (*International Law Association, *Londres).*

LISTA DE SIGLAS E ABREVIATURAS

BENELUX – Bélgica, Países Baixos e Luxemburgo

Comissão IDH – Comissão Interamericana de Direitos Humanos

CIDIP – Conferência Interamericana de Direito Internacional Privado

CF/88 – Constituição Federal brasileira de 1988

Convenção EDH – Convenção Europeia de Direitos Humanos

Corte EDH – Corte Europeia de Direitos Humanos

Corte IDH – Corte Interamericana de Direitos Humanos

DIPr – Direito Internacional Privado

EUA – Estados Unidos

FMI – Fundo Monetário Internacional

JCPC – Judicial Committee of the Privy Council ou Comitê Judicial do conselho privado do Reino Unido

LICC – Lei de Introdução ao Código Civil

LGBTIQIA+ – Lésbicas, Gays, Bissexuais, Trans e Intersexuais, Queers, Assexuais e outros

LINDB – Lei de Introdução às Normas de Direito Brasileiro

MARPOL 73/78 – Convenção Internacional para a Prevenção da Poluição Causada por Navios e seu Protocolo

MERCOSUL – Mercado Comum do Sul

OEA – Organização dos Estados Americanos

ONU – Organização das Nações Unidas

STF – Supremo Tribunal Federal

STJ – Superior Tribunal de Justiça

TCF – Tribunal Constitucional Federal da Alemanha

TFUE – Tratado de Funcionamento da União Europeia

TJUE – Tribunal de Justiça da União Europeia

TPR – Tribunal Permanente de Revisão do Mercosul

TUE – Tratado da União Europeia

EU – União Europeia

UNESCO – Organização das Nações Unidas para o Educação, Ciência e Cultura

UNIDROIT – Instituto Internacional para a Unificação do Direito Privado

LISTA DE CASOS

DECISÕES PROFERIDAS POR ÓRGÃOS NACIONAIS

Alemanha

Tribunal Constitucional Federal da Alemanha, caso Lüth, julgamento de 15 de janeiro de 1958.

Tribunal Constitucional Federal da Alemanha, caso espanhol, 1 BvR 636/68, julgamento de 4 de maio de 1971.

Brasil

Superior Tribunal de Justiça, Recurso Especial n° 63.981, Rel. p/ Acórdão Ministro Sálvio de Figueiredo Teixeira, julgamento de 11 de abril de 2000, DJ 20/11/2000.

Superior Tribunal de Justiça, Sentença Estrangeira Contestada nº 269, Relator Ministro Fernando Gonçalves, Corte Especial, julgamento de 3 de março de 2010, Data da Publicação/Fonte DJe 10/06/2010.

Superior Tribunal de Justiça, REsp 1280218/MG, Rel. Ministro Paulo de Tarso Sanseverino, Rel. p/ Acórdão Ministro Marco Aurélio Bellizze, Terceira Turma, julgamento em 21 de junho de 2016, DJe 12/08/2016.

Supremo Tribunal Federal, Sentença Estrangeira n. 993, Relator Min. Carlos Maximiliano, julgamento de 17 de julho de 1940.

Supremo Tribunal Federal, R.E nº 63. 279/SP, Relator: Min. Amaral Santos, julgamento de 15 de março de 1968, Órgão Julgador: Terceira Turma, publicado no DJ de 17/06/1968.

Supremo Tribunal Federal, Embargos de Divergência no Recurso Extraordinário nº 59.871 EDv / RS – Relator: Min. Eloy da Rocha, julgamento de 26 de maio de 1971.

Supremo Tribunal Federal, Sentença Estrangeira nº 2.085 – segundo julgamento/ EUA – Relator: Min. Luiz Gallotti, julgamento em 03 de maio de 1971, publicado no DJ de 10/11/1972.

Supremo Tribunal Federal, Extradição n. 417/Argentina, Rel. Original Min. Alfredo Buzaid, Rel. para o Acórdão Oscar Dias Côrrea, julgamento de 20 de maio de 1984, DJ 21/09/1984.

Supremo Tribunal Federal, Extradição n. 541/Itália, Rel. Original Min. Néri da Silveira. Rel. para o Acórdão Min. Sepúlveda Pertence, julgamento de 7 de novembro de 1992, DJU de 18/12/1992.

Supremo Tribunal Federal, HC 71.373, Rel. p/ o ac. Min. Marco Aurélio, julgamento de 10 de novembro de 1994, Plenário, DJ de 22/11/1996.

Supremo Tribunal Federal, RE 161.243, Rel. Min. Carlos Velloso, julgamento de 29 de outubro de 1996, 2ª T, DJ de 19/12/1997.

Supremo Tribunal Federal, Carta Rogatória nº 8.443 – Reino da Dinamarca. Relator: Min. Celso de Mello, julgamento de 3 de setembro de 1998, DJU de 14/09/1998.

Supremo Tribunal Federal, RE 201.819, Rel. p/ o ac. Min. Gilmar Mendes, julgamento de 11 de outubro de 2005, Segunda Turma, *DJ* de 27/10/2006.

Supremo Tribunal Federal, Habeas Corpus nº 143.641, Rel. Min. Ricardo Lewandowski, 2ª Turma, julgamento de 20 de fevereiro de 2018, publicado no DJE nº 33, de 21/02/2018.

Estados Unidos

US District Court, Southern District of New York, caso *Guinness v. Miller, 291 F. 769, 770 (S.D.N.Y. 1923).*

Court of Appeals of New York, caso *Loucks* v. *Standard Oil Co. of New York*, 224 N.Y. 99, 120 N.E. 198, julgamento de 12 de julho de 1918.

Court of Appeals of New York, caso *Babcock v. Jackson*, 191 N.E.2d 279, 12 N.Y.2d 473 (N.Y. 1963), julgamento de 9 de maio de 1963.

Suprema Corte dos Estados Unidos, caso *Kiobel v. Royal Dutch Petroleum Co.*, 621 F. 3d 111, affirmed, julgamento de 17 de abril de 2013.

França

Conselho Constitucional Francês, *decisão n° 2011-159 QPC*, de 05 de agosto de 2011.

Corte de Cassação Francesa, caso *Lizardi v. Chaize e outros*, julgamento de 16 de janeiro de 1861.

Corte de Cassação Francesa, caso *Latour v. Veuve Guiraud*, julgamento de 25 de maio de 1948.

Corte de Cassação Francesa, caso *Rivière v. Roumaniantzeff*, julgamento de 17 de abril de 1953.

Corte de Cassação Francesa, caso *Itturalde*, 79-13959, julgamento de 1 de abril de 1981.

Inglaterra

English Court of the King's Bench, caso *Robinson v. Bland*, (1760) 2 Burr 1077, julgamento de 22 de maio de 1760.

Court of Appeal, *caso Foster v. Driscoll*, [1929] KB 470, 1929.

Comitê Judicial do Conselho Privado do Reino Unido, caso *Vita Food Products Inc v. Unus Shipping Co.*, [1939] UKPC 7, [1939] A.C. 277 (P.C.), (1939) 63 LI L Rep 21, julgamento em 30 de janeiro de 1939.

Nova Zelândia

Court of Appeal, caso *Attorney-General of New Zealand v. Ortiz and Others*, [1982] 3 W.L.R. 571 (C.A.); House of Lords, [1983] 3 W.L.RI 8o9 (H.L.).

DECISÕES PROFERIDAS POR ÓRGÃOS INTERNACIONAIS

Comissão Interamericana de Direitos Humanos

Comissão Interamericana de Direitos Humanos, caso *X e Z v. Argentina*, Report n. 71/00, julgamento de 3 de outubro de 2000.

Comissão Interamericana de Direitos Humanos, caso *Alejandro Daniel Esteve e Filhos v. Brasil*, Report no. 173/11, julgamento de admissibilidade em 02 de novembro de 2011.

Corte Europeia de Direitos Humanos

Corte Europeia de Direitos Humanos, caso *Marckx*, Série A, n. 31, julgamento de 13 de junho de 1979.

Corte Europeia de Direitos Humanos, caso *Young, James* & *Webster*, julgamento de 13 de agosto de 1981.

Corte Europeia de Direitos Humanos, caso *X e Y v. Holanda, julgamento* de 26 de março de 1985.

Corte Europeia de Direitos Humanos, caso *Johnston e outros v. Irlanda,* julgamento de 18 de dezembro de 1986.

Corte Europeia de Direitos Humanos, caso *Burghartz v. Suíça*, julgamento de 22 de fevereiro de 1994.

Corte Europeia de Direitos Humanos, caso *Kroon v. Holanda,* julgamento de 27 de outubro de 1994.

Corte Europeia de Direitos Humanos, caso *Loizidou – Exceções Preliminares* (Chipre *v.* Turquia), julgamento de 23 de março de 1995.

Corte Europeia de Direitos Humanos, caso *Larkos v. Chipre,* julgamento de 18 de fevereiro de 1999.

Corte Europeia de Direitos Humanos, caso *Matthews v. Reino Unido,* julgamento de 18 de fevereiro de 1999.

Corte Europeia de Direitos Humanos, caso *Beer e Regan v. Alemanha*, julgamento de 18 de fevereiro de 1999.

Corte Europeia de Direitos Humanos, caso *Waite e Kennedy* v. *Alemanha*, julgamento de 18 de fevereiro de 1999.

Corte Europeia de Direitos Humanos, caso *Balbontin v. Reino Unido*, julgamento de 14 de setembro de 1999.

Corte Europeia de Direitos Humanos, caso *Ignaccolo-Zenide v. Romênia*, julgamento de 25 de janeiro de 2000.

Corte Europeia de Direitos Humanos, caso *Couderc v. República Checa,* julgamento de 1 de janeiro de 2001.

Corte Europeia de Direitos Humanos, caso *Dahlab v. Suíça,* julgamento de 15 de fevereiro de 2001.

Corte Europeia de Direitos Humanos, caso *Sylvester v. Áustria*, julgamento de 24 de abril de 2003.

Corte Europeia de Direitos Humanos, caso *Iglesias Gil e A.U.I v. Espanha,* julgamento de 29 de abril de 2003.

Corte Europeia de Direitos Humanos, caso *Paradis e outros v. Alemanha*, julgamento de 15 de maio de 2003.

Corte Europeia de Direitos Humanos, caso *Maire v. Portugal*, julgamento de 26 de junho de 2003.

Corte Europeia de Direitos Humanos, caso *Hansen v. Turquia*, julgamento de 23 de setembro de 2003.

Corte Europeia de Direitos Humanos, caso *Pla et Puncernau v. Andorra*, julgamento de 13 de julho de 2004.

Corte Europeia de Direitos Humanos, caso *Mentzen alias Mencena v. Letônia*, julgamento de 7 de dezembro de 2004.

Corte Europeia de Direitos Humanos, caso *Monory v. Romênia e Hungria*, julgamento de 5 de abril de 2005.

Corte Europeia de Direitos Humanos, caso *H.N. v. Polônia*, julgamento de 13 de setembro de 2005.

Corte Europeia de Direitos Humanos, caso *Eskinazi e Chelouche v. Turquia*, julgamento de 6 de dezembro de 2005.

Corte Europeia de Direitos Humanos, caso *Karadžić v. Croácia*, julgamento de 15 de dezembro de 2005.

Corte Europeia de Direitos Humanos, caso *Iosub Caras v. Romênia*, julgamento de 27 de julho de 2006.

Corte Europeia de Direitos Humanos, caso *Bajrami v. Albania*, julgamento de 12 de dezembro de 2006.

Corte Europeia de Direitos Humanos, caso *Wagner e J.M.W.L. v. Luxemburgo*, julgamento de 28 de junho de 2007.

Corte Europeia de Direitos Humanos, caso *Maumousseau e Washington v. França*, julgamento 6 de dezembro de 2007.

Corte Europeia de Direitos Humanos, caso *Deak v. Romênia e Reino Unido*, julgamento de 3 de junho de 2008.

Corte Europeia de Direitos Humanos, caso *Carlson v. Suíça*, julgamento de 6 de novembro de 2008.

Corte Europeia de Direitos Humanos, caso *Karrer v. Romênia*, julgamento de 21 de fevereiro de 2010.

Corte Europeia de Direitos Humanos, caso *Ammdjadi v. Alemanha*, julgamento de 9 de março de 2010.

Corte Europeia de Direitos Humanos, caso *Neulinger e Shuruk v. Suíça*, julgamento de 6 de julho de 2010.

Corte Europeia de Direitos Humanos, caso *Raban v. Romênia*, julgamento de 26 de outubro de 2010.

Corte Europeia de Direitos Humanos, caso *Lipkowsky e McCormack v. Alemanha*, julgamento de 18 de janeiro de 2011.

Corte Europeia de Direitos Humanos, caso *Lautsi e outros v. Itália*, julgamento de 18 de março de 2011.

Corte Europeia de Direitos Humanos, caso *Negrepontis-Giannisis v. Grécia*, julgamento em 03 de maio de 2011.

Corte Europeia de Direitos Humanos, caso *Šneersone e Kampanella v. Itália*, julgamento de 12 de julho de 2011.

Corte Europeia de Direitos Humanos, caso *Shaw v. Hungria*, julgamento de 26 de julho de 2011.

Corte Europeia de Direitos Humanos, caso *Ilker Ensar Uyanık v. Turquia*, julgamento de 3 de maio de 2012.

Corte Europeia de Direitos Humanos, caso *M.R. et L.R. v. Estônia*, julgamento de 15 de maio de 2012.

Corte Europeia de Direitos Humanos, caso *B. v. Bélgica*, julgamento de 10 de julho de 2012.

Corte Europeia de Direitos Humanos, caso *Qama v. Albânia*, julgamento de 8 de janeiro de 2013.

Corte Europeia de Direitos Humanos, caso *Raw v. França*, julgamento de 7 de março de 2013.

Corte Europeia de Direitos Humanos, caso *Povse v. Áustria*, julgamento de 18 de junho de 2013.

Corte Europeia de Direitos Humanos, caso *X v. Letônia*, julgamento de 26 de novembro de 2013.

Corte Europeia de Direitos Humanos, caso *López Guió v. Eslováquia*, julgamento de 3 de junho de 2014.

Corte Europeia de Direitos Humanos, caso *Mennesson v. França,* julgamento de 26 de junho de 2014.

Corte Europeia de Direitos Humanos, caso *Blaga v. Romênia*, julgamento de 1 de julho de 2014.

Corte Europeia de Direitos Humanos, caso *S.A.S v. França*, julgamento de 26 de junho de 2014.

Corte Europeia de Direitos Humanos, caso *V.P. v. Rússia*, julgamento de 23 de outubro de 2014.

Corte Europeia de Direitos Humanos, caso *M.A v. Áustria*, julgamento de 15 de janeiro de 2015.

Corte Europeia de Direitos Humanos, caso *Ferrari v. Romênia*, julgamento de 28 de abril de 2015.

Corte Europeia de Direitos Humanos, caso *R.S v. Polônia*, julgamento de 21 de julho de 2015.

Corte Europeia de Direitos Humanos, caso *G.S. v. Geórgia*, julgamento de 21 de julho de 2015.

Corte Europeia de Direitos Humanos, caso *Vujica v. Croácia*, julgamento de 8 de outubro de 2015.

Corte Europeia de Direitos Humanos, caso *Henrioud v. França*, julgamento de 5 de novembro de 2015.

Corte Europeia de Direitos Humanos, caso *K.J. v. Polônia*, julgamento de 1 de março de 2016.

Corte Europeia de Direitos Humanos, caso *G.N v. Polônia*, julgamento de 19 de julho de 2016.

Corte Europeia de Direitos Humanos, caso *Paradiso e Campanelli* v. *Itália*, julgamento de 24 de janeiro de 2017.

Corte Europeia de Direitos Humanos, caso *Vilenchik v. Ucrânia*, julgamento de 3 de outubro de 2017.

Corte Europeia de Direitos Humanos, caso Edina Tóth v. Hungria, julgamento de 30 de janeiro de 2018.

Corte Europeia de Direitos Humanos, caso M.K v. Grécia, julgamento de 1 de fevereiro de 2018.

Corte Europeia de Direitos Humanos, caso M.R e D.R v. Ucrânia, julgamento de 22 de maio de 2018.

Corte Interamericana de Direitos Humanos

Corte Interamericana de Direitos Humanos, caso *Niños de la Calle (Villagrán Morales y otros) v. Guatemala*, julgamento de 19 de novembro de 1999.

Corte Interamericana de Direitos Humanos, Opinião ConsultivaOC-18/03 sobre a condição jurídica e os direitos dos migrantes indocumentados, de 17 de setembro de 2003.

Corte Interamericana de Direitos Humanos, caso de la *Masacre de Pueblo Bello v. Colômbia*, julgamento de 31 de janeiro de 2006.

Corte Interamericana de Direitos Humanos, caso *Goiburú y otros v. Paraguai*, julgamento de 22 de setembro de 2006.

Corte Interamericana de Direitos Humanos, caso *Kimel v. Argentina*, julgamento de 2 de maio de 2008.

Corte Interamericana de Direitos Humanos, caso *Córdoba v. Paraguai,* julgamento de 4 de setembro de 2023.

Corte Internacional de Justiça

Corte Internacional de Justiça, caso da *aplicação da Convenção de 1902 sobre guarda de crianças* (Holanda v. Suécia), julgamento de 28 de novembro de 1958.

Corte Permanente de Justiça Internacional

Corte Permanente de Justiça Internacional, caso de *vários empréstimos sérvios emitidos na França* e caso do *pagamento em ouro dos empréstimos federais brasileiros emitidos na França*, série A, n.21, julgamento de 12 de julho de 1929.

Tribunal de Justiça da União Europeia

Tribunal de Justiça das Comunidades Europeias, caso *Erich Stauder contra Ville d'Ulm - Sozialamt* (questão prejudicial promovida pelo *Verwaltungsgericht* de Stuttgart - Alemanha), caso 29/69, julgamento de 12 de novembro de 1969.

Tribunal de Justiça das Comunidades Europeias, caso 120/78, julgamento de 20 de fevereiro de 1979.

Tribunal de Justiça das Comunidades Europeias, caso C-62/81, julgamento de 3 de fevereiro de 1982.

Tribunal de Justiça das Comunidades Europeias, caso 261/81, julgamento de 10 de novembro de 1982.

Tribunal de Justiça das Comunidades Europeias, caso C-302/86, julgamento de 20 de setembro de 1988.

Tribunal de Justiça das Comunidades Europeias, caso C-293/93, julgamento de 15 de setembro de 1994.

Tribunal de Justiça das Comunidades Europeias, caso C-55/93, julgamento de 5 de outubro de 1994.

Tribunal de Justiça das Comunidades Europeias, caso C-212/97, *Centros Ltd v Erhvervs - og Selskabsstyrelsen,* julgamento de 9 de março de 1999.

Tribunal de Justiça das Comunidades Europeias, caso C-369/96 e C-376/96, julgamento de 23 de novembro de 1999.

Tribunal de Justiça das Comunidades Europeias, caso C-7198, *Krombach v. Bamberski,* julgamento de 28 de maio de 2000.

Tribunal de Justiça das Comunidades Europeias, caso C-381/98, caso Ingmar, julgamento de 9 de novembro de 2000.

Tribunal de Justiça das Comunidades Europeias, caso C-165/98, julgamento de 15 de março de 2001.

Tribunal de Justiça das Comunidades Europeias, caso *C-60/00*, julgamento de 11 de julho de 2002.

Tribunal de Justiça das Comunidades Europeias, caso 420/01, julgamento de 19 de junho de 2003.

Tribunal de Justiça das Comunidades Europeias, caso C-148/02, caso *Garcia Avellov. Bélgica*, julgamento de 2 de outubro de 2003.

Tribunal de Justiça das Comunidades Europeias, caso C-309/02, julgamento de 14 de dezembro de 2004.

Tribunal de Justiça das Comunidades Europeias, caso C-438/05, julgamento de 11 de dezembro de 2007.

Tribunal de Justiça das Comunidades Europeias, caso C-244/06, julgamento de 14 de fevereiro de 2008.

Tribunal de Justiça das Comunidades Europeias, caso C-195/08, julgamento de 11 de julho de 2008.

Tribunal de Justiça das Comunidades Europeia, caso C-353/06, caso *Grunkin--Paulv. Alemanha*, julgamento de 14 de outubro de 2008.

Tribunal de Justiça das Comunidades Europeias, caso C-205/07, julgamento de 16 de dezembro de 2008.

Tribunal de Justiça da União Europeia, caso C-403/09, julgamento de 23 de dezembro de 2009.

Tribunal de Justiça da União Europeia, caso C-211/10, caso *Doris Povse v. Mauro Alpago*, julgamento de 1 de julho de 2010.

Tribunal de Justiça da União Europeia, caso C-491/10, julgamento de 22 de dezembro de 2010.

Tribunal de Justiça da União Europeia, caso C-184/12, julgamento de 17 de outubro de 2013.

Tribunal de Justiça da União Europeia, caso C-573/12, julgamento de 1 de julho de 2014.

Tribunal de Justiça de União Europeia, caso C-536/13, caso *Gazprom OAO v. Lietuvos Respublika*, julgamento de 13 de maio 2015.

Tribunal de Justiça da União Europeia, caso C-498/16, julgamento de 25 de janeiro de 2018.

SUMÁRIO

INTRODUÇÃO

Não se estuda uma disciplina jurídica desenraizada do seu contexto e dos desafios de sua época. A abertura de mercados, o desenvolvimento tecnológico, o barateamento das comunicações e dos transportes, a deslocalização do trabalho, os fluxos virtualmente ilimitados de informação e a multiplicação de atividades *on-line* resultam no aumento contínuo e expressivo do intercâmbio econômico e social entre os estados do globo.

A facilitação dos fluxos de bens, serviços e pessoas consolida uma sociedade hipermóvel, caracterizada pela generalização da atividade privada transfronteiriça. É intensa a atuação dos indivíduos nas relações transnacionais, que abarcam desde a compra de um livro em site com sede em outro Estado até situações complexas que envolvem a celebração de um contrato internacional vultuoso de compra de bens ou a realização de projeto parental com acordo de maternidade por substituição pactuado em outro Estado.

O incremento dos fluxos transfronteiriços gerou uma aproximação entre indivíduos e aumentou a complexidade das relações sociais, em face das diferenças sociais, culturais, religiosas, econômicas, políticas e, consequentemente, jurídicas. Nesse contexto de falta de homogeneidade, a promoção de direitos e a regulação de eventuais conflitos devem levar em consideração a diversidade de interesses e as assimetrias entre os indivíduos.

O quadro de tensão entre direitos, usualmente já desafiador para a regulação jurídica, possui como obstáculo adicional o tratamento dos conflitos transnacionais em um cenário de ausência de unidade na produção e na interpretação das normas. Os dilemas regulatórios envolvendo antagonismos entre os interesses dos indivíduos nas situações transnacionais atraem normas oriundas de diversos ordenamentos jurídicos – nacional, internacional e de eventual processo regional de integração.

Ganha relevo a disciplina de direito internacional privado, que se propõe justamente a regular juridicamente os fatos da vida privada com vínculos com mais de um ordenamento jurídico (fatos transnacionais). Cabe à disciplina coordenar a diversidade da regulação normativa e jurisdicional sobre os fatos transnacionais, em um ambiente de convivência de normas nacionais, regionais e internacionais. A tradução dos fatos transnacionais em direitos antagônicos previstos em diplomas normativos diversos cria um cenário de conflito explícito de direitos, que torna complexa a atuação do DIPr.

A invocação contínua de direitos nas relações transfronteiriças privadas evidencia as dificuldades atuais da disciplina: o mesmo fato ou ato pode ter tratamento jurídico distinto a depender do Estado em que for avaliado, gerando situações jurídicas claudicantes (válidas em um Estado e inválidas em outro); o acesso à justiça pode ser negado em determinadas jurisdições; e persistem dificuldades na cooperação jurídica internacional para a implementação da circulação internacional de decisões, desprotegendo determinado direito reconhecido em outro Estado.

Em termos práticos, surgem diversos problemas jurídicos: na reparação à vítima de danos em relação jurídica transnacional (vítima estrangeira e autor do dano nacional do Estado no qual o fato ocorreu), deve-se utilizar a lei mais favorável à reparação da vítima (*favor laesi*), ignorando a tradicional lei do lugar do dano (*lex loci delicti*) ou privilegiar o direito do autor do dano à segurança jurídica (não ser responsabilizado por lei que não previa)? No caso de aplicação de lei estrangeira que reconheceu a união homoafetiva, deve prevalecer o direito à igualdade, com o reconhecimento de todos os efeitos familiares e sucessórios da união, ou deve-se fazer valer a concepção restrita de direito à vida familiar do Estado do foro, negando o reconhecimento da situação criada à luz da lei estrangeira? Na proteção aos incapazes, deve ser considerado inválido negócio jurídico realizado por incapaz à luz de lei estrangeira que regula o seu estado pessoal ou deve ser valorizado o direito à liberdade contratual e a boa-fé do outro contratante, mantendo-se a validade do contrato? Os casos revelam a colisão de direitos – o direito de propriedade, o direito à segurança jurídica, direito à vida familiar, direito à igualdade e direito à liberdade – e o risco de obter soluções parciais e fragmentadas na gestão dos fatos transnacionais.

A realidade contemporânea exige que o direito internacional privado realize a coordenação da diversidade levando em consideração a necessidade de tratar de modo sistemático e coerente os conflitos de direitos. A opção de simplesmente ignorar as divergências e os antagonismos na gestão dos fatos transnacionais não se sustenta e inclusive ameaça a função regulatória da disciplina: os indivíduos com direitos desprezados buscam mecanismos domésticos ou internacionais para fazer valer as suas reivindicações.

Compete ao direito internacional privado realizar a regulação dos fatos transnacionais com justiça e coerência, evitando a desconsideração dos direitos dos envolvidos nas relações privadas transnacionais ou o risco de arbítrio e assistematicidade das soluções apresentadas.

A concepção atual de regulação do direito internacional privado revela-se dispersa em uma pluralidade de fontes, métodos e objetivos que foram progressivamente adicionados à disciplina como forma de proteger determinados valores considerados essenciais e assegurar resultados materiais específicos. A pluralidade que caracteriza a disciplina cria um cipoal de institutos e normas voltados para a defesa de determinados direitos que, paradoxalmente, podem estar em colisão com outros direitos também invocados pelos envolvidos nos fatos transnacionais. A inclusão de uma pauta a favor de resultados materiais não foi ordenada e abrangente, mostrando-se incapaz de articular, em seu conjunto, os diferentes direitos antagônicos extraídos dos fatos com elementos de estraneidade.

Na confluência desse contexto social e jurídico desenvolve-se a situação problema deste livro: como é possível construir um direito internacional privado coerente que proteja os direitos de todos os envolvidos nos fatos transnacionais levando em consideração a heterogeneidade de fontes, métodos, objetivos e ordens jurídicas incidentes?

Esse questionamento assume especial relevância no panorama da globalização e da massificação dos fatos transnacionais, que aproximou o direito internacional privado do cotidiano, exigindo respostas jurídicas céleres e coerentes para a tutela de direitos (oriundos de diversos planos – nacional, regional e internacional). O tratamento de direitos e a busca de resultados na gestão da diversidade normativa e jurisdicional passa a ser uma necessidade urgente do direito internacional privado do século XXI, impedindo a continuidade, antes satisfatória, de uma avaliação parcial da tutela de direitos (a proteção de certos direitos que ignora a tutela de outros direitos opostos).

A construção do direito internacional privado da proteção de direitos e da coerência impõe-se na atualidade: a assistematicidade na regulação dos fatos transnacionais gera insegurança jurídica e a desconsideração de determinados direitos dos envolvidos nos fatos transnacionais impede a formulação de uma resposta jurídica adequada, ameaçando a integridade, a finalidade e a própria autonomia da disciplina.

Não se esconde a complexidade e a dificuldade da tarefa de apresentar uma fórmula de coordenação da diversidade do direito internacional privado contemporâneo. Contudo, a tarefa é atual e necessária para o reexame da importância da disciplina como instrumento de proteção de direitos nos fluxos transfronteiriços.

Esta obra propõe-se a apresentar os principais componentes para a construção da coerência interpretativa do direito internacional privado no século XXI, com foco na proteção de direitos nos fatos transnacionais, em um ambiente marcado pela heterogeneidade de fontes, métodos e objetivos da disciplina e, em cujo entorno, floresce o pluralismo jurídico.

A síntese da proposta é exposta no título do livro, que assinala ser o seu conteúdo voltado para a estruturação do direito internacional privado atual, enfatizando, o subtítulo, uma característica que a disciplina possui (a sua heterogeneidade) e uma característica que a disciplina almeja (a sua coerência).

Ao focar nas insuficiências e dificuldades apresentadas pelo direito internacional privado atual, esta obra é desenvolvida a partir do presente, levando em consideração o passado e a prognose para o futuro. Atentando-se para a necessidade de não medir o passado com a régua do presente e incorrer em anacronismos, o estudo do desenvolvimento histórico da disciplina é realizado na obra de forma sucinta para situar o contexto no qual surge e se desenvolve o direito internacional privado, com a finalidade de explicar determinadas características que a matéria possui contemporaneamente. Do ponto de vista metodológico, a perspectiva aqui privilegiada não é histórica, cronológica e sociológica, e sim, dogmática, focada na análise normativa, doutrinária e jurisprudencial críticas.

A perspectiva de análise deste livro é abrangente, mas ênfase é dada a determinados aspectos temporais, geográficos e temáticos que possuem especial interesse e relação com o tema. No âmbito *ratione temporis*, apesar de pontuais incursões em épocas anteriores, o recorte inicia-se no século XIX, a partir da sedimentação do método conflitual clássico, desenvolvendo-se posteriormente o processo de heterogeneidade de métodos, fontes e objetivos da disciplina. No âmbito *ratione loci*, a obra concentrou-se no estudo da produção normativa das principais organizações internacionais que ditam tratados com impacto no direito internacional privado em nível global (Conferência da Haia de Direito Internacional Privado e Organização das Nações Unidas) e regional (União Europeia, Organização dos Estados Americanos e Mercosul), além de uso exemplificativo de regras e decisões de direito internacional privado de matriz nacional e de precedentes de órgãos internacionais (Corte Permanente de Justiça Internacional, Corte Internacional de Justiça, sistemas global e regional de proteção de direitos humanos e Tribunal de Justiça da União Europeia). No âmbito *ratione materiae*, a obra optou por focar precipuamente na temática da escolha da lei aplicável pela sua intrínseca relação com uma gama abrangente de direitos, não se olvidando, todavia, menções aos outros segmentos da disciplina, nomeadamente à jurisdição e à cooperação jurídica internacional.

A proposta da obra é desenvolvida em um plano que decompõe o tema em três partes. Visa-se demonstrar a transição do direito internacional privado pretensamente homogêneo para o direito internacional privado da heterogeneidade, caracterizado por um mosaico de institutos voltados à proteção de determinados direitos, buscando-se, ao final, identificar os principais componentes necessários à concretização do direito internacional privado da coerência, voltado à proteção de direitos dos vulneráveis e de todos os demais envolvidos nos fatos transnacionais da vida privada.

A **Parte I** analisa a construção do direito internacional privado da heterogeneidade. Com o objetivo de traçar a evolução da disciplina rumo à pluralidade de métodos, fontes e objetivos, são abordados os métodos indireto (unilateral e multilateral) e direto, expondo as opções que a sua adoção revelam para a tutela de direitos dos envolvidos nos fatos transnacionais. Constatada a heterogeneidade inerente à disciplina atual, aborda-se a (falta de) organização das suas pluralidades e a multiplicação de valores protegidos pelo direito internacional privado, com foco em três direitos considerados essenciais para a disciplina: direito à segurança jurídica, direito à liberdade e direito à igualdade. A pluralidade de objetivos e a diversidade de direitos a serem protegidos impelem o estudo da evolução da teoria da justiça do direito internacional privado, da sua perspectiva formal para a sua visão material, que passa a ser considerada uma finalidade da disciplina. A Parte I se distingue por demonstrar, por meio da construção da heterogeneidade, o progresso do direito internacional privado, a partir de uma pretensa neutralidade da localização do centro ou sede da relação jurídica transnacional, sucedida pelo abandono da unidade do método e adição sucessiva de outros métodos, fontes e objetivos à disciplina. Ademais, traz como contribuição a tradução dos interesses tradicionalmente contidos na disciplina para uma linguagem de direitos, associando um determinado interesse ao um direito de um indivíduo envolvido em um fato transnacional. A conversão de interesses em direitos leva à reflexão crítica sobre o seu impacto na teoria da justiça para o direito internacional privado, que se transforma para abarcar a justiça material, com consequente reflexo na multiplicação de direitos a serem protegidos para a concretização nessa fórmula de justiça.

Tendo por base o contexto atual do DIPr – o direito internacional privado da heterogeneidade – a **Parte II** analisa a resposta dada pela disciplina para a regulação dos fatos transnacionais no século XX. A partir da identificação de técnicas para a proteção de direitos dos envolvidos nos fatos transnacionais, examina-se a criação ou a reconfiguração de quatro instrumentos utilizados para promover os novos objetivos relacionados à justiça material do DIPr: o princípio do favorecimento (técnica da prevalência do direito prioritário); a ordem pública (técnica da prevalência do direito essencial); as normas imperativas (técnica da prevalência dos direitos protegidos pelo foro); e o controle de constitucionalidade (técnica da prevalência dos direitos constitucionais), esse último com foco no fenômeno da constitucionalização do direito internacional privado. Além de apresentar de forma crítica as principais características, incidência e limitações de cada uma das técnicas para a proteção de direitos, a Parte II distingue-se por revelar a insuficiência de cada um desses instrumentos para lidar, de modo consistente e coerente, com a diversidade de direitos antagônicos gerados pelos fatos transnacionais, podendo, na prática, implicar na violação de direitos de alguns dos envolvidos. Essa Parte da obra se particulariza ao propor uma alusão a figura do mosaico para explicar as soluções atuais apresentadas pelo direito internacional privado: em seu conjunto os instrumentos analisados assemelham-se a um mosaico no qual as peças são unidas de modo tênue, sem diálogo recíproco e a imagem final formada (o DIPr) é distorcida, sem nitidez e organicidade.

A constatação da necessidade do direito internacional privado atual lograr uma sistematicidade formal sem perder a sua legitimidade substancial em face das expectativa dos envolvidos nos fatos transnacionais de outorga de um tratamento justo aos seus anseios, é o fator diferencial para o estudo da construção do direito internacional privado da coerência na **Parte III** da obra. Explora-se a situação atual do pluralismo jurídico para demonstrar o indispensável diálogo entre o direito internacional privado e os direitos previstos em outros ramos jurídicos, com órgãos de interpretação próprios, como o direito internacional dos direitos humanos e o direito da integração regional. Nessa parte, evidencia-se que o direito internacional privado do século XXI possui uma heterogeneidade agravada pela existência de outras ordens jurídicas que incidem sobre os fatos transnacionais. Com objetivo de comprovar a heterogeneidade agravada da disciplina, que deve levar em consideração a resolução coerente da prevalência e da compressão de direitos envolvidos nos fatos transnacionais, é examinada a incidência dos direitos humanos no direito internacional privado como consequência do seu caráter universal e emancipatório e da sua necessária eficácia horizontal nas relações entre particulares.

Com essa fundamentação, a busca da coerência e da proteção de direitos é desenvolvida em três etapas: (i) a demonstração da necessidade de coordenação das ordens jurídicas por meio do diálogo, descartando-se o uso da hierarquia na resolução dos conflitos de direitos no direito internacional privado; (ii) a exposição da proteção dos vulneráveis como fio condutor para a coerência e consistência da disciplina, consagrando a função social do direito internacional privado em um panorama de multiplicação de vulnerabilidades e de concomitante necessidade de respeito ao direito à diferença e ao multiculturalismo; (iii) a apresentação do instrumental apto a garantir o direito internacional privado da coerência, representado pelo uso do teste de proporcionalidade como forma de evitar o arbítrio e a insegurança jurídica, conferindo racionalidade à solução de colisão de direitos dos envolvidos nos fatos transnacionais. Visando exemplificar as consequências da incidência do teste de proporcionalidade na articulação dos direitos em um ambiente de pluralismo jurídico, são abordados o método do reconhecimento das situações jurídicas e o diálogo entre os diversos órgãos (nacionais, regionais e internacionais) na interpretação dos casos de sequestro internacional de crianças. Ao final, a obra pretende apresentar os fundamentos, os elementos e os critérios necessários para a construção do direito internacional privado heterogêneo com articulação coerente na defesa, transparente e fundamentada, dos direitos dos vulneráveis e de todos os demais envolvidos nos fatos transnacionais.

Do ponto de vista científico, este livro possui a perspectiva de análise do percurso sucessivo da disciplina como um todo: partindo do direito internacional privado pretensamente homogêneo, para constituição da sua heterogeneidade e do seu mosaico, resultando, graças ao pluralismo jurídico, na heterogeneidade agravada, que exige a construção do direito internacional privado da coerência. Destaca-se neste livro o estudo das transições entre essas perspectivas da disciplina como forma de avaliação daquilo que deve permanecer, daquilo que deve ser renovado, daquilo que deve ser abandonado e daquilo que deve ser proposto visando a atualização do direito internacional privado para o enfrentamento dos seus novos desafios.

Do ponto de vista do interesse público, almeja-se a seguinte utilidade social: chamar a atenção para o direito internacional privado como instrumento de regulação qualificado por uma dimensão humana que confere visibilidade à realização de justiça e à promoção de direitos como parte da essência do tratamento jurídico dos fatos transnacionais da vida privada.

PARTE I

O DIREITO INTERNACIONAL PRIVADO E A CONSTRUÇÃO DA HETEROGENEIDADE

CAPÍTULO

1

A COORDENAÇÃO DA DIVERSIDADE NORMATIVA E JURISDICIONAL DO DIREITO INTERNACIONAL PRIVADO

A coordenação da regulação normativa e jurisdicional dos fatos transnacionais – aqueles que possuem pontos de contato com mais de um ordenamento jurídico nacional[1] – formou a identidade do direito internacional privado (DIPr) como um ramo autônomo do Direito[2]. A linha condutora da disciplina está na regulação dos fluxos transfronteiriços de natureza privada em um ambiente de convivência de normas estatais e internacionais.

Esses fluxos acarretam tensão na regulação normativa dos fatos transnacionais gerados e, caso haja litígio sobre tais fatos, podem existir dúvidas na definição do direito aplicável, da jurisdição apta a conhecer o litígio e nos efeitos dos atos e decisões produzidas por um Estado em outro. Formam-se, então, três segmentos claros do direito internacional privado, relacionados à definição do direito aplicável, jurisdição e cooperação jurídica internacional cível referente aos fatos transnacionais de natureza privada. Esses segmentos

---

1. Nesta obra, os termos fato, situação ou relação transnacional; fato, situação ou relação com vínculo de estraneidade; e fato, situação ou relação plurilocalizada serão utilizados como sinônimos.
2. O desenvolvimento da ideia de coordenação a ser realizada pelo DIPr encontra-se na obra de Batiffol, que, em diversos momentos, salientou a necessidade da disciplina articular os sistemas jurídicos nacionais e o internacional, que devem conviver. Ver, nesse sentido, BATTIFOL, Henri. *Aspects philosophiques du Droit International Privé.* Paris: Dalloz, 1956, p. 14 e ainda p. 228; BATIFFOL, Henri. «Principes de droit international privé» *in Recueil des Cours de l´Académie de Droit International de la Haye*, vol. 97, 1959, pp. 431-593, em especial p. 444. Nesta última obra, Batiffol esclarece que «le droit international privé a pour objectif d´ensemble une coordination des systèmes: la coexistance des systémes des Etats contemporains appelle des règles pour leur application conjointe à des relations qui les intéressent simultanément», op. cit, p. 444.

podem ser separados em dois grupos: o concurso (concorrência, conflito[3]) de leis revela a natureza substancial da disciplina, enquanto jurisdição e cooperação jurídica internacional sobre fatos transnacionais privados expõem a sua natureza procedimental. Funcionalmente, os três segmentos estão interligados: a definição de jurisdição pode acarretar a incidência de determinada escolha de lei, bem como gerar julgamento final que não circulará entre os estados[4-5].

A coordenação na definição do direito aplicável variou ao longo dos séculos em virtude do amadurecimento da disciplina para enfrentar os desafios trazidos por mudanças históricas, podendo ser identificadas as fases nas quais há (i) uniformidade de método e (ii) pluralidade de métodos.

Em uma visão ampla, Vischer expôs a importância do estudo do método no direito internacional como um todo, pois permite revelar, com o máximo de exatidão possível, os dados históricos e sociais que formam o conteúdo da regra jurídica[6]. Por sua vez, Arminjon define o método como sendo o conjunto de caminhos ou vias que conduzem à realização do objeto do direito internacional privado[7]. Para Audit, o método implica em uma sucessão de passos necessários à obtenção determinado resultado[8].

---

3. O uso do termo "conflito de leis" (*conflictus legum; conflict of laws;conflict de lois*) origina-se da Escola estatutária holandesa do século XVII, período de ouro do crescimento comercial holandês. Via-se a escolha da lei aplicável aos fatos transnacionais como consequência de um choque de soberanias, em um contexto de delimitação doutrinária do poder soberano do Estado. JUENGER, Friedrich K. *Choice of law and multistate justice.* New York: Transnational Publishers, 2005, p. 19-20. Apesar da utilização do termo "conflito de leis", questiona-se seu uso porque não existe choque ou mesmo desacordos entre ordenamentos de distintos países. A expressão retrata a existência de vínculos entre determinado fato com dois ou mais ordenamentos jurídicos distintos (do ponto de vista normativo e jurisdicional), o que gera a necessidade de se definir a lei ou a jurisdição adequadas. Nesse sentido, ver BOGDAN, Michael. "Private International Law as Component of the Law of the Forum: General Course on Private International Law" *in Recueil des Cours de l´Académie de Droit International de la Haye,* vol. 348, 2010, pp. 9-252, em especial p. 71.
4. Defendendo a união funcional dos três segmentos do direito internacional privado, ver JUENGER, Friedrich K. *Choice of law and multistate justice.* New York: Transnational Publishers, 2005, p. 3.
5. Também é possível defender a inclusão da condição jurídica do estrangeiro (direito da mobilidade humana) e da nacionalidade como parte do objeto do DIPr. Strenger e Amílcar de Castro sustentam que, apesar da importância da nacionalidade como regra de conexão e os direitos dos estrangeiros, esses temas não fazem parte da disciplina. STRENGER, Irineu. *Direito Internacional Privado.* 4ª ed., São Paulo: LTr, 2000, p. 49. CASTRO, Amílcar de. *Direito Internacional Privado.* 5ª ed., rev. e atual. por Osíris Rocha. Rio de Janeiro: Forense, 2000, p. 59 e p. 63. Defendendo a inclusão dessas temáticas no DIPr, ver DOLINGER, Jacob e TIBURCIO, Carmen. *Direito Internacional Privado* – Parte Geral e Processo Internacional. 12ª ed rev., atual. e ampl., Rio de Janeiro: Forense, 2016. Sobre jurisdição internacional no DIPr, ver TIBURCIO, Carmen. *Extensão e Limites da Jurisdição Brasileira:* competência internacional e imunidade de jurisdição. Salvador: Juspodivm, 2016.
6. DE VISSCHER, Charles. "Méthode et système en droit international" *in Recueil des Cours de l´Académie de Droit International de la Haye,* vol. 138, 1973, pp. 75-79, em especial p. 75.
7. ARMINJON, Pierre. «L´objet et la méthode du droit international privé» *in Recueil des Cours de l´Académie de Droit International de la Haye,* vol. 21, 1928, pp. 429-544, em especial p. 433.
8. AUDIT, Bernard. «Le caractère fonctionnel de la règle de conflit: (sur la crise des conflits de lois)» *in Recueil des Cours de l´Académie de Droit International de la Haye,* vol. 186, 1984, pp. 219-397, em especial p. 255.

De modo mais específico e voltado à aplicação do direito ao fato transnacional, Reppy defendeu que o método consiste na teoria que, adotada, acarreta a escolha da lei aplicável[9]. Lima Marques define método como um caminho, sendo a metodologia a técnica que guia o intérprete no caminho, para ser alcançada uma decisão justa[10]. Em síntese, o método no DIPr consiste no modo pelo qual é realizada a coordenação da diversidade das ordens jurídicas nos fatos transnacionais privados[11].

O método no direito internacional privado pode ser classificado em duas espécies, a depender do modo que é regulado o fato transnacional: a espécie direta, na qual as normas do DIPr incidem diretamente sobre o fato transnacional; e a espécie indireta, na qual as normas do DIPr apontam regras para regular tais fatos[12]. Na evolução histórica da disciplina

9. REPPY, William A. "Eclecticism in choice of law: hybrid method or mishmash?" *in Mercer Law Review*, vol. 34, 1983, pp. 645-708, em especial p. 646.

10. MARQUES, Claudia Lima. "O "diálogo das fontes" como método da nova teoria geral do direito: um tributo a Erik Jayme" *in* MARQUES, Claudia Lima (coord.). *Diálogo das Fontes* – do conflito à coordenação de normas do direito brasileiro. São Paulo: RT, 2012, pp. 18-66, em especial p. 21.

11. Alguns autores utilizam o termo "método" para introduzir a discussão sobre as fontes da disciplina. Assim, o "método nacionalista ou particularista" seria aquele pelo qual o direito internacional privado é fruto das normas nacionais que determinam o modo pelo qual é atingido seu objeto e o "método universalista" seria aquele baseado em normas internacionais que seriam "destinadas a conduzir à constituição de um verdadeiro direito privado internacional". Ver em NAZO, Nicolau. *Objeto e método do Direito Internacional Privado*. São Paulo, s/ed., 1952, em especial p. 46. No mesmo sentido, separando o "método individualista" do "método universalista" ver VALLDÃO, Haroldo. «Développement et intégration du droit international privé, notamment dans les rapports de famille: (cours général de droit international privé)» *in Recueil des Cours de l´Académie International de la Haye*, vol. 133, 1971, pp. 413-544, em especial p. 430-431.

12. ARMINJON, Pierre. "L'objet et la méthode du droit international privé" *in Recueil des Cours de l´Académie de Droit International de la Haye*, vol. 21, 1928, pp. 429-544. HECKE, Georges van. «Principes et méthodes de solution des conflits de lois» *in Recueil des Cours de l´Académie de Droit International de la Haye*, vol. 126, 1969, pp. 409-588. BATIFFOL, Henri. "Le pluralisme des méthodes en droit international privé" *in Recueil des Cours de l´Académie de Droit International de la Haye*, vol. 139, 1973, pp. 75-148. LALIVE, Pierre. "Tendances et méthodes en droit international privé: cours general" *in Recueil des Cours de l´Académie de Droit International de la Haye*, vol. 155, 1977, pp 03-424. PICONE, Paolo. "La méthode de la référence à l'ordre juridique compétent en droit international privé" *in Recueil des Cours de l´Académie de Droit International de la Haye*, vol. 197, 1986, pp. 229-420. PICONE, Paolo. "Les méthodes de coordination entre ordres juridiques en droit international privé: Cours général de droit international privé" *in Recueil des Cours de l´Académie de Droit International de la Haye*, vol. 276, 1999, pp. 9-296. SALAH MOHAMED MAHMOUD, Mohamed. "Loi d'autonomie et méthodes de protection de la partie faible en droit international privé" *in Recueil des Cours de l´Académie de Droit International de la Haye*, vol. 315, 2005, pp. 141-364. MEZGHANI, Ali. "Méthodes de droit international privé et contrat illicite" *in Recueil des Cours de l´Académie de Droit International de la Haye*, vol. 302, 2003, pp. 119-430. GAUDEMET-TALLON, Hélène. "Le pluralisme en droit international privé: richesses et faiblesses (le funambule et l'arc-en-ciel): cours général" *in Recueil des Cours de l´Académie de Droit International de la Haye*, vol 312, 2005, pp. 9-488. GANNAGE, Léna. "Les méthodes du droit international privé à l´épreuve des conflits de cultures" *in Recueil des Cours de l´Académie de Droit International de la Haye*, vol. 357, 2011, pp. 223-490. FRIGO, M. "Circulation des biens culturels, détermination de la loi applicable et méthodes de règlement des litiges" *in Recueil des Cours de l´Académie de Droit International de la Haye*, vol. 375, 2014, pp. 89-474. LAGARDE, Paul. "La méthode de la reconnaissance Est-elle l'avenir du droit international privé?" *in Recueil des Cours de l´Académie de Droit International de la Haye*, vol. 371, 2015, pp. 19-42.

houve uma inclinação a favor da prevalência do método indireto, pelo qual o direito internacional privado indica a lei e a jurisdição que regulam o fato transnacional. Contudo, a coordenação da diversidade normativa e jurisdicional não é exclusividade de um único método: o método direto, por exemplo, é útil para a regulação realizar direitos e assegurar determinado resultado material. Por isso, Juenger salienta que o DIPr, mesmo nas suas fases mais precoces, reconheceu ser possível a regulação direta dos fatos transnacionais[13]. Para Bucher, a regência das situações com vínculos transnacionais (*situations à caractère international*) não é feita unicamente pelo método indireto[14].

É preciso, contudo, evitar o "metodologismo", tendência de separar a reflexão sobre determinado método da sua utilização efetiva em determinada disciplina jurídica, cultivando-se o método pelo método, como salienta Boye[15]. A identificação da unicidade ou pluralidade de métodos ganha relevância no estudo do direito internacional privado pela gênese histórica da disciplina, que possui, a partir dos primeiros estudos da chamada fase estatutária (ou iniciadora), importante foco no método de escolha de leis como ponto decisivo de sua autonomia científica.

Nesse panorama, a **Parte I** dessa obra visa estudar a construção da pluralidade de métodos no direito internacional privado, focando nos direitos associados a cada método, como os direitos à segurança jurídica, à igualdade e à liberdade. Busca-se, assim, detectar a promoção de direitos pelo direito internacional privado como verdadeiro motor para a consolidação de um verdadeiro mosaico de métodos e objetivos na coordenação da regulação dos fatos transnacionais privados.

13. Para Juenger, Bártolo de Sassoferrato, com a identificação de "estatutos odiosos", que deveriam ser substituídos pela lei do foro, adotou também, de forma incipiente, o pluralismo de métodos da atualidade. JUENGER, Friedrich K. *Choice of law and multistate justice*. New York: Transnational Publishers, 2005, p.15.

14. No original: «enfin, on gardera à l'esprit que le conflit de lois n'est pas le seul mode de résolution des situations à caractère international». BUCHER, Andreas. «La dimension sociale du droit international privé» *in Recueil des Cours de l´Académie de Droit International de la Haye*, vol. 341, 2009, pp. 9-526, em especial p. 97.

15. No original: "méthodologisme", utilizado pelo autor ao analisar o método no direito internacional privado, com apoio nas ideias de Bourdieu. BOYE, Abd-El-Kader. «Le statut personnel dans le droit international privé des pays africains au sud du Sahara: conceptions et solutions des conflits de lois: le poids de la tradition négro-africaine personnaliste» *in Recueil des Cours de l´Académie de Droit International de la Haye*, vol. 238, 1993, pp. 249-419, em especial p. 292.

CAPÍTULO

2

A PLURALIDADE DOS MÉTODOS E DOS OBJETIVOS DO DIREITO INTERNACIONAL PRIVADO

2.1. ASPECTOS GERAIS

O direito internacional privado, ao longo de sua evolução histórica, tem acumulado métodos que são adotados como reação ao surgimento de novos objetivos que se agregam à disciplina em sua tarefa de regular os fatos transnacionais privados.

Como o método é um caminho para a realização de um objetivo, na medida em que os novos objetivos são adicionados, foi necessária a consagração de métodos distintos. Desde a fase estatutária até a atualidade, o direito internacional privado foi sofrendo modificação nos objetivos que a regulação do fato transnacional deveria observar. Houve a adição de novas finalidades - como, por exemplo, a promoção de determinados direitos - gerando, consequentemente, um acúmulo de métodos.

Assim, a adoção de métodos no DIPr está associada a determinada defesa de direitos, que, ao variar ao longo dos séculos, fez nascer uma pluralidade de métodos, retratando uma contínua adição de valores a serem promovidos pela disciplina[1].

1. Por valor, entenda-se o posicionamento do homem perante algo e para alguém. São entidades vetoriais que servem para direcionar o direito na sua proteção (e no combate a atos que as violem). De acordo com a reflexão de Perlingieri, o termo "valor" é usado comumente com duas acepções: em primeiro lugar, aponta que tem valor aquilo que é objetivamente ou subjetivamente importante ou desejado; em segundo lugar, o valor não aponta um objeto de interesse, mas, sim, um critério de avaliação. No plural,

Por isso, serão analisados dois tipos iniciais de métodos, o método indireto e o método direto que mostram como é possível regular os fatos transnacionais de modo distinto, modulados de acordo com os interesses[2] a serem protegidos pela disciplina. Com a consagração da pluralidade de métodos, o direito internacional privado perde também sua finalidade única de ser um instrumento de localização do direito aplicável, servindo também para regular diretamente o fato transnacional[3].

2.2. O MÉTODO INDIRETO

2.2.1. As origens do método indireto e sua faceta unilateral

Sem ingressar na temática da existência do direito internacional privado na Antiguidade[4], na Europa, a partir do século XI, o desenvolvimento das relações comerciais entre variados centros urbanos fez florescer discussões sobre a lei aplicável aos fatos transnacionais gerados pelo crescente fluxo de pessoas e bens. O ambiente de fragmentação normativa fruto da desintegração do Império Romano do Ocidente gerou, inicialmente, o personalismo

---

"valores" podem indicar os ideais a que os seres humanos aspiram. O valor é unitário, mas seus aspectos são múltiplos: políticos, sociais, éticos, filosóficos, etc. Ver GARCÍA, Angeles Mateos. *A teoria dos valores de Miguel Reale – fundamento de seu tridimensionalismo jurídico.* Trad. de Talia Bugel. São Paulo: Saraiva, 1999, p. 22. REALE, Miguel. *Pluralismo e liberdade.* 2ª ed., Rio de Janeiro: Expressão e Cultura, 1998, p. 55 e seguintes. REALE, Miguel. *Teoria tridimensional do direito. Preliminares históricas e sistemáticas.* São Paulo: Saraiva, 1968, p. 89 e seguintes. PERLINGIERI, Pietro. *O direito civil na legalidade constitucional.* Ed. Brasileira organizada e traduzida por Maria Cristina de Cicco. Rio de Janeiro: 2008, p. 325.

2. Há duas acepções, conforme Perlingieri, de interesse: a concepção subjetiva e a concepção objetiva. Do ponto de vista subjetivo, o interesse consiste na relação entre um sujeito e um bem; já a concepção objetiva de interesse retrata a existência de bens ou valores para realizar ou proteger em uma sociedade e em um ordenamento historicamente determinado. Assim, utilizar-se-á a concepção objetiva de interesse no direito internacional privado. PERLINGIERI, Pietro. *Perfis do direito civil. Introdução ao direito civil constitucional.* Trad. de Maria Cristina de Cicco. 1ª ed., rev. e ampl. Rio de Janeiro: Renovar, 1999, p. 31.

3. OPERTTI BADÁN, Didier. «Conflit de lois et droit uniforme dans le droit international privé contemporain: dilemme ou convergence? Conférence inaugurale, session de droit international privé» *in Recueil des Cours de l´Académie de Droit International de la Haye,* vol. 359, 2012, pp. 9-86, em especial p. 83 e 84.

4. Parte da doutrina sustenta, a partir do respeito a determinados direitos de estrangeiros, a existência da base primária do direito internacional privado na Antiguidade. Lewald apontou a existência de papiro do Egito ptolomaico (da época de 120-118 AC) no qual constam decretos definindo a jurisdição de tribunais gregos e egípcios. Era possível que os egípcios processassem gregos em tribunais egípcios, sendo utilizado o idioma dos envolvidos como regra de conexão implícita para definir a lei aplicável. LEWALD, H. "Conflits de lois dans le monde grec et romain" *in Revue Critique de Droit International Privé,* vol 57, 1968, pp 419-639, em especial p. 438-439. MEIJERS, E. M. «L'histoire des principes fondamentaux du droit international privé a partir du moyen age. Spécialement dans l'europe occidentale» *in Recueil des Cours de l'Académie de Droit International de La Haye,* vol. 49, 1934, pp. 547-686; GUTZWILLER, Max. «Le développement historique du Droit International Privé» *in Recueil de Cours de l´Académie de Droit International de La Haye,* vol. 29, 1929, pp. 291-400, em especial p. 297. MILLS, Alex. "The Private History of International Law" *in International and Comparative Law Quarterly.* vol. 55, 2006, pp 1-50, em especial p. 4. BARILE, Giuseppe. «La fonction historique du droit international privé» *in Recueil des Cours de l'Académie de Droit International de La Haye,* vol. 116, 1965, pp. 301-381.

pelo qual era aplicável o direito do lugar da origem do envolvido no fato transnacional. Com a consolidação do feudalismo, e na ausência de substituto à centralização oferecida pelo Império Romano, o territorialismo da legislação foi implantado, sendo aplicadas as regras e costumes de cada feudo. Para Strenger, o feudalismo é caracterizado pela supremacia da *lex fori,* ignorando-se os usos e costumes estrangeiros[5].

Com a crise do feudalismo, o aumento dos fluxos comerciais entre os diversos centros urbanos resultou na resistência dos agentes econômicos à regulação por meio dos usos e costumes de cada feudo, que geravam insegurança jurídica. Ao mesmo tempo, os novos centros comerciais ansiavam por manter a independência frente à pretendida centralização almejada pelo Papado e pelo Sacro Império Romano do Ocidente, o que os impelia a não aceitar uma ordenação única para reger os fatos transnacionais comerciais.

Assim, premidos entre a indesejada exclusividade dos usos e costumes locais e a repulsa à eventual uniformização que eliminaria a própria autonomia existente, os centros comerciais – em especial as cidades-estados do norte da Itália – adotaram normas próprias e, sob a influência de glosas e comentários aos textos romanos codificados por Justiniano, elaborados por juristas da época, estimularam estudos sobre a aplicação espacial de uma norma, desenvolvendo a chamada fase estatutária do direito internacional privado[6].

Esses estudos forjaram o direito internacional privado como disciplina que não regula diretamente o fato transnacional, mas tão somente indica a norma (nacional ou estrangeira) de regência.

Assim, desde o século XII na Europa, as Escolas estatutárias consagraram o método indireto como um dos principais métodos do direito internacional privado, pelo qual se analisavam as leis, os usos e costumes locais para delinear o limite de seu alcance espacial[7]. Em síntese, a diversidade das leis locais aliada ao desejo de autonomia dos centros comerciais

5. STRENGER, Irineu. *Direito Internacional Privado.* Parte Geral. São Paulo: RT, 1986, p. 157. GUTZWILLER, Max. «Le développement historique du Droit International Privé» *in Recueil de Cours de l´Académie de Droit International de La Haye,* vol. 29, 1929, pp. 291-400, em especial p. 299.

6. Para Lainé, as Escolas estatutárias revelam o nascimento do direito internacional privado. LAINÉ, Armand. *Introduction au Droit International Privé Contenant une etude historique et critique de la theorie des statuts et des rapports de cette theorie avec le code civil.* Tome I, Paris: Librairie Cotillon/F. Pichon Ed., 1888, p. 45 e seguintes («Origines du droit international privé. La théorie des statuts»).

7. LAINÉ, Armand. *Introduction au Droit International Privé Contenant une etude historique et critique de la theorie des statuts et des rapports de cette theorie avec le code civil.* Tome I, Paris: Librairie Cotillon/F. Pichon Ed., 1888, p. 45 e seguintes.

fez florescer o uso do método indireto para solucionar a potencial colisão de estatutos (*collisio statutorum*)[8].

O método indireto no direito internacional privado preocupa-se em localizar determinado direito para que seja feita a regulação normativa de um fato transnacional.[9] O método indireto é tido por remissivo ou indicativo porque *remete* à aplicação de determinada lei material que deve regular o fato transnacional, sendo fruto de uma época na qual não havia interesse dos comerciantes em estimular a regulação direta por meio do uso de um ordenamento oriundo de um poder centralizado, como o Sacro Império Romano Germânico[10].

Não há, em geral, atenção com a solução de fundo das questões jurídicas envolvendo o fato transnacional, que serão tratadas pelas regras materiais indicadas ou pela jurisdição escolhida[11]. Se não há preocupação precípua com a solução material da demanda, o método indireto requer a adoção de um critério de escolha de um ordenamento entre os que possuem vínculos (elementos de estraneidade) extraídos do fato transnacional.

Desde a fase iniciadora estatutária do direito internacional privado, houve sensível desenvolvimento do método indireto, que evoluiu para duas espécies básicas distintas: o método indireto unilateral e o método indireto multilateral (denominado também de método indireto bilateral). Apesar de ambos defenderem a restrição do direito internacional privado à localização da regra material para regular o fato transnacional, há diferença quanto à forma pela qual a regra material é escolhida.

O método indireto unilateral prioriza a delimitação espacial das normas do foro que podem ser aplicadas a determinado fato transnacional[12].

---

8. SIMON, Walter. «La conception du droit international privé d'après la doctrine et la pratique en Allemagne» *in Recueil des Cours de l´Académie de Droit International de la Haye*, vol. 15, 1926, pp. 433-533, em especial p. 454.

9. Há aqueles que denominam o método indireto de método conflitual por incidir sobre o "conflito" (concurso) de leis incidentes sobre o fato transnacional. Ver a terminologia em DROZ, Georges A. L. «Regards sur le droit international privé comparé. Cours général de droit international privé» *in Recueil des cours de l´Académie de Droit International de La Haye*, vol. 229, 1991, pp. 9-424, em especial p. 30.

10. Sobre o desenvolvimento do método indireto nas Escolas estatutárias, ver GUTZWILLER, Max. «Le développement historique du Droit International Privé» *in Recueil de Cours de l´Académie de Droit International de La Haye*, vol. 29, 1929, pp. 291-400. MEIJERS, E. M. «L'histoire des principes fondamentaux du droit international privé a partir du moyen age. Spécialement dans l'europe occidentale» *in Recueil des Cours de l'Académie de Droit International de La Haye*, vol. 49, 1934, pp. 547-686.

11. LALIVE, Pierre. «Tendances et méthodes en droit international privé: cours général» *in Recueil des Cours de l´Académie de Droit International de la Haye*, vol. 155, 1977, pp. 3-424, em especial p. 104.

12. RIGAUX, François. «Les situations juridiques individuelles dans un système de relativité générale. Cours général de droit international privé» *in Recueil des Cours de l´Académie de Droit International de la Haye*, vol. 213, 1989, pp. 9-407, em especial p.129.

Esse enfoque não visa estabelecer uma solução geral para o fato transnacional, mas sim definir a extensão e a aplicabilidade das normas do foro ao caso em questão. Tal método é típico veículo de políticas públicas, uma vez a aplicação territorial ou extraterritorial de uma norma atende aos interesses do Estado que a produziu (Estado do foro)[13]. Hecke, didaticamente, vê um curso histórico no qual a regra de delimitação espacial (método indireto unilateral) precede o uso da regra de conexão (método indireto multilateral), especialmente a partir dos estudos de Savigny[14].

Para Bureau e Muir Watt, o método unilateral tem como eixo axiológico privilegiar os interesses do Estado do foro, delimitando o campo espacial de suas normas e deixando aos demais ordenamentos jurídicos estrangeiros a preocupação de definir os seus próprios domínios de aplicação das leis, na medida em que a lei do foro não queira incidir sobre determinado fato transnacional[15].

Vitta aponta que o método unilateral gera a possibilidade de um "vácuo" no caso da lei do foro não se interessar na regulação do fato transnacional[16]. Contudo, segundo Gothot, o sistema unilateralista de direito internacional não se distingue pelo tratamento privilegiado à lei do foro, mas pelo modo de aplicação do direito estrangeiro eventualmente incidente.[17] Ou seja, é possível indicar a lei estrangeira por um processo conhecido por "bilateralização", no qual a regra nacional que só se interessa pela aplicação da lei do foro tem seu raciocínio utilizado para indicar também uma lei estrangeira.[18] Esse fenômeno de "bilateralização" do método unilateral preenche a lacuna da indicação de lei para reger fatos transnacionais que não interessam ao foro (e por isso escapam à incidência da norma unilateral). Assim, é possível

13. Para Bogdan, "unilateral conflict rules designate normally merely the scope of application of the *lex fori*". BOGDAN, Michael. "Private International Law as Component of the Law of the Forum: General Course on Private International Law" *in Recueil des Cours de l´Académie de Droit International de la Haye*, vol. 348, 2010, pp. 9-252, em especial p. 74.

14. HECKE. Georges van. «Principes et méthodes de solution des conflits de lois» *in Recueil des Cours de l´Académie de Droit International de la Haye*, vol. 126, 1969, pp. 409-588, em especial p. 449.

15. BUREAU, Dominique; WATT, Horatia Muir. *Droit International Privé*. Tome I. 3° édition, Paris: PUF, 2014, p. 379. GOTHOT, Pierre. «La méthode unilatéraliste face au droit international privé des contrats» *in Droit international privé: travaux du Comité français de droit international privé, 1e année, 1975-1977*, 1979, pp. 201-232.

16. VITTA, Edoardo. «Cours général de droit international privé» *in Recueil des Cours de l´Académie de Droit International de la Haye*, vol. 162, 1979, pp. 9-243, em especial p. 73 e p. 157.

17. GOTHOT, Pierre. «Le renouveau de la tendance unilatéraliste en droit international privé» *in Revue Critique de Droit International Privé*, vol. 60, 1971, pp. 1-36, pp. 209-243 e pp. 417-450, em especial p. 4.

18. Nesse sentido, DROZ, Georges A. L. «Regards sur le droit international privé comparé. Cours général de droit international privé» *in Recueil des cours de l´Académie de Droit International de La Haye*, vol 229, 1991, pp. 9-424, em especial p. 31.

um sistema completo de direito internacional privado construído inteiramente por normas unilaterais[19]. Em síntese, para Gothot, a regra unilateral de direito internacional privado é aquela pela qual o legislador determina o domínio de aplicação da lei que ele mesmo edita ou, ainda, designa as relações sociais que caem sob o seu domínio normativo[20].

O método indireto unilateral foi, originalmente, consagrado pelas Escolas estatutárias, que congregaram juristas de diferentes regiões da Europa desde o século XII, e, apesar das diferenças entre as Escolas italiana, francesa, holandesa e alemã, possuíram como elemento comum o estudo dos limites espaciais da aplicação da lei[21].

O estudo do alcance no espaço de determinada regra editada por um centro político autônomo (as cidades-estados italianas, a princípio) era estimulada pelos centros de poder em plena ascensão do capitalismo comercial, que, com isso, lograram romper com a subordinação ao Sacro Império Romano Germânico.

As Escolas estatutárias classificaram as normas (leis, usos e costumes) segundo seu alcance espacial: territorial, extraterritorial e mistas[22]. A forma da classificação dos estatutos era, em geral, gramatical, dependendo dos vocábulos que constituíam as regras para forjar os seus limites espaciais de atuação. Lainé apontou que essa fixação na análise dos vocábulos já era criticada à época, sendo sugerida a adoção de critérios finalísticos que gerassem racionalidade na classificação. Nesse sentido, Guy de Coquille, da Escola estatutária francesa, defendeu que o alcance espacial de uma norma não deveria depender de seus vocábulos, mas dos interesses que o legislador almejou defender[23].

---

19. HECKE. Georges van. «Principes et méthodes de solution des conflits de lois» *in Recueil des Cours de l'Académie de Droit International de la Haye*, vol. 126, 1969, pp. 409-588, em especial p. 452.
20. GOTHOT, Pierre. «Le renouveau de la tendance unilatéraliste en droit international privé» *in Revue Critique de Droit International Privé*, vol. 60, 1971, pp. 1-36, pp. 209-243 e pp. 417-450, em especial p. 1.
21. Para Lainé: «(...) [l]a théorie des statuts est un ensemble de règles qui, dans notre ancien droit, étaient proposées par les auteurs, non sans de nombreux dissentiments, comme propres à résoudre les conflits nés de la diversité des coutumes; un certain nombre de ces règles étaient aussi passées en jurisprudence.» LAINÉ, Armand. «Le droit international privé en France considéré dans ses rapports avec la théorie des statuts» *in Journal du Droit International Privé et de la Jurisprudence Comparée*, vol. 12, 1885, pp. 129-143 e pp. 249-265, em especial p. 131. Ver mais sobre as Escolas estatutárias em CARVALHO RAMOS, André de. *Curso de Direito Internacional Privado.* 3ª ed., São Paulo: Saraiva, 2023, em especial pp. 09-17.
22. BAR, Ludwig von. *The theory and practice of private international law.* 2ª ed, trad. de G.R. Gillespie, Edinburgh: William Green & Sons Law Publishers, 1892, p. 27.
23. LAINÉ, Armand. *Introduction au Droit International Privé contenant une etude historique et critique de la theorie des statuts et des rapports de cette theorie avec le code civil.* Tome I, Paris: Librairie Cotillon/F. Pichon Ed., 1888, p. 303.

A Escola holandesa inseriu a temática do direito internacional privado no contexto do choque de soberanias[24], na medida em que seus autores buscavam explicar o motivo pelo qual um Estado soberano aplica a lei estrangeira. Na Escola holandesa, Huber buscou conciliar a territorialidade de uma lei (norma editada por uma soberania vinculada a um determinado território) com sua incidência espacial extraterritorial, devendo um Estado aceitar aplicar lei estrangeira em razão da cortesia internacional (*comitas gentium*)[25]. Para a Escola italiana, essa pergunta não se fazia, em face do uso do Código de Justiniano como texto de apoio com pretensão universal. A Escola francesa, por sua vez, via a aplicação da lei estrangeira como consequência do limite territorial dos estatutos[26].

O método indireto unilateral adaptou-se à consolidação do Estado nacional, que, no ambiente positivista e do liberalismo econômico do século XIX, afastou-se das soluções casuísticas dos estatutários tradicionais, baseadas no estudo dos vocábulos das leis e costumes, fixando-se na regulação nacional dos fatos transnacionais. Fruto dessa reorganização do Estado, o método indireto unilateral, herdeiro das tradições estatutárias[27], foi adotado por codificações nacionais[28], como o Código Civil francês, de 1804 e a lei de introdução ao Código Civil alemão de 1896[29]. O art. 3º do Código Civil francês de 1804 expõe a visão "unilateral e nacional"[30] ao dispor que as leis concernentes ao estado e

24. SPERDUTI, Guiseppe «Théorie du droit international privé» *in Recueil des Cours de l´Académie International de la Haye,* vol. 122, 1967, pp. 173-336, em especial p.182.

25. Para Yntema, a "cortesia internacional" desenvolvida por Huber apontou, com simplicidade, o dilema básico do direito internacional privado para mediar os choques entre as pretensões da soberania territorial e as necessidades do comércio internacional. Sobre o tema, para Story, a cortesia internacional deveria ser entendida como dever moral ("moral duty"), mas, de todo modo, seria uma obrigação imperfeita, pois cada estado deve ser o juiz final ("final judge") dos seus próprios interesses. YNTEMA, Hessel E.. "The Comity Doctrine" *in Michigan Law Review,* Vol. 65, nº. 1, 1966, pp. 9-32, em especial p. 9. STORY, Joseph. *Commentaries on the conflict of laws* (1ª ed. 1834), 4ª ed, Boston: Little Brown and Company, 1852, p. 43.

26. JUENGER, Friedrich K. *Choice of law and multistate justice.* New York: Transnational Publishers, 2005, p. 19-20.

27. Expressão de Gothot. GOTHOT, Pierre. «Le renouveau de la tendance unilatéraliste en droit international privé» *in Revue Critique de Droit International Privé,* vol. 60, 1971, pp. 1-36, pp. 209-243 e pp. 417-450, em especial p. 10.

28. O Código Civil prussiano, de Frederico II, de 1794, anterior ao Código Civil francês de 1804, é tido como precursor das codificações nacionais de direito internacional privado. NOLDE, Boris. «La codification du droit international privé» *in Recueil de Cours de l´Académie de Droit International de La Haye,* vol. 55, 1936, pp. 299-432, em especial p. 320 e seguintes.

29. GOTHOT, Pierre. «Le renouveau de la tendance unilatéraliste en droit international privé» *in Revue Critique de Droit International Privé,* vol. 60, 1971, pp. 1-36, pp. 209-243 e pp. 417-450, em especial p. 1. Ver também GOTHOT, Pierre. «La méthode unilatéraliste face au droit international privé des contrats» *in Droit international privé: travaux du Comité français de droit international privé, 1e année, 1975-1977,* 1979, pp. 201-232.

30. Expressão de Valladão. VALLADÃO, Haroldo. «Développement et intégration du droit international privé, notamment dans les rapports de famille: (cours général de droit international privé)» *in Recueil des Cours de l´Académie International de la Haye,* vol. 133, 1971, pp. 413-544, em especial p. 454.

capacidade das pessoas regeriam os franceses mesmo quando residissem em país estrangeiro. Lainé apontou que a redação do art. 3º representou a introdução da visão unilaterista estatutária no Código Civil francês[31].

Nessa linha, Wächter defendeu, em meados do século XIX, que o juiz nacional, ao apreciar um fato transnacional, deve utilizar a sua lei (*lex fori*). De acordo com os princípios que deveriam guiar a aplicação das leis no espaço, os tribunais nacionais deveriam, como representantes estatais, utilizar antes de tudo as leis locais. Caso não haja uma lei para regular a situação com elementos de estraneidade, mesmo assim o juiz nacional deveria adaptar a solução do caso de acordo com as regras gerais do foro. Wächter valorizou, portanto, as políticas públicas do Estado do foro, que deveriam ser a única preocupação do juiz nacional[32].

Com a "revolução americana" do direito internacional privado, o método unilateral foi resgatado, uma vez que esse movimento caracterizou-se como uma reação às regras de conexão multilaterais, tidas como abstratas e apartadas dos interesses de justiça no caso concreto[33]. Para Symeonides, o termo "revolução americana" designa o movimento intelectual que reuniu doutrinadores e julgadores nos Estados Unidos no século XX que desafiaram e, finalmente, demoliram as fundações originais do sistema americano de conflito de leis[34]. No direito internacional privado norte-americano, o método indireto unilateral foi reforçado por duas correntes doutrinárias: a corrente da prevalência da *lex fori* e a corrente do interesse governamental.

---

31. LAINÉ, Armand. «Le droit international privé en France considéré dans ses rapports avec la théorie des statuts» *in Journal du Droit International Privé et de la Jurisprudence Comparée*, vol. 12, 1885, pp. 129-143 e pp. 249-265, em especial p. 129.

32. Foi utilizada a tradução de Naldemann dos "princípios" de Wächter. NALDEMANN, Kurt H. "Wächter´s essay on the collision of private laws of different States" *in American Journal of Comparative Law*, vol. 13, 1964, pp. 414-427.

33. Sobre a "revolução americana", ver REESE, Willis L.M. "General course on private international law" *in Recueil des Cours de l´Académie de Droit International de la Haye*, vol. 150, 1976, pp. 1-193, em especial p. 37-42. CAVERS, David F. "Contemporary conflicts law in American perspective" *in Recueil de Cours de l´Académie de Droit International de La Haye*, vol. 131, 1970, pp. 75-308, em especial p. 75-171. KEGEL, Gerhard. "The crisis of conflict of laws" *in Recueil des Cours de l´Académie International de la Haye*, vol. 112, 1964, pp. 91-268. LALIVE, Pierre A. «Cours Général de Droit International Privé» *in Recueil des Cours de l´Académie de Droit International de la Haye*. vol. 155, 1977, pp. 3-324, em especial p. 326-370; DE NOVA, Rodolfo. «Historical and Comparative Introduction to Conflict of Laws» *in Recueil des Cours de l' Académie de Droit International de la Haye*, vol. 118, 1966, pp. 435-642, em especial em especial p. 591-610. VISCHER, Frank. "General course on private international law" *in Recueil des Cours de l´Académie de Droit International de la Haye*, vol. 232, 1992, pp. 9-255, em especial p. 44-73; VITTA, Edoardo. «Cours général de droit international privé» *in Recueil des Cours de l´Académie de Droit International de la Haye*, vol. 162, 1979, pp. 9-243, em especial p. 163-187.

34. No original: "the intellectual movement that challenged and eventually demolished the foundations of the established American system of conflicts law". SYMEONIDES, Symeon C. "The American Choice-of-law revolution in the courts: today and tomorrow" *in Recueil des Cours de l´Académie International de la Haye*, vol. 298, 2002, pp. 25-448, em especial p. 25 e p. 422.

A corrente norte-americana da prevalência da *lex fori,* chamada por Kegel e por Evriginis de *forum faction*[35], parte do princípio inicial de fixação do alcance da aplicação da lei do foro. Para Ehrenzweig, a lei do foro seria, em geral, utilizada na regulação dos fatos transnacionais por razão de política pública[36]. Além dessa hipótese inicial, a lei do foro ainda incidiria sobre os fatos transnacionais por invocação da ordem pública ou de normas cogentes internas, graças à requalificação da questão como sendo de direito interno por razões de justiça material, com base nos parâmetros do foro (*lex aequitatis forensis)* e, finalmente, por escolha das partes (autonomia da vontade)[37]. Após, na hipótese da lei do foro não incidir de forma alguma sobre o fato transnacional, poderia ser utilizada a lei estrangeira de um Estado que se interessasse na regulação da temática[38].

Na defesa do uso da lei do foro como regra geral de regulação dos fatos transnacionais, cabe mencionar a posição de Cook, que, a partir de observação da atividade judicial nos Estados Unidos e da premissa do territorialismo das leis, sustentou que a única fonte de solução para os conflitos de lei era a lei do foro, que inclusive poderia utilizar do modelo fornecido pela lei estrangeira.[39] Outra abordagem a favor do método unilateral baseado na lei do foro foi desenvolvida pelo Juiz Learned Hand, para o qual, em virtude da soberania, não era possível aplicar a lei estrangeira aos fatos transnacionais, cabendo, assim, a incidência da lei do foro, que deveria conter direito similar ao estrangeiro (por isso denominada de *homologous right theory)*[40].

---

35. KEGEL, Gerhard. "The crisis of conflict of laws" *in Recueil des Cours de l´Académie International de la Haye,* vol. 112, 1964, pp. 91-268, em especial p. 263. EVRIGINIS, Dimitrios J. «Tendances doctrinales actuelles en droit international privé» *in Recueil des Cours de l´Académie International de la Haye,* vol. 118, 1966, pp. 313-433, em especial p. 366.

36. No original: "(...) we shall note that application of either forum or foreign law would remain the result of interpreting the substantive rule of the forum in light of its policy". EHRENZWEIG, Albert A., "Specific Principles of Private Transnational Law" *in Recueil des Cours de l´Académie International de la Haye,* vol. 167, 1968, pp. 167-369, em especial p. 210. Em outro texto, Ehrenzweig trata o uso da *lex fori* como sendo a regra e as regras de conflito bilaterais como sendo exceção. EHRENZWEIG, Albert A. "The Lex Fori: Basic Rule in the Conflict of Laws" *in Michigan Law Review,* vol. 58, 1960, pp. 637-688, em especial p. 642.

37. EHRENZWEIG, Albert A., "Specific Principles of Private Transnational Law" *in Recueil des Cours de l´Académie International de la Haye,* vol. 167, 1968, pp. 167-369, em especial p. 182.

38. KEGEL, Gerhard. "The crisis of conflict of laws" *in Recueil des Cours de l´Académie International de la Haye,* vol. 112, 1964, pp. 91-268, em especial p. 201.

39. FASSBERG, Celia Wasserstein. "Realism and Revolution In Conflict of Laws: In with a bang and out with a whimper" *in University of Pennsylvania Law Review,* vol. 163, 2015, pp. 1919-1944, em especial p. 1923. COOK, Walter Wheeler. "The Logical and legal Bases of the Conflict of Laws", *Yale Law Journal,* vol. 33, 1924, pp. 457-488, em especial 488.

40. Ver o caso *Guinness v. Miller* (1923) decidido pelo Juiz Hand em PARRA ARANGUREN. Gonzalo. "Origen y evolucion del sistema anglo-americano de derecho internacional privado", separata da *Revista de Derecho y Legislación,* n. 45, 1966, pp. 3-76 em especial p. 64. Ver também o caso e sua análise em COOK, Walter

Também nos Estados Unidos, o método unilateral foi reforçado pelo surgimento da corrente do interesse governamental. Para Currie, toda regra de direito internacional privado reflete uma política pública (*policy*) do Estado do foro[41]. Por isso, não é possível que a escolha da lei para regular o fato transnacional esteja baseada em critérios abstratos que acarretem a aplicação de lei estrangeira desconectada da política do foro. Em síntese, a existência de vínculos com outro ordenamento jurídico seria irrelevante em face das políticas e interesses dos estados envolvidos, ou seja, o concurso de leis no direito internacional privado resumir-se-ia a um conflito de interesses estatais[42].

Nessa linha, há três hipóteses que envolvem a aplicação da lei a um fato transnacional: a existência de um único Estado interessado (do foro ou estrangeiro); a existência de dois estados interessados, sendo o Estado do foro e um Estado estrangeiro; e, finalmente, dois estados estrangeiros interessados. Na primeira e segunda hipóteses, Currie defende a aplicação da lei do foro, em prol da defesa dos interesses governamentais; na última hipótese, o autor aponta a aplicação da lei do foro, dada à inexistência de um sistema satisfatório de princípios gerais de escolha da lei[43].

A visão unilateralista de direito internacional privado de Currie baseou-se na detecção de "falsos conflitos" de leis - com somente um Estado interessado ou vários estados com legislação convergente - a partir de uma análise dos interesses governamentais envolvidos em um fato transnacional. Já no conflito verdadeiro de leis, existem interesses em colisão de dois ou mais estados, que, para serem solucionados demandam a prevalência da lei do foro, pois o juízo estatal não pode abrir mão dos interesses governamentais envolvidos, o que somente poderia ocorrer por intermédio da ação dos Poderes Executivo e Legislativo[44].

Wheeler. "The Logical and legal bases of the Conflict of Laws" *in Yale Law Journal,* vol. 33,1923-1924, pp. 457-488, em especial p. 474-475. Ver ainda CAVERS, David F. "The Two "Local Law" Theories" *in Harvard Law Review,* vol. 63, 1950, pp. 822-832. US District Court, Southern Discrict of New York, caso Guinness v. Miller, 291 F. 769, 770 (S.D.N.Y. 1923).

41. *In verbis:* "Each state has a policy, expressed in its law, and each state has a legitimate interest, because of its relationship to one of the parties, in applying its law and policy to the determination of the case." CURRIE, Brainerd. *Selected essays on the conflict of laws.* Durham: Duke University Press, 1963, p. 107-108.

42. *In verbis:* "In a nutshell my argument is: The question whether a particular 'contact' is significant is meaningless unless significance is judged in terms of the policies and interests of the states involved" em CURRIE, Brainerd. "Comment on Babcock v. Jackson - a recent development in conflict of laws" *in Columbia Law Review,* n. 63, 1963, pp. 1233-1257, em especial p. 1235.

43. CURRIE, Brainerd. "Comment on Babcock v. Jackson – a recent development in conflict of laws" *in Columbia Law Review,* n. 63, 1963, pp. 1233-1257, em especial p. 1242-1243. EVRIGINIS, Dimitrios J. «Tendances doctrinales actuelles en droit international privé» *in Recueil des Cours de l´Académie International de la Haye,* vol. 118, 1966, pp. 313-433, em especial p. 357.

44. CURRIE, Brainerd. "The disinterested third state" *in Law and Contemporary Problems,* vol. 28, 1963, pp. 754-794, em especial p. 794.

A crítica à teoria da análise dos interesses governamentais enfatiza a dificuldade de se identificar o conteúdo desses interesses[45] aptos a delimitar espacialmente o campo de aplicação de uma norma, o que seria, para Evrigenis, uma "mera especulação".[46] Outra crítica diz respeito ao abandono, em nome dos interesses governamentais, da proteção aos interesses privados de todos os envolvidos nos fatos transnacionais, o que resultaria – na prática – na defesa dos interesses dos próprios nacionais[47]. Brilmayer denominou a insistência de Currie a respeito do interesse governamental de proteção dos próprios nacionais ou dos próprios residentes de "paroquial" (*parochial*), que não leva em consideração os demais indivíduos envolvidos[48].

Sugerindo já uma abordagem de direitos, Laycock sustentou, sob o ponto de vista constitucional norte-americano, que defender somente os interesses dos cidadãos de cada Estado na Federação norte-americana (nos casos de fatos vinculados a mais de um Estado membro) seria inconstitucional, pois afetaria a igualdade de todos e a unidade nacional[49].

Dolinger usa o termo "provincianismo" e denomina essa visão norte-americana de "curta e estreita"[50]. Considera que o interesse governamental não pode servir de parâmetro para a escolha da lei aplicável porque leva praticamente à aplicação da lei do foro, anulando séculos de esforços dos estados para a determinação de uma solução comum e equânime para as situações jurídicas transnacionais.[51]

Na Europa continental, o método indireto unilateralista, adotado em determinadas codificações nacionais de direito internacional privado do

45. WESTEN, Peter Kay. "False Conflicts" *in California Law Review*, vol. 55, 1967, pp. 74-122, em especial p. 82.

46. EVRIGINIS, Dimitrios J. «Tendances doctrinales actuelles en droit international privé» *in Recueil des Cours de l´Académie International de la Haye*, vol. 118, 1966, pp. 313-433, em especial p. 362.

47. KEGEL, Gerhard. «The crisis of conflict of laws» *in Recueil des Cours de l´Académie International de la Haye*, vol. 112, 1964, pp. 91-268, em especial p. 201-202.

48. BRILMAYER, L. "Interest analysis and the myth of legislative intent" *in Michigan Law Review*, vol. 78, 1980, pp. 392-431, em especial p. 401. No mesmo sentido, JUENGER, Friedrich K. "General Course on Private International Law" *in Recueil des Cours de l´Académie International de la Haye*, vol. 193, 1985, pp. 131-387, em especial p. 218.

49. No original: "I believe it is also fundamentally inconsistent with national unity". LAYCOCK, Douglas. "Equality and the citizens of sister states" *in Florida State University Law Review*, vol. 15, 1987, pp. 431-448, em especial p. 446-448.

50. DOLINGER, Jacob. "A decadência do direito internacional norte-americano" *in* DOLINGER, Jacob. *Direito e Amor – e outros temas*. Rio de Janeiro: Renovar, 2009, pp. 155-203, em especial p.197. Ver ainda REIMANN, Mathias. "Parochialism in American Conflicts Law" *in The American Journal of Comparative Law*, vol. 49, 2001, p. 369 e seguintes.

51. *In verbis:* "Government interest analysis cannot and should not be the barometer because it leads practically always to the application of forum law, which amounts to nullifying centuries of efforts which have endeavoured to find a common, suitable, equitable, solution for transnational legal situations". DOLINGER, Jacob. "Evolution of principles for resolving conflicts in the field of contracts and torts" *in Recueil des Cours de l´Académie de Droit International de la Haye*, t. 283, 2000, pp. 187-512, em especial p. 501.

século XIX[52], refloresceu, no século XX, em um ambiente de nacionalismo e proteção das opções legislativas do Estado do foro.

Nessa linha, Niboyet sustentou que a regra de conflito é unilateral: ela determina somente o alcance da lei do foro e não de outras. Cada Estado regula o alcance de sua própria lei material e para os casos de "conflito negativo" (nenhuma lei deseja regular o fato transnacional) deve ser utilizada a lei do foro para os envolvidos não ficarem sem regramento. Já no caso de "conflito positivo" entre duas leis estrangeiras, deve ser escolhida a lei estrangeira que mais se aproxima da solução dada pela lei do foro (no caso, a lei francesa)[53]. Comentando a trajetória acadêmica de Niboyet, Muir Watt e Bureau atestam que sua obra é fortemente política, marcada pelo nacionalismo unilateralista: o objetivo de uma regra de conflito francesa deve ser a defesa dos interesses franceses[54].

Para Quadri, as regras de conflito nacionais são unilaterais em essência, devendo circunscrever o limite espacial de aplicação das regras materiais do sistema do foro. Consequentemente, a aplicação de uma lei estrangeira depende da ausência de um critério de conexão com o direito material do foro e, ainda, da existência de um vínculo reconhecido pelo direito internacional privado estrangeiro[55]. Essa visão do unilateralismo asseguraria uma coerência na vida internacional dos agentes privados[56].

Pilenko[57], por sua vez, sintetizou quatro princípios unilateralistas[58]: 1) se a lei do foro desejar regular o fato transnacional, deve prevalecer sobre qualquer lei estrangeira; 2) se a lei do foro não incidir, a lei estrangeira - caso deseje - deve ser aplicada, a não ser que viole a ordem pública do foro; 3) se nenhuma lei estrangeira desejar regular a matéria, a lei do foro incide,

52. VALLADÃO, Haroldo. «Développement et intégration du droit international privé, notamment dans les rapports de famille: (cours général de droit international privé)» *in Recueil des Cours de l´Académie International de la Haye,* vol. 133, 1971, pp. 413-544, em especial p. 454.

53. NIBOYET, J. P. *Cours de Droit International Privé Français.* Paris: Librairie du Recueil Sirey, 1949, pp. 350-352.

54. *In verbis*: «(...) sa doctrine est aussi fortement politique: l´objectif de la règle de conflit française doit être la défense des intérêts français». BUREAU, Dominique; WATT, Horatia Muir. *Droit International Privé.* Tome I. 3ª édition. Paris: PUF, 2014, p. 412.

55. QUADRI, Rolando. *Lezioni di diritto internazionale privato.* 3ª. ed. Liguori: Nápoles, 1961, em especial p. 177 e seguintes.

56. BUREAU, Dominique; WATT, Horatia Muir. *Droit International Privé.* Tome I. 3ª édition. Paris: PUF, 2014, p. 414.

57. PILENKO, Alexander. «Le droit spatial et le droit international privé dans le projet du nouveau Code Civil français» *in Revue Hellénique de Droit International,* vol. 6, 1953, pp. 319-355.

58. Ver os comentários de De Nova e de Kegel sobre os princípios de Pilenko. DE NOVA, Rodolfo. "Historical and Comparative Introduction to Conflict of Laws" *in Recueil des Cours de l'Académie de Droit International de la Haye*, vol. 118, 1966, pp. 435-642, em especial p. 587. KEGEL, Gerhard. "The crisis of conflict of laws" *in Recueil des Cours de l´Académie International de la Haye,* vol. 112, 1964, pp. 91-268, em especial p. 200.

de modo supletivo; e 4) se existir mais de uma lei estrangeira desejando regular o fato transnacional, a regra unilateral do foro deve ser transformada, analogicamente, em uma regra bilateral, escolhendo-se a lei estrangeira.

Essas visões sobre o método indireto unilateralista distanciam-se da visão estatutária tradicional, que era baseada à luz do universalismo da codificação romana. Na atualidade, o direito internacional privado unilateralista passou por uma renovação em um nacionalismo difuso marcado pela adoção da gramática de direitos como forma de prevalência dos valores e interesses do foro. Nessa linha, Gothot aponta que o unilateralismo reviveu no direito internacional privado graças à adoção das leis de aplicação imediata (normas imperativas) e do reconhecimento de direitos concretizados sob a égide da lei estrangeira, resultando na circulação internacional de direitos[59].

Atualmente, o desafio é pensar em soluções jurídicas para evitar o risco de um novo territorialismo – que gere um ressuscitado "provincialismo" – fruto do uso do método unilateralista.

2.2.2. O método indireto multilateral e o direito internacional privado das encruzilhadas

O século XIX é considerado como o período da formação clássica do direito internacional privado, que transformou a disciplina, sendo para Juenger uma verdadeira "era de ouro"[60]. A construção dos aspectos essenciais da disciplina no período é consequência da explosão do número de fatos transnacionais, oriunda da globalização da época. Duncan Kennedy sustenta que os países ocidentais (com foco nos Estados Unidos) experimentaram, a partir de meados do século XIX e até o final do século XX, três grandes fases de globalizações econômicas, que influenciaram o pensamento e os ramos jurídicos. A primeira fase, de 1850 a 1914, foi marcada pela busca da liberalização de mercados, o estímulo à abertura econômica (no caso de países independentes) e a colonização (com a formação de impérios coloniais)[61].

59. GOTHOT, Pierre. «Le renouveau de la tendance unilatéraliste en droit international privé» *in Revue Critique de Droit International Privé*, vol. 60, 1971, pp. 1-36, pp. 209-243 e pp. 417-450, em especial p. 431.

60. JUENGER, Friedrich. "How do you Rate a Century" *in Willamette Law Review*, vol. 37, 2001, pp. 89-122, em especial p. 91.

61. Na segunda fase, que domina o século XX até 1968, há o desenvolvimento do estado social e, no plano internacional, de organizações internacionais. Busca-se o livre-comércio e o crescimento de empresas multinacionais, em um cenário de maior cooperação entre os estados capitalistas para o enfrentamento do bloco socialista. A era de ouro do capitalismo após a vitória aliada na 2ª Guerra Mundial começa a erodir no início da década de 70 do século XX, com a abrupta queda do padrão-ouro e a crise do petróleo.

Esse cenário da época incentivou o esforço pela racionalização e universalização do direito internacional privado, por intermédio da adoção de um método que levasse em consideração os interesses de todos os envolvidos e, assim, resultasse na indicação de uma única lei para tratar do fato transnacional.[62] Isso significou abandonar o método unilateral (de foco nacionalista) para adotar o método indireto multilateral (ou bilateral[63]).

Esse método, consagrado por Savigny e reconhecido como giro copernicano na disciplina[64], é alicerçado no estudo da relação jurídica gerada pelo fato transnacional[65], possuindo cada relação jurídica um centro ou sede no qual lei deveria incidir. Ao focar na relação jurídica e não no alcance espacial da lei doméstica, o método indireto bilateral buscou alcançar a mesma solução onde quer que o fato transnacional viesse a ser apreciado. Não se privilegia a lei do foro, tratando igualmente as leis e as jurisdições dos estados envolvidos e optando pela lei que fosse oriunda do centro ou sede da relação jurídica[66]. O método indireto multilateral possui, portanto, uma essência universalista, ao (i) não favorecer a lei local e (ii) tratar de modo igualitário a lei do foro e a lei estrangeira.

Para Savigny, há uma comunidade de direito entre os diferentes povos que comunga os mesmos valores de direito privado[67]. Esses valores, apesar de oriundos de normas estatais, não seriam fruto da discricionariedade política de um Estado específico, mas refletiriam, conforme Rückert, uma construção científica e racional das relações entre os agentes econômicos privados no sentido de um "direito puro", cuja prova estaria na análise

---

Contudo, nas últimas duas décadas do século XX, a queda do Muro de Berlim e o desmoronamento do bloco soviético prepararam o desenvolvimento de uma nova etapa, que incrementa os fluxos transfronteiriços. KENNEDY, Duncan. "Three Globalizations of Law and Legal Thought: 1850-2000" *in* TRUBEK, David; SANTOS, Alvaro (eds). *The New Law and Economic Development. A Critical Appraisal.* Cambridge: Cambridge University Press, 2006, pp. 19-76. Ainda,Horatia Muir Watt denomina o atual momento (século XXI) de quarta globalização. WATT, Horatia Muir. "Jurisprudence Without Confines: Private International Law as Global Legal Pluralism" *in Cambridge Journal of International and Comparative Law,* vol. 5, 2016, pp. 388-403, em especial p. 391.

62. COX Stanley E. "Substantive, Multilateral, and Unilateral Choice-of-Law Approaches" *in Willamette Law Review,* vol. 37, 2001, pp. 171-208, em especial p. 184.

63. Sobre o uso do termo «método bilateral», ver DROZ, Georges A. L. «Regards sur le droit international privé comparé. Cours général de droit international privé» *in Recueil des cours de l´Académie de Droit International de La Haye,* vol 229, 1991, pp. 9-424, em especial p. 32.

64. Ver, entre outros, MAYER, Pierre. *Droit International Privé.* Paris: Montchrestien, 1977, p. 53. PARRA-ARANGUREN, Gonzalo. «General course of private international law: selected problems» *in Recueil des Cours de l´Académie de Droit International de la Haye,* vol. 210, 1988, pp. 13-223, em especial p. 66.

65. Sobre a contribuição de Story e sua influência sobre Savigny, ver KEGEL, Gerhard. "Story and Savigny" *in American Journal of Comparative Law,* vol. 37, 1989, pp. 39-66, em especial p. 49.

66. SAVIGNY, Friedrich Carl von. *Sistema do Direito Romano atual, vol. VIII.* Tradução de Ciro Mioranga (edição original de 1849), Ijuí: Unijuí, 2004, em especial p. 119.

67. SAVIGNY, Friedrich Carl von. *Sistema do Direito Romano atual, vol. VIII.* Tradução de Ciro Mioranga (edição original de 1849), Ijuí: Unijuí, 2004, em especial p. 50.

histórica geral do direito privado[68]. Por isso, o direito internacional privado seria apolítico, de aceitação universal, não sendo visto como um tema inserido no conflito de soberanias[69].

Paralelamente, ocorre uma privatização do direito internacional privado, que passa a se constituir como ramo do direito apolítico, porque voltado à regência normativa somente de fatos transnacionais de direito privado, não havendo espaço para temas de direito público, os quais não se submeteriam ao método indireto multilateral, pois o Estado não admitiria que direito estrangeiro pudesse regular matéria referente, por exemplo, ao direito penal, tributário, entre outros[70]. Assim, para Battifol, é possível fazer incidir o método multilateral somente no que tange aos fatos transnacionais de direito privado, uma vez que, para este método, é indiferente a aplicação da lei nacional ou da lei estrangeira. Essa indiferença tornaria impossível utilizar o método multilateral em ramos do direito público[71].

A concepção de um método de direito internacional privado que fosse universalista e apolítico atendeu aos interesses do capitalismo liberal expansionista da época, o qual buscava justamente evitar o excessivo uso da lei do foro que o método unilateral poderia acarretar.

Michaels e Pauwelyn denominam o método indireto multilateral de método tradicional do DIPr, que funciona em três passos. Primeiramente, insere-se o fato transnacional, a partir de uma classificação normativa, em categorias jurídicas abstratas, sem relação com o conteúdo real das leis. Depois, são utilizados pontos de conexão estabelecidos de modo apriorístico e abstrato que geram a localização do ordenamento adequado para reger o fato transnacional[72]. Somente em um terceiro passo, após a localização da lei de regência, ocorre a sua aplicação ou afastamento, se violar a ordem pública do foro[73].

---

68. RÜCKERT, Joachim. "The Unrecognized Legacy: Savigny's Influence on German Jurisprudence after 1900" *in American Journal of Comparative Law*, vol. 37, 1989, pp. 121-137, em especial p. 136.

69. MICHAELS, Ralf. "Globalizing Savigny? The State in Savigny's Private International Law and the Challenge of Europeanization and Globalization" *in Duke Law School Legal Studies Paper*, no. 74, 2005, pp. 1-28, em especial p. 5.

70. A expressão "privatização do direito internacional privado" após Savigny foi retirada de Michaels. MICHAELS, Ralf. "Towards a private international law for regulatory conflicts?" *in Japanese Yearbook of International Law*, vol. 59, 2016, pp. 175-201, em especial p. 177.

71. BATTIFOL, Henri. «Les tendances doctrinales actuelles en droit international privé» *in Recueil de l´Académie de Droit International de la Haye*, vol. 72, 1948, pp. 5-65, em especial p. 8.

72. Por isso, é também cabível que seja denominado método indireto multilateral *rígido*. FERNÁNDEZ ARROYO, Diego P. "Aspectos generales y particularidades relevantes de la nueva dimensión interna del derecho internacional privado argentino" *in Revista de Derecho Privado y Comunitario*, número extraordinário: claves del Código Civil e Comercial, 2015, pp. 399-439, em especial p. 429.

73. MICHAELS, Ralf; PAUWELYN, Joost. "Conflict of Norms or Conflict of Laws? Different Techniques in the Fragmentation of Public International Law" *in Duke Journal of Comparative & International Law*, n. 22, 2012, pp. 349-376, em especial p. 358.

A classificação jurídica dos fatos transnacionais, realizada por meio do instituto da qualificação[74], é elemento chave justamente por permitir a identificação posterior do centro ou sede da relação jurídica. Assim, o método multilateral não se inicia na relação jurídica, mas na análise de fatos sociais (fatos da vida, na expressão de Rabel), que devem ser ordenados juridicamente[75]. A ordenação é o primeiro teste do consenso entre os estados, que classificariam, sem divergência, os fatos transnacionais em categorias do direito privado. Bartin sustentou, justamente por não detectar consenso entre os estados, que a qualificação constitui "obstáculo decisivo" ao universalismo prometido pelo método multilateral[76].

O emprego de categorias jurídicas gerais e abstratas permite, na visão dos seus defensores, uma universalização desse método, uma vez que tal classificação normativa seria ampla, neutra e imune aos interesses de cada Estado, gerando *harmonia* nas decisões - indicação da mesma lei, onde quer que o fato transnacional fosse analisado ou julgado - e *respeito* ao direito à segurança jurídica[77].

A identificação do centro ou sede da relação jurídica é realizada a partir da escolha de regras *a priori* que, em cada categoria jurídica na qual o fato transnacional for classificado, localizam o direito aplicável. A regra adotada *a priori* consiste em elemento de conexão entre o fato transnacional e a regulação normativa nacional ou estrangeira. A fixação apriorística de regras teria a vantagem, assim, de assegurar um método confiável e conhecido previamente por todos os indivíduos envolvidos nos fatos transnacionais.

A partir da contribuição de Savigny, o método multilateral dominou o direito internacional privado, na expressão de Mezghani, ofertando universalidade, segurança e previsibilidade nas relações jurídicas dos envolvidos em fatos transnacionais[78]. Graças a predeterminação do vínculo de um fato transnacional (qualificado em categorias) com a lei da sua sede, o direito

74. Na Faculdade de Direito da Universidade de São Paulo, a temática da qualificação foi objeto de tese de titularidade na área de direito internacional privado do Prof. Gama e Silva. Ver GAMA E SILVA, Luis Antônio. *As qualificações em Direito Internacional Privado.* Tese apresentada para o concurso de Professor Titular de direito internacional privado da Faculdade de Direito da Universidade de São Paulo. São Paulo, 1953.

75. RABEL, E. «Le problème de la qualification» *in Revue de Droit International Privé,* vol. 28, 1933, pp. 1-62, em especial p. 7.

76. BARTIN, Etienne. «La doctrine des qualifications et ses rapports avec le caractère national du conflit des lois» *in Recueil des Cours de l'Académie de Droit International de la Haye,* vol. 31, 1930, pp. 561-622, em especial p. 568.

77. DE NOVA, Rodolfo. «Historical and Comparative Introduction to Conflict of Laws» *in Recueil des Cours de l'Académie de Droit International de la Haye,* vol. 118, 1966, pp. 435-642, em especial p. 462-463.

78. MEZGHANI, Ali. "Méthodes de droit international privé et contrat illicite" *in Recueil des Cours de l'Académie de Droit International de la Haye,* vol. 302, 2003, pp. 119-430, em especial p. 149.

internacional privado lograria justiça na alocação espacial das leis, afastando a discricionariedade e a discriminação do direito estrangeiro. Considerando que a sede da relação jurídica seria também consensual entre os estados, o método indireto multilateral resultaria em uma universalização do direito internacional privado, obtendo-se a mesma solução para o fato transnacional onde quer que este fosse analisado.

A racionalidade e consensualidade na escolha da única sede da relação jurídica daria, consequentemente, neutralidade na escolha da lei aplicável, sem discriminação entre a lei estrangeira ou a lei nacional. Por isso, o método multilateral proposto traz uma concepção de valor traduzido no tratamento justo aos envolvidos no fato transnacional por intermédio da promessa de identificação da correta lei e jurisdição sem que haja a interferência, em geral, de qualquer outro dado. Busca-se, assim, um direito internacional privado neutro, criado por meio de critérios objetivos, sem prevalência da *lex fori* ou mesmo da lei estrangeira.

O método multilateral de localização da lei a partir de critérios de conexão predeterminados para cada categoria jurídica, de modo geral e abstrato, pressupõe um modelo de organização social baseado na separação entre Estado e sociedade, bem como na ausência de divergência entre os estados quanto ao centro ou sede de cada tipo de fato transnacional[79].

Diferentemente do universalismo abstrato baseado na codificação romana das Escolas estatutárias, o universalismo do método multilateral seria atingido pela ausência de real motivo para divergência entre os estados, pois a localização da lei para a regência das relações privadas não seria tema, em geral, que afetasse os valores essenciais de um Estado soberano. Caso houvesse, eventualmente, a violação de valores essenciais pela incidência da lei estrangeira, Savigny reconheceu a possibilidade de sua não aplicação, invocando-se a necessidade de preservação de leis obrigatórias do foro e da sua ordem pública[80]. Contudo, o universalismo doutrinário não convenceu os estados, que editaram diversas codificações nacionais de direito internacional privado, frustrando a promessa de harmonia do método multilateral.

A seguir, no final do século XIX, diversos juristas defenderam a codificação internacional do direito internacional privado[81] para fornecer a

79. PICONE, Paolo. «Le méthode de la référence à l´ordre compétent en Droit International Privé» *in Recueil des Cours de l´Académie de Droit International de la Haye*, vol. 197, 1986, pp. 229-420, em especial p. 245.

80. SAVIGNY, Friedrich Carl von. *Sistema do Direito Romano atual, vol. VIII*. Tradução de Ciro Mioranga (edição original de 1849), Ijuí: Unijuí, 2004, p. 55.

81. O termo "codificação" internacional é usado para traduzir o esforço de produção de tratados, como expõe Straznicky. STRAZNICKY, Milorad. «Les conférences de droit international privé depuis la fin de la guerre

uniformidade almejada. Nessa linha, o direito internacional privado seria considerado um ramo do direito internacional público[82], fundado em princípios do direito internacional[83], costume internacional[84] e tratados[85].

O próximo passo para a realização normativa do universalismo do método multilateral foi a produção de tratados, que hoje representam a espinha dorsal da internacionalização do direito internacional privado. Todavia, como aponta Audit, em virtude das restrições de transporte e comunicações da época as primeiras tentativas de unificação do direito internacional privado foram regionais[86].

Nas Américas, os primeiros tratados foram produzidos no final do século XIX, evidenciando o pioneirismo americano na universalização convencional do DIPr[87]. Posteriormente, a codificação internacional do DIPr foi objeto de discussão nas Conferências Panamericanas[88], que

---

mondiale» *in Recueil des Cours de l´Académie de Droit International de la Haye*, vol. 44, 1933, pp. 439-563, em especial p. 446.

82. PILLET, Antoine. *Principes de Droit International Privé.* Paris: Pedone/Allier Frères, 1903, em especial p. 53-57. Defendendo ser o direito internacional privado um ramo do direito internacional público no século XIX, ver ainda FOELIX, M. *Traité du droit international privé, ou, Du conflit des lois de différentes nations en matière de droit privé.* 3ª ed., Paris: Marescq et Dujardin, 1856. Também BROCHER, Charles. *Nouveau traité de droit international privé au double point de vue de la doutrine et de la pratique.* Paris: E. Thorin Éditor, 1876. No Brasil, Pimenta Bueno, na primeira obra da disciplina, adotou a mesma posição. PIMENTA BUENO, José Antônio. *Direito Internacional Privado e applicação de seus principios com referencia as leis particulares do Brazil.* Rio de Janeiro: Typographia Imp. e Const. de J. Villeneuve e C, 1863, em especial p. 19. Outros autores brasileiros sustentaram a natureza internacional do direito internacional privado, tais como Rodrigo Octávio, Clóvis Bevilácqua e Eduardo Espínola. OCTAVIO, Rodrigo. *Direito Internacional Privado (Parte Geral).* Rio de Janeiro: Livraria Freitas Bastos, 1942. BEVILÁQUA, Clóvis. *Princípios Elementares de Direito Internacional Privado.* 3ª ed,Rio de Janeiro: Freitas Bastos, 1938. ESPÍNOLA, Eduardo. *Elementos de Direito Internacional Privado.* Rio de Janeiro: Jacintho Ribeiro dos Santos, 1925.

83. DESPAGNET, Frantz. *Précis de Droit International Privé.* 4e. ed, Paris: Librarie de la Societé du Recueil Général des Lois et des Arrêts, 1904, p. 22.

84. PILLET, Antoine. *Principes de Droit International Privé.* Paris: Pedone/Allier Frères, 1903, em especial p. 62.

85. MANCINI, Pasquale Stanislao. «De l´utilité de rendre obligatoires pour tous les États, sous la forme d´un ou de plusieurs traités internationaux, un certain nombre de règles générales de droit international privé pour assurer la décision uniforme des conflits entre les différentes législations civiles et criminelles" *in* Relatório para o Instituto de direito internacional (1874). Ver em *Journal du Droit International Privé et de la Jurisprudence comparée*, juillet-aout, 1874, pp. 221-239.

86. AUDIT, Bernard. «Le droit international privé en quête d'universalité – Cours général» *in Recueil des Cours de l´Académie de Droit International de la Haye,* vol. 305, 2003, pp. 9-487, em especial p. 68.

87. Expressão de Fernández Arroyo. FERNÁNDEZ ARROYO, Diego P. «La contribución de la Organización de los Estados Americanos al derecho Internacional privado» *in XXXII Curso de Direito Internacional da Organização dos Estados Americanos*, 2005, Rio de Janeiro, pp. 191-212, em especial p. 191. Disponível em: http://www.oas.org/en/sla/dil/publications_digital_XXXII_Course_on_International_Law_2005. Acesso em: 30/05/2024.

88. Sobre o tratado de Lima (1878), bem como os de Montevidéu (1889) e, ainda, as Conferências Panamericanas, ver OCTAVIO, Rodrigo. «L'Amérique et la Codification du droit international privé» *in Revue critique de Droit International Privé*, n. 25, 1930, pp. 633-665. Ver também NOLDE, Boris. «La codification du droit international privé» *in Recueil de Cours de l´Académie de Droit International de La Haye*, vol. 55, 1936, pp. 299-432, em especial p. 352.

produziram, como tratado mais expressivo, a Convenção Panamericana de direito internacional privado, de 1928 (Código Bustamante)[89]. No século XX, a Organização dos Estados Americanos passou a realizar, a partir de 1975, as Conferências Interamericanas sobre direito internacional privado, que já elaboraram 23 tratados (21 convenções e 2 protocolos adicionais)[90].

Para Fernández Arroyo, uma das maiores contribuições da produção convencional de DIPr nas Américas é a criação de pedagogia da prevalência da internacionalização do DIPr, retratada no art. 1º da Convenção Interamericana de normas gerais de direito internacional privado[91], que enuncia que a determinação da norma jurídica aplicável a fatos transnacionais ficará sujeita às regras previstas nas convenções internacionais em caráter bilateral ou multilateral pelos estados[92].

A Conferência da Haia de Direito Internacional Privado também contribuiu, desde o final do século XIX, para a produção de tratados que concretizam o universalismo pretendido pelo método multilateral[93].

Apesar desse esforço na elaboração da normatização internacional, as codificações nacionais de direito internacional privado foram mantidas e, inclusive, se expandiram no século XX, já que os estados não deixaram de buscar soluções próprias para a regulação do fato transnacional, mostrando

89. Ratificada pelo Brasil em 03 de agosto de 1929 e incorporada internamente pelo Decreto nº 18.871, de 13 de agosto de 1929. Ver mais em SAMTLEBEN, Jürgen. "A codificação interamericana do direito internacional privado e o Brasil" *in* CASELLA, Paulo Borba; ARAUJO, Nadia de (coords). *Integração Jurídica Interamericana – As Convenções Interamericanas de Direito Internacional Privado e o Direito Brasileiro*. São Paulo: Ltr, 1998, pp. 25-45.

90. Sobre os tratados produzidos nas CIDIPs, ver CASELLA, Paulo Borba; ARAUJO, Nadia de (coords). *Integração Jurídica Interamericana – As Convenções Interamericanas de Direito Internacional Privado e o Direito Brasileiro*. São Paulo: Ltr, 1998.

91. Ratificada pelo Brasil em 31 de agosto de 1995 e incorporada internamente pelo Decreto 1.979, de 09 de agosto de 1996.

92. FERNÁNDEZ ARROYO, Diego P. "La contribución de la Organización de los Estados Americanos al derecho Internacional privado" *in XXXII Curso de Direito Internacional da Organização dos Estados Americanos*, 2005, Rio de Janeiro, pp. 191-212, em especial p. 196. Disponível em http://www.oas.org/en/sla/dil/publications_digital_XXXII_Course_on_International_Law_2005. Acesso em: 30/05/2024.

93. Sobre a história da Conferência da Haia de Direito Internacional Privado, que completa, em 2018, 125 anos contados desde a primeira conferência, ver DROZ, Georges A. L. «La Conférence de La Haye de droit international privé vingt-cinq ans après la création de son Bureau permanent: Bilan et perspectives = The Hague Conference on Private International Law 25 years after the founding of its Permanent Bureau: achievements and prospects» *in Recueil de Cours de l´Académie de Droit International de La Haye*, vol. 168, 1980, pp. 123-268. OVERBECK, Alfred E. von. «La contribution de la Conférence de La Haye au développement du droit international privé» *in Recueil de Cours de l´Académie de Droit International de La Haye*, vol. 233, 1992, pp. 9-98. BOGGIANO, Antonio. "The contribution of the Hague Conference to the development of private international law in Latin America: universality and genius loci" *in Recueil de Cours de l´Académie de Droit International de La Haye*, vol. 233, 1992, pp. 99-266. MCCLEAN, John David. "The contribution of the Hague Conference to the development of private international law in Common Law countries" *in Recueil de Cours de l´Académie de Droit International de La Haye*, vol. 233, 1992, pp. 267-304.

divergências enraizadas[94]. North, apesar de sugerir que a incorporação interna de um tratado de direito internacional privado é, muitas vezes, politicamente mais fácil de ser obtida do que a aprovação de uma lei nacional sobre o tema, vê desvantagens na adoção de um texto internacional que é fruto de compromissos complexos entre estados negociadores[95].

Consagra-se, como aponta Carrillo Salcedo, a visão particularista do direito internacional privado, pela qual a existência de uma codificação nacional de DIPr é legítima, sendo inevitável a diversidade de soluções nacionais para a escolha do direito aplicável. O DIPr particularista contrapõe-se ao universalismo na disciplina, que sustenta a necessidade de uma uniformidade no tratamento jurídico dos fatos transnacionais[96].

Symeonides divide as codificações nacionais de DIPr em duas gerações: a primeira geração corresponde ao movimento particularista do século XIX, que tem como expressões maiores o Código Civil francês de 1804, o Código Civil italiano de 1865 e o Código Civil alemão de 1896[97]; a segunda geração contempla os esforços nacionais de codificação do DIPr a partir de 1960, abrangendo, até 2012, 94 novas legislações, adotadas em 84 estados distintos[98]. Com isso, o método multilateral não logrou obter o consenso normativo sobre os critérios de localização da lei de regência, não gerando a harmonia internacional pretendida[99].

Assim, a ausência da neutralidade almejada no direito internacional privado baseado em regras de conflito é evidenciada nas divergências entre os estados sobre aspectos essenciais do paradigma clássico[100] da localização

94. Expressão de Villela. VILLELA, Anna Maria. «L´unification du droit international privé e Amérique Latine» *in Revue critique de droit international privé,* 1984, pp. 233-265, em especial p. 256.

95. NORTH, Peter M. «Reform, but not revolution: general course on private international law» *in Recueil des Cours de l´Académie de Droit International de la Haye,* vol. 220, 1990, pp. 9-288, em especial p. 282.

96. CARRILLO SALCEDO, Juan Antonio. "Le renouveau du particularisme en droit international" in *Recueil des Cours de l´Académie de Droit International de la Haye*, vol. 160, 1978, pp. 181-264, em especial p. 190. Ver também NAZO, Nicolau. *Objeto e método do Direito Internacional Privado.* São Paulo, s/ed., 1952, em especial p. 46.

97. Nas Américas, a primeira geração das codificações nacionais de direito internacional privado tem como precursora a edição do Código Civil do Haiti, em 1825. Ver VALLADÃO, Haroldo. «Le droit international privé des états américains» *in Recueil des Cours de l´Académie de Droit International de la Haye,* vol. 81, 1952, pp. 1-115, em especial p. 12.

98. SYMENONIDES, Symeon C. *Codifying choice of law around the world.*New York: Oxford University Press, 2014, em especial p. 2-4.

99. Em 1931, Makarov, antigo professor da Universidade de Petrogrado (que, afastado pelo governo soviético, emigrou para a Alemanha em 1925) defendeu que o caráter nacional das regras de conflito de leis era um princípio indisputável ("principe indisputable") para qualquer um que se ocupe do direito positivo. MAKAROV, A.N. «Conception du droit international privé d'après la doctrine et la pratique russes (U.R.S.S.)» *in Recueil de Cours de l´Académie de Droit International de La Haye,* vol. 35, 1931, pp. 473-604, em especial p. 477.

100. Para Kuhn, o paradigma consiste no conjunto de "realizações científicas universalmente reconhecidas que, durante algum tempo, fornecem problemas e soluções modelares para uma comunidade de praticantes

consensual do centro ou sede da relação jurídica de Savigny[101], como se vê, por exemplo, na disputa entre a lei do domicílio ou a lei da nacionalidade para regular o estatuto pessoal[102].

Vrellis ressalta que a regra de conexão tradicional inserida em um diploma normativo nacional de direito internacional privado exprime o ponto de vista particular da política legislativa de um Estado, sendo ditado, frequentemente, pelo desejo de atender a diversos fatores sociais. Exemplifica citando a escolha da lei do domicílio ou a lei da nacionalidade para regular o estado pessoal: o Estado que adota a lei do domicílio entende que essa escolha facilita a integração dos estrangeiros em seu território; já o Estado que adota a lei da nacionalidade opta por permitir a manutenção dos vínculos nacionais com os expatriados. A mesma divergência de interesses encontra-se na fixação da regra de conexão para regular as pessoas jurídicas, entre os estados que adotam a regra da lei da sede real (teoria do controle) ou a lei do lugar de incorporação (sede estatutária), mostrando a oposição entre o domicílio e a autonomia[103].

Assim, apesar da aparente distância de objetivos inseridos no direito material interno, a opção por uma regra de conexão genérica (como a lei do domicílio ou da nacionalidade) detalha uma opção política do Estado sobre determinado temática do direito privado. No mesmo sentido, a adoção da regra de conexão da lei do domicílio comum do casal para regular o matrimônio não é neutra, refletindo valores implícitos adotados pelo Estado, como o princípio da igualdade entre marido e mulher. Já a opção da lei da residência do proponente para reger contratos entre ausentes[104] implica em apoio do Estado aos seus fornecedores e exportadores de bens e serviços. Conclui Bucher que os exemplos mostram que a regra de conexão tradicional (abstrata e genérica) não é uma solução "neutra", "técnica" ou desprovida de interesse. O vínculo com interesses sociais do Estado e com

de uma ciência". KUHN, Thomas S. *A estrutura das revoluções científicas*. Trad. de Beatriz V. Boeira e Nelson Boeira (original de 1962). São Paulo: Perspectiva, 2013, p. 53.

101. Symeonides denomina o método indireto de clássico, pois é fruto da revolução copernicana de Savigny. Ver SYMEONIDES, Symeon C. "Private International Law: Idealism, Pragmatism, Eclecticism. General Course on Private International Law» *in Recueil des Cours de l´Académie International de la Haye*, vol. 384, 2017, pp. 33-385, em especial p. 44.

102. CARVALHO RAMOS, André de. "Estatuto pessoal no Direito Internacional Privado: evolução e perspectivas no Brasil" *in Revista da Faculdade de Direito da Universidade de São Paulo*, vol. 110, 2015, pp. 451-470.

103. VRELLIS, Spyridon. «Conflit ou coordination de valeurs en droit international privé a la recherche de la justice» *in Recueil des Cours de l´Académie de Droit International de la Haye*, vol. 328, 2007, pp. 175-486, em especial p. 439-440.

104. Regra constante, por exemplo, na Lei de Introdução às Normas do Direito Brasileiro. *In verbis:* "Art. 9º Para qualificar e reger as obrigações, aplicar-se-á a lei do país em que se constituirem (...) § 2º A obrigação resultante do contrato reputa-se constituida no lugar em que residir o proponente".

o futuro direito material a ser indicado é presente, em que pese a generalidade e abstração da redação da regra de conexão tradicional. Afirmar que é irrelevante para o Estado a elaboração de regras nacionais de direito internacional privado (sendo indiferente a aplicação da lei nacional ou da lei estrangeira) é desprezar a própria mecânica das democracias contemporâneas e o peso dos anseios de grupos sociais nas instituições políticas[105].

Além da inexistência de consenso internacional, a dificuldade de obtenção da harmonia internacional decorre também do aumento acelerado da intervenção do Estado na regulação da atividade dos agentes privados, o que atingiu as relações jurídicas privadas transnacionais.

De fato, o método multilateral foi construído no bojo do Estado liberal, no qual havia separação entre direito público e direito privado[106]. A finalidade maior do Estado - segundo a concepção liberal - é permitir e garantir a todos o desenvolvimento da liberdade individual. Parte do pressuposto de que não existe uma regra geral de felicidade, não devendo o Estado impor uma forma de felicidade. A ação do Estado seria jurídica (age limitado pelo direito) e formal, não se preocupando com o conteúdo das normas, mas meramente com o fato delas assegurarem a coexistência dos indivíduos[107].

Nas relações regidas pelo direito privado, o Estado não teria, em geral, normas imperativas ou de intervenção que pudessem abalar a escolha da lei feita pelo critério neutro do método multilateral da identificação da sede da relação jurídica. Essa concepção separa o Estado da sociedade civil, sendo voltado à criação e manutenção da ordem na qual vicejariam as atividades privadas. O Estado seria neutro - em face dos agentes econômicos - e mínimo, sendo o direito o veículo para o desenvolvimento e afirmação da autonomia individual[108].

No século XX, após a revolução russa e a crise econômica de 1929, o Estado do bem-estar social (ou Estado social) desenvolveu-se trazendo forte intervencionismo e regulação estatal da economia capitalista. Abandonou-se a neutralidade estatal diante de injustiças e desigualdades materiais,

105. BUCHER, Andreas. "La dimension sociale du droit international privé: cours general" *in Recueil des cours de l´Académie de Droit International de La Haye*, vol. 341, 2009, pp. 9-526, em especial p. 102-103.

106. PICONE, Paolo. "La méthode de la référence à l'ordre juridique compétent en droit international privé" *in Recueil des Cours de l´Académie de Droit International de la Haye*, vol. 197, 1986, pp. 229-420, em especial p. 245.

107. BOBBIO, Norberto. *Direito e Estado no pensamento de Emanuel Kant*. 2ª ed., original de 1969), Trad. de Alfredo Fait, São Paulo: Mandarim, 2000, p. 215-216.

108. RAMOS, Rui Manuel Gens de Moura. *Da lei aplicável ao contrato de trabalho internacional*. Coimbra: Almedina, 1990, p. 229.

substituindo-a pelo dever de prestar direitos para todos. Trata-se, para Lafer, de assegurar o "direito de participar do bem-estar social", em que os direitos sociais "podem ser encarados como direitos que tornam reais direitos formais"[109]. Modifica-se o paradigma da liberdade dos agentes privados: ao invés da liberdade pela abstenção de intervenção do Estado, privilegia-se a liberdade material por intermédio da ação do Estado.

Não obstante, a onda de legislações nacionais de direito internacional privado não resultou na superação do método multilateral, mas na sua transformação em uma técnica de coordenação entre a legislação do foro e o direito estrangeiro por intermédio de regras de conexão bilaterais, abandonando-se o desejo de harmonia internacional e segurança jurídica. Para Picone, esse processo de manutenção do método multilateral (reduzido a uma técnica formal) gerou uma banalização da teoria de Savigny[110].

Sem o universalismo normativo que deveria ter sido trazido por tratados em substituição às legislações nacionais, questiona-se como decidir, entre os diversos e possíveis vínculos de um fato transnacional com vários ordenamentos, qual é o mais relevante.

Simbolicamente, o método multilateral baseado em legislações nacionais depara-se com o "desafio da encruzilhada" no caminho de um viajante: tal qual em uma encruzilhada, caso o viajante escolha "domicílio" ou "nacionalidade" como vínculo mais importante, ele chegará a um destino diferente. A metáfora, contudo, é imperfeita, porque o viajante já sabe aonde quer chegar; já o intérprete do DIPr não sabe de que modo a lei do domicílio ou a lei da nacionalidade devem regular o fato transnacional[111]. Assim, metáfora que parece mais apropriada equipara o intérprete do DIPr à Alice no País das Maravilhas: Alice, ao perguntar ao Gato (*Cheshire Cat*) qual caminho deveria escolher, escuta, em resposta, que o caminho depende do local onde quer chegar; Alice afirma não se importar muito onde vai chegar, de modo que o Gato singelamente responde que não importa, então, qual o caminho[112]. Outra metáfora interessante é feita por Arminjon, para

109. LAFER, Celso. *A Reconstrução dos Direitos Humanos*. São Paulo: Companhia das Letras, 1991, em especial p. 127.

110. PICONE, Paolo. "La méthode de la référence à l'ordre juridique compétent en droit international privé" *in Recueil des Cours de l'Académie de Droit International de la Haye,* vol. 197, 1986, pp. 229-420, em especial p. 246.

111. KHAN-FREUND, O. «General problems of private international law» *in Recueil des Cours de l' Académie de Droit International de la Haye*, vol. 143, 1974, pp. 139-474, em especial p. 152.

112. No diálogo original: 'Cheshire Puss', she began, rather timidly, as she did not at all know whether it would like the name: however, it only grinned a little wider. "Come, it's pleased so far," thought Alice, and she went on, "Would you tell me, please, which way I ought to walk from here?" "That depends a good deal

quem o DIPr é um "balcão de informação" em uma estação ferroviária, que orienta os viajantes para a bilheteria e para a plataforma a que devem se dirigir para embarcar[113].

O método multilateral esvaziado (ou banalizado[114]) transforma-se, assim, em um simples sistema de caminhos com encruzilhadas bem sinalizadas.

2.3. A EVOLUÇÃO DO MÉTODO INDIRETO MULTILATERAL: O PRINCÍPIO DA PROXIMIDADE, AS CONEXÕES MÚLTIPLAS E A ESCOLHA DA MELHOR LEI

A consolidação do método indireto multilateral como sendo uma técnica formal no bojo de um direito internacional privado repleto de codificações nacionais suscitou reações doutrinárias, jurisprudenciais e mesmo normativas que buscaram adicionar preocupações a respeito do resultado final da localização da lei. Surgem, assim, adaptações ao método multilateral que pretendem evitar que o mecanicismo na localização da lei gere resultados finais injustos aos indivíduos envolvidos nos fatos transnacionais.

O anseio de acréscimo de valores no funcionamento do método indireto é mais evidente no método multilateral do que no método unilateral, pois este, por definição, parte do atendimento aos interesses do Estado do foro, o que já demonstra a opção da norma em proteger o que é considerado essencial para o foro. Já o método multilateral clássico[115] prega a localização racional e *a priori* da lei para regular determinado fato transnacional, sem que sejam perquiridos - em geral - a justiça material e o respeito a direitos após a incidência da lei escolhida. A neutralidade do método multilateral sofre críticas na medida em que inexiste consenso entre os estados sobre a lei a ser indicada, o que compromete a racionalidade e a promessa de respeito ao direito à segurança jurídica do método[116].

---

on where you want to get to," said the Cat. "I don 't much care where——" said Alice."Then it doesn't matter which way you walk," said the Cat". CARROLL, Lewis. *Alice´s adventures in wonderland.* Chicago: VolumeOne Publishing, 1998, p. 89-90.

113. ARMINJON, Pierre. «Les systèmes juridiques complexes et les conflits de lois et de juridictions auxquels ils donnent lieu» *in Recueil des Cours de l´Académie de Droit International de la Haye,* volume 74, 1949, pp. 73-190, em especial p. 81.

114. PICONE, Paolo."La méthode de la référence à l'ordre juridique compétent en droit international privé" *in Recueil des Cours de l´Académie de Droit International de la Haye,* vol. 197, 1986, pp. 229-420, em especial p. 246.

115. Baptista Machado denomina a concepção de Savigny a "hora astral" do DIPr. MACHADO, João Baptista. *Âmbito de eficácia e âmbito de competência das leis.* Coimbra: Almedina, 1998 (reimpressão), em especial p. 29.

116. Marques aponta também que a mais conhecida utilização de normas materiais no direito internacional privado tradicional é por meio do instituto da qualificação das questões principais e prévias, que auxiliam na interpretação do conteúdo das regras de conexão. Também auxiliam a solução indireta o instituto da

Nesse panorama, é compreensível que sejam desenvolvidas alternativas ao método multilateral clássico (ou rígido) para agregar a proteção de valores e direitos no caso concreto. São encontradas três inovações para, mantendo a espinha dorsal do método multilateral, amenizar sua transformação em mera técnica formal de escolha de lei, preservando direitos dos envolvidos: 1) a busca da especialização das categorias jurídicas e criação de novas regras de conexão, para refinar a determinação da lei aplicável; 2) o uso do princípio da proximidade que substitui os elementos de conexão predeterminados; e 3) o acréscimo de valores e resultados materiais como finalidades a serem perseguidas pelas regras de conexão.

Em relação à delimitação de categorias jurídicas utilizadas no método indireto, aponta Ferrer Correa o uso tradicional baseado em conceitos-quadro, que englobam uma pluralidade de conteúdos com uma extensão variável, que podem abranger grandes áreas do direito privado (por exemplo, direitos reais ou direitos pessoais) ou suas subáreas (forma de celebração de testamento e de casamento, entre outros)[117].

Lima Pinheiro sustenta que a extensão das categorias jurídicas depende da opção do legislador: o antigo Código de Seabra, em Portugal, possuía categorias com alcance vasto; mas há leis mais recentes de DIPr, como a lei suíça, que possuem categorias especializadas e restritas[118]. Lewald, nos anos 1930, constatou que as regras de conflito eram pouco numerosas, contendo conceitos amplos e compreensivos frequentemente emprestados do direito privado, como "estado e capacidade", "regime matrimonial", "direito das sucessões", entre outros[119].

Consequência decorrente da ausência de maior especialização das categorias jurídicas é o uso da mesma regra ou ponto de conexão, resultando na localização de diversos tipos de situações transnacionais em um único ordenamento jurídico, o que acaba impedindo soluções normativas que atendam especificidades de cada fato transnacional.

adaptação, "quando é necessário aplicar uma série de normas materiais indicadas aplicáveis pelo DIP nacional e o aplicador da lei vai harmonizar, compatibilizar, adaptar estas normas materiais para poder usar no caso concreto" (nota de rodapé do original suprimida). MARQUES, Claudia Lima; JACQUES, Daniela Corrêa. "Normas de aplicação imediata como um método para o Direito Internacional Privado de proteção do consumidor no Brasil" *in Revista Cadernos do Programa de Pós-Graduação em Direito/UFRGS*, n. 1, 2004, pp. 65-96, em especial p. 73.

117. FERRER CORREIA, A. "O novo Direito Internacional Privado português" *in Estudos vários de Direito Internacional Privado*. 2ª tiragem, Coimbra: Universidade de Coimbra, 1982, pp. 3-57, em especial p.17.

118. PINHEIRO, Luís de Lima. *Direito Internacional Privado*. Vol I. Introdução e Direito dos Conflitos. Parte Geral. Coimbra: Almedina, 2011, em especial p. 286.

119. LEWALD, H. "Règles générales des conflits de lois. Contribution à la technique du droit international privé» *in Recueil des Cours de l´Académie de Droit International de la Haye*, vol. 69, 1939, em especial p. 12.

Na medida em que o direito material especializou-se para atender novas demandas sociais oriundas da mudança do paradigma do Estado liberal para o Estado social, houve também uma busca de categorias normativas restritas e direcionadas às novas necessidades, o que, consequentemente, permitiu o uso de regras de conexão distintas para cada uma dessas novas categorias. O novo papel do Estado na implementação de direitos, que combate desigualdades e vulnerabilidade, gerou novos ramos do direito (como, por exemplo, o direito do consumidor), que, por sua vez, passaram a exigir regras de conexão apropriadas voltadas a facetas do fato transnacional para atender necessidades específicas de regulação[120].

Vallindas constatou, já na segunda metade do século XX, o aumento na especialização das regras de conflito nas codificações de direito internacional privado contemporâneas, para, com delimitação das categorias normativas, atender melhor os interesses a serem protegidos[121].

As regras especializadas caracterizam a regulação de direito internacional privado em áreas como o contrato internacional e os novos temas de direito das famílias transnacionais. Nesse sentido, detectando especificidades da matéria consumerista em face das categorias amplas de obrigações contratuais e extracontratuais, Lima Marques defende a edição de uma convenção interamericana sobre a proteção do consumidor no direito internacional privado, com o estabelecimento de regras de conexão e normas especiais[122].

Ademais, a tendência de especialização incentivou o uso do instituto do desmembramento (*dépeçage, morcellement* ou ainda *scission*), que consiste em identificar os componentes distintos de um fato transnacional e utilizar regras de conexão apropriadas para cada um deles[123]. Trata-se de instituto tradicional no direito internacional privado, que, no método multilateral tradicional, possuía uso limitado. Temia-se que o desmembramento poderia colocar em risco a coerência das instituições de direito material de um

120. GONZÁLEZ CAMPOS, Julio D. «Diversification, spécialisation, flexibilisation et matérialisation des règles de droit international privé» *in Recueil des Cours de l´Académie de Droit International de la Haye*, vol. 287, 2000, pp. 9-426, em especial p. 166.

121. VALLINDAS, Petros G. «La structure de la règle de conflit» *in Recueil des Cours de l´Académie de Droit International de la Haye*, vol. 101, 1960, pp. 327-380, em especial p. 361.

122. MARQUES, Claudia Lima. "A insuficiente proteção do consumidor nas normas de Direito Internacional Privado – da necessidade de uma convenção interamericana (CIDIP) sobre a lei aplicável a contratos e relações de consumo" *in Revista dos Tribunais*, vol. 788, 2001, pp. 11-56, em especial p. 56.

123. EHRENZWEIG, Albert A., "Specific Principles of Private Transnational Law" *in Recueil des Cours de l´Académie International de la Haye*, vol. 167, 1968, pp. 167-369, em especial p. 237-238. LAGARDE, Paul. «Le dépeçage dans le droit international privé des contrats» *in Rivista di diritto internazionale privato e processuale*, n. 11, 1975, pp. 649-677. REESE, Willis. "Dépeçage: A Common Phenomenon in Choice of Law" *in Columbia Law Review*, vol. 73, 1973, pp. 58-75.

ordenamento jurídico – preocupação decorrente da defesa da consistência dos conjuntos normativos da ordem jurídica a ser indicada, pois existiria uma interligação entre as diferentes regras materiais relacionadas a uma categoria normativa ampla (por exemplo, o matrimônio)[124].

A despeito do risco à harmonia material interna causado pela junção de diversas leis para regular os diversos componentes do fato transnacional, o direito internacional privado nos Estados Unidos, a partir do *Restatement Second*[125], revalorizou a *dépeçage*, por gerar um tratamento mais justo aos fatos transnacionais complexos[126]. Reese, relator do projeto de *Restatement (Second)* de direito internacional privado do *American Law Institut*, defendeu o "estreitamento" das regras de conexão especialmente na área dos contratos, cuja regulação da multiplicidade de vínculos pode ser distribuída para diversos ordenamentos[127].

Além da especialização das regras de conexão, o método multilateral tradicional transformou-se para incorporar objetivos de justiça material aos envolvidos nos fatos transnacionais. A mudança do paradigma de organização do Estado (de liberal para social), bem como o insucesso de uma ampla universalização normativa sobre as regras de conexão, geraram um progressivo afastamento do dogma da localização – em abstrato e por regras aprioristicamente determinadas – do centro ou sede da relação jurídica. O método multilateral não foi abandonado, mas é reformulado para localizar determinado ordenamento jurídico que tenha (i) o vínculo mais estreito com o caso, ou ainda, (ii) cujas normas, quando incidentes, produzam o resultado material ambicionado pelo direito internacional privado. A nova abordagem do método multilateral prevê a determinação da lei a partir de avaliação de peculiaridades do caso concreto, graças ao

124. Entre os diversos críticos do desmembramento no direito internacional privado, ver CANSACCHI, Giorgio. «Le choix et l'adaptation de la règle étrangère dans le conflit de lois» *in Recueil des Cours de l´Académie de Droit International de la Haye*, vol. 83, 1953, pp. 79-162, em especial p. 150-151.

125. O "Restatement of Conflict of Laws" consiste em codificação do direito internacional privado nos Estados Unidos, feita pela *American Law Institute*, cuja primeira edição (*Restatement of the Law – Conflict of Laws*) foi elaborada em 1934. Sobre a história do envolvimento do *American Law Institute* com o direito internacional privado a partir de sua criação em 1923, ver REESE, Willis L.M.. "Discussion of mayor areas of choice of law" *in Recueil des Cours de l´Académie de Droit International de la Haye*, vol. 111, 1964, pp. 311-417, em especial p. 316 e seguintes. A segunda versão foi editada em 1971 (*Restatement – Second – of Conflict of Laws*), sob a relatoria do Prof. Willis Reese. REESE, Willis L.M. "From the old restatement of conflict of laws to the new". Disponível em https://www.law.kuleuven.be/jura/art/9n3/reese.pdf. Acesso em: 30/05/2024.

126. AUDIT, Bernard. «Le caractère fonctionnel de la règle de conflit: (sur la crise des conflits de lois)» *in Recueil des Cours de l´Académie de Droit International de la Haye*, vol. 186, 1984, pp. 219-397, em especial p. 355.

127. REESE, Willis L.M. «General course on private international law» *in Recueil des Cours de l´Académie de Droit International de la Haye*, vol. 150, 1976, pp. 1-193, em especial p. 50 e p. 62.

princípio da proximidade, com o reconhecimento de uma lei com os vínculos mais estreitos com o caso e de acordo com os resultados que a lei material deve perseguir.

Nesse panorama, o princípio da proximidade é cláusula prevista em tratados e codificações nacionais de direito internacional privado que localiza a lei com base na existência de um direito estreitamente relacionado com a situação transnacional analisada[128]. Para retratar a sua incidência, a doutrina utiliza termos ou expressões como "vínculo mais estreito"[129], "a relação mais significativa" (*most significant relationship*[130]) e, genericamente, "proximidade"[131].

O princípio da proximidade mantém o método multilateral (indireto), contudo a sede de determinada situação e a localização do ordenamento são aferidas de acordo com os vínculos *in concreto* com a situação, podendo servir como (i) cláusula de exceção, correção ou escape, e, ainda, (ii) critério inicial de fixação da lei aplicável.

Incidindo como *cláusula de exceção*, inicialmente utiliza-se a regra de conexão usual (adotada de modo abstrato e apriorístico), que é afastada se for provado (no caso concreto) que há vínculo mais estreito com outro ordenamento jurídico[132]. A lei suíça de direito internacional privado dispõe, por exemplo, que, na ausência de escolha da lei pelas partes, excepcionalmente e desde que a regra de conexão aplicável indique direito cujo vínculo com a situação seja fraco com a situação analisada, incide o direito com vínculo mais estreito com o caso[133].

---

128. RODRIGUEZ MATEOS, Pilar. "Perspectiva funcional del método de atribuición" *in Revista Española de Derecho International,* vol. XL,1988, pp. 79-126, em especial p. 102-103.

129. Vide o artigo 3.082 do Código Civil de Quebec («À titre exceptionnel, la loi désignée par le présent livre n'est pas applicable si, compte tenu de l'ensemble des circonstances, il est manifeste que la situation n'a qu'un lien éloigné avec cette loi et qu'elle se trouve en relation beaucoup plus étroite avec la loi d'un autre État. La présente disposition n'est pas applicable lorsque la loi est désignée dans un acte juridique»); Disponível em https://ccq.lexum.com/. Acesso em 27 de maio de 2024.

130. Expressão utilizada, por exemplo, no *Restatement Second.*

131. BUCHER, Andreas. «L'ordre public et le but social des lois en droit international privé» *in Recueil des cours de l´Académie de Droit International de La Haye,* vol. 239, 1993, pp. 9-116, em especial p. 63. LAGARDE, Paul. «Le principe de proximité dans le droit international privé contemporain; cours général de droit international privé» *in Recueil des Cours de l´Académie de Droit International de La Haye,* vol. 196, 1986, pp. 9-238, em especial p. 29-126.

132. LAGARDE, Paul. «Le principe de proximité dans le droit international privé contemporain; cours général de droit international privé» *in Recueil des Cours de l´Académie de Droit International de La Haye,* vol. 196, 1986, pp. 9-238, em especial p. 97 e seguintes.

133. Artigo 15.1 da Lei de direito internacional privado suíça («Le droit désigné par la présente loi n'est exceptionnellement pas applicable si, au regard de l'ensemble des circonstances, il est manifeste que la cause n'a qu'un lien très lâche avec ce droit et qu'elle se trouve dans une relation beaucoup plus étroite avec un autre droit. 2 Cette disposition n'est pas applicable en cas d'élection de droit.»).

A recente codificação argentina de direito internacional privado (Código Civil e Comercial de 2014[134]) também adotou o *princípio da proximidade como cláusula de exceção*, ao dispor, em seu art. 2.597[135], que é permitido ao juiz corrigir, tendo em vista o caso concreto, a localização feita *a priori*, quando o caso apresenta vínculos mais estreitos com o direito de outro Estado, cuja aplicação resulta previsível e sob cujas regras a relação tenha se estabelecido validamente. Fernández Arroyo, comentando esse dispositivo, aponta que as regras da dimensão interna do sistema argentino de direito internacional privado perderam rigidez e entram na "era da flexibilidade", na qual o julgador – dentro dos limites impostos pelo legislador, pois não se trata de um "cheque em branco" – pode modificar a localização do direito a ser utilizado[136]. Exige-se que a aplicação do direito com vínculo mais estreito seja previsível, demonstrando o desejo de promover o direito à segurança jurídica mesmo na utilização do princípio da proximidade como cláusula de exceção.

Já na hipótese do princípio da proximidade incidir como *critério de conexão principal*, é o legislador (nacional ou internacional) que *desiste* de localizar aprioristicamente a sede da relação jurídica, deixando a sua fixação ao intérprete. A Convenção Interamericana sobre o direito aplicável aos contratos internacionais, de 1994, por exemplo, prevê que, na ausência de escolha da lei pelas partes ou na sua ineficácia, o contrato internacional será regido pelo direito do Estado com o qual o contrato mantenha vínculos mais estreitos[137].

Dolinger defende que o princípio da proximidade remonta ao próprio nascimento da disciplina, tendo sido reconhecido por Aldricus, que recomendava a aplicação da lei *debit enim iudicare secudum quod melius* (julgar

---

Disponível em https://www.admin.ch/opc/fr/classified-compilation/19870312/index.html. Acesso em 27 de maio de 2024.

134. Trata-se do Título IV ("Disposiciones de derecho internacional privado" do Livro Sexto – artigo 2594 ao artigo 2671).

135. *In verbis:* "Artículo 2597. Cláusula de excepción – Excepcionalmente, el derecho designado por una norma de conflicto no debe ser aplicado cuando, en razón del conjunto de las circunstancias de hecho del caso, resulta manifiesto que la situación tiene lazos poco relevantes con ese derecho y, en cambio, presenta vínculos muy estrechos con el derecho de otro Estado, cuya aplicación resulta previsible y bajo cuyas reglas la relación se ha establecido válidamente. Esta disposición no es aplicable cuando las partes han elegido el derecho para el caso". Disponível em: http://www.saij.gob.ar/docs-f/codigo/Codigo_Civil_y_Comercial_de_la_Nacion.pdf. Acesso em 25/05/2024.

136. FERNÁNDEZ ARROYO, Diego P. "Aspectos generales y particularidades relevantes de la nueva dimensión interna del derecho internacional privado argentino", *in Revista de Derecho Privado y Comunitario*, número extraordinário: claves del Código Civil e Comercial, 2015, pp. 399-439, em especial p. 429.

137. *In verbis:* "Art. 9º. Não tendo as partes escolhido o direito aplicável, ou se a escolha do mesmo resultar ineficaz, o contrato reger-se-á pelo direito do estado com o qual mantenha os vínculos mais estreitos".

de acordo com a lei que seja melhor e mais útil). No plano internacional, o autor identifica o uso do princípio da proximidade já na Convenção de Haia sobre conflito de leis em matéria de nacionalidade, de 1930[138]. De acordo com tal convenção, na hipótese de escolha de lei para regular o estatuto pessoal de indivíduo polipátrida (o que geraria dúvida no uso da lei da nacionalidade), o Estado terceiro deve utilizar a lei da residência habitual ou a lei da nacionalidade do país com o qual o indivíduo, de acordo com as "circunstâncias", pareça estar efetivamente mais conectado[139].

Por sua vez, Lagarde defendeu que o princípio da proximidade origina-se, desde Savigny, do esforço do direito internacional privado em localizar o centro ou sede da relação jurídica[140]. Rodriguez Mateos assinalou que o princípio da proximidade funda-se também na própria essência do direito internacional privado, que localiza a lei ou define a jurisdição sem verificar (ao menos em princípio), o conteúdo da solução final a ser dado. Não se verifica se a lei com os vínculos mais estreitos oferece um resultado material justo, bastando que possua relação mais próxima com a situação analisada[141].

Contudo, para Dolinger, o fundamento principal do princípio da proximidade é a busca do sistema legal mais próximo, ou seja, de uma "lei que é boa e justa para dirimir o conflito entre as partes"[142], o que é plenamente aplicável aos casos nos quais o princípio da proximidade funciona como cláusula de correção, atuando para evitar a incidência de regra de conexão acidental, sem vínculo com o caso.

Na doutrina anglo-americana defende-se também o princípio da proximidade com a identificação da *proper law*, ou seja, a legislação mais adequada para regular os fatos transnacionais (*proper law of the conflict of laws)*[143]. Nessa linha, o *Restatement Second* adotou a lei com a relação mais

138. Ratificada pelo Brasil em 1931. Promulgada e incorporada internamente pelo Decreto n. 21.798/1932.

139. DOLINGER, Jacob. "Direito Internacional Privado – o princípio da proximidade e o futuro da humanidade" *in Revista de Direito Administrativo*, n. 235, 2004, pp. 139-146, em especial p. 143.

140. LAGARDE, Paul. «Le principe de proximité dans le droit international privé contemporain; cours général de droit international privé» *in Recueil des Cours de l´Académie de Droit International de La Haye*. vol. 196, 1986, pp. 9-238, em especial p. 27.

141. RODRIGUEZ MATEOS, Pilar. "Perspectiva funcional del método de atribuición" *in Revista Española de Derecho International*, vol. XL, 1988, pp. 79-126, em especial p.103.

142. DOLINGER, Jacob. "Direito Internacional Privado – o princípio da proximidade e o futuro da humanidade" *in Revista de Direito Administrativo*, n. 235, 2004, pp. 139-146, em especial p. 146.

143. Ver as diferentes abordagens em MANN, F. "The proper law in the conflict of laws" *in International and Comparative Law Quarterly*, vol. 46, 1987, pp. 437-453. MORRIS, J. H. C. e CHESHIRE, G. C "The Proper Law of a Contract in the Conflict of Laws" *in Law Quarterly Review*, Vol. 56, Issue 3 (July 1940), pp. 320-339. LIPSTEIN, Kurt; BRUNSCHVIG, Jean S; JERIE, Fredrick; Rodman, Karl M. "The Proper Law of the Contract" *in St. John's Law Review*, vol. 12, april 1938, pp. 242-264. MICHAELS, Ralf; PAUWELYN, Joost. "Conflict of

significativa com as partes e com os fatos em casos de responsabilidade por danos causados por atos ilícitos (*torts*)[144].

A principal *dificuldade prática* do princípio da proximidade é justamente determinar os *critérios* (objetivos e subjetivos) que possam orientar o intérprete a localizar o ordenamento mais adequado para caso, o que pode gerar insegurança jurídica, existindo determinadas normas que orientam o intérprete para a localização do vínculo mais estreito a partir de características predeterminadas em um caso concreto. Entre os fatores que podem ser levados em consideração pelo julgador estão o (i) lugar de celebração e de execução do contrato, (ii) a residência habitual ou domicílio das partes, (iii) a moeda nacional utilizada para pagamento e (iv) o idioma de redação do contrato[145].

Exemplo é vislumbrado na Convenção Interamericana sobre o direito aplicável aos contratos internacionais, que estipula ao julgador levar em consideração "todos os elementos objetivos e subjetivos que se depreendam do contrato, para determinar o direito do Estado com o qual mantém os vínculos mais estreitos. Levar-se-ão também em conta os princípios gerais do direito comercial internacional aceitos por organismos internacionais" (art. 9º). Para Araujo, a norma representa *grande avanço*, pois serve justamente para orientar o julgador sobre os elementos que podem ser considerados para definir um vínculo estreito[146].

Norms or Conflict of Laws? Different Techniques in the Fragmentation of Public International Law" *in Duke Journal of Comparative & International Law,* n. 22, 2012, pp. 349-376, em especial p. 358.

144. *Restatement* of the Law Second Conflict of Laws, 2d Chapter 7. Wrongs Topic 1. Torts Title A. *In verbis:* 145. The general principle. (1) The rights and liabilities of the parties with respect to an issue in tort are determined by the local law of the state which, with respect to that issue, has the most significant relationship to the occurrence and the parties under the principles stated in s 6. (2) Contacts to be taken into account in applying the principles of s 6 to determine the law applicable to an issue include: (a) the place where the injury occurred, (b) the place where the conduct causing the injury occurred, (c) the domicil, residence, nationality, place of incorporation and place of business of the parties, and (d) the place where the relationship, if any, between the parties is centered. These contacts are to be evaluated according to their relative importance with respect to the particular issue.

145. Sobre os critérios, ver, entre outros LAGARDE, Paul. «Le principe de proximité dans le droit international privé contemporain; cours général de droit international privé» *in Recueil des Cours de l'Académie de Droit International de La Haye.* vol. 196, 1986, pp. 9-238. MANN, F. "The proper law in the conflict of laws" *in International and Comparative Law Quarterly,* vol. 46, 1987, pp. 437-453 e ainda MORRIS, J. H. C. e CHESHIRE, G. C "The Proper Law of a Contract in the Conflict of Laws" *in Law Quarterly Review*, vol. 56, 1940, pp. 320-339.

146. ARAUJO, Nadia de. "A Convenção do México sobre o direito aplicável aos contratos internacionais: suas características e influência para o Direito Internacional Privado brasileiro" *in* CASELLA, Paulo Borba e ARAUJO, Nadia de (coords). *Integração jurídica interamericana: as Convenções interamericanas de Direito Internacional Privado (CIDIPs) e o direito brasileiro.* São Paulo: LTr, 1998, pp. 435-457, em especial p. 453. Fernández Arroyo, confrontando o texto da Convenção Interamericana com a Convenção de Roma (1980), alerta sobre imprevisibilidade da definição, mesmo com a redação do artigo 9º, do que seria o "vínculo estreito". FERNÁNDEZ ARROYO, Diego P. «La convention interaméricaine sur la loi applicable aux contrats

Outra variante do método indireto multilateral é a adoção de *objetivos a serem seguidos* pelo aplicador da norma, ao buscar localizar a lei aplicável ao fato transnacional. São normas indiretas (conflituais) com orientação (ou conteúdo) substancial, que inserem, na própria norma de direito internacional privado, *regras de preferência* que orientam o intérprete a respeito de um determinado valor a ser perseguido. Moura Ramos e Ferrer Correia denominam tais regras de "regras de conflitos de conexão ou caráter substancial[147].

Gonzáles Campos denomina a introdução de resultados como fenômeno de *flexibilização do método indireto*, em contrapartida à rigidez do método multilateral tradicional[148]. Essa flexibilidade pode ser gerada tanto (i) pela enumeração de regras de conexão para a escolha do direito que ofereça, no caso concreto, a consecução do valor ambicionado, ou, ainda, (ii) pela previsão geral de que o intérprete deve optar pela lei - entre aquelas que possuem contato com o fato transnacional - que forneça o resultado material mais adequado.

A adoção da busca de conteúdo por parte do método multilateral é um modo de introduzir uma função nova nas regras de conexão, com a concretização de um resultado específico para a regulação do fato transnacional. A disciplina deixaria de se preocupar tão somente com a indicação da lei ou definição da jurisdição, para também ocupar-se do modo de alocação dos bens da vida para os envolvidos no fato transnacional. Contudo, isso não significa o abandono das regras de conexão, que continuam a ser utilizadas, mas sem que sua aplicação ocorra de modo mecânico e neutro. A neutralidade, repise-se, é abandonada, em favor da obtenção de determinado resultado[149].

Gaudemet-Tallon denomina essas regras de conexão como sendo um "meio caminho" entre o método multilateral tradicional (supostamente

---

internationaux: certains chemins conduisent au-delà de Rome» *in Revue Critique de Droit International Privé*, vol. 84,1995, pp. 178-186, em especial p. 185.

147. RAMOS, Rui Manuel Gens de Moura. "Aspectos recentes do Direito Internacional Privado português" *in* RAMOS, Rui Manuel Gens de Moura. *Das relações privadas internacionais. Estudos de Direito Internacional Privado.* Coimbra: Coimbra Editora, 1995, pp. 85-123, em especial p. 92-93. FERRER CORREIA, A. *Lições de Direito Internacional Privado – I.* Coimbra: Almedina, 2000, p. 43.

148. GONZÁLEZ CAMPOS, Julio D.»Diversification, spécialisation, flexibilisation et matérialisation des règles de droit international privé» *in Recueil des Cours de l´Académie de Droit International de la Haye*, vol. 287, 2000, pp. 9-426, em especial p. 214 e seguintes («La flexibilisation des règles de droit international privé»).

149. AUDIT, Bernard. «Le caractère fonctionnel de la règle de conflit: (sur la crise des conflits de lois)» *in Recueil des Cours de l´Académie de Droit International de la Haye*, vol. 186, 1984, pp. 219-397, em especial p. 363 e seguintes.

neutro) e as regras materiais diretas[150]. Lalive as designa como *regras de conexão mistas*, com caráter predominantemente indireto com graus de caráter direto[151].

O uso dessas regras de conexão com orientação de promoção de determinado resultado pode ser feito pela introdução de pontos de indicação *alternativos*, como ocorre na Convenção Interamericana sobre obrigação alimentar de 1989[152], que oferece como alternativas para a regência da obrigação alimentar e das qualidades de credor e de devedor de alimentos a lei do Estado de domicílio ou residência habitual do credor ou a lei do Estado de domicílio ou residência habitual do devedor, devendo a opção entre elas ser feita a partir do critério da norma mais favorável ao credor de alimentos[153].

É possível também a adoção de critérios *cumulativos* (todas as regras de conexão devem apontar para uma lei que defenda determinado valor, o que dificulta a realização de determinado resultado). Yasseen menciona a lei finlandesa sobre divórcio de 1929, que exigia, para a concessão do divórcio, a sua previsão na lei nacional de cada um dos cônjuges e, ainda, na lei finlandesa[154].

Por sua vez, os critérios *subsidiários* estipulam uma regra de conexão principal, afastada, caso não possa ser aplicada ou demande a indicação de lei cuja aplicação impõe resultado adverso, em favor de outra que atinja o resultado esperado. Overbeck explica que a nomenclatura das regras de conexão subsidiárias decorre do seu resultado[155].

---

150. GAUDEMET-TALLON, Hélène. «L'utilisation de règles de conflit à caractère substantiel dans les conventions internationales (l'exemple des Conventions de La Haye) *in L'internationalisation du droit. Mélanges en l'honneur de Yvon Loussouarn*. Paris: Dalloz, 1994, pp. 181-192, em especial p. 192.

151. LALIVE, Pierre. «Tendances et méthodes en droit international privé: cours général» *in Recueil des Cours de l´Académie de Droit International de la Haye*, vol. 155, 1977, pp. 3-424, em especial p. 104.

152. Ratificada pelo Brasil em 1997 e incorporada internamente pelo Decreto n. 2.428, de 17 de dezembro de 1997.

153. BATIFFOL, Henri. «Le pluralisme des méthodes en droit international privé» *in Recueil des Cours de l´Académie de Droit International de La Haye*, vol. 139, 1973, pp. 75-147, em especial p. 132-133.

154. YASSEEN, Mustafa Kamil «Principes généraux de droit international privé» *in Recueil des Cours de l´Académie de Droit International de la Haye*, vol. 116, 1965, pp. 383-491, em especial p. 423. Mayer traz o exemplo de regra sobre o casamento entre tio e sobrinha: somente se todas as leis nacionais dos envolvidos não vedem o casamento, ele seria válido. MAYER, Pierre. *Droit International Privé*. Paris: Montchrestien, 1977, p. 392. LALIVE, Pierre. «Tendances et méthodes en droit international privé: cours général» *in Recueil des Cours de l´Académie de Droit International de la Haye*, vol. 155, 1977, pp. 3-424, em especial p. 105.

155. OVERBECK, Alfred E. von. «Les questions générales du droit international privé à la lumière des codifications et projets récents: cours général de droit international privé» *in Recueil des Cours de l´Académie de Droit International de la Haye*, vol.176, 1982, pp. 9-258, em especial p. 84. Cite-se como exemplo o Protocolo sobre a lei aplicável às obrigações de prestar alimentos, de 2007, ratificado pelo Brasil em 2017 e incorporado internamente pelo Decreto n. 9.176, de 19 de outubro de 2017. O critério principal

Para Mayer, a origem dessas normas indiretas com conteúdo material encontra-se a partir da crítica norte-americana ao mecanicismo do método indireto tradicional[156]. O método indireto clássico (ou tradicional) sofreu forte abalo, nos Estados Unidos, a partir da primeira metade do século XX, em virtude da falta de concretização da promessa original de um *universalismo* oriundo de uma suposta comunidade jurídica das nações, tornando-o uma *técnica mecânica* de localização da lei e, portanto, *insensível* aos resultados materiais eventualmente *injustos* provocados. A crítica gerou a defesa de uma liberdade do julgador para escolher, *entre* os *diversos* ordenamentos jurídicos com vínculos com o fato transnacional, aquele que viesse a fornecer a melhor lei para a solução do caso. Incorpora-se ao direito internacional privado a preocupação do resultado material a partir da escolha da regra de conexão a ser feita pelo julgador.

Por sua vez, parte da doutrina norte-americana defendeu a incorporação do resultado material por intermédio da liberdade do julgador, afastando-se das regras de conexão múltiplas (com critérios alternativos, cumulativos e subsidiários). Nessa linha, Cavers salientou a necessidade do julgador, em casos nos quais houver a incidência de vários potenciais ordenamentos, não escolher a lei mecanicamente e de "olhos vendados", optando pela lei mais adequada para solucionar a controvérsia[157].

Para Brillmayer, Leflar foi o jurista que adotou, com ênfase, a busca da melhor lei para reger os fatos transnacionais, cunhando a expressão *better law approach*[158]. Para Leflar, o objetivo final do direito internacional privado é obter a *melhor solução possível* para determinado caso envolvendo fatos transnacionais. Para a resolução de problemas conflituais, o autor propõe uma lista de *cinco fatores* que devem influenciar os julgadores: (1) previsibilidade dos resultados; (2) manutenção da ordem internacional e interestadual; (3) simplificação da tarefa de julgar; (4) defesa dos interesses governamentais do foro; e (5) aplicação da *better rule of law*, a melhor regra jurídica para o caso concreto, proporcionando uma otimização do resultado para a solução

---

é o da lei do estado da residência habitual do credor, mas, subsidiariamente, há critérios (como a lei do Estado do foro) para assegurar a prestação dos alimentos a favor de determinados credores vulneráveis (art. 3º e art. 4º).

156. MAYER, Pierre. *Droit International Privé*. Paris: Montchrestien, 1977, p. 108.

157. CAVERS, David F., "A Critique of the Choice-of-Law Problem" *in Harvard Law Review*, vol. 47, 1933, pp. 173-208, em especial p. 189. Cavers, posteriormente, defende a adoção de *princípios de preferência* para orientar o julgador.

158. BRILMAYER, Lea. "The role of substantive and choice of law policies in the formation and application of choice of law rules" *in Recueil des Cours de l´Académie de Droit International de La Haye*. Vol. 252, 1995, pp. 9-112, em especial p. 62 e seguintes.

da controvérsia[159]. Com uma abordagem considerada convencional[160], Leflar admite o uso das regras de conexão para orientar a tomada de decisão entre as diversas leis com contato com o caso concreto[161].

De modo mais amplo, McDougal sustentou que os tribunais devem analisar os interesses envolvidos para chegar naquilo que denominou de melhor lei (*best rule of law*), aquela que promove os interesses comuns, levando em consideração, em uma abordagem sistemática, os anseios dos envolvidos e, em caso de interesses conflitantes, optando pela escolha que agrega *maior valorno longo prazo* às comunidades envolvidas[162].

Famoso paradigma de abandono de regras de conexão mecânicas é o caso *Babcock v. Jackson*, de 1963, no qual foi afastada a regra de conexão da lei do local da realização do dano (*lex loci delicti*) para aplicar – com maior justiça no caso concerto – a lei do domicílio dos litigantes[163]. No caso, um acidente de carro em Ontário, no Canadá gerou ação de reparação de danos no Estado de Nova York, Estados Unidos, local de domicílio da autora (passageira, *guest-passenger* em transporte gratuito) e dos réus (motorista *host-driver* e sua esposa). A legislação do local do dano, Ontário, vedava indenização para passageiros em transporte gratuito, visando evitar conluio entre motorista e "carona" para lesar seguradoras. Já a legislação do local de domicílio dos envolvidos (e da empresa seguradora), Nova York, permitia a indenização, por ato negligente do motorista. Utilizando como fundamento o fato de que todos os vínculos, com exceção do local do dano, apontavam para o Estado de Nova York, entendeu-se que havia uma forte relação com a lei do Estado americano (*most significant relationship*)

159. LEFLAR, Robert A. "Conflicts of Law: More on Choice Influencing Considerations" *in California Law Review*, vol. 54, 1966, pp. 1584-1598, em especial p. 1586-1588.

160. SYMEONIDES, Symeon C. *Choice of law*. New York: Oxford University Press, 2016, p.107.

161. LEFLAR, Robert A."Choice-Influencing Considerations in Conflicts Law" *in New York University Law Review*, vol. 41, 1966, pp. 267-327. LEFLAR, Robert A. "Conflicts of Law: More on Choice Influencing Considerations" *in California Law Review*, vol. 54, 1966, pp. 1584-1598.

162. MCDOUGAL, L. "Towards lhe Application of the Best Rule of Law in Choice of Law Cases" *in Mercer Law Review*, vol. 35, 1984, pp. 483-534, em especial p. 533.

163. New York Court of Appeals, caso *Babcock v. Jackson*, 191 N.E.2d 279, 12 N.Y.2d 473 (N.Y. 1963), julgamento de 9 de maio de 1963. Disponível em http://www.courts.state.ny.us/reporter/archives/babcock_jackson.htm. Acesso em: 30/05/2024. Mais detalhes sobre o caso em HERZOG, Peter E. 'The Conflict of Laws Revolution in New York-and Where Did It Leave Us" *in Syracuse Law Review*, vol. 50, 2000, pp. 1279-1316, em especial p. 1284 e seguintes. Para Herzog, o caso foi imediatamente percebido como seminal e é provavelmente o precedente norte-americano de direito internacional privado mais conhecido e estudado no mundo (op. cit, p. 1285). KORN, Harold L., "Big Cases and Little Cases: Babcock in Perspective" *in Albany Law Review*, vol. 56, 1993, pp. 933-940; KORN, Harold L. "The Choice-of-Law Revolution: A Critique" *in Columbia Law Review*, vol. 83, 1983, pp. 772-973; MCDOUGAl, Luther L. III, "The Real Legacy of Babcock v. Jackson: Lex Fori instead of Lex Loci Delicti and Now It's Time for a Real Choice-of-Law Revolution"' *in Albany Law Review*, vol. 56, 1993, pp. 795-806.

e nenhum interesse canadense envolvido que demandasse a aplicação da sua lei (*government interest analysis*).

Para Herzog, a decisão do caso une a teoria do vínculo mais estreito e a teoria da análise dos interesses das jurisdições envolvidas (Nova York e Ontário)[164]. A decisão no caso concreto deveria ser feita segundo *parâmetros casuísticos de justiça* em face dos interesses em jogo, o que poderia também gerar insegurança jurídica e falta de coerência e sistematicidade. Porém, para Reese, é o julgador que analisa o caso concreto o mais apto a lidar com as suas diversas variáveis, barrando a aplicação mecânica das regras de conexão[165-166].

Tendo em vista o uso do método multilateral adaptado pela busca do resultado, Juenger sugeriu a adoção de método eclético, que unisse as regras de conexão para evitar o territorialismo (uso indiscriminado da lei do foro) com foco no direito material a ser aplicado, nascendo o que denominou de "abordagem de direito material" (*substantive law approach*), pela qual os juízes devem construir, no caso concreto, a solução mais adequada em face dos *standards e prática do direito comparado*[167].

2.4. O MÉTODO DIRETO E O MÉTODO DO RECONHECIMENTO DE SITUAÇÕES JURÍDICAS

O método direto no direito internacional privado consiste na fixação de norma (internacional ou nacional) de regulação direta do fato transnacional. Droz denomina o método direto de método não conflitual, pois não é baseado em regras de conexão abstratas[168]. Na medida em que não há regras de conexão, o fato transnacional é regulado sem referência aos ordenamentos nacionais com os quais possui vínculo.

---

164. HERZOG, Peter E. "The Conflict of Laws Revolution in New York-and Where Did It Leave Us" *in Syracuse Law Review*, vol. 50, 2000, pp. 1279-1316, em especial p. 1285 e seguintes.

165. REESE, Willis L. M. "Comments on Babcock v. Jackson, a Recent Development in Conflict of Laws" *in Columbia Law Review*, 1963, pp. 1251-1257 em especial p. 1253.

166. Dolinger, apesar de reconhecer o caráter inovador e a influência do caso *Babcock* na busca do vínculo mais estreito e do interesse governamental envolvido, entende que seria possível chegar na mesma conclusão apenas interpretando a regra de conexão tradicional do *lex loci delicti* para concluir que a hospitalização da vítima em Nova York, com consequências do acidente no lugar de sua residência, alteraria o local do dano efetivo para o estado americano. DOLINGER, Jacob. "Evolution of principles for resolving conflicts in the field of contracts and torts" *in Recueil des Cours de l´Académie de Droit International de la Haye*, vol. 283, 2000, pp. 187-512, em especial p. 501.

167. JUENGER, Friedrich K. «General Course on Private International Law» *in Recueil des Cours de l´Académie International de la Haye*, vol. 193, 1985, pp. 131-387, em especial p. 265.

168. DROZ, Georges A. L. «Regards sur le droit international privé comparé. Cours général de droit international privé» *in Recueil des cours de l´Académie de Droit International de La Haye*, vol. 229, 1991, pp. 9-424, em especial p. 34.

Supera-se, assim, tanto a busca do limite espacial de aplicação de uma norma nacional (método unilateralista) quanto da sede da relação jurídica (método multilateral). A principal vantagem do método direto é a produção imediata da regra para regular os fatos transnacionais, transpondo eventual inadequação do uso de leis nacionais, que foram editadas também para incidir sobre os fatos internos[169].

Para Audit, o método direto é preferível, pois adota uma norma específica para reger os fatos transnacionais e não uma regra interna aplicável a todos os fatos, como ocorre com o método indireto[170].

Loquin define três características do método direto: (i) conter norma que regula diretamente o fato transnacional, não remetendo para outra norma; (ii) não utilizar normas que podem regular tanto situações transnacionais quanto situações internas; e (iii) conter norma que foi concebida especialmente para regular os fatos transnacionais. A terceira característica é, para o autor, o "coração" do método direto[171].

Hecke alerta que o método direto não pode ser confundido com o fenômeno da uniformização do direito, que rege tanto situações jurídicas nacionais ou transnacionais, do qual se diferencia pelo uso de regras específicas que se aplicam às relações privadas transnacionais[172].

A adoção do método direto rompe com a tradição de uso do método indireto, consagrando o pluralismo de métodos no direito internacional privado contemporâneo. O método direto apresenta três espécies: o método direto internacionalista, o método direto nacionalista (normas imperativas)[173] e o método direto do reconhecimento de situações jurídicas.

O uso do método direto em normas internacionais de regulação do fato transnacional decorre da própria internacionalização da disciplina. Apesar dos tratados conterem, em geral, regras de conexão, possibilita-se aos estados a oportunidade de negociarem e acordarem regras internacionais diretas de regulação do fato transnacional. Ressalta-se que, diferentemente

169. LOQUIN, Eric. «Les règles matérielles internationales» *in Recueil des Cours de l´Académie de Droit International de la Haye,* vol. 322, 2006, pp. 9-241, em especial p. 41.

170. AUDIT, Bernard. «Le caractère fonctionnel de la règle de conflit: (sur la crise des conflits de lois)» *in Recueil des Cours de l´Académie de Droit International de la Haye,* vol. 186, 1984, pp. 219-397, em especial p. 255.

171. LOQUIN, Eric. «Les règles matérielles internationales» *in Recueil des Cours de l´Académie de Droit International de la Haye,* vol. 322, 2006, pp. 9-241, em especial p. 24 e 25.

172. HECKE, Georges van. «Principes et méthodes de solution des conflits de lois» *in Recueil des Cours de l´Académie de Droit International de la Haye*, vol. 126, 1969, pp. 409-588, em especial p. 472.

173. O tema das normas imperativas será tratado em capítulo próprio no qual será analisada a sua inserção no debate de métodos do direito internacional privado.

do método indireto, o uso do método direto em tratados exige consenso entre os estados em relação à *forma* pela qual deve se dar a regulação do fato transnacional.

Wengler aponta que convenções internacionais e costume internacional introduzem regras comuns para as situações com contato com mais de um ordenamento jurídico nacional[174]. A regulação direta dos fatos transnacionais pode ocorrer, ainda, por meio de usos e costumes do comércio internacional ou por meio de normas nacionais[175]. Para ilustrar, o uso do método direito é visto na Convenção das Nações Unidas sobre contratos de compra e venda internacional de mercadorias, de 1980[176] e na Convenção da Haia relativa à proteção das crianças e à cooperação em matéria de adoção internacional, de 1993[177].

Além da unificação pela inserção de regras materiais em tratados internacionais, o método direto possui outra espécie, denominada de *método do reconhecimento de situações jurídicas*[178], que consiste na aceitação de situações jurídicas criadas de acordo com lei estrangeira, descartando-se as regras do método indireto existentes do Estado do foro.

Ao exigir que o Estado do foro, no qual as situações estrangeiras são apresentadas, deixe de aplicar suas regras de conexão, o método do reconhecimento de situações jurídicas acata a regulação material do fato transnacional diretamente pela lei do Estado estrangeiro. Conforme aponta

174. WENGLER, Wilhelm. «The general principles of private international law» *in Recueil des Cours de l´Académie de Droit International de la Haye*, vol. 104, 1961, pp. 273-469, em especial p. 452.

175. AUDIT, Bernard. «Le caractère fonctionnel de la règle de conflit: (sur la crise des conflits de lois)» *in Recueil des Cours de l´Académie de Droit International de la Haye*, vol. 186, 1984, pp. 219-397, em especial p. 256.

176. Ratificada pelo Brasil em 2014 e incorporada internamente pelo Decreto nº 8.327, de 16 de outubro de de 2014.

177. Ratificada pelo Brasil em 1999 e incorporada internamente pelo Decreto n. 3.087, de 21 de junho de 1999.

178. Sobre o método do reconhecimento, ver LAGARDE, Paul. «La méthode de la reconnaissance est-elle l'avenir du droit international privé? Conférence inaugurale, session de droit international privé» *in Recueil des Cours de l´Académie International de la Haye*, vol. 371, 2015, pp. 19-42. BUREAU, Dominique; WATT, Horatia Muir. *Droit International Privé*. Tome I. 3° édition, Paris: PUF, 2014, pp. 671-697. BOLLEE, Sylvain. «L'extension du domaine de la méthode de reconnaissance unilatérale» *in Revue Critique de Droit International Privé*, 2007, pp. 307-355. LAGARDE Paul. «La reconnaissance mode d'emploi» *in Vers de nouveaux équilibres entre ordres juridiques, Liber amicorum Hélène Gaudemet-Tallon*. Paris: Dalloz, 2008, pp. 481-501. LAGARDE, Paul (org.). *La reconnaissance des situations en droit international privé*. Paris: Pédone, 2013. MAYER P. «Les méthodes de la reconnaissance en droit international privé» *in Le droit international privé: esprit et méthodes. Mélanges en l'honneur de Paul Lagarde*. Paris: Dalloz, 2005, pp. 547-573. MAYER, Pierre. «Le phénomène de la coordination des ordres juridiques étatiques en droit privé» *in Recueil des Cours de l´Académie International de la Haye*, vol. 327, 2007, pp. 9-378, em especial p. 337 e seguintes. PICONE, Paolo. «Le méthode de la référence à l´ordre compétent en Droit International Privé» *in Recueil des Cours de l´Académie de Droit International de la Haye*, vol. 197, 1986, pp. 229-420, em especial p. 287-303. ROMANO, Gian Paolo. «La bilatéralité éclipsée par l'autorité: développements récents en matière d'état des personnes» *in Revue critique de Droit International Privé*, n. 95, 2006, pp. 457-519.

Baratta, tal solução decorre da necessidade de alinhar a ordem jurídica do foro à situação jurídica criada no estrangeiro[179].

Para Lagarde, ocorreu uma lenta evolução no direito internacional privado rumo à aceitação do método do reconhecimento de situações jurídicas, graças (i) aos antecedentes da teoria dos direitos adquiridos tanto na versão estatutária quanto da versão anglo-americana e da Europa continental, (ii) à aplicação do método indireto unilateral e (iii) à teoria do conflito de sistemas.

A proteção de direitos adquiridos no direito internacional privado tem como base os estudos da Escola estatutária holandesa no século XVII[180]. Arminjon assinala a contribuição especialmente de Huber, para quem seria injusta a recusa - sem forte motivo - de fazer valer a lei estrangeira que formatou o direito invocado por determinado indivíduo[181].

A partir da Escola holandesa, a doutrina anglo-americana desenvolveu a teoria dos *vested rights*[182], com destaque às contribuições de Dicey[183] e Beale[184], pela qual o intérprete deve determinar e aplicar a lei aos fatos e aos direitos criados de acordo com a lei aplicável no momento da sua criação ou realização, não se aplicando a lei do tempo do litígio. Essa separação justifica o motivo pelo qual o julgador deve aplicar a lei estrangeira (regente dos fatos no momento de sua realização) e não a lei do foro (existente na época do litígio)[185].

---

179. BARATTA, Roberto. «La reconnaissance internationale des situations juridiques personnelles et familiales» *in Recueil des Cours de l´Académie de Droit International de la Haye,* vol. 348, 2010, pp. 253-499, em especial p. 465.

180. RODAS, João Grandino. "Prefácio" *in* BOUCAULT, Carlos Eduardo de Abreu. *Direitos Adquiridos no Direito Internacional Privado.* Porto Alegre: Sergio Fabris Ed., 1996, pp. 9-11, em especial p. 9.

181. ARMINJON, Pierre. «La notion des droits acquis en droit international privé» *in Recueil des Cours de l´Académie de Droit International de la Haye,* vol. 44, 1933, pp. 1-110, em especial p. 12. Parra-Aranguen traz trecho da obra de Huber na qual o jurista holandês defende que os direitos adquiridos de acordo com lei estrangeira conservam sua força em qualquer lugar, desde que não causem prejuízo ao poder ou direitos do governo do foro. PARRA-ARANGUREN, Gonzalo. "General course of private international law: selected problems" *in Recueil des Cours de l´Académie de Droit International de la Haye,* vol. 210, 1988, pp. 13-223, em especial p. 62.

182. WATT, Horatia Muir. «Quelques remarques sur la théorie anglo-américaine des droits acquis» *in Revue critique de Droit International Privé,* n. 75, 1986, pp. 425-455. BOUCAULT, Carlos Eduardo de Abreu. *Direitos Adquiridos no Direito Internacional Privado.* Porto Alegre: Sergio Fabris Ed., 1996, em especial p. 70 e seguintes.

183. DICEY, A.V, "On Private International Law as a Branch of the Law of England" *in Law Quarterly Review,* n.6, 1890, pp. 1-21. DICEY, A.V, "On Private International Law as a Branch of the Law of England - *continued*" *in Law Quarterly Review,* n.7, 1891, pp. 113-127.

184. BEALE, Joseph Henry. *A Selection of Cases on the Conflict of Laws,* vol. 3, Cambridge: The Harvard Law Review Publishing Association, 1902. Ver a influência de Beale, relator do primeiro *Restatement of conflit of laws,* em AUDIT, Bernard. «Le droit international privé en quête d'universalité - Cours général» *in Recueil des Cours de l´Académie de Droit International de la Haye,* vol. 305, 2003, pp. 9-487, em especial p. 175-177.

185. DANE, Perry. "Vested Rights, Vestedness, and Choice of Law" *in Yale Law Journal,* vol. 96, 1987, pp. 1191-1276, em especial p. 1195.

Dicey consagrou, no seu princípio geral n.1 a respeito do reconhecimento extraterritorial de direitos, que todo direito adquirido de acordo com lei de qualquer "país civilizado" é reconhecido e (em geral) implementado pelos tribunais ingleses[186]. O próprio autor admitia que, excepcionalmente, não haveria o reconhecimento de direito adquirido caso fosse inconsistente com as regras morais defendidas pela lei inglesa, envolvesse o reconhecimento de instituições desconhecidas pela lei inglesa ou fosse inconsistente com a ordem pública ou instituições políticas inglesas[187].

Ainda na visão anglo-americana, Beale reforçou a ideia de que a lei estrangeira (de criação do direito a ser analisado pelo Estado do foro) deveria ser apropriada, ou seja, o Estado do foro deveria remeter a regulação daquele fato transnacional à lei estrangeira, de acordo com suas próprias regras de conflito[188]. A identificação da lei estrangeira responsável pela formação do direito adquirido para a teoria do *vested rights* era regida pela teoria do *last-in-time*, que resulta na aplicação da lei do Estado onde produziu-se o último ato necessário para a aquisição do direito[189].

Na Europa continental, Pillet foi um dos responsáveis pela construção da proteção dos direitos adquiridos (*droits acquis)*, identificando um dever internacional de respeito à soberania dos Estados exigido pelo direito internacional, que resultava no reconhecimento de direitos adquiridos de acordo com lei estrangeira[190].

A proteção dos direitos adquiridos contou com apoio dos defensores do método indireto unilateral, na medida em o Estado do foro não teria nenhum interesse em verificar sob qual lei foi constituída uma situação jurídica que escapa ao alcance espacial das normas nacionais[191]. Contudo,

186. *In verbis:* "every right which has been acquired under the law of any civilized coutrny is recognise and (in general) enforced by english courts". DICEY, A.V. "On Private International Law as a Branch of the Law of England - *continued" in Law Quarterly Review,* n.7, 1891, pp. 113-127, em especial p. 113.

187. DICEY, A.V, "On Private International Law as a Branch of the Law of England - *continued" in Law Quarterly Review,* n.7, 1891, pp. 113-127, em especial p. 120-121.

188. BEALE, Joseph Henry. *A Selection of Cases on the Conflict of Laws,* vol. 3, Cambridge: The Harvard Law Review Publishing Association, 1902, p. 501.

189. BUCHER, Andreas. «La dimension sociale du droit international privé» *in Recueil des Cours de l´Académie de Droit International de la Haye,* vol. 341, 2009, pp. 1-526, em especial p. 321.

190. PILLET, A. «La théorie générale des droits acquis» *in Recueil des Cours de l´Académie de Droit International de la Haye,* vol. 8, 1925, pp. 485-556, em especial p. 492 e p. 525.

191. Entre os defensores do unilateralismo na proteção dos direitos adquiridos, ver NIBOYET, J. P. *Cours de Droit International Privé Français.* Paris: Librairie du Recueil Sirey, 1949, em especial p. 444. Ver a análise crítica sobre o unilateralismo e os direitos adquiridos em RAMOS, Rui Manuel Gens de Moura. "Dos direitos adquiridos em Direito Internacional Privado" *in* RAMOS, Rui Manuel Gens de Moura. *Das relações privadas internacionais. Estudos de Direito Internacional Privado.* Coimbra: Coimbra Editora, 1995, pp. 11-48, em especial p. 40-41.

a tese unilateralista não protege as situações consolidadas no estrangeiro quando a lei do foro é aplicável.

Por esses motivos, Francescakis[192] e Meijers[193] defenderam a não utilização do sistema de direito internacional privado do foro, caso a situação jurídica em questão tenha sido constituída de acordo com a lei aplicável à luz do direito internacional privado dos Estados estrangeiros interessados. Lagarde denomina essa abordagem de teoria do conflito de sistemas na temática dos direitos adquiridos no exterior, apontando, corretamente, que o reconhecimento só existirá se as regras de conexão existentes à época de consolidação do direito forem respeitadas, o que novamente vincula essa abordagem ao método indireto[194].

Avaliando a proteção aos direitos adquiridos no direito internacional privado, Savigny considerou-a um *círculo vicioso* porque, para reconhecer se os direitos foram bem adquiridos, é necessário saber de acordo com qual direito nacional deve-se julgar sua aquisição[195]. Nessa linha, Pillet exigia que a regra de conexão do foro indicasse ser a lei estrangeira apropriada para gerar o direito adquirido, não podendo o seu cumprimento ofender a ordem pública do Estado do foro[196].

O art. 8º do Código Bustamante, por exemplo, prevê que os direitos adquiridos segundo as regras do próprio Código têm plena eficácia extraterritorial nos Estados contratantes, salvo se uma regra de ordem pública internacional se opuser a algum dos seus efeitos ou consequências. Valladão criticou a vinculação da criação dos direitos adquiridos às regras de conexão previstas no Código Bustamante, por ter esvaziado a proteção pretendida[197].

Assinala Moura Ramos que os defensores do método indireto multilateral, ao identificar o direito aplicável a partir da localização da sede da relação jurídica, têm dificuldade de reconhecer direitos ou situações adquiridas ou constituídas ao abrigo de leis que não foram previamente indicadas pelas regras

192. FRANCESCAKIS, Phocion. *La théorie du renvoi et les conflits de systèmes en droit international privé*. Paris: Sirey, 1958, p. 189 e seguintes.

193. MEIJERS. E. M. «La question du renvoi», *Bulletin de l'Institut juridique international*, 1938, pp. 191-231.

194. LAGARDE, Paul. «La méthode de la reconnaissance est-elle l'avenir du droit international privé? Conférence inaugurale, session de droit international privé» *in Recueil des Cours de l´Académie International de la Haye*, vol. 371, 2015, pp. 19-42, em especial p. 23.

195. SAVIGNY, Friedrich Carl von. *Sistema do Direito Romano atual, vol. VIII*. Tradução de Ciro Mioranga (edição original de 1849), Ijuí: Unijuí, 2004, em especial p. 126.

196. PILLET, A. «La théorie générale des droits acquis» *in Recueil des Cours de l´Académie de Droit International de la Haye*, vol. 8, 1925, pp. 485-556, em especial p. 498.

197. VALLADÃO, Haroldo. *Direito Internacional Privado*. Vol. I.2ª ed., Rio de Janeiro: Freitas Bastos, 1977, p. 480.

de conexão[198]. Nessa linha, Ferrer Correia admite que é necessário algum vínculo da situação com a lei estrangeira que a constituiu sob a perspectiva do sistema de conflito do foro, ainda que com o uso de diversos critérios de localização, devendo ser evitado tão simplesmente reconhecer toda e qualquer situação consolidada com base em lei estrangeira[199].

Sobre o tema, Arminjon expôs que a exigência de respeito às regras de conexão do foro fragiliza a autonomia da proteção dos direitos adquiridos (para ele, distinção formal e escolástica)[200]. De um lado, o respeito às regras do foro torna a teoria dos direitos adquiridos no campo da escolha da lei dependente do método indireto. De outro lado, no campo do reconhecimento e execução de decisões estrangeiras, o uso do reconhecimento é constante nos Estados que não indagam o modo pelo qual foi feita a incidência das leis para a resolução do caso concreto, como ocorre no sistema brasileiro[201].

Nesse sentido, Batiffol, apesar de adotar o método indireto multilateral, que nega autonomia à proteção dos direitos adquiridos, admite nessa hipótese o abandono das regras de conexão do foro, desde que haja o cumprimento das regras de conexão dos Estados envolvidos ao tempo da consolidação do direito em análise[202].

Anota-se que a proteção dos direitos adquiridos de modo desvinculado das regras de conexão do foro é utilizada usualmente na subárea do direito internacional privado referente ao reconhecimento e execução de sentenças estrangeiras. Nesse sentido, Mayer separa o método de escolha da lei da forma de implementação de decisões estrangeiras, a qual, não depende, em geral, da decisão estrangeira ter cumprido a escolha da lei de acordo com as normas do foro[203].

---

198. RAMOS, Rui Manuel Gens de Moura. "Dos direitos adquiridos em Direito Internacional Privado" in RAMOS, Rui Manuel Gens de Moura. *Das relações privadas internacionais. Estudos de Direito Internacional Privado.* Coimbra: Coimbra Editora, 1995, pp. 11-48, em especial p. 27.

199. FERRER CORREIA, Antonio. «La doctrine des droits acquis dans un système des règles de conflit bilaterales» *in Estudos vários de Direito Internacional Privado.* 2ª tiragem, Coimbra: Universidade de Coimbra, 1982, pp. 59-104, em especial p. 102.

200. Arminjon conclui seu estudo sobre a teoria dos direitos adquiridos no DIPr considerando-a não utilizável em "nenhum grau" na disciplina. ARMINJON, Pierre. «La notion des droits acquis en droit international privé» *in Recueil des Cours de l´Académie de Droit International de la Haye,* vol. 44, 1933, pp. 1-110, em especial p. 59-60 e p.103.

201. SOARES, Boni de Moraes. "Um réquiem ao velho juízo de delibação: homenagem póstuma à tradicional cognição no direito processual internacional brasileiro" *in* CARVALHO RAMOS, André de; MENEZES, Wagner. (Orgs.). *Direito Internacional Privado e a nova cooperação jurídica internacional.* Belo Horizonte: Arraes, 2015, pp. 53-78.

202. BATTIFOL, Henri. *Aspects philosophiques du Droit International Privé.* Paris: Dalloz, 1956, em especial p. 310-311.

203. MAYER, Pierre. *La distinction des règles et des décisions en droit international privé.* Paris: Dalloz, 1973.

Essas diferentes abordagens e críticas evidenciam que o uso geral do método do reconhecimento das situações jurídicas separa-se da visão tradicional da proteção dos direitos adquiridos, pois sua aplicação independe das regras de conexão do foro. Um primeiro passo para tal separação é o abandono do termo "direitos adquiridos" para a utilização da terminologia, mais ampla e geral, de reconhecimento de situações criadas em conformidade com o direito estrangeiro[204].

Para Pamboukis o método do reconhecimento representa a abertura do foro aos valores defendidos no Estado estrangeiro, motivada pela necessidade de manutenção da coerência internacional nas relações privadas na era da globalização[205]. Nessa linha, o art. 10.9 do Livro X (direito internacional privado) do Código Civil holandês, por exemplo, dispõe que os efeitos jurídicos estrangeiros vinculados a um fato serão reconhecidos na Holanda, mesmo em derrogação às regras do direito internacional privado holandês, caso a recusa ao reconhecimento de tais efeitos configure violação inaceitável da confiança justificada das partes envolvidas ou da segurança jurídica[206].

Há uma metamorfose do método do reconhecimento a partir do crescimento dos fluxos transnacionais gerados pela globalização, que exigem a manutenção da coerência internacional das relações privadas, insuficientemente tuteladas pelo método indireto. O método multilateral *não* cumpriu a promessa do universalismo normativo, sofrendo com a crescente adoção da autonomia da vontade nas relações transnacionais, que dispensa o uso das regras de conexão[207]. Para Bucher, o método indireto tem sido abandonado por meio do uso do método do reconhecimento especialmente em convenções de direito internacional privado da Conferência da Haia de Direito Internacional Privado[208].

204. BUCHER, Andreas. «La dimension sociale du droit international privé» *in Recueil des Cours de l'Académie de Droit International de la Haye*, vol. 341, 2009, pp. 9-526, em especial p. 324.

205. PAMBOUKIS, Charalambos. «La renaissance-métamorphose de la méthode de la reconnaissance» *in Revue critique de Droit International Privé*, n. 97, 2008, pp. 513-560, em especial p. 518.

206. Na versão em ingles: "Article 10:9 Unacceptable violation of parties' confidence or of legal certainty. Where a fact has certain legal effects under the law that is applicable according to the private international law of a foreign State involved, a Dutch court may, even when the law of that foreign State is not applicable according to Dutch private international law, attach the same legal effects to that fact, as far as a non--attachment of these legal effects would be an unacceptable violation of the parties' justified confidence or of legal certainty". Disponível em http://www.dutchcivillaw.com/legislation/dcctitle10101011.htm. Acesso em: 30/05/2024. Ver também LAGARDE, Paul. «Introduction au théme de la reconnaissance des situations: rappel des points les plus discutés» *in* LAGARDE, Paul (org.). *La reconnaissance des situations en droit international privé.* Paris: Pédone, 2013, pp. 19-25, em especial p. 19.

207. PAMBOUKIS, Charalambos. «La renaissance-métamorphose de la méthode de la reconnaissance» *in Revue critique de Droit International Privé*, 2008, p. 513-560, em especial p. 518.

208. BUCHER, Andreas. «La dimension sociale du droit international privé» *in Recueil des Cours de l'Académie de Droit International de la Haye*, vol. 341, 2009, pp. 9-526, em especial p. 324.

A principal dúvida referente ao método do reconhecimento de situações jurídicas diz respeito à possibilidade de *law shopping*, ou, para Valladão, uma corrida para o lugar que oferece ou facilita a criação do direito. Com essa preocupação, o anteprojeto de alteração da então Lei de Introdução ao Código Civil, de 1964, denominado Lei Geral de Aplicação de Normas Jurídicas[209], elaborado por Valladão, previu, no artigo 78, a proteção dos direitos adquiridos, com a condição de respeito à boa-fé para evitar fraude[210].

Nessa linha, em regra, o método do reconhecimento vem acompanhado de condicionantes para a sua aplicação. Bollée lista *dois grupos de condições* para concretizar o reconhecimento de situações jurídicas: ausência de fraude; e controle da competência do Estado estrangeiro em regular a situação a ser reconhecida, o que ocorre, de modo habitual, no reconhecimento e execução de sentença estrangeira (aferição de ter o Estado estrangeiro jurisdição internacional). O respeito à ordem pública é condicionante geral, realizado *a posteriori*, aplicável ao método do reconhecimento[211].

Para ilustrar o uso das condicionantes no método do reconhecimento, cita-se a Convenção Interamericana sobre normas gerais de direito internacional privado, de 1979, que incorporou o método do reconhecimento de situações jurídicas. Após intensa discussão no Comitê Jurídico Interamericano, e descartada a exigência de "conexão razoável" na aquisição do direito com o Estado estrangeiro, foram aceitas, na redação final dessa Convenção, as seguintes condições para a aplicação do método do reconhecimento: (i) constituição válida da situação jurídica, com respeito a todas as leis com as quais tenha conexão, (ii) sem violação da ordem pública do Estado do foro[212]. O artigo 7º prevê que, quando não contrárias à ordem pública, "[a]s situações jurídicas validamente constituídas em um Estado parte, de acordo com todas as leis com as quais tenham conexão no momento de sua constituição, serão reconhecidas nos estados partes"[213].

209. VALLADÃO, Haroldo. *Direito Internacional Privado. Direito Intertemporal, introdução e historia do direito. Material de Classe.* 9ª ed., Rio de Janeiro: Freitas Bastos, 1977, p.108-169.

210. VALLADÃO, Haroldo. *Direito Internacional Privado.* Vol. I.2ª ed., Rio de Janeiro: Freitas Bastos, 1977, p. 483.

211. BOLLÉE, Sylvain. «Les conditions de la reconnaissance, notamment à la lumière des conventions internationales» *in* LAGARDE, Paul (org.). *La reconnaissance des situations en droit international privé.* Paris: Pédone, 2013, pp. 113-120, em especial p. 115-117.

212. Os debates que antecederam a redação final do artigo 7º encontram-se em PARRA-ARANGUREN, Gonzalo. «General course of private international law: selected problems» *in Recueil des Cours de l'Académie de Droit International de la Haye*, vol. 210, 1988, pp. 13-223, em especial p. 155-157.

213. Adotada na Conferência interamericana especializada em direito internacional privado realizada em Montevidéu, em 1979. Foi ratificada pelo Brasil em 1995, sendo incorporada internamente pelo Decreto nº 1.979, de 9 de agosto de 1996.

No outro sentido, a aplicação do método do reconhecimento *sem* condicionantes é evidenciada no art. 12 da Convenção relativa ao estatuto dos refugiados, de 1951[214], que dispõe que direitos decorrentes do estatuto pessoal adquiridos anteriormente, especialmente os que resultam do casamento, devem ser respeitados pelo Estado de acolhida do refugiado, ressalvado, sendo o caso, o cumprimento das formalidades previstas pela legislação local[215]. A aplicação do método do reconhecimento ocorre sem condicionantes, uma vez que a situação de refúgio exige proteção inclusive quando há dúvida sobre o direito aplicável no período que precede a chegada no Estado do foro[216]. Loon enumera também a Convenção da Haia sobre a celebração e o reconhecimento da validade dos casamentos, de 1978, como exemplo da adoção do *modelo puro* do método do reconhecimento ao não impor nenhuma condição para o reconhecimento de situação cristalizada de acordo com leis estrangeiras, salvo o respeito à ordem pública do foro (arts. 5º e 14)[217].

Nas normas nacionais de direito internacional privado, o método do reconhecimento foi consagrado no art. 5º da Lei de direito internacional privado da Venezuela, que reconhece direitos criados em conformidade com direito estrangeiro de acordo com critérios internacionalmente admitidos, exceto (i) se contrariarem os objetivos das normas venezuelanas de conflito, (ii) se o direito venezuelano tiver competência exclusiva sobre a matéria ou (iii) se violarem regras de ordem pública. O vínculo entre a situação consolidada e o Estado que a constituiu é averiguado – de acordo com a citada norma venezuelana – a partir de "critérios internacionalmente admitidos", o que permite ao julgador impedir o uso manipulado do ordenamento estrangeiro para constituir direitos sem que haja vínculos anteriores entre o fato transnacional e o Estado da constituição da situação jurídica[218].

---

214. No Brasil, a Convenção relativa ao estatuto dos refugiados foi aprovada pelo Congresso Nacional pelo Decreto Legislativo n. 11, de 7 de julho de 1960. Em 15 de novembro de 1960, foi depositado junto ao Secretário-Geral da ONU o instrumento de ratificação e a Convenção foi incorporada pelo Decreto n. 50.215, de 28 de janeiro de 1961.

215. No mesmo sentido, ver o artigo 12 da Convenção sobre o estatuto dos apátridas, de 1954. Tal Convenção foi ratificada pelo Brasil em 1996 e incorporada internamente pelo Decreto n. 4.246, de 22 de maio de 2002.

216. Nesse sentido, BUCHER, Andreas. «La dimension sociale du droit international privé» *in Recueil des Cours de l'Académie de Droit International de la Haye*, vol. 341, 2009, pp. 9-526, em especial p. 325.

217. Loon cita, ainda, as convenções sobre sociedades, de 1956, sobre o "trust", de 1985, sobre sucessão, de 1989, sobre adoção internacional de crianças, de 1993 e o protocolo sobre obrigações alimentares de 2007. Essas duas últimas convenções já foram ratificadas e incorporadas internamente. LOON, Hans van. «La méthode de la reconnaissance et les conventions de droit international privé de La Haye» *in* LAGARDE, Paul (org.). *La reconnaissance des situations en droit international privé.* Paris: Pédone, 2013, pp. 121-129, em especial p. 122.

218. *In verbis*: "Artículo 5º. Las situaciones jurídicas creadas de conformidad con un Derecho extranjero que se atribuya competencia de acuerdo con criterios internacionalmente admisibles producirán efectos en la República, a no ser que contradigan los objetivos de las normas venezolanas de conflicto, que el

As condicionantes à aplicação do método do reconhecimento e o controle *a posteriori* feito pelo uso da ordem pública sobre o seu resultado demonstram o *latente conflito entre direitos*: o *reconhecimento* de uma situação jurídica consolidada pode preservar o direito de um indivíduo, mas pode gerar a *perda de um direito* de outro, em um cenário de *law shopping*[219]. Novamente, percebe-se que o direito internacional privado exige um aprofundamento da discussão sobre as *colisões de direitos* geradas pelos métodos.

2.5. A (FALTA DE) ORGANIZAÇÃO DA PLURALIDADE DE MÉTODOS

A reflexão sobre pluralidade de métodos acima exposta resulta no retorno ao *problema inicial* do direito internacional privado: a *alocação da autoridade regulatória* a respeito da determinação da jurisdição (qual Estado deve apreciar um dado litígio transnacional); definição do direito incidente (qual é a lei que deve incidir sobre o caso transnacional) e cooperação jurídica internacional, em especial reconhecimento e execução de sentença estrangeira (qual é o modo pelo qual um Estado implementa decisões judiciais estrangeiras) nos chamados fatos transnacionais.

Esse problema de alocação da autoridade regulatória é *objeto atual* de coordenação dos diversos ordenamentos jurídicos envolvidos em um ambiente, como esclarece Strenger, de variedade cultural entre os mais diversos povos envolvidos[220]. O problema gira ao redor de saber justamente se, além da devida articulação entre os sistemas para regular a situação transnacional com respeito ao *direito à segurança jurídica* (incluindo nela a previsibilidade e a continuidade transfronteiriça da situação jurídica), também é indispensável atentar para o *respeito e promoção de outros direitos* dos envolvidos no fato transnacional, assegurando-se uma solução materialmente justa.

Essa dúvida revela a tensão, no direito internacional privado, entre, de um lado, segurança jurídica e autonomia da vontade, e, de outro, igualdade e justiça material. Cada ordenamento jurídico chega ao seu equilíbrio entre as aspirações gerais inseridas na lei e a necessidade de soluções

Derecho venezolano reclame competencia exclusiva en la materia respectiva, o que sean manifiestamente incompatibles con los principios esenciales del orden público venezolano." Disponível em https://www.oas.org/juridico/mla/private/rexcor/rexcor_resp_ven25.pdf. Acesso em: 30/05/2024.

219. MACHADO, João Baptista. *Lições de Direito Internacional Privado*. 3ª ed. Coimbra: Almedina, 1999, p. 174.

220. STRENGER, Irineu. *Teoria Geral do Direito Internacional Privado*. São Paulo: Bushtsky/Ed. da Universidade de São Paulo, 1973, p. 4.

individualizadas no caso concreto. No direito internacional privado, a regulação geral e abstrata *a priori* inserida nas regras de conexão do método tradicional fez a balança pender para a preservação da segurança jurídica, em face da necessidade, considerada mais premente, de favorecer o fluxo de bens e pessoas da segunda metade do século XIX.

No seu estado puro, o método tradicional apresenta três características importantes: o número diminuto de regras de conexão, a associação de uma conexão única a uma determinada qualificação e a indiferença ao resultado (sob o crivo da proteção da ordem pública)[221].

A fixação de determinada regra de conexão e a consequente localização espacial do fato transnacional expõe os dilemas regulatórios da gestão da diversidade normativa e jurisdicional no direito internacional privado, na medida em que a adoção de determinada regra de conexão gera impactos favoráveis e desfavoráveis e situações de disparidades para os indivíduos envolvidos no fato transnacional.

A revolução americana e a discussão do ideal do justo na especificação das regras de conexão incentivaram a adoção de soluções adequadas às peculiaridades do caso concreto. Também na Europa (nas legislações nacionais e nas normas da União Europeia[222]), ocorreu o que Michaels denominou de "revolução europeia", com o surgimento de uma combinação de métodos que mescla o método clássico com o método orientado à realização de resultados[223]. Muir Watt entende que as transformações no direito internacional privado europeu são expressão de uma abordagem direcionada a direitos fundamentais[224] nas situações transnacionais, resultando no uso do reconhecimento de situações consolidadas no exterior sem o recurso às regras de conexão tradicionais[225]. Para Opertti Badán,

221. Para Audit, «(...) Le procédé de la règle de conflit, dans sa pureté, présente trois caractéristiques importantes: le petit nombre de règles, l´association d´rattachement unique à une qualification a donnée, l´indifférence au résultat (sous réserve de l´ordre public»). AUDIT, Bernard. «Le caractère fonctionnel de la règle de conflit: (sur la crise des conflits de lois)» *in Recueil des Cours de l´Académie de Droit International de la Haye*, vol. 186, 1984, pp. 219-397, em especial p. 361 e p. 363.

222. Na União Europeia, a regulação no direito internacional privado é feita objetivando a liberdade de circulação dos fatores de produção no bloco. Como aponta Hay, "In the European Union, the institutions (Parliament and Council) harmonize conflicts law by legislating in the exercise of their interstate commerce power". HAY, Peter, "European Conflicts Law after the American Revolution – Comparative Notes" *in University of Illinois Law Review*, issue 5, 2015, pp. 2053-2074, em especial p. 2070.

223. MICHAELS, Ralf. "The New European Choice-of-Law Revolution" *in Tulane Law Review*, vol. 82, 2008, pp. 1607-1644.

224. Sobre o impacto dos direitos humanos no direito internacional privado, ver Parte III deste livro.

225. WATT Horatia Muir. "European Federalism and the 'New Unilateralism'" *in Tulane Law Review*, vol. 82, issue 5 (May 2008), pp. 1983-1998, em especial p. 1985.

não há nenhuma justificativa para excluir, na atualidade, qualquer um dos métodos da disciplina[226].

Contudo, não se pode esquecer que não há uma rede orgânica de métodos, pois cada um foi concebido de forma autônoma e foram adicionados sem preocupação de consistência ou coerência de um novo método com os métodos anteriores.

Determinados valores – traduzidos em direitos – prevalecem para um método e não para outro. Como cada método pode apontar a prevalência de um direito, o problema é saber *como arbitrar* eventual conflito entre direitos individuais ou ainda entre o direito individual e o direito difuso da coletividade retratado no objetivo de harmonia jurídica internacional do direito internacional privado.

A falta de organização dos métodos é fruto da existência também da pluralidade de fontes, de matriz nacional e internacional, na disciplina. Essas fontes adicionaram novos objetivos e métodos para o direito internacional privado. A multiplicidade das fontes do direito (normas jurídicas de diferentes matrizes, nacionais ou internacionais) é fruto da vontade dos estados (e seus grupos sociais justapostos e sem valores compartilhados), querendo, cada qual, regras especiais para a regulação do fato transnacional[227].

O direito internacional privado resultante é caracterizado pela "era do mosaico" com normas jurídicas fragmentadas em diplomas normativos nacionais e internacionais, buscando a consecução de valores considerados como importantes para os estados e que podem ser antagônicos entre si, sem maior consideração sobre como zelar pela consistência e coerência do tratamento do fato transnacional.

Para auxiliar a compreensão dos diversos direitos dos envolvidos na regulação dos fatos transnacionais, serão analisados, a seguir, os principais direitos que sintetizam os objetivos perseguidos pelos métodos acima expostos: direito à segurança jurídica, direito à igualdade e direito à liberdade.

---

226. OPERTTI BADÁN, Didier. «Conflit de lois et droit uniforme dans le droit international privé contemporain: dilemme ou convergence? Conférence inaugurale, session de droit international privé» *in Recueil des Cours de l'Académie de Droit International de la Haye*, vol. 359, 2012, pp. 9-86, em especial p. 83-84.

227. Adaptando, para o direito internacional privado, passagem de Junqueira de Azevedo sobre a multiplicação das fontes do direito. AZEVEDO, Antonio Junqueira de. "O direito pós-moderno e a codificação" *in Revista da Faculdade de Direito da Universidade de São Paulo*, v. 94, 1999, pp. 3-12, em especial p. 4.

CAPÍTULO

3

A MULTIPLICAÇÃO DE DIREITOS PROTEGIDOS NO DIREITO INTERNACIONAL PRIVADO

3.1. A PLURALIDADE DOS MÉTODOS E A IDENTIFICAÇÃO DOS DIREITOS

A construção da pluralidade de métodos e seus novos objetivos no direito internacional privado acarretou intensa discussão sobre os avanços e recuos da disciplina[1], assim como sobre uma potencial "crise[2]" e problemas "existenciais" da matéria[3].

Os debates orbitam em torno da introdução desses novos métodos que, como visto acima, adotam novas fórmulas de regulação do fato transnacional, com novos objetivos relacionados a preservação de determinados direitos. A tradição (vista em Savigny, como exposto acima) da pretensa neutralidade da matéria – com a mera indicação de leis ou jurisdição – sem que o direito internacional privado se imiscua no direito substancial, exceto

1. AUDIT, Bernard. «Le droit international privé à la fin du XXe siècle: progrès ou recul» *in Revue internationale de droit comparé*. vol. 50 n°2, avril-juin 1998, pp. 421-448.

2. Sem contar diversos textos nos quais há menção à crise do direito internacional privado, há dois cursos da Academia de Direito Internacional da Haia que tem, no título, a 'crise' da disciplina. KEGEL, Gerhard. "The crisis of conflict of laws" *in Recueil des Cours de l´Académie International de la Haye,* vol. 112, 1964, pp. 91-268. AUDIT, Bernard. «Le caractère fonctionnel de la règle de conflit: (sur la crise des conflits de lois)» *in Recueil des Cours de l´Académie de Droit International de la Haye*, vol. 186, 1984, pp. 219-397.

3. Na linguagem figurada de Fernández Arroyo, o DIPr teria "problemas psicológicos" desde sua origem. FERNÁNDEZ ARROYO, Diego P. "El derecho internacional privado en el diván: tribulaciones de un ser complejo" *in Derecho internacional privado y derecho de la integración – Libro homenaje a Roberto Ruiz Díaz Labrano.* Asunción: Centro de Estudios de Derecho, Economía y Política 2013, pp. 17-35, em especial p.18.

excepcionalmente na ordem pública, desmoronou com a consolidação da pluralidade de métodos, pois vários deles expressamente e de forma transparente buscam resultados materiais.

Para Opertti Badán, o direito internacional privado deixou de ser um "direito distribuidor", meramente remissivo e um "direito sobre o direito", para se tornar um "direito regulador"[4]. A consagração da pluralidade de métodos gerou também uma pluralidade de direitos a serem protegidos pelo direito internacional privado.

Com a pluralidade de métodos, os valores da matéria são identificados e passam a ser *traduzidos em uma linguagem de direitos* a serem tutelados, de modo que à tríade da harmonia, previsibilidade e igualdade entre direito estrangeiro e direito nacional, correspondem segurança jurídica, igualdade e liberdade. A pluralidade ocasionou, ainda, uma revolução na própria teoria da justiça na resolução das controvérsias envolvendo os fatos transnacionais, na perspectiva da tradicional justiça formal (ou conflitual) e da na justiça material.

Cabe, portanto, identificar e analisar os principais direitos que a disciplina visa promover e proteger, bem como discutir criticamente a teoria da justiça no direito internacional privado, à luz da sua evolução revelada pela coexistência de uma pluralidade de métodos do direito internacional privado.

O estudo desses três direitos foi escolhido pelo seu *impacto* na reconfiguração da *justiça* no direito internacional privado, em especial na superação da dicotomia entre justiça formal e justiça material (ou substancial). Reconhecida a importância da justiça material para o DIPr, foi possível a *multiplicação de novos direitos* como parte integrante dos objetivos disciplina.

3.2. O DIREITO À SEGURANÇA JURÍDICA NO DIREITO INTERNACIONAL PRIVADO

O direito internacional privado clássico consolidou-se no século XIX em um ambiente marcado pelo reconhecimento das liberdades do indivíduo e da restrição ao poder do estado. No momento da edição do oitavo volume do "Sistema de direito romano atual" de Savigny (de 1849, sobre o direito internacional privado), o debate sobre a proteção de direitos individuais era uma constante em diversos estados europeus e a Declaração Francesa

4. OPERTTI BADÁN, Didier. «Conflit de lois et droit uniforme dans le droit international privé contemporain: dilemme ou convergence? Conférence inaugurale, session de droit international privé» *in Recueil des Cours de l´Académie de Droit International de la Haye,* vol. 359, 2012, pp. 9-86, em especial p. 83 e 84.

de direitos do homem e do cidadão completava já 60 anos (1789-1849). O *direito objetivo* no constitucionalismo da época consistia em um conjunto de regras que delimitava a liberdade individual em face da ação do estado, forjando o paradigma do Estado liberal, que não deveria interferir para determinar o conteúdo e as finalidades das relações privadas, conduzidas pelos próprios envolvidos.

A consagração da liberdade formal é vista na obra de Benjamin Constant, na análise comparativa entre a "liberdade dos antigos" e a "liberdade dos modernos". Os antigos concebiam a liberdade por meio da participação na vida pública e social na cidade. Os modernos, aqui representando as ideias iluministas do século XVIII e os ideais liberais do século XIX, concebiam a liberdade como a atuação autônoma nas relações privadas[5].

A liberdade de agir foi a base da construção do direito internacional privado da época liberal, o que permitiu que fossem desconsiderados, em geral (salvo a intervenção, *a posteriori*, da defesa da ordem pública), a intervenção de outros valores do Estado do foro, resultando na possibilidade de se avaliar cada relação jurídica e, de modo abstrato, localizar sua sede ou centro.

Com base no que Constant denominava de liberdade dos modernos, Savigny determinou a natureza de cada relação jurídica – independentemente dos estados envolvidos – para fixar *a priori* sua sede em determinado ordenamento jurídico estatal. A disseminação dessa concepção de Estado liberal e de identidade de valores cristãos levou Savigny a defender a existência de uma comunidade de direito entre as nações[6].

A partir da liberdade, o direito internacional privado consagrou o *método multilateral* como sendo a *espinha dorsal* e criadora da *identidade* da matéria. A promessa de escolha *consensual* e sem divergência da sede da relação jurídica por meio de regras de conexão inseridas, aprioristicamente, em categorias normativas gerais e abstratas, levaria à uniformalidade das soluções e, consequentemente, geraria harmonia internacional.

Assim, a *harmonia internacional formal* consiste, inicialmente, na coincidência da regulação normativa do fato transnacional, não importando em qual Estado o eventual litígio fosse constituído e apreciado[7]. Conforme

---

5. Discurso de 1818. CONSTANT, Benjamin. "Da liberdade dos antigos comparada à dos modernos" *in Revista Filosofia Política* nº. 2, Porto Alegre: L&PM, 1985, pp. 9-25. Disponível em: <http://caosmose.net/candido/unisinos/textos/benjamin.pdf>. Acesso: 23/05/2024.
6. SAVIGNY, Friedrich Carl von. *Sistema do direito romano atual*. Tradução de Ciro Mioranga (edição original de 1849). Ijuí: Unijuí, 2004, p. 50.
7. HALPERIN, Jean-Louis. *Entre nationalisme juridique et communauté de droit*. Paris: PUF, 1999, p. 60.

sustenta Ferrer Correia, o direito internacional privado clássico está a serviço do valor "segurança jurídica", sendo seu desenho primordial e verdadeiro fundamento a promoção da continuidade e estabilidade das situações jurídicas multinacionais, por meio de seu reconhecimento pelos diversos estados interessados, objetivando evitar que as expectativas das partes envolvidas e de terceiros sejam frustradas. Define *dois passos* essenciais da disciplina para assegurar a uniformidade das soluções dos casos transnacionais: (i) definir a lei aplicável; e (ii) assegurar que tal lei seja igualmente aplicável em todos os demais estados envolvidos[8].

Em um segundo momento, há de se considerar a *harmonia internacional material*, que, para Wengler, caracteriza-se na escolha de critério de conexão (e consequentemente lei indicada) que não entrará em contradição com outro critério de conexão e sua lei material indicada. Kegel usa como exemplo de ausência de "harmonia material" o conflito entre leis materiais envolvendo um casal (de nacionalidades distintas) e seu filho, na qual a lei da nacionalidade da mãe entra em contradição com a lei da nacionalidade do pai, ambas indicadas (pelo critério de conexão da lei da nacionalidade) para regular o direito de visita[9].

Em um terceiro momento, a harmonia internacional exige que os estados tenham regras que evitem *incoerências* nas relações privadas internacionais. Para Batiffol, deve-se impedir que o julgador do foro *desorganize* uma matéria cujos elementos essenciais, cedo ou tarde, serão regidos por lei estrangeira. A preocupação com a harmonia internacional exige a *coerência de resultados na aplicação das regras de direito internacional privado*[10]. Trata-se do princípio da uniformidade da decisão, atendendo a expectativa objetiva das partes que ordinariamente não podem esperar ter vantagem pelo fato do litígio ser julgado em determinado estado[11].

Para Lequette, busca-se evitar que as fronteiras gerem uma ruptura no tratamento das relações privadas internacionais, que resultaria em uma

8. FERRER CORREIA, A. «Les problèmes de codification en droit international privé» *in Recueil des Cours de l´Académie International de la Haye,* vol. 145, 1975, pp. 57-203, em especial p. 72 e 130-131.

9. KEGEL, Gerhard. «The crisis of conflict of laws» *in Recueil des Cours de l´Académie International de la Haye,* vol. 112, 1964, pp. 91-268, em especial p. 187. Sobre a harmonia material, ver ainda FERRER CORREIA, A. *Lições de Direito Internacional Privado – I.* Coimbra: Almedina, 2000, p. 35 e WENGLER, Wilhem. «Les principes généraux du droit international privé et leurs conflits» *in Revue Critique de Droit International Privé,* 1952, p. 595 e seguintes e 1953, p. 37 e seguintes.

10. BATTIFOL, Henri. *Aspects philosophiques du Droit International Privé.* Paris: Dalloz, 1956, em especial p. 220-221.

11. PHILIP, A. «General course on private international law» *in Recueil des Cours de l´Académie de Droit International de la Haye*, vol. 160, 1978, pp. 1-74, em especial p. 32.

descontinuidade radical entre as ordens jurídicas[12]. Wengler afirma que o combate à diversidade de soluções nos diferentes estados é tido como guia ao estabelecerem suas regras de conexão em nome da redução, ao mínimo, das decisões conflitantes[13]. Do ponto de vista dos indivíduos, proíbe-se a imposição de deveres incompatíveis sobre a mesma pessoa (por exemplo, fruto da validade ou invalidade de um contrato, estar casada em um Estado e não estar casada em outro).

Além da obtenção da coerência nos resultados da aplicação da lei, a harmonia internacional exige também uma atuação uniforme dos estados no que tange à *jurisdição e à cooperação jurídica internacional cível*, para evitar conflitos e resultados contraditórios nos dois outros segmentos do direito internacional privado.

A identificação consensual (fruto da comunidade jurídica das nações) da sede da relação jurídica tem como consequência o reconhecimento da segurança jurídica como um direito que é preservado pela disciplina. Todos os envolvidos teriam como prever qual lei incidiria ou qual jurisdição apreciaria eventual litígio, sem que houvesse divergências entre os estados.

Barile entende que o *único* objetivo que os estados perseguem com a adoção de um sistema de direito internacional privado é relacionado ao *objetivo universal da identidade de solução*[14]. Assim, a busca pela unidade do tratamento do fato transnacional assegura o direito à segurança jurídica, *i.e.* a faculdade de impedir a extinção ou modificação de determinado ato ou fato jurídico e de prever os efeitos de um ato no futuro. O direito à segurança jurídica contempla, então, tanto a *confiança* na manutenção dos efeitos de um ato pretérito como a vedação da *surpresa* quanto aos efeitos de um ato no futuro.

Essas vertentes – vedação da surpresa e defesa da confiança – asseguram a *previsibilidade* no direito internacional privado[15].

12. LEQUETTE, Yves. «Le droit international privé et les droits fondamentaux» *in* CABRILLAC, Rémy; FRISON--ROCHE, Marie.-Anne; REVET, Thierry (orgs). *Libertés et Droits fondamentaux*. 18ème édition (revue et augmentée), Paris: Dalloz, 2012, pp. 115-141, em especial p. 116.

13. De acordo com Wengler, foi Franz Kahn quem cunhou a expressão "harmonia internacional". WENGLER, Wilhelm. «The general principles of private international law» *in Recueil des Cours de l´Académie de Droit International de la Haye*, vol. 104, 1961, pp. 273-469, em especial p. 364-366.

14. No original: «l'unique but que les Etats poursuivent avec l'adoption d'un système de droit international privé reste toujours lié au but universel dicté par le principe de l'identité de solution». BARILE, Giuseppe. «La fonction historique du droit international privé» *in Recueil des Cours de l´Académie de Droit International de la Haye*, vol. 116, 1965, pp. 301-381, em especial p. 333.

15. Nesse sentido, VALLINDAS, Petros G. «La structure de la règle de conflit» *in Recueil des Cours de l´Académie de Droit International de la Haye*, vol. 101, 1960, pp. 327-380, em especial p. 345.

Remy entende que a previsibilidade possui duas facetas na disciplina: a pré-normativa e a pós-normativa. A previsibilidade pós-normativa é tradicional, representada pelo conhecimento, por parte dos jurisdicionados, do conteúdo da regra de conflito, sendo previsível a lei indicada ou a jurisdição fixada. Já a previsibilidade pré-normativa supõe que o autor da regra de conflito deverá levar em consideração, *antes* da edição da norma, a previsão dos jurisdicionados sobre a provável lei indicada ou jurisdição a ser fixada. A previsibilidade pré-normativa pode ser o fundamento da regra de conflito[16], reforçando a consolidação do direito à segurança jurídica. Nessa linha, Wengler considera a certeza do direito como sendo um direito fundamental dos envolvidos nos fatos transnacionais[17].

Entretanto, a busca da harmonia internacional, em nome da uniformidade das decisões, resta *ameaçada* pela *ausência de uma ordem superior* que exija a adoção de um tipo único de regra a ser aplicada pelos estados. Apesar da racionalidade da busca da unidade de soluções, os esforços isolados (*autárquicos*, na expressão de Jacquet[18]) dos estados põem em risco o tratamento das situações internacionais envolvendo fatos transnacionais. Nesse panorama, Hoogstraten sustenta que o objetivo maior da *codificação internacional* do direito internacional privado é assegurar a segurança jurídica aos envolvidos nos fatos transnacionais[19].

As diferenças de regras nacionais quanto à escolha da lei e da definição da jurisdição podem acarretar ausência de previsibilidade na aplicação do direito. Pelo contrário, estimulam uma "corrida" entre os envolvidos para escolher a melhor lei ou jurisdição para atender aos seus interesses particulares, *contradizendo a lógica inicial* do método multilateral clássico, na qual a escolha da lei resulta apenas dos fatos da causa. Deturpa-se, assim, o pilar de localização do centro ou sede da relação jurídica estabelecido pelo direito internacional privado clássico[20].

O direito à segurança jurídica que decorre da harmonia internacional estimula o debate do *paradoxo básico* da disciplina: possuir como objeto

16. REMY, Benjamin. «Des notions de prévisibilité en matière de conflit de lois. Qui de l´oeuf? Qui de la poule?» *in Mélanges en l´honneur du Professor Pierre Mayer.* Paris: LGDJ, 2015, pp. 791-804, em especial p. 792-793.

17. WENGLER Wilhelm. «L'évolution moderne du droit international privé et la prévisibilité du droit applicable» *in Revue critique de droit international privé*, 1990, pp. 657-674, em especial p. 668.

18. JACQUET, Jean-Michel. «La fonction historique du droit international privé» *in Recueil des Cours de l´Académie de Droit International de la Haye*, vol. 292, 2001, pp. 147-248, em especial p.177.

19. HOOGSTRATEN, M.H. van. «La codification par traités en droit international privé dans le cadre de la Conférence de la Haye» *in Recueil des Cours de l´Académie de Droit International de la Haye*, vol. 122, 1967, pp. 337-425, em especial p. 349.

20. BATIFFOL, Henri. «Le pluralisme des méthodes en droit international privé» *in Recueil des Cours de l´Académie de Droit International de la Haye*, vol. 139, 1973, pp. 75-148, em especial p. 90-92.

fenômenos *transnacionais* (os fluxos transfronteiriços de bens, pessoas e atos em geral) tratados por diplomas normativos *nacionais* (a fragmentação particularista do direito internacional privado)[21].

A inclinação nacionalista do direito internacional privado teve em Bartin um dos seus maiores defensores, tendo o autor chegado a afirmar que concebia o direito internacional privado como uma aplicação do direito positivo interno de cada país[22]. Essa linha nacionalista permite que cada Estado adote regras de direito internacional privado que violem a harmonia internacional.

Nesse contexto, indaga-se se a preservação do direito à segurança jurídica acarreta o dever internacional estatal de adoção de tratados com regras de direito internacional privado.

A existência da obrigação internacional de edição de regras internacionais de direito internacional privado é controvertida. Pillet é defensor da corrente universalista do direito internacional privado, adotada por diversos autores na segunda metade do século XIX, que concebe a disciplina como fruto do dever internacional de construção de um sistema racional de escolha de leis e de jurisdição para regular os fatos transnacionais[23]. Yasseen, apesar de não reconhecer a existência de um costume internacional, sustenta que os legisladores nacionais devem ter em mente a natureza transnacional do objeto do direito internacional privado[24]. Em sentido diverso, Vareilles-Sommières criticou a corrente universalista apontando que não há norma internacional geral que exija que o Estado adote regras de direito internacional privado que respeitem a harmonia internacional[25].

O direito à segurança jurídica pode ser ameaçado pelo afastamento da regra de conflito original, tal qual ocorre com o uso, como cláusula de

---

21. LIBCHABER, Rémy. «L´avenir d´un paradoxe» *in* HEUZÉ, Vicent; LIBCHABER, Rémy e VAREILLES-SOMMIÈRES, Pascal de (orgs.). *Mélanges em l´honneur du Professeur Pierre Mayer*. Paris: L.G.D.J, 2015, pp. 519-531, em especial p. 519.
22. A respeito do seu próprio livro, Bartin assim o definiu: "Ceci est un livre de droit international privé *français*". Grifo do original. BARTIN, E. *Principes de Droit International Privé selon la loi et la jurisprudence françaises*. t. 1, Paris: Éditions Domat-Montchrestien, 1930, em especial p. 112.
23. PILLET, Antoine. *Principes de Droit International Privé*. Paris: Pedone/Allier Frères, 1903, em especial p. 92-93. Ver também MANCINI, Pasquale Stanislao. «De l´utilité de rendre obligatoires pour tous les États, sous la forme d´un ou de plusieurs traités internationaux, un certain nombre de règles générales de droit international privé pour assurer la décision uniforme des conflits entre les différentes législations civiles et criminelles", Relatório para o Instituto de Direito Internacional (1874) *in Journal du Droit International Privé et de la Jurisprudence comparée*, juillet-aout, 1874, pp. 221-239. DESPAGNET, Frantz. *Précis de Droit International Privé*. 4e. ed, Paris: Librarie de la Societé du Recueil Général des Lois et des Arrêts, 1904, p. 22.
24. YASSEEN, Mustafa Kamil. «Principes généraux de droit international privé» *in Recueil des Cours de l´Académie de Droit International de la Haye*, vol. 116, 1965, pp. 383-491, em especial p. 392, 395 e 404.
25. VAREILLES-SOMMIÈRES. Pascal de. *La compétence internationale de l'État en matière de droit privé. Droit international public et droit international privé*. Paris: LGDJ, 1997, em especial p. 143 e seguintes.

exceção, do princípio da proximidade. Wengler criticou a possibilidade de afastamento, previsto em codificações nacionais e internacionais de DIPr, da regra de conexão predeterminada, caso o juiz entenda que a situação analisada possui vínculos mais estreitos com outro ordenamento jurídico diferente daquele anteriormente indicado[26].

Contudo, a insegurança jurídica gerada nas partes envolvidas pelo afastamento da regra de conexão original é justificada em nome da necessidade de regular adequadamente o fato transnacional, afastando-se uma lei previamente aplicável que tenha sido indicada de modo acidental. Bogdan defende o princípio da proximidade, por considerar que sua aplicação pode ser feita sem controvérsia entre os estados: se cada lei remeter o caso (e sua jurisdição) para o Estado com vínculos mais estreitos, haveria o mesmo resultado e a mesma harmonia decisional (*decisional harmony*)[27].

Outro risco ao direito à segurança jurídica é o uso dos métodos de escolha da melhor lei (*better law approach*). Para Loussouarn, Bourel e Pascal de Vareilles-Sommières, as correntes norte-americanas (que adotam tais métodos) geram *grande imprevisibilidade* na aplicação da lei aos casos concretos e negam aos indivíduos que não são juristas o conhecimento anterior ao litígio da lei de regência para determinada situação transnacional[28].

A crítica ao princípio da proximidade e ao *better law approach* expõe as dúvidas sobre o custo de se manter a harmonia internacional mesmo quando a solução de fundo for considerada injusta ou inadequada. Desde a fase estatutária da disciplina, houve a identificação dos chamados "estatutos odiosos", que não deveriam ser seguidos[29].

Assim, ao lado do objetivo geral de preservação do direito à segurança jurídica (a chamada harmonia internacional) dos indivíduos envolvidos nos

---

26. WENGLER Wilhelm. «L'évolution moderne du droit international privé et la prévisibilité du droit applicable» *in Revue critique de droit international privé*, n. 79, 1990, pp. 657-674, em especial p. 674.

27. No original: "If the private international law of all countries directly or indirectly (through specific conflict rules) designates the law which is most closely connected with the legal relationship under scrutiny, this will, at least in theory, lead to the application of the same legal system and, therefore, hopefully to the same outcome (the so-called decisional harmony), thus making forum shopping much less attractive". BOGDAN, Michael. "Private International Law as Component of the Law of the Forum: General Course on Private International Law" *in Recueil des Cours de l´Académie de Droit International de la Haye*, vol. 348, 2010, pp. 9-252, em especial p. 66.

28. Os citados autores denominam a doutrina norte-americana de "impressionismo jurídico", criticando a *perda da racionalidade* oriunda do uso do método indireto clássico. LOUSSOUARN, Yvon; BOUREL, Pierre; VAREILLES-SOMMIÈRES, Pascal. *Droit International Privé*. 10ª ed. Paris: Dalloz, 2013, em especial p. 193.

29. Ver a distinção de Bartolo entre os "estatutos favoráveis" e "estatutos odiosos" em DOLINGER, Jacob. *A evolução da ordem pública no Direito Internacional Privado*. Tese apresentada para o concurso à Cátedra de direito internacional privado da Faculdade de Direito da Universidade do estado do Rio de Janeiro. Rio de Janeiro: s/ Ed, 1979, em especial p. 60-61. No mesmo sentido, MAYER, Pierre. *Droit International Privé*. Paris: Montchrestien, 1977, p. 46.

fatos transnacionais, permanece a necessidade de se levar em consideração outros interesses, vertidos em direitos de outros indivíduos, motivo pelo qual o direito internacional privado exige o desenvolvimento de instrumentos de análise para solucionar o conflito de direitos.

3.3. O DIREITO À IGUALDADE NO DIREITO INTERNACIONAL PRIVADO

O direito à igualdade compreende a exigência de todo ser humano ser tratado sem discriminação odiosa, bem como ter acesso a fruição de bens da vida sem barreiras injustificadas. As duas facetas do direito à igualdade abarcam: a igualdade formal, pela qual as pessoas devem ser tratadas de modo idêntico perante a lei; e a igualdade material (ou efetiva), que impõe que as pessoas tenham condições para exercer seu projeto de vida, sem inferiorizações injustas.

Nesse sentido, Barroso defende que a igualdade formal projeta-se como comando ao legislador e ao intérprete (julgador, por exemplo), pois a lei e sua interpretação não podem dar tratamento diferenciado a pessoas e situações "substancialmente iguais". Assim, exige-se a equiparação de todos *na lei* (comando ao legislador) e *perante a lei* (comando ao intérprete). Já a igualdade material requer a equiparação de todos também "perante a vida"[30]. Para obter a plena igualdade é necessário o tratamento diferenciado aos desiguais, conhecida máxima de Aristóteles[31].

O direito à igualdade gera dois deveres ao ordenamento jurídico: o dever de tratamento jurídico (legislativo e de aplicação) de equiparação, nas hipóteses nas quais não há pertinência lógica e legítima de distinção e, ainda, o dever de tratamento jurídico de diferenciação, nas hipóteses nas quais há distinção racional e legítima.

A promoção da igualdade caracterizou as revoluções liberais e suas declarações de direitos, bem como as primeiras Constituições do Estado de direito. A Declaração de Virgínia, de 12 de junho de 1776, foi pioneira na menção ao direito à igualdade, reconhecendo que todos os homens são

30. BARROSO, Luís Roberto. "Diferentes, mas iguais: o reconhecimento jurídico das relações homoafetivas no Brasil" *in Revista Brasileira de Direito Constitucional*, n. 17 – jan./jun. 2011, pp. 105-138, em especial p. 120-121.

31. ARISTÓTELES. *Política*. Tradução de Mário da Gama Kury. 3ª. ed. Brasília: Universidade de Brasília, 1997, p. 228. TAVARES, André Ramos. *Curso de direito constitucional*. São Paulo: Saraiva, 2007, p. 509. BANDEIRA DE MELLO, Celso Antônio. *Conteúdo jurídico do princípio da igualdade*. 3. ed. São Paulo: Malheiros, 1993, p. 17. RAWLS, John. *Uma teoria da justiça*. Trad. Almiro Pisetta, Lenita M. R. Esteves. São Paulo: Martins Fontes, 1997, p. 3.

iguais e possuem direitos inatos. A Declaração Francesa dos direitos do homem e do cidadão, de 26 de agosto de 1789, proclamou que "os homens nascem e são livres e iguais em direitos" (art. 1º), tendo ainda mencionado, em seu preâmbulo, "os direitos naturais, inalienáveis e sagrados do homem"[32].

Com o desenvolvimento da internacionalização dos direitos humanos, a igualdade é peça-chave na sua universalização, sendo mencionada expressamente no artigo I da Declaração Universal dos direitos humanos, de 1948, cujo texto estipula que "todas pessoas nascem livres e iguais em dignidade e direitos". Também o Pacto Internacional de direitos civis e políticos estabelece uma cláusula geral de não discriminação, estabelecendo seu art. 26 que a lei deverá proibir qualquer forma de discriminação e garantir a todas as pessoas proteção igual e eficaz contra qualquer discriminação por motivo de raça, cor, sexo, língua, religião, opinião política ou de outra natureza, origem nacional ou social, situação econômica, nascimento ou qualquer outra situação.

Na Constituição de 1988, a igualdade na lei e perante a lei encontra-se subsumida no *caput* do art. 5º, pelo qual "[t]odos são iguais perante a lei, sem distinção de qualquer natureza". Além disso, a igualdade material é valorizada no art. 3º, III e IV, que estabelecem como objetivos do Estado brasileiro "erradicar a pobreza e a marginalização e reduzir as desigualdades sociais e regionais" e "promover o bem de todos, sem preconceitos de origem, raça, sexo, cor, idade e quaisquer outras formas de discriminação".

Sarmento conclui que a Constituição brasileira demanda um Estado ativista, voltado para a defesa dos grupos vulneráveis e para a promoção da igualdade de fato entre as pessoas. A igualdade, para a ordem constitucional brasileira, não se resume a proibição da exclusão, mas define, também, a obrigação de inclusão[33].

Pela importância do apelo à igualdade e combate à discriminação tanto no plano internacional quanto no plano constitucional, reconhece Kinsch que nada nos textos internacionais ou nacionais exclui as regras de direito internacional privado do seu campo de abrangência[34].

32. Os documentos de direitos humanos citados nesta obra foram extraídos, salvo menção em contrário, da Biblioteca Virtual de Direitos Humanos da Universidade de São Paulo. Disponível em: http://www.direitoshumanos.usp.br/ index.php/Documentos-anteriores-%C3%A0-cria %C3%A7%C3%A3o-da-Sociedade--das-Na%C3%A7%C3%B5es-at%C3%A9-1919/declaracao-de-direitos-do-homem-e-do-cidadao-1789.html. Acesso em: 30/05/2024.

33. SARMENTO, Daniel. *Livres e iguais*. Estudos de Direito Constitucional. 2ª. tiragem. Rio de Janeiro: Lumen Juris, 2010, p. 161-162.

34. KINSCH, Patrick. «Principes d'égalité et conflits de lois» *in Droit international privé: travaux du Comité français de droit international privé*, 16e année, Séance du 23 mai 2003, Présidence de Mme Hélène Gaudemet-Tallon, pp. 117-144.

No que tange à escolha do direito aplicável, inicialmente, as Escolas estatutárias conceberam a igualdade como fruto da universalidade advinda da interpretação (glosas e comentários) dos textos romanos aplicados aos interesses privados que serviram como apoio à aplicação territorial e extraterritorial dos estatutos. Como aponta Ancel, a referência à lei estrangeira, após Huber, não se deu mais pela regulamentação dos interesses particulares (*utilitas privatorum*), mas pelo respeito, fruto da cortesia, devido à soberania estrangeira de igual dignidade (*par inter pares*)[35].

Por sua vez, a consolidação dos estados nacionais gerou a defesa da igualdade no DIPr decorrente da concepção da escolha das leis como subproduto do *conflito de soberanias*[36], o que reforçou, sob o prisma da igualdade soberana dos estados, a igualdade entre os ordenamentos jurídicos (do foro e estrangeiro)[37].

Já no século XIX, conforme a premissa da existência de uma comunidade jurídica das nações, o ponto de partida objetivo para a fixação das regras de conexão no método indireto multilateral foi a igualdade de todos os ordenamentos perante a regra de conflito, já que tanto o foro como o estrangeiro poderiam ser considerados a sede da relação jurídica.

Nessa linha, a determinação da lei não se refere a um conflito entre poderes normativos de estados distintos, mas, sim, à localização (tida como neutra) da sede da relação jurídica. Nesse momento histórico, o direito internacional privado ocupa-se das atividades transnacionais, marcadas pela intensa mobilidade humana, na qual os nacionais e os estrangeiros interagiam e necessitavam de regras racionais e tidas como neutras aos interesses políticos, sendo ditadas pela conformação racional das relações privadas[38].

35. ANCEL, Bertrand. *Éléments d´histoire du droit international privé.*Paris: Éditions Panthéon-Assas, 2017, p. 332-333.

36. Sperduti remonta à D´Argentré o início da discussão sobre o conflito de soberanias na escolha da lei. SPERDUTI, Guiseppe. "Théorie du droit international privé" in Recueil des Cours de l´Académie International de la Haye, vol. 122, 1967, pp. 173-336, em especial p. 195. Para Bonnichon, a inserção do direito internacional privado como sendo reflexo de um conflito de soberanias entre os estados envolvidos na relação transnacional tem origem nas correntes estatutárias, em especial na Escola holandesa, tendo sido incentivado pela doutrina que apoiava a dimensão nacional (particularismo) do direito internacional do século XIX e primeira metade do século XX. No original: "C´est une affirmation assez commune chez les auteurs modernes de Droit International Privé que le conflit de lois se ramène à un conflit de souverainetés". BONNICHON, André. "La notion de conflit de souverainetés dans la science des conflits de lois" *in Revue critique de Droit International Privé,* vol. 38, 1949, pp. 615-635, em especial p. 615.

37. Nesse sentido, MEIJERS, E. M. «L'histoire des principes fondamentaux du droit international privé a partir du moyen age. Spécialement dans l'europe occidentale» *in Recueil des Cours de l'Académie de Droit International de La Haye,* vol. 49, 1934, pp. 547-686, em especial p. 635.

38. Defendendo a posição de que o direito internacional privado maneja interesses privados (nos quais o estado não tem interesses a defender) ver Kegel. KEGEL, Gerhard. "The crisis of conflict of laws" *in Recueil des Cours de l´Académie International de la Haye,* vol. 112, 1964, pp. 91-268, em especial p. 183.

Por este motivo, Ancel considera que a *igualdade* transformou-se no princípio engendrado na *identidade de direito* oriunda da comunidade jurídica das nações[39].

No plano individual, a igualdade entre os envolvidos no fato transnacional é valorizada inicialmente pelo próprio objetivo de harmonia internacional do direito internacional privado. A consagração do direito à segurança jurídica, como visto acima, conduz à existência da *mesma solução* ao fato transnacional em qualquer dos estados envolvidos. A igualdade entre os indivíduos fica assegurada, pois não há motivo para escolher um foro específico, o que beneficiaria somente a parte mais ágil (em geral, a parte economicamente mais forte), em um critério de diferenciação odioso. Além disso, não se trata *desigualmente* os indivíduos a depender do país no qual se encontram. Tomando por exemplo o matrimônio, ofenderia a igualdade considerar um indivíduo casado em um país e solteiro em outro, a depender da incidência da lei sobre a validade do casamento[40].

A evolução do direito internacional privado impulsionou a inserção do direito à igualdade na conformação das regras de conexão e também nos resultados materiais a serem alcançados pela disciplina.

Com essa afirmação da igualdade, surgem *novos dilemas* na disciplina, com dúvidas sobre a manutenção ou não de determinada regra de conexão (por exemplo, na utilização da lei da nacionalidade do marido para reger o direito de família), bem como se determinado direito estrangeiro deve ser aplicado (por exemplo, direito que discrimina o filho natural em matéria sucessória).

3.4. O DIREITO À LIBERDADE NO DIREITO INTERNACIONAL PRIVADO

O direito internacional privado incorporou, nas suas regras de escolha do direito aplicável e da definição da jurisdição, o direito à autonomia individual e a liberdade de autodeterminação. A consideração da vontade individual na formação do ato jurídico e na determinação dos seus efeitos[41] é tradicional regra de conexão das relações negociais internacionais (*lex*

39. ANCEL, Bertrand. *Élements d'histoire du droit international privé.* Paris: Editions Panthén-Assas, 2017, p. 481.

40. Exemplo adaptado de Mills. MILLS, A. *The Confluence of Public and Private International Law, Justice, Pluralism and Subsidiarity in the International Constitutional Ordering of Private law.* Cambridge: Cambridge University Press, 2009, em especial p. 16.

41. GOUNOT, Emmanuel. *Le principe de l'autonomie de la volonté en droit privé.* Contribuition à l'étude critique de l'individualisme juridique. Paris: Arthur Rousseau, 1912, p. 3-7.

voluntatis)e, atualmente, também importante fator para definição da lei de regência em matéria extracontratual e para prorrogação e derrogação de foro.

A liberdade de escolha da lei aplicável e na determinação da jurisdição passou por diferentes níveis de aceitação ao longo da evolução do direito internacional privado, acompanhando o tradicional movimento de pêndulo: após o surgimento do instituto, seguiu-se um momento de ampla aplicação, passando, então, para a rejeição antiautonomista e, posteriormente, para a consolidação – com contornos e limites – desse direito na escolha da lei e da jurisdição[42].

De forma incipiente, a autonomia nos negócios internacionais começou a ser vislumbrada entre os anos 120 e 118 a.C., quando a língua escolhida para a redação do contrato era usada para definir a lei e a jurisdição a ele aplicáveis[43]. Contudo, o territorialismo normativo instaurado com a derrocada do Império Romano no século V d.C., ao consagrar a prevalência das normas e costumes locais, afastou quase totalmente a possibilidade das partes interferirem na escolha da lei. Ainda permaneceu espaço para a vontade das partes nas declarações de nacionalidade (*professionis iuris* ou *professionis legis*) que indicavam a submissão do indivíduo a uma lei para matérias contratuais e questões relacionadas ao estatuto pessoal que envolvessem estrangeiros[44].

O renascimento comercial trouxe alternativas à *lex fori* para a regência de fatos transnacionais, tendo alguns pós-glosadores defendido o uso da autonomia da vontade como justificativa para a aplicação da *lex loci contractus* aos negócios internacionais. Para Bartholomeus de Saliceto, a sucessão *ab intestat* exprimia a presunção da vontade do testador em aplicar a lei do país de sua nacionalidade nos assuntos jurídicos da sua vida e morte[45].

---

42. Vários autores classificam em diferentes fases a evolução da autonomia da vontade em direito internacional privado. Por exemplo, Serpa Lopes enumera três fases: a fase de combate; a fase de exagero; e a fase de reação. SERPA LOPES, Miguel Maria de. *Comentário teórico e prático da Lei de Introdução ao Código Civil*. Vol. II. Rio de Janeiro: Livraria Jacintho Editora, 1944, p. 308-309. Para outras classificações, ver RODAS, João Grandino. "Elementos de conexão do Direito Internacional Privado brasileiro relativamente às obrigações contratuais" *in* RODAS, João Grandino (coord.). *Contratos Internacionais*. 3ª Ed. São Paulo: Revista dos Tribunais, 2002, pp. 20-65, em especial p. 47.
43. SYMEONIDES, Symeon C. *Choice of Law*. Oxford: Oxford University Press, 2016, p. 362.
44. As invasões ditas 'bárbaras' ocasionaram uma coexistência de diversos povos na Europa Ocidental no período medieval, tendo as *professionis iuris* ou *professionis legis* permitido que um cidadão, no início do processo, elegesse (*élection de loi*) a lei pessoal a qual deveria se submeter. GIALDINO, Curti. "La volonté des parties en Droit International Privé" *in Recueil des Cours de l´Académie de Droit International de la Haye*, vol. 137, 1972, pp. 751-938, em especial p. 851.
45. MEIJERS, E-M. "L'Histoire des principes fondamentaux du Droit International Privé a partir du Moyen Age" *in Recueil des Cours de l´Académie de Droit International de la Haye*, vol. 49, 1934, pp. 547-681, em especial p. 633-634.

Também Rochus Curtius defendeu que o local de celebração do contrato representava a intenção das partes, limitando a aplicação da regra geral *omnis consuetudo localis est, ideo non ligat nisi subditos*[46].

No século XVI, a liberdade começou a ser vislumbrada como regra de conexão do DIPr. Credita-se a Dumoulin, ainda que de forma não unânime, o pioneirismo no desenvolvimento do conceito. O autor, no *affaire Ganey* sobre regime matrimonial, defendeu que a convenção tácita dos nubentes para o local da celebração do casamento e para o estabelecimento do domicílio conjugal determinava também a escolha da lei para reger os seus bens, não se aplicando a *lex rei sitae*[47].

Nos séculos seguintes, Pothier afirmou que a intenção comum das partes deveria guiar a interpretação dos contratos[48], enquanto Story[49] especificamente reconheceu a possibilidade de afastar a aplicação da lei do local da celebração do contrato em favor da lei do local da execução da obrigação, com base na intenção presumida das partes[50]. O mesmo argumento foi utilizado pela jurisprudência inglesa no caso *Robinson v. Bland*, de 1760, para afastar a aplicação da *lex loci contractus* em favor da *lex loci executionis* em contrato de empréstimo para pagamento de dívida de jogo[51].

---

46. CALEB, Marcel. *Le principe de l'autonomie de la volonté en droit international privé.*Paris: Recueil Sirey, 1927, p. 133. No mesmo sentido, RODAS, João Grandino. "Elementos de conexão do Direito Internacional Privado brasileiro relativamente às obrigações contratuais" *in* RODAS, João Grandino (coord.). *Contratos Internacionais*. 3ª Ed. São Paulo: Revista dos Tribunais, 2002, pp. 20-65, em especial p. 44-45.

47. Parte da doutrina aponta que Dumoulin limitou-se a reconhecer a autonomia indireta ou presumida pela partes em questões supletivas ao contrato, não tendo desenvolvido a ideia da livre escolha de lei para reger a obrigação. Nesse sentido, ver, entre outros, CALEB, Marcel. *Le principe de l'autonomie de la volonté en droit international privé*. Paris: Recueil Sirey, 1927, p. 141-142; LANDO, Ole. «The conflict of laws of contracts: general principles (general course on private international law)» *in Recueil des cours de l´Académie de Droit International de la Haye*, vol. 189, 1984, pp. 225-447, em especial p. 242; CASTRO, Amilcar de. *Direito Internacional Privado*. 5ª Ed. Rio de Janeiro: Forense, 2000, p. 439-440; NYGH, Peter E. "The reasonable expectations of the parties as a guide to the choice of law in contract and in tort" *in Recueil des Cours de l´Académie de Droit International de la Haye*, vol. 251, 1995, pp. 269-400, em especial. p. 294. Por outro lado, Juenger, por exemplo, entende que o pensamento de Dumoulin sobre autonomia da vontade baseada no consentimento tácito das partes influenciou a teoria inglesa da "proper law" e, subsequentemente, a abordagem da "most significant relationship". JUENGER, Friedrich K. "General course on private international law" *in Recueil des cours de l'Académie de Droit International de la Haye*, vol. 193, 1985, pp. 119-387, em especial p. 145.

48. POTHIER, Robert-Joseph. *Oeuvres de Pothier contenant les traités du droit français. Dissertation sur Pothier. Traité des obligations*. Paris: Béchet aîné, 1824-1825, p. 50 e seguintes.

49. STORY, Joseph. *Commentaries on the Conflict of laws, foreign and domestic, in regard to contracts, rights, and remedies, and especially in regard to marriages, divorces, wills, successions and judgments*. 4ª Ed. Boston: Little, Brown and company: 1852, especialmente p. 419 e 431-432.

50. Ver, ainda, NYGH, Peter E. "The reasonable expectations of the parties as a guide to the choice of law in contract and in tort" *in Recueil des Cours de l´Académie de Droit International de la Haye*, vol. 251, 1995, pp. 269-400, em especial p. 294; SYMEONIDES, Symeon C. *Choice of Law*. Oxford: Oxford University Press, 2016, p. 362; LANDO, Ole. "The conflict of laws of contracts: general principles (general course on private international law)" *in Recueil des cours de l' Académie de Droit International de la Haye*, vol. 189, 1984, pp. 225-447, em especial p. 257.

51. English Court of the King's Bench, caso *Robinson v. Bland*, (1760) 2 Burr 1077, julgamento de 22 de maio de 1760. MCCLEAN, David. "De Conflictu Legum: Perspectives on Private International Law at the Turn

A internacionalização do comércio impulsionou a promoção do respeito à vontade dos envolvidos nos fatos transnacionais no século XIX, tendo, finalmente, a intenção das partes deixado de ser utilizada apenas de forma presumida como limite à soberania estatal sobre os contratos internacionais[52].

Nessa linha teórica, a autonomia da vontade passou a refletir a liberdade – como direito – implicando no livre-arbítrio sobre a sua vida privada, não cabendo ao Estado interferir na sua condução. Para Amaral Neto, a autonomia é a manifestação da liberdade de escolha de interesses e da sua realização, bem como é fruto da discricionariedade na identificação dos interesses coletivos, dando ao indivíduo poder para criar normas reguladoras de seu próprio comportamento[53]. Os postulados da teoria individualista civilista clássica "ninguém pode ser obrigado contra a sua vontade" e "é justo todo acordo realizado livremente" contribuíram para utilizar a autonomia para fundamentar a escolha de lei diferente daquela que vigorava no local da celebração da obrigação para reger os fatos plurilocalizados[54].

Vários autores passaram a reconhecer, em maior ou menor extensão, a autonomia da vontade como fator chave na escolha da lei para regular os contratos internacionais[55]. Para Foelix, a liberdade individual de contratar

---

of the century (General Course on Private International Law)" *in Recueil des cours de l´Académie de Droit International de la Haye*, vol. 282, 2000, pp. 41-228, em especial p. 130.

52. Para Amilcar de Castro, a intenção presumida da parte não representa autonomia da vontade, mas mera submissão voluntária, tal qual ocorre quando fixa-se domicílio em determinado país e, consequentemente, submete-se às leis locais. CASTRO, Amilcar de. *Direito Internacional Privado*. 5ª Ed. Rio de Janeiro: Forense, 2000, p. 436-437.

53. AMARAL NETO, Francisco dos Santos. "A autonomia privada como poder jurídico" *in* BARROS, Hamilton de Moraes (org). *Estudos Jurídicos em Homenagem ao Professor Caio Mário da Silva Pereira*. Rio de Janeiro: Forense, 1984, pp. 286-312, em especial p. 297.

54. GOUNOT, Emmanuel. *Le principe de l'autonomie de la volonté en droit privé.*Contribuition à l'étude critique de l'individualisme juridique. Paris: Arthur Rousseau, 1912, em especial pp. 61-84.

55. Mohamed Mahmoud enumera três correntes teóricas sobre o valor da autonomia da vontade no DIPr, no final do século XIX. A *corrente subjetivista* ou *autonomista pura*, que privilegia a liberdade nas relações comerciais e a validade do contrato (princípio do *favor validatis*), defendendo o primado da soberania das partes e da lei por elas escolhida (*lex contractus*), sobrepondo-a inclusive às leis imperativas. Por outro lado, a *correnteobjetivista* ou *legalista pura* rechaça o elemento volitivo na solução de conflitos de leis, favorecendo as regras nacionalistas e territoriais. Para conciliar as duas teorias, surgiu a *correnteobjetivista moderada*, que reconhece o papel da autonomia da vontade na localização do contrato, mas impede decisões contrárias às leis imperativas e à ordem pública. Rabel adota outra classificação, dividindo em três as correntes sobre a autonomia da vontade: teorias que negam a autonomia contratual das partes, limitando-a àquela concedida pela lei originalmente aplicável (leis imperativas, fraude à lei, requisito de vínculo substancial); teorias da *proper law*: a lei que as partes tinham a intenção de aplicar, expressa no contrato ou presumida pelos tribunais, com base nos termos do contrato e nas circunstancias; teorias que autorizam a autonomia da vontade. SALAH MOHAMED MAHMOUD, Mohamed. "Loi d'autonomie et méthodes de protection de la partie faible en Droit International Privé" *in Recueil des Cours de l´Académie de Droit International de la Haye*, vol. 315, 2005, pp. 145-264, em especial p. 153-164; RABEL, Ernst. *The conflict of laws: a comparative study*, vol. 2, 1960, em especial p. 362 e seguintes. Disponível em: https://repository.law.umich.edu/cgi/viewcontent.cgi?article=1011&context=michigan_legal_studies. Acesso em: 30/05/2024.

consubstanciava-se na adesão voluntária às normas existentes, de forma tácita ou explícita, podendo resultar na aplicação da lei segundo o costume dos estados (*l'usage des nations*) ou da lei à qual as partes declararam se submeter[56]. Savigny apontou que a liberdade de escolha das partes pode ocorrer de forma indireta, na sua submissão voluntária às leis do local escolhido para a execução do contrato, bem como, expressamente, com declaração das partes, desde que não ofenda a ordem pública de direito internacional privado[57]. Também Mancini autorizava excepcionar a sua regra geral da lei da nacionalidade em favor da autonomia da vontade, quando não obstada pela ordem pública[58], já que reconhecia uma esfera de liberdade individual (*liberté inoffensive*) que escapava à regulação por parte do estado[59].

No Brasil, ainda na época imperial, Teixeira de Freitas, no artigo 32 do seu *Esboço de Código Civil*, reconheceu a liberdade das partes ao estipular que o domicílio especial para fins de competência territorial seria "o que as partes elegerem por contrato em relação a certo e determinado negócio", bem como, no artigo 1.965 da mesma obra, trouxe exceção, com fundamento na convenção das partes, à regra geral de utilização da lei do local de conclusão dos contratos para gerência da sua forma. Ainda, Lafayette Rodrigues Pereira, em seu Projeto de Código de direito internacional privado, explicou, nos comentários ao artigo 60, que as regras relativas às obrigações poderiam ser alteradas pela vontade das partes, expressa ou deduzida do contexto, da nacionalidade e das circunstâncias[60].

Entre os maiores defensores da autonomia irrestrita, Laurent justificou a liberdade das partes para escolher a lei para reger os contratos com fundamento

---

56. FOELIX, M. *Traité du Droit International Privé. Ou du conflit des lois de diferéntes nations em matière de Droit Privé.* 4ª Ed. Paris: Marescq Ainé, Libraire-Éditeur, 1856, p. 221-222.

57. SAVIGNY, Friedrich Carl von. *Sistema do direito romano atual*. Tradução de Ciro Mioranga (edição original de 1849). Ijuí: Unijuí, 2004, p. 203 e seguintes. Nesse período foi utilizado, por Brocher, o termo *autonomia da vontade*, unindo os conceitos *autonomia* e *vontade*. BROCHER, Charles. *Cours de Droit International Privé suivant les principles consacrés par le droit positif français*. t. 2. Paris: Ernest Thorin, 1883. Ver também RANOUIL, Véronique. *L'autonomie de la volonté. Naissance et évolution d'un concept.* Paris: Presses Universitaires de Frances, 1980, p. 41-42.

58. Ver a análise da temática da ordem pública na Parte II desta obra.

59. MANCINI, Pasquale Stanislao. "De l'utilite de rendre obligatoires pour tous les Etats, sous la forme d'un ou de plusieurs traités internationaux, un certain nombre de règles générales du Droit international privé pour assurer la décision uniforme des conflits entre les différentes législations civiles et criminelles" *in Journal du Droit International*, n.1, 1874, pp. 221-239 e pp. 285-304, em especial p. 292. Também, MANCINI, Pasquale Stanislao. *Direito Internacional.* Trad. de Ciro Mioranga (edição original em italiano de 1873), Ijuí: Unijuí, 2003, em especial "A nacionalidade como fundamento do Direito das Gentes" e "A vida dos povos na humanidade", respectivamente pp. 31-86 e pp. 175-226.

60. PEREIRA, Lafayette Rodrigues. *Projecto de Código de Direito Internacional Privado*. Rio de Janeiro: Imprensa Nacional, 1927, p. 59-60.

no direito natural[61] e Weiss propôs que as partes, ao escolherem as regras aplicáveis aos contratos, atuavam de forma concomitante ao legislador na criação das leis[62]. A autonomia da vontade ultrapassaria, assim, o campo das leis supletivas, sendo aplicada também em matérias envolvendo leis imperativas.

Todavia, a despeito da autonomia privilegiar a liberdade, constatou-se o seu choque com a proteção de outros direitos, surgindo propostas, em diferentes níveis, de limitação da liberdade das partes na definição da lei aplicável aos contratos internacionais.

Conforme afirmou Gounout, "a vontade está a serviço do direito e não o direito a serviço da vontade"[63]. Assim, com algumas variações, Bar[64], Pillet[65], Brocher[66], Caleb[67] e Beale[68] asseveraram que a autonomia das partes era limitada à declaração expressa de vontade, bem como adstrita aos contornos definidos por lei, sob pena de usurpação da competência legislativa e de ocasionar insegurança jurídica e denegação de justiça. Ainda, sua aplicação deveria restringir-se às leis facultativas, excetuando da livre escolha as matérias referentes à capacidade e ordem pública e as leis imperativas e proibitivas.

De forma diferente, Batiffol admitiu a autonomia (*loi d'autonomie*) para a localização do contrato, mas não para a definição da lei aplicável e, ainda, somente se expressa pelas partes, eis que a sua presunção geraria arbitrariedade judicial[69]. Ademais, Wolff também apontou que as partes poderiam escolher entre as opções para sede da relação jurídica, sendo-lhes vedada a determinação arbitrária do direito aplicado ao contrato[70].

61. LAURENT, F. *Droit Civil International*. Paris: Librairie A. Marascqm Ainé, 1880, p. 383-385.
62. WEISS, André. *Manuel de Droit International Privé*.Paris: Recueil Sirey, 1928, p. 381-382.
63. No original: "c'est la volonté qui est au service du droit, et pas le droit au service de la volonté". GOUNOT, Emmanuel. *Le principe de l'autonomie de la volonté en droit privé*.Contribuition à l'étude critique de l'individualisme juridique. Paris: Arthur Rousseau, 1912, p. 450.
64. BAR, L. V. *The Theory and Practice of Private International Law*. 2ª Ed. Trad de. G. R. GILLESPIE. Edinburg: William Green & Sons Law Publishers, 1892, p. 536-538.
65. PILLET, A. *Principes de Droit International Privé*. Paris: Pedone, 1903, p. 430 e seguintes.
66. BROCHER, Charles. "Étude sur le Traité de droit civil international publié par M. Laurent et sur les principes fondamentaux du droit international privé" *in Revue de Droit International et de législation comparée*, 1881, t. XIII, pp. 531-570, em especial p. 564.
67. CALEB, Marcel. *Le principe de l'autonomie de la volonté en droit international privé*.Paris: Recueil Sirey, 1927, p. 124.
68. BEALE, Joseph H. *A treatise on the conflict of laws or private international law*. vol. I. Cambridge: Harvard University Press, 1916, p. 79. BEALE, Joseph. H. "What Law governs the validity of a contract. III" *in Harvard Law Review*, vol. xxiii, n. 1, 1909, pp. 1-11. BEALE, Joseph. H. "What Law governs the validity of a contract. III. Theoretical and Practical Criticisms of the Authorities" in *Harvard Law Review*, vol. XXIII, n. 4, 1910, pp. 260-272, em especial p. 261-266.
69. BATIFFOL, Henri. *Traité élémentaire de Droit International Privé*. 3ed. Paris: Librairie générale de droit et de jurisprudence, 1959, em especial p. 618-625.
70. WOLFF, Martin. *Derecho Internacional Privado*. Tradução de José Rovira y Emergol. Barcelona: Editorial Labor, S.A, 1936, pp. 211-229, em especial p. 214-215.

Clóvis Beviláqua adotou tom moderado sobre o tema ao reconhecer a liberdade das partes para a tutela da vida social, cabendo ao direito impedir abusos e garantir a paridade entre os contratantes[71]. Rodrigo Octavio afirmou que a autonomia da vontade, princípio capaz de limitar os efeitos extraterritoriais das leis, seria a vontade do homem que deve ocorrer dentro da vontade da lei[72]. Já Machado Villela[73] e Eduardo Espínola[74] defenderam a liberdade das partes apenas na definição das leis supletivas, em temas como contratos, regimes matrimoniais e sucessão testamentária.

Apontando a interação entre a liberdade enquanto direito e a lei, sintetizou Strenger que o homem em sociedade "não dissocia o domínio da lei do domínio da liberdade, mas integram-se ambos na vida social para alcançar a verdadeira liberdade"[75].

O posicionamento anti-autonomista mais radical foi defendido por Niboyet. Além de considerar a autonomia da vontade dependente da liberdade de convencionar, o autor questionou se as partes seriam verdadeiramente livres para escolher qualquer lei a ser aplicada aos contratos, face aos limites impostos pelas leis imperativas[76].

Em 1908, o Instituto de Direito Internacional editou resolução sobre as regras para a determinação da lei aplicável para reger obrigações contratuais a título de direito supletivo, autorizando a livre escolha da lei aplicável ao contrato – ressalvadas as matérias relativas à capacidade, forma, validade

---

71. BEVILÁQUA, Clóvis. "Evolução da theoria dos contractos em nossos dias" *in Revista da Faculdade de Direito da Universidade de São Paulo*, vol. 34, n.1, 1938, pp. 57-66, em especial p. 63.

72. OCTAVIO, Rodrigo. *Direito Internacional Privado*. Parte Geral. Rio de Janeiro: Freitas Bastos, 1942, p. 152-156.

73. VILLELA, Álvaro da Costa Machado. "O Direito Internacional Privado no Código Civil Brasileiro" *in Boletim da Faculdade de Direito da Universidade de Coimbra*, ano VI – nº 51 a 53. Coimbra: Imprensa da Universidade, 1920-1921, em especial p. 75-94.

74. ESPINOLA, Eduardo. *Elementos de Direito Internacional Privado*. Rio de Janeiro: Jacintho Ribeiro dos Santos, 1925, p. 348-349.

75. STRENGER, Irineu. *Da Autonomia da Vontade em Direito Internacional Privado*. Dissertação para concurso à docência livre de direito internacional privado, na Faculdade de Direito da Universidade de São Paulo. São Paulo: 1967, em especial p. 68. Mais tarde o autor publicou uma 2ª edição da obra, na qual reforçou o mesmo posicionamento. STRENGER, Irineu. "Da autonomia da Vontade: direito interno e direito internacional" 2ª Ed. São Paulo: LTR, 2000, p. 80.

76. O pensamento de Niboyet é sintetizado no último parágrafo do seu *Recueil*: "Bien qu'elle ne soit pas encore très répandue, nous insistons sur l'idée qu'il n'y a pas de théorie de l'autonomie de la volonté, parce qu'il n'y a pas d'autonomie du tout. Ou a eu le tort, par la faute de cet excellent avocat que fut Dumoulin, de prendre la simple liberté des conventions pour une pseudo autonomie". NIBOYET, J.-P. "La théorie de l'autonomie de la volonté" *in Recueil des Cours de l´Académie de Droit International de la Haye*, vol. 16, 1927, pp. 1-116, p. 112. Pontes de Miranda também adotou postura crítica diante da liberdade das partes, a qual entendia ser utilização indevida, pelo DIPr, do conceito de liberdade de convencionar do direito substancial. PONTES DE MIRANDA, Francisco Cavalcanti. "La conception du droit international privé d'après la doctrine et la pratique au Brésil" *in Recueil des cours de l´Académie de Droit International de la Haye*, vol. 39, 1932, pp. 551-677, em especial p. 648-650.

e à exceção de ordem pública – bem como à interpretação da intenção presumida de acordo com as circunstâncias do contrato, das partes ou do bem, do domicílio comum, da nacionalidade ou das lei do local da celebração da obrigação[77].

A despeito do privilégio à lei do foro, também o Código Bustamante previu, no artigo 166, a possibilidade das partes escolherem a lei aplicável aos contratos, respeitados os *limites* previstos na legislação, e no artigo 186, estipulou ser aplicável à obrigação a lei comum às partes ou, subsidiariamente, a lei do local da celebração do contrato[78].

Analisando a autonomia da vontade nos contratos internacionais, a Corte Permanente de Justiça Internacional determinou que, em consonância com a jurisprudência dos tribunais nacionais, a lei aplicável para definir a modalidade de pagamento dos juros e amortizações de capital aos contratos de empréstimo, quando não expressamente declarada pelas partes, seria deduzida de acordo com a natureza da obrigação, circunstâncias e intenção presumida das partes[79].

Em 1939, o caso *Vita Food Products Inc v. Unus Shipping Co. Ltd* sobre a validade de cláusula de exclusão de responsabilidade em contrato de transporte marítimo, decidido pelo *Judicial Committee of the Privy Council* (JCPC) do Reino Unido, tornou-se paradigmático ao expressamente estabelecer a liberdade das partes para escolha da lei aplicável ao contrato, ainda que com ele não guarde conexão aparente, desde que seja realizada de boa-fé e não seja contrária à ordem pública[80].

A despeito das críticas, conforme anotou Hambro, a autonomia da vontade consolidou-se gradativamente como fator determinante para a definição da *proper law* do contrato, já que as partes podem escolher a lei na qual confiam, ainda que sem conexão factual com a relação estabelecida,

77. Instituto de Direito Internacional. «Règles sur la détermination de la loi qui doit régir les obligations contractuelles à titre de droit supplétif». Resolução adotada na sessão de Florença, 1908. Relatores: HARBURGER, H.; BAR, Ludwig von. Disponível em: http://www.justitiaetpace.org/idiF/resolutionsF/1908_flo_02_fr.pdf. Acesso em: 30/05/2024.

78. Nadia de Araujo analisa a discussão doutrinária quanto à possibilidade de utilizar a autonomia da vontade tendo como base o Código de Bustamante. ARAUJO, Nadia de. *Contratos Internacionais: autonomia da Vontade, MERCOSUL e Convenções Internacionais.* Rio de Janeiro: Renovar, 2009, p. 171-177.

79. Corte Permanente de Justiça Internacional, caso de *vários empréstimos sérvios emitidos na França* e caso do *pagamento em ouro dos empréstimos federais brasileiros emitidos na França*, série A, n.21, julgamento de 12 de julho de 1929.

80. Comitê Judicial do Conselho Privado do Reino Unido, caso *Vita Food Products Inc v. Unus Shipping Co.*, [1939] UKPC 7, [1939] A.C. 277 (P.C.), (1939) 63 Ll L Rep 21,julgamento em 30 de janeiro de 1939.Ver LANDO, Ole. "The conflict of laws of contracts: general principles (general course on private international law)" *in Recueil des cours de l´Académie de Droit International de la Haye*, volume 189, 1984, pp. 225-447, em especial p. 260.

recorrendo à ordem pública ou à fraude à lei para anular a opção das partes somente em casos teratológicos[81]. Já Lagarde apontou a livre escolha como princípio concorrente à proximidade na fundamentação das regras de conexão, afirmando que a autonomia pode servir como regra de conexão, independentemente da localização do contrato[82].

Sobre aevolução da autonomia da vontade, Gaudemet-Tallon aponta que a livre escolha inicialmente foi substituta da regra de conexão fixada *a priori*, passando a um complemento a essa regra, localizando o contrato, para, finalmente, ser considerada como um instituto que a integra, atuando como elemento de conexão[83].

Ainda que admitindo restrições à livre escolha contratual das partes, Rabel entende que a autonomia é "o método menos perigoso para trazer segurança aos problemas de direito internacional privado, garantindo a agilidade e certeza tão importantes ao comércio"[84]. No mesmo sentido, Juenger aponta como principais vantagens da autonomia a estabilidade e uniformidade por ela promovidas[85].

As inovações tecnológicas, circulação de capital, comunicação eletrônica e de dados, características de uma sociedade aberta contemporânea, privilegiam a liberdade. No panorama neoliberal, a lógica mercadológica, com a tendência de desregulamentação (*déréglementation*) e de diminuição da interferência estatal, encoraja a atuação privada[86], estimulando os indivíduos a realizarem suas transações nos termos que lhes convém e os agentes econômicos a praticarem *regulatory arbitrage*[87]. Assevera Kinsch

81. HAMBRO, Edvard. "The relations between international law and conflict law" *in Recueil des cours de l'Académie de Droit International de la Haye*, vol. 105, 1962, pp. 1-68, em especial p. 56-59.

82. LAGARDE, Paul. "Le principe de proximité dans le droit international privé contemporain: cours général de droit international privé" *in Recueil des cours de l'Académie de Droit International de la Haye*, vol. 196, 1986, pp. 9-238, em especial p. 61 e seguintes.

83. GAUDEMET-TALLON, Hélène. "Le pluralisme en droit international privé: richesses et faiblesses (le funambule et l'arc-en-ciel): cours général" *in Recueil des cours de l'Académie de Droit International de la Haye*, vol. 312, 2005, pp. 9-488, em especial p. 283 e seguintes.

84. No original: "party autonomy is the least dangerous methodo of bringing certainty into the agitated problems of international private law, and thus, helps to produce that 'swift and certain rule' só important to merchants". RABEL, Ernst. *The conflict of laws: a comparative study*, vol. 2, 1960, em especial p. 431. Disponível em: https://repository.law.umich.edu/cgi/viewcontent.cgi?article=1011&context=michigan_legal_studies. Acesso em: 30/05/2024.

85. JUENGER, Friedrich K. "General course on private international law" *in Recueil des cours de l'Académie de Droit International de la Haye*, vol. 193, 1985, pp. 119-387, em especial p. 177 e seguintes.

86. JAYME, Erik. "Identité culturelle et intégration: le droit international privé postmoderne" *in Recueil des cours de l'Académie de Droit International de la Haye*, vol. 251, 1995, pp. 9-267, em especial p. 151.

87. O conceito econômico de *arbitrage* – operações de compra e venda com intuito de obter ganhos econômicos decorrentes da negociação de ativos equivalentes a preços distintos em diferentes mercados – aplicado ao âmbito jurídico fomenta o fenômeno da *regulatory arbitrage*. O cenário regulatório irregular,

que a autonomia da vontade favorece "a busca, pelos agentes econômicos, da legislação mais eficiente, sendo um poderoso incentivo para os Estados adaptarem as suas leis à demanda internacional"[88].

O Instituto de Direito Internacional reconheceu, em sua resolução sobre a autonomia das partes nos contratos internacionais entre pessoas ou entidades privadas, de 1991, que a livre escolha da lei aplicável aos contratos, fundada na liberdade individual e reconhecida em diversos tratados internacionais, é princípio fundamental de direito internacional privado[89]. Os Princípios da Conferência da Haia sobre escolha da lei aplicável em contratos comerciais, de 2015, enfatizam a certeza e previsibilidade geradas pela liberdade das partes na determinação da lei aplicável aos contratos[90]. Ademais, os princípios do UNIDROIT sobre os contratos de comércio internacional de 2016 também estabelecem que a liberdade contratual, essencial ao comércio internacional e a competição na ordem econômica internacional, inclui a livre escolha dos termos das transações comerciais[91].

A livre escolha das partes também foi gradativamente reconhecida, em maior ou menor grau (tácita ou implicitamente), nos principais sistemas jurídicos do mundo[92]. Nos Estados Unidos, o *American Uniform Commercial*

com leis nacionais sem harmonização que regem, de forma diferente, o mesmo fato plurilocalizado, permite que os agentes de mercado contornem as autoridades reguladoras dos estados para escolher a lei ou jurisdição estatal que lhes forneça maior diferencial econômico para reger determinada transação comercial. Contudo, sem fiscalização aos agentes econômicos, o *regulatory arbitrage* pode tornar-se abusivo e prejudicial às políticas públicas estatais, aos agentes privados e aos indivíduos. WATT, Horatia Muir. "Aspects économiques du droit international privé: (réflexions sur l'impact de la globalisation économique sur les fondements des conflits de lois et de juridictions)" *in Recueil des Cours de l´Académie de Droit International de la Haye*, vol. 307, 2004, pp. 25-383, em especial p. 52; WATT, Horatia Muir. "Theorizing Private International Law" *in* ORFORD, Anne; HOFFMANN, Florian (eds.). *The Oxford Handbook of the Theory of International Law*. Oxford: Oxford Handbooks Online, 2016; RILES, Annelise. "Managing regulatory arbitrage: a conflict of laws approach" *in Cornell International Law Journal*, vol. 47, 2014, pp. 63-119.

88. No original: "l'exercice de l'autonomie de la volonté favorise la recherche, par les agents économiques, de la législation la plus efficiente, et est par conséquence un puissant incitatif pour les États d'adapter leur législation aux réalités de la demande internationale". KINSCH, Patrick. «Quel droit international privé pour une époque néolibérale?» *in* HEUZÉ, Vicent; LIBCHABER, Rémy; VAREILLES-SOMMIÈRES (orgs.). *Mélanges en l'honneur du Professeur Pierre Mayer: liber amicorum*. Paris: LGDJ, 2015, pp. 377-390, em especial p. 380-381.

89. Instituto de Direito Internacional. "The Autonomy of the Parties in International Contracts between private persons or entities". Resolução adotada na sessão de Basel, 1991. Relator: Erik Jayme. Disponível em: http://www.justitiaetpace.org/idiE/resolutionsE/1991_bal_02_en.PDF. Acesso em: 30/05/2024. Sobre o mesmo tema, ver também OVERBECK, Alfred E. von. «L'irrésistible extension de l'autonomie en droit international privé» *in Nouveaux Itinéraires en droit. Hommage à François Rigaux. Bibliothèque da la Faculté de droit de l'Université catholique de Louvain. XXII*. Bruxelles: Bruylant, 1993, pp. 619-636, em especial p. 623 e seguintes.

90. Conferência da Haia de Direito Internacional Privado. "Principles on choice of law in international commercial contracts". Disponível em: https://www.hcch.net/pt/instruments/conventions/full-text/?cid=135. Acesso em: 30/05/2024.

91. UNIDROIT. Unidroit Principles of international commercial contracts 2016. Disponível em: http://www.unidroit.org/instruments/commercial-contracts/unidroit-principles-2016. Acesso em: 30/05/2024.

92. Para um levantamento detalhado da aceitação da autonomia nos diversos sistemas jurídicos, ver RABEL, Ernst. *The conflict of laws: a comparative study*, vol. 2, 1960, em especial p. 370 e seguintes. Disponível em:

Code de 1952, previu, na Seção 1-105, a autonomia da vontade, limitada ao vínculo razoável da lei escolhida com o contrato comercial. Posteriormente, o *Restatement Second* manteve a liberdade de escolha das partes, acrescentando como limite a violação à ordem pública[93].

No panorama regional, a liberdade de escolha da lei aplicável aos contratos foi debatida na Conferência Interamericana de Direito Internacional Privado (CIDIP V) e está prevista no artigo 7º da Convenção Interamericana sobre o direito aplicável aos contratos internacionais, de 1994 e, no âmbito do Mercosul, no artigo 4º do Protocolo de Buenos Aires sobre jurisdição internacional em matéria contratual, de 1994[94].

No Brasil, a previsão da autonomia da vontade no direito internacional privado foi concentrada na discussão sobre a expressão "salvo estipulação em contrário" inserida no Código Civil de 1916, que, em seu artigo 13, dispunha ser aplicável a lei do lugar da celebração do contrato para o conteúdo e os efeitos das obrigações, *salvo estipulação em contrário*.

Já a Lei de Introdução ao Código Civil (LICC, hoje Lei de Introdução às Normas de Direito Brasileiro – LINDB) em 1942, ao *reproduzir* a regra no seu artigo 9º, *suprimiu* a parte final do artigo original. Tal exclusão dividiu a doutrina entre (i) aqueles que a interpretaram como proibição à livre escolha das partes além da liberdade convencional em matérias supletivas[95] e (ii) aqueles que entenderam que a nova redação apenas incluiu a ordem pública como limite à autonomia contratual das partes[96].

A atual interpretação do artigo 9º da LINDB é ainda dividida na doutrina, persistindo o debate quanto à interpretação restritiva ou teleológica desse dispositivo.

Por um lado, há quem defenda a necessidade de revisão legislativa[97]. Por outro lado, os artigos 1º e 2º da Lei da Arbitragem (a Lei nº 9.307/96)

---

https://repository.law.umich.edu/cgi/viewcontent.cgi?article=1011&context=michigan_legal_studies. Acesso em: 30/05/2024.

93. SYMEONIDES, Symeon C. *Choice of Law*. Oxford: Oxford University Press, 2016, p. 366-368.

94. Ratificado pelo Brasil em 07 de maio de 1996, incorporado internamente pelo Decreto n. 2.095, de 17 de dezembro de 1996.

95. RODAS, João Grandino. "Elementos de conexão do Direito Internacional Privado brasileiro relativamente às obrigações contratuais" *in* RODAS, João Grandino (coord.). *Contratos Internacionais*. 3ª Ed. São Paulo: Revista dos Tribunais, 2002, pp. 19-65, em especial p. 58-59. Ainda, ARAUJO, Nadia de. *Contratos Internacionais: autonomia da Vontade, MERCOSUL e Convenções Internacionais*. Rio de Janeiro: Renovar, 2009, p. 108-120.

96. Sobre a polêmica em torno do artigo 9º da LINDB, ver CARVALHO RAMOS, André de; GRAMSTRUP, Erik Frederico. *Comentários à Lei de Introdução às Normas de Direito Brasileiro*. 2ª Ed, São Paulo: Saraiva, 2021, p. 183 e seguintes.

97. Sobre o tema, ver ARAUJO, Nadia de. "A necessária mudança do artigo 9º da LINDB: o avanço que faltava para a consagração da autonomia da vontade no DIPr brasileiro" *in* CARVALHO RAMOS, André de. *Direito internacional privado: Questões controvertidas*. Belo Horizonte: Arraes, 2015, pp. 289-309.

autorizam o recurso à autonomia da vontade para definição da lei aplicável à arbitragem.

Os Tribunais superiores brasileiros também começaram a mencionar a autonomia como regra de conexão aplicável aos contratos. No Recurso Especial nº 1.280.218, sobre a validade da lei aplicável a contrato internacional sobre cessão de créditos entre construtora brasileira e governo estrangeiro com a compensação na amortização de dívidas com banco nacional, foi enfatizado ser livre a escolha de lei estrangeira para reger o contrato, se lícita e condizente com a boa-fé, face à autonomia das partes e à atuação transparente dos contratantes[98].

No âmbito multilateral, atualmente, a autonomia da vontade está prevista em várias convenções internacionais em vigor[99], entre as quais a Convenção Interamericana sobre arbitragem comercial internacional de 1975[100] e a Convenção da ONU sobre contratos de compra e venda internacional de mercadorias de 1980[101].

Para Nygh, o exercício da autonomia da vontade depende, de acordo com as regras internacionais e nacionais de DIPr, da existência de um (i) vínculo contratual internacional, cuja lei aplicável, de fonte estatal, é escolhida de (ii) forma expressa, livre e voluntária pelas partes e com

98. Trecho do voto vencedor (grifos nossos): "Ademais, também é valor tutelado pela ordem jurídica nacional, a proteção à boa fé e à *autonomia da vontade*, que impõe aos contratantes a atuação transparente e coerente ao longo da negociação e mesmo após a extinção dos contratos. Desse modo, tendo em vista que as partes livremente optaram pela formalização da transação por meio de um contrato internacional, acertando de comum acordo o afastamento da legislação brasileira e a eleição das leis do estado de Nova York para regerem o contrato, admitir-se, em execução, o argumento de inaplicabilidade da lei eleita configura manifesto *vernire contra factum proprium*, com o qual a ordem pública não se compatibiliza". (...). Superior Tribunal de Justiça, REsp 1280218/MG, Rel. Ministro Paulo de Tarso Sanseverino, Rel. p/ Acórdão Ministro Marco Aurélio Bellizze, Terceira Turma, julgamento em 21 de junho de 2016, DJe 12/08/2016.

99. Cita-se, também: artigo 2º da Convenção da Haia sobre a lei aplicável às vendas de caráter internacional de objetos móveis corpóreos, de 1955; artigo VII da Convenção Europeia sobre arbitragem comercial internacional, de 1961; artigo 42 da Convenção sobre resolução de disputas envolvendo investimentos entre estados e nacionais de outros estados, de 1966; artigo 6º da Convenção da Haia sobre a lei aplicável a responsabilidade sobre o fato do produto, de 1973; artigos 3º e 6º da Convenção da Haia sobre a lei aplicável aos regimes matrimoniais, de 1978; artigo 3º da Convenção Europeia sobre a lei aplicável às obrigações contratuais, de 1980; artigo 6º da Convenção da Haia relativa à lei aplicável ao trust e ao seu reconhecimento, de 1985; e artigo 4º da Convenção da Haia relativa a lei aplicável a certos direitos sobre valores mobiliários detidos juntos de intermediários, de 2006. Ademais, a Convenção da Haia sobre os conflitos de leis relativos aos efeitos do casamento sobre os direitos e deveres dos cônjuges nas suas relações pessoais e sobre os bens dos cônjuges, de 1905 (atualmente revogada) já autorizava, no seu artigo 5º, se a lei de sua nacionalidade permitisse, que os nubentes escolham uma lei diferente para reger o casamento e seus efeitos.

100. Ratificada pelo Brasil em 27 de Dezembro de 1975, incorporada internamente pelo Decreto n. 1.902, de 09 de maio de 1996.

101. Ratificada pelo Brasil em 04 de março de 2013, incorporada internamente pelo Decreto n. 8.327, de 16 de outubro de 2014.

elas possua um (iii) vínculo substancial, além de (iv) não contrariar a ordem pública[102].

Há também tendência contemporânea de reforço à autoridade das partes em domínios outrora reservados à autoridade da lei. Por exemplo, a liberdade de circulação de pessoas, as novas formas de família e filiação e a consagração da família transnacional, aliados ao pluralismo jurídico, estimularam a contratualização de aspectos do direito família[103].

Conforme afirma Basedow, a livre escolha da lei aplicável às relações pessoais deve ser permitida sempre que não existir um centro jurídico plenamente estabelecido, tal qual ocorre quando indivíduo sente-se vinculado a dois estados, devendo-lhe ser facultado realizar as escolhas que impactam no seu futuro[104]. Na mesma linha, Struycken aponta a "tendência a favorecer um resultado baseado na lei substantiva explica porque a autonomia da vontade entrou no direito de família"[105].

Com base na autodeterminação individual, a autonomia da vontade pode impactar também na definição do regime matrimonial e de outros efeitos gerais do casamento, sendo que o artigo 3º da Convenção da Haia sobre a lei aplicável aos regimes matrimoniais, de 1978, faculta aos cônjuges a escolha da lei de sua nacionalidade, residência habitual ou nova residência para regular o seu regime de bens[106]. Outro exemplo é o pagamento de obrigação alimentar, quando não envolver menor ou adulto em situação de vulnerabilidade, que pode ser regido por lei diferente daquela aplicável no local de residência habitual do credor, escolhida pelas partes, tal qual

102. NYGH, Peter E. "The reasonable expectations of the parties as a guide to the choice of law in contract and in tort" *in Recueil des Cours de l´Académie de Droit International de la Haye*, vol. 251, 1995, pp. 269-400, em especial p. 304-314.

103. YETANO, Toni Marzal. "The constitutionalisation of party autonomy in european family law" *in Journal of Private International Law*, vol. 6, no. 1, 2010, pp. 155-193, em es pecial p. 156 e seguintes.

104. BASEDOW, Jurgen. "The Law of Open Societies: Private Ordering and Public Regulation of International Relations: General Course on Private International Law" *in Recueil des cours de l'Académie de Droit International de la Haye*, vol. 360, 2012, pp. 9-516, em especial p. 211.

105. No original: "the tendency to favour a substantive law outcome explains that party autonomy infiltrates into the field of family law". STRUYCKEN, Antoon Victor Marie. "Co-ordination and Co-operation in Respectful disagreement: General Course on Private International Law" *in Recueil des Cours de l´Académie de Droit International de la Haye*, vol. 311, 2004, pp. 9-551, em especial p. 370.

106. Artigo 3. "O regime de bens é regido pela lei interna designada pelos cônjuges antes do casamento. Os cônjuges podem designar somente uma das seguintes leis – (1) a lei de qualquer estado da qual qualquer cônjuge é um nacional no tempo da designação; (2) a lei do estado no qual qualquer cônjuge tenha sua residência habitual no tempo da designação;(3) a lei do primeiro estado onde um dos cônjuges estabelece uma nova residência habitual após o casamento. A lei assim designada aplica-se a todos os bens. Mesmo assim, os cônjuges, se eles designaram, ou não, uma lei dentre os parágrafos anteriores, podem designar com respeito a todos ou alguns dos imóveis, a lei do local onde estes imóveis estão situados. Eles podem também prever que quaisquer imóveis dos quais podem, subseqüentemente, ser adquiridos, serão regidos pela lei do lugar onde tais imóveis estão situados".

previsto no artigo 8º do Protocolo sobre a lei aplicável às obrigações de alimentos da Convenção da Haia sobre a cobrança internacional de alimentos em benefício dos filhos e de outros membros da família, de 2007.

Porém, em que pese esse movimento de expansão da liberdade e da autonomia da vontade no direito internacional privado, permanece a inevitável *colisão* com outros direitos, como se vê na área de defesa da *parte fraca* nas relações contratuais ou ainda, no âmbito do direito de família, nas discussões sobre os acordos de maternidade por substituição, no qual vários estados proíbem o reconhecimento do estado de filiação visando proteger direitos da mãe por substituição ("mercantilização do corpo da mulher") e também os da criança gestada.

Assim, também no que tange à liberdade e autonomia da vontade, é necessário o estudo da colisão de direitos e de uma argumentação jurídica que dê *consistência e coerência* aos limites que serão traçados aos direitos envolvidos.

CAPÍTULO

4

A JUSTIÇA NO DIREITO INTERNACIONAL PRIVADO

4.1. O DIREITO À JUSTIÇA NO DIREITO INTERNACIONAL PRIVADO

A discussão de direitos (e sua interpretação) no direito internacional privado exige a análise da temática da justiça na disciplina, uma vez que o direito regula a convivência social, buscando a realização de valores socialmente aceitos, entre eles a justiça[1].

Justiça é uma expressão polissêmica, discutida desde a Antiguidade, vinculada à própria definição do que é o direito em uma sociedade. Contudo, exprimir a justiça em termos normativos pode gerar relativismo e falta de precisão: afirmar que foi concedido tratamento justo a alguém implica, necessariamente, em se ter parâmetros sobre o conteúdo do "justo" em determinada sociedade[2].

É necessário que o conceito de justiça seja expresso em termos descritivos, podendo ser distinguidos, na lição de Abbagnano, dois significados principais de justiça: a justiça como conformidade da conduta humana a uma determinada norma; e a justiça como eficiência de uma norma, ou seja, a capacidade da norma de possibilitar relações entre os indivíduos[3].

---

1. PINHEIRO, Luís de Lima. *Direito Internacional Privado.* vol I. Introdução e Direito dos Conflitos. Parte Geral. Coimbra: Almedina, 2011, p. 225.
2. OPPENHEIM, Felix E."Justiça" *in* BOBBIO, Norberto; MATTEUCCI, Nicola; PASQUINO, Gianfranco. *Dicionário de política.* vol I, 4ª ed., Trad. Camen C. Varriale *et al.* Brasília: Ed. Unb, 1992, pp. 660-666, em especial p. 662.
3. ABBAGNANO, Nicola. *Dicionário de Filosofia.* Trad. coord. e revista por Alfredo Bosi. São Paulo: Martins Fontes, 2003, p. 594-595.

O primeiro significado do termo exige uma presunção de que tudo o que se conforma à lei é justo. O comportamento de um indivíduo é, assim, justo ou injusto, caso corresponda ou não à norma jurídica válida[4]. Esse significado consubstancia a chamada justiça formal, que utiliza como parâmetro para sua realização o critério de produção de modo válido, perante determinado ordenamento jurídico[5].

Já o segundo significado refere-se à avaliação do conteúdo da norma e de sua capacidade em possibilitar relações humanas. Parte-se da análise da finalidade pretendida em relação à qual se mede a eficiência da norma como baliza para os comportamentos sociais. Traçam-se objetivos para as normas, como a obtenção do bem comum, felicidade, liberdade, igualdade ou paz[6]. Por isso, pode-se chegar à conclusão de que uma lei, por violar determinada finalidade, é uma lei injusta. O segundo significado de justiça concretiza a chamada justiça material (ou substancial) e serve para direcionar a produção normativa e a interpretação da norma, de modo a cumprir as suas finalidades[7].

Os contornos da justiça no direito não escapam ao contexto de uma sociedade. Importa reconhecer, como explicita Casella, que, na era atual deve-se reafirmar "a necessidade de conscientização e retomada de perspectiva humanista, pluralista e tolerante de enfoque e regulação das normas de convivência entre os indivíduos, como entre os estados"[8]. Rabenhorst trata da justiça como aspiração referente à estrutura da sociedade, um conjunto de critérios ideais que devem presidir a boa condução e o desenvolvimento das relações sociais[9].

A perspectiva humanista de justiça repercute nas relações privadas, pois, conforme assevera Larenz, o ser humano é titular do direito a ser respeitado como pessoa e não ser prejudicado em sua existência[10]. No que

4. KELSEN, Hans. *Teoria Geral do Direito e do Estado*. Trad. Luís Carlos Borges. São Paulo: Martins Fontes, 2000, p. 20.
5. OPPENHEIM, Felix E. "Justiça" *in* BOBBIO, Norberto; MATTEUCCI, Nicola; PASQUINO, Gianfranco. *Dicionário de política*. vol I, 4ª ed., Trad. Camen C. Varriale *et al.* Brasília: Ed. Unb, 1992, pp. 660-666, em especial p. 662.
6. ABBAGNANO, Nicola. *Dicionário de Filosofia*. Trad. coord. e revista por Alfredo Bosi. São Paulo: Martins Fontes, 2003, p. 594.
7. OPPENHEIM, Felix E. "Justiça" *in* BOBBIO, Norberto; MATTEUCCI, Nicola; PASQUINO, Gianfranco. *Dicionário de política*. vol I, 4ª ed., Trad. Camen C. Varriale *et al.* Brasília: Ed. Unb, 1992, pp. 660-666, em especial p. 663.
8. CASELLA, Paulo Borba. *Fundamentos do Direito Internacional Pós-Moderno*. São Paulo: Quartier Latin, 2008, p. 178.
9. RABENHORST, Eduardo Ramalho. "Justiça" *in* BARRETO, Vicente de Paulo. *Dicionário de Filosofia do Direito*. Rio de Janeiro/São Leopoldo: Renovar/Ed. Unisinos, pp. 493-495, em especial p. 493.
10. LARENZ, Karl. *Derecho Civil* – Parte General. Trad. Miguel Izquierdo e Macías-Picavea. Madri: Editorial Revista de Derecho Privado, 1978, p. 44.

tange ao direito internacional privado, Savigny aponta que "o objeto direto e imediato regido pelas regras jurídicas é a pessoa e, em primeiro lugar, a pessoa em sua existência geral, como sujeito de todos os direitos"[11].

Del Vecchio sustenta que a noção elementar de justiça exige equilíbrio e correlação intersubjetiva, que se resolve na exigência recíproca de respeito e na possibilidade de impedir ofensas[12]. Unindo tais perspectivas, chega-se à conclusão de que se consolida uma relação jurídica de respeito entre todos os membros da comunidade para exercer as demais relações sociais e jurídicas[13].

Consequentemente, o direito internacional privado não escapa à essa orientação geral inerente a todos os ramos do direito, com uma particularidade adicional: além do debate geral sobre justiça na aplicação de suas próprias normas, a disciplina ainda deve analisar a justiça na aplicação da lei estrangeira eventualmente incidente sobre um fato transnacional.

A busca por justiça apresenta-se como a "resposta" à pergunta referente ao motivo da criação e continuidade do próprio direito internacional privado, que maneja a eventual aplicação do direito estrangeiro (quer na sua forma direta ou indireta[14] – por meio do reconhecimento e execução de sentença estrangeira)[15].

Nesse sentido, Pimenta Bueno, no primeiro livro publicado, em 1863, sobre o direito internacional privado no Brasil, já defendia que o grande fim do direito internacional privado seria "resolver com benevolência e justiça" os conflitos de leis[16]. Brocher, em 1876, anotou que o direito internacional

---

11. SAVIGNY, Friedrich Carl von. *Sistema do Direito Romano atual, vol. VIII*. Tradução de Ciro Mioranga (edição original de 1849) Ijuí: Unijuí, 2004, p. 39. Também Casella aponta outra passagem desse mesmo texto de Savigny ("a pessoa ou o sujeito de direito deve coincidir com o conceito do ser humano", op. cit, p. 38) como sendo o "(...) 'conceito original' do direito internacional". Ver CASELLA, Paulo Borba. *Fundamentos do Direito Internacional Pós-Moderno*. São Paulo: Quartier Latin, 2008, p. 111.

12. DEL VECCHIO, Giorgio. *A justiça*. Trad. de António Pintode Carvalho. São Paulo: Saraiva, 1960, p. 96.

13. LARENZ, Karl. *Derecho Civil* – Parte General. Trad. Miguel Izquierdo e Macías-Picavea. Madri: Editorial Revista de Derecho Privado, 1978, p. 45 e 46.

14. Denominando o reconhecimento e a execução de sentença estrangeira de aplicação indireta do direito estrangeiro, ver HUCK, Hermes Marcelo. *Sentença estrangeira e lex mercatoria*. São Paulo: Saraiva, 1994, p. 18.

15. Assinale-se aqui o alerta de Nussbaum, que embora reconheça que os "fins de justiça" podem ser utilizados para justificar a existência da disciplina, entende que não se deve tratar um fenômeno tão complexo como o direito internacional privado por meio de uma única explicação. Por isso, a vontade dos estados na regulação favorável aos seus interesses nos fatos transnacionais é vista no momento da edição de leis locais ou celebração de tratados. NUSSBAUM, Arthur. *Principios de Derecho Internacional Privado*. Trad. Alberto D. Schoo, Buenos Aires: Depalma, 1947, p. 42.

16. PIMENTA BUENO, José Antônio. *Direito Internacional Privado e applicação de seus principios com referencia as leis particulares do Brazil*. Rio de Janeiro: Typographia Imp. e Const. de J. Villeneuve e C, 1863, em especial p. 7.

privado deveria satisfazer as "necessidades da justiça e da civilização" (*besoins de la justice et de la civilisation*[17]). Beviláqua adotou posição similar, defendendo que o desenvolvimento do direito internacional privado é determinado pelo ideal de justiça entre os povos[18].

Ferrer Correia defende que é de "elementar justiça e necessidade" que toda a relação da vida social seja regulada pela lei mais adequada, em atenção aos interesses dos indivíduos[19]. No mesmo sentido, Fonseca afirma que, desde as Escolas estatutárias, a preocupação que sempre esteve presente no direito internacional privado "foi a de buscar a ideia de justiça, senão a da certeza ou utilidade"[20].

A promoção da justiça foi apontada, por vários autores, como objetivo do direito internacional privado em fases de nacionalismo como de internacionalismo. Kuhn, embora reconhecendo as dificuldades (na sua visão, de origem constitucional) dos Estados Unidos em firmar acordos internacionais na disciplina, sustenta que a expansão da economia norte-americana exigia, nas primeiras décadas do século XX, que os problemas de direito internacional privado fossem tratados de modo a atender as necessidades da justiça e da equidade internacional, assegurando a paz entre os estados[21].

Maridakis, a partir da premissa de que as normas de direito internacional privado são *nacionais*, defende que cada Estado visa impedir a *injustiça* na aplicação de tais regras[22]. Philip também aponta que as regras de conexão devem ser compatíveis com a *visão nacional da justiça*[23]. Jaffey, na doutrina anglo-saxã, vê que a busca por justiça é, normalmente, a finalidade do direito internacional privado[24]. Boggiano, por seu turno, entende que, em que pese a indeterminação do conceito de justiça, o direito

17. BROCHER, Charles. *Nouveau traité de droit international privé au double point de vue de la doutrine et de la pratique.* Paris: E. Thorin Éditor, 1876, p. 16.

18. BEVILÁQUA, Clóvis. *Princípios Elementaresde Direito Internacional Privado.* 1ª edição, Salvador: Livraria Magalhães, 1906, em especial p. 58-59.

19. FERRER CORREIA, A. *Lições de Direito Internacional Privado – I.* Coimbra: Almedina, 2000, p.17.

20. FONSECA, José Roberto Franco da. "Considerações críticas sobre alguns temas de Direito Internacional Privado" *in Verba Juris: anuário da pós-graduação em direito,* vol. 8, n.8, 2009, pp. 21-40, em especial p. 37.

21. KUHN, Arthur K. "La conception du droit international privé d'après la doctrine et la pratique aux Etats-Unis" *in Recueil des Cours de l'Académie International de la Haye,* vol. 21, 1928, pp. 189-278, em especial p. 274.

22. MARIDAKIS, Georges S. «Introduction au droit international privé» *in Recueil des cours de l'Académie de Droit International de La Haye,* vol. 105, 1962, pp. 375-539, em especial p. 383.

23. PHILIP, A. «General course on private international law» *in Recueil des cours de l'Académie de Droit International de La Haye,* vol. 160, 1978, pp. 1-74, em especial p. 17.

24. *In verbis*: "Just as the purpose of most domestic rules of marriage, contract and tort is to serve the interests of the parties to the relationship, transaction or occurrence, or to do justice in a dispute between them, so also is that normally the purpose of choice of law rules in these areas". JAFFEY, A. J. E. "The Foundations of Rules for the Choice of Law" *in Oxford Journal of Legal Studies,* n.2, 1982, p. 368-392, em especial p. 377.

internacional privado tem como objetivo procurar a solução justa para os casos transnacionais[25].

No século XXI, Hartley entende que a previsibilidade e uniformidade *não* podem ser considerados os únicos objetivos do DIPr, pois um conjunto de regras totalmente arbitrárias podem cumprir esses objetivos, mas ofender a justiça para as partes envolvidas, que é o objetivo maior do direito internacional privado[26]. Bogdan aponta que a visão nacional de justiça pode levar à recusa do uso de lei estrangeira pelo Estado do foro[27]. Meeusen, ao tratar da não discriminação no direito internacional privado, sustenta que, contemporaneamente, a utilização das regras de solução de conflitos de modo correto e equitativo abarca, indistintamente, tanto os litígios internos quanto os transnacionais[28].

Assim, a justiça no direito internacional privado seria, para Goldschmidt, a manifestação de respeito ao elemento estrangeiro e às pessoas e comunidades envolvidas[29]. Para o autor, o direito internacional privado deve obedecer aos princípios gerais de justiça de Ulpiano[30]: *o* princípio do *neminem laedere* (não lesar a ninguém) indica o respeito ao direito estrangeiro, já que o seu rechaço imotivado prejudicaria o interessado; o princípio *do suum cuique tribuere* (dar a cada um o que é seu) exige que o estado do foro reconheça e garanta direitos engendrados em outro estado; e o princípio do *honest vivere* (viver honestamente) assegura o respeito aos direitos dos envolvidos nos fatos transnacionais, considerando como limite os valores morais do foro[31].

---

25. BOGGIANO, Antonio. *Derecho Internacional Privado – en la estructura jurídica del mundo actual.* 6ª ed., Buenos Aires: Abeledo Perrot, 2011, p.16.
26. HARTLEY, Trevor C. "The Modern Approach to Private International Law: International Litigation and Transactions from a Common-Law Perspective" *in Recueil des cours de l´Académie de Droit International de La Haye*, vol. 319, 2006, pp. 9-324, em especial p. 33.
27. BOGDAN, Michael. "Private International Law as Component of the Law of the Forum: General Course on Private International Law" *in Recueil des Cours de l´Académie de Droit International de la Haye*, vol. 348, 2010, pp. 9-252, em especial p. 45.
28. No original: «On réalise aujourd'hui que, pour ce qui concerne l'activité des législateurs et des juges, il n'y a sur ce point pas tellement de différence entre les règles pour les litiges internes et celles pour les litiges internationaux. Elles reposent respectivement sur des choix essentiellement politiques et sur le souhait de résoudre les litiges d'une manière légale, correcte et équitable». MEEUSEN, Johan. «Le droit international privé et le principe de non-discrimination» *in Recueil des Cours de l´Académie de Droit International de la Haye*, vol. 353, 2011, pp. 9-184, em especial p. 49.
29. Conclui o autor, dizendo que: "De ello depende la justicia del D.I.P. y de suya justicia depende su fuerza vinculatoria moral". GOLDSCHMIDT, Werner. *Sistema y filosofia del derecho international privado.* Tomo I, 2ª ed.,Buenos Aires: Ediciones Juridicas Europa-America, 1952, p. 32.
30. É conhecida a expressão de Ulpiano: "justitia est constans et perpetua voluntas ius suum cuique tribuendi". ASCENSÃO, José de Oliveira. *O Direito – Introdução e Teoria Geral – uma Perspectiva Luso-Brasileira.* Lisboa: Fundação Calouste Gulbenkian, 1978, p. 33-34.
31. GOLDSCHMIDT, Werner. *Derecho Internacional Privado. Derecho de la Tolerancia.* 7.ed. Buenos Aires: Ediciones Depalma, 1990, p. 13.

A justiça no direito internacional privado deve levar em consideração os vínculos de estraneidade que caracterizam o fato transnacional do ponto de vista dos indivíduos envolvidos. Como lembra Valladão, o direito internacional privado é o "anjo da guarda" dos viajantes, dos indivíduos de outras terras, "assegurando a continuidade jurídica dos indivíduos" que passam de um ordenamento para outro[32]. Tenório reitera que, do ponto de vista da filosofia, o direito internacional privado é a "lei finalista da vida humana em sociedade"[33].

Alerta Jaffey que o propósito de reconhecer o vínculo de estraneidade em um caso concreto é buscar uma lei de um Estado que represente os parâmetros de justiça que podem ser razoavelmente atribuídos ao caso. A relevância e a consistência do vínculo de estraneidade podem gerar, inclusive, questionamentos sobre a justiça do uso da lei estrangeira, caso o vínculo tenha se formado de modo meramente acidental[34].

O respeito ao elemento estrangeiro é, portanto, a característica distintiva da justiça no direito internacional privado, restando saber de que modo é realizada a justiça, a partir dos seus dois significados (justiça formal e a justiça material ou substancial).

4.2. A FORMAÇÃO DA JUSTIÇA CONFLITUAL

A consolidação do direito internacional privado no século XIX foi feita pela introdução do método indireto multilateral (ou bilateral), ancorado na localização da lei da sede ou centro da relação jurídica transnacional. O cerne da disciplina era a identificação racional e com critérios objetivos e previsíveis do ordenamento adequado. Com essa visão, salienta Strenger que "[o] direito internacional privado tem por fim principal a aplicação da lei estrangeira em determinado país"[35]. Assim, não seria discutido, em geral, o *resultado final* da aplicação da lei, porque o ordenamento ao final indicado possuía o vínculo mais apropriado e, justamente por esse motivo, era considerado o centro ou sede da relação.

Em que pese não ter existido consenso entre os estados sobre qual deveria ser o "centro da relação jurídica" em várias categorias normativas[36],

32. VALLADÃO, Haroldo. *Direito Internacional Privado.* Vol. I.5ª ed., Rio de Janeiro: Freitas Bastos, 1980, p. 4.

33. TENÓRIO, Oscar. *Direito Internacional Privado.* vol. I, 11ª ed., Rio de Janeiro: Freitas Bastos, 1976, p. 27.

34. Jaffey é explícito a respeito da relevância dos vínculos de estraneidade para a obtenção de justiça para os envolvidos: "the only significance which contacts with countries or legal systems can have is in relation to the search for justice between the parties". JAFFEY, A. J. E. "Choice of Law in Tort: A Justice-Based Approach" *in Legal Studies*, n. 2, 1982, p. 98-117, em especial p. 117.

35. STRENGER, Irineu. *Direito Internacional Privado.* 4ª ed., São Paulo: LTr, 2000, em especial p. 63.

36. Juenger denominou a crença de Savigny no consenso entre os estados sobre as regras de conexão de "fantasma". JUENGER, Friedrich K. *Choice of Law and Multistate Justice.* Dordrecht, Boston, London: Martinus Nijhoff Publishers, 1993, em especial p. 69.

a lógica do método baseada na identificação do "ordenamento sede" impedia a discussão sobre o conteúdo da lei indicada e, também, não permitia debates sobre a justiça ou injustiça da solução em face dos envolvidos. Para os defensores do método, não existiria outro ordenamento que pudesse regular a matéria, a não ser aquele que fosse o do centro da relação jurídica.

Forjou-se, na linguagem de Ferrer Correa, uma justiça formal, cuja função primordial seria fornecer uma estabilidade nas relações jurídicas, que não poderiam ser afetadas a depender do local onde elas fossem analisadas[37].

Para Baptista Machado, a justiça formal (também chamada de justiça conflitual ou espacial) consagra a harmonia internacional como interesse supremo do direito internacional privado, correspondendo a ausência de decisões contraditórias nos diversos estados com pontos de contato com o fato transnacional[38].

Não caberia avaliar a justiça da solução final, pois, na visão do método multilateral, apenas *a posteriori* seria possível a rejeição da lei indicada por ofensa à ordem pública.

Uma "lei adequada" para o método indireto no direito internacional privado é aquela gerada pela sua determinação espacial ou geográfica e não pela qualidade da solução que a lei, ao final, produz.

Resume Struycken que a melhor lei (*proper law*) era, por definição, a lei designada pelas regras de conflito[39]. Symeonides, em estudo específico sobre a justiça no direito internacional privado, expõe que a escola clássica (como assim denomina os defensores do método indireto conflitual tradicional) define o que é a "lei mais apropriada" de acordo com sua localização geográfica ou espacial e não com o seu conteúdo[40].

Para essa visão clássica, a justiça que melhor resolvesse os conflitos envolvidos em um fato transnacional no direito internacional privado

---

37. FERRER CORREIA, A. *Lições de Direito Internacional Privado – I.* Coimbra: Almedina, 2000, p. 31. No mesmo sentido, ver PARRA-ARANGUREN, Gonzalo. "General Course of Private International Law: Selected Problems" *in Recueil des Cours de l´Académie de Droit International de la Haye*, vol.210, 1988, pp. 13-223, em especial p. 66.

38. MACHADO, João Baptista. *Lições de Direito Internacional Privado.* 3ª ed. Coimbra: Almedina, 1999, p. 51.

39. No original:"The very first concern is to find the proper law, in the sense of the classical approach dealt with here, simply because — it should be stressed — the law to be designated is the proper law". STRUYCKEN, Antoon Victor Marie. "Co-ordination and Co-operation in Respectful Disagreement: General Course on Private International Law" *in Recueil des cours de l´Académie de Droit International de La Haye*, vol. 311, 2004, pp. 9-551, em especial p. 228.

40. SYMEONIDES, Symeon. "Material justice and conflicts justice in choice of law" *in* BORCHERS P., ZEKOLL J. (eds). *International conflict of laws for the third millennium: Essays in honor of Friedrich k. Juenger.* New York: Transnational Publishers, 2001, pp. 125-140, em especial p. 126.

tradicional seria uma justiça espacial ou formal, não a justiça substancial ou material[41]. Aplicando a mesma perspectiva para os outros dois segmentos da disciplina, pode-se determinar a jurisdição e o reconhecimento e execução de decisão estrangeira com base em regras abstratas e definidas *a priori*, sem o questionamento do mérito da solução final dada ao fato transnacional[42].

Para Machado, a consequência jurídica própria do "Direito dos Conflitos" é *sui generis*, pois se traduz na escolha de um ordenamento jurídico estatal para a resolução de questão concreta de direito internacional privado, possuindo estrutura diferente da norma jurídica do direito material que se reporta à regulação dos fatos jurídicos típicos da vida. Assim, o direito internacional privado tradicional não tem relação com a justiça material, que seria referente às soluções dadas aos "casos da vida" (na expressão do autor), promovendo a justiça formal dada pelos "valores básicos da certeza e segurança jurídicas" ao localizar a lei em "casos da vidas" imersos em ordenamentos distintos[43].

Schwind afirma que a justiça formal tem como objetivo a obtenção da harmonia das decisões sobre determinado fato transnacional, sendo inaceitáveis julgamentos contraditórios, que revelariam uma desarmonia internacional[44]. Nesse enfoque, os valores de certeza e estabilidade jurídica preponderam no direito internacional privado.

A falta de aferição do conteúdo e da qualidade de cada uma das leis envolvidas seria o *preço a pagar*, na visão clássica, para a obtenção da igualdade entre a lei do foro e a lei estrangeira, com a consequente harmonia decisional[45].

Consolida-se, assim, uma *justiça da conexão* (na expressão de Lima Pinheiro) que observa os vínculos da situação transnacional com os ordenamentos jurídicos envolvidos, sem considerar as soluções materiais ditadas por cada um deles[46].

41. KEGEL, Gerhard. "The crisis of conflict of laws" *in Recueil des Cours de l´Académie International de la Haye*, vol. 112, 1964, pp. 91-268, em especial p. 184-185. No mesmo sentido, KEGEL, Gerhard. "Paternal Home and Dream Home: Traditional Conflict of Laws and the American Reformers" *in American Journal of Comparative Law*, vol. 27, 1979, pp. 615-634, em especial p. 616.
42. MILLS, A. *The Confluence of Public and Private International Law, Justice, Pluralism and Subsidiarity in the International Constitutional Ordering of Private law.* Cambridge: Cambridge University Press, 2009, em especial p. 20.
43. MACHADO, João Baptista. *Lições de Direito Internacional Privado.* 3ª ed., Coimbra: Almedina, 1999, em especial p. 45-46.
44. SCHWIND, Fritz. «Aspects et sens du droit international privé: cours général de droit international privé» *in Recueil des cours de l´Académie de Droit International de La Haye*, vol. 187, 1984, pp. 9-144, em especial p. 48.
45. JUENGER, Friedrich K. *Choice of Law and Multistate Justice.* Dordrecht, Boston, London: Martinus Nijhoff Publishers, 1993, em especial p. 69.
46. PINHEIRO, Luís de Lima. *Direito Internacional Privado.* vol I. Introdução e Direito dos Conflitos. Parte Geral. Coimbra: Almedina, 2011, em especial p. 226.

Mesmo que substancialmente outra lei oferte solução subjetivamente mais justa (sob a ótica da preservação de direitos dos indivíduos envolvidos), a indicação feita pelo método indireto não pode ser desconsiderada, pois não seria justo – do ponto de vista objetivo – julgar um indivíduo com base em leis diferentes das previstas do ordenamento mecanicamente indicado.

Nesse panorama, considerando que o método indireto está baseado na defesa de interesses privados e, não em anseios estatais, os estados não possuiriam nenhum interesse específico que os fizessem privilegiar uma lei em detrimento de outra. Diferentemente da corrente do método indireto unilateral que defendia ser o direito internacional privado fruto do "conflito de soberanias", a visão tradicional do método indireto multilateral funda a disciplina na regulação de interesses privados, para a qual é indiferente ao estado do foro aplicar a sua própria lei ou a lei estrangeira, salvo se houver violação de sua ordem pública[47].

Logo, nesse viés, presume-se que o melhor resultado para as partes envolvidas é a aplicação da lei que possua o vínculo mais próximo com a relação jurídica transnacional, que o método indireto propõe-se a indicar por meio da identificação do centro ou sede daquela relação. Essa presunção baseia-se na defesa dos valores mais importantes para indivíduos, prevalentes, inclusive, sobre a própria busca pelo melhor resultado: (i) a certeza gerada pela indicação de determinada lei; (ii) a igualdade entre as partes, evitando desequilíbrio gerado pela corrida ao melhor foro; e (iii) a previsibilidade sobre a lei a ser aplicada.

A segurança jurídica proporciona às partes a certeza da lei indicada e o seu resultado, evitando uma desarmonia gerada pela aplicação de leis que dependam do seu resultado final. O essencial para as partes envolvidas seria a manutenção da homogeneidade do resultado e, não, a qualidade do resultado[48]. Quanto à igualdade das partes, a justiça conflitual evita a corrida pelo "melhor foro"[49], o que favoreceria a parte mais ágil, evitando

47. Para Kegel: "The State has an altruistic rather than an egoistic interest in private law, concerning itself primarily with a *just* ordering of private life. In this respect even its domestic private law is not 'its own' private law; it rather strives to seek the best and fairest solution for *all* men. Therefore the application of foreign private law does not run counter to the nature and identity of the State. On the contrary, the application of foreign private law does not even disturb the State; foreign private law represents another answer to questions of justice." KEGEL, Gerhard. "The crisis of conflict of laws" *in Recueil des Cours de l´Académie International de la Haye,* vol. 112, 1964, pp. 91-268, em especial p. 183 e p. 186.

48. KEGEL, Gerhard. "The crisis of conflict of laws" *in Recueil des Cours de l´Académie International de la Haye,* vol. 112, 1964, pp. 91-268, em especial p. 188. Registrando a posição do "conflicts justice" ver também BOER, Th.M. de. "Facultative choice of law: the procedural status of choice-of-law rules and foreign law" *in Recueil des Cours de l´Académie de Droit International de la Haye,* vol. 257, 1996, pp. 223-427, em especial p. 293.

49. SYMEONIDES, Symeon C. "The American Choice-of-law revolution in the courts: today and tomorrow" *in Recueil des Cours de l´Académie International de la Haye,* vol. 298, 2002, pp. 25-448, em especial p. 34.

tratamento não igualitário gerado pelo *forum shopping*, escolha de uma determinada jurisdição por uma parte, baseada na convicção que a jurisdição escolhida é a mais favorável para atingir o resultado desejado pela parte que escolhe. Esse fenômeno é motivado, também, pelo *law shopping*, *i.e.* a busca da lei material mais favorável, nem sempre aplicando-se a lei do foro pela jurisdição escolhida[50-51].

Outra faceta da temática da justiça no método indireto é extraída no momento de definição, pelos estados (por leis ou por tratados), das regras de conexão. Jayme ilustra que a escolha, pelo direito internacional privado francês, da lei da nacionalidade para regular o estatuto pessoal, reflete a concepção de justiça na França. No caso da regência das sucessões, os estados que adotam o princípio da unidade sucessória[52] ou da pluralidade sucessória expõem suas respectivas opções referentes à justiça na transmissão de bens[53].

Assim, por meio das regras de conexão, o direito internacional privado realiza a justiça formal em duas etapas: na primeira, é escolhida a regra de conexão; na segunda, é realizado o controle *a posteriori* do resultado material gerado pela incidência da lei, que não pode violar os princípios fundamentais da ordem jurídica do foro[54].

Percebe-se que a justiça formal no direito internacional privado, em geral, não debate o que é justo nas regras que serão aplicadas futuramente, sendo o papel de levar em consideração os diversos interesses e direitos envolvidos reservado à elaboração legislativa das *regras materiais* em cada estado.

A idade fixada para a maioridade para fins de capacidade de fato de indivíduo é outro exemplo do reflexo da ponderação entre direitos envolvidos,

---

50. Conforme Ferrari. No original: "the choice in favour of a given forum, based on the conviction that the chosen forum is the most favourable one for the purpose of reaching a given result". FERRARI, Franco. "Forum Shopping: A Plea for a Broad and Value-Neutral Definition" *in NYU Lectures on Transnational Litigation, Arbitration and Commercial Law – NYU School of Law, Public Law Research Paper n. 14-39*, 2013, pp. 1-33, em especial p. 23. Sobre precedentes para regular o "forum shopping" nos Estados Unidos, ver MALOY, Richard. "Forum Shopping – What's Wrong with That" *in Quinnipiac Law Review*, vol. 24, Issue 1 (2005), pp. 25-62, em especial p. 50 e seguintes.
51. Para Juenger, a expressão *forum shopping* teria sido utilizada pela primeira vez em lides nos Estados Unidos em 1952, mas já havia sido debatida academicamente na década de 20 ou mesmo antes. JUENGER, Friedrich K. "Forum Shopping, Domestic and International" *in Tulane Law Review*, vol. 63, issue 3, 1988-1989, pp. 553-574, em especial p. 553-554.
52. Ver o artigo 10 da Lei de Introdução às Normas do Direito Brasileiro comentado em CARVALHO RAMOS, André de e GRAMSTRUP, Erik Frederico. *Comentários à Lei de Introdução às Normas do Direito Brasileiro.* Saraiva: São Paulo, 2016, p. 187 e seguintes.
53. JAYME, Erik. «Identité culturelle et intégration: le droit international privé postmoderne» *in Recueil des Cours de l´Académie de Droit International de la Haye,* vol. 251,1995, pp. 9-267, em especial p. 94-95.
54. PINHEIRO, Luís de Lima. *Direito Internacional Privado.* Vol I. Introdução e Direito dos Conflitos. Parte Geral. Coimbra: Almedina, 2011, pp. 227-228.

como o direito à autodeterminação (fruto da liberdade) e o direito ao desenvolvimento equilibrado da criança (que induziria o legislador a evitar uma idade muito baixa), variando a depender do ordenamento jurídico e da visão de justo em uma determinada sociedade.

No campo da justiça conflitual, o justo seria obtido pela indicação da lei (da nacionalidade, do domicílio, da residência habitual) que deveria regular a capacidade de fato de um determinado indivíduo. Como esclarece Fonseca, a justiça conflitual atua verificando o que é mais justo do ponto de vista do "adequado" ou do "conveniente" na localização espacial de determinado ordenamento para regular um fato transnacional[55].

Para Machado, o critério de resolução dos concursos de normas é *extrínseco*, determinando qual norma prevalecerá, sem influir na modelação da sua consequência, o que gera descomprometimento com os efeitos jurídicos da aplicação da lei escolhida, que seriam irrelevantes para o direito internacional privado[56].

Já Ferrer Correia reconhece que a escolha do direito nos fatos plurilocalizados é feita de acordo com sua posição espacial, o que implica na escolha da lei melhor colocada para intervir em oposição à melhor lei para solucionar materialmente o caso concreto. A melhor aptidão relativa de uma lei (entre as potencialmente aplicáveis) é aferida em uma avaliação de interesses, que *não* são os mesmos interesses envolvidos na *relação material*, mas, sim, referentes à *determinação* do sistema jurídico de onde a norma será extraída. Para o autor, envolvidos na escolha da lei estão (i) os interesses dos indivíduos, (ii) da harmonia jurídica internacional, (iii) da harmonia jurídica interna, (iv) da efetividade das decisões do foro e (v) da boa administração da justiça e (vi) da paridade de tratamento[57].

Utilizando a tipologia de Ferrer Correa, os primeiros interesses na determinação do ordenamento jurídico "espacialmente adequado" são os interesses dos indivíduos, que defendem o direito de serem tratados de acordo com a ordem jurídica com a qual se consideram intimamente vinculados. Também devem ser levados em consideração os interesses de indivíduos

55. FONSECA, José Roberto Franco da. "Considerações críticas sobre alguns temas de Direito Internacional Privado" in *Verba júris: anuário da pós-graduação em direito*. vol. 8, n. 8, 2009, pp. 21-40, em especial p. 26 e p. 37.

56. MACHADO, João Baptista. *Lições de Direito Internacional Privado*. 3ª ed., Coimbra: Almedina, 1999, p. 163-165.

57. FERRER CORREIA, António. "Principais interesses a considerar na resolução dos conflitos de leis" *in* FERRER CORREIA, António. *Direito Internacional Privado – Estudos Jurídicos III*. Coimbra: Atlântida Editral, 1970, pp. 84-92, p. 85 e seguintes.

e pessoas jurídicas de serem tratados de acordo com a ordem jurídica que assegure celeridade ou facilidade aos seus atos e negócios jurídicos[58].

Em segundo lugar, está o interesse geral de terceiros referente ao fluxo transnacional, que tutela a segurança jurídica. Utiliza-se, para ponderar esse interesse, a harmonia jurídica internacional dada pela adoção da mesma solução ao fato transnacional onde quer que ele seja apreciado. Na adoção de uma regra de direito internacional privado, o legislador deveria levar em consideração a "prática judiciária dos diversos países, ou ao menos preconizadas pela doutrina dominante"[59].

Em terceiro lugar, está a harmonia jurídica interna, que veda contradições normativas no seio do mesmo ordenamento jurídico, exigindo que apenas uma lei seja considerada incidente para disciplinar os vários aspectos de uma situação da vida.

Em quarto lugar, há o interesse da busca da efetividade da decisão do foro, que ficaria prejudicado com regras de conexão que contrariassem a prática de outros estados (por exemplo, negando o *lex rei sitae* em matéria de direitos reais), bem como, em quinto lugar, o interesse da boa administração da justiça, que restaria prejudicado com a ampliação, sem efetividade, da incidência do direito do foro.

Finalmente, em sexto lugar, existe o interesse da paridade de tratamento, relacionado com a busca da harmonia internacional entre o direito do foro e o direito estrangeiro, impedindo tratamentos discriminatórios[60].

Ainda que Ferrer Correia explicite interesses em torno da adoção do método indireto, excepcionalmente, o autor admite a intromissão da justiça material do foro, a qual permanece, contudo, exterior ao direito internacional privado, limitando-se a "travar-lhe a marcha" pelo uso do instituto da ordem pública[61].

Comum a todas as discussões sobre a justiça formal e os interesses relacionados ao método indireto, é a ausência de reflexão sobre o resultado

58. FERRER CORREIA, António. "Principais interesses a considerar na resolução dos conflitos de leis" *in* FERRER CORREIA, António. *Direito Internacional Privado – Estudos Jurídicos III*. Coimbra: Atlântida Editral, 1970, pp. 84-92, em especial p. 85.
59. FERRER CORREIA, António. "Principais interesses a considerar na resolução dos conflitos de leis" *in* FERRER CORREIA, António. *Direito Internacional Privado – Estudos Jurídicos III*. Coimbra: Atlântida Editral, 1970, pp. 84-92, em especial p. 86.
60. FERRER CORREIA, António. "Principais interesses a considerar na resolução dos conflitos de leis" *in* FERRER CORREIA, António. *Direito Internacional Privado – Estudos Jurídicos III*. Coimbra: Atlântida Editral, 1970, pp. 84-92, em especial p. 86.
61. FERRER CORREIA, António. "Principais interesses a considerar na resolução dos conflitos de leis" *in* FERRER CORREIA, António. *Direito Internacional Privado – Estudos Jurídicos III*. Coimbra: Atlântida Editral, 1970, pp. 84-92, em especial p. 92.

final da regência do fato transnacional e eventual (in)justiça no caso concreto. Todavia, não seria tal ausência um *defeito* da disciplina, mas uma *virtude*, pois geraria a neutralidade do método indireto multilateral, no sentido em que a lei é designada *independentemente* de seu conteúdo.

Como consequências positivas para estados e indivíduos, os defensores da justiça conflitual apontam: (i) o combate à xenofobia, já que não há prevalência da lei do foro graças à igualdade entre as possíveis leis a serem indicadas; (ii) a ausência de discussão sobre a interpretação do conteúdo das leis, o que levaria a uma pesquisa difícil e aumentaria a insegurança dos envolvidos; e, finalmente, (iii) a harmonia decisional, por se focar na coordenação entre os sistemas, sendo provável que a lei indicada seja consensual[62].

No âmago da defesa da necessidade da neutralidade trazida pelo método indireto tradicional (ou clássico) está o reconhecimento de *ausência de superioridade* entre o resultado obtido pelo uso da lei estrangeira indicada e o resultado obtido pela lei do foro.

Quanto à busca de coerência e consistência por meio de regras de conexão, Mills, ao retratar a justiça conflitual, entende ser parte importante do conceito de justiça evitar que os envolvidos em uma situação transnacional tenham restringida sua liberdade de locomoção ou sofram reveses em seus direitos pela corrida em busca do melhor foro. Cita, como exemplo, as dificuldades de locomoção transfronteiriça de um casal em caso de diferentes tratamentos jurídicos sobre a validade do casamento[63] ou sobre a validade de uma gestação por substituição.

A justiça conflitual (ou formal) do DIPr, em suma, pode ser resumida como uma forma de *justiça sistêmica ou coletiva*. Não se trata de obter a justiça para o caso concreto, mas de assegurar a adequada coordenação da diversidade de ordens jurídicas. Nesse sentido, Bogdan sustenta que a justiça do direito internacional privado preocupa-se antes com a *adequada alocação de autoridade regulatória* entre os sistemas jurídicos do que com *a regulação material* em si dos direitos privados dos envolvidos[64].

62. Apontando essas três consequências favoráveis ver, GAUDEMET-TALLON, Hélène. «Le pluralisme en droit international privé: richesses et faiblesses (le funambule et l'arc-en-ciel). Cours général de droit international privé» *in Recueil des Cours de l´Académie de Droit International de la Haye*, vol. 312, 2005, pp. 9-488, em especial p. 183-185.

63. MILLS, A. *The Confluence of Public and Private International Law, Justice, Pluralism and Subsidiarity in the International Constitutional Ordering of Private law.* Cambridge: Cambridge University Press, 2009, em especial p. 16.

64. BOGDAN, Michael. "Private International Law as Component of the Law of the Forum: General Course on Private International Law" *in Recueil des Cours de l´Académie de Droit International de la Haye*, vol. 348, 2010, pp. 9-252, em especial p. 79-80.

Essa justiça sistêmica não nega os *efeitos reais* da escolha da lei sobre os casos individuais, mas rejeita a ideia de que o direito internacional privado deva ser avaliado de acordo com esses efeitos. A justiça no direito internacional privado pressupõe a alocação de autoridade regulatória, apontando uma lei ou jurisdição para reger determinado fato transnacional, não o resultado final do caso concreto.

O direito internacional privado seria, assim, essencialmente, um conjunto, não de normas primárias que contém obrigações, mas de *normas secundárias*, que conferem poderes, outorgam controles e definem consequências para as normas primárias, conforme a divisão de normas de Hart[65]. Para Mills, essa classificação é útil para o direito internacional privado tradicional, pois separa a regulação direta dos fatos transnacionais (normas primárias) do objeto tradicional da disciplina, ou seja, as normas indiretas que definem a jurisdição, a lei aplicável e tratam da cooperação jurídica internacional em matéria cível. Como exemplo, cita a disputa pela propriedade de bem, na qual a lei inglesa e a lei francesa divergem frontalmente quanto à identificação do titular do bem. A titularidade do bem por parte de determinado indivíduo de acordo com a lei inglesa é uma *norma primária*; já a regra de escolha entre a lei inglesa e a lei francesa consiste em uma *norma secundária*. Na medida em que se admite a justiça como resultado da incidência das normas de direito internacional privado, estas – apesar de serem normas secundárias – seriam tratadas *indevidamente* como normas primárias[66].

Cabe questionar o método indireto multilateral por sua fragilidade decorrente da existência de dimensões nacionais do direito internacional privado, que podem gerar inconsistências na regulação do fato transnacional, ofendendo a justiça sistêmica ou coletiva pretendida[67]. A *abordagem internacionalista do direito internacional privado* do século XIX, de Savigny (que defendeu a universalização *consensual* fruto da comunidade jurídica das nações) e de Mancini (a favor da internacionalização por meio de tratados, ou seja, pelo uso do Direito Internacional Público) e que via as diferenças de regras nacionais como anomalias que seriam corrigidas, *não conseguiu*

65. HART, Herbert L.A. *O conceito de direito*. 2ª ed, Trad. A. Ribeiro Mendes. Lisboa: Fundação C. Gulbenkian, 1994, em especial p. 101-109.

66. MILLS, A. *The Confluence of Public and Private International Law, Justice, Pluralism and Subsidiarity in the International Constitutional Ordering of Private law*. Cambridge: Cambridge University Press, 2009, em especial p. 19-20.

67. MILLS, A. *The Confluence of Public and Private International Law, Justice, Pluralism and Subsidiarity in the International Constitutional Ordering of Private law*. Cambridge: Cambridge University Press, 2009, em especial p. 17.

ser dominante, diante da manutenção e desenvolvimento de codificações nacionais da disciplina[68].

Juenger atestou o *descumprimento* da promessa de segurança jurídica e previsibilidade do método multilateral clássico, após décadas de sua consolidação, em virtude das inúmeras divergências entre as dimensões nacionais da disciplina, que sofreu um processo de "balcanização" pelas levas de codificações locais. Para o autor, a uniformidade pretendida pelo método de Savigny mostrou-se um "ouro de tolos", dada as diferenças de qualificação e das regras de conexão entre os estados[69].

No mesmo sentido, Yntema apontou, ainda nos anos 60 do século passado, a existência de uma pluralidade de diplomas normativos nacionais pretendendo ser universal. Obviamente tal pretensão de universalidade não logra resultado, uma vez que o crescente fluxo de bens, serviços e pessoas no mundo exige soluções verdadeiramente internacionais[70]. A não realização dos valores perseguidos pela justiça formal *colocou em xeque* a justificativa para a desconsideração dos resultados concretos da aplicação da lei indicada ou da definição da jurisdição.

Além disso, a construção do direito privado do século XIX, sob a qual Savigny baseou o seu método de identificação do centro ou sede da relação jurídica, valorizava a emanação da vontade dos agentes privados em desconsideração aos valores do estado. Conforme conclui Moura Ramos, "a construção savigniana do direito privado contêm em si mesmo, quando corretamente entendida, a justificação da legitimidade da regra de conflitos bilateral", uma vez que o *desinteresse dos Estados* em relação à solução dada em cada caso não é um efeito específico nas situações transnacionais do método clássico, mas um preceito comum nas situações internas da própria natureza do direito privado[71].

Contudo, o direito privado *não* ficou imune às transformações do século XX e XXI, eis que, conforme aponta Fachin, o processo de introjeção de *valores sociais no direito* atingiu o direito civil, exigindo sua análise em três dimensões: a formal, substancial e prospectiva. A dimensão formal

68. Sobre as codificações nacionais, ver KHAN-FREUND O. "General problems of private international law" *in Recueil des Cours de l' Académie de Droit International de la Haye*, vol. 143, 1974, pp. 139-474.

69. JUENGER, Friedrich K. "Private International Law or International Private Law?" *in King's College Law Journal*, n. 5, 1994-1995, pp. 45-62, em especial p. 49-50.

70. O autor conclui que a disciplina teria ficado "provinciana". YNTEMA, Hessel E., "The Comity Doctrine" in *Michigan Law Review*, Vol. 65, 1966, pp. 9-32, em especial p. 31.

71. RAMOS, Rui Manuel Gens de Moura. *Da lei aplicável ao contrato de trabalho internacional*. Coimbra: Almedina, 1990, p. 232 e ainda pp. 234-235.

apresenta o direito civil positivado a partir da Constituição e demais normas jurídicas; a dimensão substancial expõe os valores explícitos ou implícitos do direito civil, a partir dos objetivos constitucionais, tais como a função social da propriedade, da função social do contrato; e a dimensão prospectiva, na qual os institutos do direito privado devem ser interpretados de modo emancipador, foca no contexto social, mesmo que isso signifique uma ressignificação de sentidos. As dimensões substancial e prospectiva levam a um *diálogo entre o direito privado e o objetivo de inclusão social e respeito a direitos*, gerando uma dimensão social das relações jurídicas privadas[72].

A dimensão social do direito privado é a tradução da nova perspectiva dada ao direito privado pelo Estado social, que, como salienta Wieacker, exige a responsabilidade de toda a sociedade sobre a existência dos indivíduos, analisada em conjunto com a autonomia privada e os direitos dos particulares. Wieacker aponta três características da mudança do direito privado no Estado social de direito: (i) a relativização dos direitos privados pela sua função social, (ii) a sua vinculação ético-social e (iii) o recuo do formalismo do sistema do direito privado clássico do século XIX[73].

A dimensão social do direito privado reforça, portanto, a necessidade de discussão, no plano do direito internacional privado, a respeito da justiça material aos indivíduos envolvidos nos fatos transnacionais.

4.3. A FORMAÇÃO DA JUSTIÇA MATERIAL

A reflexão sobre a realização da justiça material (ou substancial) no direito internacional privado é posterior à fase de estabilização conflitual da disciplina e foi liderada pelos estudos doutrinários e precedentes judiciais nos Estados Unidos.

Inicialmente, a partir de Story e sua obra seminal publicada em 1834, o direito internacional privado norte-americano desenvolveu-se fundado no *formalismo jurídico*, com regras de conexão fixadas em abstrato e *a priori*. Devido à natureza do federalismo americano, os tribunais estaduais decidiam questões envolvendo fatos transnacionais e interestaduais *sem* o recurso a uma corte de apelação comum. Além disso, a *common law* excluiu o uso

72. FACHIN, Luiz Edson. *Direito Civil: sentidos, transformações e fim*. Renovar: Rio de Janeiro, 2015, em especial p. 9. FACHIN, Luiz Edson. "Los derechos fundamentales en la construccíon del derecho privado contemporáneo brasineño a partir del derecho civil-constitucional" *in Revista de Derecho Comparado*, nº.15, 2009, pp. 243-272, em especial p. 244.

73. WIEACKER, Franz. *História do direito privado moderno*. 2ªed, Trad. de Antonio Manoel Botelho Hespanha, Lisboa: Fundação Calouste Gulbenkian, 1980, p. 623-624.

de codificações, sendo o direito internacional privado estadunidense, no século XIX, pautado por precedentes, o que estimulou o uso de critérios formais que gerassem consistência nas decisões e segurança jurídica aos envolvidos, a partir da avaliação racional (fruto do racionalismo científico da época) e do positivismo jurídico[74].

O contexto do liberalismo econômico da segunda metade do século XIX auxiliou também na busca de segurança jurídica aos envolvidos nos fluxos comerciais. Segundo Horwitz, nesse contexto desenvolveu-se a ambição de um Estado *pretensamente neutro*, que não toma partido em conflitos entre classes sociais e grupos de interesse. Cristaliza-se assim o formalismo jurídico, baseado em conceitos legais predeterminados usados para decidir litígios *sem o uso de modelos consequencialistas* voltados aos resultados concretos obtidos pela incidência da norma[75].

Na sua obra, Story defendeu, em virtude de serem nacionais as regras de direito internacional privado, a utilização da *territorialidade* para fixar a jurisdição e escolher a lei aplicável aos fatos transnacionais, o que implicou na admissão da *lex loci delicti* para os danos ou a *lex loci contractus* para regular os contratos[76]. Esse formalismo foi sintetizado no *FirstRestatement of the Conflict of Laws,* elaborada sob a liderança de Beale e publicada pelo *American Law Institut,* em 1934[77].

A contribuição de Beale para o formalismo no direito internacional privado tem relação com sua defesa do papel restrito do juiz na criação ou modificação da lei[78]. Para o autor, o direito internacional privado norte-americano fundou-se em dois princípios abrangentes: a territorialidade e a proteção dos direitos adquiridos. Assim, o conflito de leis, de acordo com essa visão, é baseado em leis nacionais, que não têm efeito extraterritorial.

O *Restatement* consagrou regras de conexão baseadas na territorialidade em várias categorias jurídicas, como danos (*loci delicti rule*), contratos (*lex*

74. SYMEONIDES, Symeon C. *Choice of Law*. Oxford: Oxford University Press, 2016, p. 52-53.

75. Conforme Horwitz: "(...) the ideal of the rule of law had emerged to oppose 'result-oriented' or consequentialist modes of legal thought" e ainda "a state that could avoid taking sides in conflicts between religions, social classes, or interest groups". HORWITZ, Morton J. *The transformation of American Law. 1870-1960: the crisis of legal orthodoxy*. New York: Oxford University Press, 1992, em especial p. 16-17 e 19.

76. WARDHAUGH, Bruce. "From Natural Law to Legal Realism: Legal Philosophy, Legal Theory, and the Development of American Conflict of Laws since 1830" *in Maine Law Review*, vol. 41, 1989, pp. 307-360, em especial p. 331.

77. KAHN-FREUND, O. «General problems of private international law» *in Recueil des Cours de l' Académie de Droit International de la Haye*, vol. 143, 1974, pp. 139-474, em especial p. 281.

78. SYMEONIDES, Symeon C."The First Conflicts Restatement through the Eyes of Old: As Bad as Its Reputation" *in Southern Illinois University Law Journal*, vol. 32, 2007, pp. 39-82, em especial p. 54.

loci contractus) e bens imóveis (*lex rei sitae rule*), determinando-se, *a priori*, o Estado que teria o vínculo relevante para a designação da lei aplicável aos fatos transnacionais[79]. A consequência da assunção do princípio da territorialidade foi a consagração da teoria dos direitos adquiridos (*vested rights*), pois o foro não aplicava lei estrangeira (que estaria limitada ao território do Estado que a editou), mas reconhecia o fato de que a lei estrangeira havia criado um direito[80]. A concepção clássica das regras de conexão as tornaram um "mecanismo de classificação", sem considerações, *ab initio*, de interesses materiais dos indivíduos envolvidos[81].

Para Symeonides, o *FirstRestatement* foi um sistema detalhado de regras mecânicas e rígidas que sacrificaram a flexibilidade em prol da certeza ostensiva e da previsibilidade, eliminando completamente a discrição judicial em nome de uma pureza teórica. O objetivo do sistema era obter a chamada lei espacialmente adequada (realizando, com isso, a justiça formal), não assegurando o resultado substancialmente apropriado no caso particular (justiça material)[82].

Horwitz entende que a ascensão do formalismo jurídico nos Estados Unidos está inserida no contexto de desenvolvimento econômico do século XIX, que exigia a separação entre o direito privado (especialmente na área dos contratos) e os critérios de equidade, privilegiando *posicionamentos objetivos e não políticos* da aplicação da lei. O estabelecimento de uma posição objetiva da aplicação da lei foi feito por meio da *insistência na adoção de regras legais gerais e uniformes*, em referência as quais os particulares deveriam moldar suas condutas. Para o autor, o formalismo jurídico da época foi resultado da ação de grupos econômicos expressivos da sociedade americana interessados em suprimir eventuais funções distributivas do Direito[83].

79. SYMEONIDES, Symeon C."The First Conflicts Restatement through the Eyes of Old: As Bad as Its Reputation" *in Southern Illinois University Law Journal*, vol. 32, 2007, pp. 39-82, em especial p. 57-61.

80. No seu "Summary of the Conflict of Laws", Beale sustentou, no páragrafo 4º: "When a right has been created by law, this right itself becomes a fact; and its existence may be a factor in an event which the same or some other law makes the condition of a new right. In other words, a righ may be changed by the law that a created it, or by any other law having power over it". BEALE, Joseph. *A selection of cases on the conflict of laws*. vol. III, Boston: The Boston Book Company, 1902, p. 501.

81. AUDIT, Bernard. «Le caractère fonctionnel de la règle de conflit: (sur la crise des conflits de lois)» *in Recueil des Cours de l´Académie de Droit International de la Haye*, vol. 186, 1984, pp. 219-397, em especial p. 363.

82. SYMEONIDES, Symeon C. *Choice of law*. New York: Oxford University Press, 2016, p. 56. SYMEONIDES, Symeon. "Material justice and conflicts justice in choice of law" *in* BORCHERS P.; ZEKOLL J. (eds). *International conflict of laws for the third millennium: Essays in honor of Friedrich k. Juenger*. New York: Transnational Publishers, 2001, pp. 125-140, em especial p. 126.

83. *In verbis:* "What most distinguished the 'objective' theory was its insistence upon establishing uniform and general rules of law with reference to which contracting parties would be required to shape their conduct. (...) For the paramount social condition that is necessary for legal formalism to flourish in a society is for

Esse cenário sofreu grandes modificações no final do século XIX e primeiras décadas do século XX. Em primeiro lugar, o sistema de normas de direito privado (contratos, responsabilidade civil, propriedade, entre outros) que havia sido erguido sob a convicção de existência de uma economia de mercado, baseada em agentes privados de mesmo peso agindo sem coordenação, passa a se confrontar com uma crescente organização de *entes interdependentes e assimétricos*, desconectando o direito privado da realidade social. Em segundo lugar, a rápida concentração de poder econômico (com a ascensão de medidas legais de intervenção econômica para a defesa da concorrência[84]) aliada à imigração, urbanização e industrialização geraram, como sustenta Horwitz, *níveis diferentes de luta social*. A nova realidade social chocou-se com a visão tradicional do juiz como "boca da lei" (*bouche de la loi)*, cujo papel seria, de modo imparcial, simplesmente descobrir e declarar o direito preexistente sem se ater às consequências reais de seu trabalho[85].

Em contrapartida ao formalismo, o *realismo jurídico* americano criticou essa abordagem mecânica de aplicação do direito, justificada no racionalismo científico e positivismo jurídico do século XIX. A crítica orbita em torno do questionamento do papel da interpretação no Direito[86], que, no formalismo, corresponde à atividade de extração do real alcance e sentido de um texto normativo, evitando-se a introdução de valores pessoais do intérprete ou finalidades estranhas ao texto[87]. Juenger, comentando essa abordagem tradicional no campo do direito internacional privado, vê o desejo de justificar a obtenção de resultado "intragável" (*unpalatable result*) como parte do preço a pagar pela existência de regras jurídicas formais, levando, consequentemente, ao adágio *dura lex, sed lex*[88].

---

the powerful groups in that society to have a great interest in disguising and suppressing the inevitably political and redistributive functions of law". HORWITZ, Morton. *The transformation of American Law* –1780-1860. Cambridge/Massachusetts e London/England: Havard University Press,1992, p. 263 e p. 266.

84. Sobre o tema da defesa da concorrência, ver FORGIONI, Paula. *Fundamentos do Antitrust*. São Paulo: Ed. RT, 1998.

85. HORWITZ, Morton J. *The transformation of American Law. 1870-1960: the crisis of legal orthodoxy*. New York: Oxford University Press, 1992, em especial p. 5-7.

86. Por interpretação no Direito, entende-se toda atividade intelectual que visa solucionar problemas jurídicos por meio da escolha dos textos normativos relevantes, com a atribuição de significados e consequente resolução da questão jurídica graças aos significados (parâmetros) escolhidos. PEREIRA, Jane Reis Gonçalves. *Interpretação constitucional e direitos fundamentais*. Rio de Janeiro: Renovar, 2006, p. 37.

87. Para Eros Grau, "[a] interpretação do direito é costumeiramente apresentada ou descrita como atividade de mera compreensão do significado das normas jurídicas". GRAU, Eros. *Ensaio e discurso sobre a interpretação/aplicação do direito*. 4. ed. São Paulo: Malheiros, 2006, p. 25.

88. JUENGER, Friedrich K. "Private international law or international private law?" *in The King's College Law Journal*, n. 5, 1994-1995, pp. 45-62, em especial p. 51.

Para os realistas jurídicos, diferentemente, a aplicação do direito envolve necessariamente escolhas de políticas públicas (*policy choices*)[89]. Essa percepção do direito o transforma em prática discursiva, indo além de um conteúdo previsto e delineado nos textos positivados, que, deixando de ser obras perfeitas e acabadas, se tornam ponto de partida e não ponto de chegada para o intérprete.

Ao analisar a doutrina norte-americana no pós 1ª Guerra Mundial, Zaremby observou a busca pelo resultado concreto e a atenção do direito para a realidade social[90]. No campo do direito internacional privado, Cook conclamou a mudança do foco para a prática judicial, questionando o enfoque abstrato dos formalistas e reclamando uma análise empírica do modo de escolha da lei e definição de jurisdição por parte dos julgadores[91].

Lorenzen, em 1924, introduziu a preocupação com a realização de justiça no território de um estado, considerando ser a missão básica de qualquer ordenamento, não podendo estar excluída do alcance do direito internacional privado. Conclui o autor, sustentando que o senso de justiça é tipicamente local, que duas perguntas devem ser feitas pelo julgador diante de um fato transnacional: (i) quais são as exigências da justiça em um caso concreto e (ii) qual é a política pública do foro dominante para o caso[92]. Sua crítica à aplicação das regras de conexão abstratas e definidas *a priori* parte do reconhecimento de um sacrifício de políticas públicas locais *sem ganho* evidente de uniformidade internacional, já que cada Estado acaba definindo suas leis de acordo com seus próprios interesses[93].

---

89. MILLS, Alex. "The identities of private international law: lessons from the U.S. and EU revolutions" *in Duke Journal of Comparative and International Law,* vol. 23, 2013, pp. 445-475, em especial p. 454.

90. *In verbis*: "The sacrifice of the abstract for the concrete was meant to make law more responsive to practical realities". ZAREMBY, Justin. *Legal realism and american law.* New York/London: Bloomsbury Publishing, 2014, p. 90.

91. *In verbis*: "As lawyers we are interested in knowing how certain officials of society – judges, legislators, and others – have behaved in the past, in order that we may make a prediction of their probable behavior in the future". Ver in COOK, Walter Wheeler, "The Logical and Legal Bases of the Conflict of Laws" *in Yale Law Journal*, vol. 33, 1924, pp. 457-488, em especial p. 475.

92. *In verbis*: "justice can be administered only in accordance with the sense of what is right existing in the community in which the court sits, the feelings of the local community cannot be disregarded altogether. The general problem is, therefore, always the same: What are the demands of justice in the particular situation; what is the controlling policy?". LORENZEN, Ernest G. "Territoriality, Public Policy and the Conflict of Laws" *in Yale Law Journal,* vol. 33, 1924, pp. 736-751, em especial p. 748.

93. *In verbis*: "Byaccepting some *a priori* theory for the solution of the Conflict of Laws, a state is obliged to make a similar sacrifice of its local policies without gaining a corresponding benefit from greater international uniformity, for all a *priori* views, whether based upon some theory concerning the binding nature of international law or upon some theory concerning the territoriality of law, express only the theory which the particular writer has in mind". LORENZEN, Ernest G. "Territoriality, Public Policy and the Conflict of Laws" *in Yale Law Journal,* vol. 33, 1924, pp. 736-751, em especial p. 751.

Nessa linha, Heilman também adicionou, como objetivo do direito internacional privado, a consideração, na maior extensão possível, dos *efeitos sociais e econômicos* do emprego de determinada regra de conexão sobre a comunidade interessada[94].

Em 1933, Cavers retomou a crítica ao formalismo, expondo a necessidade do julgador, em casos envolvendo fatos transnacionais, escolher a lei que gere a solução mais justa para o caso (*just decision*)[95]. Quanto à preservação da segurança e uniformidade pretensamente geradas pela abordagem formalista tradicional, apontou que o uso mecânico das regras de conexão gerava decisões díspares quando a jurisdição escolhida fosse distinta[96]. Ficava já evidente, dada as diferenças entre as regras de conexão, a ausência da pretendida uniformidade prometida pelo método clássico, já que mesmo se a regra de conexão fosse idêntica, o tribunal local poderia não aplicar a lei estrangeira alegando respeito à ordem pública do foro. Assim, a proliferação de *regras mecânicas com uso de brocardos latinos* deveria, para o autor, ser superada pela análise dos valores envolvidos no caso para a obtenção da solução mais justa[97].

No limite, Cavers resumiu seu ataque ao método clássico afirmando que a aplicação das normas jurídicas com regras mecânicas levaria os juízes a buscar o direito de olhos vendados (*blindfold test*)[98]. Posteriormente, para o julgador não ficar totalmente livre na busca da solução justa, o autor desenvolveu princípios de preferência (*principles of preference*) que servem como "guias de decisão" para os juízes[99].

94. HEILMAN, Raymond J."Judicial Method and Economic Objectives in Conflict of Laws" *in Yale Law Journal*, vol. 43, 1934, pp. 1082-1108, em especial p. 1107.

95. *In verbis*:"there has come a recognition that considerations of justice and social expediency should be, and in many cases have been, the dominant determinants of problems in this field". CAVERS, David F.,"A Critique of the Choice-of-Law Problem" *in Harvard Law Review*, vol. 47,1933, pp. 173-208, em especial p. 178.

96. *In verbis*:"What consequence the adoption of either rule will have in a given case will depend not on the rule but on the domestic law of the jurisdiction thereby selected. Until a specific case is considered in which the rules work different results, any estimate of their operation must in a large measure be conjectural." CAVERS, David F."A Critique of the Choice-of-Law Problem" *in Harvard Law Review*, vol. 47,1933, pp. 173-208, em especial p. 200.

97. Os brocardos latinos usualmente utilizados nos manuais de direito internacional privado foram criticados ironicamente por Cavers. *In verbis:* "Rules proliferated, each fashionably tagged with its appropriate Latin phrase. *Lex loci contractus, lex loci solutionis, lex rei sitae, locus regit actum, mobilia sequuntur personam*, – each phrase bears testimony to our common law judges' dalliance with civilian doctrine". CAVERS, David F. "A Critique of the Choice-of-Law Problem" *in Harvard Law Review*, vol. 47,1933, pp. 173-208, em especial p. 177.

98. *In verbis:* "Now, however pragmatic the considerations may be which move the court in its determination of the rule for choice of law, the fact remains that as to this case, and all subsequent cases in which that rule will be involved, the court is employing the divining rod, or, to use a more modern metaphor to symbolize fortuitous selection, it is engaging in a blindfold test". CAVERS, David F., "A Critique of the Choice-of-Law Problem" *in Harvard Law Review*, vol. 47,1933, pp. 173-208, p. 180.

99. CAVERS David F. "Contemporary conflicts law in American perspective" *in Recueil de Cours de l´Académie de Droit International de La Haye*, vol. 131, 1970, pp. 75-308, em especial p. 151.

A busca da "decisão justa" no direito internacional privado também está presente na teoria da análise dos interesses governamentais de Currie. Diferentemente de Cavers, que manteve o método multilateral clássico desde que observado os seus princípios de preferência, Currie defendeu o *método unilateral* ao afirmar que a escolha da lei é determinada pela análise dos interesses governamentais envolvidos em determinada situação, de modo que, havendo interesse do foro envolvido, os juízes não devem sopesá-los em concurso com interesses de foro estrangeiro, mas devem simplesmente aplicar a própria lei[100].

Por sua vez, Kay apresenta diversos precedentes judiciais norte-americanos a favor da identificação do "centro de gravidade" de determinada situação transnacional sem observância das regras de conflito tradicionais, buscando decisão justa não assegurada pelas regras de conexão tradicionais[101].

Outra variação apresentada pela doutrina e pela jurisprudência norte-americanas para um direito internacional privado preocupado com o resultado material foi a adoção da teoria do *most significant relationship*, consagrado no *Restatement Second*[102]. Para Symeonides, a fórmula tem semelhança com a busca da sede da relação jurídica de Savigny, sem sua rigidez, diferenciando-se, ainda, da teoria do centro de gravidade porque a relação mais significativa é condicionada aos princípios gerais da escolha da lei, que leva em consideração dados situados fora do fato transnacional, como, por exemplo, as políticas públicas dos estados envolvidos[103].

---

100. Para Currie: "The sensible and clearly constitutional thing for any court to do, confronted with a true conflict of interests, is to apply its own law. In this way it can be sure at least that it is consistently advancing the policy of its own state. It should apply its own law (...)" CURRIE, Brainerd. *Selected essays on the conflict of laws*. Durham: Duke University Press, 1963, p. 119. EHRENZWEIG, Albert A. "Counter-Revolution in Conflicts Law – from Beale to Cavers" *in Harvard Law Review*, vol. 80, 1966, pp. 377-401, em especial p. 388.

101. *In verbis*: "the center of gravity or grouping of contacts theory lacks identifiable content. The flexibility it provided that seemed so attractive by comparison to the rigidity of the traditional approach also left it open to manipulation". KAY, Herma Hill. "Theory into Practice: Choice of Law in the Courts" *in Mercer Law Review*, vol. 34, 1983, pp. 521-592, em especial p. 536.

102. Ver *Restatement* of the Law Second Conflict of Laws 2d Chapter 7. Wrongs Topic 1. Torts Title A. *In verbis*: "145. The general principle (1) The rights and liabilities of the parties with respect to an issue in tort are determined by the local law of the state which, with respect to that issue, has the most significant relationship to the occurrence and the parties under the principles stated in § 6. (2) Contacts to be taken into account in applying the principles of Section 6 to determine the law applicable to an issue include: (a) the place where the injury occurred, (b) the place where the conduct causing the injury occurred, (c) the domicil, residence, nationality, place of incorporation and place of business of the parties, and (d) the place where the relationship, if any, between the parties is centered. These contacts are to be evaluated according to their relative importance with respect to the particular issue". Ver mais MEHREN, Arthur Taylor von. "Choice-Of-Law Methodology" *in Cornell Law Review*, vol. 60, 1975, pp. 927-968, em especial p. 963-964.

103. SYMEONIDES, Symeon C. *Choice of law*. New York: Oxford University Press, 2016, p. 112-113.

Para Ehrenzweig, a fórmula do *most significant relationship* é um instrumento para levar concretude das considerações de justiça a um caso específico, cabendo o alerta em relação à possibilidade de escolhas arbitrárias, caso seja utilizada regra de conexão *abstrata e aberta* para a escolha da lei[104].

A insatisfação com a falta de consideração dos resultados materiais da escolha da lei chegou ao seu ápice com a proposta de Leflar, nos anos 1960. O autor defendeu a supremacia da justiça material no DIPr por intermédio da escolha da melhor lei (*better law*) para regular a situação transnacional[105], propondo *cinco* parâmetros para guiar a escolha da lei por parte do julgador, entre os quais a adoção da "melhor lei" para regular os conflitos de interesse no caso concreto[106].

McDougal defendeu a busca da justiça material por meio da liberdade dos tribunais na escolha - sem limites predeterminados - da lei que melhor promove, a longo prazo, os interesses comuns. Ilustra seu posicionamento afirmando que, na discussão sobre o pagamento de indenização punitiva pela reprovabilidade de certas condutas (*punitive damages*), deve-se realizar a identificação de todos os interesses envolvidos, que podem ir além do das partes no litígio, tal qual ocorre com acidentes aéreos, em que essa indenização pode gerar risco de sobrevivência da empresa envolvida no acidente e, consequentemente, o desemprego de seus funcionários. Assim, defende que os interesses abarquem: (i) o Estado de residência do autor da ação; (ii) o Estado de residência do réu; (iii) o Estado no qual o dano ocorreu; e (iv) o Estado do foro, podendo, ainda, existir coincidência entre eles. Ainda, adota parâmetros de preferência, como a reparação integral dos danos, e sustenta a possibilidade de se acomodar os interesses eventualmente em conflito, sugerindo, por exemplo, que a ausência de punição criminal aos envolvidos direcione os tribunais a conceder maior indenização punitiva[107].

---

104. EHRENZWEIG, Albert A. "The Most "Significant Relationship" in the Conflicts Law of Torts–Law and Reason Versus the Restatement Second" *in Law and Contemporary Problems*, vol. 28, 1963, pp. 700-705, em especial p. 705. Ver também EHRENZWEIG, Albert A."Counter-Revolution in Conflicts Law - from Beale to Cavers" *in Harvard Law Review*, vol. 80, 1966, pp. 377-401, em especial p. 388.

105. LEFLAR, Robert A."Choice-Influencing Considerations in Conflicts Law" *in New York University Law Review*, vol. 41, 1966, pp. 267-327. LEFLAR, Robert A. "Conflicts of Law: More on Choice Influencing Considerations" *in California Law Review*, vol. 54, 1966, pp. 1584-1598.

106. Em síntese, os cinco parâmetros ("choice-influenting considerations") são: 1) previsibilidade dos resultados; 2) manutenção da ordem internacional e interestadual; 3) simplificação da tarefa judicial; 4) cumprimento dos interesses governamentais do foro e 5) aplicação da melhor lei ao caso concreto. Para o autor, não há prioridade ou hierarquia entre os parâmetros. LEFLAR, Robert A. "Conflicts of Law: More on Choice Influencing Considerations" *in California Law Review*, vol. 54, 1966, pp. 1584-1598, em especial p. 1586-1588.

107. *In verbis:* "The policy that best promotes net-aggregate, long-term common interests, and is the best rule of law, is the imposition of punitive damages on individuals who engage in aggravated misconduct

Contudo, o uso da escolha da melhor lei flerta com a arbitrariedade judicial e pode resultar em tratamento, *de facto*, preferencial da lei do foro, na ausência de uma hierarquia de valores reconhecidos no próprio direito internacional privado[108].

Nessa linha, Kegel sustentou que ainda que uma lei forneça a solução mais justa (*the most just solution*), sua aplicação pode *perpetrar injustiça*, se a lei não representar a melhor lei do ponto de vista espacial, oferecendo segurança e previsibilidade não somente para os envolvidos no caso concreto, mas para todos os que potencialmente podem vir a se envolver em situações transnacionais[109].

A discussão da solução justa e dos modos de sua realização no direito internacional privado é também percebida no desenvolvimento da disciplina na Europa Ocidental, no século XX. Pillet é tido como um dos críticos do método tradicional, ao expor sua teoria do menor sacrifício (*moindre sacrifice*), na qual pressupõe que o concurso de leis demanda a escolha da lei que gera o menor sacrifício aos interesses dos estados envolvidos[110]. Juenger[111] e Eek[112] consideram ser a abordagem de Pillet precursora da teoria da análise dos interesses governamentais de Currie.

Já Loussouarn questiona a visão tradicional de que as regras de conflito são regras indicativas, mecânicas e, consequentemente neutras em relação aos interesses divergentes envolvidos no caso concreto, resultando em um direito internacional privado "desencarnado" (*désincarné*) e distante da realidade

---

and who are not adequately punished by the criminal law process". MCDOUGAL, Luther L. III. "Toward the Application of the Best Rule of Law in Choice of Law Cases" *in Mercer Law Review*, vol. 35, 1984, pp. 483-534, em especial p. 532.

108. Para González Campos: «il est à craindre qu'à défaut d'une hiérarchie de valeurs reconnue sur le plan international le choix de la «meilleure loi» risque de s'inspirer des considérations tirées du droit national». GONZÁLEZ CAMPOS, Julio D. «Diversification, spécialisation, flexibilisation et matérialisation des règles de droit international privé» *in Recueil des Cours de l´Académie de Droit International de la Haye*, vol. 287, 2000, pp. 9-426, em especial p. 344. Ver também BOGDAN, Michael. «Private International Law as Component of the Law of the Forum: General Course on Private International Law» *in Recueil des Cours de l´Académie de Droit International de la Haye*, vol. 348, 2010, pp. 9-252, em especial p. 82.

109. *In verbis:* "Law affects not only those who consciously obey it and those who consciously break it. It exercises an imperceptible influence in a thousand indefinable ways by promoting an unconscious aceptance of legality and legal order. It could therefore be unjust to judge an individual according to a legal system other than his own, even where the foreign system claims to be 'substantively" more just." KEGEL, Gerhard. "The crisis of conflict of laws" *in Recueil des Cours de l´Académie International de la Haye*, vol. 112, 1964, pp. 91-268, em especial p. 184.

110. PILLET, Antoine. «Théorie continentale des conflits de lois» *in Recueil des Cours de l´Académie de Droit International de la Haye*, vol. 2, 1924, pp. 447-495, em especial p. 466-471.

111. JUENGER, Friedrich K. *Choice of Law and Multistate Justice*. Dordrecht, Boston, London: Martinus Nijhoff Publishers, 1993, em especial p. 132.

112. EEK, Hilding. «Peremptory norms and private international law» *in Recueil des Cours de l´Académie de Droit International de la Haye*, vol. 139, 1973, pp. 1-74, em especial p. 66.

social. Para o autor, a penetração dos valores sociais na regra de conflito ocorre em várias situações, como na aceitação de regras de conflito de caráter substancial. A neutralidade tradicional persiste, agora com exceções[113].

Chega-se, assim, a um *colorido material* das regras de conflito, que passam a ser um instrumento de combate ou apoio a determinado comportamento social. A pretensa neutralidade é abandonada, introjetando a defesa de determinado direito na disciplina. A utilização das regras de conflito de conexão múltiplas (de conteúdo funcional) aparece, em diversos tratados e codificações nacionais de direito internacional privado, assumindo a defesa de um determinado resultado material, determinante para a escolha da lei.

Symeonides destaca *três resultados materiais principais* almejados pelo uso das regras de conexão múltiplas: o favorecimento da validade formal ou substancial de um ato jurídico, valorizando a liberdade das partes e o direito à segurança jurídica; o favorecimento de determinado estatuto pessoal, privilegiando direitos de personalidade, como ocorre em casos de dissolução de matrimônio e reconhecimento de filiação; o favorecimento de determinada parte, que a ordem jurídica entende merecer proteção adicional, como o consumidor, o credor de alimentos e a criança[114].

Outra afirmação da justiça material no direito internacional privado, especialmente na Europa, foi feita com a adoção do princípio da proximidade. Embora possa estar aparentemente vinculado à justiça conflitual, na medida em que seria próximo da teoria do centro ou sede da relação jurídica de Savigny, o conceito do princípio da proximidade é indeterminado para permitir a avaliação de justiça material na determinação da lei de regência da situação transnacional. Audit conclui que o princípio da proximidade serve tanto para corrigir uma regra de conexão inadequada quanto para servir de veículo para uma decisão que considera o resultado material da situação transnacional. Todavia, ressalva o próprio autor que o uso do princípio da proximidade ganha em justiça, mas perde em previsibilidade[115].

A justiça material passa, portanto, a ser também um objetivo da matéria, contradizendo a visão de que o direito internacional privado é uma

113. LOUSSOUARN, Yvon. «La règle de conflit est-elle une règle neutre?» *in Droit international privé: travaux du Comité français de droit international privé*, 3e année, tome 2, 1980-1981, pp. 43-68, em especial p. 60.

114. SYMEONIDES, Symeon. "Material justice and conflicts justice in choice of law" *in* BORCHERS P.; ZEKOLL J. (eds). *International conflict of laws for the third millennium: Essays in honor of Friedrich k. Juenger*. New York: Transnational Publishers, 2001, pp. 125-140, em especial p. 128.

115. AUDIT, Bernard. «Le droit international privé en quête d'universalité – Cours général» *in Recueil des Cours de l'Académie de Droit International de la Haye*, vol. 305, 2003, pp. 9-487, em especial p. 331 e 334.

disciplina despida de valores[116], o que exige o estudo do *convívio entre a justiça formal e a justiça material* no DIPr da atualidade.

4.4. A JUSTIÇA E O MITO DA HOMOGENEIDADE NO DIREITO INTERNACIONAL PRIVADO

Comparando as transformações entre os objetivos do direito internacional privado do século XIX e do século XX, De Boer põe em evidência o contraste entre o internacionalismo (doutrinário) do século XIX, que enfatizava a harmonia decisional e a coordenação entre os sistemas, e o realismo do século XX, que reclamava também por justiça no caso concreto[117].

A reflexão sobre a justiça no direto internacional privado espelha, portanto, a discussão sobre o impacto dos novos papéis do Estado na era contemporânea, com a influência dos direitos (reconhecidos no plano internacional e no ordenamento interno) sobre os rumos da disciplina, e com a substituição do eixo privatístico por uma prevalência de interesse públicos.

A ausência de consenso entre os estados sobre normas conflituais (implodida a ideia savigniana da existência de uma "comunidade jurídica dos povos") fez ruir o reconhecimento da *indiferença* entre a lei do foro e a lei estrangeira, bem como *impediu* a concretização da segurança jurídica e da previsibilidade.

Bucher, reconhecendo que a "comunidade jurídica dos povos" não mais existe, considera que a fidelidade ao sistema de Savigny é *artificial*[118]. De fato, as dimensões nacionais do direito internacional privado ainda existentes (em que pese a ampliação do número de tratados da temática) não assegura segurança jurídica e tampouco previsibilidade[119]. Consequen-

116. Como coloca Juenger, essa busca por resultados demonstra que a disciplina não é mais "value-free". JUENGER, Friedrich K. *Choice of Law and Multistate Justice*. Dordrecht, Boston, London: Martinus Nijhoff Publishers, 1993, em especial p. 185.

117. BOER, Th.M. de. "Facultative choice of law: the procedural status of choice-of-law rules and foreign law" *in Recueil des Cours de l´Académie de Droit International de la Haye*, vol. 257, 1996, pp. 223-427, em especial p. 419.

118. *In verbis*: «Lorsque l'on regarde de plus près, la fidelité au système de Savigny s'avere artificielle, fondée essentiellement sur la ressemblance structurelle, des régles de conflit de Savigny d'une part, et de celles de notre époque d'autre part. Pour justifier une parente dans les méthodes, il faudrait demontrer que le droit international privé d'aujourd'hui est encore attaché a l'idée que se faisait Savigny de la liberté et du rapport de droit, et qu'il s'inspire toujours de sa vision de la communauté de droit des États.» BUCHER, Andréas. «Vers l'adoption de la méthode des intérêts? Réflexions à la lumière des codifications récente» *in Droit international privé: travaux du Comité français de droit international privé*, 12e année, 1993-1995, 1996, pp. 209-237, em especial p. 211.

119. Loussouarn reconheceu a "fragilidade" do método de Savigny em virtude da inexistência da "comunidade jurídica dos povos". *In verbis*: «la neutralité de la règle de conflit se trouve également chez Savigny tempéré

temente, não se deduz a equivalência entre a lei do foro e a lei estrangeira, pois dependentes de qual direito internacional privado (com suas regras) apreciará a situação transnacional.

Não mais se sustenta o mito do direito internacional privado homogêneo que se dedica a reger as relações de uma sociedade internacional composta diretamente de indivíduos indistintos[120], sem considerar que os *interesses dos estados* na regulação dos fluxos e as assimetrias entre os próprios indivíduos exigem ação estatal para assegurar os direitos de todos os envolvidos no fato transnacional.

A pretensa "comunidade internacional de indivíduos", na expressão de Machado Villela[121] era, na realidade, um agrupamento de indivíduos (e pessoas jurídicas) cujos interesses eram atomizados e considerados como sendo simétricos e homogêneos.

Contudo, no final do século XIX, já ficou evidente que a *heterogeneidade* e as *diferenças econômicas* e *sociais* dos agentes privados na sociedade geravam interesses antagônicos e poderes privados díspares. Assim, o direito internacional privado é, na verdade, um direito internacional privado da heterogeneidade e maneja uma mescla de interesses. Expõe Bogdan, usando como exemplo o *Restatement Second*, que a disciplina possui vários parâmetros para a decisão a ser tomada diante de um fato transnacional, como as necessidades dos estados do foro e estrangeiros, a proteção das expectativas justificadas das partes e a segurança jurídica[122].

O estado, como assinala Moura Ramos, deixa de ser um ente limitado à garantia do respeito das regras mínimas de convivência comunitária e passa a ser instrumento de regulação dos conflitos de interesse e, finalmente, garantidor do bem comum. As relações transnacionais de direito privado passam a ter uma dimensão social, tal qual ocorre com o direito privado nacional[123].

par une prise de position subjective dont l'avenir devait révéler la fragilité; la croyance en l'existence d'une tendance historique vers une communauté de droit». LOUSSOUARN, Yvon. «La règle de conflit est-elle une règle neutre?» *in Droit international privé: travaux du Comité français de droit international privé*, 3e année, tome 2, 1980-1981, 1981, pp. 43-68, em especial p. 48.

120. Beviláqua denominava a sociedade internacional como aquela formada pela aproximação dos indivíduos. BEVILÁQUA, Clóvis. *Princípios Elementaresde Direito Internacional Privado*. 1ª edição, Salvador: Livraria Magalhães, 1906, p. 60. Jitta aponta a existência de uma sociedade jurídica que abarca todo o gênero humano. JITTA, J. *Método de derecho internacional privado*. Trad. de J.F. Prida. Madrid: La España Moderna, 1911, p. 230.

121. MACHADO VILLELA, Álvaro da Costa. *Tratado Elementar (teórico e prático) de Direito Internacional Privado*. Vol. I, Coimbra: Coimbra Editora, 1921, p. 14.

122. BOGDAN, Michael. "Private International Law as Component of the Law of the Forum: General Course on Private International Law" *in Recueil des Cours de l´Académie de Droit International de la Haye*, vol. 348, 2010, pp. 9-252, em especial p. 68-69.

123. RAMOS, Rui Manuel Gens de Moura. *Da lei aplicável ao contrato de trabalho internacional*. Coimbra: Almedina, 1990, p. 236.

A dimensão social do direito internacional privado não leva ao abandono puro e simples do método indireto, que não exclui da sua concepção a possibilidade de adição de outros valores (além da segurança jurídica) como se viu na análise do método indireto com conexões múltiplas de conteúdo valorativo. A justiça substancial resta também atendida na medida em que determinado resultado é perseguido pelo aplicador da regra de conexão alternativa, cumulativa ou subsidiária. Trata-se de localizar a lei ou definir a jurisdição considerando os direitos direta ou indiretamente relacionados com os envolvidos no fato transnacional, mantendo-se a mecânica do método indireto[124].

A principal consequência da afirmação da heterogeneidade do direito internacional privado não foi, portanto, o abandono do método conflitual engendrado por Savigny, mas a consagração de uma *pluralidade de métodos* como característica da disciplina, para assegurar, além da segurança jurídica e harmonia decisional, os resultados materiais pretendidos para solucionar a situação transnacional.

As diferenças de resultado já estavam, ao menos parcialmente, previstas pelo método clássico, caso fosse utilizada a cláusula de exceção de ordem pública *a posteriori*, para vedar o uso da lei ou sentença estrangeira ofensivas aos valores essenciais do foro, favorecendo os resultados obtidos pela incidência da lei do foro. Nesse sentido, Bucher chama atenção para a incoerência do método tradicional, ao recusar a influência de direitos materiais divergentes sobre a regra de conexão ao mesmo tempo em que utiliza a cláusula de ordem pública[125].

Assim, o direito internacional privado da heterogeneidade não fica mais refém da excepcional utilização da cláusula de ordem pública, pois, em face da "dupla ausência" (da comunidade jurídica dos povos e do consenso entre os estados na elaboração de suas respectivas normas da disciplina), as *divergências são regra* e não mais exceção. Assim, a tensão entre a justiça formal e a justiça material não ocasiona a mera adição de novos valores e direitos, mas especialmente resulta na ampliação dos mecanismos e dos critérios para obter o resultado material no direito internacional privado.

124. Para Symeonides: "On the other hand, the selective, targeted use of result-oriented rules in choice-of-law legislation offers the best hope for an appropriate equilibrium between the established view of conflicts justice and the re-emerging view of material justice". SYMEONIDES, Symeon C. "The American Choice-of-law revolution in the courts: today and tomorrow" *in Recueil des Cours de l´Académie International de la Haye*, vol. 298, 2002, pp. 25-448, p. 405.

125. BUCHER, Andreas. "La dimension sociale du droit international privé: cours general" *in Recueil des Cours de l´Académie de Droit International de La Haye*, vol. 341, 2009, pp. 9-526, em especial p. 79.

O impacto da pluralidade de métodos e objetivos que caracteriza a heterogeneidade do direito internacional privado da atualidade suscita dúvida: se admite um conceito único de justiça que consagra a prevalência de determinado direito ou reconhece-se uma pluralidade de considerações de justiça, a depender dos ordenamentos jurídicos envolvidos? A segunda opção é inaceitável na medida em que descaracteriza o conceito de justiça ao considerar adequada qualquer solução de regência da situação transnacional, incluindo as mais díspares. Já a primeira opção (a busca de uma regulação adequada, a partir de um conceito único de justiça), exige que sejam dados parâmetros consistentes para o intérprete obter tal resultado justo.

Nesse sentido, Lalive critica o potencial uso arbitrário da busca de justiça material no direito internacional privado, asseverando que a designação do direito aplicável a partir da pesquisa de um resultado materialmente justo exige que se tenha um parâmetro de aferição[126]. Audit sugere que o uso da justiça material no direito internacional privado gera *dois fenômenos:* (i) a individualização da disciplina, que passa a se preocupar com a justiça no caso concreto, em contrapartida a visão sistemática da justiça conflitual, que busca somente a localização espacial de determinada situação; e (ii) a adoção de uma superioridade de valores, pois uma visão de justiça se sobrepõe a outra, ao contrário da justiça conflitual, que acata a igualdade entre os ordenamentos[127].

Destarte, a realização da ideia de justiça supõe a escolha de um critério valorativo a respeito da normatização da conduta dos envolvidos nos fatos transnacionais. Como, por definição, existem vários ordenamentos envolvidos, os critérios variam, sendo necessário que a *escolha do critério seja previsível* e que cumpra a adequada *ponderação* entre os direitos envolvidos, à luz das comunidades envolvidas.

Além disso, a concretização da justiça no direito internacional privado exige a *ponderação entre os diversos direitos* potencialmente em conflito. Hay, ao tratar da flexibilidade de métodos na escolha da lei na área dos contratos internacionais, expõe a dificuldade de conciliar, de um lado, a segurança jurídica e a expectativa de uma parte contratual, e, de outro, a proteção de direitos envolvendo uma parte fraca (*weaker party*)[128]. Vrellis também

126. LALIVE, Pierre. «Tendances et méthodes en droit international privé: cours général» *in Recueil des Cours de l´Académie de Droit International de la Haye*, vol. 155, 1977, pp. 3-424, em especial p. 365.

127. O autor usa o termo «privatisation», para designar a pesquisa pela justiça no caso. AUDIT, Bernard. «Le droit international privé en quête d'universalité – Cours général» *in Recueil des Cours de l´Académie de Droit International de la Haye*, vol. 305, 2003, pp. 9-487, em especial p. 342.

128. HAY, Peter. «Flexibility versus predictability and uniformity in choice of law: reflections on current European and United States conflicts law» *in Recueil des Cours de l´Académie de Droit International de la Haye*, vol. 226, 1991, pp. 282-412, em especial p. 396.

salienta, em tom otimista, que é uma tarefa nobre do juiz preocupar-se com os diversos interesses envolvidos em um fato transnacional, como a proteção da parte fraca, a igualdade dos envolvidos, o respeito à vontade das partes e suas identidades particulares. Em síntese, salienta o autor, que deve ser protegida a dignidade dos envolvidos como seres humanos[129].

A obtenção de justiça no direito internacional privado da heterogeneidade vista acima é feita em um ambiente no qual impera a sua característica básica: a diversidade normativa e jurisdicional. Emerge, assim, o desafio de escolher os parâmetros para avaliar (i) a melhor regulamentação material (o resultado justo) e (ii) as prevalências e compressões de direitos dos envolvidos no fato transnacional.

O direito internacional privado da heterogeneidade exige *harmonia* de soluções e, ao mesmo tempo, a melhor regulamentação material possível de todas as relações transnacionais[130]. A harmonia de soluções pressupõe a adoção de um critério de justiça entre os diversos ordenamentos envolvidos, com divergências culturais evidentes[131], que leve em consideração os direitos dos envolvidos. Como salienta Dolinger, "não há direito – que em sua essência visa garantir a justiça, como formulado por Ulpiano – sem a tolerância pelo outro e sem o respeito pelo que é do outro, não há vida individual em paz com o universo, como formulado por Kelsen, sem a compreensão pelas necessidades do coletivo e de cada membro da coletividade (...)"[132].

Supera-se a dicotomia da "justiça conflitual" e "justiça material" mediante o reconhecimento da unidade do conceito de justiça, que aceita divergência, mas também exige que sejam apontados *os modos de concretização dos objetivos díspares* que o direito internacional privado da atualidade abarca.

---

129. *In verbis:* «C'est encore la tâche noble du juge d'offrir ainsi une contribution fondamentale à l'entente des peuples dans la solution des petits problèmes de tous les jours. Les attentes légitimes et raisonnables des parties, la protection de la partie faible, l'égalité des personnes impliquées, le respect de leur volonté, de leur identité particulière, bref de leur dignité en tant qu'êtres humains, devront être ses préoccupations primaires.» VRELLIS, Spyridon. «Conflit ou coordination de valeurs en droit international privé a la recherche de la justice» *in Recueil des Cours de l´Académie de Droit International de la Haye*, vol. 328, 2007, pp. 175-486, em especial p. 466.

130. BUCHER, Andreas. "La dimension sociale du droit international privé: cours general", *Recueil des Cours de l´Académie de Droit International de La Haye*, vol. 341, 2009, pp. 9-526, p. 92-93.

131. GANNAGÉ, Léna. «Les méthodes du droit international privé à l'épreuve des conflits de cultures» *in Recueil des Cours de l´Académie de Droit International de la Haye*, vol. 357, 2011, pp. 223-490, em especial p. 324.

132. DOLINGER, Jacob. "Dignidade: o mais antigo valor da humanidade. Os mitos em torno da declaração universal dos direitos do homem e da constituição brasileira de 1988. As ilusões do pós-modernismo/ póspositivismo. A visão judaica" *in Revista do Direito Constitucional e Internacional*. vol. 70, 2010, pp. 24-90, em especial p. 86-87.

CAPÍTULO

5

O DIREITO INTERNACIONAL PRIVADO DA HETEROGENEIDADE

O direito internacional privado atual é marcado pela heterogeneidade. As novas demandas sociais consagraram a pluralidade de métodos, fontes e objetivos da disciplina, que busca a proteção de direitos dos envolvidos nos fatos transnacionais.

Essa heterogeneidade substituiu a pretensa *homogeneidade* do paradigma clássico conflitual da disciplina, que, por meio do esforço localizador do direito aplicável e da pretendida neutralidade, evitava tratar de interesses divergentes, considerando a disciplina distante dos resultados materiais e da regulação final do fato transnacional.

O acúmulo de métodos, fontes e objetivos mostra a complexidade e a riqueza atual do direito internacional privado da heterogeneidade, mas também expõe o desafio de desenvolver institutos que forneçam o modo pelo qual será articulada a pluralidade, para a disciplina não se perder em um conjunto de normas isoladas, cada qual buscando um resultado.

De fato, como aponta Mehren, não há um "único" método que assegure a realização de justiça no direito internacional privado, devendo ser analisada a forma pela qual interesses *divergentes* devem ser tratados[1].

O pluralismo de métodos pressupõe diferenças nos seus resultados, existindo óbvia distinção entre a localização neutra de uma lei (por ser indiferente ao resultado) com base em regras de conexão abstratas e

1. MEHREN, Arthur Taylor von. "Choice of Law and the Problem of Justice", *Law and Contemporary Problems*, vol. 41, 1977, pp. 27-43, em especial p. 34 e 43.

definidas *a priori* e a sua indicação com base nos vínculos mais estreitos (considerando que o ponto de conexão pode ter sido acidental), ou, ainda, com base em resultados materiais.

Se, de um lado, o direito internacional privado da heterogeneidade atualizou-se e atendeu as novas demandas sociais, de outro assumiu o desafio de dar nova coerência sistêmica à disciplina, substituindo a antiga coerência que era, ao menos, a pretensão da homogeneidade do método indireto tradicional.

Na Parte II, será vista a reação inicial do direito internacional privado da heterogeneidade em face desse desafio. Serão estudadas as múltiplas formas de defesa dos interesses relacionados à justiça no direito internacional privado – princípio do favorecimento, ordem pública, normas imperativas (*lois de police*) e a promoção dos direitos constitucionais no direito internacional privado – que, em seu conjunto, formam um mosaico de institutos que busca a defesa de direitos e a prevalência de determinados valores.

PARTE II

O DIREITO INTERNACIONAL PRIVADO E A CONSTRUÇÃO DO MOSAICO

CAPÍTULO

1

OS INSTITUTOS DE PROMOÇÃO DE DIREITOS E A HIERARQUIA DE VALORES NO DIREITO INTERNACIONAL PRIVADO

A busca pela justiça material no direito internacional privado no século XX e XXI gerou a introdução de objetivos relacionados diretamente à promoção de novos direitos, distintos dos direitos promovidos, de modo explícito, pelo direito internacional privado clássico (conflitual ou tradicional).

O direito internacional privado tradicional desenvolveu-se a partir do pilar da igualdade entre o ordenamento do foro e os ordenamentos estrangeiros vinculados aos fatos transnacionais. A promoção do direito à segurança jurídica prevalecia, evitando o choque entre direitos da mesma espécie ou de espécies distintas defendidos, de modo diferenciado, pelos ordenamentos envolvidos. A defesa de direitos era promovida, no máximo, sob a ótica do foro, pela cláusula da ordem pública. O conflito de direitos e suas soluções eram temas de direito interno, que não afetavam o método conflitual, indiferente (e neutro) em relação aos valores divergentes encontrados nos resultados finais dados à situação transnacional.

Assim, o conflito entre direitos e a eventual construção de uma hierarquia de valores eram temas alheios aos segmentos tradicionais da disciplina (escolha do direito, definição de jurisdição e cooperação jurídica internacional nas relações transnacionais privadas). A peculiaridade da neutralidade do direito internacional privado tradicional impedia a inserção de uma hierarquia nos institutos da disciplina.

Nesse sentido, Maury critica a tentativa de questionar as regras de conexão com base na hierarquia de normas, o que não teria racionalidade e apoio normativo[1]. A igualdade entre direito estrangeiro e direito nacional, característica da disciplina no método tradicional, impediria que fosse assumida a supremacia de determinada regra (oriunda do ordenamento do foro ou estrangeira). Faltava fundamento no método tradicional do DIPr para justificar, salvo violação da ordem pública, a hierarquia de normas de um ordenamento em relação a outro, diferentemente do que ocorre no caso de conflito aparente no direito interno, com a prevalência hierárquica, por exemplo, da norma constitucional sobre a norma legal[2].

A introdução da hierarquia de normas destruiria os pilares da igualdade e neutralidade do método conflitual, abalando a unidade e coesão da disciplina, que deixaria de ser *direito indicativo* (ou remissivo) coerente, para servir, de modo assistemático e fragmentado, à prevalência de determinado direito (previsto no ordenamento do foro ou ordenamento estrangeiro). Gannagé aponta outro risco: a adição de direitos oriundos de ramos jurídicos estranhos ao direito internacional privado, em um ambiente de multiplicação de fontes da matéria, poderia esvaziar a especificidade da disciplina[3].

O *temor* da introdução de um escalonamento hierárquico nas normas de direito internacional privado tem origem ainda na fase estatutária da disciplina, quando a regência do fato transnacional foi tida como fruto de um verdadeiro "conflito de soberanias", delimitando as competências legislativas entre dois estados[4]. Assim, não se tratava de impor, hierarquicamente, uma norma sobre a outra, mas estabelecer um modo de convivência entre os diversos ordenamentos jurídicos, com fundamento na cortesia internacional e em normas do direito internacional público[5]. Conforme anota Trias de Bes, sendo cada *soberania independente*, não haveria razão para *subordinar* uma a outra[6].

---

1. MAURY, Jacques. «Règles générales des conflits de lois» *in Recueil des Cours de l'Académie de Droit International de La Haye*, vol. 57, 1936, pp. 325-570, p. 481 e 542.
2. Sobre a supremacia da Constituição e seus efeitos, ver BARROSO, Luis Roberto. *O Direito Constitucional e a efetividade de suas normas*. Limites e possibilidades da Constituição brasileira. 3ª ed., Rio de Janeiro: Renovar, 1996. RAMOS, Elival da Silva. *Controle de Constitucionalidade No Brasil – Perspectivas de Evolução*. São Paulo: Saraiva, 2010.
3. GANNAGÉ, Léna. *La hiérarchie des normes et les méthodes du droit international privé: étude de droit international privé de la famille*. Paris: LGDJ, 2001, p. 340.
4. BONNICHON, André. «La notion de conflit de souverainetés dans la science des conflits de lois» *in Revue critique de Droit International Privé*, vol. 38, 1949, pp. 615-635, em especial p. 615.
5. PILLET, Antoine. *Principes de Droit International Privé*. Paris: Pedone/Allier Frères, 1903, em especial p. 53-57. MAURY, Jacques. «Règles générales des conflits de lois» *in Recueil des Cours de l'Académie de Droit International de La Haye*, vol. 57, 1936, pp. 325-570, especial p. 356.
6. TRIAS DE BES, J. M. «Règles générales des conflits de lois» *in Recueil des Cours de l´Académie de Droit International de la Haye*, vol. 62, 1937, p. 1-93, em especial p. 77.

A noção de "conflito de soberanias" no DIPr revela, na realidade, choque eventual de interesses e não propriamente de vontades de soberanias estatais. Por exemplo, explica Bonnichon que um Estado de *emigrantes* tem interesse de utilizar a "lei da nacionalidade" para reger o estatuto pessoal, enquanto um Estado que recebe *imigrantes* pode desejar adotar a lei do domicílio, para integrar os estrangeiros rapidamente à sociedade local. Assim, a expressão "conflito de soberanias" revela uma delimitação de competências[7]. Nesse enfoque, há, de um lado, o reconhecimento da existência de vários ordenamentos jurídicos estatais, ou seja, a assunção da diversidade normativa e, de outro, impossibilidade de hierarquia, sob pena de ofensa da soberania dos entes estatais envolvidos.

Outra abordagem do direito internacional privado exige, à luz dos interesses particulares protegidos, a localização do centro ou sede da relação jurídica. Busca-se solução uniforme ao fato transnacional, uma vez que o centro ou sede da relação jurídica permanece imutável independentemente da jurisdição em que for apreciado. Contudo, a pretensão de uma regra de conexão consensual entre os estados para determinado fato transnacional, baseada no universalismo doutrinário de Savigny e em tratados internacionais sobre a disciplina, não impediu o crescimento das dimensões nacionais de direito internacional privado, cada qual com suas próprias opções de localização do centro da relação jurídica transnacional. A pretensão de ausência de uma hierarquia de normas baseada no consenso de uma "comunidade jurídica das nações" do modelo savigniano tampouco prosperou[8].

Batiffol, ao abordar os aspectos filosóficos da disciplina, buscou a *coerência interna* de suas normas com base em seus objetivos gerais, reconhecendo que, diferentemente do direito interno (que incide diretamente sobre os fatos), o direito internacional privado incidiria sobre as regras de direito. Porém, o autor não exclui a busca pela justiça como forma de interpretação e ajuste da incidência das regras de conflito sobre determinado fato, mostrando que, na ausência de hierarquia, deve existir aceitação de supremacia de valor (no caso, a justiça)[9].

7. BONNICHON, André, «La notion de conflit de souverainetés dans la science des conflits de lois» *in Revue critique de Droit International Privé*, vol. 39, 1950, pp. 11-32, em especial p. 21.

8. BUCHER, Andréas. «Vers l'adoption de la méthode des intérêts? Réflexions à la lumière des codifications récentes» *in Droit international privé: travaux du Comité français de droit international privé*, 12e année, 1993-1995, 1996, pp. 209-237, em especial p. 212.

9. Conclui Batiffol: «Il paraît donc difficile au juriste de récuser l´idée que la formation des lois em système est l´expression de réalités ontologiques décelée para l´analyse». BATIFFOL, Henri. *Aspects philosophiques du Droit International Privé.* Paris: Dalloz, 1956, em especial p. 58-59.

Kegel, sintetizando a visão clássica da disciplina, enfatizou o seu foco nos interesses privados, com a ausência de interesses estatais a serem tutelados[10], raciocínio contemporaneamente retomado por Mayer, que sustenta não possuir a ordem jurídica nacional nenhum interesse a defender na ocorrência da situação transnacional[11].

Rechaçando explicitamente esse posicionamento, Bucher aponta que a democracia e a sociedade civil exigem o cumprimento, por parte dos legisladores, de objetivos e proteção de interesses[12].

Seguindo essa linha, a partir do século XX, a busca por proteção de direitos no direito internacional privado foi impactada por vários fatores: em primeiro lugar, a disciplina ampliou seu objeto, gerindo a massificação de relações transnacionais afetadas pela diversidade normativa e jurisdicional, com fontes nacionais e internacionais; em segundo lugar, a defesa de direitos dos envolvidos nos fatos transnacionais e a consecução da justiça material fomentaram a criação de alternativas ao método conflitual tradicional, surgindo regras materiais (substanciais), que regulam diretamente as relações transnacionais e regras indiretas, que exigem a realização de determinado resultado material; em terceiro lugar, a ascensão do método do reconhecimento, que protege as situações jurídicas consolidadas no exterior, aflorou o debate sobre direitos consolidados em Estado estrangeiro; finalmente, em quarto lugar, a crise do Estado liberal e a ascensão do Estado social estimularam a proteção e defesa nacional de determinados direitos por institutos específicos, como o uso da ordem pública e as normas de aplicação imediata, as quais preveem a superioridade das normas internas para regular determinados fatos transnacionais[13]. Graças a essas transformações, houve uma evolução no conteúdo dos próprios interesses que são protegidos pela disciplina, o que tem relação com a hierarquia de normas.

---

10. KEGEL, Gerhard. «The crisis of conflict of laws» *in Recueil des Cours de l´Académie International de la Haye,* vol. 112, 1964, pp. 91-268, em especial p. 186.

11. *In verbis:* «La vérité est que l'ordre juridique français n'a aucun intérêt en la matière dès lors que la situation est internationale, et que la modification de la règle de conflit s'explique non par un changement dans les intérêts ou dans leur perception, mais par une appréciation différente des avantages pratiques attachés au choix du critère de rattachement». Em outra passagem, Mayer sustenta que «il est impossible de démontrer rationnellement la réalité, ou l'inexistence, d'un intérêt aussi abstrait que celui d'un etat à l'application de sa loi.» MAYER, Pierre. «Le phénomène de la coordination des ordres juridiques étatiques en droit privé. Cours général» *in Recueil des Cours de l´Académie de Droit International de la Haye,* vol. 327, 2007, pp. 9-378, em especial p. 155 e 156.

12. BUCHER, Andreas. "La dimension sociale du droit international privé: cours general" *in Recueil des Cours de l´Académie de Droit International de La Haye,* vol. 341, 2009, pp. 9-526, em especial p. 103-104.

13. Parcialmente baseado em Francescakis. Ver FRANCESCAKIS Phocion. «Y a-t-il du nouveau en matière d'ordre public?» *in Travaux du Comité français de droit international privé,* 27-30e année, 1966-1969, 1970, pp. 149-178, p. 164.

Nesse contexto, Vrellis defende que a própria regra de conexão exprime um *ponto de vista particular* de cada estado, sendo ditada, frequentemente, em consideração a diversos fatores sociais. A adoção do *locus regit actum* como regra de conflito na regulação de atos jurídicos demonstra o desejo de facilitar a sua conclusão, dando transparência ao ato e evitando a imposição de regras possivelmente desconhecidas pelas partes. Já a opção pela lei do domicílio para regular o estado pessoal evidencia a política pública do Estado do foro de *equiparar* os imigrantes com os nacionais. É perfeitamente possível ampliar esses *objetivos de política pública* já existentes na adoção das regras de conflito tradicionais para abarcar, *também*, a proteção da dignidade humana e dos direitos dos envolvidos nos fatos transnacionais, na linha dos interesses fundamentais do Estado do foro[14].

Batiffol identifica três tipos de interesses em uma situação transnacional que merecem ser preservados: os interesses dos particulares (pessoas físicas e jurídicas), o interesse do Estado do foro e o interesse da sociedade internacional, constituída pelo conjunto dos estados e indivíduos nas relações jurídicas transnacionais[15]. Atualizando a perspectiva de Batiffol, na esteira de Muir Watt e Bureau, o interesse da sociedade internacional inclui o interesse dos estados e indivíduos de tratamento uniforme das relações privadas transfronteiriças, inclusive pela adoção de regras de conflito previstas em norma internacional ou regional (vide a União Europeia)[16].

A pluralidade de interesses apontada por Batiffol é detalhada por Gannagé, que afirma ser de interesse estatal a preservação da coesão de sua ordem interna e dos valores coletivos, o que implica rechaçar normas estrangeiras que apontem outro tratamento. Ainda, menciona o interesse de promoção da justiça material, após décadas de debate sobre a insuficiência da justiça conflitual no direito internacional privado. A autora entende que há vínculo entre esses dois interesses: (i) a coesão interna e (ii) os valores coletivos que podem justificar a realização da justiça material[17].

14. VRELLIS, Spyridon. «Conflit ou coordination de valeurs en droit international privé a la recherche de la justice» *in Recueil des Cours de l´Académie de Droit International de la Haye*, vol. 328, 2007, pp. 175-486, em especial p. 440-441.

15. BATTIFOL, Henri. *Aspects philosophiques du Droit International Privé.* Paris: Dalloz, 1956, p. 229.

16. BUREAU, Dominique; WATT, Horatia Muir. *Droit International Privé.* Tome I. 3° édition, Paris: PUF, 2014, em especial p. 394.

17. Gannagé alerta que nem sempre a coesão da ordem jurídica do foro estará associada à justiça material. É possível que, se a situação transnacional não apresentar vínculos significativos com o foro, uma regra ou decisão injusta seja aceita. Veremos mais sobre esse interesse na análise da temática da ordem pública. GANNAGÉ, Léna. «Les méthodes du droit international privé à l'épreuve des conflits de cultures» *in Recueildes Cours de l´Académie de Droit International de la Haye*, vol. 357, 2011, pp. 223-490, em especial p. 364-366.

Ao mesmo tempo, o novo direito privado do Estado social[18] não dispensa a atuação no momento de incidir sobre as situações transnacionais, pois tem interesse em regular, de modo contínuo e coerentemente, perseguindo os mesmos objetivos de proteção de interesses coletivos, tanto as situações internas quanto as transnacionais[19]. Elementos normativos vinculados a valores, tais como a promoção da dignidade humana e outros direitos, assim como opções políticas gerais e específicas, a exemplo da redução das desigualdades sociais ou da desigualdade entre homem e mulher, são introduzidos nos textos jurídicos dos estados sociais, a começar pelas Constituições[20].

Batiffol denomina de "paralelismo" de tratamento a exigência, pelo Estado do foro, do mesmo respeito, nas situações transnacionais, dos valores assumidos no seu direito interno, impondo uma hierarquia, que, para o autor, representa, acima de tudo, o bem comum e a proteção da pessoa humana[21]. Nessa linha, a introdução da temática da proteção de valores e da consequente hierarquia de normas no direito internacional privado requer a (i) compatibilização das regras de conexão, das (ii) normas materiais e da (iii) jurisdição indicada com os valores e resultados considerados superiores, os quais devem ser identificados e cotejados em relação aos diversos ordenamentos jurídicos envolvidos com o fato transnacional.

Múltiplos são os instrumentos para introduzir a hierarquia das normas no direito internacional privado da atualidade, as quais variam, inclusive, face à maior ou menor adesão do Estado à pluralidade de métodos da disciplina. Neste livro, foi feita uma opção pela análise dos institutos que buscam a prevalência de um direito (e a consequente compressão dos demais direitos), inseridos na parte geral do direito internacional privado e voltados precipuamente para a realização de resultados materiais. Assim, foge do objeto de análise institutos como reenvio[22],

18. Ver mais sobre o novo direito privado e sua dimensão social na Parte III desta obra.

19. BUCHER, Andréas. «Vers l'adoption de la méthode des intérêts? Réflexions à la lumière des codifications récentes" *in Droit international privé: travaux du Comité français de droit international privé*, 12e année, 1993-1995, 1996, pp. 209-237, em especial p. 218.

20. Como vermos abaixo, na parte referente ao controle de constitucionalidade. BARCELLOS, Ana Paula de. "Neoconstitucionalismo, Direitos fundamentais e controle das políticas públicas" *in Revista de Direito Administrativo*, n. 240, 2005, pp. 83-103, em especial p. 85.

21. BATTIFOL, Henri. *Aspects philosophiques du Droit International Privé*. Paris: Dalloz, 1956, p. 333.

22. Sobre o reenvio e valores, ver KASSIR, Walid J. «Le renvoi en droit international privé – technique de dialogue entre les cultures juridiques» *in Recueil des Cours de l´Académie de Droit International de la Haye*, vol. 377, 2015, pp. 9-120, em especial p. 101. Ver também WATT, Horatia Muir. «Aspects économiques du droit international privé – Réflexions sur l'impact de la globalisation économique sur les fondements des conflits de lois et de juridictions» *in Recueil des Cours de l'Académie de Droit International de la Haye*, vol. 307, 2004,

dépeçage[23] e fraude à lei, ainda que eventualmente possam ser utilizados para perseguir determinados resultados materiais ou proteger direitos.[24]

As técnicas que buscam a prevalência de um direito (e a consequente compressão dos demais direitos) abarcadas na presente obra incluem: a busca do favorecimento a determinado resultado sob o enfoque das regras de conexão múltiplas; o uso da exceção da ordem pública como instrumento para fazer valer direitos tais quais são concebidos no foro; as normas de aplicação imediata (*lois de police)* para descartar o método conflitual e, com isso, regular o fato transnacional diretamente com as leis internas; e o uso do controle de constitucionalidade para exigir o respeito a determinados valores e resultados.

pp. 29-383, em especial p. 107. Ver ainda MAYER, Pierre. «Le phénomène de la coordination des ordres juridiques étatiques en droit privé. Cours général» *in Recueildes Cours de l´Académie de Droit International de la Haye*, vol. 327, 2007, pp. 9-378, em especial p. 329 e seguintes.

23. Sobre a dépeçage e os valores no direito internacional privado, ver VRELLIS, Spyridon. «Conflit ou coordination de valeurs en droit international privé a la recherche de la justice» *in Recueil des Cours de l´Académie de Droit International de la Haye*, vol. 328, 2007, pp. 175-486, em especial p. 437 e seguintes.

24. A fraude à lei consiste na alteração maliciosa ou artificial dos componentes do elemento de conexão para resultar na indicação de direito (estrangeiro ou nacional) desejado, podendo ser forma de *legal shopping* ou *law shopping*. AUDIT, Bernard. *La Fraude à la loi*. Paris: Dalloz, 1974, p. 435; DOLINGER, Jacob. *Direito Internacional Privado (Parte Especial) – vol. II – Contratos e obrigações no Direito Internacional Privado.* Rio de Janeiro: Renovar, 2007, p. 53.

CAPÍTULO

2

A TÉCNICA DA PREVALÊNCIA DO DIREITO PRIORITÁRIO: O PRINCÍPIO DO FAVORECIMENTO

2.1. A FORMAÇÃO DO PRINCÍPIO DO FAVORECIMENTO: EVOLUÇÃO (E NÃO REVOLUÇÃO)

Conforme já exposto, o método indireto tradicional inserido no paradigma consagrado por Savigny é moldado na localização do centro da relação jurídica, a partir de categorias jurídicas abstratas e pontos de contato predeterminados, com dedução teórica e racional, sem preocupação inicial com a defesa de determinado resultado material[1].

Essa concepção estava baseada, no século XIX, no direito como expressão da *consciência jurídica dos povos*, que importaria na constituição de uma comunidade de ideias entre os estados, sem maiores distinções envolvendo os *interesses em conflito* em uma sociedade capitalista[2]. O paradigma eliminou resistências e se universalizou pela sua *pretensa* neutralidade diante dos interesses dos estados e dos envolvidos nos fatos transnacionais[3].

---

1. Lipste*in* denomina essa consagração do método indireto como sendo o "moderno Direito Internacional Privado". LIPSTEIN, K. «The general principles of private international law» *in Recueil des Cours de l'Académie de Droit International de la Haye*, vol. 135, 1972, pp. 97-229, p. 131 e seguintes.
2. AGO, Roberto. «Science juridique et droit international» *in Recueil des Cours de l' Académie de Droit International de la Haye*, vol. 90, 1956, pp. 851-958, em especial p. 870-871.
3. Nesse sentido, a favor da facilidade de universalização do método indireto graças à sua pretensa neutralidade, ver DE NOVA, Rodolfo. "Historical and Comparative Introduction to Conflict of Laws" *in Recueil des Cours de l'Académie de Droit International de la Haye*, vol. 118, 1966, pp. 435-642, em especial p. 462-463.

Contudo, as transformações do Estado social impuseram a consecução de determinados resultados ao estado, exigindo respostas do direito internacional privado que fossem *além da neutralidade* das regras indiretas tradicionais, o que estimulou a adoção de diferentes tipos de regras de conexão. Anota Overbeck a crítica às regras "clássicas", que designavam um direito com olhos vendados (*les yeux bandés*), sem preocupação com o conteúdo dos direitos materiais e tampouco com os interesses em jogo[4]. Para Bucher, esgotou-se o paradigma clássico de Savigny[5].

Patocchi divide as regras de conexão em: *regras localizadoras*, oriundas da abordagem clássica, que indicam a lei de regência a partir da localização do Estado no qual se encontra a sede ou centro da relação jurídica; e *regras de caráter substancial*, que pressupõem a escolha do ordenamento de regência a partir da identificação de um resultado ou efeito de direito material. A segunda espécie possui um *caráter misto*, sendo fruto de uma "junção" entre o método indireto tradicional e o método direto[6], motivo pelo qual foram chamadas de regras de conexão múltiplas ou materiais (de caráter substancial).

Foyer denomina as regras de conexão múltiplas de "híbridas", pois designam uma lei de regência não de maneira neutra ("cega", para o autor), mas, ao contrário, voltada à realização de um resultado determinado[7].

As regras de conexão múltiplas de caráter substancial, ditas *regras especializadas* por Gonzáles Campos, introduziram o debate de valores no DIPr ao impor ao intérprete a escolha de lei ou jurisdição que gerasse determinado resultado[8]. Delimita-se uma categoria de regras de conexão com finalidade material, inseridas ao lado das tradicionais regras de conexão concebidas como instrumento formal e abstrato de determinação da lei de regência[9].

---

4. OVERBECK, Alfred E. von. «Les questions générales du droit international privé à la lumière des codifications et projets récents: cours général de droit international privé» *in Recueil des Cours de l´Académie de Droit International de la Haye*, vol. 176, 1982, pp. 9-258, em especial p. 73.
5. BUCHER, Andreas. «La dimension sociale du droit international privé» *in Recueil des Cours de l´Académie de Droit International de la Haye*, vol. 341, 2009, pp. 1-526, em especial p. 54.
6. PATOCCHI, Paolo Michèle. *Règles de rattachement localisatrices et règles de rattachement à caractère substantie.* Genève: Librairie de l'Université et Georg et Cie SA, 1985.
7. FOYER, Jacques. «Problèmes de conflits de lois en matière de filiation» *in Recueildes Cours de l´Académie de Droit International de la Haye*, vol. 193, 1985, pp. 9-117, em especial p. 47.
8. GONZÁLEZ CAMPOS, Julio D.»Diversification, spécialisation, flexibilisation et matérialisation des règles de droit international privé» *in Recueil des Cours de l´Académie de Droit International de la Haye*, vol. 287, 2000, pp. 9-426, em especial p. 166.
9. BALLARINO, Tito. «Questions de droit international privé et dommages catastrophiques» *in Recueil des Cours de l´Académie de Droit International de la Haye*, vol. 220, 1990, pp. 289-387, em especial p. 327-328.

Assim, a abertura à concretização de resultados, com normas que determinam a escolha do direito a partir de princípios de natureza material não se restringindo à ideia de localização espacial das relações transnacionais, já é encontrada em inúmeras normas nos diplomas normativos internos e internacionais em direto internacional privado[10].

Para Symeonides, as regras de "escolha de resultados" (*result-selective rules*) aparecem em diversos temas, com uma característica comum: são desenhadas para realizar determinado resultado material que é considerado, *a priori*, desejável, sendo amostra da introdução do substancialismo ou materialismo na disciplina[11].

As regras de conexão múltiplas de caráter substancial são, para Vrellis, elásticas e oferecem ao julgador a possibilidade de controlar a regulamentação oferecida (pelo foro e por ordenamentos estrangeiros), *cotejando-a com o resultado esperado*[12].

Para obter *uniformidade* dos resultados desejados, a melhor opção seria a *unificação* internacional das regras substantivas de direito privado, o que ainda se prova, em várias áreas, impossível[13]. As regras de conexão de caráter substancial visam uma *transição* moderada entre as regras de conexão tradicionais e a adoção de métodos diretos no direito internacional privado, uma vez que empregam elementos de conexão tradicionais (domicílio, lugar do dano, nacionalidade, entre outros), aos quais são *adicionados* resultados a serem perseguidos pelo intérprete.

Juenger, em feliz síntese, sustenta que as regras de seleção de resultados representam uma "evolução" e, não, uma "revolução" no direito internacional privado tradicional[14]. As regras de conexão múltiplas de conteúdo material apontam que a mera consecução do direito à segurança jurídica (com a harmonia formal) não é satisfatória se vier separada de uma solução final considerada justa ou conveniente. Evita-se o que a doutrina denomina de

10. FERRER CORREIA, A. "Miaja de la Muela e a tendência 'substancialista' em Direito Internacional Privado" *in* FERRER CORREIA, António. *Estudos vários de Direito Internacional Privado*. 2ª tiragem, Coimbra: Universidade de Coimbra, 1982, pp. 255-278, em especial p. 276.

11. SYMEONIDES, Symeon C. "Result-Selectivism *in* Private International Law" *in Romanian Journal of Private International Law & Comparative Private Law*, n. 3, 2008, pp. 1-30, em especial p. 10.

12. VRELLIS, S. «La justice 'materielle' dans une codification du droit international prive» *in E Pluribus Unum – Liber Amicorum Georges Droz*. The Hague/Boston/London: Martinus Nijhoff Publishers, 1996, pp. 514-562, em especial p. 558.

13. JUENGER, Friedrich K. «General Course on Private International Law» *in Recueil des Cours de l'Académie International de la Haye*, vol. 193, 1985, pp. 131-387, p. 284-285.

14. JUENGER, Friedrich K. *Choice of Law and Multistate Justice*. Dordrecht, Boston, London: Martinus Nijhoff Publishers, 1993, em especial p. 196.

"salto no vazio" gerado pela incidência de lei estrangeira que resulte em solução injusta[15].

Nesse contexto de evolução, consolida-se o chamado "princípio do favorecimento", que, para Lima Marques, é a "técnica de elaborar normas alternativas, indicando o fim material ou de favorecimento desejado (*Günstigkeitsprinzip*)"[16]. Utilizando termo similar, Valladão assinalou a consolidação, no direito internacional privado, do "princípio da lei mais favorável", que parte de uma "comparação substancial entre a lei do país onde se levantar a questão, habitualmente a lei do foro, a lei nacional, e a lei ou leis estrangeiras que a impregnaram", concluindo pela aplicação da lei mais favorável a determinado resultado pretendido (como a validade do ato ou o benefício ao menor, ao filho, ao alimentando)[17].

Traduzindo esse resultado pretendido para a linguagem de direitos, o princípio do favorecimento consiste na adoção da "técnica do direito prioritário": será escolhido o ordenamento jurídico (do foro ou estrangeiro) que melhor protege determinado direito, que se sobrepõe a outro direito envolvido (individual ou difuso), inclusive ao próprio direito à segurança jurídica.

Para Kish, o conceito de "lei mais favorável" tem origem na fase iniciadora do direito internacional privado, na diferença entre os *estatutos odiosos* e os *estatutos favoráveis*[18]. Meijers ensina que o estatuto odioso consistia em lei iníqua em relação a determinados indivíduos e o estatuto favorável era considerado lei justa, em especial protegendo aqueles com determinada fraqueza, como idade ou sexo, alertando, todavia, que a distinção entre os estatutos gerava incerteza pela inexistência de consenso sobre as situações que se enquadravam em cada conceito[19].

---

15. MIAJA DE LA MUELA, Adolfo. "Las normas materiales de derecho internacional privado" *in Revista Española de Derecho Internacional,* Vol. 16, No. 3, 1963, pp. 425-457, em especial p. 426.

16. MARQUES, Claudia Lima. "A insuficiente proteção do consumidor nas normas de Direito Internacional Privado – da necessidade de uma convenção interamericana (CIDIP) sobre a lei aplicável a contratos e relações de consumo" *in Revista dos Tribunais,* vol. 788, 2001, pp. 11-56, em especial p. 27.

17. VALLADÃO, Haroldo. "O princípio da lei mais favorável no DIP" *in Revista da Faculdade de Direito da Universidade de São Paulo,* vol. 76, 1981, pp. 53-61, em especial p. 53-54.

18. KISH, I. «La loi la plus favorable» *in Ius et Lex. Festgabe zum 70.Geburtstag von Max Gutzwiller. Hrsg.von der Juristischen Fakultät der Universität Freiburg (Schweiz).* Basel: Verlag Helbing & Lichtenhahn, 1959, pp. 373-393, em especial p. 388.

19. No caso da proibição de sucessão pela mulher na existência de potenciais herdeiros homens, Meijers traz à colação os juristas da época a favor de que esse estatuto fosse considerado odioso (por exemplo, Bártolo e Baldo) e contra (por exemplo, Jacobus de Arena). MEIJERS, E. M. «L'histoire des principes fondamentaux du droit international privé a partir du moyen age. Spécialement dans l'europe occidentale» *in Recueil des Cours de l'Académie de Droit International de La Haye,* vol. 49, 1934, pp. 547-686, em especial p. 618-619.

O primeiro exemplo histórico do uso contemporâneo do princípio do favorecimento é, para Foyer, o artigo 9.3 do tratado entre Bélgica, Holanda e Luxemburgo (Benelux) sobre lei uniforme de direito internacional privado de 1951, que previa ser a obrigação alimentar do pai ou da mãe *determinada* pela lei nacional da criança (credora dos alimentos) quando fosse mais *favorável* do que a lei nacional do devedor de alimentos[20]. O confronto entre as duas leis estaria a cargo do juiz, que deveria escolher a "mais favorável" à criança.

Em sentido próximo, Raape menciona a existência das cláusulas *minimum* e *maximum* como sendo as pioneiras na temática (princípio do favorecimento), pois determinavam a regência da obrigação de alimentos pela lei da nacionalidade da mãe *a partir* dos limites mínimo (protegendo o credor de alimentos) e máximo das obrigações (protegendo o devedor de alimentos) estabelecidos pela lei do foro[21].

A distinção entre essas cláusulas e o dispositivo pioneiro do tratado Benelux dá-se pela ausência, no tratado Benelux, de uma "cláusula país", que condicione o favorecimento à nacionalidade, domicílio ou outra hipótese que a restrinja a um Estado específico. O não acolhimento da "cláusula país" está fundado na busca da harmonia típica do direito internacional privado convencional, que visa evitar exatamente regras baseadas em restrições voltadas ao foro, sob pena de chegar a decisões conflitantes e ao que Kish chama de "caos que o direito internacional privado busca suprimir"[22].

O princípio do favorecimento consiste, em sua essência, na escolha de um direito prioritário e na consequente compressão do direito que com esse venha a colidir. No exemplo de Foyer sobre a prioridade ao direito à vida do credor de alimentos (criança), comprime-se o direito de propriedade (que seria favorecido pelo uso do critério tradicional neutro das regras de conexão abstratamente definidas).

Diversas regras do direito internacional privado contemporâneo são marcadas pelo princípio do favorecimento, que se espalhou por vários

20. No original: «l´obligation alimentaire du père (ou de la mère) à l´égard de l´enfant naturel est déterminée par la loi nationale soit de l´enfant, soit de l´auteur, selon que celle-ci ou celle-là est plus favorable à l´enfant». Esse tratado nunca entrou em vigor. Ver em FOYER, Jacques. «Problèmes de conflits de lois en matière de filiation» *in Recueil des Recueil des Cours de l´Académie de Droit International de la Haye*, vol. 193, 1985, pp. 9-117, em especial p. 31.

21. RAAPE, Léo. «Les rapports juridiques entre parents et enfants comme point de départ d'une explication pratique d'anciens et de nouveaux problèmes du droit international privé» *in Recueil des Recueil des Cours de l´Académie de Droit International de la Haye*, vol. 50, 1934, pp. 401-544, em especial p. 463-466.

22. No original: «le chaos que le droit international privé cherche à suprimer». KISH, I. «La loi la plus favorable» *in Ius et Lex. Festgabe zum 70.Geburtstag von Max Gutzwiller. Hrsg.von der Juristischen Fakultät der Universität Freiburg (Schweiz)*. Basel: Verlag Helbing & Lichtenhahn, 1959, pp. 373-393, em especial p. 375-376.

domínios da disciplina e levando, consequentemente, ao *encolhimento* do modelo *tradicional* de regras de conexão ao estilo savigniano.

Em geral, o princípio do favorecimento é operacionalizado pela adoção de duas ou mais regras de conexão, levando à possibilidade de incidência potencial de várias leis, cuja aplicação será dependente de critério material (e não mais espacial)[23]. Cansacchi registra o *efeito ampliativo* do princípio do favorecimento, que aumenta a possibilidade de realização de certos efeitos jurídicos. Por exemplo, o uso do *favor validatis* (que será estudado abaixo) assegura a validade de um ato utilizando, para tanto, diversas leis materiais incidentes[24].

Picone classifica em *três categorias* as regras de conexão de caráter substancial a partir do seu *modo de funcionamento à luz do princípio do favorecimento*: (i) regras de conflito *alternativas*, que designam, ao mesmo tempo, e sob o mesmo plano, várias leis para favorecer (pelo uso de uma delas) o efeito pretendido; (ii) regra de conexão *principal*, com uma ou várias regras *subsidiárias*, que serão escolhidas na medida que a regra principal indicar lei que não obtenha o resultado material pretendido; (iii) regras de conexão que atribuem a uma das partes a *escolha* da lei aplicável, entre diversas possíveis, para *obter* o resultado materialmente desejado.

Atualmente, a classificação principal das regras de conexão de caráter substancial abarca o *objeto que favorecem*: (i) validade formal ou substancial de um ato jurídico, como o casamento, testamento ou um contrato; (ii) preservação ou dissolução de determinado *status*, como a filiação, estado de casada ou casado, divórcio; e (iii) parte envolvida na situação transnacional, como a vítima de dano extracontratual, o credor de alimentos e o consumidor[25].

O princípio do favorecimento, que convive com o método conflitual tradicional, introduz a preferência a certos resultados materiais e a compressão de outros. A disciplina não pode mais ser retratada como uma disciplina de sobredireito, indiferente à solução final dada ao caso, mas também

---

23. ROMANO, Gian Paolo. «Les justiciables face à la comparaison des droits: vers la démocratisation d'un droit» savant?» *in Legal Engineering and Comparative Law – L'ingénierie juridique et le droit comparé. Rapports préparés par les collaborateurs à l'occasion du 25e anniversaire de l'Institut suisse de droit comparé à Lausanne.* Tome 1, Lausanne: Schulthess, 2008, pp. 95-139, em especial p. 113.

24. CANSACCHI, Giorgio. «Le choix et l'adaptation de la règle étrangère dans le conflit de lois» *in Recueil des Recueil des Cours de l´Académie de Droit International de la Haye*, vol. 83, 1953, pp. 79-162, em especial p. 105.

25. SYMEONIDES, Symeon C. "Private International Law: Idealism, Pragmatism, Eclecticism. General Course on Private International Law» *in Recueil des Cours de l´Académie International de la Haye*, vol. 384, 2017, pp. 33-385, em especial p. 214-215.

não regula de modo homogêneo diretamente as situações transnacionais. Trata-se de uma coexistência de métodos, levando a um *substancialismo moderado*, como denomina Boggiano[26].

A materialização do direito internacional privado, conforme assinala Ballarino, apresenta regras fortemente heterogêneas, com regras diretas e indiretas, as últimas possuindo alternativas (gerando a "cascata" de regras) com o objetivo de privilegiar determinado resultado material[27].

Para Hecke, o uso das regras de conexão alternativas preserva *minimamente* o direito à segurança jurídica, evitando a apreciação subjetiva livre do juiz[28]. O princípio do favorecimento facilita a introdução da busca do melhor direito (*better law*) no direito internacional privado tradicional, por meio de soluções predeterminadas, porém alternativas[29-30]. A busca de *resultado material* por intermédio do próprio método indireto com o uso das regras de conexão múltiplas afasta-se da liberdade ao julgador preconizada, por exemplo, por Cavers, que pugnou a favor da substituição das regras de conexão pelo princípio da preferência da escolha da solução materialmente mais justa para o caso concreto[31].

2.2. O FAVORECIMENTO À VALIDADE DOS ATOS JURÍDICOS

2.2.1. O *favor validitatis* e o *favor negotii*

O favorecimento à validade dos atos jurídicos é o exemplo mais antigo de *busca de resultados materiais* no bojo do método indireto[32]. Para Valladão, o primeiro diploma que mencionou o favorecimento à validade dos atos jurídicos foi o artigo 35 do código civil da Prússia, de

26. BOGGIANO, Antonio. *Derecho Internacional Privado – en la estructura jurídica del mundo actual.* 6ª ed., Buenos Aires: Abeledo Perrot, 2011, p. 194.

27. BALLARINO, Tito. «Questions de droit international privé et dommages catastrophiques» *in Recueil des Cours de l´Académie de Droit International de la Haye*, vol. 220, 1990, pp. 289-387, em especial p. 342.

28. HECKE. Georges van. «Principes et méthodes de solution des conflits de lois» *in Recueil des Cours de l´Académie de Droit International de la Haye*, vol. 126, 1969, pp. 409-588, em especial p. 479.

29. JUENGER, Friedrich K. «General Course on Private International Law» *in Recueil des Cours de l´Académie International de la Haye,* vol. 193, 1985, pp. 131-387, em especial p. 284.

30. No Brasil, Dolinger e Tiburcio apontam a ausência de iniciativa para introduzir na legislação o "princípio generalizado da proteção". DOLINGER, Jacob e TIBURCIO, Carmen. "O DIP no Brasil no século XXI". *Revista Mexicana de Derecho Internacional Privado*, número especial, pp. 79-95, 2000, em especial p. 94.

31. CAVERS David F. «Contemporary conflicts law in American perspective» *in Recueil de Cours de l´Académie de Droit International de La Haye*, vol. 131, 1970, pp. 75-308, em especial p. 154.

32. Symeonides as denomina de "old choice-of-law tool". SYMEONIDES, Symeon C. "Private International Law: Idealism, Pragmatism, Eclecticism. General Course on Private International Law» *in Recueil des Cours de l´Académie International de la Haye,* vol. 384, 2017, pp. 33-385, em especial p. 215.

1794, que previa a aplicação da lei que fosse *mais favorável à validade dos contratos*[33].

O favorecimento é realizado pela enumeração de leis alternativas à lei normalmente incidente, para assegurar a validade jurídica de determinado ato. Assim, o (i) *favor negotii* consiste na existência de regra que direciona a busca do direito que conduza à validade do negócio jurídico. Ligeiramente distinto, o princípio do (ii) *favor negotiarum patriae* demanda a escolha do direito que declara válido o negócio, se a validade beneficiar um nacional ou favorecer a segurança jurídica do comércio nacional[34]. E, por fim, o (iii) *favor validatis* direciona a busca do direito que mantenha a validade do ato jurídico em geral.

Na linguagem de direitos, o favorecimento da validade do ato jurídico prioriza a *liberdade* inserida na autonomia da vontade, pois seria razoável supor que as partes que realizam um determinado negócio ou celebram um determinado ato queiram que sobre ele incida uma lei que assegure a sua validade jurídica. Essa regra baseia-se no direito à segurança jurídica, em sua faceta de proteção da confiança, tanto quando protege os interesses dos nacionais (no caso do *favor negotiarum patriae*) ou mesmo quando é invocada para dar *estabilidade* aos atos jurídicos em geral.

No século XIX, intensa discussão surgiu sobre a preservação da validade de contrato a despeito da incapacidade de um dos contratantes à luz das regras de conexão do seu estatuto pessoal. A tensão na utilização do *favor negotii* para afastar lei indicada que levaria à invalidade do negócio jurídico foi exemplificada, na França, no caso *Lizardi,* sobre a celebração de contrato envolvendo menor de idade de acordo com a lei da sua nacionalidade (lei indicada pela regra de conexão), mas que era maior de idade para a lei material do foro que não incidia na situação[35]. A Corte de Cassação francesa decidiu que o negócio jurídico era válido, considerando a boa-fé do outro contratante e a ausência de sua negligência quanto à (in) capacidade da contraparte.

Após o caso *Lizardi*, várias regras de conexão previstas em codificações nacionais aceitaram a adoção alternativa da lei do foro (como lei do lugar

33. VALLADÃO, Haroldo. "O princípio da lei mais favorável no DIP" *in Revista da Faculdade de Direito da Universidade de São Paulo,* vol. 76, 1981, pp. 53-61, em especial p. 53-54.

34. GOLDSCHMIDT, Werner. *Derecho Internacional Privado. Derecho de la Tolerancia.* 7.ed. Buenos Aires: Ediciones Depalma, 1990, p. 398.

35. O caso versou sobre a celebração de um contrato para a aquisição de joias, realizado na França, sendo um dos contratantes (e adquirente de joias) um jovem mexicano (Sr. Lizardi), considerado menor de idade (23 anos) de acordo com a lei mexicana, porém maior de acordo com a lei material francesa. Corte de Cassação Francesa,caso *Lizardi v. Chaize e outros*, julgamento de 16 de janeiro de 1861.

da celebração do ato) ao invés da lei indicada originalmente pela regra de conexão (por exemplo, a lei da nacionalidade ou lei do domicílio) no que tange ao *favor negotii* envolvendo a capacidade das partes.

No Brasil, a adoção do *favor negotii* é comprovada na hipótese de incapacidade de uma parte estrangeira conforme dispõe artigo 42, parágrafo único do Decreto nº 2.044, de 1908[36], o qual estipula que "[t]endo a capacidade pela lei brasileira, o estrangeiro fica obrigado pela declaração, que firmar, sem embargo da sua incapacidade, pela lei do Estado a que pertencer".

Lewald menciona o uso de critérios alternativos no artigo 41 do Código Civil grego, que trazia o princípio do *favor validatis* como alternativa ao *lex loci actum*, com o objetivo de facilitar o comércio jurídico transnacional, oferecendo aos indivíduos nos fatos transnacionais a possibilidade de conformação do ato jurídico realizado a uma das leis possivelmente envolvidas. Outro exemplo seria a adoção de critério alternativo à lei do local da celebração do ato jurídico, como lei de regência do estatuto pessoal, quando a lei indicada originalmente considerar um dos envolvidos incapaz. Evitar-se-ia, assim, que um indivíduo incapaz de acordo com a lei indicada pela regra de conexão geral relativa ao estatuto pessoal, invalidasse o ato por ele celebrado[37]. A lei de direito internacional privado da Venezuela prevê que o ato será válido, mesmo se incapaz a parte de acordo com a lei do seu domicílio, desde que seja capaz de acordo com o direito que regule a substância do ato[38].

Cassin utiliza o *favor negotti* para criticar a própria regra de conexão original (a lei da nacionalidade), que teria exigido, pela sua disfuncionalidade, a criação de uma exceção que arruína o sistema inteiro para proteger os terceiros de boa-fé que contrataram, sem negligência, com indivíduo que não teria capacidade[39].

A adoção do *favor negotii* gerou críticas. Para Machado Vilella, a doutrina do *favor negotii* é insustentável, porque contraria a evolução do

36. Decreto nº 2.044, de 31 de dezembro de 1908, que "define a letra de câmbio e a nota promissória e regula as Operações Cambiais".

37. LEWALD, H. «Règles générales des conflits de lois. Contribution à la technique du droit international privé» *in Recueil des Cours de l´Académie de Droit International de la Haye*, vol. 69, 1939, pp. 5-145, em especial p. 30-31.

38. *In verbis:* "Artículo 18. La persona que es incapaz de acuerdo con las disposiciones anteriores, actúa válidamente si la considera capaz el Derecho que rija el contenido del acto". Disponível em https://www.oas.org/juridico/mla/private/rexcor/rexcor_resp_ven25.pdf. Acesso em: 30/05/2024.

39. CASSIN, René. «La nouvelle conception du domicile dans le règlement des conflits de lois» *in Recueil des Cours de l´Académie de Droit International de la Haye*, vol. 34, 1930, pp. 655-809, em especial p. 742.

direito internacional privado. Eventual preferência deve ser estabelecida por regras de conexão tradicionais e o resultado incompatível com os valores do foro deve ser *rejeitado* pela cláusula de *ordem pública*. Assim, a eventual lei estrangeira indicada que torne a parte incapaz em um ato celebrado no foro deve ser afastada por ser contrária à ordem pública[40].

Weiss apontou três soluções para o caso que manteriam a validade do negócio jurídico *sem* o recurso ao *favor negotii*: reconhecer a impossibilidade de um estrangeiro, em face de nacionais, invocar a lei estrangeira que rege seu estado e capacidade, com base na independência dos estados que, na ausência de tratado, não poderiam exigir a aplicação extraterritorial de suas leis; em segundo lugar, admitir o uso da lei estrangeira, desde que não houvesse prejuízo ao nacional; e em terceiro lugar, utilizar a regra de conexão ordinária e fazer incidir a lei estrangeira que regula o estado e a capacidade do contratante, desde que não configure violação à ordem pública ou fraude[41]. Já Goldschmidt assinala que a origem dessa faceta do *favor negotii* é puramente a defesa dos nacionais[42]. Nesse ponto, critica Rigaux o aspecto discriminatório da busca da validade dos negócios para proteger os nacionais que contratam com estrangeiros[43].

Contudo, Batiffol entendeu que a preservação de direitos de terceiros é *objetivo essencial* de todo ordenamento jurídico, e a proibição da surpresa e do abalo da confiança nas relações jurídicas compõem o *interesse geral* que merece proteção do direito internacional privado[44]. Overbeck, sucintamente, afirmou que o interesse do comércio jurídico deve *prevalecer* sobre o interesse de proteção dos incapazes[45]. Capotorti assinalou que a derrogação da lei estrangeira indicada no caso dependeu da afirmação da boa-fé e da diligência razoável do contratante nacional[46].

---

40. MACHADO VILLELA, Álvaro da Costa. *Tratado Elementar (teórico e prático) de Direito Internacional Privado*. Vol. II, Coimbra: Coimbra Editora, 1921, p. 30.

41. WEISS, André. *Traité théorique et pratique de droit international privé*. Tome troisième («Le conflit des lois»). Paris: Librairie de la Société du Recueil Général des Lois et des Arrêts, 1898, p. 145-150 e p. 371-372.

42. GOLDSCHMIDT, Werner. *Derecho Internacional Privado. Derecho de la Tolerancia*. 7.ed. Buenos Aires: Ediciones Depalma, 1990, p. 225.

43. RIGAUX, François. «Les notions d'égalité et discrimination en droit international privé belge» *in Travaux de l'association Henri Capitant des amis de la culture juridique française. Journée de Luxembourg, 31 mai au 4 juin 1961*. Paris: Dalloz, 1965, pp. 454 e seguintes, em especial p. 454.

44. BATIFFOL, Henri. «Principes de droit international privé» *in Recueil de Cours de l´Académie de Droit International de La Haye*, vol. 97, 1959, pp. 431-593, em especial p. 508.

45. No original: «L´intérêt du commerce juridique doit l´emporter sur l´intérêt de protection des incapables». OVERBECK, Alfred E. von. «Les questions générales du droit international privé à la lumière des codifications et projets récents: cours général de droit international privé» *in Recueil des Cours de l´Académie de Droit International de la Haye*, vol.176, 1982, pp. 9-258, em especial p. 78.

46. CAPOTORTI, F. «La capacité en droit international privé' *in Recueil de Cours de l´Académie de Droit International de La Haye*, vol. 110, 1963, pp. 153-270, em especial p. 223.

Na leitura da gramática de direitos, traduz-se o caso *Lizardi* na prevalência do direito difuso à segurança jurídica, nas facetas de vedação à surpresa e promoção da confiança.

A transformação vivenciada pelo direito internacional privado no século XX, alinhando-se à consolidação do Estado social de direito em vários países, juntamente com a ascensão de diplomas internacionais que elencam direitos a serem protegidos pelos estados, minimizou a crítica ao *favor negotti*.

A proteção de determinados direitos *não* poderia mais ser realizada tão somente pela fixação, *a priori*, da regra de conexão em abstrato e, *ex post*, pelo uso da cláusula de ordem pública.

Já em relação às regras genéricas a favor da validade dos atos (*favor validatis*), estas podem ser encontradas em diversos diplomas normativos nacionais, sendo aplicadas a uma gama cada vez maior de atos jurídicos, abrangendo tanto *forma* quanto *conteúdo*. Um dos exemplos de regra nacional de *amplo espectro* a favor da validade dos atos jurídico é o artigo 22 do Código Civil do Paraguai, que nega a aplicação das leis estrangeiras caso sejam menos favoráveis à validade do ato jurídico do que as regras do foro[47].

Lalive ilustra o uso do *favor validatis* na arbitragem, com o afastamento das objeções formais ou procedimentais para anular sentenças ou compromissos arbitrais em nome do respeito à vontade das partes[48]. No que tange à eleição do foro pelas partes de um contrato, o Protocolo de Buenos Aires sobre Jurisdição Internacional do Mercosul estabelece, no artigo 5º, que a validade e os efeitos de eleição de foro serão regidos pelo direito dos estados-partes que teriam jurisdição de conformidade com o próprio Protocolo, mas que, em todo caso, será aplicado o direito mais favorável à validade do acordo[49].

Comentando o tema da lei mais favorável, Jayme traz como exemplo a Convenção de Roma de 1980 sobre à lei aplicável às obrigações contratuais, a qual prevê a validade formal do contrato celebrado entre pessoas que se encontram no mesmo país *desde que* se preencha os requisitos prescritos

47. *In verbis:* "Art. 22. Los jueces y tribunales aplicarán de oficio las leyes extranjeras, siempre que no se opongan a las instituciones políticas, las leyes de orden público, la moral y las buenas costumbres, *sin* perjuicios de que las partes puedan alegar y probar la existencia y contenido de ellas. No se aplicarán las leyes extranjeras cuando las normas de este Código sean más favorables a la validez de los actos." Disponível em: http://www.oas.org/juridico/spanish/mesicic3_pry_ley1183.pdf. Acesso em: 30/05/2024.

48. LALIVE, P.A. «Problèmes relatifs à l'arbitrage international commercial» *in Recueil des Cours de l'Académie de Droit International de la Haye*, vol. 120, 1967, pp. 569-725, em especial p. 610.

49. Assinado em 04.05.94, aprovado no Brasil pelo Decreto Legislativo nº 129, de 05.10.95, e incorporado pelo Decreto nº 2.095, de 17 de dezembro de 96.

pela lei reguladora da substância, aplicável por força da Convenção *ou* da lei do país em que o contrato foi celebrado (art. 9.1). Já o contrato celebrado entre pessoas que se encontram em países diferentes é formalmente válido, desde que preencha os requisitos de forma prescritos pela lei reguladora da substância, aplicável por força da Convenção *ou* da lei de um desses países (art. 9.2)[50].

Para coibir a falta de boa-fé da parte para quem a validade do ato interessa, o artigo 13 do Regulamento (CE) nº 593/2008 do Parlamento Europeu e do Conselho de 17 de Junho de 2008 sobre a lei aplicável às obrigações contratuais (Roma I) estipula que um contrato celebrado entre pessoas que se encontram no mesmo país pode ser invalidado pela incapacidade resultante de aplicação de lei estrangeira caso o outro contraente tenha conhecimento dessa incapacidade ou a desconheça por negligência[51]. O *favor negotii* nesse tipo de situação preserva os direitos dos terceiros, protegendo a boa-fé e também a aparência de regularidade do negócio jurídico[52]. Ainda, a pluralidade de leis alternativas do Regulamento Roma I colabora para o contrato não ser formalmente invalidado.

Nas Américas, a Convenção Interamericana sobre o direito aplicável aos contratos internacionais prevê que um contrato celebrado entre partes que se encontrem no mesmo Estado será válido, quanto à forma, *se atender* aos requisitos estabelecidos no direito que rege tal contrato, segundo a própria Convenção, *ou* aos estabelecidos no direito do Estado em que for celebrado ou no direito do lugar de sua execução. Já se, no momento da sua celebração, as partes se encontrarem em diferentes estados, o contrato será válido, quanto à forma, *se atender* aos requisitos estabelecidos no direito que o rege, segundo a própria Convenção, *ou* aos estabelecidos no direito de um dos estados em que for celebrado, ou no direito do lugar de sua execução (art. 13). Repete-se o uso de *listas de leis alternativas* para assegurar a validade do contrato.

Symeonides fez detalhado cotejo sobre o uso de leis alternativas para assegurar a validade formal de ato jurídico ou contrato por várias codificações nacionais de DIPr, resultando: (i) no uso da *lex loci actum* ou de lei estrangeira que regula a substância do ato; (ii) no uso da *lex loci actum*,

---

50. JAYME, Erik. «Identité culturelle et intégration: le droit international privé postmoderne» *in Recueil des Cours de l´Académie de Droit International de la Haye*, vol. 251,1995, pp. 9-267, em especial p. 121.

51. Regulamento (CE) nº 593/2008 do Parlamento Europeu e do Conselho de 17 de Junho de 2008 sobre a lei aplicável às obrigações contratuais (Roma I).

52. ANCEL, B. e LEQUETTE, Y. *Les grands arrêts de la jurisprudence française de droit international privé*. 5e ed., Paris: Dalloz, 2006, p. 45.

da lei estrangeira que regula a substância do ato ou da lei do Estado de presença ou residência habitual das partes; (iii) no uso da *lex loci actum* ou da lei nacional comum das partes; (iv) no uso da *lex loci actum* estrangeira ou da lei do foro; (v) no uso da *lex loci actum*, da lei estrangeira que regula a substância do ato ou da *lex solutionis* (lei do local da execução do contrato); (vi) no uso da *lex loci actum* ou da lei estrangeira que regula a substância do ato, ou ainda lei comum do domicílio ou da nacionalidade das partes; (vii) no uso da *lex loci actum*, da lei estrangeira que regula a substância do ato, lei do foro ou ainda lei no qual o contrato venha a produzir efeitos; (viii) no uso da *lex loci actum*, da lei estrangeira que regula a substância do ato, da lei estrangeira que regula a substância do ato, ou a lei do domicílio de uma das partes; (ix) no uso da *lex loci actum*, da lei estrangeira que regula a substância do ato ou da lei do domicílio do parte exequente; e (x) no uso da *lex causae*, da *lex loci actum e* da lei estrangeira que regula a substância do ato[53].

A *abundância* de opções de leis voltadas para a concretização da validade formal do ato jurídico demonstra que, desde o século XIX, embora existam diferenças sobre como atingi-la, a busca pela validade do ato jurídico é *objeto preferencial* do direito internacional privado. Trata-se, na leitura de direitos, de proteção explícita à liberdade de agir das partes, que praticam os atos jurídicos com a expectativa de que sejam válidos e respeitados.

Contudo, o direito prioritário pode entrar em choque como outros direitos: a formalidade desprezada a favor da liberdade de agir poderia ter como propósito proteger o direito das pessoas com deficiência, o direito das crianças, entre outros. Esses direitos são afastados em favor da validade do ato jurídico, ou ainda, no caso do *favor negotiarum patriae*, o favorecimento do nacional pode entrar em choque com o direito à igualdade e a proibição de discriminação[54].

2.2.2. O *favor testamenti*

A busca de lei que preserve a validade do testamento (*favor testamenti)* é subcategoria longeva da aplicação do princípio do favorecimento de

53. SYMEONIDES, Symeon C. "Private International Law: Idealism, Pragmatism, Eclecticism. General Course on Private International Law» *in Recueil des Cours de l´Académie International de la Haye,* vol. 384, 2017, pp. 33-385, em especial p. 222.

54. Sobre a discriminação odiosa pelo uso da lei que favoreça os nacionais e a proibição da discriminação, ver MEEUSEN, Johan. «Le droit international privé et le principe de non-discrimination» *in Recueil des Cours de l´Académie de Droit International de la Haye*, vol. 353, 2011, pp. 9-184, em especial p. 32 e seguintes.

validade aos atos jurídicos, uma vez que a invalidade, aferida após a morte do testador, tem consequências irreparáveis. A diversidade entre as diferentes leis, conforme aponta Rabel, aumenta o risco de invalidade, como se vê no exemplo da distinção de tratamento do testamento particular, com ou sem testemunhas (bem como diferenças quanto ao número mínimo exigido de testemunhas) e do testamento conjuntivo[55].

Adicionalmente, o fenômeno das sucessões transnacionais popularizou-se nas últimas décadas, em virtude da combinação entre o fluxo de pessoas e aumento da facilidade de aquisição de bens (objeto da sucessão) em outros países. Assim, as disposições de última vontade podem ser reguladas potencialmente por diversas leis, incluindo a lei do último domicílio (ou residência habitual) do *de cujus* e a lei do seu domicílio, residência habitual ou nacionalidade do momento da elaboração do ato.

Para evitar que as divergências entre dispositivos dessas leis levem à invalidade do testamento, aplica-se o princípio do favorecimento, denominado de *favor testamenti,* para ser escolhida a lei que assegure a validade formal ou substancial das disposições de última vontade[56].

Para Overbeck, o *favor testamenti* é princípio universal do direito das sucessões transnacionais, que visa assegurar o respeito à vontade do *de cujus*, evitando que os testamentos e outras disposições similares sejam vítimas de regras de conexão rígidas em matéria de validade[57]. Miaja de la Muela entende que o *favor testamenti* é a manifestação mais clara da tendência de *proteção da validade* dos atos jurídicos, justamente porque a vontade, no momento em que é valorada judicialmente, não pode ser reiterada ou retificada por quem a expressou[58].

A Convenção da Haia sobre conflito de leis em matéria de forma das disposições testamentárias, de 1961, prevê numerosas alternativas, tanto no espaço quanto no tempo, de leis voltadas a assegurar a validade dos

55. RABEL, Ernst. *The conflict of laws: a comparative study*, vol. 2, 1960, em especial p. 287 e seguintes. Disponível em: https://repository.law.umich.edu/cgi/viewcontent.cgi?article=1011&context=michigan_legal_studies. Acesso em: 30/05/2024.

56. BONOMI, Andrea. "Sucession" *in* BASEDOW, Jürgen; RÜHL, Giesela; FERRAI, Franco; MIGUEL ASENSIO, Pedro de (eds.). *Encyclopedia of Private International Law*. Edward Elgar Publishing, 2017. BONOMI, Andrea. «Successions internationales: conflits de lois et de juridictions» *in Recueil des Cours de l´Académie de Droit International de la Haye,* vol. 350, 2010, pp. 71-418, em especial p. 91.

57. OVERBECK, Alfred Eugène von. «Divers aspects de l'unification du droit international privé, spécialement en matière de successions» *in Recueil des Cours de l´Académie de Droit International de la Haye,* vol. 104, 1961, pp. 529-633, em especial p. 600.

58. MIAJA DE LA MUELA, Adolfo. "Soluciones 'sanas' a los conflictos de leyes: 'favor negotii' y respecto a los derechos adquiridos" *in Revista Española de Derecho Internacional*, vol. 17, 1964, pp. 16-38, em especial p. 31.

testamentos[59]: (i) a lei do lugar onde o testador elaborou o testamento; (ii) a lei da nacionalidade do testador, tanto no momento da elaboração quanto no momento da morte; (iii) a lei do domicílio do testador, tanto no momento da elaboração quanto no momento da morte; (iv) a lei da residência habitual do testador, tanto no momento da elaboração quanto no momento da morte. Caso o testamento inclua imóveis, a lei do lugar da situação dos imóveis pode ser utilizada para assegurar a validade das disposições testamentárias[60].

Para Rigaux, a Convenção apresenta soluções para assegurar a validade das disposições de última vontade, impedindo que mudanças fáticas ou jurídicas nos componentes da regra de conexão (por exemplo, a mudança de nacionalidade) acarretem a invalidade do ato. Havendo mudança de nacionalidade, domicílio ou residência, o princípio do *favor testamenti* previsto na Convenção permite, para assegurar a validade do ato, a utilização da lei do momento em que o testador expressou sua vontade ou da lei do momento de seu falecimento. Afasta-se a lei do *lex loci regit actum*, para favorecer a validade do testamento[61]. A Convenção possui, atualmente, 42 estados contratantes[62], comprovando o alcance da preservação da vontade do testador mesmo diante de vícios formais de acordo com determinada lei.

A influência da Convenção da Haia de 1961 foi evidenciada na adoção do Regulamento (UE) nº 650/2012 do Parlamento Europeu e do Conselho, de 4 de julho de 2012, relativo à competência, à lei aplicável, ao reconhecimento e execução das decisões, e à aceitação e execução dos atos autênticos em matéria de sucessões e à criação de um Certificado Sucessório Europeu (Roma IV). O artigo 27 prevê que o testamento será formalmente válido caso cumpra o disposto na lei do local de sua elaboração, na lei da nacionalidade, do domicílio ou da residência habitual do testador ou pelo menos de uma parte no acordo, tanto no momento da elaboração quanto no momento da morte; ou, ainda, caso envolva imóveis, a lei do lugar da sua situação. Symeonides entende que o Regulamento Roma IV é ainda

59. OVERBECK, Alfred Eugène von. «Les questions générales du droit international privé à la lumière des codifications et projets récents: cours général de droit international privé» *in Recueil des Cours de l´Académie de Droit International de la Haye,* vol.176, 1982, pp. 9-258, em especial p. 81.

60. SYMEONIDES, Symeon C. *Choice of Law.* Oxford: Oxford University Press, 2016, p. 253.

61. RIGAUX, François. «Le conflit mobile en droit international privé» *in Recueil des Cours de l´Académie de Droit International de la Haye,* vol.117, 1966, pp. 329-444, em especial p. 384.

62. CONFERÊNCIA DA HAIA DE DIREITO INTERNACIONAL PRIVADO. Convention of 5 October 1961 on the Conflicts of Laws Relating to the Form of Testamentary Dispositions. *Status Table.* Disponível em https://www.hcch.net/pt/instruments/conventions/status-table/?cid=40. Acesso em: 30/05/2024.

mais liberal que a Convenção da Haia sobre o tema, uma vez que abrange todos os pactos sucessórios[63].

No Brasil, o *favor testamenti* foi inserido no artigo 65 do Anteprojeto de "Lei Geral de Aplicação das Normas Jurídicas" de Haroldo Valladão, que regia a capacidade para fazer ou revogar testamento segundo a lei nacional ou a lei do domicilio do testador, ou a lei da situação dos bens ao tempo do testamento, não sendo inválido no Brasil, por defeito de capacidade, o testamento válido segundo a lei brasileira se esta reger a sucessão. Buscou-se claramente favorecer a validade do testamento mesmo diante de defeito de capacidade do testador[64].

Assim como ocorre com o *favor negotii*, o *afastamento* da regra de conexão rígida é *criticado* por alguns autores: Lewald, ao comentar o *favor testamenti* em hipótese de mudança de nacionalidade (que resulta no uso da antiga lei da nacionalidade para regular a validade do testamento), questiona se o favorecimento é *razão suficiente* para descartar a lei da nova nacionalidade[65]. Tal crítica demonstra, novamente, a tensão gerada pela introdução do princípio do favorecimento por intermédio da escolha *a priori* do valor ou interesse a ser privilegiado.

O direito prioritário traduz-se na liberdade de testar, fruto da liberdade de agir do indivíduo. Contudo, há outros direitos que *também podem incidir* na sucessão transnacional, como o direito à igualdade (no caso de lei que impeça que o testador insira cláusulas discriminatórias). Permanece aqui a colisão, não resolvida, entre o direito prioritário e outros direitos que são comprimidos pelo princípio do favorecimento.

2.3. O FAVORECIMENTO À PRESERVAÇÃO OU À DISSOLUÇÃO DE DETERMINADO *STATUS*

2.3.1. O *favor filiationis*

Um dos mais importantes temas do direito internacional privado é a *definição da lei que estabelece o vínculo jurídico com o seu agrupamento*

63. SYMEONIDES, Symeon C. "Private International Law: Idealism, Pragmatism, Eclecticism. General Course on Private International Law» *in Recueil des Cours de l´Académie International de la Haye*, vol. 384, 2017, pp. 33-385, em especial p. 219.

64. Art. 65 do anteprojeto. Em 1970, o anteprojeto foi alterado pela Comissão Revisora, formada pelo Ministro Luiz Gallotti, do Supremo Tribunal Federal, pelos Professores Oscar Tenório e pelo próprio Haroldo Valladão, recebendo a denominação de "Código de Aplicação das Normas Jurídicas" e passando a conter 93 artigos. Ver texto integral de ambos em VALLADÃO, Haroldo. *Direito Internacional Privado*. Vol. II. 2ª ed., Rio de Janeiro: Freitas Bastos, 1977, p. 241-282.

65. LEWALD, Hans. «Questions de droit international des successions» *in Recueil des Cours de l´Académie International de la Haye*, vol. 9, 1925, pp. 1-125, em especial p. 102.

familiar, que é, por sua vez, faceta da relação do indivíduo com a sociedade. A posição que o indivíduo ocupa no seio dos grupos sociais, tais como a sociedade familiar, retrata seu estado jurídico, ou, na expressão latina, seu *status personae,* que, aplicado à condição jurídica de uma pessoa em uma família, é denominado de *status familiae.*

A incerteza em relação ao estado familiar implica em rompimento de vínculos estabelecidos em outro foro, gerando impactos *negativos* tanto em relação aos *diretamente envolvidos* no fato transnacional quanto a *terceiros* que com eles se relacionam, impondo-se, ainda, gravame na construção da identidade do indivíduo[66].

Entre as diversas relações possíveis envolvendo parentesco e estado familiar, a filiação é a que estabelece o vínculo inicial entre o indivíduo e seus pais[67]. Atualmente, a filiação não é considerada como apenas o vínculo que une um indivíduo a sua mãe ou a seu pai por laços de consanguinidade, devendo ser conceituada, conforme Fujita, como o "vínculo que se estabelece entre pais e filhos, decorrente da fecundação natural ou da técnica de reprodução assistida homóloga (sêmen do marido ou do companheiro; óvulo da mulher ou da companheira) ou heteróloga (sêmen de doador anônimo, com consentimento do esposo ou companheiro; ou óvulo de doadora anônima, com anuência da esposa ou companheira), assim como em virtude da adoção ou de uma relação socioafetiva resultante da posse do estado de filho"[68]. No mesmo sentido, Gavião de Almeida sustenta que não se pode mais vincular o conceito de filiação ao laço sanguíneo, devendo ser utilizado o conceito de "relação parental, em primeiro grau e em linha reta, que liga duas pessoas"[69].

66. BARATTA, Roberto. «La reconnaissance internationale des situations juridiques personnelles et familiales» *in Recueil des Cours de l'Académie International de la Haye*, vol. 348, 2010, pp. 253-499, em especial p. 283. OPREA, Alina. «Problemes de Conflits de Lois en Matiere D'Establissement de Filiation» *in Studia Universitatis Babes-Bolyai Jurisprudentia*, n.2, 2013, pp. 125-145, em especial p. 125.

67. Para Camargo Viana, hoje é indiscutível a existência do direito do filho à regularidade do estado de sua filiação. CAMARGO VIANA, Rui Geraldo. "Da relatividade do exame de DNA para reconhecimento da filiação" *in* CHINELATO, Silmara Juny de Andrade; SIMÃO, José Fernando; ZUCCHI, Maria Cristina (orgs.). *O direito de família no terceiro milênio: Estudos em homenagem a Álvaro Villaça Azevedo*. São Paulo: Atlas, 2010, pp. 489-504, em especial p. 491.

68. O estado de filho consiste na "demonstração contínua de convivência harmoniosa dentro da comunidade familiar, pela conduta afetiva dos pais em relação aos filhos e vice-versa, pelo exercício dos direitos e deveres inerentes ao poder familiar, visando ao resguardo, sustento, educação e assistência material e imaterial do filho". FUJITA, Jorge. "Filiação na Contemporaneidade" *in* CHINELATO, Silmara Juny de Andrade; SIMÃO, José Fernando; ZUCCHI, Maria Cristina (orgs.). *O direito de família no terceiro milênio: Estudos em homenagem a Álvaro Villaça Azevedo*. Atlas. 2010, pp. 465-487, em especial p. 474. FUJITA, Jorge. "Filiação na Contemporaneidade" *in* CHINELATO, Silmara Juny de Andrade; SIMÃO, José Fernando; ZUCCHI, Maria Cristina (orgs.). *O direito de família no terceiro milênio: Estudos em homenagem a Álvaro Villaça Azevedo*. São Paulo: Atlas, 2010, pp. 465-487, em especial p. 473-474.

69. ALMEIDA, José Luiz Gavião de. "Reconhecimento de filiação" *in* CHINELATO, Silmara Juny de Andrade; SIMÃO, José Fernando; ZUCCHI, Maria Cristina (orgs.). *O direito de família no terceiro milênio: Estudos em homenagem a Álvaro Villaça Azevedo*. São Paulo: Atlas, 2010, pp. 523-545, em especial p. 524.

Assim, a filiação é hoje multifacetada e reflete a nova realidade social embasada nos avanços da ciência[70], resultando no reconhecimento do valor jurídico do afeto como fundamento das novas relações familiares. A socioafetividade e as técnicas de inseminação artificial heteróloga demonstram, como sustenta Rzyk, a ausência de identidade entre o vínculo biológico estrito senso e a filiação[71]. Na linha defendida por Hironaka, houve mudança nas relações familiais, sendo construída uma família eudemonista (aquela na qual a felicidade é o seu fundamento) "agregadora dos mais plurais arranjos familiares, fato natural vinculador de pessoas por afetividade ou consanguinidade".[72]

O direito à filiação tem claro vínculo com a gramática dos direitos humanos, prevendo a Convenção das Nações Unidas sobre os direitos da criança que "[a] criança será registrada imediatamente após seu nascimento e terá direito, desde o momento em que nasce, a um nome, a uma nacionalidade e, na medida do possível, a conhecer seus pais e a ser cuidada por eles" (art. 7.1)[73]. Trata-se do direito ao conhecimento das origens biológicas ou afetivas[74], que delimita os atributos próprios da personalidade do indivíduo.

No campo do direito internacional privado, o princípio do favorecimento da filiação (*favor filiationis*) consiste na escolha de lei que promova o reconhecimento do estado de filho. O seu uso pode incidir sobre situações de filiação legítima, filiação natural, situações de contestação de paternidade, de reconhecimento de filiação, entre outros.

O princípio do favorecimento atua para *garantir* o estabelecimento da filiação, evitando a insegurança jurídica de uma "filiação claudicante", ou seja, válida em um Estado e inválida em outro. Pode existir também a

---

70. Para Rui Geraldo Camargo Viana, a ciência hoje modificou o antigo brocardo romano – *pater is est quem nuptiae demonstrant* – para consolidar a verdade real da paternidade (ou maternidade): *pater est quem DNA demonstrat*. VIANA, Rui Geraldo Camargo. *A família e a filiação*. Tese de Titularidade em Direito Civil da Faculdade de Direito da Universidade de São Paulo, 1996, p. 12.

71. RUZYK, Carlos Eduardo Pianovski. "Filiação" *in* SIMÃO, José Fernando; LAGRASTA NETO, Caetano. *Dicionário de Direito de Família*. vol. 1, São Paulo: Atlas, 2015, pp. 424-427, em especial p. 425.

72. HIRONAKA, Giselda Maria Fernandes Novaes. "O conceito de família e sua organização jurídica" *in* PEREIRA, Rodrigo da Cunha. *Tratado de direito das famílias*. 2ª edição, Belo Horizonte: IBDFAM, 2016, pp. 27-100, em especial p. 57. Maria Berenice Dias entende que a família passa, na era contemporânea, a ser vista como "grupo de afetividade e companheirismo", o que resulta em esvaziamento do seu lado meramente biológico. DIAS, Maria Berenice. *Manual do Direito das Famílias*. 5ª Ed. São Paulo: Editora RT, 2009, p. 324.

73. Ratificada pelo Brasil em 24 de setembro de 1990. Foi incorporada pelo Decreto n. 99.710 de 21 de novembro de 1990.

74. Para Maluf, o parentesco socioafetivo é aquele forjado pela afetividade existente, devendo ser interpretado pelo princípio da prevalência dos interesses do filho, defluindo direitos e deveres. MALUF, Carlos Alberto Dabus. *Curso de direito de família*. São Paulo: Saraiva, 2013, p. 526.

extensão do *favor filiationis* para caso de invalidade do casamento, que não atingirá os filhos nascidos na constância do matrimônio nulo[75].

No plano convencional, a Convenção da Haia relativa à competência das autoridades e à lei aplicável em matéria de proteção de menores, de 1961, prevê, inicialmente, a competência das autoridades do Estado da *residência habitual do menor* para a adoção das medidas de proteção, bem como o uso da lei do local de residência habitual do menor. Porém, caso a proteção dos interesses do menor exija, pode ser utilizada a lei nacional (art. 4º)[76].

O direito internacional privado possui o desafio de assegurar a continuidade das relações jurídicas e a identidade dos indivíduos, zelando pela manutenção de um estado de filiação reconhecido por todos os estados.

No Brasil, Numa do Valle defendeu, ainda sob égide da introdução ao Código Civil de 1916, a adoção da lei mais favorável ao filho, em caso de existirem duas leis da nacionalidade envolvidas (lei do pai e lei do filho). O autor sugere que o critério decisivo para a aplicação de leis antagônicas é a escolha daquela que mais diretamente atenda ao interesse que o legislador do foro visa proteger[77]. Beviláqua, analisando a situação de *diferentes leis envolvidas,* defendeu o uso da lei nacional do filho, agora com esteio na expectativa de que essa lei fosse ser a mais protetiva[78].

A jurisprudência brasileira orientou-se, na primeira metade do século XX, no sentido de adotar a lei que viesse a favorecer o filho, sobretudo se este fosse brasileiro. Entre os precedentes, cabe mencionar o caso *Cantuária Guimarães*, que abordou ação de investigação de paternidade proposta, no Brasil, por menores nascidos no Paraguai, quando a ação não estava prevista pela lei paraguaia da época. Por maioria, o Supremo Tribunal Federal acolheu o uso da lei do suposto pai (lei brasileira), que favorecia os menores, uma vez que, ao ser aplicada, possibilitaria o reconhecimento da paternidade e, com isso, da nacionalidade brasileira originária das crianças[79].

75. OPREA, Alina. «Problémes de conflits de lois en matière d'establissement de filiation» *in Studia Universitatis Babes-Bolyai Jurisprudentia*, n.2, 2013, pp. 125-145, em especial p. 129.

76. *In verbis:* "Artigo 4.º Se as autoridades do estado donde o menor é nacional consideram que o interesse do mesmo assim o exige, podem, de acordo com a respectiva lei interna e depois de terem informado as autoridades do estado da residência habitual daquele, decretar medidas visando a protecção da sua pessoa ou dos seus bens".

77. VALLE, Numa Pompílio do. *Família no Direito Internacional Privado.* São Paulo: Duprat & Comp, 1923, p. 285.

78. BEVILÁQUA, Clóvis. *Princípios Elementaresde Direito Internacional Privado.* Salvador: Livraria Magalhães, 1906, p. 238.

79. VALLADÃO, Haroldo. *Direito Internacional Privado.* Vol. II. 2ª ed., Rio de Janeiro: Freitas Bastos, 1977, p. 139. Ver também VALLADÃO, Haroldo. "Direito Internacional Privado da Filiação Natural" *in* VALLADÃO, Haroldo. *Estudos de Direito Internacional.* Rio de Janeiro: Livraria José Olympio, 1947, pp. 159-174, em especial p. 163-164.

Nesse sentido, Serpa Lopes também defendeu que, divergindo a lei pessoal do pai e a do filho quanto à investigação de paternidade, deverá prevalecer aquela que for mais favorável à filiação[80].

O outro lado do *favor filiationis* (quase sempre olvidado) é o repúdio implícito ao *favor impugnationis,* ou seja, do direito daquele que não deseja que filiação duvidosa seja estabelecida[81].

Por exemplo, é possível que o direito estrangeiro não permita à mãe contestar a paternidade (somente ao pai), o que levaria ao uso da lei estrangeira caso fosse adotado o *favor filiationis.* Contudo, a Corte Europeia de Direitos Humanos, no caso *Kroon*[82], decidiu que o *direito de contestar a filiação* é um direito que decorre do artigo 8º da Convenção Europeia de direitos humanos (direito à vida privada), *não* podendo ser negado à mãe.

O caso *Kroon* traz à luz o conflito entre o *favor filiationis* e o favorecimento da verdade na filiação (*favor veritatis).* Do mesmo modo, Dolinger sustenta que o critério de aplicação da lei que favorece a filiação tem *exceção* na "remota hipótese" do reconhecimento ser do interesse do genitor e não da criança, caso em que deve imperar o uso da lei mais favorável à criança (*favor infans)*[83].

A *colisão* do direito à filiação e do direito de contestar a filiação (que pode ser extraído da faceta negativa do direito à vida familiar, ou seja, o direito de não ser obrigado a ter uma relação familiar) evidencia, mais uma vez, a tensão envolvendo a técnica do "direito prioritário", que não conta com instrumental apto a solucionar os choques de direitos nas relações jurídicas privadas transnacionais.

2.3.2. O *favor matrimonii* e o *favor divortii*

O direito internacional privado das famílias passa por transformação com a revolução na concepção de família em diversos estados. Para Boele-Woelki, essas mudanças manifestam-se em três grandes áreas: (i) no estabelecimento e na dissolução das relações familiares; (ii) na forma das

80. SERPA LOPES, Miguel Maria de. *Comentários à Lei de Introdução ao Código Civil.* Vol. II, 2ª edição. Rio de Janeiro: Freitas Bastos, 1959, p. 144.

81. PICONE, Paolo. «Les Méthodes de Coordination entre Ordres juridiques en Droit international privé – Cours général de droit international privé» *in Recueil des Cours de l´Académie de Droit International de la Haye,* vol. 276, 1999, pp. 9-288, em especial p. 105.

82. Corte Europeia de Direitos Humanos, caso *Kroon v. Holanda,* julgamento de 27 de outubro de 1994.

83. DOLINGER, Jacob. *Direito Civil Internacional.* Vol. I. A família no Direito Internacional Privado. Tomo Segundo. A criança no Direito Internacional. Rio de Janeiro: Renovar, 2003, p. 63.

relações entre os parceiros que formam o núcleo familiar; e (iii) na evolução das relações entre pais e filhos[84].

No campo dos direitos, o direito à igualdade entre homens e mulheres nos mais diversos aspectos da vida social reverberou nas relações familiares tanto no que tange ao modelo de família quanto ao controle da forma de nascimento e de adoção de filhos. A proibição de discriminação vai além da igualdade entre homens e mulheres, alcançando também as mais diversas identidades de gênero, que devem ser abarcadas pelo direito das famílias, consagrando o chamado direito à felicidade como eixo de construção de todas as soluções normativas envolvendo o casamento e as uniões entre pessoas do mesmo sexo.

A dispersão geográfica das transformações ocorre graças aos fluxos transfronteiriços de pessoas, gerando famílias transnacionais e impulsionando a adoção do princípio do favorecimento para combater a exclusão e proteger direitos dos envolvidos. Nessa linha, as regras de conexão materiais servem para trazer para o campo do direito internacional privado a consagração de resultados que as novas condições econômicas, sociais e culturais geraram para o direito interno.

Diferentemente da solução do método clássico – que utilizava a regra de conexão do estatuto pessoal das pessoas envolvidas nas relações familiares como centro ou sede das relações jurídicas de cunho familiar –, a evolução das instituições familiares de forma assimétrica entre os estados e as diferenças entre as diversas leis materiais comprometeram o postulado da equivalência entre as potenciais leis vinculadas ao fato transnacional, acarretando desigualdades e insegurança jurídica[85]. O coração do direito internacional privado das famílias é o estado pessoal, cuja generalidade e diversidade entre os Estados (por exemplo, com a adoção da lei da nacionalidade ou lei do domicílio) gera as chamadas relações jurídicas claudicantes, caracterizadas por serem válidas em um Estado e não em outro[86].

As relações familiares claudicantes mais comuns são o "casamento claudicante" (*mariage boiteux*) e a "adoção claudicante" (*adoption boiteux*), com impactos negativos aos envolvidos, especialmente nos casos em que a

84. BOELE-WOELKI, Katharina. «La famille et le droit international» *in International Law – FORUM du droit international*, vol 7, 2005, pp. 146–152, em especial p. 146.
85. GOLDSTEIN, Gérald. «La cohabitation hors mariage en droit international privé» *in Recueil des Cours de l'Académie de Droit International de La Haye*, vol. 320, 2006, pp. 9-389, em especial p. 49.
86. LEQUETTE, Yves. «Le droit international privé de la famille à l'épreuve des conventions internationales» *in Recueil des Cours de l'Académie de Droit International de la Haye*, vol. 246, 1994, pp. 9-233, em especial p. 101.

situação é válida em um Estado, mas possui vínculos estreitos com outro, cujo sistema de direito internacional privado não a reconhece. Nesse caso, a busca por regras de favorecimento visa assegurar a validade das situações para impedir a insegurança jurídica e discriminação[87].

O princípio do *favor matrimonii* consiste na adoção de regras de conexão que garantam a validade formal e substancial do casamento. Esse favorecimento é fruto da constatação da existência de condições distintas impostas por leis potencialmente aplicadas ao casamento com vínculo transnacional, que tem como resultado a validade de casamentos em determinados estados e a sua nulidade em outros. Para Gaudemet-Tallon, o *favor matrimonii* exprime a vontade do direito internacional privado de salvar o matrimônio de possíveis nulidades[88].

A tendência de uso intensivo do *favor matrimonii* decorre, para Droz, dos conflitos e das divergências irredutíveis entre os sistemas nacionais de direito material envolvendo diferenças de religião e formatação do conceito de família (inclusive em relação às famílias poligâmicas)[89]. Para Schwind, os casamentos claudicantes são fruto de divergências envolvendo a secularização do casamento face às resistências de cunho religioso em vários estados, com a contradição entre o uso da lei do local da celebração e a lei da nacionalidade dos nubentes[90].

Identificam-se dois modos de obtenção do favorecimento da validade do casamento: o modo unitário, que adota uma única lei (em geral, a lei do local da celebração) para não existir insegurança jurídica; e o modo plural, que coteja as leis com vínculos potenciais para que utilizar aquela que assegure a validade do casamento.

A adoção da *lex loci celebrationis* para regular o casamento é expressão do *favor matrimonii*, uma vez que se entende que o lugar da celebração e o consequente direito aplicável são escolhidos pelos contraentes presumivelmente com a intenção de que seja realizado um casamento válido. Para Pallares, é o mais antigo dos sistemas para favorecer a validade dos casamentos, tendo

87. KINSCH, Patrick. «Droits de l'homme, droits fondamentaux et droit international privé» *in Recueil des Cours de l´Académie de Droit International de La Haye*, vol. 318, 2005, pp. 9-331, em especial p. 119.

88. GAUDEMET-TALLON, Hélène. «La désunion du couple en droit international privé» *in Recueil des cours de l´Académie de Droit International de La Haye*, vol. 226, 1991, pp. 9-279, em especial p. 94.

89. DROZ, Georges A. L. «Regards sur le droit international prive comparé. Cours général de droit international privé» *in Recueil des cours de l´Académie de Droit International de La Haye*, vol. 229, 1991, pp. 9-424, em especial p. 157.

90. SCHWIND, Fritz. «Le divorce en droit international privé» *in Recueil des Cours de l´Académie de Droit International de La Haye*, vol. 117, 1966, pp. 445-501, em especial p. 459-460.

sido adotado, por exemplo, no artigo 11 do Tratado de Montevidéu sobre direito civil internacional de 1889[91-92]. Já a pluralidade de leis foi adotada pela Convenção da Haia de 1902, que previa a combinação da lei da nacionalidade com a lei do local da celebração do casamento. Em princípio, utilizava-se a lei da nacionalidade dos nubentes, mas a *lex loci* poderia ser aplicada caso as proibições da lei da nacionalidade estivessem fundadas em motivos religiosos.

Outra vertente de *favor matrimonii* é a desconsideração da *lex loci* em favor de outra lei, como se vê no artigo 51, nº 4 (antigo numeral 3) do Código Civil português, que dispõe "[o] casamento no estrangeiro de dois portugueses ou de português e estrangeiro, em harmonia com as leis canónicas, é havido como casamento católico, seja qual for a forma legal da celebração do acto segundo a lei local, e à sua transcrição servirá de base o assento do registo paroquial."[93] Marques Santos considera o dispositivo bizarro, pois reconhece a validade de um casamento canônico celebrado no estrangeiro, mesmo em um Estado que não aceite essa modalidade de matrimônio[94].

Em 1978, foi elaborada Convenção da Haia sobre a celebração e o reconhecimento da validade dos casamentos, que até hoje conta com apenas três estados contratantes. A maior objeção dos estados à Convenção relacionou-se à previsão de que os requisitos formais para o casamento seriam regidos pela lei do Estado da celebração (art. 2º), resultando na criação de "paraísos matrimoniais" (*marriage heavens)* para os indivíduos que quisessem se casar sem obedecer aos ditames da sua lei pessoal (por exemplo, a lei da nacionalidade). Excepcionalmente, no art. 11, permite-se a recusa da validade do casamento por outro Estado em determinadas hipóteses, além de se prever o uso da ordem pública do Estado do foro como argumento genérico de recusa à validade do casamento (art. 14)[95].

91. PALLARES, Beatriz. "Matrimonio y uniones no matrimoniales" *in* FERNÁNDEZ ARROYO, Diego P. (org.). *Derecho internacional privado de los estados del Mercosur*. Buenos Aires: Zavalia Ed., 2003, pp. 695-765, em especial p. 715.

92. No Congresso Sul-Americano de Direito Internacional Privado realizado em Montevidéu de 1888 a 1889, foram adotados nove acordos internacionais. Para Goldschmidt, a *codificação de Montevidéu* é pioneira e merece aplausos. *In verbis:* "Los tratados de Montevideo merecen en general un aplauso entusiasmado. Constituían, con cuarenta años de antelación, la primera codificación internacional del DIPr., ya que nadie se atrevía a entrar en competencia con ellos hasta que en 1928 se aceptó el Código Bustamante". GOLDSCHMIDT, Werner. *Derecho Internacional Privado. Derecho de la Tolerancia*. 7 ed. Buenos Aires: Ediciones Depalma, 1990, p. 39.

93. Código Civil português atualizado. Disponível em: http://www.pgdlisboa.pt/leis/lei_mostra_articulado.php?ficha=1&artigo_id=&nid=775&pagina=1&tabela=leis&nversao=&so_miolo=. Acesso em 01/03/2024.

94. SANTOS, A. Marques dos, "The new private international law rules of Macao" *in Yearbook of Private International Law*, vol. II, 2000, pp. 133-151, em especial p. 146.

95. Texto integral da Convenção e partes até o momento (Austrália, Luxemburgo e Holanda) disponíveis em: https://www.hcch.net/pt/instruments/conventions/full-text/?cid=88. Acesso em: 30/05/2024.

A pequena repercussão da Convenção da Haia de 1978 demonstra que o uso amplo do *favor matrimonii* não é totalmente absorvido como regra geral do direito internacional privado pelos estados. Contudo, aponta Nygh que várias restrições ao casamento originalmente impostas pela religião e por razões raciais ou eugênicas foram abandonadas e é comum a realização de casamentos sucessivos ou mesmo de nenhum casamento, sendo difícil que os estados tenham algum interesse em estabelecer condições que não sejam baseadas em idade mínima, liberdade de consentimento e proibição do incesto. O *favor matrimonii* mostra-se importante para preservar o casamento e seus impactos na proteção de indivíduos, como, por exemplo, filhos, resultando, no futuro, o aumento do número de ratificações dessa Convenção[96].

Nos Estados Unidos, o *favor matrimonii* é visto na aceitação da aplicação de regras matrimoniais mais permissivas do que as estipuladas na lei do local do casamento, vigentes no Estado de domicílio dos nubentes antes ou logo após a celebração do casamento. Adota-se, assim, a lei do domicílio dos nubentes mais favorável à validade do casamento ao invés da tradicional lei do local da sua celebração. Para Dolinger, trata-se de "política manifestamente *favor matrimonii*"[97].

No Brasil, a lei do domicílio de cada um dos nubentes regula, de acordo com o artigo 7º, *caput,* da Lei de Introdução às Normas do Direito Brasileiro (LINDB), diversos temas referentes à validade do casamento, tal qual a capacidade matrimonial dos nubentes[98]. Contudo, o artigo 7º, § 1º, excepciona a regra, dispondo que o casamento, caso celebrado no Brasil, será regido pela lei brasileira quanto aos impedimentos dirimentes e às formalidades da celebração[99]. Outro dispositivo importante para a validade do matrimônio é o artigo 7º, § 3º[100], que fixa a lei do primeiro domicílio conjugal para reger os casos de invalidade do matrimônio na hipótese dos nubentes possuírem domicílios distintos.

96. Nygh termina sustentando que a Convenção de 1978 atende a essa necessidade contemporânea, sendo uma "bela adormecida" esperando seu despertar. NYGH, Peter. "The Hague Marriage Convention — A Sleeping Beauty" *in* BORRÁS A.; BUCHER A.; STRUYCKEN, T.; VERWILGHENM. (eds). *E Pluribus Unum - Liber Amicorum Georges A.L. Droz - On the Progressive Unification of Private International Law - Sur l'unification progressive du droit international privé.* The Hague/Boston/London: Martinus Nijhoff Publishers, 1996, pp. 253-267, em especial p. 266.

97. Ver algumas dessas decisões em DOLINGER, Jacob. *Direito Civil Internacional.* Vol. I. A família no Direito Internacional Privado. Tomo Primeiro. Rio de Janeiro: Renovar, 2007, p. 94.

98. *In verbis:* "Artigo 7º. A lei do país em que domiciliada a pessoa determina as regras sobre o começo e o fim da personalidade, o nome, a capacidade e os direitos de família."

99. *In verbis:* Artigo 7º, § 1º: "Realizando-se o casamento no Brasil, será aplicada a lei brasileira quanto aos impedimentos dirimentes e às formalidades da celebração."

100. *In verbis*: Artigo 7º, § 3º. "Tendo os nubentes domicílio diverso, regerá os casos de invalidade do matrimônio a lei do primeiro domicílio conjugal."

Dolinger considera a regra do artigo 7º, § 3º, inconstitucional, pois poderia ocorrer de casamento válido pelas leis dos domicílios de ambos os nubentes ser posteriormente considerado inválido por não estar de acordo com a lei do país aonde mais tarde fixaram seu primeiro domicílio conjugal, em flagrante ofensa aos direitos adquiridos[101]. Para Valladão, o dispositivo é absurdo, pois a invalidade poderia ser gerada pela inobservância de requisitos não exigidos pela lei do local de celebração do matrimônio[102].

Em contraste com a legislação brasileira, o artigo 47 do Código Bustamante estipula que a nulidade do matrimônio deve regular-se pela mesma lei que estiver submetida a condição intrínseca ou extrínseca que a tiver motivado. Sobre o tema, o Supremo Tribunal Federal acatou a crítica doutrinária ao artigo 7º, § 3º, em 1971, ao julgar caso de casamento celebrado no Brasil, por nubentes com domicílio diverso, posteriormente anulado no Estado do primeiro domicílio conjugal sob o fundamento de que a esposa havia descumprido obrigações assumidas antes do casamento referentes ao seu dever de residir nos Estados Unidos e de ter filhos. No pedido de homologação de sentença estrangeira feito pelo marido perante o STF (que detinha, à época, tal competência constitucional para o caso), discutiu-se a interpretação do artigo 7º, § 3º, da LINDB, para definir se seria possível que a lei do primeiro domicílio conjugal invalidasse casamento invocando motivo que não é hipótese de nulidade ou anulabilidade do casamento pela lei do local da sua celebração. Inicialmente, o STF homologou a sentença estrangeira, mas, em um segundo julgamento, para correção de erro material, considerou o preceito (art. 7º, § 3º) como "inaplicável, por impossibilidade lógica, e assim, como não escrito", uma vez que a "validade ou invalidade de um ato só pode ser aferida em face da lei a que ele obedeceu"[103].

O afastamento pelo Supremo Tribunal Federal da regra em questão preserva a validade do casamento, representando verdadeiro *favor matrimonii,* uma vez que a adoção da nova regra de conexão (lei do primeiro domicílio conjugal) imporia grande risco de invalidade ao ato matrimonial.

Em relação ao *favor divortii,* a dissolução do casamento sofreu modificações profundas no direito internacional privado das famílias nas últimas décadas. Algumas leis substantivas nacionais passaram a permitir

101. DOLINGER, Jacob. *Direito Civil Internacional. Vol. I. A família no Direito Internacional Privado. Tomo Primeiro.* Rio de Janeiro: Renovar, 2007, p. 79.

102. VALLADÃO, Haroldo. *Direito Internacional Privado.* Vol. II. 2ª ed., Rio de Janeiro: Freitas Bastos, 1977, p. 133.

103. Voto do Relator, Ministro Luiz Gallotti, que indeferiu a homologação. Supremo Tribunal Federal, Sentença Estrangeira nº 2.085 – segundo julgamento/ EUA – Relator: Min. Luiz Gallotti, julgamento de 3 de março de 1971, publicado no DJ de 10/11/1972, pp. 7727.

o divórcio, resultando em diferenças entre os estados e consequentemente divórcios claudicantes, válidos em um Estado e não em outro.

Exemplo da divergência de leis que podem redundar em divórcio claudicante ocorreu no caso *Cardo*, no qual mulher francesa que adquiriu a nacionalidade italiana do marido pelo casamento buscou divorciar-se na Suíça, local de sua residência. A despeito da lei italiana não permitir divórcios estrangeiros de nacionais italianos, o divórcio foi permitido sob o argumento de que a mulher não havia perdido a nacionalidade francesa, que seria a lei mais favorável ao divórcio[104]. Para Juenger, a decisão é marco na adoção do *favor divortii*[105].

Symeonides afirma que a liberalização do direito material do divórcio em vários países implantou uma política de *favor divortii* resumida em três categorias: (i) uso da lei do foro favorável ao divórcio; (ii) o uso de regras de conexão múltiplas contendo rol de leis que potencialmente poderiam ser aplicadas, autorizando o julgador a utilizar aquela que permita o divórcio; (iii) o uso da lei escolhida pelas partes (de uso mais frequente nos divórcios consensuais)[106].

Em um esforço de investigação do *favor divortii*, Symeonides enumera exemplos dessas fórmulas de favorecimento. Na categoria do uso da *lex fori*, os Estados Unidos possuem diversos exemplos de leis favoráveis ao divórcio, que são aplicáveis em todos os casos submetidos à jurisdição do foro. Na mesma linha, a lei belga e a lei sérvia também afastam a regra de conexão que aponta lei estrangeira proibitiva do divórcio em favor da lei do foro. Já a legislação da Romênia permite que a lei do divórcio seja escolhida com base na lei da residência habitual ou na lei da última residência habitual, na lei do Estado no qual residiram nos últimos anos ou na lei nacional de cada um. Na mesma linha de uso de regras de conexão alternativas a favor do divórcio, estão as codificações da Áustria, Estônia, Hungria, Itália e Espanha[107].

---

104. Arrêt de la IIe Cour civile du 11 juillet 1968 dans la cause Cardo contre Cardo. Disponível em: http://relevancy.bger.ch/php/clir/http/index.php?highlight_docid=atf%3A%2F%2F94-II-65%3Afr&lang=fr&type=show_document. Acesso em: 30/05/2024.

105. JUENGER, Friedriech. «General Course on Private International Law (1983)» *in Recueil des Cours de l´Académie de Droit International de La Haye*, vol. 193, 1985, pp. 119-387, em especial p. 186.

106. SYMEONIDES, S. C. "Private International Law: Idealism, Pragmatism, Eclecticism. General Course on Private International Law» *in Recueil des Cours de l´Académie de Droit International de la Haye*, vol. 384, 2017, pp.01-385, em especial p. 233.

107. SYMEONIDES, S. C. "Private International Law: Idealism, Pragmatism, Eclecticism. General Course on Private International Law» *in Recueil des Cours de l´Académie de Droit International de la Haye*, vol. 384, 2017, pp. 1-385, em especial p. 234-235. O uso de uma série de regras de conexão alternativas referentes aos

Na União Europeia, o Regulamento (UE) nº 1259/2010 (Roma III) permite que as partes escolham uma das seguintes leis aplicáveis: (i) a lei do Estado da residência habitual dos cônjuges no momento da celebração do acordo de escolha de lei; (ii) a lei do Estado da última residência habitual dos cônjuges, desde que um deles ainda aí resida no momento da celebração do acordo; (iii) a lei do Estado da nacionalidade de um dos cônjuges à data da celebração do acordo; (iv) a lei do Estado do foro (*lex fori*)[108]. A autonomia da vontade está prevista na hipótese das partes escolherem a lei entre as que estão previamente fixadas, em clara influência do princípio da proximidade. Na ausência de escolha da lei aplicável, aplica-se a lei da residência habitual, na falta desta, a lei da última residência habitual dos cônjuges, subsequentemente, a lei da nacionalidade de ambos os cônjuges à data da instauração do processo em tribunal ou, na sua falta, a lei do lugar de instauração do processo[109]. No tocante ao *favor divortii,* o Regulamento Roma III prevê o uso da lei mais favorável ao divórcio do foro, caso a lei aplicável não permita o divórcio ou discrimine um dos cônjuges em razão de sexo (art. 10)[110]. Franzina denomina o favorecimento ao divórcio de princípio diretivo (*guiding principle)* do Regulamento Roma III[111], tendo como base a proibição de discriminação e a liberdade de escolha dos envolvidos em dissolver o matrimônio.

A liberdade de circulação no mundo, gerada pelos processos de integração econômica e também pelo fenômeno geral da globalização, tem acelerado a formação dos casamentos transnacionais e, consequentemente, a busca da lei mais favorável ao divórcio para a dissolução dos laços matrimoniais. O aumento do fluxo transfronteiriço de pessoas e o consequente incremento nos casamentos e nos divórcios transnacionais

efeitos pessoais do matrimônio gera uma abordagem "passo a passo" (*step-by-step approach*) também chamada de *Kegel´s ladder*, em homenagem a um de seus principais defensores. BAR, Christian von. "Personal effects of marriage" *in* LIPSTEIN, Kurt (ed). *International Encyclopedia of Comparative Law,* vol. III, capítulo 17, pp. 2-48, em especial p. 17.

108. Regulamento (UE) nº 1259/2010 do Conselho, de 20 de dezembro de 2010, que cria uma cooperação reforçada no domínio da lei aplicável em matéria de divórcio e separação judicial. BOELE-WOELKI, Katharina. "To Be, Or Not to Be: Enhanced Cooperation *in* International Divorce Law with*in* the European Union" *in Victoria University of Wellington Law Review*, vol. 39, 2009, pp. 779-792.

109. YETANO, Toni Marzal. "The constitutionalization of autonomy *in* european family law" *in Journal of Private International Law*, vol. 06, n. 01, 2010, pp. 155-193. CARRUTHERS, JANEEN. "Party autonomy *in* legal regulation of adult relationships: what place for party choice *in* private international law?" *in International and Comparative Law Quarterly*, vol. 61, 2012, pp. 881-913.

110. No original: "Art. 10. Aplicação da lei do foro. Sempre que a lei aplicável por força dos artigos 5. o ou 8. o não preveja o divórcio ou não conceda a um dos cônjuges igualdade de acesso ao divórcio ou à separação judicial em razão do seu sexo, aplica-se a lei do foro".

111. FRANZINA, Pietro, "The law applicable to divorce and legal separation under regulation (EU) n.º 1259/2010 of December 2010" *in Cuadernos de Derecho Transnacional*, vol. 3, n.2, 2011, pp. 85-129, em especial p. 99.

levou ao abandono da usual regra de conexão rígida da lei regulatória dos efeitos do casamento no momento do divórcio.

Contudo, a pluralidade de leis favoráveis ao divórcio gera o inconveniente da insegurança jurídica dada à relatividade das soluções de direito internacional privado. Sobre o tema, Calvo Caravaca e Carrascosa González trazem o exemplo do "divórcio Eurostar" (trem que percorre o túnel sob o Canal da Mancha), no qual dois cônjuges de nacionalidade francesa, residentes em Londres, podem optar pelo divórcio na Inglaterra ou na França, iniciando uma corrida de cálculos jurídicos[112].

Reproduz-se, na seara do divórcio, o conflito de direitos - não solucionado pelo princípio do favorecimento - entre a liberdade (na sua faceta de não ser obrigado a continuar casado) e o direito à segurança jurídica[113], no seu viés de proteção da confiança abalada pela incerteza sobre a lei que deve regular o divórcio, impactando, ainda, outros direitos (por exemplo, o direito de propriedade, com a repercussão da lei do divórcio sobre a partilha de bens).

2.4. O FAVORECIMENTO DA VÍTIMA DE DANOS (*FAVOR LAESI*)

A adoção da regra de conexão da lei do local do dano (*lex loci delicti commissi)* para regular a reparação de danos extracontratuais com vínculos em mais de um ordenamento jurídico é, tradicionalmente, concebida como regra que assegura uniformidade e segurança jurídica para todos os envolvidos nesse fato transnacional.

Para Dolinger, a aplicação da lei do lugar do dano (e não da *lex fori)* remonta à Escola Estatutária italiana, mesmo antes de Bártolo de Sassoferrato. A justificativa para a consolidação da regra baseia-se no princípio que garante à vítima o direito de transferir as consequências do dano para o responsável pela conduta lesiva, e, ao réu, o direito de ser julgado pelas regras do lugar no qual ele realizou a conduta danosa[114].

Originalmente, a regra implicava em uma unidade entre a lei do foro e a jurisdição competente (também do foro), concretizando a *lex propria*

112. CALVO CARAVACA, Alfonso-Luis; CARRASCOSA GONZÁLEZ, Javier. "La ley aplicable al divorcio en europa: el futuro reglamento Roma III" *in Cuadernos de Derecho Transnacional,* vol.I, 2009, pp. 36-71, em especial p. 47-48.

113. HAY, Peter. "Flexibility versus predictability and uniformity *in* choice of law: reflections on current European and United States conflicts law" *in Recueil des Cours de l´Académie de Droit International de la Haye,* vol. 226, 1991, pp. 282-412, em especial p. 395.

114. DOLINGER, Jacob. "Evolution of principles for resolving conflicts *in* the field of contracts and torts" *in Recueil des Cours de l´Académie de Droit International de la Haye,* vol. 283, 2000, pp. 187-512, em especial p. 453.

in foro proprio[115]. Além disso, desconsideravam-se as diferenças entre as regras de direito material dos estados, assumindo que o dano exigia a completa reparação dos prejuízos efetivamente sofridos pela vítima, o que seria realizado com acesso à justiça (do foro do local do dano) e a aplicação da lei material do foro.

Contudo, a partir do desenvolvimento do instituto da responsabilidade civil em vários estados, ficou claro que as regras materiais diferiam no tocante a indenização às vítimas e aos valores impostos a título de prevenção do dano.

O questionamento ao recurso à "lei do local do dano" foi maximizado pela ocorrência de acidentes com potencial geração de graves prejuízos materiais e pessoais, decorrentes de condutas agora comuns na sociedade industrial, que poderiam não ser ressarcidos se incidisse lei obsoleta do local do dano[116].

A fórmula da "lei do local do dano" sofreu novo desgaste com a constatação da ocorrência de danos transnacionais, realizados de modo fortuito em determinado local, com a responsabilidade individual substituída pela responsabilidade de grandes corporações empresariais. A *lex loci delicti* transformou-se em uma solução antiga (baseada, inclusive, em regras nacionais aplicáveis a casos de danos internos) e inadaptada para novas situações transnacionais[117].

Nesse panorama, a regra de conexão da lei do local do dano foi utilizada pelos críticos do direito internacional privado tradicional como exemplo de regra de conexão injusta, notadamente nos casos onde o local do dano é acidental e fortuito em relação aos envolvidos na situação transnacional, devendo imperar o favorecimento à vítima do dano (*favor laesi*).

No caso *Latour*, sobre a lei aplicável para reger as obrigações decorrentes de acidente de trânsito, verificou-se que a lei do local de ocorrência do dano (Espanha) limitava a responsabilidade e a lei de nacionalidade dos envolvidos (França) estipulava a sua reparação total. No caso, a Corte de Cassação francesa insistiu na aplicação da *lex loci delicti*, impedindo a

115. NYGH, Peter E. "The reasonable expectations of the parties as a guide to the choice of law *in* contract and *in* tort" *in Recueil des Cours de l´Académie de Droit International de la Haye*, vol. 251, 1995, pp. 269-400, em especial p. 370.

116. BOUREL, Pierre. «Du rattachement de quelques délits spéciaux en droit international privé» *in Recueil des Cours de l´Académie de Droit International de La Haye*, vol. 241, 1989, pp. 251-398, em especial p. 279.

117. TOMLJENOVIĆ, Vesna. "Maritime Torts – New Conflicts Approach: Is It Necessary?" *in Yearbook on Private International Law*, 1999, pp. 249-297, em especial p. 253-254.

total reparação do dano à viúva da vítima, o que chamou negativamente a atenção da doutrina[118]. Por sua vez, o já citado caso *Babcock v. Jackson* mostrou o afastamento da lei do local do dano, com a incidência, em seu lugar, de lei que assegurava a reparação dos danos às vítimas[119].

Nos Estados Unidos, Morris defendeu a substituição da *lex loci delicti commissi* pela *proper law of the tort*, em aplicação analógica da *proper law of the contract*, devendo o julgador aplicar a lei que possuísse a conexão mais próxima com a situação. Rebatendo a crítica de que a aplicação da lei mais próxima pudesse gerar insegurança jurídica (para seguradoras que não teriam a necessária previsibilidade da lei reguladora do pagamento de somas reparatórias), Morris sustenta que a reparação de danos é tema caracterizado pela imprevisibilidade: um motorista que atropela um pedestre não pode legitimamente exigir que sua responsabilidade seja regida pela lei do Estado X ou do Estado Y; seu dever social é não atropelar o pedestre[120].

Nessa linha, o *Restatement Second of the Conflict of Laws* permite a substituição da *lex loci delicti* pela lei do local com relação mais significativa, incluindo o lugar do dano, o lugar em que a conduta foi realizada, o lugar do domicilio, da residência, da nacionalidade, da incorporação ou da sede das partes e o lugar que centraliza as relações entre as partes. A avaliação do contato com o caso deve levar em consideração o peso de cada um dos elementos de acordo com os interesses dos estados envolvidos, os interesses do foro, os interesses das partes e a previsibilidade dos resultados[121].

Em 1969, o Instituto de Direito Internacional editou resolução sobre responsabilidade extracontratual no direito internacional privado na qual reconheceu que a aplicação da lei do local do dano deveria ser sujeita a exceções quando o local fosse fortuito e o ambiente social das partes

118. O caso versou sobre a colisão de um caminhão, pertencente a nacional francês (Sr. Latour) com trem, ocorrida na Espanha, com o falecimento do motorista do caminhão (Sr. Guiraud), também francês. Não sendo os danos totalmente reparados pela aplicação da lei espanhola (lei do local do dano), a parte lesada (viúva do Sr. Guiraud) pugnou pela aplicação da lei francesa, que a indenizaria plenamente. Porém, a Corte de Cassação entendeu que a lei do local do dano deveria ser aplicada, não sendo caso de se invocar a ordem pública de direito internacional privado francês. Corte de Cassação, caso *Latour v. Veuve Guiraud*, julgamento de 25 de maio de 1948. ANCEL, B.; LEQUETTE, Y. *Les grands arrêts de la jurisprudence française de droit international privé.* 5e ed., Paris: Dalloz, 2006, pp. 164-176.

119. New York Court of Appeals, caso *Babcock v. Jackson*, 191 N.E.2d 279, 12 N.Y.2d 473 (N.Y. 1963), julgamento 09 de maio de 1963. Disponível em: http://www.courts.state.ny.us/reporter/archives/babcock_jackson.htm. Acesso em: 30/05/2024.

120. MORRIS J. H. C., "The Proper Law of a Tort" *in Harvard Law Review*, vol. 64, 1951, pp. 881-895, em especial p. 895.

121. CAVUTO, Thomas J. "Choice of Law: The Abandonment of Lex Loci Delicti--Should Virginia Follow the Trend?" *in University of Richmond Law Review*, vol. 13, 1978, pp. 133-148, em especial p. 140.

envolvidas fosse diferente do ambiente geográfico de realização do dano. Assim, a regra geral deveria ser a incidência da lei do local do dano (art. 1º), a qual deveria ser escolhida entre as leis de vínculo mais próximo, considerando-se desde o local da conduta até a realização da perda. Na ausência de conexão substancial entre a questão a ser determinada e a lei do lugar do dano, a lei com vínculo mais estrito seria a lei da residência habitual (no caso de danos entre membros da mesma família), da sede da empresa (no caso de danos envolvendo empregador e empregado) ou a lei do registro do veículo (art. 3º)[122].

No plano nacional, o artigo 133 da lei federal suíça de direito internacional privado estipula que a lei do local da residência habitual comum do autor e da vítima deve reger a reparação do dano, e, não possuindo residência no mesmo Estado, utiliza-se o direito do local de cometimento do ato ilícito[123].

Já o Código Civil português prevê, em seu art. 45, que a responsabilidade extracontratual fundada em ato ilícito, risco ou conduta lícita, é regulada pela lei do Estado onde ocorreu a principal atividade causadora do prejuízo (*lex loci delicti*), e, em caso de responsabilidade por omissão, é aplicável a lei do lugar onde o responsável deveria ter agido. Contudo, se a lei do Estado onde se produziu o efeito lesivo considerar responsável o agente, mas a lei do país onde decorreu a sua atividade não o responsabilizar, é aplicável a primeira lei, desde que o agente devesse prever a produção de um dano, naquele país, como consequência do seu ato ou omissão. Tendo o agente e o lesado a mesma nacionalidade ou, na falta dela, a mesma residência habitual, e se encontrarem ocasionalmente em país estrangeiro, a lei aplicável será a da nacionalidade ou a da residência comum, sem prejuízo das disposições do Estado local que devam ser aplicadas indistintamente a todas as pessoas[124].

122. Instituto de Direito Internacional, «Les obligations délictuelles en droit international privé». Resolução adotada na sessão de sessão de Edimburg, 1969. Relator: KAHN-FREUND, Otto. Disponível em: http://www.idi-iil.org/app/uploads/2017/06/1969_edi_04_fr.pdf. Acesso em: 30/05/2024.

123. *In verbis:* «Art. 133. 1 Lorsque l'auteur et le lésé ont leur résidence habituelle dans le même Etat, les prétentions fondées sur un acte illicite sont régies par le droit de cet Etat. 2. Lorsque l'auteur et le lésé n'ont pas de résidence habituelle dans le même Etat, ces prétentions sont régies par le droit de l'Etat dans lequel l'acte illicite a été commis. Toutefois, si le résultat s'est produit dans un autre Etat, le droit de cet Etat est applicable si l'auteur devait prévoir que le résultat s'y produirait. 3. Nonobstant les alinéas précédents, lorsqu'un acte illicite viole un rapport juridique existant entre auteur et lésé, les prétentions fondées sur cet acte sont régies par le droit applicable à ce rapport juridique».

124. Código Civil português atualizado. Disponível em: http://www.pgdlisboa.pt/leis/lei_mostra_articulado.php?ficha=1&artigo_id=&nid=775&pagina=1&tabela=leis&nversao=&so_miolo=. Acesso em: 30/05/2024.

Já a recente codificação de direito internacional privado da Argentina prevê, em seu artigo 2.657, que, em geral, o direito aplicável a uma obrigação fruto de responsabilização civil é a do país no qual tenha sido produzido o dano. Contudo, quando o presumido autor e a vítima têm domicílio no mesmo local, aplica-se o direito deste Estado, criando-se exceção ao *lex loci delicti commissi*[125].

No plano convencional, os tratados de direito internacional privado acompanharam o esvaziamento da hegemonia da lei do local do dano. O artigo 3º da Convenção da Haia sobre a lei aplicável a acidentes de trânsito, de 1971 ("Convenção sobre acidentes rodoviários"), estabelece que a lei aplicável aos acidentes é a lei interna do Estado da sua ocorrência, admitindo várias exceções, como o uso da lei interna do local de registro do veículo nas hipóteses de somente um veículo estar envolvido no acidente e registrado em Estado que diferente do local do acidente; dois ou mais veículos estiverem envolvidos em um acidente, caso todos os veículos forem registrados no mesmo Estado. Para Dolinger, o artigo 4º prevê expressamente o princípio da proteção da vítima do dano ao dispor que no caso de mais de uma vítima, a lei aplicável deve ser determinada separadamente, o que incorpora a lógica da lei mais favorável, pois uma vítima não pode ser prejudicada porque outros sistemas legais (que incidiram sobre a relação de reparação das outras vítimas) não fornecem a mesma proteção[126].

A Convenção da Haia sobre a lei aplicável a responsabilidade sobre o fato do produto, de 1973, prevê o uso da *lex loci delicti commissi* se o Estado for também o lugar da residência habitual da pessoa diretamente lesada, o principal local de comércio da pessoa considerada responsável ou o local onde o produto foi adquirido pela pessoa diretamente lesada. Assim, será aplicável a lei do local da residência habitual da pessoa diretamente lesada, se esse local for (i) o local principal da pessoa responsável ou (ii) o local onde o produto foi adquirido pela pessoa diretamente sofredora do dano. Contudo, o artigo 7º exclui as regras alternativas ao estipular que nem a lei do Estado do local da lesão nem a lei do Estado

---

125. *In verbis:* "Artículo 2657. Derecho aplicable. Excepto disposición en contrario, para casos no previstos en los artículos anteriores, el derecho aplicable a una obligación emergente de la responsabilidad civil es el del país donde se produce el daño, independientemente del país donde se haya producido el hecho generador del daño y cualesquiera que sean el país o los países en que se producen las consecuencias indirectas del hecho en cuestión. No obstante, cuando la persona cuya responsabilidad se alega y la persona perjudicada tengan su domicilio en el mismo país en el momento en que se produzca el daño, se aplica el derecho de dicho país".

126. DOLINGER, Jacob. "Evolution of principles for resolving conflicts *in* the field of contracts and torts" *in Recueil des Cours de l´Académie de Droit International de la Haye,* vol. 283, 2000, pp. 187-512, em especial p. 476.

da residência habitual da pessoa diretamente lesada serão aplicáveis se a pessoa responsável pelo dano não poderia razoavelmente prever que o produto ou seus próprios produtos do mesmo tipo estariam disponíveis naquele Estado por meio do comércio.

Na União Europeia, o Regulamento Roma II adota, em geral, a lei do Estado de ocorrência do dano ou a lei vigente no local de residência habitual comum das partes envolvidas, que é usada como alternativa à lei do local do dano. Excepcionalmente, pode ser utilizada a lei do Estado que possui vínculo manifestamente mais estreito com a situação transnacional, descartando-se tanto a lei do Estado de ocorrência do dano quanto do Estado de residência habitual comum[127].

As alternativas à lei do local do dano com base no princípio da proximidade, resultando na escolha da lei do local com vínculos mais estreitos[128], evidenciam uma busca tímida da justiça no caso concreto, de modo a equilibrar os interesses dos envolvidos.

Nos Estados Unidos, a proteção à vítima é mais direta. Um dos princípios de preferência de Cavers estabelece a escolha da lei que impuser o mais *alto padrão de proteção à vítima*, em nome da defesa da saúde, segurança e propriedade das pessoas[129]. Reese defendeu o *favor laesi* em casos de grandes desastres aéreos, sustentando que as regras deveriam favorecer os autores da demanda (vítimas) ao invés dos réus[130]. Assim, o *favor laesi* consolida-se como forma de escolha de lei pautada pelo resultado de proteção da vítima do dano.

---

127. Regulamento (CE) n.º 864/2007 relativo à lei aplicável às obrigações extracontratuais ("Roma II"), em especial artigo 4.º, n.º 1, n.º 2, n.º 3. *In verbis:* "Artigo 4º. Regra geral. 1. Salvo disposição em contrário do presente regulamento, a lei aplicável às obrigações extracontratuais decorrentes da responsabilidade fundada em acto lícito, ilícito ou no risco é a lei do país onde ocorre o dano, independentemente do país onde tenha ocorrido o facto que deu origem ao dano e independentemente do país ou países onde ocorram as consequências indirectas desse facto. 2. Todavia, sempre que a pessoa cuja responsabilidade é invocada e o lesado tenham a sua residência habitual no mesmo país no momento em que ocorre o dano, é aplicável a lei desse país. 3. Se resultar claramente do conjunto das circunstâncias que a responsabilidade fundada em acto lícito, ilícito ou no risco tem uma conexão manifestamente mais estreita com um país diferente do indicado nos n.os 1 ou 2, é aplicável a lei desse outro país. Uma conexão manifestamente mais estreita com um outro país poderá ter por base, nomeadamente, uma relação preexistente entre as partes, tal como um contrato, que tenha uma ligação estreita com a responsabilidade fundada no acto lícito, ilícito ou no risco em causa".

128. DOLINGER, Jacob. "Evolution of principles for resolving conflicts *in* the field of contracts and torts" *in Recueil des Cours de l´Académie de Droit International de la Haye,* vol. 283, 2000, pp. 187-512, em especial p. 456 e p. 462.

129. CAVERS David F. "Contemporary conflicts law *in* American perspective" *in Recueil de Cours de l´Académie de Droit International de La Haye,* vol. 131, 1970, pp. 75-308, em especial p. 154.

130. REESE, Willis L. M. "The Law Governing Airplane Accidents" *in Washington and Lee Law Review,* vol. 39, 1982, pp. 1303-1326, em especial p. 1305-1306.

A tensão entre os interesses do causador do dano e da vítima torna a adoção do *favor laesi* em uma defesa, por presunção absoluta, da prevalência do interesse da vítima em relação ao interesse do responsável pelo pagamento da reparação do dano, fundamentada na busca da justiça material no direito internacional privado.

Entretanto, não parece tão cristalina a associação entre os interesses da vítima e consecução de justiça material, uma vez que o autor do dano pode ter uma justa expectativa de não ser punido por lei que não incidiria na situação transnacional criada[131].

O direito à segurança jurídica, na faceta da proteção a confiança e vedação à surpresa, assim como o direito de propriedade do autor do dano são, portanto, comprimidos.

Novamente, a imposição de um "direito prioritário" escamoteia o conflito de direitos entre os diferentes sujeitos envolvidos nos fatos transnacionais.

2.5. A LEI MAIS FAVORÁVEL AO ALIMENTANDO (*FAVOR OBLIGATIONIS*)

A mobilidade humana transfronteiriça gerou impactos nas relações familiares, com famílias compostas por pessoas de distintas nacionalidades, domicílios e residências, ou seja, com vínculos potenciais com mais de um ordenamento jurídico.

A fragmentação das famílias e o intenso fluxo de pessoas (por migrações forçadas ou voluntárias) impedem a homogeneidade da família contemporânea. Surgem dúvidas sobre a determinação da lei aplicável e jurisdição em vários temas relativos às relações familiares[132].

Sob o ângulo da gestão da diversidade normativa e jurisdicional dos fatos transnacionais que caracteriza o direito internacional privado, foram elaborados tratados internacionais e leis nacionais para regular fenômenos envolvendo as relações familiares com vínculos de estraneidade, a exemplo da prestação de alimentos.

131. Sobre o choque entre a previsibilidade e o desejo de proteção da vítima, ver JAFFEY, A. J. E. "Choice of law *in* tort: a justice-based approach" *in Legal Studies,* n. 2, 1982, pp. 98-117, em especial p. 102.

132. DYER, Adair. "The internationalization of family law" *in University of California, Davis Law Review,* vol. 30, 1997, pp. 625-645, em especial p. 625-626. HAYAKAWA, Shinichiro "International Aspects of Family Maintenance Law *in* Japan" *in Japanese Yearbook of International Law*, vol. 52, pp. 413-432, em especial p. 413 e p. 415. Sobre as novas facetas das famílias no século XXI, ver KRAUSE, Harry D.; MEYER, David D. "What family for the 21st century" *in American Journal of Comparative Law*, vol. 50, 2002, pp. 101-120.

A importância específica da temática dos alimentos é fruto de sua própria definição, pois estes consistem em recursos indispensáveis à vida digna de um determinado indivíduo, observada a possibilidade de quem estiver obrigado a prestar[133]. Forja-se um interesse comum dos estados em garantir o direito a alimentos, especialmente de crianças, uma vez que são indispensáveis à sobrevivência dos componentes mais vulneráveis das famílias[134]. Nesse sentido, o direito internacional privado refere-se às obrigações alimentares geradas por qualquer relacionamento familiar, incluindo as relações parentais, maritais e por afinidade.

A temática dos alimentos no direito internacional privado é de relevo no Brasil graças ao crescente número de famílias com vínculos transnacionais, compostas pelo contingente de imigrantes e refugiados que se mudaram para o exterior desde a 2ª Guerra Mundial e pelos fluxos migratórios. Adicionalmente, o fluxo de brasileiros que emigraram do país nas últimas décadas constitui fonte de casos concretos envolvendo a prestação de alimentos no exterior[135].

No plano internacional, a edição de diplomas normativos que regulam a temática dos alimentos no direito internacional privado ao longo do século XX e início do século XXI inclui: a Convenção Panamericana de direito internacional privado (Código Bustamante), de 1928[136]; a Convenção sobre a prestação de alimentos no estrangeiro (Convenção de Nova Iorque), de 1956[137-138]; a Convenção da Haia relativa à lei aplicável em matéria de prestação de alimentos a menores, de 1956; a Convenção da Haia relativa

133. PIVA, Rui Carvalho. "Alimentos" *in* SIMÃO, José Fernando; LAGRASTA NETO, Caetano. *Dicionário de Direito de Família*. Vol. 1, São Paulo: Atlas, 2015, pp. 424-427, em especial p. 53-58.

134. Martiny aponta que, durante trabalhos da Conferência da Haia de Direito Internacional Privado visando a elaboração de convenção sobre obrigações alimentares, membro da Delegação francesa declarou que "La faim n´attend pas". MARTINY, Dieter. "Maintenance obligations *in* the conflict of laws" *in Recueil des Cours de l´Académie de Droit International de la Haye*, vol. 247, 1994, pp. 132-289, em especial p. 142. Ver também ARAUJO, Nadia de. "O projeto de convenção sobre cobrança de alimentos da Conferência da Haia: análise e resultados da participação brasileira" *in Revista de Direito do Estado*, vol. 21, 2011, pp. 695-715. VALLADÃO, Haroldo. *Direito Internacional Privado*: em base histórica e comparativa, positiva e doutrinária, especialmente dos estados americanos. Rio de Janeiro: Freitas Barros, 1973, vol. 2, p. 151.

135. PATARRA, Neide Lopes (Coord). *Emigração e imigração internacionais no Brasil Contemporâneo*. 2ª ed., São Paulo: FNUAP, 1995.

136. Conforme sustenta Fresnedo de Aguirre, os tratados de Montevidéu de Direito Civil Internacional (TMDCI) de 1889 e 1940 não trouxeram regulamentação específica sobre as obrigações alimentares. FRESNEDO DE AGUIRRE, Cecilia. "Obligaciones de alimentos" *in* FERNÁNDEZ ARROYO, Diego P. (coord). *Derecho internacional privado de los estados del Mercosur: Argentina, Brasil, Paraguay, Uruguay*. Zavalía, Buenos Aires, 2003, pp. 809-840, em especial p. 819.

137. Em 14 de novembro de 1960, o Brasil ratificou a Convenção, que foi incorporada pelo Decreto nº 56.826, de 2 de setembro de 1965.

138. Sobre o tema, ver DOLINGER, Jacob. *Direito Civil Internacional. Vol. I. A família no Direito Internacional Privado. Tomo Segundo. A criança no Direito Internacional*. Rio de Janeiro: Renovar, 2003, p. 323-325. Também ver

ao reconhecimento e execução de decisões em matéria de prestação de alimentos a menores, de 1958; a Convenção da Haia sobre a lei aplicável às obrigações alimentares, de 1973; a Convenção da Haia sobre o reconhecimento e execução de decisões relativas a obrigações alimentares, de 1973; a Convenção Interamericana sobre obrigação alimentar, de 1989[139]; a Convenção da Haia sobre a cobrança internacional de alimentos em benefício dos filhos e de outros membros da família, de 2007; o Protocolo sobre a lei aplicável às obrigações de alimentos, de 2007[140]; e o Regulamento do Conselho da União Europeia (CE) nº 4/2009, de 18 de dezembro de 2008.

Também merece menção a Convenção das Nações Unidas sobre os direitos da criança, de 1989, que estipula, no artigo 27.4, que os estados tomarão todas as medidas adequadas para assegurar o pagamento da pensão alimentícia por parte dos pais ou de outras pessoas financeiramente responsáveis pela criança, quer residam no Estado parte, quer no exterior. O dispositivo prevê que, quando a pessoa que detém a responsabilidade financeira pela criança residir em Estado diferente daquele onde mora a criança, os estados partes promoverão a adesão a acordos internacionais ou a sua conclusão, com a adoção, ainda, de outras medidas apropriadas. De fato, a menção à "adesão a acordos internacionais" e à "conclusão" de acordos foi importante fator de estímulo à Conferência da Haia de Direito Internacional Privado para elaborar novos tratados sobre as obrigações alimentares, aprovados em 2007.

No que tange ao uso do princípio do favorecimento nesses tratados, a Convenção da Haia de 1956 relativa à lei aplicável em matéria de prestação de alimentos a menores adotou o *princípio do favorecimento mitigado*, ao prever o uso da lei da residência habitual do menor (art. 1º), com a alternativa do uso da lei resultante das regras nacionais de conflitos na hipótese de a lei da residência habitual do menor lhe recusar qualquer direito a obter prestação de alimentos (art. 3º)[141].

MARTINY, Dieter. "Maintenance obligations *in* the conflict of laws" *in Recueil des Cours de l´Académie de Droit International de la Haye,* vol. 247, 1994, pp. 132-289, em especial p. 279-281.

139. Concluída em Montevidéu, em 15 de julho de 1989; o Brasil depositou o instrumento de ratificação da Convenção em 11 de julho de 1997. Incorporada internamente pelo Decreto nº 2.428, de 17 de dezembro de 1997.

140. O Brasil depositou, junto ao Ministério dos Negócios Estrangeiros do Reino dos Países Baixos, em 17 de julho de 2017, os instrumentos de ratificação da Convenção e do Protocolo. Incorporados internamente pelo Decreto nº 9.176, de 19 de outubro de 2017.

141. Essa convenção continua a reger os casos de prestação de alimentos envolvendo quatro partes que ainda não ratificaram a Convenção de 1973, a saber: Áustria, Bélgica, Liechtenste*in* e Macau (este último em situação peculiar fruto de declaração quando da devolução do território à China em 20 de dezembro de 1999). Dados sobre a ratificação e situação de Macau disponíveis em: https://www.hcch.net/pt/instruments/conventions/status-table/?cid=37. Acesso em: 30/05/2024.

Já a Convenção da Haia sobre a lei aplicável às obrigações alimentares de 1973 retoma o princípio do favorecimento ao dispor que a lei da residência habitual do credor de alimentos (art. 4º) pode ser afastada em favor da lei nacional comum, quando o credor não puder obter alimentos do devedor pelo uso da regra de conexão principal (art. 5º). Caso a lei nacional comum também não permita a obtenção de alimentos, usa-se a lei do foro (art. 6º).

O princípio do favorecimento é fortalecido na Convenção da Haia de 1973, que, diferentemente da disposição da Convenção de 1956, não faz remissão às regras nacionais de conflito, mas já estipula ser aplicável a lei nacional comum ou a lei material do foro. Interessante observar que o artigo 11 da Convenção da Haia de 1973 reconhece a necessidade de equilíbrio entre as necessidades do credor e os recursos do devedor, mostrando já limite ao uso da lei mais favorável somente para um dos envolvidos no fato transnacional[142]. Para Palsson, o dispositivo tem efeito de superação (*overriding effect*), já que a regra de conexão e o princípio do favorecimento são superados em nome do equilíbrio entre a necessidade do alimentado e a capacidade do alimentante[143].

Para Dolinger, dois princípios informam o direito internacional privado moderno: o princípio da proximidade e o princípio da proteção. O princípio da proximidade é revelado pelo uso da lei da residência habitual do credor, pela sua ligação mais íntima com a prestação de alimentos. Já o princípio da proteção inspirou o texto das duas citadas convenções ao prever o uso da lei mais favorável ao credor de alimentos, consubstanciando um *favor infans* (quando o credor foi menor) ou mesmo um *favor obligationis* (quando o credor foi terceiro)[144].

Já o Protocolo sobre a lei aplicável às obrigações de alimentos de 2007 define a lei aplicável à obrigação de prestar alimentos resultante de relações de parentesco, filiação, casamento ou afinidade, inclusive a obrigação de prestar alimentos em relação a crianças, independentemente do estado civil dos pais, reiterando o uso do princípio do favorecimento. A regra de conexão geral é a lei do Estado de residência habitual do credor (art. 3º), com diversas normas especiais em favor de credores específicos. Em relação a credores filhos, menores de 21 anos ou mesmo pais (sendo devedores

142. "Art. 11 (...) mesmo que a lei aplicável disponha de outro modo, devem ser tomadas em consideração as necessidades do credor e os recursos do devedor, na determinação do montante da prestação alimentar".

143. PALSSON, Lennart. "Rules, problems and trends *in* family conflict laws: especially *in* Sweden" *in Recueil des Cours de l´Académie de Droit International de la Haye*, vol. 199, 1986, pp. 313-413, em especial p. 373.

144. DOLINGER, Jacob. *Direito Civil Internacional*. Vol. I. A família no Direito Internacional Privado. Tomo Segundo. A criança no Direito Internacional. Rio de Janeiro: Renovar, 2003, p. 327.

os filhos), aplica-se a lei do foro se o credor não conseguir, em razão da lei da residência habitual do devedor, obter a prestação de alimentos[145]. Além disso, aplica-se a *lex fori,* na hipótese do credor acionar a autoridade competente do Estado da residência habitual do devedor, sendo aplicável a lei do Estado de residência habitual do credor se a lei do foro negar o direito aos alimentos. Em hipótese derradeira, utiliza-se a lei do Estado da nacionalidade comum do credor e do devedor, caso as leis anteriores neguem direito a alimentos ao credor. Hipótese especial de uso do princípio do favorecimento é a exceção à escolha da lei pelo credor e devedor de alimentos (art. 8º) quando sua incidência acarretar consequências manifestamente injustas ou não razoáveis para qualquer das partes, a menos que, no momento da designação, as partes tenham sido plenamente informadas e conscientizadas das consequências de sua designação (art. 8º, item 5).

No que tange ao trabalho das Conferências Interamericanas de Direito Internacional Privado (CIDIPs), a Convenção Interamericana sobre obrigação alimentar, de 1989, adotou a regra de conexão múltipla voltada ao favorecimento do credor de alimentos, estipulando que a obrigação alimentar, bem como as qualidades de credor e de devedor de alimentos, serão reguladas pela ordem jurídica que for mais favorável ao credor de alimentos, dentre o ordenamento jurídico do Estado de domicílio ou residência habitual do credor e o ordenamento jurídico do Estado de domicílio ou residência habitual do devedor (art. 6º). A Convenção estabelece, ainda, que não se pode restringir os direitos do credor previstos na lei do foro (art. 21)[146].

No bojo da União Europeia, o Regulamento CE nº 4/2009[147], no que tange à determinação da lei aplicável para reger as obrigações alimentares, faz expressa remissão ao Protocolo da Haia de 2007, que Moura Ramos aponta ser, implicitamente, reconhecimento da inexistência de especificidades na situação europeia que justificassem regulação própria[148]. Para Hess e Spancken, como o Protocolo é anterior à regulamentação europeia, prevaleceu

145. AZCÁRRAGA MONZONÍS, Carmen. "El nuevo convenio de la Haya sobre el cobro internacional de alimentos para los niños y otros miembros de la familia (Sobre la negociación de determinados artículos en la Sesión Diplomática del 5 al 23 de noviembre de 2007)" *in* Revista Española de Derecho Internacional. Madrid, vol. LX, n.2, 2008, pp. 491-522.

146. FRESNEDO DE AGUIRRE, Cecilia. "Obligaciones de alimentos" *in* FERNÁNDEZ ARROYO, Diego P. (coord). *Derecho internacional privado de los estados del Mercosur: Argentina, Brasil, Paraguay, Uruguay*. Zavalía, Buenos Aires, 2003, pp. 809-840, em especial p. 823-824.

147. Regulamento (CE) nº 4/2009 do Conselho de 18 de dezembro de 2008 relativo à competência, à lei aplicável, ao reconhecimento e à execução das decisões e à cooperação em matéria de obrigações alimentares.

148. RAMOS, Rui Manuel Gens de Moura. "As obrigações alimentares no Direito Internacional Privado da União Europeia" *in Boletim de Ciências Econômicas,* n. LVII/LVIII, 2014, pp. 2855-2902, em especial p. 2868.

o desejo de simplificar e assegurar, ao mesmo tempo, previsibilidade e segurança jurídica, evitando o estabelecimento de regimes jurídicos paralelos[149]. De qualquer modo, adotou-se o princípio do favorecimento, tal qual consta do Protocolo da Haia de 2007.

No direito internacional privado de matriz legal do Brasil, não há previsão expressa de favorecimento ao alimentando. Beviláqua entendia que a "solução natural" seria aplicar o estatuto pessoal para regular o direito de reclamar alimentos, com a ressalva do uso da lei do foro, caso a primeira não estabelecesse os alimentos devidos[150].

O princípio do favorecimento só foi incluído expressamente no Anteprojeto de Lei Geral de Aplicação de Normas Jurídicas, de Valladão, no qual era disposto que "o direito a alimentos entre parentes se rege segundo a lei mais favorável ao alimentando dentre as leis da nacionalidade, do domicílio ou da residência do alimentante ou mesmo do alimentando" (art. 42). Optou-se por um rol de quatro leis que deveriam ser comparadas para se chegar à lei mais favorável ao alimentado[151].

O direito prioritário aqui (o direito à vida do credor de alimentos) choca-se potencialmente com o direito de propriedade do devedor de alimentos e com o direito à segurança jurídica, pelo uso de lei desconhecida, que só será aplicada por favorecer o alimentando.

2.6. A LEI MAIS FAVORÁVEL AOS SUCESSORES BRASILEIROS

O princípio do favorecimento no direito internacional privado das *sucessões* consiste na adoção de lei que privilegie o *nacional* (princípio do tratamento preferencial nacionalista) ou a *igualdade* entre os *herdeiros* (tratamento preferencial igualitário ou compensatório).

O princípio do uso da lei mais favorável na sucessão transnacional tem raízes no chamado *prélèvement*, instituto adotado na lei francesa de 1819[152], que estabeleceu, na hipótese de partilha entre herdeiros *franceses*

149. HESS, Burkhard; SPANCKEN, Stefanie. "Setting the Scene: The EU Maintenance Regulation" *in* BEAUMONT, Paul; HESS, Burkhard; WALKER, Lara; SPANCKEN, Stefanie (eds). *The recovery of maintenance in the EU and worldwide.* Oxford and Portland, Oregon: Hart Publishing, 2014, pp. 331-335, em especial p. 334.

150. BEVILÁQUA, Clóvis. *Princípios Elementaresde Direito Internacional Privado.* 1ª edição, Salvador: Livraria Magalhães, 1906, § 49, p. 245.

151. VALLADÃO, Haroldo. *Direito Internacional Privado.* Vol. II. 2ª ed., Rio de Janeiro: Freitas Bastos, 1977, p. 153.

152. Ver «Loi du 14 juillet 1819 relative à l'abolition du droit d'aubaine et de détraction (version consolidée au 27 septembre 2011)». Disponível em: https://www.legifrance.gouv.fr/affichTexte.do?cidTexte=LEGITEXT000006069447&dateTexte=20110927. Acesso em: 30/05/2024.

e *estrangeiros* de bens situados na França e no exterior, o *direito à compensação a favor do herdeiro francês*, a ser feita nos bens situados na França, daquilo que injustamente os herdeiros franceses perderam na sucessão aberta no exterior[153]. A origem do instituto encontra-se no direito de albinágio (*droit d´aubaine*) que concedia ao soberano a faculdade, de origem feudal, de *confiscar* os bens de estrangeiros falecidos sem herdeiros nacionais[154]. Assim, o estrangeiro seria o "homem de mão morta", incapaz de receber ou transmitir bens por sucessão[155].

Merlin relata a abolição desse privilégio na França revolucionária no final do século XVIII (pela lei de 8 de abril de 1791)[156]. Contudo, no século XIX, discutiu-se a introdução de fórmula que compensasse o herdeiro francês de exclusões injustas realizadas no exterior (por exemplo, pela manutenção do direito de albinágio em Estado estrangeiro), com base na *reciprocidade.* A já citada lei francesa de 1819 previa um mecanismo de compensação, que calculava o valor total da herança (não importando a localização dos bens no estrangeiro) e o valor a ser atribuído ao herdeiro francês, de acordo com a lei material francesa. Após, a compensação era realizada para eliminar eventual discriminação na sucessão aberta no exterior em detrimento do herdeiro francês.

O *prélèvement* original francês, além de assegurar a unidade sucessória, combatia a discriminação contra o nacional[157]. Contudo, como aponta Batiffol, a prática jurisprudencial francesa distanciou-se da ideia original de reação à discriminação sofrida pelo francês no exterior: o *prèlèvement* foi transformado em verdadeira regra de conflito alternativa, pela qual todo herdeiro francês poderia invocar a lei material francesa, caso a lei estrangeira aplicável lhe outorgasse menos direitos sucessórios[158]. Droz criticou o *prélèvement* nacionalista por seu caráter discriminatório

153. O uso do termo *prélevement* refere-se ao ato de reter, antecipadamente, determinada quantia justamente devida. LEWALD, Hans. «Règles générales des conflits de lois. Contribution à la technique du droit international privé» *in Recueil des Cours de l´Académie de Droit International de la Haye*, vol. 69, 1939, pp. 5-145, em especial p. 120. BATIFFOL, Henri. *Traité élémentaire de Droit International Privé.* 3ed. Paris: LGDJ, 1959, p. 725.

154. DROZ, Georges A. L. «Regards sur le droit international prive comparé. Cours général de droit international privé» *in Recueil des cours de l´Académie de Droit International de La Haye*, vol. 229, 1991, pp. 9-424, em especial p. 232.

155. VILLELA, Anna Maria. "Um privilégio de nacionalidade: o Direito Internacional Privado na Constituição brasileira" *in Revista de Informação Legislativa*, a. 17, n. 65, jan./mar. 1980, pp. 131-146, em especial p. 134.

156. MERLIN, Simon. *Le droit d´aubane et la sucessibilité des étrangers.* Tournay: Imprimerie d´Houtekiet – Kenettenorf, 1837, p. 39.

157. MEINERO, Fernando Pedro. *Sucessões internacionais no Brasil.* Curitiba: Juruá, 2017, p. 150-151.

158. BATIFFOL, H. *Traité Élémentaire de Droit International Privé.* 3ª ed., Paris: LGDJ, 1959, p. 725. No mesmo sentido, MEINERO, Fernando Pedro. *Sucessões internacionais no Brasil.* Curitiba: Juruá, 2017, p. 151-156.

e vergonhoso[159]. Finalmente, em 2011, o Conselho Constitucional francês declarou o *prèlèvement* inconstitucional por ofensa ao direito à igualdade, uma vez que o instituto não combatia a discriminação contra qualquer herdeiro, somente contra o herdeiro francês[160].

Assim, o *prélèvement* pode ser utilizado para assegurar a igualdade sucessória entre os herdeiros, combatendo quinhões hereditários assimétricos (gerados pela pluralidade sucessória), desde que seja neutro e esteja à disposição de qualquer herdeiro (nacional ou estrangeiro) em um sistema de sucessão pautado pela unidade sucessória, como uma espécie de *prélèvement* igualitário ou compensatório.

O princípio do favorecimento nas sucessões adotou, em empréstimo da prática francesa, as mesmas denominações: (i) *prèlévement* nacionalista; e (ii) *prèlévement* compensatório (ou igualitário), que busca dar preferência àquele que foi prejudicado na sucessão, sem que seja levada em consideração a sua nacionalidade[161].

Meineiro lista alguns estados que possuem regra de preferência ao nacional (similar à antiga regra vigente na França até 2011): Códigos Civis de Gabão (art. 54), Equador (art. 1036), Chile (art. 998), Honduras (art. 978), El Salvador (art. 995) e Nicarágua (art. 1024). Já entre as leis que adotaram regras de prélèvement igualitário, são geralmente mencionados os Códigos de Civis da Argentina de 1871 (art. 3.470), Paraguai (art. 2.448), Colômbia (art. 1054), Québec (art. 3100) e a Lei de direito internacional privado da Venezuela (art. 35). Digno de nota que, no novo Código Civil e Comercial argentino de 2014, a regra do antigo artigo 3.470 não foi adotada[162].

Dessas legislações internas, percebe-se a influência da proteção ao nacional e, simultaneamente, a ausência de maior reflexão sobre a discriminação ao estrangeiro.

No Brasil, Pimenta Bueno, em 1863, abordou o instituto do *prélèvement* na sua vertente compensatória, sustentando que a lei do foro pode zelar

159. DROZ, Georges A. L. «Regards sur le droit international prive comparé. Cours général de droit international privé» *in Recueil des cours de l´Académie de Droit International de La Haye*, vol. 229, 1991, pp. 9-424, em especial p. 232.

160. Decisão nº 2011-159 QPC de 05 de agosto de 2011. Disponível em: http://www.conseil-constitutionnel.fr/conseil-constitutionnel/root/bank/download/2011159QPCccc_159qpc.pdf. Acesso em: 30/05/2024. ANCEL, Bertrand. «Inconstitutionnalité du droit de prélèvement de l'heritier français dans les successions internationales» *in Revue critique de droit international privé*, n. 2, 2013, pp. 457-463.

161. BONOMI, Andrea. «Successions internationales: conflits de lois et de juridictions» *in Recueil des Cours de l´Académie de Droit International de la Haye*, vol. 350, 2010, pp. 71-418., em especial p. 158 e seguintes.

162. MEINERO, Fernando Pedro. *Sucessões internacionais no Brasil*. Curitiba: Juruá, 2017, p. 162-163.

pelos interesses de seus súditos, fundada na "equidade e proteção" contra "injustas preferências ou privilégios odiosos"[163]. A regra surgiu a partir de convenções consulares negociadas pelo Império brasileiro com determinados estados, em especial Portugal, Itália, França, Espanha, Suíça e Alemanha, as quais davam ao herdeiro nacional o direito de preferir a aplicação da lei brasileira para regular o seu quinhão hereditário[164].

Após a denúncia dessas convenções, a introdução ao Código Civil de 1916 previu, no artigo 14, que "a sucessão legítima ou testamenteira, a ordem da vocação hereditária, os direitos dos herdeiros e a validade intrínseca das disposições do testamento, qualquer que seja a natureza dos bens e o país onde se achem, guardado o disposto neste Código acerca das heranças vagas abertas no Brasil, obedecerão à lei nacional do falecido; se este, porém, era casado com brasileira, ou tiver deixado filhos brasileiros, ficarão sujeitos à lei brasileira".

Assim, sob a égide do Código de 1916, surgiram dois tipos de discriminação: a primeira, de *gênero*, pois a lei só beneficiava a viúva; a segunda, de *origem*, pois a lei só atingia nacionais. Ainda, vigorava a presunção absoluta de que a lei brasileira seria mais protetiva que a lei estrangeira (para a viúva ou filhos brasileiros), expondo a paradoxal desconfiança do uso da lei da nacionalidade estrangeira quando o próprio Código a utilizava para reger o estado pessoal (no caso, a lei estrangeira do *de cujus).* O dispositivo legal era, à época de sua edição, inconstitucional, pois contrariava o princípio da igualdade entre brasileiros e estrangeiros previsto na Constituição republicana de 1891[165]. Além disso, não correspondia à adoção do princípio do favorecimento em sentido estrito, pois não havia escolha da lei mais favorável e, sim, a aplicação da lei brasileira *tout court,* mesmo se a lei pessoal do *de cujus* fosse mais favorável à viúva e aos filhos brasileiros[166].

O princípio da lei mais favorável ao nacional nas sucessões só foi adotado de modo estrito no Brasil a partir da Constituição de 1934, cujo artigo 134

---

163. PIMENTA BUENO, José Antônio. *Direito internacional privado e applicação de seus principios com referencia as leis particulares do Brazil.* Rio de Janeiro: Typographia Imp. e Const. de J. Villeneuve e C, 1863, em especial p. 77.

164. *In verbis:* "ao súdito que concorra em seu país com herdeiros estrangeiros o direito de preferir que seu quinhão hereditário seja regulado nos termos da lei de sua pátria", conforme consta de VALLADÃO, Haroldo. *Direito Internacional Privado.* Vol. II. 2ª ed., Rio de Janeiro: Freitas Bastos, 1977, p. 222. MEINERO, Fernando Pedro. *Sucessões internacionais no Brasil.* Curitiba: Juruá, 2017, p. 168.

165. Nesse sentido, VILLELA, Anna Maria. "Um privilégio de nacionalidade: o Direito Internacional Privado na Constituição brasileira" *in Revista de Informação Legislativa,* a.17, n. 65, 1980, pp. 131-146, em especial p. 141.

166. Nesse sentido, TENÓRIO, Oscar. *Lei de introdução ao Código Civil brasileiro.* 2ª ed, Rio de Janeiro: Borsoi, 1955, p. 352.

dispunha que "a vocação para suceder em bens de estrangeiros existente no Brasil será regulada pela lei nacional em benefício do cônjuge brasileiro e dos seus filhos, sempre que não lhes seja mais favorável o estatuto do *de cujus*". O privilégio nacionalista constante do Código Civil de 1916 foi estendido a ambos os cônjuges (e não só à viúva), mas foi mitigado quanto aos filhos, não sendo exigido que fossem brasileiros. A constitucionalização do tema eliminou o conflito entre a regra de conexão múltipla a favor dos nacionais na sucessão e o Código Bustamante, que não a previa[167], pois tal tratado estipula serem as normas constitucionais de ordem pública internacional (art. 4º).

Para Nazo, a inserção constitucional do princípio da lei mais favorável resultou em *duas* consequências: (i) manteve o tratamento preferencial aos sucessores brasileiros mesmo diante da celebração de tratados, e, por se tratar de um privilégio, (ii) inseriu uma exceção ao princípio de que todos são iguais perante a lei, também de quilate constitucional[168]. Na mesma linha, Jatahy anota a importância do dispositivo constitucional para afastar a dúvida sobre a hierarquia das fontes[169].

A Constituição de 1937 manteve a adoção do princípio do favorecimento, ao dispor que "[a] vocação para suceder em bens de estrangeiros situados no Brasil será regulada pela lei nacional em benefício do cônjuge brasileiro e dos filhos do casal sempre que lhes não seja mais favorável o estatuto do *de cujus*". A substituição da expressão "filhos do *de cujus*" pela "filhos do casal" sugeriu a exclusão dos filhos anteriores ao casamento. Inspirada na Constituição de 1937, a nova Lei de Introdução ao Código Civil de 1942[170] estabeleceu que "[a] vocação para suceder em bens de estrangeiro situados no Brasil será regulada pela lei brasileira em benefício do cônjuge brasileiro e dos filhos do casal, sempre que não lhes seja mais favorável a lei do domicílio".

A Constituição de 1946 (artigo 165) retomou o privilégio da nacionalidade tanto para o cônjuge supérstite quanto para os filhos, ao dispor que

167. O art. 144 do Código Bustamante prevê a unidade sucessória com a adoção da lei pessoal do *de cujus*. Não há previsão de fragmentação da sucessão, utilizando-se a lei mais favorável ao herdeiro nacional no tocante aos bens situados no território do foro.

168. NAZO, Georgette N. "Direito sucessório internacional: a aplicação excepcional da lei brasileira em herança de estrangeiro – (o § 33 do artigo 153 da C.F. de 1969)" *in* DOLINGER, Jacob (org). *A nova constituição e o Direito Internacional.* Rio de Janeiro: Freitas Bastos, 1987, pp. 147-173, em especial p.148-149 e p. 162.

169. JATAHY, Vera Maria Barreira. "O direito sucessório como exceção ao princípio constitucional da isonomia" *in* DOLINGER, Jacob (org). *A nova constituição e o Direito Internacional.* Rio de Janeiro: Freitas Bastos, 1987, pp. 175-182, em especial p.181.

170. Art. 10, § 1º do Decreto-Lei nº 4.657, de 4 de setembro de 1942. A denominação da lei foi alterada para Lei de Introdução às Normas do Direito Brasileiro, pela Lei nº 12.376/10.

"a vocação para suceder em bens de estrangeiro existentes no Brasil será regulada pela lei brasileira e em benefício do cônjuge ou de filhos brasileiros, sempre que lhes não seja mais favorável a lei nacional do *de cujus*".

Na Constituição de 1967, ocorreu sutil alteração redacional do texto, dispondo-se que "a sucessão de bens de estrangeiros, situados no Brasil será regulada pela lei brasileira, em benefício do cônjuge ou dos filhos brasileiros, sempre que lhes não seja mais favorável a lei nacional do *de cujus*". Ao invés de "vocação para suceder", a Constituição de 1967 previu a categoria "sucessão de bens".

Com a Emenda Constitucional nº 01 de 1969, nova redação foi dada ao instituto por intermédio do artigo 153, § 33, o qual dispunha que "a sucessão de bens de estrangeiros situados no Brasil será regulada pela lei brasileira, em benefício do cônjuge ou dos filhos brasileiros, sempre que lhes não seja mais favorável a lei pessoal do *de cujus*". Substituiu-se o termo "lei nacional" por "lei pessoal", o que pode indicar, em termos de estado pessoal, tanto a lei do domicílio (ou residência habitual) quanto a lei da nacionalidade.

A Constituição de 1988 (CF/88) seguiu a mesma linha, estipulando que "a sucessão de bens de estrangeiros situados no País será regulada pela lei brasileira em benefício do cônjuge ou dos filhos brasileiros, sempre que não lhes seja mais favorável a lei pessoal do 'de cujus'. Finalmente, em 1995, o artigo 10, § 1º, da Lei de Introdução às Normas do Direito Brasileiro (mencionado acima) foi alterado para se compatibilizar com o disposto na CF/88, prevendo que "[a] sucessão de bens de estrangeiros, situados no País, será regulada pela lei brasileira em benefício do cônjuge ou dos filhos brasileiros, ou de quem os represente, sempre que não lhes seja mais favorável a lei pessoal do *de cujus*".

Retomando a citada tipologia sobre o *prélèvement*, o Brasil adotou o *prélèvement nacionalista* ao estipular a escolha, pelo juiz, da lei que beneficie cônjuge ou filhos brasileiros nas sucessões de estrangeiros em bens situados no Brasil[171]. Não se trata de efetuar compensação ou combater tratamento discriminatório no exterior dado aos brasileiros na sucessão de bens, mas de simples busca da proteção aos nacionais.

O sistema brasileiro demanda a escolha da lei pelo juiz com base no resultado material benéfico ao nacional, utilizando uma regra de conexão múltipla com o seguinte conteúdo: para regular a sucessão de bens de

171. Nesse sentido, considerando que o Brasil adotou "variante" do *droit de prélèvement*, ver, por todos, TENÓRIO, Oscar. *Lei de introdução ao Código Civil brasileiro*. 2ª ed, Rio de Janeiro: Borsoi, 1955, p. 354.

estrangeiros situados no país, utiliza-se a (i) lei brasileira, a (ii) lei do último domicílio (ou residência habitual) do *de cujus*, ou, ainda, a (iii) lei da nacionalidade do *de cujus*. Deve o juiz analisar o conteúdo de cada uma das leis para definir qual gera maior quinhão ao cônjuge ou a filhos brasileiros.

Obviamente, esse *favor patriae* prejudica herdeiros estrangeiros que seriam beneficiados, por exemplo, pela aplicação da regra geral do artigo 10, *caput*, da LINDB, que é a lei do último domicílio do *de cujus*. Para Droz, a crítica não diz respeito à adoção da lei da nacionalidade, mas à impugnação da escolha de lei somente para beneficiar nacionais, discriminando os estrangeiros[172]. A opção pela lei mais favorável para beneficiar o sujeito ou interesse nacional é criticada exatamente por estabelecer fator de discriminação (nacionalidade) sem pertinência lógica com a situação analisada (sucessão *mortis causa*).

O fundamento da adoção da regra de conexão múltipla é a proteção da família brasileira, já que a sucessão mais favorável nos bens do *de cujus* auxiliaria seu sustento. Eduardo Espínola apontou o grande número de estrangeiros casados com brasileiras no começo do século XX, levando ao uso da lei da nacionalidade (à época reguladora do estado pessoal no Brasil) para reger a sucessão. Sugere o autor a existência de leis estrangeiras que excluíam a mulher da sucessão, o que seria injusto com as brasileiras. Assim, defendeu, em nome das condições especiais do Brasil, ser necessário estabelecer tratamento favorável ao nacional nas sucessões[173]. Contemporaneamente, na égide da Constituição de 1988, Judith Martins-Costa funda o princípio do favorecimento aos nacionais na sucessão tanto na proteção da família quanto na diretriz de solidariedade prevista no artigo 3, I, da CF/88, sendo o uso da lei mais favorável ao nacional a concretização da solidariedade no âmbito econômico e familiar[174].

De forma diferente, Beviláqua criticou o tratamento favorável, por entender que sua adoção constituía uma "violência" e desconsideração aos princípios de localização espacial do direito internacional privado, que, na época, indicavam genericamente a lei da nacionalidade do *de cujus* para regular a sucessão[175].

172. DROZ, Georges A. L. «Regards sur le droit international prive comparé. Cours général de droit international privé» *in Recueil des cours de l´Académie de Droit International de La Haye*, vol. 229, 1991, pp. 9-424, em especial p. 232.

173. ESPINOLA, Eduardo. *Elementos de Direito Internacional Privado*. Rio de Janeiro: Jacintho Ribeiro dos Santos, 1925, em especial p. 694.

174. MARTINS-COSTA, Judith. "Comentário ao artigo 5º, XXXI" *in* CANOTILHO, J.J. Gomes; MENDES, Gilmar Ferreira; SARLET, Ingo W.; STRECK, Lenio Luiz (coords). *Comentários à Constituição do Brasil*. São Paulo; Coimbra: Saraiva/Almedina, 2013, pp. 342-346, em especial p. 343.

175. BEVILÁQUA, Clóvis. *Codigo civil dos Estados Unidos do Brasil*. 3ª ed, Vol. I, Rio de Janeiro: Livraria Francisco Alves, 1927, p. 140.

Registre-se que o tratamento benéfico aos nacionais na sucessão foi mantido a despeito da mudança da lei de regência do estatuto pessoal (de nacionalidade para domicílio)[176], o que evidenciou o descaso com a defesa do sustento de eventuais herdeiros estrangeiros e o rompimento da unidade e o abandono da universalidade sucessória pelo uso da lei do domicílio do *de cujus* para ser possível o tratamento preferencial aos nacionais[177].

A defesa da família brasileira fez com que a jurisprudência ampliasse a escolha da lei mais favorável na sucessão para abarcar também a sucessão de brasileiro domiciliado no estrangeiro (e não somente a sucessão de estrangeiro)[178].

A ampliação do *favor patriae* previsto na Constituição para englobar também a sucessão de brasileiro domiciliado no exterior já estava prevista no artigo 64, parágrafo único, do anteprojeto de "Lei Geral de Aplicação das Normas Jurídicas", de 1965, de Haroldo Valladão, que previa a escolha da lei mais favorável ao cônjuge e filhos brasileiros em caso de sucessão de bens móveis existentes no Brasil de brasileiro domiciliado no estrangeiro[179]. Merece menção o projeto de lei do Senado Federal nº 269, apresentado em 2004 pelo Senador Pedro Simon (reapresentação do projeto de lei 4.905/94[180], com alterações pontuais), atualmente arquivado, que previa, em seu art. 14, parágrafo único, que "[a] sucessão de bens situados no Brasil será regulada pela lei brasileira em benefício de cônjuge ou dos filhos brasileiros, assim

176. Lei de Introdução às Normas do Direito Brasileiro (Lei 12.376/10, LINDB, antiga Lei de Introdução ao Código Civil – Dec. Lei 4.657/42): "Art. 10. A sucessão por morte ou por ausência obedece à lei do país em que domiciliado o defunto ou o desaparecido, qualquer que seja a natureza e a situação dos bens".

177. Strenger reconheceu que esse tratamento preferencial quebrou "decisivamente" a unidade e universalidade sucessórias. STRENGER, Irineu. *Direito Internacional Privado*. 4ª ed., São Paulo: LTr, 2000, p. 734. Contudo, há sólida prática jurisprudencial brasileira a favor da pluralidade sucessória, o que levou Valladão a afirmar que, no Brasil, a unidade sucessória era "faca que não corta". VALLADÃO, Haroldo. Direito Internacional Privado. Vol. II. 2ª ed., Rio de Janeiro: Freitas Bastos, 1977, p. 217. Ver precedentes sobre a unidade ou pluralidade sucessória no Brasil em CARVALHO RAMOS, André de e GRAMSTRUP, Erik F. Comentários à Lei de Introdução às Normas do Direito Brasileiro. São Paulo: Saraiva, 2016, p. 197 e seguintes.

178. Supremo Tribunal Federal, Embargos de Divergência no Recurso Extraordinário nº 59.871 EDv / RS – Relator: Min. Eloy da Rocha, julgamento de 26 de maio de 1971. No original da ementa: "Vocação para suceder, vigente a constituição de 1946, em bens situados no Brasil, pertencentes no Brasil, pertencentes a brasileiro domiciliado no estrangeiro. Incidência da lei sucessória brasileira, em benefício de filha adotiva brasileira, igualmente domiciliada em outro país. Aplicação, por força de compreensão, do artigo 165 daquela Constituição. Embargos de divergência conhecidos e recebidos".

179. Art. 64, parágrafo único, do anteprojeto. VALLADÃO, Haroldo. *Direito Internacional Privado. Direito Intertemporal, introdução e historia do direito. Material de Classe.* 9ª ed., Rio de Janeiro: Freitas Bastos, 1977, pp. 108-169, em especial p. 128.

180. O projeto de lei nº 4.905/1995 foi elaborado por comissão composta pelos professores Limongi França, Grandino Rodas (ambos da Universidade de São Paulo), Inocêncio Mártires Coelho (Universidade de Brasília) e Jacob Dolinger (Universidade Estadual do Rio de Janeiro), instituída pela Portaria nº 510 do Ministro da Justiça, de 22 de julho de 1994. Disponível em: http://imagem.camara.gov.br/Imagem/d/pdf/DCD18FEV1995.pdf#page=28. Acesso em 30/05/2024.

como dos herdeiros domiciliados no País, sempre que não lhes seja mais favorável a lei pessoal do falecido".

A discriminação criada pela adoção da lei mais favorável ao nacional na sucessão gera duas situações complexas: (i) a lei brasileira favorece um herdeiro nacional (o cônjuge) e a lei pessoal do *de cujus* favorece outro herdeiro igualmente brasileiro (o filho); e (ii) o tratamento diferenciado entre filhos brasileiros e estrangeiros.

O dispositivo constitucional não sugere qualquer prevalência entre cônjuge e filhos brasileiros, devendo ser utilizado o critério do *tratamento menos lesivo ao nacional.* O critério de escolha da lei que cause menos prejuízo ao nacional é a essência do princípio do favorecimento adotado no Brasil, sob o primado da proteção aos herdeiros nacionais. Na hipótese de a lei estrangeira beneficiar o filho brasileiro, negando direitos ao cônjuge supérstite brasileiro, utiliza-se a lei brasileira, que protege o cônjuge sem privar os filhos dos direitos sucessórios[181].

Por sua vez, em uma leitura de direitos, a discriminação entre filhos brasileiros e estrangeiros causada pelo princípio do favorecimento pode ocasionar violação a igualdade entre os filhos prevista no artigo 227, § 6º, da CF/88[182], se, na sucessão transnacional envolvendo filhos brasileiros e estrangeiros, for conferido o tratamento desigual previsto pela lei estrangeira a favor do filho brasileiro (por exemplo, por ser primogênito ou homem) em detrimento do filho estrangeiro.

A melhor interpretação do princípio do favorecimento exige, portanto, a análise conjunta do princípio do favorecimento e da igualdade sem discriminação entre filhos. Assim, uma saída possível na hipótese de existência de "filho brasileiro e filho estrangeiro" seria desconsiderar o favorecimento e fazer incidir a lei brasileira que preserva a igualdade dos filhos sucessores, sem distinção de nacionalidade.

O uso da técnica do "direito prioritário" por meio do tratamento preferencial ao nacional na sucessão evidencia a colisão entre o direito de propriedade (e, eventualmente, o direito ao mínimo existencial) do nacional e o do sucessor estrangeiro, que será prejudicado, colocando em conflito, ainda,

181. A vocação hereditária consta do artigo 1.829 do Código Civil brasileiro. As quotas de participação constam do artigo 1.837. Ver comentários aos artigos em comento em SOUZA, Osni. "Art. 1.829 a 1.856" *in* CHINELLATO, Silmara Juny; MACHADO, Antônio Cláudio da Costa. *Código Civil interpretado.* 11ª ed., São Paulo: Manole, 2018, pp. 1614-1630.

182. Artigo 227, § 6º: "Os filhos, havidos ou não da relação do casamento, ou por adoção, terão os mesmos direitos e qualificações, proibidas quaisquer designações discriminatórias relativas à filiação."

o direito à igualdade em razão da origem. Sem maior reflexão, a adoção do princípio do favorecimento em matéria de sucessão assume que os direitos do estrangeiro devem ser comprimidos, dando-se prioridade aos direitos dos nacionais, o que demonstra a fragilidade do princípio como fórmula de proteção dos direitos de *todos* os envolvidos no fato transnacional.

2.7. A TÉCNICA DO DIREITO PRIORITÁRIO PELO USO DE LEIS DE VALIDAÇÃO E DE LEIS COMPARADAS

A aplicação na prática do DIPr do princípio do favorecimento - *favor validitatis, favor negotii, favor testamenti, favor filiationis, favor matrimonii, favor divortii, favor laesi, favor obligationis e prélèvement* - possui dois instrumentos bem distintos de operacionalização: (i) o instrumento de favorecimento pelo uso de *lei de validação*, (ii) e o de favorecimento pelo uso de *leis comparadas*[183].

O favorecimento pelo uso de leis de validação consiste na adoção de lei de regência do fato transnacional de acordo com o critério binário do "sim" ou "não", que não exige comparação, *bastando* o efeito pretendido (como a validade do testamento ou do contrato) e a proteção do direito prioritário para a escolha de determinada lei.

Já o favorecimento pelo uso de leis comparadas consiste na adoção de lei de regência do fato transnacional prévia comparação hipotética entre os resultados da aplicação de cada lei, para somente depois determinar qual lei cumpre melhor sua tarefa de promover o resultado material pretendido.

Metaforicamente, o favorecimento pelo uso de leis comparadas realiza um "leilão", em que cada lei oferta um resultado e o juiz escolherá o melhor lance dado. Ademais, o uso de leis comparadas abarca, indistintamente, regras de conexão múltiplas alternativas ou cumulativas, visando o melhor resultado material pretendido. É o exemplo dos alimentos transnacionais, em que a regra de conexão que aponta o uso da lei mais favorável em benefício da criança credora de alimentos, do ponto de vista da criança, é alternativa (ou será a lei da residência habitual da criança, ou da residência habitual do pai devedor de alimento, etc.) e do ponto de vista do devedor de alimentos, é cumulativa (pagará o maior valor possível utilizando a lei mais rigorosa).

183. Adoto aqui a classificação exposta por Kish. KISH, I. «La loi la plus favorable» *in Ius et Lex. Festgabe zum 70.Geburtstag von Max Gutzwiller. Hrsg.von der Juristischen Fakultät der Universität Freiburg (Schweiz).* Basel: Verlag Helbing & Lichtenhahn, 1959, pp. 373-393, em especial p. 385-390.

Por outro lado, no favorecimento por lei de validação, o trabalho primário do juiz é pesquisar a lei que diz "sim" ou "não", a depender do resultado material e do direito prioritário. Na categoria do favorecimento pelo uso de leis comparadas, o trabalho primário do intérprete é maximizar a utilidade do favorecido pela regra de conexão múltipla.

Ambos os instrumentos vistos acima são insuficientes para o cotejo adequado de situações transnacionais complexas.

No uso das leis de validação, o DIPr assume faceta material típica (há um resultado que deve ser obtido) sem que haja maior avanço quanto à necessidade de escolhas por parte do intérprete, cujo papel encerra-se na validação ou invalidação do ato.

Já no favorecimento pelo uso de leis comparadas, o intérprete deve buscar avaliar o "mais favorável" nos ordenamentos envolvidos, enfrentando os obstáculos da definição do que é "favorável". O favorecimento pelo uso de leis comparadas é dificultado pela complexidade do ordenamento material, que oferece vantagens e desvantagens difíceis de serem mensuradas. Por exemplo, no caso do favorecimento dos direitos da vítima do dano, o julgador deve decidir se aplica ou não determinada lei que, por um lado, exige a prova da culpabilidade, mas, por outro lado, facilita a comprovação da ilicitude, ou se opta por lei que incide no sentido inverso[184]. No caso do tratamento favorável aos sucessores brasileiros (art. 5º, XXXI da CF/88), a dificuldade reside na tarefa de decidir entre lei mais favorável ao cônjuge brasileiro e lei mais favorável ao filho brasileiro.

É possível, ainda, a ocorrência de antagonismo, no mesmo caso concreto, entre o uso de lei de validação e o uso de leis comparadas para se realizar o princípio do favorecimento. Por exemplo, em caso envolvendo a realização de contrato por criança ou adolescente, pode-se pleitear a invalidade do contrato de acordo com a lei mais favorável à criança (*favor infans*), bem como pode-se lutar pela validade do contrato (*favor negotii*) visando preservar o direito à segurança jurídica e a liberdade contratual.

A separação entre o favorecimento pelas leis de validação e pelas leis comparadas comprova, mais uma vez, a fragilidade do princípio do favorecimento e a necessidade de instrumental analítico distinto para se densificar o alcance das regras de conexão materiais nas duas situações.

184. KISH, I. «La loi la plus favorable» *in Ius et Lex. Festgabe zum 70.Geburtstag von Max Gutzwiller. Hrsg.von der Juristischen Fakultät der Universität Freiburg (Schweiz).* Basel: Verlag Helbing & Lichtenhahn, 1959, pp. 373-393, em especial p. 385-390.

Nesse contexto, as principais críticas ao princípio do favorecimento e sua defesa do "direito prioritário" são separadas em duas ordens: (i) os prejuízos trazidos com o afastamento do método indireto clássico e a introdução de resultados materiais a serem perseguidos pelo DIPr; (ii) a opacidade dos motivos e da utilidade da compressão de um direito em prol de outro.

As críticas sobre as dificuldades decorrentes da adoção de método distinto do método clássico relacionam-se justamente com a defesa das vantagens da localização espacial do ordenamento jurídico por meio da sede da relação transnacional, que possui o vínculo mais estreito entre a relação e a ordem jurídica conectada.

Os defensores do método indireto rígido (método clássico) apontam três consequências positivas na sua escolha: (i) a neutralidade e igualdade entre o direito estrangeiro e o direito nacional ocasionadas pela localização prévia por meio das regras de conexão, evitando o risco de soluções chauvinistas ou xenófobas; (ii) a facilidade na tarefa do juiz nacional, que não faz uma análise prévia do direito estrangeiro, somente examinando-o após a localização da sede da relação jurídica; (iii) a maior coordenação entre as ordens jurídicas, porque a localização da sede de uma relação jurídica transnacional tende a ser idêntica entre os diversos sistemas nacionais de direito internacional privado[185] por ser critério neutro, distinto da parcialidade da busca de um "resultado favorável"[186].

Assim, diferentemente do que ocorre com o método indireto clássico, a utilização de regras de conexão múltiplas, com claro conteúdo material, criaria indesejável distinção de tratamento entre os fatos nacionais (os envolvidos só podem se socorrer da lei interna) e os fatos transnacionais (escolha de lei que venha a gerar um resultado material pretendido). O regime do favorecimento para as situações transnacionais geraria, ainda, contrastes discriminatórios entre o tratamento nacional e o tratamento de

185. GAUDEMET-TALLON, Hélène. «Le pluralisme en droit international privé: richesses et faiblesses (le funambule et l'arc-en-ciel). Cours général de droit international privé» *in Recueil des Cours de l´Académie de Droit International de la Haye*, vol. 312, 2005, pp. 9-488, em especial p.184-185.

186. Mesmo se as regras de conexão rígidas forem distintas, há a possibilidade do uso do reenvio como técnica de coordenação entre as ordens jurídicas, pois, como salienta Jayme, assegura-se a harmonia internacional das decisões, não se utilizando a lei estrangeira se o direito internacional privado estrangeiro não aceitar tal uso. JAYME, Erik. «Identité culturelle et intégration: le droit international privé postmoderne» *in Recueil des Cours de l´Académie de Droit International de la Haye*, vol. 251, 1995, pp. 9-267, em especial p. 95-96. Sobre o reenvio como técnica de coordenação entre os sistemas jurídicos de direito internacional privado, ver também KASSIR, W. J. «Le renvoi en droit international privé – technique de dialogue entre les cultures juridiques» *in Recueil des Cours de l´Académie de Droit International de la Haye*, vol. 377, 2015, pp. 9-120, em especial p. 38 e seguintes.

direito internacional privado sobre situações similares, cuja diferença seria exclusivamente o vínculo com outro ordenamento jurídico[187].

À luz da primeira ordem de críticas, emerge a tensão de equilibrar, de um lado, o desejo de preservar determinado resultado material e proteger um direito (ou direitos) específico, e, de outro, o desejo de manter a igualdade de tratamento entre as situações internas e transnacionais. Essa tensão é maior especialmente em países nos quais há clara divergência entre a legislação nacional (menos protetiva) e a lei estrangeira ou norma transnacional indicada pela regra de conexão de caráter material[188].

Já a segunda categoria de críticas gira em torno das dúvidas sobre a motivação da prevalência de um direito (o "direito prioritário") e da compressão de outros direitos[189]. O favorecimento fragmenta o direito internacional privado, focando somente em um direito a ser protegido e olvidando os demais. Lequette critica o uso de regras de conexão materiais estabelecidas por tratados setoriais (como as convenções da Haia), pois contemplam somente a satisfação imediata de um determinado interesse, em um utilitarismo orientado à obtenção de um resultado material de curto prazo, ignorando a coerência dos sistemas gerais de direito internacional privado, em completa reversão de perspectiva, que leva o principal a acompanhar o acessório[190].

No caso do *favor obligationis* do direito a alimentos, Schmidt defende que a proteção dada ao credor de alimentos pressupõe sempre sua inferioridade diante do devedor de alimentos, em virtude de sua dependência e da necessidade dos pagamentos. Contudo, pondera o autor ser possível denegar o direito a alimentos em determinadas situações, uma vez que cabe à lei mais próxima (no caso das convenções da Haia sobre obrigações alimentares, a lei do local da residência) estabelecer os parâmetros

---

187. Por exemplo, em caso de acidente de trânsito com vínculos transnacionais (em virtude, por exemplo, da diferença de domicílio ou nacionalidade dos envolvidos em comparação com o local do acidente), dar a alternativa de escolha entre várias leis (lei do local do acidente; lei do domicílio ou residência habitual da vítima; lei do domicílio ou residência habitual do autor do dano) visando a melhor reparação da vítima, gera diferença de tratamento em relação aos acidentes que ocorreram naquele estado, mas sem tais vínculos.

188. BUCHER, Andreas. "La dimension sociale du droit international privé: cours general" *in Recueil des Cours de l´Académie de Droit International de La Haye*, vol. 341, 2009, pp. 9-526, em especial p. 138-139.

189. Por exemplo, o favorecimento da vítima de dano pode gerar a compressão do direito de propriedade ou o direito ao devido processo legal do responsável pelo dano.

190. Por exemplo, cita o autor que o estado familiar do individuo e suas consequências (resultados) eram deduzidos da lei incidente; com as regras de conexão materiais a lei é indicada a partir do resultado prático e social que é almejado. LEQUETTE, Yves. «Le droit international privé de la famille à l'épreuve des conventions internationales» *in Recueil des Cours de l´Académie de Droit International de la Haye*, vol. 246, 1994, pp. 9-233, em especial p. 108 e p.184-185.

e conciliar os interesses dos envolvidos (credor e devedor de alimentos). Tratar sempre desigualmente (favorecendo) o credor é uma solução que não atende à igualdade entre os envolvidos[191].

A crítica apoia-se na desconfiança sobre a própria ideia do favorecimento, que seria, em si, ambígua. Em clássico estudo sobre a história do direito internacional privado, Meijers sustentou que, em geral, uma lei imperativa traz *prejuízo* a um e *vantagem* a outro, lógica que, transportada para a atualidade, pode ser usada no caso do princípio do favorecimento, a qual representa situação de bivalência da lei mais favorável, que concede vantagem a um ao mesmo tempo em que pode trazer prejuízo a outrem[192].

Questiona-se qual o critério para a identificação da "lei mais favorável". Para exemplificar, Foyer traz o exemplo de contestação, pelos próprios supostos filhos, de lei que favorece a filiação em ação de reconhecimento de paternidade, em virtude do passado criminoso do suposto pai. Percebe-se não ser possível admitir a comparação entre as leis envolvidas *in abstrato*, devendo prevalecer a comparação *in concreto*, que verifica os impactos da aplicação de cada uma das leis potencialmente aplicadas na gramática dos direitos de todos os envolvidos[193]. Logo, não existe lei favorável em termos absolutos, mas, ao invés, lei favorável a determinado indivíduo ou grupo de indivíduos, destinatários do favorecimento.

A ambiguidade é maximizada pelo uso tradicional do termo "favorável" em temas que possuem relação com ato jurídico, e não com uma pessoa, como a busca da lei mais favorável à validade do negócio jurídico, do ato jurídico, do casamento, da dissolução do casamento e do testamento (respectivamente *favor negotii*, o *favor validatis*, *favor matrimonii*, *favor divortii* e *favor testamentii*)[194].

O favorecimento aos atos jurídicos não permite que o intérprete verifique os direitos dos indivíduos envolvidos, beneficiados ou prejudicados,

191. No original: "Denying a right to maintenance is not always excessive (...)". SCHMIDT, Guus E. "Equal Treatment of the Parties *in* International Maintenance Cases" *in* BASEDOW, Jurgen; MEIER, Isaak; SCHNYDER, Anton K.; EINHORN, Talia; GIRSBERGER Daniel (eds). *Private Law in the international arena. From national conflict rules towards harmonization and unification.Liber Amicorum Kurt Siehr*. The Hague: T.M.C. Asser Press, 2000, pp. 656-666, em especial p. 662.

192. MEIJERS, E. M. «L'histoire des principes fondamentaux du droit international privé a partir du moyen age. Spécialement dans l'europe occidentale» *in Recueil des Cours de l'Académie de Droit International de La Haye*, vol. 49, 1934, pp. 547-686, em especial p. 619.

193. FOYER, Jacques. «Problèmes de conflits de lois en matière de filiation» *in Recueil des Cours de l´Académie de Droit International de la Haye*, vol. 193, 1985, pp. 9-117, em especial p. 44-46.

194. BOGGIANO, Antonio. *Derecho Internacional Privado – en la estructura jurídica del mundo actual*. 6ª ed., Buenos Aires: Abeledo Perrot, 2011, p. XXV-XXVI.

com o favor dado pelo direito internacional privado. O favorecimento em relação à validade de um ato *oculta* efetivamente as vantagens e danos que podem ser ocasionados para os indivíduos envolvidos.

Em crítica moderada, Juenger defende que o princípio do favorecimento impõe um privilégio a um dos envolvidos que implica na renúncia à possibilidade do julgador encontrar a melhor solução ao caso verificando suas nuances. Coerentemente com sua linha de aproximação entre o *better law approach* e o método conflitual clássico, sustentou o uso de uma abordagem de direito material (*substantive law approach*), espelhada na ação dos antigos pretores peregrinos do direito romano, que, encarregados de solucionar controvérsias envolvendo não romanos, editavam normas específicas para os casos. Para sopesar os interesses em conflito no caso concreto, o julgador estaria autorizado a construir uma solução qualitativamente superior, de acordo com a melhor prática encontrada no mundo, não se limitando aos interesses e leis do foro[195].

A dificuldade do direito internacional privado atual é gerar coerência e consistência na administração de seus objetivos, escolhas entre valores contrastantes e mesmo definição do que é "favorável". O DIPr atual não é neutro, devendo ser comprometido com a justiça material, ao mesmo tempo em que é diversificado e necessita ser transparente e fornecer fórmula racional no que tange ao balanceamento dos valores a proteger.

As críticas demonstram a incerteza que cerca o princípio do favorecimento e a técnica do "direito prioritário": adotar como baliza a proteção de um direito, sem ponderar eventual compressão que outros direitos (individuais ou difusos) podem sofrer no caso concreto. Além da opacidade da escolha do "direito prioritário", o uso do princípio do favorecimento não aponta em qual situação a compressão do direito em colisão é aceitável e em qual situação torna-se inaceitável. A falta de parâmetros para dar preferência a um direito, afastando-se outro, representa a maior fragilidade do princípio do favorecimento.

195. Especificamente sobre o uso dessa solução intermediária em casos de *favor laesi,* ver JUENGER Friedrich K. "Mass Disasters and the Conflict of Laws" *in University of Illinois Law Review,* vol. 1, 1989, pp. 105-128, em especial p. 126. Genericamente, ver JUENGER, Friedrich K. «General Course on Private International Law» *in Recueil des Cours de l'Académie International de la Haye,* vol. 193, 1985, pp. 131-387, em especial p. 265. JUENGER, Friedrich K. *Choice of Law and Multistate Justice.* Dordrecht: Martinus Nijhoff Publishers, 1993. JUENGER, Friedrich K. "The Need for a Comparative Approach to Choice-of-Law Problems" *in Tulane Law Review,* vol. 73, 1998-1999, pp. 1309-1336.

CAPÍTULO

3

A TÉCNICA DA PREVALÊNCIA DO DIREITO ESSENCIAL: A EXCEÇÃO DE ORDEM PÚBLICA

3.1. ASPECTOS GERAIS

Sendo o direito internacional privado tradicional norteado pelo direito à segurança jurídica e pela igualdade entre o direito estrangeiro e o direito nacional, indaga-se sobre a relevância, para a disciplina, das possíveis divergências entre o ordenamento material do foro e o ordenamento estrangeiro indicado para regular determinada situação transnacional. Nesse ponto, situa-se a consolidação do instituto da "ordem pública", que realça tais divergências e postula a prevalência dos valores do foro, afastando-se o ordenamento jurídico estrangeiro escolhido inicialmente.

Para Dolinger, a ordem pública consiste no "reflexo da filosofia política-jurídica de toda a legislação, que representa a moral básica de cada nação, que reflete as necessidades econômicas de cada Estado"[1]. Assim, vários autores apontaram, como alicerces da ordem pública, a fundamentalidade e a essencialidade dos interesses nela veiculados, como Beviláqua[2], Rodrigo

---

1. DOLINGER, Jacob. *A evolução da ordem pública no direito internacional privado*. Tese apresentada para o concurso à Cátedra de Direito Internacional Privado da Faculdade de Direito da Universidade do Estado do Rio de Janeiro. Rio de Janeiro, 1979, p. 4-5.
2. Apoiando-se em Pillet, Beviláqua defende que a ordem pública engloba "certas grandes necessidades do Estado" que "variam com os tempos". BEVILÁQUA, Clóvis. *Princípios Elementaresde Direito Internacional Privado*. Salvador: Livraria Magalhães, 1906, p. 82. Em outra obra, defendeu que a ordem pública representava os princípios "cuja manutenção se considera indispensável à vida social, segundo os preceitos do direito". BEVILÁQUA, Clóvis. *Codigo civil dos Estados Unidos do Brasil*. 3ª ed, Vol. I, Rio de Janeiro: Livraria Francisco Alves, 1927, p. 149.

Octavio[3]. Valladão[4], Strenger[5], Gama e Silva[6], Tenório[7], Pila Ribeiro[8] e Amílcar de Castro[9]. No que tange ao reconhecimento e execução de deliberações estrangeiras, Casella aponta que o dever genérico de cooperação entre estados na administração da justiça comporta limites na sua aplicação "quando se trata de resguardar valores considerados basilares no seio de determinado ordenamento"[10].

Em uma aproximação inicial, a ordem pública no DIPr caracteriza-se como cláusula de rejeição à aplicação de lei estrangeira indicada pelas regras de conexão ou de vedação ao reconhecimento e execução de deliberações estrangeiras[11], podendo ainda ser utilizada para definir ou impedir a prorrogação e a derrogação da jurisdição[12]. Continua Dolinger salientando que

3. Para Rodrigo Octavio, a ordem pública abarca o "interesse geral da Sociedade", baseado em "conveniencias e exigencias de ordem politica, moral ou economica de cada Estado". OCTAVIO, Rodrigo. *Manual do Código Civil Brasileiro – Introdução. Parte Segunda. Direito Internacional Privado.* Rio de Janeiro: Livraria Jacintho, 1932, p. 423. Grafia do original mantida.

4. Para Valladão, trata-se de "concepções básicas do foro", que abrange os "princípios essenciais da ordem jurídica do foro, fundados nos conceitos de justiça, de moral, de religião, de economia e mesmo de política, que ali orientam a respectiva legislação". VALLADÃO, Haroldo. *Direito Internacional Privado.* Vol. I.5ª ed., Rio de Janeiro: Freitas Bastos, 1980, p. 496.

5. Para Strenger, a ordem pública é o "conjunto de princípios implícita ou explicitamente conhecidos na ordenação jurídica, os quais, considerados fundamentais, excluem a aplicação do direito estrangeiro". STRENGER, Irineu. *Direito Internacional Privado.* 4ª edição, São Paulo: LTr, 2000, p. 434.

6. Gama e Silva defendeu que a ordem pública é "conjunto de direitos, de caráter privado, cuja obediência o estado impõe, para que haja harmonia entre o estado e os indivíduos, e dêstes entre si, em salvaguarda de interêsses substanciais da sociedade". GAMA E SILVA, Luis Antonio. *A ordem pública em Direito Internacional Privado.* Monografia de concurso à docência-livre de direito internacional privado, na Faculdade de Direito da Universidade de São Paulo. São Paulo, 1944, p. 169.

7. Para Tenório, a ordem pública do DIPr cuida da "soberania e certos critérios morais do povo". TENÓRIO, Oscar. *Direito Internacional Privado.* vol. I, 11ª ed., Rio de Janeiro: Freitas Bastos, 1976, p. 315.

8. Para Pilla Ribeiro, a ordem pública contempla as "supremas valorações que inspiram a 'lex fori'". RIBEIRO, Elmo Pilla. *O princípio da ordem pública em direito internacional privado.* Porto Alegre, [S.ed.], 1966, p. 87.

9. Amílcar de Castro sustentou que a ordem pública contempla os "interesses essenciais de um determinado povo". CASTRO, Amílcar de. *Direito Internacional Privado.* 5ª ed., rev. e atual. por Osíris Rocha. Rio de Janeiro: Forense, 2000, p. 277.

10. CASELLA, Paulo Borba. "A ordem pública e a execução de cartas rogatórias no Brasil" *in Revista da Faculdade de Direito da Universidade de São Paulo.* vol. 98, 2003, pp. 563-571, em especial p. 571.

11. Para Dolinger, "um dos mais antigos e conhecidos princípios de Direito Internacional Privado é o da ordem pública que rejeita a aplicação das normas alienígenas quando ofensivas aos princípios básicos da ordem jurídica do foro, apesar da indicação de sua competência pelas regras de conexão do Direito Internacional Privado". DOLINGER, Jacob. "Ordem pública mundial: ordem pública verdadeiramente internacional no Direito Internacional Privado" *in Revista de informação legislativa.* ano 23, n. 90, abr/jun, 1986, pp. 205-232, em especial p. 205. Para Gama e Silva, trata-se de exceção à eficácia do direito estrangeiro. GAMA E SILVA, Luis Antonio. *A ordem pública em Direito Internacional Privado.* Monografia de concurso à docência-livre de Direito Internacional Privado, na Faculdade de Direito da Universidade de São Paulo. São Paulo, 1944, p. 220.

12. Bermann traz o caso *Gazprom,* no qual o Tribunal de Justiça da União Europeia considerou não ser passível de execução decisão arbitral que negava à jurisdição estatal o poder de definir sobre sua própria competência. Tribunal de Justiça de União Europeia, caso *Gazprom" OAO v. Lietuvos Respublika,* caso C-536/13, julgamento de 13 de maio 2015. BERMANN, G. «Arbitration and Private International

o instituto é a "espada de Dámocles permanentemente apontada contra a harmonização de soluções para o conflito de leis"[13].

Mosconi aponta que a ordem pública é instituto intrinsecamente vinculado ao DIPr, sendo inconcebível que um Estado seja privado de um instrumento de rejeição às normas estrangeiras[14]. No mesmo sentido, Machado sustenta que deve existir, no direito internacional privado, um mecanismo para impedir a aplicação de uma norma estrangeira quando a sua aplicação resulte em intolerável ofensa à harmonia material interna ou aos princípios fundamentais do foro[15].

Evita-se, assim, o "salto ao desconhecido"[16] do método indireto, que, a princípio, não indaga sobre o conteúdo da lei estrangeira indicada. Contudo, a posição chave da ordem pública a fez ser objeto de intensa discussão doutrinária e jurisprudencial, já tendo sido chamada de *enfant terrible*[17] e "cavalo indomado"[18].

O risco do uso abusivo da ordem pública é reproduzir, no direito internacional privado, o pretenso fundamento do incêndio da Biblioteca de Alexandria: se o direito estrangeiro não é igual ao direito do foro, é inútil; caso seja a ele contrário, é nocivo[19].

Law, General Course on Private International Law (2015)» *in Recueil des Cours de l´Académie de Droit International de la Haye,* vol. 381, 2017, pp. 41-478, em especial p. 242-243. Ver também BATIFFOL, H. *Traité Élémentaire de Droit International Privé.* 3ª ed., Paris: LGDJ, 1959, p. 780. FRAGISTAS, Charlambo M. «La compétence internationale en droit international privé» *in Recueil des Cours de l´Académie de Droit International de la Haye,* vol. 104, 1964, pp. 159-272, em especial p. 173-175. ARMINJON, Pierre. «Les systèmes juridiques complexes et les conflits de lois et de juridictions auxquels ils donnent lieu» *in Recueil des Cours de l´Académie de Droit International de la Haye,* volume 74, 1949, pp. 73-190, em especial p. 111.

13. DOLINGER, Jacob. *A evolução da ordem pública no direito internacional privado.* Tese apresentada para o concurso à Cátedra de Direito Internacional Privado da Faculdade de Direito da Universidade do Estado do Rio de Janeiro. Rio de Janeiro, 1979, pp. 4-5.
14. MOSCONI, Franco. «Exceptions to the operation of choice of law rules» *in Recueil des Cours de l´Académie de Droit International de la Haye,* vol. 217, 1989, pp. 9-214, em especial p. 30.
15. MACHADO, João Baptista. *Lições de Direito Internacional Privado.* 3ª ed., Coimbra: Almedina, 1999, p. 255.
16. VAREILLES-SOMMIERES, P. de. «L'exception d'ordre public et la régularité substantielle internationale de la loi étrangère» *in Recueil des Cours de l´Académie de Droit International de La Haye*, vol. 371, 2015, pp. 153-272, em especial p. 189.
17. FRAGISTAS, Charlambo M. «La compétence internationale en droit international privé» *in Recueil des Cours de l´Académie de Droit International de la Haye,* vol. 104, 1964, pp. 159-272, em especial p. 173.
18. No original: "unruly horse", utilizado originalmente em precedente judicial do século XIX e referido por Ehrenzweig, Alex Mills, entre outros. EHRENZWEIG, Albert A. "American conflicts law *in* its historical perspective: should the restatement be 'continued'?" *in University of Pennsylvania Law Review,* vol. 103, 1954, pp. 133-155, em especial p. 154. MILLS, A. *The Confluence of Public and Private International Law, Justice, Pluralism and Subsidiarity in the International Constitutional Ordering of Private law.* Cambridge: Cambridge University Press, 2009, p. 275.
19. GOLDSCHMIDT, Werner. *Derecho Internacional Privado. Derecho de la Tolerancia.* 7.ed. Buenos Aires: Ediciones Depalma, 1990, p. 157.

A origem do instituto da ordem pública no direito internacional privado[20] está na enumeração, por Bártolo de Sassoferrato, dos chamados estatutos proibitivos, que abarcavam os estatutos odiosos[21], os quais violavam o *jus commune* ao estabelecer restrições incompatíveis com o direito comum de origem romana. Ancel aponta não serem os estatutos odiosos (*statutum prohibitivum*) extraterritoriais, só produzindo efeitos no território de origem, a exemplo da vedação às filhas de suceder seus pais ou o direito exclusivo do primogênito de sucessão (*primogenitus succedat)*[22].

No século XIX, surge disputa terminológica sobre a denominação das normas locais que impediriam a aplicação de lei estrangeira. Para Pillet, o primeiro termo utilizado foi "leis de polícia e de segurança" no seio do artigo 3º do Código Civil francês de 1804 ("as leis de polícia e de segurança obrigam todos os que habitam o território"[23]). Story não usou uma denominação específica, mas sustentou que o Estado do foro pode não aplicar lei estrangeira opressiva ou ofensiva aos direitos ou interesses dos seus habitantes tampouco se o seu conteúdo fosse de caráter moral questionável ou injusto[24].

Foelix não aderiu à expressão "ordem pública" e utilizou, em contrapartida, o conceito de "ofensa ao direito da soberania ou aos direitos dos nacionais"[25]. A escolha desse termo foi criticada, já que a última parte

20. Há divergência entre os autores a respeito de antecedentes históricos mais precoces, como se vê em Nussbaum, que aponta a existência de não aplicação de regra egípcia por juiz romano por considera-la desumana. NUSSBAUM, Arthur. *Principios de Derecho Internacional Privado*. Trad. Alberto D. Schoo, Buenos Aires: Depalma, 1947, p. 127-128. Dolinger, amparado em Esperson, defende que o princípio da ordem pública já aparece no direito romano. DOLINGER, Jacob."Ordem pública mundial: ordem pública verdadeiramente internacional no Direito Internacional Privado" *in Revista de informação legislativa*. ano 23, n. 90, abr/jun, 1986, pp. 205-232, em especial p. 205.

21. Nesse sentido, ver LEREBOURS-PIGEONNIÈRE, Paul. *Précis de droit international privé*. 3ª ed, Paris: Dalloz, 1937, p. 303. Também Tenório e Dolinger realçam o papel precursor de Bártolo na construção da ordem pública no direito internacional privado. TENÓRIO, Oscar. *Direito Internacional Privado*. vol. I, 11ª ed., Rio de Janeiro: Freitas Bastos, 1976, p. 317. DOLINGER, Jacob. *A evolução da ordem pública no Direito Internacional Privado*. Tese apresentada para o concurso à Cátedra de Direito Internacional Privado da Faculdade de Direito da Universidade do estado do Rio de Janeiro. Rio de Janeiro, 1979, p. 61.

22. ANCEL, Bertrand. *Élements d'histoire du droit international privé*. Paris: Editions Panthén-Assas, 2017, p. 155. CLARENCE SMITH, J.A. "Bartolo on the Conflict of Laws" *in The American Journal of Legal History*, vol. 14, 1970, pp. 174-183 e também pp. 247-275.

23. *In verbis*: «Les lois de police et de sûreté obligent tous ceux qui habitent le territoire». PILLET, Antoine. *De l'ordre public en droit international privé*. Paris/Grenoble: F. Allier Père et Fils/ L.Larose et Forcel, 1890, p. 14.

24. STORY, Joseph. *Commentaries on the conflict of laws* (1ª ed. 1834), 4ª ed, Boston: Little Brown and Company, 1852, em especial § 32, p. 43. Dolinger destaca o pioneirismo de Story na temática da ordem pública no direito internacional privado. DOLINGER, Jacob. *A evolução da ordem pública no Direito Internacional Privado*. Tese apresentada para o concurso à Cátedra de Direito Internacional Privado da Faculdade de Direito da Universidade do estado do Rio de Janeiro. Rio de Janeiro, 1979, p. 63.

25. FOELIX, M. *Traité du droit international privé, ou, Du conflit des lois de différentes nations en matière de droit privé*. 3ª ed., Paris: Marescq et Dujardin, 1856, p. 19.

("direitos dos nacionais") sugere que o interesse de um nacional seria razão suficiente para descartar a aplicação de lei estrangeira[26].

Savigny também não utilizou o termo "ordem pública". Para ele, a lei estrangeira deve ser afastada pelo juiz do foro caso colida com leis de natureza positiva, coativa, ditadas por motivo de interesse geral (*publicas utilitas)*, tampouco incidindo a lei estrangeira quando versarem sobre instituições jurídicas desconhecidas pelo foro. Ambas as situações são exceções que escapam à comunhão do direito entre os estados[27]. Laurent criticou a vagueza do termo ordem pública e a alusão a sua aplicação ordinária às leis que não podem ser modificadas pela vontade das partes[28]. No Brasil, também considerando a expressão "ordem pública" vaga e ambígua (podendo aludir à paz pública ou à imperatividade de normas jurídicas que não podem ser derrogadas pela vontade dos particulares), Amílcar de Castro adotou o termo "ordem social"[29].

No final do século XIX, Pillet defendeu a adoção do termo "ordem pública": de um lado, o conceito exprimia claramente a inclusão das "leis necessárias", uma vez que as medidas voltadas à ordem não são supérfluas; de outro lado, o termo seria mais facilmente densificado, evitando arbitrariedade[30]. No Brasil, a grande maioria dos doutrinadores utiliza a terminologia "ordem pública", com destaque às teses acadêmicas sobre a temática feitas por Pilar Ribeiro[31], Gama e Silva[32] e Dolinger[33]. No século XXI, há claro predomínio do termo "ordem pública" (*ordre public*) e, na doutrina anglo-saxã, *public policy*[34].

---

26. PILLET, Antoine. *De l´ordre public en droit international privé.* Paris/Grenoble: F. Allier Père et Fils/ L.Larose et Forcel, 1890, p. 15.
27. SAVIGNY, Friedrich Carl von. *Sistema do Direito Romano atual, vol. VIII.* Tradução de Ciro Mioranga (edição original de 1849), Ijuí: Unijuí, 2004, p. 53-57.
28. LAURENT, F. *Droit Civil International.* Paris: Librairie A. Marascqm Ainé, 1880, em especial p. 91 e 130.
29. CASTRO, Amílcar de. *Direito Internacional Privado.* 5ª ed., rev. e atual. por Osíris Rocha. Rio de Janeiro: Forense, 2000, p. 275.
30. PILLET, Antoine. *De l´ordre public en droit international privé.* Paris/Grenoble: F. Allier Père et Fils/ L.Larose et Forcel, 1890, p. 16.
31. RIBEIRO, Elmo Pilla. *O princípio da ordem pública em Direito Internacional Privado.* Porto Alegre, [S.ed.], 1966.
32. GAMA E SILVA, Luis Antonio. *A ordem pública em Direito Internacional Privado.* Monografia de concurso à docência-livre de Direito Internacional Privado, na Faculdade de Direito da Universidade de São Paulo. São Paulo, 1944.
33. DOLINGER, Jacob. *A evolução da ordem pública no Direito Internacional Privado.* Tese apresentada para o concurso à Cátedra de direito internacional privado da Faculdade de Direito da Universidade do estado do Rio de Janeiro. Rio de Janeiro, 1979.
34. A expressão "public policy" é utilizada pela doutrina anglo-saxã. Contudo, Overbeck aponta a utilização do termo "ordre public" em traduções em inglês de tratados internacionais. OVERBECK, Alfred E. von, «L'application par le juge interne des conventions de droit international privé» *in Recueil de Cours de l´Académie de Droit International de La Haye,* vol. 132, 1971, pp. 1-106, em especial p. 46-47.

O estudo do tema não prescinde da distinção entre "ordem pública nacional ou interna" e "ordem pública de direito internacional privado"[35], consagrada por Brocher no final do século XIX[36]. A "ordem pública nacional" representa as normas internas a todos impostas, no bojo de um único ordenamento jurídico, ditando as relações entre o Estado e seus nacionais. Já a "ordem pública internacional" compreende o conjunto de interesses e valores impostos a todos (nacionais e estrangeiros) em seu território[37]. No Brasil, a dualidade da ordem pública é defendida, entre outros, por Eduardo Espínola[38], Beviláqua[39], Valladão[40], Irineu Strenger[41].

Diferentemente, Pillet advogou a unicidade do conceito de ordem pública, sempre de caráter nacional, pois parte da legislação doméstica, sendo impregnada por traços particulares do Estado ao qual pertence[42]. Healy acompanha esse posicionamento, salientando que, tendo em vista os princípios fundamentais que a baseiam, é difícil admitir que haja mais que uma única ordem pública[43].

Ainda no que tange aos planos de incidência, Lima Pinheiro distingue "ordem pública de direito material" de "ordem pública internacional" (ao invés de utilizar a terminologia "ordem pública interna" e "ordem pública de direito internacional privado"), apontando que os princípios e regras veiculados pela ordem pública internacional (de direito internacional privado)

---

35. Há ainda a distinção entre ordem pública absoluta, que contém as leis nacionais que são aplicadas independentemente do conteúdo da lei estrangeira, e ordem pública relativa, que contempla valores nacionais que não podem ser violados em um caso concreto. O conceito de norma de ordem pública absoluta foi superado pela consagração das normas imperativas de direito internacional privado. Sobre a distinção, ver MAKAROV, A.N. «Conception du droit international privé d'après la doctrine et la pratique russes (U.R.S.S.)» *in Recueil de Cours de l´Académie de Droit International de La Haye*, vol. 35, 1931, pp. 473-604, em especial p. 510-511.

36. Embora reconhecendo o papel de Brocher, Dolinger afirma que Esperson foi precursor dessa dicotomia na ordem pública. DOLINGER, Jacob. *A evolução da ordem pública no Direito Internacional Privado*. Tese apresentada para o concurso à Cátedra de Direito Internacional Privado da Faculdade de Direito da Universidade do estado do Rio de Janeiro. Rio de Janeiro, 1979, p. 26.

37. BROCHER, Charles. *Nouveau traité de droit international privé au double point de vue de la doutrine et de la pratique*. Paris: E. Thorin Éditor, 1876, p. 342-368.

38. ESPÍNOLA, Eduardo. *Elementos de Direito Internacional Privado*. Rio de Janeiro: Jacintho Ribeiro dos Santos, 1925, p. 342.

39. BEVILÁQUA, Clóvis. *Princípios Elementaresde Direito Internacional Privado*. 3ª edição, Rio de Janeiro: Freitas Bastos, 1938, p. 109.

40. VALLADÃO, Haroldo. *Direito Internacional Privado*. 5ª ed., Rio de Janeiro: Freitas Bastos, 1980, p. 491.

41. STRENGER, Irineu. *Direito Internacional Privado*. 4ª ed., São Paulo: LTr, 2000, p. 437.

42. *In verbis:* «La notion d´ordre public répond donc à une idée unique et il n´existe qu´une seule catégorie de lois d´ordre public.» PILLET, Antoine. *De l´ordre public en droit international privé*. Paris/Grenoble: F. Allier Père et Fils/ L.Larose et Forcel, 1890, p. 38 e 39.

43. HEALY, Thomas H. «Théorie générale de l'ordre public» *in Recueil des Cours de l´Académie de Droit International de la Haye*, vol. 9, 1925, pp. 407-557, em especial p. 476.

representam núcleo mais restrito do que aqueles da ordem pública de direito material (ordem pública interna)[44]. Ainda, Vareilles-Sommières classifica a ordem pública em "ordem pública substancial" e "ordem pública conflitual", a primeira relacionada ao limite à lei estrangeira e a última relacionada à restrição da autonomia das partes para escolher a lei ou jurisdição adequadas para regular determinada situação transnacional[45].

Na doutrina brasileira, Gama e Silva afirmou ser a ordem pública una, pois representa os "interesses vitais da sociedade", não admitindo sequer gradação[46]. Dolinger também sustenta a sua unidade, a partir do original reconhecimento que a ordem pública é um fenômeno externo, não embutido na própria norma. A norma é protegida pela ordem pública, não podendo existir uma lei de ordem pública nacional e uma lei de ordem pública internacional. Trata-se de "princípio imanente no entendimento social de determinada época que comanda que leis poderão e quais não poderão ser alteradas"[47].

A partir do entendimento de que a ordem pública é una e exógena à norma, Dolinger distingue gradações na sua invocação pelo intérprete. A ordem pública em seu grau inicial não admite que as partes optem por outra solução, diversa da preconizada pelo direito positivo. Em um segundo grau, a ordem pública não admite o emprego de lei ou execução de sentença estrangeiras, paralisando-se a incidência normal do direito internacional privado. Em um terceiro grau, a ordem pública impede o reconhecimento de situação já constituída e consumada, em face de instituto estrangeiro "chocante", representando um "escândalo para o foro"[48].

Consagra-se, assim, uma ordem pública para uso no direito internacional privado, forjada com valores nacionais, cujas regras são menos numerosas que as normas cogentes internas[49].

44. PINHEIRO, Luís de Lima. *Direito internacional privado.* Vol I. Introdução e Direito dos Conflitos. Parte Geral. Coimbra: Almedina, 2011, p. 465.

45. VAREILLES-SOMMIÈRES, Pascal de. «L´ordre public» *in* AZZI, Tristan; BOSKOVIC, Olivera. *Quel avenir pour la théorie générale des conflits de lois?* Bruxelles: Bruylant, 2015, pp. 169-188, em especial p. 171.

46. *In verbis:* "Não há possibilidade de graus na ordem pública". GAMA E SILVA, Luis Antonio. *A ordem pública Em Direito Internacional Privado.* Monografia de concurso à docência-livre de Direito Internacional Privado, na Faculdade de Direito da Universidade de São Paulo. São Paulo, 1944, p. 185.

47. DOLINGER, Jacob. *A evolução da ordem pública no Direito Internacional Privado.* Tese apresentada para o concurso à Cátedra de Direito Internacional Privado da Faculdade de Direito da Universidade do estado do Rio de Janeiro. Rio de Janeiro, 1979, p. 41 e 42.

48. DOLINGER, Jacob. *A evolução da ordem pública no Direito Internacional Privado.* Tese apresentada para o concurso à Cátedra de Direito Internacional Privado da Faculdade de Direito da Universidade do estado do Rio de Janeiro. Rio de Janeiro, 1979, p. 41.

49. Para Goldman, «toute disposition légale impérative n´est pas d´ordre public 'international'». GOLDMAN, Berthold. «Les conflits de lois dans l'arbitrage international de droit privé» *in Recueil des Cours de l´Académie de Droit International de La Haye*, vol. 109, 1963, pp. 347-485, em especial p. 431.

3.2. A ABORDAGEM TRADICIONAL DO CONTEÚDO DA ORDEM PÚBLICA: OS DIREITOS ESSENCIAIS DO ESTADO DO FORO

Em exame inicial que confronta os termos "ordem" em face do seu antônimo "desordem", a ordem pública traduz um estado de harmonia ou paz social. Assim, a ordem pública seria, em princípio, um estado desejável de harmonia coletiva. Essa consideração inicial evidencia a percepção doutrinária sobre a definição e o conteúdo da ordem pública (vide acima), que rapidamente consolidou a ordem pública como um estado de fato que deve ser protegido pelo foro por meio de determinadas normas internas, as quais devem ser respeitadas pelo direito internacional privado[50].

A partir da segunda metade do século XIX, ocorreram os primeiros passos para a elaboração científica de teorias sobre a ordem pública, em especial na Europa continental[51]. O Instituto de Direito Internacional, ainda em 1880, apesar de não a definir, reconheceu que não deveriam ser aplicadas leis estrangeiras em oposição à ordem pública, resultando na sua superioridade sobre o direito estrangeiro[52].

Pillet afirmou que a ordem pública contém as leis indispensáveis à conservação do Estado, que seria ameaçada por perigos de ordem material, moral ou econômica[53]. Mancini, defensor da personalidade das leis, estabeleceu a sua aplicação às pessoas e não aos territórios, as leis acompanhando os indivíduos em seus deslocamentos pelo mundo. Excepcionalmente, não caberia a aplicação da lei estrangeira (lei pessoal), em caso de ofensa às relações de ordem pública, que, diferentemente das relações de direito privado, congregam as prescrições consideradas necessárias para a vida social, constituindo meios para manter a ordem e a paz pública[54].

---

50. VAREILLES-SOMMIERES, Pascal de. «L'exception d'ordre public et la régularité substantielle internationale de la loi étrangère» *in Recueil des Cours de l´Académie de Droit International de La Haye*, vol. 371, 2015, pp. 153-272, em especial p. 190.

51. AGO, Roberto. «Règles générales des conflits de lois» *in Recueil des Cours de l' Académie de Droit International de la Haye*, vol. 58, 1936, pp. 243-470, em especial p. 423.

52. *In* verbis: «VIII. En aucun cas les lois d'un Etat ne pourront obtenir reconnaissance et effet dans le territoire d'un autre Etat, si elles y sont en opposition avec le droit public ou avec l'ordre public.» Instituto de Direito Internacional, Session d'Oxford – 1880, «Principes généraux en matière de nationalité, de capacité, de succession et d'ordre public», Sessão de Oxford, 1880. Disponível em: http://www.idi-iil.org/app/uploads/2017/06/1880_oxf_01_fr.pdf. Acesso em 25/05/2024.

53. PILLET, Antoine. *De l´ordre public en droit international privé*. Paris/Grenoble: F. Allier Père et Fils/ L.Larose et Forcel, 1890, p. 19-30.

54. MANCINI, P. "De l´utilité de rendre obligatoires pour tous les États, sous la forme d´un ou de plusieurs traités internationaux, un certainnombre de règles générales de droit international privé pour assurer la décision uniforme des conflits entre les différentes législations civiles et criminelles", Relatório para o Instituto de Direito Internacional, 1874 *in Journal du Droit International Privé et de la Jurisprudence comparée*, juillet-aout, 1874, pp. 221-239 e pp. 284-304, em especial p. 295-296. Ver também HEALY,

Ago, comentando a concepção de ordem pública do código civil italiano de 1865, observou que seu objetivo principal seria a tutela de um interesse fundamental da sociedade nacional, de ordem política, religiosa, moral ou econômica. No tocante à individualização concreta das leis de ordem pública, assinalou a inexistência de critério positivo na legislação italiana para orientar o intérprete[55]. No mesmo sentido da escola italiana de Mancini, Bustamante também dividiu as leis em pessoais e territoriais, salientando que, excepcionalmente, não se aplicariam as leis pessoais caso causassem prejuízo ou lesão às pessoas que constituem a sociedade ou pudessem resultar na dissolução do próprio Estado[56].

Pimenta Bueno, também na segunda metade do século XIX, elencou como regra geral comum do direito internacional privado a não aplicação do direito estrangeiro que ofendesse "as leis do Estado, suas instituições, sua moral, ou os direitos ou interesses legítimos dos seus subditos (sic)"[57]. Para o autor, utilizava-se, para justificar a exigência de respeito à ordem pública, a subordinação genérica do direito estrangeiro à lei e aos interesses do foro.

A superioridade da proteção de interesses fundamentais (com a subordinação e afastamento da lei estrangeira) foi, subsequentemente, reconhecida pelo Instituto de Direito Internacional na sessão de Paris em 1910, ao sugerir se que cada convenção de direito internacional privado determinasse, com precisão, os pontos que os estados contratantes poderiam invocar – a título de ordem pública – para não fazer incidir as regras convencionais[58].

Nas primeiras décadas do século XX, Sampaio Doria definiu ordem pública, genericamente, como sendo "a que interessa, directamente, a organização social, em situação opposta á ordem privada, que diz respeito immediato aos indivíduos. Na ordem pública, os indivíduos são attingidos

Thomas H. «Théorie générale de l'ordre public» *in Recueil des Cours de l´Académie de Droit International de la Haye*, vol. 9, 1925, pp. 407-557, em especial p. 451.

55. AGO, Roberto. «Règles générales des conflits de lois» *in Recueil des Cours de l' Académie de Droit International de la Haye*, vol. 58, 1936, pp. 243-470, em especial p. 425-426.

56. BUSTAMANTE Y SIRVEN, Antonio Sanchez de. *Derecho Internacional Privado.* Tomo I, 2ª ed., Habana: Habana Cultural, 1934, p. 190. Nessa obra, retoma Bustamante seu estudo sobre ordem pública de 1893. BUSTAMANTE Y SIRVEN, Antonio Sanchez de. *El orden público: estudio de Derecho Internacional privado: leído en la apertura de la Academia de Derecho de la Universidad de La Habana.* Habana, Imprenta y papelería "La universal" de Ruiz y Hermano, 1893.

57. Mantida a grafia original do texto de 1863. PIMENTA BUENO, José Antônio. *Direito internacional privado e applicação de seus principios com referencia as leis particulares do Brazil.* Rio de Janeiro: Typographia Imp. e Const. de J. Villeneuve e C, 1863, p. 65.

58. Instituto de Direito Internacional. "De l'ordre public en droit international privé", Resolução adotada na sessão de Paris, 1910. Relator: Pasquale Fiore. Disponível em: http://www.idi-iil.org/app/uploads/2017/06/1910_paris_02_fr.pdf. Acesso em 25/05/2024.

como membros do corpo social. Na ordem privada, como unidades individuais. As consequências dos atentados á ordem pública abalam, nas suas bases, a estructura do Estado". Para o autor, em síntese, a ordem pública tem como fim imediato a garantia social e a ordem privada objetiva a proteção individual[59]. Na mesma época, Healy entendeu ser a ordem pública princípio que autoriza o Estado a aplicar, a todo tempo e em face de todos os indivíduos em seu território, as regras que considere essenciais à segurança, à moral e ao bom governo[60].

Na primeira metade do século XX, Bartin afirmou que o conceito de ordem pública contraria a existência de uma comunidade de direito entre os estados, definindo o termo como fruto de uma diferença excessiva e chocante entre o direito estrangeiro e o direito do foro, com a prevalência do último[61]. Com esse conceito, Bartin demonstrou limite ao uso do direito estrangeiro, que não pode impor diferença normativa que choque os valores do foro.

Ago entendeu que o uso do direito estrangeiro em situações transnacionais pelo Estado do foro tem como pressuposto a ausência de interferência na harmonia e nas bases do seu próprio ordenamento. Abalos ocorreriam quando a lei estrangeira desse tratamento distinto ao normalmente dado pela lei doméstica, gerando assimetria e, consequentemente, desarmonia entre os indivíduos. Nesse contexto, a ordem pública, constituída pelos princípios inspiradores fundamentais do ordenamento do foro, é o limite à aplicação do direito estrangeiro. Explicitamente, caracteriza a ordem pública como indefinida, pois materialmente impossível que o legislador nacional preveja e fixe em normas as ofensas aos princípios de ordem social e moral do foro[62].

No mesmo período, nos Estados Unidos, o Juiz Cardoso, no caso *Loucks* v. *Standard Oil Co. of New York* sobre indenização por atropelamento negligente, decidiu que a ordem pública (*public policy)* impedia a aplicação

59. Após a aposentadoria do professor Theophilo Benedicto de Souza Carvalho, catedrático de direito internacional privado da Faculdade de Direito da USP, assumiu esta cátedra em 1937 o Prof. Sampaio Doria, também já conhecido constitucionalista. DORIA, Antonio de Sampaio. *Problemas de Direito Público.* Theses de concurso para lente substituto de Direito Constitucional, Direito Internacional Público e Privado, na Faculdade de Direito de São Paulo. São Paulo: Typ. Piratininga, 1919, p. 344 e 345. Grafia original mantida.

60. HEALY, Thomas H.. «Théorie générale de l'ordre public» *in Recueil des Cours de l´Académie de Droit International de la Haye*, vol. 9, 1925, pp. 407-557, em especial p. 412.

61. BARTIN, E. *Principes de Droit International Privé selon la loi et la jurisprudence françaises.* t. 1, Paris: Éditions Domat-Montchrestien, 1930, p. 267-268.

62. AGO, Roberto. «Règles générales des conflits de lois» *in Recueil des Cours de l' Académie de Droit International de la Haye*, vol. 58, 1936, pp. 243-470, em especial p. 449 e p. 452.

de lei estrangeira ofensiva ao senso de justiça ou que ameaçasse o bem-estar público[63]. Nussbaum, escrevendo sobre a doutrina anglo-saxã, apontou que a ordem pública impede a aplicação de lei estrangeira ou execução de decisão estrangeira em caso de violação atual e grave de interesse do Estado do foro[64]. Murphy resume a visão tradicional da ordem pública nos Estados Unidos sustentando que seu papel é evitar automatismo no direito internacional privado, impedindo a aplicação de lei ou decisão estrangeiras consideradas repugnantes ou injustas[65].

Arminjon, em posição sutilmente diferente, vislumbra não servir a ordem pública somente para descartar normas estrangeiras imorais ou antissociais, sendo utilizada também para justificar, por razões de utilidade ou justiça (aos olhos do foro), o uso da lei doméstica[66]. Vischer, após destacar que a ordem pública protege os princípios básicos de justiça do foro e realçar a dificuldade de definir seu conteúdo, prega a observância de determinadas diretrizes gerais, entre as quais a observância dos princípios gerais de direito reconhecidos pelas nações civilizadas[67], conforme previsto nas fontes do direito internacional público, por exemplo, o dever de agir em boa-fé e a proibição do abuso de direito[68].

Na doutrina portuguesa, Machado Villela vê a ordem pública como instrumento que protege um "interesse vital do Estado, quer êsse interesse seja de ordem política, quer seja de ordem social, quer seja de ordem econômica"[69]. Ferrer Correia destaca que a ordem pública é composta pelos

---

63. Court of Appeals of New York, caso *Loucks* v. *Standard Oil Co. of New York,* 224 N.Y. 99, 120 N.E. 198,julgamento de 12 de julho de 1918. conforme SYMEONIDES, Symeon C. *Choice of law.* New York: Oxford University Press, 2016, p. 79.
64. NUSSBAUM, Arthur."Public Policy and the Political Crisis *in* the Conflict of Laws" *in Yale Law Journal*, vol. 49, 1940, pp. 1027-1058, em especial p. 1031.
65. MURPHY, Kent. "The Traditional View of Public Policy and Ordre Public *in* Private International Law" *in Georgia Journal of International and Comparative Law*, vol. 11, 1981, pp. 591-616, em especial p. 613.
66. ARMINJON, Pierre. «Les systèmes juridiques complexes et les conflits de lois et de juridictions auxquels ils donnent lieu» *in Recueil des Cours de l´Académie de Droit International de la Haye,* volume 74, 1949, pp. 73-190, em especial p. 107-114.
67. Utilizando a expressão prevista no artigo 38, "c" do Estatuto da então existente Corte Permanente de Justiça Internacional, hoje Corte Internacional de Justiça. NIBOYET, J.-P. «Le rôle de la justice internationale en droit international privé: conflit des lois» *in Recueil des Cours de l´Académie de Droit International de La Haye*, vol. 40, 1932, pp. 153-235, em especial p. 178. Rangel aponta que tal expressão ("nações civilizadas") é hoje obsoleta, tendo sido utilizada pela primeira vez em 1814, pela Declaração de Viena contra o tráfico de escravos. RANGEL, Vicente Marotta. *Direito e relações internacionais. Legislação internacional anotada.* 9ª ed., São Paulo: RT, 2010, p. 55.
68. VISCHER, Frank. «General course on private international law" *in Recueil des Cours de l´Académie de Droit International de la Haye*, vol. 232, 1992, pp. 9-255, em especial p. 101.
69. MACHADO VILLELA, Álvaro da Costa."O Direito Internacional Privado no Código Civil Brasileiro" *in Boletim da Faculdade de Direito da Universidade de Coimbra*. Ano III – nº 51 a 53. Coimbra: Imprensa da Universidade, 1920-1921, p. 305.

princípios ou valores básicos do ordenamento nacional tidos como inderrogáveis, incluindo também interesses de precípua grandeza da comunidade local[70]. Para Lima Pinheiro, a cláusula geral da ordem pública é um veículo para a atuação dos princípios e normas fundamentais da ordem jurídica portuguesa[71].

Machado entende que a ordem pública assegura a manutenção da pureza das concepções nacionais basilares, impedindo a introdução de concepções fundamentalmente heterogêneas e conservando o ideal de justiça e os postulados sociais, econômicos e políticos de um Estado. O direito internacional privado do foro dá um voto de confiança aos legisladores estrangeiros, no sentido de que, mesmo em casos desvinculados com o foro, não ditarão normas ofensivas aos "mais elementares princípios de justiça (tal como concebidos nas nações civilizadas)"[72].

Sobre a indagação da lei que deve regular a situação transnacional em caso de rejeição da lei estrangeira, Overbeck, em estudo a respeito das diversas legislações locais do direito internacional privado, destaca que, em geral, utiliza-se a lei do foro, podendo também aplicar o princípio do vínculo mais estreito[73]. Outra possibilidade, apontada por Blanco-Morales, é encontrada no artigo 22 do Código Civil de Portugal, que prevê a utilização das normas mais apropriadas da legislação estrangeira competente ou, subsidiariamente, as regras do direito interno português[74].

Francescakis denomina de tradicional (ou clássica) a construção da ordem pública nos séculos XIX e XX que a vislumbra como *clausula generalis* de conteúdo congenitamente indeterminado, transferindo-se às mãos do juiz a sua definição. Para o autor, a visão tradicional da ordem pública supera as previsões iniciais do método indireto de dimensão nacional ou internacional, mas possui como "ponto fraco" o uso da lei do foro como substituto universal da lei estrangeira. Assim, entende que a visão clássica

70. FERRER CORREIA, A. *Lições de Direito Internacional Privado – I.* Coimbra: Almedina, 2000, p. 406.

71. PINHEIRO, Luís de Lima. *Direito internacional privado.* Vol I. Introdução e Direito dos Conflitos. Parte Geral. Coimbra: Almedina, 2011, p. 462.

72. MACHADO, João Baptista. *Lições de Direito Internacional Privado.* 3ª ed., Coimbra: Almedina, 1999, p. 256.

73. OVERBECK, Alfred E. von. «Les questions générales du droit international privé à la lumière des codifications et projets récents: cours général de droit international privé» *in Recueil des Cours de l´Académie de Droit International de la Haye,* vol.176, 1982, pp. 9-258, p. 212.

74. *In verbis:* "Art. 22º (Ordem pública). 1. Não são aplicáveis os preceitos da lei estrangeira indicados pela norma de conflitos, quando essa aplicação envolva ofensa dos princípios fundamentais da ordem pública internacional do estado português. 2. São aplicáveis, neste caso, as normas mais apropriadas da legislação estrangeira competente ou, subsidiariamente, as regras do direito interno português". Ver também BLANCO-MORALES, Pilar. "Direito internacional privado: Portugal" *in Jurismat Revista Jurídica do Instituto Superior Manuel Teixeira Gomes*, Portimão, 2014, pp. 33-59, em especial p. 44.

fica desarmada face a uma eventual guinada nacionalista, que pode gerar a aplicação cotidiana da lei do foro[75].

A visão tradicional da ordem pública fortaleceu-se pela própria resiliência das dimensões nacionais do direito internacional privado. Com a inexistência da comunidade jurídica das nações, a ordem pública é, nas palavras de Batiffol, a irmã siamesa da diversidade de leis internas e suas distintas opções[76]. Dessas abordagens doutrinárias ressaltam-se (i) o uso do critério da essencialidade ou fundamentalidade dos interesses do foro e (ii) a invocação da diferença chocante, para o foro, do conteúdo do direito estrangeiro invocado, não sendo incomum o uso de expressões como "nações civilizadas", para reforçar o *rechaço* ao outro. Reforça-se aqui o limite à confiança e tolerância às opções distintas trazidas pelo direito estrangeiro.

3.3. INCIDÊNCIA, FUNÇÕES E FUNDAMENTOS DA ORDEM PÚBLICA

Há dois modos de se conceber a incidência da ordem pública em direito internacional privado.

Em uma primeira abordagem, a ordem pública comporta-se como mecanismo de *conexão*, derrogando a regra de conexão ordinária inicialmente incidente e fazendo nascer outro modo de indicação (da lei do foro ou lei estrangeira).

Em uma segunda abordagem, a ordem pública é um instrumento de *desconexão*, pelo qual é neutralizada a lei estrangeira indicada. Não se foca a regra de conexão ordinária, mas, sim, o seu efeito, que é a indicação de lei estrangeira que violou a ordem pública, de modo que a posterior indicação de lei do foro ou lei estrangeira seria tão somente um epifenômeno[77].

A segunda abordagem de incidência da ordem pública gera a defesa do seu papel *in concreto*. Sob essa ótica, a ordem pública não deveria ser utilizada para avaliar, em abstrato, determinado comando estrangeiro, mas o seu efeito em uma situação transnacional analisada. Para Jayme, a ordem pública não tutela normas jurídicas abstratas, mas corrige soluções

75. FRANCESCAKIS Phocion. «Y a-t-il du nouveau en matière d'ordre public?» *in Travaux du Comité français de droit international privé*, 27-30e année, 1966-1969, 1970, pp. 149-178, p. 156-157.

76. BATIFFOL, Henry. «Les tendances doctrinales actuelles en droit international privé» *in Recueil des Cours de l´Académie de Droit International de la Haye,* vol. 72, 1948, pp. 1-66, p. 11.

77. VAREILLES-SOMMIERES, P. de. «L'exception d'ordre public et la régularité substantielle internationale de la loi étrangère» *in Recueil des Cours de l´Académie de Droit International de La Haye*, vol. 371, 2015, pp. 153-272, em especial p. 167.

em face de padrões de justiça do foro. Por isso, não há normas contrárias à ordem pública, apenas regras cuja aplicação no caso concreto conduz a resultados contrários à ordem pública[78]. Nessa linha, Vischer critica decisão do Tribunal Federal da Suíça que vedou a transcrição no registro público suíço de divórcio, somente com fundamento na oposição, em abstrato, da ordem pública suíça ao repúdio islâmico, desconsiderando, assim, que o pedido havia sido feito pela mulher, que, então, foi forçada a realizar procedimento de divórcio na Suíça[79].

Assim, a principal função da ordem pública é o seu papel de controle do resultado substantivo obtido a partir da lei aplicável, sendo, para Vischer, um instrumento corretivo da cegueira (*blindness*) da escolha da lei no que tange ao conteúdo das leis indicadas. Sua função é proteger os princípios básicos de justiça do Estado do foro, exigindo que o julgador avalie o resultado dado pela lei e faça um teste de compatibilidade com os princípios básicos de justiça como entendidos pelo foro[80]. Nesse sentido e no que tange à escolha de leis, ordem pública é uma exceção ao "jogo normal das regras de conflito", cujo uso evita-se ao máximo[81].

O recurso à ordem pública na escolha das leis possui duas fases sucessivas: a primeira, é o afastamento da lei estrangeira indicada pelo uso das regras de conexão; a segunda, é a designação de outra regra (em geral, a do próprio foro) para regular o fato transnacional. Trata-se, assim, de forçar a aplicação de outra regra (nacional ou estrangeira) para regular o fato transnacional.

Nessa linha, identificam-se duas facetas da ordem pública: a faceta negativa e a faceta positiva. No seu viés negativo, a ordem pública consiste na repulsa à lei estrangeira indicada. Goldschmidt anota que a ordem pública não pode ser considerada consequência jurídica de uma norma indireta, constituindo uma exceção ou uma característica negativa[82].

---

78. JAYME, Erik. "Métodos para la concretización del orden público en el derecho internacional privado" *in Revista de la Facultad de Ciencias Jurídicas y Políticas.* nº 82, Caracas: Universidad Central de Venezuela, 1991, pp. 216-270, em especial p. 219.

79. VISCHER, Frank. «General course on private international law" *in Recueil des Cours de l´Académie de Droit International de la Haye*, vol. 232, 1992, pp. 9-255, em especial p. 101.

80. VISCHER, Frank. «General course on private international law" *in Recueil des Cours de l´Académie de Droit International de la Haye*, vol. 232, 1992, pp. 9-255, em especial p. 100.

81. *In verbis:* «L´ordre public est vu aujourd´hui comme une exception au jeu normal des règles des conflits. L´on évite le plus possible le recours à cet instrument sévère». JAYME, Erik. "Identité culturelle et intégration: Le droit internationale privé postmoderne" *in Recueil des Cours de l' Académie de Droit International de la Haye*, vol. 251, 1995, pp. 9-267, em especial p. 228.

82. GOLDSCHMIDT, Werner. *Derecho Internacional Privado. Derecho de la Tolerancia.* 7.ed. Buenos Aires: Ediciones Depalma, 1990, p. 152.

Já a faceta positiva da ordem pública apresenta divergência na doutrina. Nussabaum a vislumbra de modo restrito: serviria para solucionar dúvida na interpretação das regras jurídicas[83]. Lipstein menciona a posição, baseada na escola italiana de Mancini, de que o viés positivo da ordem pública é constituído pela natureza imperativa de certas regras da *lex fori* que afastariam as regras de conexão do próprio foro[84]. Jayme faz menção à faceta positiva como equivalente à imposição de princípios sociopolíticos do foro[85]. A faceta positiva da ordem pública comandaria, ainda, a aceitação dos efeitos do preceito estrangeiro como espelho da proteção dos direitos adquiridos no direito internacional privado[86]. Bucher apresenta posição mais contida, na qual a faceta positiva (ou efeito positivo) da ordem pública é simplesmente a solução dada após a incidência da faceta negativa, fixando-se a solução para a situação transnacional[87].

A posição tradicional perdeu força com o reconhecimento da existência de normas imperativas (*lois de police*) em separado das regras de conflito[88], adotado, também, nesta obra. A ascensão das normas imperativas em direito internacional privado - normas do foro que incidem sobre o fato transnacional, afastando as regras de conexão, independentemente do resultado material que seria obtido caso incidisse a regra de conexão ordinária[89] - atendeu, conforme aponta Muir Watt ao anseio de impor as políticas legislativas do foro nas situações transnacionais, reduzindo a ordem pública ao seu papel de filtro de leis estrangeiras percebidas como moralmente odiosas (mais que economicamente concorrentes)[90].

83. NUSSBAUM, Arthur. "Public Policy and the Political Crisis *in* the Conflict of Laws" *in Yale Law Journal*, vol. 49, 1940, pp. 1027-1058, em especial p. 1027.

84. LIPSTEIN, K. "The Hague Conventions on Private International Law, Public Law and Public Policy" *in International and Comparative Law Quarterly*, vol. 8, issue 3, 1959, pp. 506-522, em especial, p. 517-518.

85. JAYME, Erik. "Métodos para la concretización del orden público en el derecho internacional privado" *in Revista de la Facultad de Ciencias Jurídicas y Políticas*. nº 82, Caracas: Universidad Central de Venezuela, 1991, pp. 216-270, em especial p. 218-219 e p. 241.

86. Nesse sentido, comentando lição de Dolinger, ver RODAS, João Grandino. *Direito Internacional Privado brasileiro*. São Paulo: RT, 1993, p. 82.

87. BUCHER, Andreas. «L'ordre public et le but social des lois en droit international privé» *in Recueil des cours de l´Académie de Droit International de La Haye*, vol. 239, 1993, pp. 9-116, em especial p. 38.

88. Nesse sentido, ver LIPSTEIN, K. "The Hague Conventions on Private International Law, Public Law and Public Policy" *in International and Comparative Law Quarterly*, vol. 8, 1959, pp. 506-522, em especial, p. 517-518.

89. VISCHER, Frank. «General course on private international law" *in Recueil des Cours de l´Académie de Droit International de la Haye*, vol. 232, 1992, pp. 9-255, em especial p. 102.

90. Ver WATT, Horatia Muir. «Rapport de synthèse l´ávenir de la discipline: quelles perspectives méthodiques?»AZZI, Tristan; BOSKOVIC, Olivera. *Quel avenir pour la théorie générale des conflits de lois?*. Bruxelles: Bruylant, 2015, pp. 237-249, em especial p. 247.

O fundamento dos papéis de exclusão e correção da ordem pública é a *superioridade* das normas do foro em relação às leis estrangeiras indicadas, fundada, em princípio, na inexistência de obrigação internacional do Estado do foro em aplicar leis estrangeiras ou cumprir decisões estrangeiras que ofendam seus valores essenciais. Nessa linha, mesmo os tratados de direito internacional privado possuem dispositivos que permitem a invocação da ordem pública do foro.

O argumento de que, na inexistência de uma obrigação internacional, a cortesia internacional (*comitas gentium)* ou a *comity* (confiança mútua nas instituições judiciais estrangeiras) anglo-saxã poderiam ser invocadas para impor a aplicação da lei estrangeira em situações a ela vinculadas também apresenta limitações pela exceção de ordem pública. No caso da cortesia, pode-se afastar a aplicação da lei estrangeira a depender de decisão do Estado do foro[91], e, no caso da *comity,* os atos das instituições estrangeiras considerados intoleráveis de acordo com a ordem pública do foro podem ser desconsiderados[92].

A função da ordem pública de rejeição da lei estrangeira foi debatida no caso *Boll* da Corte Internacional de Justiça[93]. Em que pese os ditames de justiça, conveniência e intercâmbio internacional entre indivíduos, o tribunal entendeu existir uma válvula de segurança no direito internacional privado, que vem a ser o respeito a concepções fundamentais de cunho moral, político e legal, que leva a não aplicação de lei estrangeira[94]. Na sua opinião em

---

91. MEIJERS, E. M. «L'histoire des principes fondamentaux du droit international privé a partir du moyen age. Spécialement dans l'europe occidentale» *in Recueil des Cours de l'Académie de Droit International de La Haye*, vol. 49, 1934, pp. 547-686.

92. BRIGGS, Adrian. «The Principle of Comity *in* Private International Law» *in Recueil des Cours de l'Académie de Droit International de La Haye*, vol. 354, 2011, pp. 65-182, em especial p. 91 e p. 114.

93. O caso versou sobre a menor Marie Elizabeth Boll, filha de pai holandês e mãe sueca, nascida e residente na Suécia, que, pelas leis da época, possuía apenas a nacionalidade holandesa. Após a morte da mãe, em 1953, as cortes holandesas concederam a guarda ao seu pai, ao mesmo tempo em que as cortes suecas determinaram medidas de educação protetiva para a menina, para a tutela da sua saúde física e mental, conforme previsto na legislação sueca, o que gerou uma disputa entre as disposições protetivas contidas na lei sueca e aquelas disciplinadas na Convenção sobre a guarda de menores, de 1902. Corte Internacional de Justiça, caso *da aplicação da Convenção de 1902 sobre guarda de crianças* (Holanda v. Suécia), julgamento de 28 de novembro de 1958.

94. *In verbis:* "The purpose of private international law is to make possible the application, withinthe territory of the State, of the law of foreign States. This is an object dictated by considerations of justice, convenience, the necessities of international intercourse between individuals and indeed, as has occasionally been said, by an enlightened conception of public policy itself. But there is an obvious element of simplification *in* the view that the law of a State should be deemed to have consented or that it should reasonably be expected to consent *in* advance to the application of foreign law without any limitations, *in* any circumstances whatsoever, without a safety valve, without a residuum of contingencies *in* which, because of the very nature of its structure and the fundamental legal, moral and political conceptions which underly it, it should be able to decline to apply foreign law". Voto do Juiz

separado, o juiz Lauterpacht concebeu *ordre public* ou *public policy* como princípio geral de direito internacional privado, interpretado no sentido previsto no artigo 38 do Estatuto da Corte Internacional de Justiça, com base na prática e experiência das leis locais dos Estados. A noção de ordem pública, além de variável e com diferentes graus de proteção, pode atuar para evitar que o Estado consinta, previamente, com a aplicação do direito estrangeiro em casos relacionados a aspectos fundamentais de moral, política e direito[95].

3.4. O CONTEÚDO NACIONAL DOS DIREITOS INSERIDOS NA ORDEM PÚBLICA

Dois são modos de definição do conteúdo da ordem pública em direito internacional privado: o modo *a priori*, que elenca as regras intangíveis do foro; e o modo *a posteriori*, que analisa o caso concreto, para comprovar a incompatibilidade da lei ou da decisão estrangeira com princípios e regras essenciais do foro[96].

A definição *a priori* da ordem pública foi debatida pela doutrina já no final do século XIX, com Pillet apontando, como parte integrante do conceito, as leis necessárias à preservação do Estado, as leis políticas e administrativas, as leis criminais, as leis civis de caráter moral, econômico, entre outras[97]. Bustamante, nas Américas, também elenca o conteúdo da ordem pública, que deveria conter parte do direito político, administrativo e criminal, as normas de processo, o direito civil de natureza moral ou econômica e o direito civil de natureza essencialmente política ou jurídica[98]. Para o autor,

---

Lauterpacht. Ver também os votos do Juiz Badawi, Juiz Quintana e Juiz Spiropoulos. Corte Internacional de Justiça, caso da *aplicação da Convenção de 1902 sobre guarda de crianças* (Holanda v. Suécia), julgamento de 28 de novembro de 1958. Contra, ver LIPSTEIN, K. "The Hague Conventions on Private International Law, Public Law and Public Policy" *in International and Comparative Law Quarterly*, vol. 8, issue 3, 1959, pp. 506-522, em especial, p. 522.

95. Corte Internacional de Justiça, caso da aplicação da Convenção de 1902 sobre guarda de crianças (Holanda v. Suécia), julgamento de 28 de novembro de 1958, em especial p. 90 e seguintes. De forma similar, o juiz Moreno Quintana, também em opinião em separado, conceituou ordem pública como o conjunto de leis de um estado cujos princípios não podem ser desconsiderados por convenções ou leis estrangeiras conflitantes, que são baseados na necessidade de proteger a organização social e política do estado, tal qual a família, o bem estar da criança e a moral pública. Em resumo, a ordem pública identifica os interesses permanentes do estado na proteção dos direitos dos indivíduos. Corte Internacional de Justica, caso da *aplicação da Convenção de 1902 sobre guarda de crianças* (Holanda v. Suecia), julgamento de 28 de novembro de 1958, em especial p. 105-106.

96. GOLDSCHMIDT, Werner. *Derecho Internacional Privado. Derecho de la Tolerancia.* 7.ed. Buenos Aires: Ediciones Depalma, 1990, p. 163.

97. PILLET, Antoine. *De l´ordre public en droit international privé.*Paris/Grenoble: F. Allier Père et Fils/ L.Larose et Forcel, 1890, p. 18-23.

98. BUSTAMANTE Y SIRVEN, Antonio Sanchez de. *Derecho Internacional Privado.* Tomo I, 2ª ed., Habana: Habana Cultural, 1934, p. 199-201.

seria possível uma determinação legislativa prévia do que poderia ser objeto da ordem pública. No plano internacional, o Código Bustamante menciona, como conteúdo mínimo da ordem pública, "os preceitos constitucionais" (art. 4º). Contudo, alerte-se que a redação do Código repetiu a confusão entre a obrigatoriedade interna do preceito (fruto da primazia das normas constitucionais) e a proteção de valores essenciais do foro, que são mais restritos.

Bartin considerou que a postura de elencar conteúdo *a priori* da ordem pública seria inútil, pois a *ordre public* não depende, por definição, de um princípio de direito, mas de uma concepção social vigente em determinada época[99]. Arminjon é ainda mais radical ao considerar que a noção de ordem pública é tão vasta e imprecisa que os tribunais do foro têm um poder "discricionário absoluto"[100].

Reconhecendo que é impossível determinar *a priori* o conteúdo da ordem pública, Lima Pinheiro assinala que a abertura à concepção apriorística de valores nacionais imperativos é feita hoje, para parte da doutrina, por meio das normas de aplicação imediata[101]. Na mesma linha, Valladão aponta que a ordem pública é uma "noção fluida, relativíssima e que fica entregue à jurisprudência em cada caso"[102], consagrando a discricionariedade judicial para a concretização do seu conteúdo.

As tentativas de enumeração (de modo mais preciso ou mais genérico) do conteúdo de ordem pública fracassaram em face da postura dos Estados, tanto na elaboração de leis nacionais sem rol predeterminado de temas, quanto na redação de tratados com cláusula de ordem pública de redação concisa e genérica. Ademais, a visão de uma ordem pública indeterminada e deixada ao sabor do Estado do foro como um princípio geral da disciplina foi consagrada pela Corte Internacional de Justiça no já citado caso *Boll*[103].

---

99. BARTIN, E. *Principes de Droit International Privé selon la loi et la jurisprudence françaises*. t. 1, Paris: Éditions Domat-Montchrestien, 1930, p. 239 e seguintes. BARTIN, Etienne. «La doctrine des qualifications et ses rapports avec le caractère national du conflit des lois» *in Recueil des Cours de l´Académie de Droit International de la Haye*, vol. 31, 1930, pp. 561-622, em especial p. 611-612.

100. ARMINJON, Pierre. «L´objet et la méthode du droit international privé» *in Recueil des Cours de l´Académie de Droit International de la Haye*, vol. 21, 1928, pp. 429-544, em especial p. 499.

101. PINHEIRO, Luís de Lima. *Direito internacional privado*. Vol I. Introdução e Direito dos Conflitos. Parte Geral. Coimbra: Almedina, 2011, p. 462 e 466.

102. VALLADÃO, Haroldo. *Direito Internacional Privado*. Vol. I. 2ª ed., Rio de Janeiro: Freitas Bastos, 1977, p. 496.

103. *In verbis*: "*In* fact, the exclusion of the exception of ordre public *in* the application of an international convention on the conflict of laws is only conceivable on the assumption that the contracting States impliedly intended to accept the obligation not to reserve for their own sovereign action any right to apply the rules of their own legislation which might directly or indirectly run counter to the effects of the application of the convention". Voto do Juiz Badawi, Corte Internacional de Justiça, casoda *aplicação da convenção de 1902 sobre guarda de crianças* (Holanda v. Suécia), julgamento de 28 de novembro de 1958.

Para Dolinger, o silêncio de um tratado de direito internacional privado no que tange à cláusula de ordem pública "não significa que se tenha obrigado a aplicar cegamente o direito estrangeiro". No caso do Brasil, Dolinger justifica sua posição pela primazia das normas constitucionais sobre os tratados, o mesmo devendo ocorrer no conflito entre a norma convencional e a ordem pública brasileira[104]. Lima Pinheiro assinala ser entendimento da doutrina dominante que, na falta de disposição específica em convenção internacional, a permissão da ordem pública deve ser implícita[105].

Tendo como premissa a natureza essencialmente nacional da ordem pública, Healy sintetizou as suas características dominantes para a maior parte dos estados: *vaga*, já que definida como instrumento de proteção de valores fundamentais; *indefinida*, porque as tentativas de elencar conteúdo predeterminando não foram seguidas pelos estados; *relativa*, porque dependente do contexto social de determinada época e da visão de cada Estado (o que é considerado de ordem pública de direito internacional privado em um Estado, pode não ser em outro); e, *cambiante*, podendo variar no próprio Estado do foro pela passagem do tempo[106]. No Brasil, Dolinger e Tiburcio sustentam que o conteúdo da ordem pública "se afere pela mentalidade e pela sensibilidade médias de determinada sociedade em determinada época"[107].

Assim, a relatividade da ordem pública é tríplice: (i) territorial, porque consiste no conjunto de princípios essenciais do foro; (ii) temporal, ao variar ao longo do tempo; e (iii) material, porque seu conteúdo também pode variar. Nesse sentido, Ferrer Correia assinala, como características da ordem pública, o caráter nacional, excepcionalidade, imprecisão e atualidade[108]. Já Machado Vilella enumera como qualidades da ordem pública a sua feição nacional, mobilidade (atualidade) e caráter excepcional[109].

Ponto comum a essas abordagens doutrinárias é o conteúdo indeterminado e contextual da ordem pública, variável no tempo e no espaço,

104. DOLINGER, Jacob. *A evolução da ordem pública no Direito Internacional Privado.* Tese apresentada para o concurso à Cátedra de direito internacional privado da Faculdade de Direito da Universidade do estado do Rio de Janeiro. Rio de Janeiro, 1979, p. 101.

105. PINHEIRO, Luís de Lima. *Direito internacional privado.* Vol I. Introdução e Direito dos Conflitos. Parte Geral. Coimbra: Almedina, 2011, p. 462.

106. HEALY, Thomas H. «Théorie générale de l'ordre public» *in Recueil des Cours de l´Académie de Droit International de la Haye*, vol. 9, 1925, pp. 407-557, em especial p. 469 e p. 480.

107. DOLINGER, Jacob e TIBURCIO, Carmen. *Direito Internacional Privado – Parte Geral e Processo Internacional.* 12ª ed rev., atual. e ampl., Rio de Janeiro: Forense, 2016, p. 442.

108. FERRER CORREIA, A. *Lições de Direito Internacional Privado – I.* Coimbra: Almedina, 2000, p. 409.

109. MACHADO VILLELA, Álvaro da Costa. "O Direito Internacional Privado no Código Civil Brasileiro" *in Boletim da Faculdade de Direito da Universidade de Coimbra.* Ano III – nº 51 a 53. Coimbra: Imprensa da Universidade, 1920-1921, p. 315.

a depender do contexto social do Estado do foro (espaço) no momento (tempo) da avaliação do fato transnacional.

Há o risco de intolerância com a alteridade, levando, assim, à prevalência dos direitos tal qual concebidos no foro, o que pode levar ao afastamento de direitos antagônicos ou ainda de interpretações estrangeiras divergentes sobre o mesmo direito.

3.5. A ORDEM PÚBLICA NO BRASIL

Em 1858, o Imperador Pedro II determinou a edição de um projeto de Código Civil, sob a coordenação de Teixeira de Freitas, que elaborou projeto denominado *Esboço de Código Civil*, unificando o direito civil com o direito mercantil[110]. Seu artigo 5º previa quatro hipóteses para a não aplicação do direito estrangeiro: (i) quando sua aplicação se opunha ao direito público e criminal do Império, à religião do Estado, tolerância dos cultos e à moral e bons costumes, a exemplo da não aplicação de lei estrangeira prevendo a poligamia, ou de lei que previsse ódio ao culto católico, autorizasse o casamento entre irmãos (incesto) e estabelecesse incapacidade aos judeus, hereges ou apóstatas; (ii) nos casos de sua aplicação fosse expressamente proibida ou incompatível com o espírito do Código, tal qual lei que instituiu a "morte civil"; (iii) quando fosse de mero privilégio; (iv) e quando as leis do Código, em colisão com as estrangeiras, forem mais favoráveis à validade dos atos, que seria uma boa medida, pois auxiliaria nacionais ou estrangeiros[111].Essas quatro hipóteses fornecem conteúdo à ordem pública, mesmo que algumas sejam gerais (como a que prevê a colisão com o "espírito do Código"), identificando-se também um princípio de imposição de resultado material na ordem pública, como se vê na hipótese de favorecimento da validade do ato[112].

Como o *Esboço* não foi adotado no Brasil, o primeiro diploma nacional que previu a proteção da ordem pública foi o decreto nº 6.982 de

110. José Reinaldo Lima Lopes aponta o papel "quase legislativo" desempenhado por Augusto Teixeira de Freitas, que considera o maior privatista do Império, em especial em virtude de sua "Consolidação das Leis Civis". O "Esboço", continua Lima Lopes, não recolhia o direito posto, mas propunha um novo direito. LOPES, José Reinaldo de Lima. *O Direito na História. Lições introdutórias.* 3ª ed., São Paulo: Atlas, 2009, p. 321.

111. FREITAS, Augusto Teixeira de. *Código civil: esboço*. Rio de Janeiro: Typographia Universal de Laemmert, 1860, p. 5-6.

112. Os três outros projetos de código civil do Império também traziam dispositivos referentes à ordem pública, como se vê no projeto de Nabuco de Araújo (art. 61), no projeto de Coelho Rodrigues (art. 17) e no projeto Felício dos Santos (art. 45). Ver o teor desses artigos em GAMA E SILVA, Luis Antonio. *A ordem pública em Direito Internacional Privado*. Monografia de concurso à docência-livre de direito internacional privado, na Faculdade de Direito da Universidade de São Paulo. São Paulo, 1944, p. 131-133.

1878, ao dispor, no seu artigo 2,º que as sentenças estrangeiras não seriam executadas caso contivessem decisão contrária a quatro hipóteses: respeito à soberania nacional, como decisão estrangeira que subtrai brasileiro à competência dos tribunais do Império; respeito às "leis rigorosamente obrigatórias, fundadas em motivos de ordem pública"; proteção das leis que regulam a organização da propriedade territorial; e preservação de "leis da moral", como seria o caso de sentença estrangeira que consagrasse a poligamia[113]. Já na República, em 1894, a Lei nº 221 previu ser hipótese de oposição (impugnação) à sentença estrangeira o seu conteúdo contrário à *ordem pública* ou ao direito público interno da União (art. 12, § 5º)[114].

O projeto original de Código Civil de Clóvis Beviláqua previu a proteção da ordem pública no direito internacional privado nos artigos 17 e 18 da sua introdução, que vedavam, respectivamente, exercício de direito adquirido de acordo com lei estrangeira e a aplicação de lei estrangeira, caso ofensivos à soberania brasileira, aos bons costumes ou diretamente incompatível com lei federal brasileira fundada em motivo de ordem pública[115].

Contudo, a introdução ao Código Civil de 1916[116] foi aprovada com artigo único (art. 17), tendo a seguinte redação, proposta por Andrade Figueira: "as leis, atos, sentenças de outro país, bem como as disposições e convenções particulares, não terão eficácia, quando ofenderem a soberania nacional, a ordem pública e os bons costumes"[117].

Em 1942, foi adotada a Lei de Introdução ao Código Civil cujo artigo 17 possui redação próxima ao texto de 1916: "As leis, atos e sentenças de outro país, bem como quaisquer declarações de vontade, não terão eficácia no Brasil, quando ofenderem a soberania nacional, a ordem pública

113. Inteiro teor disponível em: http://www2.camara.leg.br/legin/fed/decret/1824-1899/decreto-6982--27-julho-1878-547801-publicacaooriginal-62676-pe.html. Acesso em: 30/05/2024.

114. Inteiro teor disponível em: http://www2.camara.leg.br/legin/fed/lei/1824-1899/lei-221-20-novembro-1894-540367-publicacaooriginal-40560-pl.html. Acesso em 30/05/2024.

115. DOLINGER, Jacob. *A evolução da ordem pública no Direito Internacional Privado*. Tese apresentada para o concurso à Cátedra de direito internacional privado da Faculdade de Direito da Universidade do estado do Rio de Janeiro. Rio de Janeiro, 1979, p. 81-82. DINIZ, Maria Helena. "Código Civil de 1916" *in* BITTAR, Eduardo C.B., *História do Direito Brasileiro*. 2ª edição, São Paulo: Atlas, 2010, pp. 229-240.

116. Sobre a tramitação deste projeto de código civil, ver ESPÍNOLA, Eduardo e ESPÍNOLA FILHO, Eduardo. *Tratado de Direito Civil Brasileiro*. Vol. II., Rio de Janeiro: Freitas Bastos, 1939, p. 522 e seguintes.

117. Ver resposta de Beviláqua às discussões sobre seu projeto em BEVILÁQUA, Clóvis. *Em defeza do projecto de Codigo civil brazileiro*. Rio de Janeiro: Livr. Francisco Alves, 1906, p. 454 e seguintes. A justificativa de Andrade Figueira encontra-se mencionada em MACHADO VILELA, A. "O Direito Internacional Privado no Código Civil Brasileiro" *in Boletim da Faculdade de Direito da Universidade de Coimbra*. Ano III – nº 51 a 53. Coimbra: Imprensa da Universidade, 1920-1921, em especial p. 296-300. ESPÍNOLA, Eduardo e ESPÍNOLA FILHO, Eduardo. *Tratado de Direito Civil Brasileiro*. Vol. VII ("Do Direito Internacional Privado Brasileiro – Parte Geral"), Rio de Janeiro: Freitas Bastos, 1941, p. 588.

e os bons costumes". A redação demonstra opção pela expressão mais sintética "quaisquer declarações de vontade" ao invés de "disposições e convenções particulares".

O alcance desses dois últimos dispositivos (similares) causou divergência na doutrina. Vários autores entenderam que se trata de regulação que une o conceito de ordem pública interna, no sentido de regras imperativas que não podem ser derrogadas por vontade dos particulares, com o conceito de ordem pública de direito internacional privado, que trata da exclusão do direito estrangeiro indicado. Nesse sentido, o próprio Beviláqua defendeu que a redação original do artigo 17 abrangia tanto a ordem pública interna quanto a ordem pública externa (expressões do autor), ou seja, inclui não somente os atos jurídicos que os indivíduos pratiquem no estrangeiro, mas também os que realizarem no Brasil[118]. Também Rodrigo Octávio considerou que o dispositivo abrangia ambas as classes de princípios de ordem pública: os referentes à ordem pública interna e os referentes à ordem pública de direito internacional privado, na já citada classificação de Brocher[119]. Gama e Silva sustentou que não houve alteração substancial no texto final, "tendo sido mantido o mesmo princípio consagrado no direito positivo e na jurisprudência nacionais"[120]. Severo da Costa também defendeu que o dispositivo em análise "fundiu" os dois conceitos de ordem pública, a interna e a externa (de direito internacional privado)[121].

Dolinger, contudo, entende que o artigo 17, tanto na sua versão original quanto na versão final da Lei de Introdução ao Código Civil de 1942, trata tão somente da ordem pública de direito internacional privado, sendo que a expressão "disposições e convenções particulares" (1916) e "quaisquer declarações de vontade" (1942) são referentes exclusivamente a "pactos contraídos no exterior". Isso porque, coerentemente com a visão do autor sobre a unidade da ordem pública (que admite gradações), nem sempre o que é proibido no plano interno será considerado ofensivo à ordem pública para o direito internacional privado[122].

---

118. BEVILÁQUA, Clóvis. *Codigo Civil dos Estados Unidos do Brasil commentado.* Vol. I, 3ª ed., Rio de Janeiro: Livraria Francisco Alves, 1927, p. 149.

119. OCTAVIO, Rodrigo. *Manual do Código Civil Brasileiro – Introdução. Parte Segunda. Direito Internacional Privado.* Rio de Janeiro: Livraria Jacintho, 1932, p. 425.

120. GAMA E SILVA, Luis Antonio. *A ordem pública em Direito Internacional Privado.* Monografia de concurso à docência-livre de direito internacional privado, na Faculdade de Direito da Universidade de São Paulo. São Paulo, 1944, p. 139.

121. COSTA, Luiz Antônio Severo da. *Da aplicação do direito estrangeiro pelo juiz nacional.* Rio de Janeiro: Freitas Bastos, 1968, p. 45.

122. DOLINGER, Jacob. *A evolução da ordem pública no Direito Internacional Privado.* Tese apresentada para o concurso à Cátedra de direito internacional privado da Faculdade de Direito da Universidade do estado do Rio de Janeiro. Rio de Janeiro, 1979, p. 87-88.

Nos termos da redação atual artigo 17 da Lei de Introdução às Normas do Direito Brasileiro, foram utilizadas três expressões relacionadas à vedação da aplicação do direito estrangeiro indicado: soberania nacional, ordem pública e bons costumes.

Beviláqua entende a soberania nacional como o poder de legislar e praticar atos de competência exclusiva do poder público nacional. Já os bons costumes seriam aqueles que estabelecem regras de proceder, nas relações domésticas e sociais, "em harmonia com os elevados fins da vida humana. São preceitos da moral". Por fim, a ordem pública seria composta pelos princípios cuja manutenção seja "indispensável à organização da vida social"[123]. Para Batalha, bons costumes seriam a "moralidade média do povo"[124]. Já Amílcar de Castro conceitua os bons costumes como "regras objetivas de proceder nas relações domésticas e sociais em harmonia com os elevados fins da vida humana" e, por isso, a lei estrangeira não precisa infringir qualquer dispositivo da lei positiva, bastando, para não ser aplicada, a ofensa aos bons costumes[125].

Diferentemente, vários autores condensam os "três elementos" no conceito genérico de ordem pública. Machado Vilella aponta que o texto poderia ter empregado simplesmente a fórmula "ordem pública"[126]. Valladão a denomina de "fórmula brasileira" da ordem pública[127]. Sampaio Doria sustenta que, apesar de admitir que a lei não contém expressões inúteis, a soberania é a ideia genérica, que envolve as demais[128]. Corrêa de Brito, por sua vez, afirmou que a expressão ordem pública é envolvente e genérica, absorvendo os outros dois elementos[129].

123. BEVILÁQUA, Clóvis. *Codigo Civil dos Estados Unidos do Brasil commentado.* Vol. I, 3ª ed., Rio de Janeiro: Livraria Francisco Alves, 1927, p. 148-149.

124. BATALHA, Wilson de Souza Campos. *Tratado de Direito Internacional Privado.* Vol I., 2ª ed., São Paulo: RT, 1977, p. 266.

125. CASTRO, Amílcar. *Das execuções de sentenças estrangeiras no Brasil.* Belo Horizonte: Imprensa Oficial de Minas Gerais, 1939, p. 199.

126. MACHADO VILLELA, Álvaro da Costa. "O Direito Internacional Privado no Código Civil Brasileiro" *in Boletim da Faculdade de Direito da Universidade de Coimbra.* Ano III – nº 51 a 53. Coimbra: Imprensa da Universidade, 1920-1921, p. 303.

127. VALLADÃO, Haroldo. *Direito Internacional Privado.* 5ª ed., Rio de Janeiro: Freitas Bastos, 1980, p. 496. Também defendendo a existência de uma noção genérica de ordem pública, que englobaria a soberania e os bons costumes, ver BATALHA, Wilson de Souza Campos. *Tratado de Direito Internacional Privado.* Vol I., 2ª ed., São Paulo: RT, 1977, p. 264.

128. DORIA, Antonio de Sampaio. *Problemas de Direito Público.* Theses de concurso para lente substituto de Direito Constitucional, Direito Internacional Público e Privado, na Faculdade de Direito de São Paulo. São Paulo: Typ. Piratininga, 1919, p. 347-348.

129. BRITO, Luiz Araújo Corrêa de. *Do limite à extraterritorialidade do direito estrangeiro no Código Civil Brasileiro.* São Paulo: Escolas Profissionais Salesianas, 1952, p. 100.Nessa linha, ver também CASTRO, Amílcar de. *Direito Internacional Privado.* 5ª ed., rev. e atual. por Osíris Rocha. Rio de Janeiro: Forense, 2000, p. 292.

Contemporaneamente, Vasconcelos reconhece o conteúdo indeterminado da ordem pública sedimentado na doutrina já mencionada, o qual, na sua visão, abarca o "núcleo moral inegociável de determinada ordem jurídica"[130].

Assim, a evolução histórica da construção da ordem pública nos diplomas nacionais de direito internacional privado no Brasil enfatizou uma previsão geral de proteção de direitos nitidamente delineados pelo foro, especialmente pelo uso (na "fórmula brasileira") da expressão "soberania nacional" e "bons costumes".

3.6. A ORDEM PÚBLICA E OS TRATADOS DE DIREITO INTERNACIONAL PRIVADO

A grande maioria dos tratados de direito internacional privado reproduz o conceito tradicional de ordem pública, frustrando a expectativa de que as normas convencionais pudessem eliminar essa possibilidade de excepcionar a atuação do direito estrangeiro. É recorrente a cláusula convencional prevendo a invocação da ordem pública mesmo nas convenções que não obrigam a aplicação do direito do Estado não contratante e nas convenções acessíveis somente a um determinado grupo de estados[131]. A previsão dessa cláusula é uma demonstração cabal da *falta de confiança plena* entre os próprios Estados partes, que deixam, no texto convencional negociado, a válvula de escape da ordem pública.

A desconfiança entre os estados é vista nas três organizações internacionais que produzem tratados de direito internacional privado com grande impacto no Brasil: a Conferência da Haia de Direito Internacional Privado, a Organização dos Estados Americanos e o Mercado Comum do Sul (Mercosul).

Na Conferência da Haia de Direito Internacional Privado, é comum a previsão da cláusula de ordem pública, exceto nos tratados sobre questões administrativas ou de cooperação. Para Overbeck, a discussão sobre

---

ESPÍNOLA, Eduardo. *Elementos de Direito Internacional Privado*. Rio de Janeiro: Jacintho Ribeiro dos Santos, 1925, p. 341.

130. Vasconcelos pugna pela restrição à discricionariedade ampla do julgador na concretização do conteúdo da ordem pública no caso concreto, existindo o "dever de fundamentar sua exclusão da ordem legal estrangeira por meio do reconhecimento de atentado à ordem pública de sua jurisdição em elementos principiológicos, hábeis a suportar a caracterização do núcleo moralmente relevante da sociedade, na qual ele se insere".VASCONCELOS, Raphael Carvalho de. «Ordem Pública no direito internacional privado e a Constituição» *in Revista Ética e Filosofia Política*, n. 12, vol. 2, julho de 2010, pp. 218-248, em especial p. 219 e 243.

131. OVERBECK Alfred E von, «L'application par le juge interne des conventions de droit international privé» *in Recueil de Cours de l´Académie de Droit International de La Haye*, vol. 132, 1971, pp. 1-106, p. 72.

a ordem pública foi vista já na reunião intergovernamental de 1893, na qual foi usada a fórmula genérica de derrogação da lei estrangeira indicada em virtude de norma interna de direito público ou interesse social. Das discussões surgiram duas vertentes sobre a inclusão da proteção da ordem pública nas convenções a serem elaboradas[132].

Para uma corrente, bastava a enumeração de determinadas leis ou regras nacionais que não poderiam ser violadas[133]. Como exemplo do sistema de enumeração, a Convenção da Haia sobre conflito de leis em matéria de casamento de 1902 buscou normatizar as limitações que o Estado do foro poderia impor: listou as proibições que o Estado do local de realização do casamento poderia impor ao casamento de estrangeiros (art. 2º), autorizando a sua realização se as proibições fossem fundadas exclusivamente em motivos de ordem religiosa.

Esse sistema possuía o risco de oferecer lacunas ou omissões, tendo as disposições gerado dúvida em face da ausência de proibição do casamento de militares estrangeiros sem a autorização dos superiores, que seria, para Overbeck, típico caso de intervenção da ordem pública[134].

Já a segunda corrente prevê a inclusão da cláusula de ordem pública de forma implícita. Nessa linha, o Juiz Lauterpacht da Corte Internacional de Justiça, no já citado caso *Boll*, concluiu que, mesmo sem uma cláusula convencional expressa na Convenção da Haia sobre guarda de crianças de 1902, a ordem pública sempre poderia ser invocada, pois faz parte da própria essência do direito internacional privado a defesa dos princípios fundamentais do Estado do foro[135].

Em sentido similar, Frankenstein sustentou que a ordem pública é a "defesa do direito territorial contra a faculdade dos outros estados de criar leis sem levar em consideração as instituições jurídicas estrangeiras", sendo infrutíferas quaisquer tentativas convencionais de limitá-la[136].

---

132. OVERBECK, Alfred Eugène von. «Divers aspects de l'unification du droit international privé, spécialement en matière de successions» *in Recueil de Cours de l´Académie de Droit International de La Haye*, vol. 104, 1961, pp. 529-633, em especial p. 585-586.

133. OVERBECK, Alfred Eugène von. «Divers aspects de l'unification du droit international privé, spécialement en matière de successions» *in Recueil de Cours de l´Académie de Droit International de La Haye*, vol. 104, 1961, pp. 529-633, em especial p. 585-586.

134. OVERBECK Alfred Eugène von, «L'application par le juge interne des conventions de droit international privé» *in Recueil de Cours de l´Académie de Droit International de La Haye*, vol. 132, 1971, pp. 1-106, em especial p. 75.

135. Voto do Juiz Lauterpacht. Corte Internacional de Justiça, caso da *aplicação da Convenção de 1902 sobre guarda de crianças* (Holanda v. Suécia), julgamento de 28 de novembro de 1958, em especial p. 93.

136. Trad. livre. No original: «L´ordre public est la défense du droit territorial contre la souveraineté illimitée des autres Etats, contre la faculté des autres Etats de créer des lois sans égard aux institutions étrangères». FRANKENSTEIN, Ernst. «Tendances nouvelles du droit international privé» *in Recueil des Cours de l´Académie de Droit International de La Haye*, vol. 33, 1930, pp. 241-350, em especial p. 324.

A prática de inclusão explícita da proteção da ordem pública nas convenções da Conferência da Haia de Direito Internacional Privado é fruto das experiências negativas - do ponto de vista dos Estados membros da Conferência - trazida pela exclusão dessa cláusula em tratados celebrados no começo do século XX[137].

Na segunda fase (dita institucional) da Conferência da Haia de Direito Internacional Privado[138], as convenções elaboradas a partir de 1956 preveem cláusulas de proteção da ordem pública, a exemplo do artigo 4º da Convenção da Haia sobre a lei aplicável às obrigações alimentares, de 1956[139].

Das sete convenções da Haia já ratificadas pelo Brasil, a cláusula de proteção da ordem pública do Estado do foro é prevista em quatro delas: a Convenção da Haia relativa à proteção das crianças e à cooperação em Matéria de Adoção Internacional (1980)[140] prevê, em seu artigo 24, que o reconhecimento de uma adoção seja recusado em um Estado Contratante se a adoção for manifestamente contrária à sua ordem pública, levando em consideração o interesse superior da criança; a Convenção da Haia sobre a obtenção de provas no estrangeiro em matéria civil ou comercial (1972)[141] estipula no artigo 12, entre outras causas de não cumprimento de carta rogatória, a existência de prejuízo à soberania ou à segurança interna; a Convenção de Haia sobre cobrança internacional de alimentos para crianças e outros membros da família (2007) e seu Protocolo sobre a lei aplicável às obrigações de prestar alimentos[142] repetem, respectivamente nos seus artigos 22[143] e 13[144], a exceção tradicional da ordem pública, na escolha da lei e execução de decisão estrangeira.

137. OVERBECK Alfred E von, «L'application par le juge interne des conventions de droit international privé» *in Recueil de Cours de l'Académie de Droit International de La Haye*, vol. 132, 1971, pp. 1-106, em especial p. 73.

138. RODAS, João Grandino; MÔNACO, Gustavo Ferraz de Campos. *A Conferência da Haia de Direito Internacional Privado: a participação do Brasil*. Brasília: Fundação Alexandre de Gusmão/MRE, 2007.

139. *In verbis:* «La loi déclarée applicable par la présente Convention ne peut être écartée que si son application est manifestement incompatible avec l'ordre public de l'Etat dont relève l'autorité saisie.»

140. O governo brasileiro depositou o instrumento de ratificação da referida Convenção em 10 de março de 1999, tendo sido incorporada internamente pelo Decreto n. 3.087, de 21 de junho de 1999.

141. O governo brasileiro depositou, junto ao Ministério das Relações Exteriores dos Países Baixos, em 09 de abril de 2014, o instrumento de adesão da referida Convenção, tendo sido incorporada internamente pelo Decreto n. 9.039, de 27 de abril de 2017. Diga-se que a Convenção entrou em vigor para o Brasil no dia 08 de junho de 2014.

142. O governo brasileiro depositou, junto ao Ministério das Relações Exteriores dos Países Baixos, em 17 de julho de 2017, o instrumento de adesão da referida Convenção, tendo sido incorporada internamente pelo Decreto n. 9.176, de 19 de outubro de 2017.

143. *In verbis:* "Artigo 22 – Fundamentos para denegação do reconhecimento e da execução. Reconhecimento e execução de decisão poderão ser denegados se: a) o reconhecimento e a execução da decisão for manifestamente incompatível com a ordem pública do estado Requerido".

144. *In verbis:* "Artigo 13. Ordem pública. A aplicação da lei determinada de acordo com o Protocolo poderá ser recusada apenas na medida em que seus efeitos sejam manifestamente contrários à ordem pública do foro".

Já a Convenção sobre a eliminação da exigência de legalização de documentos públicos estrangeiros (1961), conhecida como a "Convenção da apostila"[145] e a Convenção sobre o acesso internacional à justiça (1980)[146], que trata da operacionalização da assistência jurídica, não preveem nenhuma cláusula de exceção da ordem pública.

Em situação *sui generis*, a Convenção sobre os aspectos civis do sequestro internacional de crianças (1980)[147] não prevê uma cláusula de proteção à ordem pública nos moldes tradicionais, porém estipula, no artigo 20, que o retorno da criança poderá ser recusado quando não for compatível com os princípios fundamentais do Estado requerido com relação à proteção dos direitos humanos e das liberdades fundamentais[148].

Nas Américas, o primeiro esforço de codificação internacional do direito internacional privado, com a elaboração do "Tratado para estabelecer regras uniformes em matéria de direito internacional privado", de 1878[149], que nunca entrou em vigor, previa, em seu artigo 54, o respeito pelas leis e demais atos estrangeiros às leis de ordem pública do Estado do foro. No Congresso Sul-Americano de Direito Internacional Privado (Montevidéu, 1888 a 1889), adotou-se o Protocolo Adicional sobre a aplicação de leis estrangeiras, de 1889, no qual constava, em seu artigo 4ª, a preservação da ordem pública do Estado do foro[150].

Na VI Conferência Panamericana de Havana, realizada em 1928, foi adotada a Convenção Panamericana de direito internacional privado (Código Bustamante)[151], ratificada pelo Brasil[152]. No título preliminar, o Código adota a

145. O governo brasileiro depositou, junto ao Ministério das Relações Exteriores dos Países Baixos, em 2 de dezembro de 2015, o instrumento de adesão da referida Convenção, tendo sido incorporada internamente pelo Decreto n. 8.660, de 29 de janeiro de 2016.

146. O governo brasileiro depositou, junto ao Ministério das Relações Exteriores dos Países Baixos, em 15 de dezembro de 2011, o instrumento de adesão da referida Convenção, tendo sido incorporada internamente pelo Decreto n. 8.343, de 13 de novembro de 2014.

147. O governo brasileiro depositou o instrumento de adesão da referida Convenção em 19 de outubro de 1999, tendo sido incorporada internamente pelo Decreto n. 3.413, de 14 de abril de 2000.

148. Essa substituição da proteção da ordem pública pela proteção de direitos humanos não foi seguida por convenções posteriores elaboradas sob os auspícios da Conferência da Haia de Direito Internacional Privado.

149. Foi utilizado texto coligido por DOLINGER, Jacob; TIBURCIO, Carmen (orgs). *Vade-mécum de Direito Internacional Privado.* Rio de Janeiro: Renovar, 1994, p. 534-540.

150. VALLADÃO, Haroldo. «Le droit international privé des états américains» *in Recueil des Cours de l´Académie de Droit International de la Haye*, vol. 81, 1952, pp. 1-115, em p. 99 e p. 101.

151. SAMTLEBEN, Jürgen. "A codificação interamericana do Direito Internacional Privado e o Brasil" *in* CASELLA, Paulo Borba; ARAUJO, Nadia de (coords). *Integração Jurídica Interamericana – As Convenções Interamericanas de Direito Internacional Privado e o Direito Brasileiro.* São Paulo: Ltr, 1998, pp. 25-45, em especial p. 34.

152. O governo brasileiro depositou o instrumento de ratificação da dita Convenção, na Secretaria da União Panamericana, em Washington, em 03 de agosto de 1929, tendo sido incorporada internamente pelo Decreto nº 18.871, de 13 de agosto de 1929.

divisão das leis em três categorias: as leis de ordem pública interna ou pessoais, que se aplicam às pessoas em virtude do seu domicílio ou nacionalidade e que as seguem, ainda que se mudem para outro país; as leis de ordem pública internacional, locais ou territoriais, que obrigam por igual a todos os que residem no território, sejam ou não nacionais; e as leis de ordem privada, voluntárias ou supletivas, que se aplicam mediante a vontade das partes. Seu artigo 4º estabelece conteúdo mínimo predeterminado à ordem pública, ao dispor que "os preceitos constitucionais são de ordem pública internacional".

Posteriormente, na fase de codificação coordenada pela Organização dos Estados Americanos no bojo das Conferências Interamericanas sobre Direito Internacional Privado (CIDIPs)[153], dos 23 tratados elaborados sobre temas de direito internacional privado (20 convenções e 3 protocolos), 14 contêm cláusula de proteção da ordem pública: Convenção Interamericana sobre arbitragem comercial internacional, de 1975 (art. 5º); Convenção Interamericana sobre cartas rogatórias, de 1975 (art. 17); Convenção Interamericana sobre regime legal das procurações para serem utilizadas no exterior, de 1975 (art. 12); Convenção Interamericana sobre prova e informação acerca do direito estrangeiro, de 1975 (art. 16); Convenção Interamericana sobre conflitos de leis em matéria de letras de câmbio, notas promissórias e faturas, de 1975 (art. 11); Convenção Interamericana sobre normas gerais de direito internacional privado, de 1979 (art. 5º); Convenção Interamericana sobre a eficácia extraterritorial das sentenças e laudos arbitrais estrangeiros, de 1979 (art. 2º); Convenção Interamericana sobre conflitos de leis em matéria de sociedades mercantis, de 1979 (art. 7º); Convenção Interamericana sobre cumprimento de medidas cautelares, de 1979 (art. 12); Convenção Interamericana sobre conflito de leis em matéria de cheques, de 1979 (art. 9º); Convenção Interamericana sobre conflito de leis em matéria de adoção de menores, de 1984 (art. 18); Convenção Interamericana sobre personalidade e capacidade das pessoas jurídicas no direito internacional privado, de 1984 (art. 9º); Convenção Interamericana sobre obrigações alimentares, de 1989 (art. 22); Convenção Interamericana sobre o direito aplicável aos contratos internacionais, de 1994 (art. 18).

153. A Carta da Organização dos Estados Americanos define as conferências como "reuniões intergovernamentais destinadas a tratar de assuntos técnicos especiais ou a desenvolver aspectos específicos da cooperação interamericana" (art. 122). Foi utilizado texto coligido por RANGEL, Vicente Marotta. *Direito e relações internacionais. Legislação internacional anotada*. 9ª ed., São Paulo: RT, 2010, p. 80. Sobre o direito internacional privado interamericano, ver FERNANDEZ ARROYO, Diego. *Derecho Internacional Privado Interamericano – Evolución y Perspectivas*. Buenos Aires: Rubinzal-Culzoni, 2000. Desde 1975 até 2018, foram realizadas seis Conferências, a saber: CIDIPI-I, em 1975, na cidade do Panamá; a CIDIP-II, em 1979, na cidade de Montevidéu; a CIDIP-III, em 1984, na cidade de La Paz; a CIDIP-IV, em 1989, na cidade de Montevidéu; a CIDIP-V, em 1994, na Cidade do México e a CIDIP-VI, em 2002, na cidade de Washington.

Anote-se que existe, ao menos, uma tentativa de restrição do uso da ordem pública por intermédio da introdução da expressão "manifestamente", prevista, por exemplo, na Convenção Interamericana sobre normas gerais de direito internacional privado (art. 5º)[154-155], o que exige a interpretação *restritiva* e *fundamentada* do uso da cláusula. Nessa linha, para Jayme, essa expressão gera um "dever de fundamentar"[156].

Os dispositivos convencionais interamericanos que tratam da proteção da ordem pública mostram a resistência dos estados em abrir mão da válvula de escape da ordem pública, na linha da visão tradicional do instituto no direito internacional privado.

No Mercado Comum do Sul (Mercosul)[157], a temática de direito internacional privado é parte do arco de competência do bloco, uma vez que o artigo 1º do Tratado de Assunção para Constituição do Mercado Comum do Sul[158] é genérico e trata do compromisso dos estados membros em harmonizar suas legislações, nas áreas pertinentes, para lograr o fortalecimento do processo de integração[159]. Como salienta Fernández Arroyo, é possível

154. *In verbis:* "A lei declarada aplicável por uma convenção de direito internacional privado poderá não ser aplicada no território do estado Parte que a considerar manifestamente contraria aos princípios da sua ordem pública".

155. O termo "manifestamente" foi introduzido pela primeira vez pela Convenção da Haia sobre direito hereditário de 1928 (art. 3º). Essa fórmula é utilizada em outras Convenções da Haia, como, por exemplo, a Convenção relativa à competência das autoridades e à lei aplicável em matéria de proteção de menores, de 1961, cujo artigo 16 prevê que "As disposições da presente Convenção irão podem ser afastadas nos Estados contratantes a não ser que a respectiva aplicação seja manifestamente incompatível com a ordem pública". Ver também a Convenção relativa à competência, à lei aplicável, ao reconhecimento, à execução e à cooperação em matéria de responsabilidade parental e de medidas de proteção das crianças, 1996, cujo artigo 22 estabelece "A aplicação da lei designada pelas previsões legais deste Capítulo pode ser recusada somente se esta aplicação seria manifestamente contrária à política de interesse público, levando em consideração os melhores interesses da criança".

156. JAYME, Erik. "Métodos para la concretización del orden público en el derecho internacional privado" *in Revista de la Facultad de Ciencias Jurídicas y Políticas.* nº 82, Caracas: Universidad Central de Venezuela, 1991, pp. 216-270, em especial p. 227.

157. Sobre o Mercosul, ver CASELLA, P. B.. *MERCOSUL, exigências e perspectivas: integração e consolidação de espaço econômico.* São Paulo: Ltr, 1996; CASELLA, P. B.. "Mercosul: intégration économique et harmonisation juridique" *in Revista da Faculdade de Direito. Universidade de São Paulo*, vol. 90, 1995, pp. 327-337; CASELLA, P. B. "Existe Espaço para a Sobrevivência do Mercosul? *in Cadernos do Programa de Pós Graduação em Direito – PPGDir/UFRGS,* n.4, 2005, pp. 187-213; CASELLA, P. B.. "Integração nas Américas: uma visão de conjunto" *in* CASELLA, P. B. (Org.). *Mercosul integração regional e globalização.* Rio de Janeiro: Renovar, 2000, pp. 235-278.

158. O Tratado foi aprovado pelo Congresso Nacional em 25 de setembro de 1991 (Decreto Legislativo nº 197/91) e incorporado pelo Decreto nº 350 de 22 de novembro do mesmo ano. Depois do depósito das ratificações, o Tratado de Assunção entrou em vigor em 29 de novembro de 1991.

159. *In verbis:* "(...) O compromisso dos Estados Partes de harmonizar suas legislações, nas áreas pertinentes, para lograr o fortalecimento do processo de integração". Ver BADÁN, Didier Opertti. "Prólogo: Necesidad de un Derecho Internacional Privado del Mercosur" *in* FERNÁNDEZ ARROYO Diego P. (org). *Derecho Internacional privado de los Estados del Mercosur: Argentina, Brasil, Paraguay, Uruguay.* Buenos Aires: Zavalía, 2003, pp. 25-29.

que os estados partes estimem que determinado aspecto de direito internacional privado constitui, naquele momento histórico, uma área pertinente e procedam à criação de tratados e atos mercosulinos[160].

Uma das frentes de harmonização de legislações no bloco foi realizada por tratados sobre o direito internacional privado[161], o que mimetiza a experiência da União Europeia, que, progressivamente, passou a ter as normas de direito internacional privado como parte da competência dos órgãos da União[162]. Nas palavras de Moura Vicente, trata-se da "comunitarização" ou "europeização" do DIPr, tema que ocupa "lugar central" na dogmática da disciplina na Europa[163].

Para Fernández Arroyo, a codificação de direito internacional privado no Mercosul é variada e explica-se, em parte, como uma necessidade para romper o isolamento jurídico do Brasil, até aquele momento pouco afeto à ratificação de tratados de direito internacional privado (salvo a exceção do Código Bustamante)[164].

A proteção da ordem pública é prevista nos seguintes diplomas mercosulinos de direito internacional privado: Protocolo de Cooperação Jurisdicional em Matéria Civil, Comercial, Trabalhista e Administrativa, de 27 de junho de 1992 (Protocolo de Las Leñas) (arts. 8º, 12, 20 e 28); Protocolo de Medidas cautelares, de 16 de dezembro de 1994 (Protocolo de Ouro Preto sobre medidas cautelares) (art. 17); e Acordo sobre Arbitragem Comercial Internacional do Mercosul, de 23 de junho de 1998 (art. 1º).

Em que pese a importância da confiança para o desenvolvimento de um processo de criação de um mercado comum, a invocação da ordem pública do foro *sobreviveu* nos diplomas normativos mercosulinos, mostrando, no mínimo, um desejo de particularismo e sentimento de desconfiança quanto às diferenças de valores entre os Estados partes.

---

160. Sobre o direito internacional privado no Mercosul, ver, entre outros, FERNÁNDEZ ARROYO, Diego P. (org.). *Derecho internacional privado de los estados del Mercosur*. Buenos Aires: Zavalia Ed., 2003.

161. Sobre o direito internacional privado no Mercosul, ver FERNÁNDEZ ARROYO, Diego P. (org). *Derecho Internacional privado de los Estados del Mercosur: Argentina, Brasil, Paraguay, Uruguay*. Buenos Aires: Zavalía, 2003.

162. JAEGER JR., Augusto. *Europeização do Direito Internacional Privado*. Curitiba: Juruá, 2012. Para Ramos, parte substancial do conflito de leis encontra-se prevista na "regulamentação constante de diversos actos da União Europeia". RAMOS, Rui Manuel Gens de Moura. *Estudos de Direito Internacional privado da União Europeia*. Coimbra: Imprensa da Universidade de Coimbra, 2016, em especial p. 7.

163. VINCENTE, Dário Moura. "Liberdades comunitárias e direito internacional privado" *in* VICENTE, Dário Moura. *Direito Internacional Privado – Ensaios*. Vol III, Coimbra: Almedina, 2010, pp. 7-167, em especial p. 11.

164. FERNÁNDEZ ARROYO, Diego P. "What's new *in* latinamerican private international law?" *in Yearbook of Private International Law*, volume 7, 2005, pp. 85-117, em especial p. 94. FERNÁNDEZ ARROYO, Diego .P. "La nueva configuración del derecho internacional privado del MERCOSUR: ocho respuestas contra la incertidumbre" *in Jurídica*, 1998, pp. 267-285, em especial p. 274.

Fazendo uma análise conjunta dos tratados de direito internacional privado que impactam o Brasil, percebe-se a manutenção preponderante da cláusula de ordem pública, o que induz a conclusão, já percebida pela doutrina no século XIX e XX, que a ordem pública é a *irmãsiamesa* da aceitação da aplicação direta ou indireta do direito estrangeiro pelos Estados[165], tal qual ocorre nos diplomas normativos internos de direito internacional privado (vide o já citado artigo 17 da LINDB).

Nessa linha, a busca de uma alternativa à visão tradicional da ordem pública pode ser vislumbrada no citado artigo 20 da Convenção da Haia sobre os aspectos civis do sequestro internacional de crianças, de 1980, que aponta para um entendimento distinto da proteção de valores do foro, ao não estabelecer a cláusula de ordem pública, substituindo-a pela proteção de direitos humanos.

3.7. O DILEMA DA INTOLERÂNCIA NA ORDEM PÚBLICA

No contexto da gestão da diversidade normativa e jurisdicional, Mayer aponta que a tarefa de coordenação de ordens jurídicas do direito internacional privado pressupõe a existência de valores distintos adotados por cada Estado[166].

A visão contemporânea da ordem pública de direito internacional privado acompanha a transformação da disciplina, em especial pelo reconhecimento da pluralidade de fontes, de objetos e de métodos.

Batiffol sustenta que a ordem pública decorre da necessidade de coordenação entre os sistemas jurídicos para gerar uma ordem coerente. Para o autor, como o direito internacional privado busca realizar a coexistência dos sistemas jurídicos por meio da coordenação entre eles, deve-se respeitar a especificidade dos sistemas que busca coordenar. A ordem pública não é uma recusa de colaboração entre o direito do foro e o direito estrangeiro indicado, mas uma *condição de colaboração*[167]. A gestão da diversidade deveria, portanto, respeitar a especificidade de cada ordenamento, o que é feito pela ordem pública.

165. Conforme expressão de Batiffol, já citada. BATIFFOL, Henry. «Les tendances doctrinales actuelles en droit international privé» *in Recueil des Cours de l´Académie de Droit International de la Haye,* vol. 72, 1948, pp. 1-66, em especial p. 11.

166. MAYER, P. "Droit au procès équitable et conflit de jurisdictions" *in Les nouveaux développements du procès équitable au sens de la Convention- Actes du Colloque du 22 mars 1996 en la grande chambre de la cour de cassation – Institut des Hautes Études Européennes.* Bruylant: Bruxelles, 1996, pp. 125-138, em especial p. 133.

167. BATIFFOL, Henri. «Principes de droit international privé» *in Recueil de Cours de l´Académie de Droit International de La Haye,* vol. 97, 1959, pp. 431-593, em especial p. 461.

A visão da ordem pública como condição de colaboração para a preservação da especificidade não esconde que seu uso estabelece um limite à tolerância e ao respeito às diferenças entre os sistemas jurídicos com vínculos ao fato transnacional[168]. Lerebours-Pigeonnière defendeu, na primeira metade do século XX, que a ordem pública serve para defender a "nossa civilização" contra o contágio dos costumes que poderiam a transformar[169]. Bogdan, após discorrer que o descarte da lei estrangeira pela ordem pública do foro não é um julgamento moral, sustenta que é comum as divergências entre Estados[170].

A *repulsa ao diferente* não passou, contudo, despercebida. Osiris Rocha, em monografia sobre o uso do direito estrangeiro como critério de justiça, aponta e questiona o paradoxal uso da ordem pública no direito internacional privado: "(...) É justo que um sistema jurídico indique lei estrangeira para reger uma espécie e, depois, conferidos os têrmos dessa lei, volte a considerar como bom o seu critério, que abandonara, e porque entende inconciliável o dispositivo estranho com o meio social que exigia solução não local?"[171].

Gaudemet-Tallon resume o *dilema* da ordem pública: não ser intolerante quando os direitos essenciais do foro são violados implica em *negara sua fundamentalidade*; ao mesmo em que ser intolerante com o outro (a ordem jurídica estrangeira) significa *negar a razão de ser* do direito internacional privado[172].

A situação de limite à tolerância e restrição da diversidade é agravada pela construção discricionária do conteúdo da ordem pública, resultado de relatividade temporal e material e dependente da evolução do contexto

168. Sobre a tolerância e o respeito às diferenças no mundo atual, pautado pelo multiculturalismo, ver a Parte III desta obra.

169. No original: "(...) je suis amené à souligner surtout l´utilité de l´ordre public pour protéger notre civilisation contre la contagion des moeurs qui pourraient la transformer". LEREBOURS-PIGEONNIÈRE, Paul. *Précis de droit international privé*. 3ª ed, Paris: Dalloz, 1937, p. 310.

170. A divergência é exemplificada com a regra que permite que o advogado seja pago com parte dos ganhos a serem auferidos pelo cliente caso haja sucesso na causa (*pactum de quota litis*), que é aceita nos Estados Unidos, mas pode ser recusada por ofensa à ordem pública em outros países, como a Suíça. BOGDAN, Michael. «Private International Law as Component of the Law of the Forum: General Course on Private International Law» *in Recueil des Cours de l´Académie de Droit International de la Haye*, vol. 348, 2010, pp. 9-252, em especial p. 174-175.

171. ROCHA, Osíris. *Direito estrangeiro como critério de justiça*. Belo Horizonte: S/Ed, 1963. Tese apresentada para o concurso à cátedra de direito internacional privado da Faculdade de Direito da Universidade de Minas Gerais, p. 123.

172. GAUDEMET-TALLON, Hélène. «Le pluralisme en droit international privé: richesses et faiblesses (le funambule et l'arc-en-ciel). Cours général de droit international privé» *in Recueil des Cours de l´Académie de Droit International de la Haye*, vol. 312, 2005, pp. 9-488, em especial p. 408.

social[173]. A ausência de bússola para guiar a ordem pública faz parte da concepção de diversos autores, que a veem como expressão dos valores fundamentais nacionais indeterminados.

A relatividade do conceito de ordem pública e sua densificação judicial geram incertezas e diversos efeitos para os estados e os indivíduos envolvidos nos fatos transnacionais.

Do ponto de vista do Estado, as características tradicionais da ordem pública não impedem seu uso corriqueiro, sendo a glosa indevida feita por outro Estado contrabalanceada pela possibilidade do uso da reciprocidade, que assegura a manutenção do equilíbrio entre os Estados envolvidos.

Partindo da premissa (endossada por vários autores) que a disciplina é um ramo do direito interno ou, no mínimo, possui fontes nacionais, o Estado, com fulcro na sua Constituição, pode entender que parte substancial de seu ordenamento jurídico forma sua ordem pública de direito internacional privado, o que inaugura, sob o pálio da defesa de interesses essenciais do foro, uma fase de *territorialismo* e *chauvinismo* jurídicos.

Do ponto de vista do indivíduo (*pro persona)*, o uso da ordem pública gera duas consequências: (i) o aumento da insegurança jurídica, pela sua incidência *a posteriori*, e, também, (ii) o crescimento da busca por justiça, evitando que leis estrangeiras "intoleráveis" (para usar expressão comum na visão tradicional) incidam em determinado caso.

Para Vareilles-Sommières, antes da globalização do final do século XX, a internacionalização das situações privadas era relativamente rara, podendo o indivíduo aceitar que essa situação incomum fosse detidamente analisada pelo Estado do foro. Atualmente, contudo, a globalização massificou as relações transfronteiriças privadas, impondo ao Estado a preocupação com as consequências nocivas da cláusula de ordem pública para os envolvidos no fato transnacional[174].

A massificação das relações transfronteiriças privadas ao longo do séc. XX (e, atualmente, no séc. XXI) evidenciou o impacto que o uso da ordem pública traz às partes. Os indivíduos contam também com o reconhecimento de direitos no plano constitucional e no plano internacional, o que habilita invocação ampla da ordem pública de conteúdo indeterminado.

173. Nesse sentido, BUCHER, Andreas. «L'ordre public et le but social des lois en droit international privé» *in Recueil des Cours de l'Académie de Droit International de La Haye*, vol. 239, 1993, pp. 9-116, em especial p. 45.

174. VAREILLES-SOMMIÈRES, Pascal de. «L'ordre public» *in* AZZI, Tristan; BOSKOVIC, Olivera. *Quel avenir pour la théorie générale des conflits de lois?* Bruxelles: Bruylant, 2015, pp. 169-188, em especial p. 182.

Chegou-se ponto de que válvulas de escape como ordem pública (*public policy*) fossem consideradas mais importantes que as próprias regras de conexão previamente fixadas[175].

Surgiram respostas ao "dilema da intolerância" da ordem pública que, sem descartar o instituto, orbitam em torno de tentativas de impor limites claros e transparentes ao seu uso: (i) a ordem pública atenuada; (ii) a ordem pública de proximidade; (iii) o conteúdo regional e universal da ordem pública; (iv) os limites indiretos a ordem pública: as regras de conexão múltiplas e normas materiais internacionais previstas em tratados.

Em primeiro lugar, a atenuação da ordem pública consiste em um instrumento de redução do uso da ordem pública no direito internacional privado. Parte-se de uma comparação com a ordem pública na concepção tradicional para se chegar em critérios para reduzir seu uso, limitando-a um *conteúdo essencial.*

Marco na consagração da *ordem pública limitada ou atenuada* na França é o caso *Rivière*, sobre pedido de anulação de casamento por nulidade em divórcio anterior não reconhecido pela lei francesa. Ao examinar o caso, a Corte de Cassação francesa entendeu que a reação diante de uma regra estrangeira contrária à ordem pública deve ser distinta quando a ordem pública impede *a aquisição de um direito no Estado do foro* e quando se deixa produzir no foro os efeitos de um *direito adquirido no estrangeiro*, de acordo com a lei estrangeira considerada indicada pelo direito internacional privado do foro, sem fraude[176].

A atenuação do uso da ordem pública é estabelecida a partir de um critério espacial por meio da distinção entre as situações que são constituídas no foro (pela incidência de lei estrangeira) e as situações constituídas regularmente (sem fraude) no estrangeiro, sob as quais somente será discutido o reconhecimento dos seus efeitos – com a atenuação do óbice da ordem pública – no foro. Na defesa do uso atenuado ou limitado da

175. LORENZEN, Ernest G."Territoriality, Public Policy and the Conflict of Laws" *in Yale Law Journal*, vol. 33, 1924, pp. 736-751, em especial p. 746.

176. O caso versou sobre o casamento, na França, entre o russo Sr. Petrov e a Srta. Roumiantzeff, naturalizada francesa, posteriormente divorciados no Equador, com segundo casamento da Sra. Roumiantzeff com o Sr. Rivière realizado no Marrocos. Em nova demanda de divórcio, agora entre a Sra. Roumiantzeff e o Sr. Rivière, com o objetivo de evitar o pagamento de alimentos em favor da Srta. Roumiantzeff, foi questionada a legalidade do primeiro divórcio, realizado no Equador, e seus efeitos sob a ótica da lei francesa. A Corte de cassação entendeu que, a despeito da nacionalidade francesa de um dos cônjuges, aplicava-se, para a regência do divórcio, a lei equatoriana, por ser a lei do local do domicílio do casal. Corte de Cassação Francesa, caso *Rivière v. Roumaniantzeff*, julgamento de 17 de abril de 1953. Ver mais em MOSCONI, Franco. "Exceptions to the operation of choice of law rules" *in Recueil des Cours de l´Académie de Droit International de la Haye*, vol. 217, 1989, pp. 9-214, em especial p. 88.

ordem pública, Frankenstein, em 1930, utiliza o exemplo do casamento poligâmico, permitido na Tunísia e proibido na Holanda, afirmando que não haveria ofensa à ordem pública na hipótese de uma das viúvas pleitear, na Holanda, o pagamento de determinada quantia, pelos vínculos matrimoniais considerados legítimos no estrangeiro[177].

Para dar precisão ao conceito de *ordem pública atenuada* e delimitar o campo de aplicação dos seus princípios e regras, Machado aponta três critérios sobre o impacto da lei ou decisão estrangeiras sobre o foro: a natureza dos interesses ofendidos, protegendo a ordem pública os interesses superiores do Estado ou da comunidade local; a divergência, devendo a ordem pública relacionar-se a ponto essencial aos olhos do foro; e a imperatividade, não podendo o conteúdo da norma de ordem pública ser superado. O autor sugere, ainda, uma orientação ao intérprete para usar as normas da *lex fori* fundadas em razões de ordem econômica, ético-religiosa e política[178].

Para Ancel e Lequette, na atualidade, o critério espacial que gera o efeito atenuado da ordem pública está desgastado pela facilidade de fluxos entre os Estados, levando à busca da melhor lei e da melhor jurisdição[179]. Consequentemente, gera-se o chamado "efeito perverso" da ordem pública atenuada, que protege a parte mais forte e que explora a divergência dos regimes de direito internacional privado[180].

Em segundo lugar, outra modulação da ordem pública é inspirada na doutrina alemã denominada de "ordem pública da proximidade", a qual, com base na gradação dos efeitos domésticos locais, consiste na maior intensidade do crivo da ordem pública de acordo com o vínculo de proximidade entre a situação analisada e o foro.

A ordem pública não seria mais considerada exceção ou limite, equiparando-a a uma regra de conexão excepcional, com indicação do direito do foro. Sendo regra de conexão, a ordem pública seria regulada pelos princípios gerais das regras de conexão, com foco no princípio da

177. FRANKENSTEIN, Ernst. «Tendances nouvelles du droit international privé» *in Recueil des Cours de l´Académie de Droit International de La Haye*, vol. 33, 1930, pp. 241-350, em especial p. 327.

178. MACHADO, João Baptista. *Lições de Direito Internacional Privado.* 3ª ed., Coimbra: Almedina, 1999, p. 260-261.

179. *In verbis:* «La réaction à l'encontre d'une disposition contraire à l'ordre public n'est pas la même suivant qu'elle met obstacle à l'acquisition d'un droit en France ou suivant qu'il s'agit de laisser se produire en France les effets d'un droit acquis, sans fraude, à l'étranger et en conformité de la loi ayant compétence en vertu du droit international privé français». ANCEL, B.; LEQUETTE, Y. *Les grands arrêts de la jurisprudence française de droit international privé.* 5e ed., Paris: Dalloz, 2006, p. 233 e p. 243.

180. BUCHER, Andreas. «L'ordre public et le but social des lois en droit international privé» *in Recueil des Cours de l´Académie de Droit International de La Haye*, vol. 239, 1993, pp. 9-116, em especial p. 50.

proximidade. Khan-Freund sugere que o limite ao uso da ordem pública seria iniciado pela análise da existência de vínculos estreitos entre a situação transnacional e o ordenamento do foro, da mesma maneira que ocorreria caso fosse, hipoteticamente, utilizada uma regra de conexão informada pelo princípio da proximidade[181].

Nussbaum pugna pelo reconhecimento de uma ordem pública relativizada pela *existência ou não* de laços fortes da situação com o Estado do foro[182]. A invocação da ordem pública seria adequada porque o Estado do foro teria como justificar a força regulatória sobre aquele fato transnacional. Ademais, a expressão "manifesta violação" da ordem pública vista em vários tratados de direito internacional privado poderia ser interpretada como decorrente de situação transnacional com vínculo estreito com o Estado do foro.

A doutrina aponta o uso, pela jurisprudência alemã e suíça, de uma tipologia na qual a intensidade do vínculo de proximidade é atestada de acordo com a matéria – a nacionalidade alemã e, no caso de bens, a sua localização na Alemanha, são tradicionalmente considerados vínculos fortes[183]. Na França, o posicionamento é exemplificado no caso *Itturalde,* que aceitou divórcio não previsto na lei espanhola, porém permitido pela lei francesa, local do domicílio, afastando-se a proibição da lei estrangeira indicada. Outro exemplo é o uso da ordem pública de proximidade para distinguir a ausência de violação da ordem pública francesa pela aplicação

181. *In verbis:* "(...) Whether or not the application of a foreign rule would be obnoxious to *ordre public* will depend on the intensity of the relation between that result and the country of the court". Grifo no original. KHAN-FREUND, O. "General problems of private international law" *in Recueil des Cours de l' Académie de Droit International de la Haye*, vol. 143, 1974, pp. 139-474, em especial p. 428. KAHN-FREUND, O. "Reflections on Public Policy *in* the English Conflict of Laws" *in Transactions of the Grotius Society*, vol. 39, 1953, pp. 39-83, em especial p. 58.

182. *In verbis*: "Although the forum abhors polygamy, it will, nevertheless, recognize the legitimacy of a child born abroad *in* a polygamous marriage entered into and valid abroad. All depends on the circumstances, or, more precisely, on the importance of the "contacts" of the case with the territory of the forum. Only an actual, strong and adverse interest of the forum will prompt the court to refuse the application of the foreign law that would govern under general conflict of laws rules. This is the doctrine of the "relativity" of public policy or "ordre public," or the doctrine of relativity according to contacts, as distinguished from the comparatively less important relativity of public policy *in* space and time, which latter simply means that views on public policy change with territories and epochs". NUSSBAUM, Arthur "Public Policy and the Political Crisis *in* the Conflict of Laws" *in Yale Law Journal*, vol. 49, issue 6, 1940, pp. 1027-1058, em especial p. 1030-1031.

183. Doutrina conhecida como "Inlandsbeziehung" (Alemanha) ou "Binnenbeziehung" (Suíça). Sobre o tema, ver GAUDEMET-TALLON, Hélène. «La désunion du couple en droit international privé» *in Recueil des Cours de l' Académie de Droit International de la Haye*, vol. 226, 1991, pp. 9-279, em especial p. 109. Com foco especialmente na Suíça, ver BUCHER, Andreas. «L'ordre public et le but social des lois en droit international privé» *in Recueil des Cours de l´Académie de Droit International de La Haye*, vol. 239, 1993, pp. 9-116, em especial p. 52 e seguintes.

de lei estrangeira que proíbe a ação de investigação de paternidade (aceita na França) em favor de criança domiciliada na França[184].

Machado defende que a intervenção da ordem pública tenha como pressuposto a existência de uma ligação suficientemente estreita com o foro. Não se exige uma justiça absoluta para o caso, mas uma justiça relativa, dependente do tempo, lugar e outras circunstâncias. Havendo ligação com o foro, não se admite a utilização de lei estrangeira cuja concepção de justiça é com ela divergente, sob pena de ferir a harmonia interna e poluir o ordenamento do foro. Uma situação *sem* vínculo com o foro pode violar norma interna e *não chocar* a *lex fori*, tal qual a habilitação da mulher como herdeira ou autora de ação de alimentos, mesmo sendo o casamento poligâmico proibido pela lei material do foro. Por outro lado, mesmo sem ligação com o foro, a ordem pública incidiria se o direito estrangeiro provocasse um choque de consciência, fruto de diferenças abissais, consagrando-se uma justiça absoluta, que impera em todos os casos, a exemplo da não aplicação de lei que nega direitos fundamentais a judeus na Alemanha nazista[185].

Ademais, Jayme menciona como redutor do uso da ordem pública, o uso de cláusulas corretivas contidas em dispositivos que pugnam pelo uso da lei com vínculos mais estreitos, desconsiderando-se a lei indicada pela regra de conexão originalmente incidente[186].

Em terceiro lugar, é limite ao uso da cláusula de ordem pública o seu conteúdo *regional* ou mesmo *global*. Percebendo que o conteúdo da ordem pública passou por transformações, deixando de ser mero espelho dos valores locais, Francescakis classifica o conteúdo da ordem pública a partir de três modelos: o modelo nacional, que considera a ordem pública formada por valores locais que merecem proteção; o modelo internacional, que une os valores locais aos valores comuns no mundo, consubstanciando uma justiça de valor internacional; e o modelo intermediário, que vislumbra proteger a ordem pública e os valores inseridos no direito natural e os valores inseridos em políticas legislativas nacionais cujos objetivos morais, sociais ou econômicos contrastam com a lei estrangeira[187].

184. Corte de Cassação Francesa, caso *Itturalde*, 79-13959, julgamento de 1 de abril de 1981. KINSCH, Patrick. «Droits de l'homme, droits fondamentaux et droit international privé» *in Recueil des Cours de l'Académie de Droit International de la Haye*, vol. 318, 2005, pp. 9-331, em especial p. 153-156.

185. MACHADO, João Baptista. *Lições de Direito Internacional Privado*. 3ª ed., Coimbra: Almedina, 1999, p. 267.

186. JAYME, Erik. "Métodos para la concretización del orden público en el derecho internacional privado" *in Revista de la Facultad de Ciencias Jurídicas y Políticas*. nº 82, Caracas: Universidad Central de Venezuela, 1991, pp. 216-270, em especial p. 242-243.

187. FRANCESCAKIS Phocion. «Y a-t-il du nouveau en matière d'ordre public?» *in Travaux du Comité français de droit international privé*, 27-30e année, 1966-1969, 1970. pp. 149-178, em especial p. 153-154. O terceiro

A consideração de conteúdo não nacional na ordem pública exige, inicialmente, a análise do contexto no qual o fato transnacional está inserido, que deixa de ser exclusivamente nacional e passa a ser parte de um processo de integração e internacionalização. Com a análise de um conteúdo regional ou global de ordem pública, o contexto exterior ao Estado deixa de ser irrelevante e passa a ser considerado na busca de valores comuns.

No âmbito europeu, o caso *Krombach* do Tribunal de Justiça das Comunidades Europeias evidencia o desenvolvimento de uma ordem pública regional, na medida em que se reconheceu que o recurso à cláusula de ordem pública deve ser considerado possível nos casos excepcionais em que as garantias inscritas na legislação do Estado de origem e em convenções regionais não sejam suficientes para proteger os direitos reconhecidos pela Convenção Europeia de direitos humanos[188].

A europeização da ordem pública é aferida em outros exemplos do Tribunal de Justiça da União Europeia, o que reforça que o princípio da confiança deve imperar nos processos de integração, na medida em que a permissão que cada Estado pudesse obstaculizar a aplicação de direito estrangeiro alegando violação de valores nacionais, ameaçaria todo o esforço de livre-circulação e eliminação de barreiras entre os estados.

Muir Watt ressalta a fusão entre os valores nacionais e europeus, sendo o conceito de ordem pública composto por "valores indistinguíveis"[189]. Também Lima Pinheiro sustenta que, além dos princípios fundamentais da ordem jurídica nacional, integram a ordem pública de direito internacional privado os princípios fundamentais do direito da União Europeia, bem como os constantes dos tratados ratificados pelos Estado[190].

No âmbito do Mercosul, a opinião Consultiva 01/2007 do Tribunal Permanente de Revisão (TPR) construiu a interpretação da ordem pública

modelo, chamado de intermediário, é defendido por Batiffol. BATIFFOL, Henri. *Aspects philosophiques du Droit International Privé*. Paris: Dalloz, 1956, em especial p. 159 e seguintes.

188. No caso, o réu, Krombach, alemão, foi julgado à revelia na França pela morte de jovem francesa e condenado, entre outros, ao pagamento de indenização por danos. No processo de reconhecimento da sentença francesa na Alemanha, houve o reenvio prejudicial para que o Tribunal de Justiça das Comunidades Europeias decidisse sobre o conteúdo do conceito de ordem pública, previsto no art. 27.1 da Convenção de Bruxelas de 1968 relativa à competência jurisdicional e à execução de decisões em matéria civil e comercial, diante da revelia do réu no julgamento francês. Tribunal de Justiça das Comunidades Europeias, caso C-7198, *Krombach v. Bamberski*, julgamento de 28 de maio de 2000.

189. WATT, Horatia Muir. "Evidence of an Emergent European Legal Culture: Public Policy Requirements of Procedural Fairness under the Brussels and Lugano Conventions" *in Texas International Law Journal*, vol. 36, 2001, pp. 539-554, em especial p. 554.

190. PINHEIRO, Luís de Lima. *Direito internacional privado*. Vol I. Introdução e Direito dos Conflitos. Parte Geral. Coimbra: Almedina, 2011, em especial p. 463-464.

para fins de aplicação do Protocolo de Buenos Aires. De acordo com o TPR, o Mercosul possui uma ordem pública regional que deve prevalecer sobre qualquer outro conceito de ordem pública, para preservar o processo integracionista. Nesse contexto, a ordem pública nacional deve ser interpretada de acordo com a ordem pública regional, harmonizando a aplicação das leis internas com o acervo de regras do Mercosul[191].

Assim, do ponto de vista regional, os valores comuns a sistemas regionais de direitos humanos ou de integração econômica visam impedir, mediante comunhão regional de valores, que a ordem pública reduza-se a um conteúdo local e, com isso, seja fonte de chauvinismo jurídico.

No plano global, é possível identificar normas internacionais que contêm valores comuns a todos os estados e, consequentemente, impacto no direito internacional privado[192]. Sem que o foro abra mão do conteúdo nacional da ordem pública, vários autores defendem que valores comuns à humanidade (*common interest of mankind*) sejam também protegidos no direito internacional privado, forjando uma ordem pública universal (mundial ou ordem pública verdadeiramente internacional).

Niboyet, modificando posição original sobre o viés essencialmente nacional da ordem pública[193], defendeu ser possível uma ordem pública verdadeiramente internacional baseada nos princípios gerais das nações civilizadas. Lerebours-Pigeonnière sustentou, em 1950, que a aplicação da lei estrangeira seja recusada por ofensa à Declaração Universal dos Direitos Humanos, de 1948, dando conteúdo internacional à ordem pública[194]. Também Goldman faz menção à recusa de aplicação de lei estrangeira por ofensa a "princípios fundamentais universalmente admitidos pela comunidade das nações"[195].

Dolinger sustentou que a ordem pública mundial pode ser caracterizada como o "interesse comum da Humanidade", cabendo a cada jurisdição dar tratamento preferencial à ordem pública verdadeiramente

191. Ver especialmente o item "E" da Opinião Consultiva 01/2007, de 03 de abril de 2007. Ver, também, DREYZIN DE KLOR, Adriana "La primera Opinión Consultiva en MERCOSUR. ¿Germen de cuestión prejudicial?" *in Revista española de derecho europeo*, nº. 23, 2007, pp. 437-461, em especial p. 457.

192. MANN, F.A. "Conflict of laws and public law" *in Recueil des Cours de l' Académie de Droit International de la Haye*, vol. 132, 1971, pp. 107-196, em especial p. 155.

193. NIBOYET, J.-P. «Le rôle de la justice internationale en droit international privé: conflit des lois» *in Recueil des Cours de l´Académie de Droit International de La Haye*, vol. 40, 1932, pp. 153-235, em especial p. 177.

194. LEREBOURS-PIGEONNIÉRE, Paul. "La déclaration universelle dês droits de l´homme et le droit international privé français" *in Études offertes à Georges Ripert: Le droit privé français au milieu du XXème siècle.* Paris: Pichon et Durand-Auzias, 1950, pp. 255-271.

195. No original: «contraire à des principes fondamentaux universellement admis par la communauté des nations». GOLDMAN, Berthold. «Les conflits de lois dans l'arbitrage international de droit privé» *in Recueil des Cours de l´Académie de Droit International de La Haye*, vol. 109, 1963, pp. 347-485, em especial p. 433.

internacional, mesmo se implicar em derrogação da ordem pública local, na medida em que todos os sistemas jurídicos internos "dependem da manutenção de um respeito universal por uma ordem pública mais elevada, a ordem pública da comunidade internacional"[196]. Reis também defendeu que a ordem pública seja utilizada, mesmo quando o fato transnacional não possuir vínculos com o foro, se os valores estrangeiros atentarem contra os "mais altos interesses da humanidade"[197].

Lalive reconheceu a existência de uma ordem pública transnacional (ou verdadeiramente internacional), composta por princípios de justiça universal, regras fundamentais de direito natural, normas imperativas (*jus cogens)* de direito internacional público e princípios gerais de moralidade aceitos pelos estados[198]. McDougall sustentou que o combate à corrupção já se transformou em princípio da ordem pública internacional, sugerindo que o combate à lavagem de ativos caminha no mesmo sentido[199].

Em tom mais pessimista, Jayme, escrevendo na década de 1990, sugeriu que a ideia de uma ordem pública internacional como expressão da vontade da humanidade como um todo era, naquele momento, uma utopia[200]. Em tom moderado, Fresnedo de Aguirre sustentou, recentemente, ser possível extrair alguns princípios compartilhados pelos estados contratantes de determinado compromisso internacional, tais como os tratados de Haia e as CIDIPs, o que pode gerar um conceito comum de ordem pública[201].

---

196. DOLINGER, Jacob. "Ordem pública mundial: ordem pública verdadeiramente internacional no Direito Internacional Privado" *in Revista de informação legislativa.* ano 23, n. 90, 1986, pp. 205-232, em especial p. 232.

197. REIS, Gabriel Valente dos. "Ordem Pública e cosmopolitismo" *in* TIBÚRCIO, Carmen; VASCONCELOS, Raphael; MENEZES, Wagner (Orgs.). *Panorama do Direito Internacional Privado atual e outros temas contemporâneos.* Festschrift ao professor Jacob Dolinger. Belo Horizonte: Arraes Editores, 2015, pp. 309-321, em especial p. 319.

198. Para Rodas, "O fato de o 'jus cogens' ser constituído exclusivamente por *normas de direito internacional geral* realça seu caráter universal". RODAS, João Grandino. "*Jus cogens* em Direito Internacional" *in Revista da Faculdade de Direito da Universidade de São Paulo,* vol. 69, nº2, 1974, pp. 125-136, em especial p. 128. Ainda sobre o *jus cogens*, ver CASELLA, Paulo Borba. *Fundamentos do direito internacional pós-moderno.* São Paulo: Quartier Latin, 2008, p. 721-829; GÓMEZ ROBLEDO, Antonio. «Le ius cogens international: sa genèse, sa nature, ses fonctions» *in Recueil des Cours de l´Académie de Droit International de La Haye*, vol. 172, 1981, pp. 9-218; ALEXIDZE, Levan. «Legal nature of Jus cogens *in* contemporary international law» *in Recueil des Cours de l´Académie de Droit International de La Haye*, vol. 172, 1981, pp. 219-270; GAJA, Giorgio. «Jus cogens beyond the Vienna convention» *in Recueil des Cours de l´Académie de Droit International de La Haye*, vol. 172, 1981, pp. 271-316.

199. O autor defende que, caso o contrato (objeto da arbitragem) envolva lavagem de ativos, o tribunal arbitral não pode olvidar a questão ("turn a blind eye"), mas deve encontrar um meio para recusar efeito ao contrato. MCDOUGALL, Andrew de Lotbiniere. "International Arbitration and Money Laundering" *in American University International Law Review*, vol. 20, 2005, pp. 1021-1054, em especial p. 1043-1044 e p. 1052.

200. JAYME, Erik. «Identité culturelle et intégration: le droit international privé postmoderne» *in Recueil des Cours de l´Académie de Droit International de la Haye,* vol. 251,1995, pp. 9-267, p. 231.

201. FRESNEDO DE AGUIRRE, Cecilia. «Public Policy: Common Principles *in* the American States» *in Recueil des Cours de l´Académie International de la Haye,* vol. 379, 2016, pp. 89-396, em especial p. 132.

Em quarto lugar, é possível limitar, indiretamente, o uso da ordem pública. Para Jayme, as regras de conexão múltiplas contribuem para o atingimento de resultados que, anteriormente, exigiriam a intervenção da cláusula de ordem pública[202]. Lewald exemplifica que uma regra de conexão cumulativa pode fazer com que a lei do foro exerça função de proibição para salvaguardar a ordem pública do foro, que passa, indiretamente, a servir de base para as regras conflituais[203].

Outro modo indireto de limitar o uso da ordem pública é a inclusão de normas materiais internacionais previstas em tratados. O Protocolo da Haia sobre a lei aplicável às obrigações de prestar alimentos, de 2007 prevê, em seu artigo 14, a desconsideração do teor da lei indicada para levar em consideração na determinação do montante da prestação de alimentos as necessidades do credor e os recursos do devedor, assim como qualquer compensação concedida ao credor em lugar dos pagamentos periódicos de prestação de alimentos[204]. Com isso, o eventual uso da ordem pública do foro fica afastado, pois a própria norma convencional estabelece o parâmetro para a fixação do montante da prestação de alimentos, seguindo o binômio "necessidade e possibilidade"[205].

Apesar das intensas discussões doutrinárias sobre a imposição de limites à ordem pública, há vozes da doutrina contemporânea que se mantêm vinculadas à visão tradicional. Gannagé é uma das defensoras da fidelidade à função original da ordem pública em direito internacional privado, pugnando pela "serenidade", sem preocupação caso a visão do foro venha a ser considerada hegemônica ou absolutista[206].

---

202. JAYME, Erik. "Métodos para la concretización del orden público en el derecho internacional privado" *in Revista de la Facultad de Ciencias Jurídicas y Políticas.* nº 82, Caracas: Universidad Central de Venezuela, 1991, pp. 216-270, em especial p. 233.

203. LEWALD, H. "Règles générales des conflits de lois. Contribution à la technique du droit international privé» *in Recueil des Cours de l´Académie de Droit International de la Haye*, vol. 69, 1939, pp. 5-145, p. 37.

204. Artigo 14. Determinação do montante de alimentos. "Mesmo que a lei aplicável disponha de outra forma, serão levados em consideração na determinação do montante da prestação de alimentos as necessidades do credor e os recursos do devedor, assim como qualquer compensação concedida ao credor em lugar dos pagamentos periódicos de prestação de alimentos". O governo brasileiro depositou, junto ao Ministério das Relações Exteriores dos Países Baixos, em 17 de julho de 2017, o instrumento de adesão da referida Convenção, tendo sido incorporada internamente pelo Decreto n. 9.176, de 19 de outubro de 2017.

205. JAYME, Erik. "Métodos para la concretización del orden público en el derecho internacional privado" *in Revista de la Facultad de Ciencias Jurídicas y Políticas.* nº 82, Caracas: Universidad Central de Venezuela, 1991, pp. 216-270, em especial p. 239.

206. No original: «La sérénité pourrait être retrouvée si l´ordre public international restait fidèle à sa fonction originaire: celle de garantir la protection des principes essentiels de l´ordre juridique du for sans se préoccuper de savoir si ce qui est fondamental pour celui-ci est hégémonique ou absolutiste sous d´autres cieux.» GANNAGÉ, Léna. «L´ordre public international à l´épreuve du relativisme des valeurs» *in Travaux du Comité Français de Droit International Privé. Années 2006-2007 et 2007-2008.* Paris: Pédone, 2010, pp. 205-232, em especial p. 225.

Mesmo que seja superada a visão tradicional de respeito exclusivo aos valores essenciais do foro, saliento que a limitação do uso da ordem pública não soluciona, obviamente, o (i) conflito entre *concepções distintas* de direitos (entre o foro e o ordenamento estrangeiro) e (ii) a colisão entre direitos distintos na aplicação da lei nacional (pelo uso da cláusula de ordem pública) e da lei estrangeira.

No tocante aos conflitos entre concepções distintas de direitos, é inegável a existência de divergências entre os Estados na interpretação dos direitos envolvidos nos fatos transnacionais. Por isso, é possível que determinado Estado afirme proteger o direito à informação, ao afastar lei estrangeira referente à indenização a pessoas célebres pela publicação de fato obtido ilicitamente e, por sua vez, o Estado estrangeiro pode vir a sustentar que o direito à informação *não* pode ser interpretado para abarcar tais situações.

Quanto à colisão entre direitos de diferentes quilates, observo que o direito à diferença reivindica o respeito às identidades culturais, que não se subordinam sempre aos valores do foro. Já os direitos à igualdade e liberdade podem estar em confronto com os direitos culturais, impulsionando o uso da ordem pública como vetor da proteção desses últimos direitos, mas, simultaneamente, violando os primeiros.

Assim, o dilema da ordem pública, traduzido na linguagem da prevalência e compressão dos direitos (diversidade cultural, tolerância e promoção de direitos entendidos como essenciais pelo foro), permanece sem solução, evidenciando a necessidade de um elemento para articulação dessa técnica de prevalência de direitos.

CAPÍTULO

4

A TÉCNICA DA PREVALÊNCIA DOS DIREITOS PROTEGIDOS PELO FORO: AS NORMAS DE APLICAÇÃO IMEDIATA

4.1. ASPECTOS GERAIS E AS DISCUSSÕES DOUTRINÁRIAS

A supremacia das normas locais aplicadas a fatos plurilocalizados independentemente do critério conflitual tem origem no territorialismo normativo medieval, com as Leis de Castilla (*Las Siete Partidas*), da Espanha, as *Statuta Urbis Ferrariae*, de Ferrara, e as *Royal Letters*, de Flandres, as quais já previam a aplicação obrigatória de determinadas leis do foro para todos os residentes locais, desconsiderando a sua nacionalidade[1]. Tais normas locais diretamente aplicáveis aos fatos transnacionais (sem uso de regras de conexão) foram, ao longo do desenvolvimento da disciplina, denominadas normas de aplicação imediata ou normas imperativas.

Por refletirem valores essenciais para a comunidade local, as normas de aplicação imediata surgiram como alternativa de regulação nacional de fatos conectados a vários ordenamentos jurídicos face a um direito internacional privado cada vez mais internacionalista.

No direito internacional privado clássico, Savigny reconheceu a existência de normas locais obrigatórias, as quais denominou "leis absolutas", que excepcionariam a regra da igualdade entre a lei do foro e a

1. PARRA-ARANGUREN, Gonzalo. "General course of private international law: selected problems" *in Recueil des Cours de l´Académie de Droit International de la Haye*, vol. 210, 1988, pp. 9-223, em especial p. 122.

lei estrangeira[2]. Outra antecessora das normas imperativas, a teoria da ordem pública, no seu viés internacional (*lois d'ordre public international*), impedia a aplicação do direito estrangeiro a fatos plurilocalizados, aplicando normas do foro independentemente dos critérios de conexão[3].

Sobre o tema, Brocher apontou que a ordem pública externa ou internacional restringe a autoridade extraterritorial das leis estrangeiras mediante regras de caráter absoluto e exclusivo que impedem a aplicação de normas contrárias aos valores do foro[4]. Também Pillet entendeu que as normas de ordem pública internacional contemplam as regras que tem um propósito social que demanda a sua aplicação fixa e invariável a todos, nacionais e estrangeiros, que estão no território[5].

Entre os princípios para a solução dos casos de conflitos de leis, Valery incluiu o primado da proteção, pelo qual "as leis francesas destinadas a proteger o Estado ou a sociedade se aplicam, na França, de uma maneira absoluta, qualquer que seja a natureza das relações que deem origem a sua aplicação"[6]. Para o autor, os assuntos indispensáveis ao bem estar da população e do Estado deveriam ser regidos por leis de ordem pública, algumas delas imperativas ou proibitivas. Essas leis se dividiriam em: leis de ordem pública nacional ou pessoal (*lois d'ordre public personnel* ou *national*), que se aplicariam aos nacionais, independentemente do local em que se encontrassem, como as regras sobre organização da família; as leis de ordem pública territorial (*lois d'ordre public territorial*), que obrigariam a todos que estivessem no território de um Estado, a despeito da sua nacionalidade, tal qual a organização imobiliária; as leis de ordem pública pessoal e territorial (*lois d'ordre public personnel et territorial*), que se aplicariam tanto aos nacionais quanto aos que se encontrassem no território do Estado, tais quais as leis penais que estabelecem crimes e fixam penas; e as leis de ordem pública absolutas (*loi d'ordre public absolu*), cuja violação atentaria contra o Estado, sua moral ou seus princípios fundamentais, obrigando nacionais e estrangeiros, independentemente de estarem no território estatal, a exemplo da compra e venda de objetos roubados[7].

---

2. SAVIGNY, Friedrich Carl von. *Sistema do direito romano atual*. vol. VIII, Tradução de CIRO Mioranga (edição original de 1849). Ijuí: Unijuí, 2004, p. 55.
3. PARRA-ARANGUREN, Gonzalo. "General course of private international law: selected problems" *in Recueil des Cours de l´Académie de Droit International de la Haye*, vol. 210, 1988, pp. 9-223, em especial p. 123-124.
4. BROCHER, Charles. *Nouveau traité de droit international privé au double point de vue de la théorie et de la pratique*. Paris: E. Thorin, 1876, p. 366-367.
5. PILLET, A. *Principes de Droit International Privé*. Paris: Pedone, 1903, p. 396 e seguintes.
6. No original: "les lois françaises destinées à protéger l'Etat ou la Société s'appliquent en France d'une manière absolue, quelle que soit la nature des rapports qui donnent lieu à leur application". VALERY, Jules. *Manuel de droit international privé*. Paris: Fontemoing et cie, 1914, p. 566.
7. VALERY, Jules. *Manuel de droit international privé*. Paris: Fontemoing et cie, 1914, p. 574 e seguintes.

Entre os primeiros textos legislativos que mencionaram normas locais de aplicação imediata (ou imperativa, por isso denominadas também de normas imperativas), destaca-se, ainda no séc. XIX, o artigo 3.1 do Código Civil francês, que dispôs: "[l]es lois de police et de sûreté obligent tous ceux qui habitent le territoire", fazendo referência às normas de direito administrativo e de direito penal.

No século XX, os ideais liberais perderam espaço devido à maior intervenção do Estado em vários aspectos da vida social, gerando uma tendência de maximização do uso da *lex fori* e de relativização da incidência do método conflitual. Esse protecionismo do foro estimulou os Estados a preverem normas de aplicação imediata nas suas codificações e as reconhecerem em decisões judiciais[8].

Em 1929, a Corte Permanente de Justiça Internacional, no caso de *vários empréstimos sérvios emitidos na França*, reconheceu que, em determinadas situações, a lei aplicável ao caso não produziria efeitos em determinado território no qual exista uma lei local que determine uma política pública com aplicação para todos os casos, mesmo aqueles que envolvem elementos de estraneidade[9]

No mesmo ano, no caso *Foster v. Driscoll*, a Corte de apelação inglesa decidiu ser ilegal e nulo um contrato, ainda que legal e válido na Inglaterra, que versasse sobre atividade ilícita em outro Estado (no caso, exportação de uísque para os Estados Unidos, durante o período de proibição da fabricação e venda de bebidas alcoólicas naquele Estado), pois implicava em violação da *comitas internacional* entre as nações[10].

Outro exemplo é o caso *Boissevain v. Weil*, decidido pela Corte de Apelação e confirmado pela Câmara de Lordes da Inglaterra, que versou sobre o não pagamento de empréstimo, feito em francos franceses por holandês a uma

8. França, Alemanha, Bélgica, Holanda, Canadá, Polônia, Portugal, Suiça, Itália e Venezuela são exemplos de codificações do século XX que incluíram disposições sobre normas imperativas. SYMEONIDES, Symeon C. "Private International Law at the End of the 20th Century: Progress or Regress? General Report". Xvth Congress of Comparative Law, Bristol, England, 1998, in SYMEONIDES, Symeon. Private International Law at the End of the 20th Century: Progress or Regress? Great Britain: Kluwer International, pp. 03-79, p. 18.

9. No original: "Before proceeding to determine which this law is, it should however be observed that it may happen that the law which may be held by the Court to be applicable to the obligations *in* the case, may *in* a particular territory be rendered inoperative by a municipal law of this territory that is to say, by legislation enacting a public policy the application of which is unavoidable even though the contract has been concluded under the auspices of some foreign law". Corte Permanente de Justiça Internacional, caso de *vários empréstimos sérvios emitidos na França* ecaso do *pagamento em ouro dos empréstimos federais brasileiros emitidos na França*, série A, n.21, julgamento de 12 de julho de 1929, p. 41.

10. Court of Appeal [1929] KB 470. MANN, F. A.."Illegality *in* the Conflict of Laws" *in Modern Law Review*, vol. 21, 1958, pp. 130-137, em especial p. 130-131. Court of Appeal,caso *Foster v. Driscoll*, [1929] KB 470, 1929.

britânica, para salvar o filho de um campo de concentração nazista durante a 2ª Guerra Mundial, com pagamento da dívida a ser realizado em valor equivalente em libras esterlinas. Questionada judicialmente pelo inadimplemento contratual, a ré alegou que o empréstimo e seu pagamento, em moeda estrangeira, violavam leis britânicas de política cambiária que impediam que um britânico realizasse transação financeira, em libras esterlinas, fora da Inglaterra, sem o consentimento do Tesouro nacional. O Tribunal, enfatizando que a validade do contrato internacional diferenciava-se da possibilidade de executá-lo, concordou com o argumento da ré, afirmando que as regras de política cambiária britânica eram normas imperativas[11].

A incidência da *lex fori* a fatos plurilocalizados *sem* o recurso ao método conflitual ou às regras uniformes das convenções de direito internacional privado foi debatida no já citado caso sobre *a aplicação da Convenção da Haia sobre a guarda de menores, de 1902* (caso *Boll*) sobre potencial violação a citada Convenção, que determinava a aplicação da lei da nacionalidade do menor para fins de guarda, face à implementação das medidas complementares protetivas fixadas na lei do local de residência da criança. Na decisão, entendeu a Corte Internacional de Justiça que a guarda de menor é assunto de tutela privada ou individual, enquanto o seu desenvolvimento protetivo (*protective upbringing of the infant*) possui uma feição pública (*social garantee*), pois protege a criança, tutelando o seu crescimento, e a sociedade, prevenindo a prática de condutas impróprias e crimes. Assim, reconheceu-se que as medidas protetivas determinadas pela lei sueca consistiam em normas de ordem pública, fora do escopo de aplicação da Convenção da Haia sobre a guarda de menores, de 1902[12].

No mesmo período, a territorialidade de normas de caráter público passou a ser defendida por vários autores. Arminjon fez referência à existência

11. Court of Appeal [1950] 1 AllI E.R. 728; House of Lords, Boissevainv. Weil, [1950] AC 327; CARTER, P. B. "Recent English Decisions. Contract: Illegal Contract of Loan" *in International Law Quartely*, n. 03, 1950, pp. 408-413, em especial p. 408-409.

12. No original: "The 1902 Convention recognizes the fact that guardianship, in order to achieve its aim of individual protection, needs to be governed by the national law of the infant; to achieve the aim of the social guarantee which it is the purpose of the Swedish Law on the protection of children and young persons to provide, it is necessary that it should apply to all young people living in Sweden. (...) The Swedish Law being designed to provide a social guarantee, it was presented, on behalf of the Government of Sweden, as a law of ordre public which, as such, is binding upon al1 those upon Swedish territory (...) It was contended that a proper interpretation of the 1902 Convention must lead to recognition that this Convention, bringing about the unification as between the contracting States of certain rules for the settlement of conflicts of law, must be understood as containing an implied reservation authorizing, on the ground of ordre public, the overruling of the application of the foreign law recognized as normally the proper law to govern the legal relationship in question". Corte Internacional de Justica, caso da *aplicação da Convenção de 1902 sobre guarda de crianças (Holanda v. Suecia)*, julgamento de 28 de novembro de 1958, em especial p. 69-70.

das *lois politiques*, normas de caráter político, fiscal e penal, com aplicação territorial definida, consideradas necessárias por razões de estrutura interior do Estado, para favorecer (ou não prejudicar) crenças ou ideias, derrogando as demais normas de direito comum[13]. Tal categoria de normas foi, inclusive, parte de um projeto de resolução do Instituto de Direito Internacional em 1954, não aprovado, contudo, por seu *caráter vago* e pela *confusão* do termo com o conceito de ordem pública[14]. Também Wengler propôs o interesse político do Estado do foro (*l'intérêt politique de l'Etat du for*) como um dos princípios de direito internacional privado, determinando uma maior extensão para o campo de aplicação das regras materiais da *lex fori*, em exceção ao princípio da paridade entre normas nacionais e estrangeiras[15].

Aproximando o conceito de ordem pública interna do conceito de norma de aplicação imediata (ou norma imperativa), Sperduti explica o funcionamento da ordem pública interna como um limite não só à aplicação do direito estrangeiro, mas do próprio método conflitual, consistindo na atribuição *a priori* de uma esfera de aplicação estendida a certas normas materiais internas afetas a interesses morais, sociais ou políticos de um Estado[16].

Já Nussbaum denomina de regras internas espacialmente condicionadas (*spatially conditioned internal rules*) as normas que fazem parte do direito internacional privado, mas que não se confundem com os tradicionais ramos da jurisdição e do conflito de leis[17]. Assim, a existência de uma regra geral aplicável a todos os contratos de uma determinada categoria no Estado (por exemplo, contratos de seguro) significa a sua aplicação como matéria de ordem pública, a despeito de soluções diferentes apontadas pelo método conflitual em casos com elementos de estraneidade[18].

De Nova, analisando a categoria do pseudo-reenvio, aborda as normas substantivas espacialmente condicionadas (*space-conditioned substantive*

13. ARMINJON, Pierre. "Les systèmes juridiques complexes et les conflits de lois et de juridictions auxquels ils donnent lieu" *in Recueil des Cours de l´Académie de Droit International de la Haye*, vol. 74, 1949, pp. 73-190, em especial p. 115-118.
14. SANTOS, Antonio Marques dos. *As Normas de Aplicação Imediata no Direito Internacional Privado.* Esboço de uma Teoria Geral. vol. II. Coimbra: Almedina, 1991, em especial p. 749.
15. WENGLER, Wilhelm. "Les principes généraux du droit international privé et leurs conflits" *in Revue Critique de droit international privé*, jan-mai, XLII-1953, pp. 37-60, em especial p. 40.
16. SPERDUTI, Guiseppe. "Théorie du droit international privé" *in Recueil des Cours de l´Académie de Droit International de la Haye*, vol. 122, 1967, pp. 173-336, em especial p. 311 e seguintes.
17. Para o autor: "the spatially conditioned internal rule as far as it goes overrides a conflict rule to the contrary". NUSSBAUM, Arthur. *Principles of private international law.* New York/London/Toronto: Oxford University Press, 1943, p. 71.
18. NUSSBAUM, Arthur. *Principles of private international law.* New York/London/Toronto: Oxford University Press, 1943, p. 72 e 73.

rules), as quais considera como normas especiais que excepcionam as leis gerais, que se relacionam a uma série estrita de fatos, definidos por condições espaciais de aplicabilidade (um ou mais fatores de conexão)[19]. Coadunando-se com De Nova, Mann enfatizou que há normas (*self-limiting laws*) que não se destinam a determinar a lei aplicável a um caso, tal qual ocorre com as normas conflituais, possuindo, diferentemente, a função de definir as condições que determinam a ocorrência de um resultado jurídico. Tais normas podem representar valores fundamentais do Estado, caracterizando-se como leis de ordem pública[20].

Ballarino, estudando a relevância das normas constitucionais na aplicação do direito internacional privado, afirma que existem regras da *lex fori* com critério específico de aplicação espaço-territorial ou pessoal que têm precedência sobre as normas conflituais de direito internacional privado[21].

Lipsteinutiliza sinônimos (*legislatively localised laws*, *particular choice of law rules*, *functionally restricting rules* e *spatially conditioned internal rules*) para se referir às normas de direito internacional privado que determinam a aplicação espacial de regras de direito local[22]. Já Ehrenzweig, analisando a aplicação da lei do foro, aponta para casos em que sua aplicação é automática por seu caráter imperativo ou por se constituir em um *standard* de justiça[23].

Nos Estados Unidos, vários autores da revolução americana defenderam o afastamento da neutralidade savigniana em favor da consideração de normas substanciais com contato com fatos plurilocalizados, privilegiando os direitos protegidos pelo foro e afastando a aplicação do método conflitual. Currie, ao priorizar o conteúdo e os fins das leis antes da aplicação do método conflitual na sua teoria *do governmental interest analysis*, reconheceu a existência de normas diferentes das tradicionais regras conflituais, igualmente precisas e com menos ambiguidades, focadas em interesses e objetivos particulares, que determinam a regência de um fato por uma lei

19. DE NOVA, Rodolfo. "Historical and comparative introduction to conflict of laws" *in Recueil des Cours de l´Académie de Droit International de la Haye*, vol. 188, 1966, pp. 435-642, em especial p. 531 e seguintes; DE NOVA, Rodolfo. "Conflict of Laws and Functionally Restricted Substantive Rules" *in California Law Review*, n. 54, 1966, pp. 1569-1574.

20. MANN, F.A. "Statutes and the conflict of laws" *in British Yearbook for International Law*, vol. 46, 1972-1973, pp. 117-143, em especial p. 122 e seguintes.

21. BALLARINO, Tito. *Constituzione e diritto internazionale privato*. Padova: CEDAM, 1974, em especial p. 149.

22. LIPSTEIN, K. "The general principles of private international law" *in Recueil des Cours de l´Académie de Droit International de la Haye*, vol. 135, 1972, pp. 97-229, em especial p. 204 e seguintes; LIPSTEIN, K. "Conflict of laws 1921-1971 – The way ahead" *in Cambridge Law Journal*, n.31 (1), april 1972, pp. 67-120, em especial p. 71 e seguintes.

23. EHRENZWEIG, Albert A. "Specific principles of private transnational law" *in Recueil des Cours de l´Académie de Droit International de la Haye*, vol. 167, 1968, pp. 167-370, em especial p. 190.

específica[24]. Cavers, analisando a utilização da legislação como forma de solução de conflitos de leis em direito internacional privado, refere-se às *legislatively localized laws* ou *localized laws*, normas materiais de um Estado limitadas por (i) eventos ou transações dentro do Estado, tal qual limitações em cláusulas de seguros ou por (ii) pessoas relacionadas ao Estado, a exemplo de cláusulas que protegem trabalhadores contra danos[25].

Questionando a subordinação da aplicação da lei do foro ao método conflitual e às outras leis estrangeiras, Francescakis cunhou pioneiramente o termo de "regras de aplicação imediata do direito interno" (*las règles d'application immédiate du droit interne)* para se referir às situações em que o direito internacional privado admite que se refute o uso do método indireto e a subsequente aplicação do direito estrangeiro. O neologismo originou-se da união do citado artigo 3º do Código Civil francês e da desconsideração, pela via judicial, do método conflitual no exame da ordem pública, sendo o domínio das normas de aplicação imediata determinado pela sua própria *natureza* de lei local de *aplicação obrigatória*. Ou seja, diferentemente do método conflitual, parte-se da lei interna e não da relação jurídica transnacional[26].

Em um contexto em que a proteção da ordem interna mantinha-se como *principal* dever estatal no plano internacional, Francescakis asseverou que algumas normas – sobre organização do Estado – precisariam de um domínio de aplicação com eficácia garantida, já que não podem sofrer influência de elementos de estraneidade. Ponderando entre as exigências da organização estatal e a liberdade das relações privadas internacionais, que impõem o tratamento igualitário entre a *lex fori* e a lei estrangeira determinada pelo método conflitual, o autor sustentou que "as normas de aplicação imediata têm precedência sobre as normas do conflito de leis consideradas pela doutrina contemporânea como únicas e universais"[27].

24. CURRIE, Brainerd. *Selected essays on the conflict of laws*. Durham: Duke University Press, 1963, em especial p. 116. Dolinger, contudo, discorda de ser a doutrina norte-americana do *governmental interest analysis* uma precursora das normas imperativas, apontando existirem substanciais diferenças entre os dois fenômenos. Para o autor, por exemplo, as normas imperativas são um fator de exceção na aplicação do direito internacional privado enquanto a teoria de Currie é uma abordagem básica que orienta a aplicação das normas locais em determinadas áreas da disciplina. DOLINGER, Jacob. *Direito Internacional Privado*. Vol. II. Contratos e obrigações no Direito Internacional Privado. Rio de Janeiro: Renovar, 2007, p. 149.

25. CAVERS, David F. *The Choice-of-Law Process*. Ann Arbor: The University of Michigan Press, 1965, em especial p. 225 e 226.

26. FRANCESCAKIS, Ph. "Quelques précisions sur les "lois d'application immédiate" et leurs rapports avec les règles de conflits de lois" *in Revue critique de droit international privé*. Année 1966, pp. 1-18, em especial p. 9 e seguintes; FRANCESCAKIS, Ph. "Lois d'application immédiate et droit du travail. L'affaire du comité d'entreprise de la "Compagnie des Wagons-lits" *in Revue critique de droit international privé*, 1974, pp. 273-296.

27. No original: "les lois d'application immédiate ont le pas sur les règles de conflit de lois du type considéré par la doctrine contemporaine comme unique et universel". FRANCESCAKIS, Ph. "Quelques précisions

Tais *lois d'application immédiate* são, portanto, imperativas, pois sua aplicação não é questão de opção: o juiz primeiro verifica se está diante de tema abarcado por norma de aplicação imediata e, somente se a resposta for negativa, procede à aplicação do método conflitual para determinar a lei aplicável ao fato plurilocalizado.

Complementando a sua teoria, Francescakis enumerou quatro condições para a identificação das normas de aplicação imediata: (i) sua operacionalização não é intermediada pelas regras de conflito; (ii) o seu domínio de aplicação é fixado unilateralmente; (iii) o domínio de aplicação da norma imperativa é territorial ou pessoal e (iv) a sua aplicação é regra para assuntos – de caráter híbrido entre direito público e direito privado – de importância decisiva para o Estado, como as normas que interessam à organização política, social ou econômica do Estado, tal qual o direito do trabalho[28].

Para Goldschmidt, o termo "leis de aplicação imediata" descrito por Francescakis não resolve adequadamente os casos mistos, de direito público e privado, que demandam adjudicação extraterritorial do direito nacional sobre o estrangeiro. Assim, denominou de "normas expressas de ordem pública internacional' ou 'normas rígidas expressas" aquelas aplicadas a todas as situações plurilocalizadas que ocorram no Estado, mesmo quando a opção pelo direito estrangeiro seria mais benéfica, tal qual normas de controle de divisas, direito do trabalho e regimes imobiliários especiais[29].

A criação do termo "normas de aplicação imediata" não extinguiu a controvérsia sobre a nomenclatura das normas de aplicação imediata - normas imperativas, *loi de police, ordre public international, lois de application nécessaire, leyes de applicación necesaria, normas expresas de orden público internacional, norme autolimitate, mandatory rules, spatial conditioned rules, peremptory norms, overriding statutes e directly applicable statutes* –, mas estimulou a sistematização do estudo do tema, delimitando o seu conceito, conteúdo, aplicação, limites e consequências. Nesta obra, será utilizado o termo "norma de aplicação imediata" e ainda o termo "norma imperativa", como sinônimos usualmente utilizados pela doutrina.

---

sur les "lois d'application immédiate" et leurs rapports avec les règles de conflits de lois" *in Revue critique de droit international privé*. Année 1966, pp. 1-18, em especial p. 18.

28. FRANCESCAKIS, Ph. "Lois d'application immédiate et droit du travail. L'affaire du comité d'entreprise de la "Compagnie des Wagons-lits" *in Revue critique de droit international privé*, 1974, pp. 273-296, em especial p. 273-274.

29. GOLDSCHMIDT, Werner. *Derecho Internacional privado*. 7ª Ed. Buenos Aires: Ediciones Depalma, 1990, p. 159 e seguintes.

4.2. A NATUREZA DAS NORMAS DE APLICAÇÃO IMEDIATA E SUA ESPECIFICIDADE

A natureza das normas de aplicação imediata (ou normas imperativas de direito internacional privado) como *verdadeiro método a*utônomo para solução de conflitos em direito internacional privado foi objeto de debate nas décadas que seguiram o desenvolvimento do conceito, tendo enfrentado oposição de autores que as consideravam como *mero limite à aplicação do direito estrangeiro* não distinto do método conflitual.

De forma enfática, Loussouarn criticou a falta de precisão na identificação das normas de aplicação imediata, bem como negou existirem particularidades suficientes para categorizá-las como método distinto do conflitual, o que acabaria por hipertrofiar seu domínio de aplicação[30].

Já Lalive defendeu possuírem as normas de aplicação imediata natureza mista de norma conflitual e regra material[31]. Por seu turno, Vitta sustentou que há violação da igualdade entre direito local e direito estrangeiro, entendendo que essas normas são um método autônomo, porém *subordinado* e *auxiliar* ao método conflitual, ao qual estão indissoluvelmente entrelaçadas[32].

A maioria da doutrina, todavia, endossou a visão das normas de aplicação imediata como *espécie* de *método direto* no direito internacional privado cuja incidência se *impõe*, em razão do seu objetivo, sobre qualquer regra de conflito aplicável, derrogando o método conflitual[33]. Batiffol, ao reconhecer a pluralidade de métodos em direito internacional privado, anotou que as *lois de police* são categoria de norma excepcional e distinta das normas conflituais (com as quais coexistem), determinando elas mesmas o seu campo de aplicação espacial, em razão da sua urgência ou importância na organização estatal das relações privadas[34]. Já Hecke sustentou que, no bojo de um fato transnacional, podem intervir, ao mesmo tempo, uma norma imperativa, com domínio de aplicação próprio para a *lex fori*, e uma regra conflitual, que divide entre a lei local e a lei estrangeira o restante do

30. LOUSSOUARN, Yvon. "Cours général de droit international privé" *in Recueil des Cours de l´Académie de Droit International de la Haye*, vol. 139, 1973, pp. 269-386, em especial p. 317 e seguintes.

31. LALIVE, Pierre. "Tendances et méthodes en droit international privé: cours général" *in Recueil des Cours de l´Académie de Droit International de la Haye*, vol. 155, 1977, pp. 3-424, em especial p. 319 e seguintes.

32. VITTA, Edoardo. "Cours général de droit international privé" *in Recueil des Cours de l´Académie de Droit International de la Haye*, vol. 162, 1979, pp. 9-243, em especial p. 137 e seguintes.

33. MAYER, Pierre. «Les lois de police». *Travaux du Comité Français de droit international privé. Journée commémorative du Cinquantenaire. Paris, 23 novembre 1985*. Paris: Éditions du CNRS, 1988, pp. 105-114, em especial p. 107.

34. BATIFFOL, Henri. "Le pluralisme des méthodes en droit international privé" *in Recueil des Cours de l´Académie de Droit International de la Haye*, vol. 139, 1973, pp. 75-148, em especial p. 136 e seguintes.

domínio de aplicação temático[35]. Também Friedrich defende a subsistência harmoniosa das normas de direito interno de valoração superior e aplicação automática com o método conflitual[36] e Fallon, adepto da relativização do método conflitual, vislumbra as normas de aplicação imediata como regras materiais com procedimento unilateral de autodesignação[37]. Para Nygh, a vontade estatal garante a aplicação de uma lei local, na medida em que "o que torna uma norma imperativa é uma expressão de política que sobrepõe-se ao bilateralismo, negando-o"[38].

Em estudo específico sobre o tema, Marques dos Santos aponta que as normas de aplicação imediata são espécie do gênero das normas materiais espacialmente autolimitadas, que possuem alta intensidade valorativa, formando método autônomo para solução de conflitos de direito internacional privado, caracterizado por uma regra unilateral *ad hoc* que determina o domínio de aplicação espacial da norma material[39].

Carrillo Salcedo, com a denominação de 'regras de direito interno de aplicação necessária', refere-se ao método, que tutela a organização política, social ou econômica de um Estado, no qual não há espaço para elementos estrangeiros, demandando a aplicação de normas internas de forma eficaz e homogênea. Para o autor, tais normas facilitam a relação entre direito público e privado, tendo como fundamento para afastar o elemento estrangeiro do fato plurilocalizado o direito internacional público soberanista, de defesa da coerência da ordem interna[40].

Vareilles-Sommières sintetiza o conceito das normas de aplicação imediata (ou normas imperativas) definindo-as como normas "materialmente

---

35. HECKE, George A. van. "Principes et méthodes de solution des conflits de lois" *in Recueil des Cours de l´Académie de Droit International de la Haye*, vol. 126, 1969, pp. 399-569, em especial p. 455.

36. FRIEDRICH, Tatyana. *Norma imperativa: a conexão dos direitos humanos com o Direito Internacional Privado*. Tese de Doutorado apresentada ao programa de pós-graduação em Direito da Universidade Federal do Paraná, Curitiba, 2005, p. 64; FRIEDRICH, Tatyana. *Normas Imperativas de Direito Internacional Privado*: Lois de Police. Belo Horizonte: Fórum, 2007, p. 30.

37. FALLON, Marc. "Les conflits de lois et de juridiction dans un espece économique intégré – l'expérience de la communauté européenne" *in Recueil des Cours de l´Académie de Droit International de la Haye*, vol. 253, 1995, pp. 9-282, em especial p. 257 e seguintes.

38. No original: ""what makes a law mandatory is an expression of policy which overrides bilateralism and, *in* effect, denies it". NYGH, Peter E. "The reasonable expectations of the parties as a guide to the choice of law *in* contract and *in* tort" *in Recueil des Cours de l´Académie de Droit International de la Haye*, vol. 251, 1995, pp. 269-400, em especial p. 378.

39. SANTOS, Antonio Marques dos. *As Normas de Aplicação Imediata no Direito Internacional Privado*. Esboço de uma Teoria Geral. vol. II. Coimbra: Almedina, 1991, p. 938 e seguintes.

40. CARRILLO SALCEDO, Juan Antonio. *Derecho Internacional Privado. Introducción a sus problemas fundamentales*. 2ª Ed. Madrid: Editorial tecnos, 1976, p. 107 e seguintes; CARRILLO SALCEDO, Juan Antonio. "Le renouveau du particularisme en droit international" *in Recueil des Cours de l´Académie de Droit International de la Haye*, vol. 160, 1978, pp. 181-264, em especial p. 200 e seguintes.

imperativas e conflitualmente derrogatórias", ou seja, disposições de direito substancial interno regidas pela lei determinada na própria norma imperativa e não pela norma conflitual, das quais as partes não podem escapar[41]. Para o autor, o impedimento ao uso do método conflitual em temas regulados por normas imperativas não decorre da suposta inadmissibilidade do conteúdo das normas estrangeiras, e sim da sua origem, defeituosa aos olhos do direito do foro, que impõe um filtro quanto à origem e à aplicabilidade espacial de algumas normas. As normas imperativas tampouco possuem uma hierarquia superior às normas conflituais, mas apenas uma conexão especial que derroga a conexão geral proporcionada pelas normas conflituais (*specialia generalibus derogant*)[42].

Nessa seara, Gaudemet-Tallon relativizou a afirmação de que as normas imperativas (ou normas de aplicação imediata) obstaculizam a intervenção do método clássico, dividindo sua atuação em *normas imperativas administrativas*, que atuam preambularmente às normas conflituais; e *normas imperativas protetivas*, que demandam uma comparação entre a *lex fori* e o método conflitual, somente atuando se oferecerem uma proteção maior do que a lei designada pelo método conflitual[43].

Para Audit, a incidência das normas de aplicação imediata, ao considerar determinado fato à luz dos objetivos e das finalidades estatais, é um processo de interpretação estatutária (unilateral, aproximando o termo da visão americana de direito internacional privado) e um limite ao sistema bilateralista, demonstrando a coabitação entre direito público e direito privado[44]. Na mesma linha, Bucher afirma que a função das normas de aplicação imediata é equiparada à das regras unilaterais de conflito (explícitas ou implícitas)[45].

No tocante aos direitos protegidos, as normas de aplicação imediata estão entre os mecanismos que evitam a abstração da norma conflitual e

41. VAREILLES-SOMMIÈRES, P de."Debats du 25 Janvier 2008" *in* Droit International Privé: Travaux du Comité français de droit international privé. Annés 2006-2007 et 2007-2008. Paris: Pedone, 2010, pp. 197-204, em especial p. 202.

42. VAREILLES-SOMMIÈRES, P. de. "L'exception d'ordre public et la régularité substantielle internationale de la loi étrangère" *in Recueil des Cours de l´Académie de Droit International de la Haye*, vol. 317, 2015, pp. 153-272, em especial p. 237 e seguintes.

43. GAUDEMET-TALLON, Hélène. "Le pluralisme en droit international privé: richesses et faiblesses (le funambule et l'arc-en-ciel): cours général" *in Recueil des Cours de l´Académie de Droit International de la Haye*, vol. 312, 2005, pp. 9-488, em especial p. 258 e seguintes.

44. AUDIT, Bernard. "A Continental Lawyer Looks at Contemporary American Choice-of-Law Principles" *in American Journal of Comparative Law*, vol. 27, 1979, pp. 589-603, em especial p. 601 e seguintes. AUDIT, Bernard. "Le droit international privé en quete d'universalité: cours général" *in Recueil des Cours de l´Académie de Droit International de la Haye*, vol. 305, 1973, pp. 9-487, em especial p. 288 e seguintes.

45. BUCHER, Andreas. "La dimension sociale du droit international privé: cours general" *in Recueil des Cours de l´Académie de Droit International de la Haye*, vol. 341, 2009, pp. 9-526, em especial p. 64.

favorecem a justiça material. Examinar o conteúdo da norma de direito material para determinar se ela deve ser aplicada a um fato plurilocalizado é característica do movimento unilateralista com o qual as normas de aplicação imediata guardam proximidade. Sobre o tema, contudo, alerta Guedj que as normas de aplicação imediata diferenciam-se das regras unilaterais e bilaterais de conflito, por possuírem critério espacial que delineia o seu escopo de aplicação e operam como elemento de conexão, enquanto as regras unilaterais não são funcionais, apenas resolvendo o problema conflitual, sem considerar o seu conteúdo, e as regras bilaterais pressupõem valores internacionais comuns para a regulação de situação jurídica plurilocalizada[46].

Repisa-se, aqui, que as normas de aplicação imediata não se confundem com a exceção da ordem pública. Para Mosconi, a diferença principal reside no seu plano de incidência, pois a ordem pública localiza-se dentro do sistema conflitual, atuando como um limite subsequente a ele, e as normas de aplicação imediata atuam previamente ao sistema conflitual, fora dele. As normas de aplicação imediata preveem que todas as situações conectadas a um Estado se sujeitem à mesma regulação, diferentemente do método conflitual, que garante que um fato plurilocalizado seja regulado da mesma forma por sistemas jurídicos diferentes. As normas de aplicação imediata não oferecem espaço para a discricionariedade judicial, cabendo aos tribunais somente cotejar se a norma em questão possui ou não as características de uma norma imperativa[47].

Eek explica que as normas imperativas possuem como objetivo a eficiência, coesão e justiça nas relações privadas de determinado tema (internas ou internacionais). Diferentemente da função negativa de obstar a aplicação do direito estrangeiro das regras de ordem pública, as normas de aplicação imediata (*absolute rules in the lex fori*) são mais potentes do que as normas conflituais, incidindo irrestritamente, tanto para eliminar a aplicação da *lex causae* quanto para apenas deformá-la, adicionando regras da *lex fori*[48].

46. GUEDJ, Thomas G. "The Theory of the Lois de Police, A Functional Trend *in* Continental Private International Law - A Comparative Analysis with Modern American Theories" *in American Journal of Comparative Law*, n.39, 1991, pp. 661-697, em especial p. 676 e seguintes. Apesar de serem métodos distintos, de fato, algumas normas imperativas são cristalizadas sob a forma de uma regra bilateral - tal qual ocorre com o artigo 30, do Regulamento (EU) n.o 650/2012 do Parlamento Europeu e do Conselho de 4 de julho de 2012 relativo à competência, à lei aplicável, ao reconhecimento e execução das decisões, e à aceitação e execução dos atos autênticos em matéria de sucessões e à criação de um Certificado Sucessório Europeu, que prevê a aplicação das leis dos estados onde estão situados os bens que, por considerações econômicas, familiares ou sociais, sejam aplicáveis independentemente da lei que rege a sucessão.

47. MOSCONI, Franco. "Exceptions to the operation of choice of law rules" *in Recueil des Cours de l´Académie de Droit International de la Haye*, vol. 217, 1989, pp. 9-214, em especial p. 140-143.

48. EEK, Hilding. "Peremptory norms and private international law" *in Recueil des Cours de l´Académie de Droit International de la Haye*, vol. 139, 1973, pp. 1-74, em especial p. 52-53.

Conforme Bucher, ainda que ambas visem salvaguardar a *lex fori*, são distintos os mecanismos utilizados, já que a ordem pública incide *posteriormente* ao recurso ao método conflitual enquanto as normas de aplicação imediata regulam *a priori* determinados fatos transnacionais[49].

Hammje aponta que "as normas imperativas traduzem mais uma função positiva que será atribuída à ordem pública"[50]. Nessa linha, Fresnedo de Aguirre explica que as normas imperativas têm um papel mais agressivo do que a ordem pública, utilizando mecanismo de ataque para a proteção dos interesses fundamentais de polícia pública estatais[51]. Para Bogdan, "ordem pública" e "normas imperativas" representam os dois lados da mesma moeda, diferenciando-se pela maior especificidade das normas imperativas e pela impossibilidade de a ordem pública ser modificada por mera atuação legislativa[52].

Por outro lado, desconsiderando as diferenças quanto ao momento de incidência e ao grau de abstração, Dolinger entende serem as normas de aplicação imediata e a ordem pública conceitos praticamente intercambiáveis na apreciação judicial, sendo a exceção de ordem pública suficientemente ampla para incluir as normas imperativas e proteger os interesses essenciais do foro[53].

Outra diferenciação relevante existe entre normas de aplicação imediata e regras materiais de direito internacional privado e normas de direito público. Marín López explica que as normas imperativas, apesar de garantirem a aplicação necessária e imediata das regras materiais do foro se distinguem das regras materiais de direito internacional privado, pela sua finalidade, já que as normas imperativas visam à incidência do direito material do foro e as regras materiais levam em consideração o caráter internacional do fato. Aponta o autor que as normas imperativas tampouco se confundem com as normas de direito público pelo seu caráter específico e pela possibilidade da sua aplicação ultrapassar o território nacional[54].

49. BUCHER, Andreas. "L'ordre public et le but social des lois en droit international privé" *in Recueil des Cours de l´Académie de Droit International de la Haye*, vol. 239, 1993, pp. 9-116, em especial p. 41.

50. No original: "les lois de police traduisent davantage une fonction positive qui serait assignée à l'ordre public". HAMMJE, Petra. "L'ordre public de rattachement" *in Travaux du Comité français de droit international privé.* Années 2006–2007 et 2007–2008. Paris: Pedone, 2010, pp. 153-156, p. 154.

51. FRESNEDO DE AGUIRRE, C. "Public Policy: Common Principles inthe American States" *in Recueil des Cours de l´Académie de Droit International de la Haye*, vol. 379, 2016, pp. 73-396, em especial p. 106 e seguintes.

52. BOGDAN, Michael. "Private International Law as Component of the Law of the Forum: General Courseon Private International Law" *in Recueil des Cours de l´Académie de Droit International de la Haye,* vol. 348, 2010, pp. 9-252, p. 183 e seguintes.

53. DOLINGER, Jacob. *Direito Internacional Privado*. Vol. II. Contratos e obrigações no Direito Internacional Privado. Rio de Janeiro: Renovar, 2007, p. 161.

54. MARÍN LÓPEZ, A. "Las normas de aplicacion necesaria em derecho internacional privado" *in Revista Española de Derecho Internacional*, vol. 23, 1970, pp. 19-41, em especial p. 30 e seguintes.

As normas de aplicação imediata constituem, portanto, um método de direito internacional privado formado por normas de caráter material que protegem interesses essenciais do Estado e determinam a aplicação exclusiva da lei do foro. O recurso unilateral à *lex fori* pode gerar o afastamento da lei aplicável designada pelo método conflitual, a negação à autonomia da vontade e óbice à homologação de sentença estrangeira e à concessão de *exequatur*. Nesse sentido, cite-se Lima Marques para quem "as chamadas normas imperativas ou leis de aplicação imediata são normas diretas que resolvem o conflito de leis no espaço diretamente, aplicando-se a nacionais e estrangeiros, com pretensões territoriais"[55].

4.3. OS DISPOSITIVOS NACIONAIS E INTERNACIONAIS REFERENTES ÀS NORMAS DE APLICAÇÃO IMEDIATA

A autonomia do conceito de norma de aplicação imediata foi reconhecida em dispositivos específicos de diversos textos internacionais. No âmbito da Conferência da Haia de Direito Internacional Privado, devem ser mencionados: o artigo 7º da Convenção da Haia sobre a lei aplicável em matéria de acidentes rodoviários de trânsito, de 1971, o qual reconhece a aplicabilidade imediata das normas de controle e segurança do local do acidente, estipulando que elas serão levadas em consideração para a determinação da responsabilidade civil extracontratual pelo dano[56]; o artigo 16 da Convenção da Haia sobre a lei aplicável aos contratos de mediação e à representação, de 1978, o qual estipula que, independentemente da lei designada pela regra de conflito, podem ser atribuídos efeitos às disposições imperativas de Estado que tenham conexão efetiva com o fato plurilocalizado[57]; o artigo 16 da Convenção da Haia sobre a lei aplicável ao truste e a seu reconhecimento, de 1985, o qual dispõe que a Convenção não será aplicada quando disposições da lei do foro devam ser aplicadas em situações internacionais independentemente de regras de conflito[58];

55. MARQUES, Claudia Lima. *Confiança no comércio eletrônico e a proteção do consumidor* (um estudo dos negócios jurídicos no comércio eletrônico). São Paulo: RT, 2004, p. 306.

56. Artigo 7º. "Qualquer que seja a lei aplicável, ao determinar-se a responsabilidade deverão ser levadas em consideração regras relativas ao controle e segurança do tráfego que estiverem em vigor no tempo e no local do acidente".

57. Artigo 16.º "Na aplicação da presente Convenção poderá atribuir-se efeito às disposições imperativas de qualquer estado com o qual a situação apresente uma conexão efetiva, se e na medida em que, segundo o direito desse Estado, tais disposições forem aplicáveis, qualquer que seja a lei designada pelas suas regras de conflito".

58. Artigo 16. "A Convenção não impedirá a aplicação destas disposições da lei do foro que deva ser aplicado mesmo em situações internacionais, independentemente de regras de conflito de leis. Caso outro estado

e o artigo 20 da Convenção da Haia relativa à proteção internacional de adultos, de 2000, que estipula que podem ser aplicados dispositivos imperativos da lei do Estado em que residem os adultos vulneráveis[59].

Ademais, a Resolução sobre a autonomia das partes nos contratos internacionais entre pessoas privadas, do Instituto de Direito Internacional, de 1991[60], os Princípios da Conferência da Haia sobre escolha da lei aplicável em contratos comerciais, de 2015[61], e os Princípios do UNIDROIT sobre os contratos de comércio internacional de 2016, excepcionam a aplicação da lei escolhida pelas partes nos casos regulados por normas imperativas[62-63].

No contexto europeu, a Convenção de Roma sobre a lei aplicável às obrigações contratuais, de 1980, faz referência expressa às normas de aplicação imediata no seu artigo 7.2, prevendo que "o disposto na presente convenção não pode prejudicar a aplicação das regras do país do foro que regulem imperativamente o caso concreto, independentemente

tenha conexão suficientemente próxima com o caso, então, em circunstâncias excepcionais, efeitos também poderão ser dados a regras daquele estado que possui o mesmo caráter, como mencionado no parágrafo precedente. Qualquer estado Contratante pode, por meio de reserva, declarar que não aplicará o segundo parágrafo deste Artigo".

59. Ainda, a Convenção da Haia sobre a lei aplicável aos contratos de compra e venda internacional de mercadorias, de 1986 (não em vigor), estipula, no artigo 17, não obstar a aplicação das disposições do foro que devam aplicar-se afastando a aplicação da lei que rege o contrato e a Convenção da Haia sobre a lei aplicável às sucessões causa mortis, de 1989 (não em vigor), prevê, no artigo 15, que as normas imperativas podem determinar regimes particulares para a sucessão, independentemente da regra geral da Convenção.

60. Artigo 9º. The chosen law shall apply without prejudice to mandatory provisions of the law of the forum, which must be applied to the situation irrespective of the law applicable to the contract.

61. Artigo 11. "1. These Principles shall not prevent a court from applying overriding mandatory provisions of the law of the forum which apply irrespective of the law chosen by the parties. 2. The law of the forum determines when a court may or must apply or take into account overriding mandatory provisions of another law.3. A court may exclude application of a provision of the law chosen by the parties only if and to the extent that the result of such application would be manifestly incompatible with fundamental notions of public policy (*ordre public*) of the forum. 4. The law of the forum determines when a court may or must apply or take into account the public policy (*ordre public*) of a State the law of which would be applicable *in* the absence of a choice of law. 5. These Principles shall not prevent an arbitral tribunal from applying or taking into account public policy (*ordre public*), or from applying or taking into account overriding mandatory provisions of a law other than the law chosen by the parties, if the arbitral tribunal is required or entitled to do so".

62. Artigo 1.4. "Nothing *in* these Principles shall restrict the application of mandatory rules, whether of national, international or supranational origin, which are applicable *in* accordance with the relevant rules of private international law".

63. Sobre a relação entre a *soft law* e as normas imperativas nos Princípios do UNIDROIT sobre os contratos de comércio internacional ver FAUVARQUE-COSSON, Bénédicte. "Règles impératives et instruments de droit souple" *in* HEUZÉ, V.; LIBCHABER, R.; VAREILLES-SOMMIÈRES, P. de. (orgs.). *Mélanges en l'honneur du Professeur Pierre Mayer.* Paris: LGDJ, 2015, pp. 195-205.

da lei aplicável ao contrato"[64-65]. Em complemento, o artigo 9º do Regulamento (CE) nº 593/2008 do Parlamento Europeu e do Conselho de 17 de Junho de 2008 sobre a lei aplicável às obrigações contratuais (Roma I) conceitua tais normas como "disposições cujo respeito é considerado fundamental por um país para a salvaguarda do interesse público, designadamente a sua organização política, social ou econômica", demandando a sua aplicação em toda situação, independentemente da lei que seria aplicável ao contrato.

Já no panorama americano, o artigo 11 da Convenção Interamericana sobre o direito aplicável aos contratos internacionais, de 1994, reconhece a aplicação obrigatória das disposições do direito do foro quando se revestirem caráter imperativo[66]. No Brasil, é possível citar, como exemplo de norma de aplicação imediata, a disposição contida no artigo 166, VI, do Código Civil, que prevê ser nulo o negócio jurídico quando "tiver por objetivo fraudar lei imperativa".

4.4. AS NORMAS DE APLICAÇÃO IMEDIATA E O CONTEÚDO DOS DIREITOS PROTEGIDOS

Contemporaneamente, a incidência das normas de aplicação imediata deve ser lida à luz das pluralidades do direito internacional privado, em especial em relação à pluralidade de objetivos.

Tais normas traduzem objetivos do Estado do foro, demonstrando a resistência a determinadas consequências da globalização, que, se de um lado estimula o aumento dos fluxos transfronteiriços, de outro incita chauvinismo jurídico e aversão ao estrangeiro dado os efeitos de exclusão social que

---

64. Artigo 7º. "1. Ao aplicar-se, por força da presente convenção, a lei de um determinado país, pode ser dada prevalência às disposições imperativas da lei de outro país com o qual a situação apresente uma conexão estreita se, e na medida em que, de acordo com o direito deste último país, essas disposições forem aplicáveis, qualquer que seja a lei reguladora do contrato. Para se decidir se deve ser dada prevalência a estas disposições imperativas, ter-se-á em conta a sua natureza e o seu objeto, bem como as consequências que resultariam da sua aplicação ou da sua não aplicação. 2. O disposto na presente convenção não pode prejudicar a aplicação das regras do país do foro que regulem imperativamente o caso concreto, independentemente da lei aplicável ao contrato".

65. Elst e Weser citam tal artigo como exemplo da espécie de regras de direito material dentro da categoria das *lois de police*, com campo de aplicação (fatos e territorialidade) fixado de forma unilateral. VANDER ELST, Raymond; WESER, Martha. Droit international privé belge et droit conventionnel international. t. 1. Bruxelles: Bruylant, 1983, p. 218.

66. Artigo 11. "Não obstante o disposto nos artigos anteriores, aplicar-se-ão necessariamente as disposições do direito do foro quanto se revestirem caráter imperativo. Ficará à discrição do foro, quando este o considerar pertinente, a aplicação das disposições imperativas do direito de outro estado com o qual o contrato mantiver vínculos estreitos".

gera[67]. Nesse ambiente de tensão, renasce, com nova roupagem, o confronto entre particularismo e internacionalismo no direito internacional privado.

Para Vischer, as normas imperativas devem incidir somente em casos de interesse dominante do Estado, levando-se em consideração a (i) proximidade com o ordenamento jurídico do Estado e o (ii) interesse da parte que necessita de proteção especial[68]. Struycken afirma serem as normas de aplicação imediata "ferramentas de administração pública" para conduzir políticas públicas responsáveis, as quais, por limitarem a coordenação internacional, devem ser aplicadas com moderação[69]. Audit ressalva que a aplicação de normas de aplicação imediata em situação com elementos plurilocalizados não depende, somente, da sua qualificação geral como norma imperativa, mas também de um *raisonnement ad hoc* baseado nas particularidades do caso[70].

Do ponto de vista da presente obra, para a prevalência da lei local e a maior intervenção estatal nas relações privadas internacionais não implicar em absolutismo irrestrito do foro, desvalorização dos direitos protegidos, arbitrariedade e insegurança jurídicas, é imprescindível adotar *critérios objetivos* para a identificação das normas imperativas. A osmose entre direito privado e direito público gerou, entretanto, linhas tênues de interesses a serem defendidos pelas normas de aplicação imediata, tornando controversas a determinação do seu conteúdo e a identificação do tema, quer pelo seu atrelamento com escolhas político legislativas, quer pela frequente falta de indicação da sua natureza imperativa nos textos legais.

Ciente da complexidade na identificação das situações em que o legislador unilateralmente estipula a predominância da lei local mesmo na presença de elementos de estraneidade que normalmente poderiam atrair a aplicação da lei estrangeira, Talpis propõe o exame separado da natureza imperativa e da esfera de aplicação dessas normas. Primeiro questiona-se a exclusão da aplicação da lei estrangeira por interesses estatais ou razões de coerência de políticas econômicas e sociais do Estado. Em caso positivo, analisa-se qual o mínimo ou máximo contato com a ordem local necessário para justificar a

67. Sobre os excluídos da globalização, ver a Parte III da presente obra.

68. VISCHER, Frank. "General course on private international law" *in Recueil des Cours de l´Académie de Droit International de la Haye,* vol. 232, 1992, pp. 9-255, em especial p. 160.

69. STRUYCKEN, Antoon Victor Marie. "Co-ordination and Co-operation *in* Respectful Disagreement: General Course on Private International Law" *in Recueil des Cours de l´Académie de Droit International de la Haye,* vol. 311, 2004, pp. 9-551, em especial p. 34 e seguintes.

70. AUDIT, Bernard. "Du bon usage des lois de police" *in* HEUZÉ, Vicent; LIBCHABER, Rémy; VAREILLES--SOMMIÈRES, Pascal de (orgs). Mélanges en l'honneur du Professeur Pierre Mayer. Paris: LGDJ, 2015, pp. 25-42, em especial p. 35 e seguintes.

aplicação da *lex fori* mesmo na presença de elementos de estraneidade, podendo o vínculo ser estritamente territorial ou incluir nascimento ou domicílio[71].

Com relação ao seu conteúdo, Nygh divide as normas imperativas em normas imperativas afetas aos interesses do Estado e normas imperativas em temas que o Estado deseja dar especial proteção[72]. É consenso que as normas imperativas incluem regras que promovem políticas estatais baseadas em considerações econômicas, políticas ou sociais, a exemplo de regras de direito público (penal, tributário, constitucional e administrativo), normas de regulação cambiária, importação e exportação, controle de preços, transporte, regulação de energia, antitruste, *commodities*, propriedade intelectual, proteção do meio ambiente, do patrimônio cultural e arqueológico, legislação trabalhista e do consumidor e proteção de incapazes.

No âmbito da União Europeia, a necessidade de compatibilização da liberdade de circulação com os valores comunitários que harmonizam as legislações dos estados ou melhoram a qualidade de vida das pessoas estimulou um duplo fenômeno. De um lado, neutralizam-se as normas imperativas locais que são contrárias às liberdades comunitárias e, de outro lado, cria-se uma nova categoria de normas de aplicação imediata, as *lois de police communautaires*, expressas na forma de diretiva ou regulamento, aplicadas diretamente pelo juiz nacional ou por intermédio da lei nacional de transposição, desde que respeitada a proporcionalidade entre a medida adotada e o interesse a ser protegido[73].

Foyer entende que as normas de aplicação imediata, expressão da soberania estatal, são limitadas pelas normas imperativas comunitárias[74] e Kinsch chama atenção para a redução do espaço de aplicação das normas de aplicação imediata nacionais face à expansão do direito comunitário, com o afastamento de normas nacionais que limitem os princípios fundamentais da integração regional europeia[75].

---

71. TALPIS, Jeffrey A. "Legal rules which determine their own sphere of application: a proposal for their recognition *in* Quebec private international law" *in Revue Juridique Themis*, vol. 17, 1982-1983, pp. 201-231, em especial, p. 220 e seguintes.
72. NYGH, Peter E. "The reasonable expectations of the parties as a guide to the choice of law *in* contract and *in* tort" *in Recueil des Cours de l´Académie de Droit International de la Haye*, vol. 251, 1995, pp. 269-400, em especial p. 380 e 381.
73. FALLON, Marc. "Les conflits de lois et de juridiction dans un espece économique intégré – l'expérience de la communauté européenne" *in Recueil des Cours de l´Académie de Droit International de la Haye, vol.* 253, 1995, pp. 9-282, p. 257 e seguintes.
74. FOYER, Jacques. "Lois de police et principe de souveraineté" *in* D'AVOUT, L.; BURREAU, D.; MUIR-WATT, H. (orgs.). *Mélanges en l'honneur du Professeur Bernard Audit. Les relations privées internationales.* Paris: LGDJ, 2014, pp. 339-358, em especial p. 348 e seguintes.
75. KINSCH, Patrick. "Droit de l'homme, droits fundamentaux et droit international privé" *in Recueil des Cours de l´Académie de Droit International de la Haye*, vol. 318, 2005, pp. 9-331, em especial p. 158 e seguintes.

As decisões do Tribunal de Justiça da União Europeia fornecem vários elementos para a identificação do âmbito de aplicação das normas de aplicação imediata (nacionais e comunitárias). No caso *Arblade*, o Tribunal conceituou normas de aplicação imediata (normas imperativas) como disposições nacionais fundamentais para a salvaguardada da organização política, social ou econômica do Estado, "a ponto de impor o seu respeito a qualquer pessoa que se encontre no território nacional desse Estado-membro ou a qualquer relação jurídica nele localizada"[76]. D'Avout defende o uso de índices e elementos das próprias normas, como a existência de sanção administrativa ou penal, ou dispositivos explícitos de aplicabilidade, para a correta identificação do seu caráter imperativo[77].

No plano regional europeu, as normas imperativas do foro devem estar em conformidade com as normas comunitárias ou qualificarem-se como exceções às liberdades previstas no tratado por razões imperiosas de interesse geral. Apenas classificam-se como normas imperativas aquelas cruciais para a "organização política, social ou econômica do Estado-membro em causa, a ponto de impor o seu respeito a qualquer pessoa que se encontre no território nacional desse Estado Membro ou a qualquer relação jurídica nele localizada"[78].

Especificamente em temas de interesse comunitário, o Tribunal de Justiça da União Europeia estabeleceu diretrizes para a fixação de normas imperativas na temática do meio ambiente e dos transportes. Definiu-se que as normas imperativas ambientais incluem (i) a obrigação dos produtores de um Estado comercializarem cerveja e refrigerantes unicamente em embalagens suscetíveis de serem reutilizadas[79], (ii) a obrigação de implantar um sistema de depósito e recuperação das embalagens vazias[80] e (iii) o dever de restituição anual de certificados verdes de fontes de energia renováveis a um Estado-membro[81]. No tocante à segurança rodoviária, foi considerada conforme o Tratado da União Europeia (iv) a legislação doméstica de Estado-membro que determina a emissão de certificado de controle periódico de manutenção de veículos[82].

76. Tribunal de Justiça das Comunidades Europeias, caso C-369/96 e C-376/96, julgamento de 23 de novembro de 1999, parágrafo 30.
77. D'AVOUT, Louis. "Les lois de police" *in* AZZI, Tristan; BOSKOVIC, Oliveira (orgs). *Quel avenir pour la théorie générale des conflits de lois? Droit européen, droit conventionnel, droit commun*. Bruxelles: Bruylant, 2015, pp. 91-121, em especial p. 116.
78. Tribunal de Justiça da União Europeia, caso C-184/12, julgamento de 17 de outubro de 2013.
79. Tribunal de Justiça das Comunidades Europeias, caso C-302/86, julgamento de 20 de Setembro de 1988.
80. Tribunal de Justiça das Comunidades Europeias, caso C-309/02, julgamento de 14 de dezembro de 2004.
81. Tribunal de Justiça da União Europeia, processo C-573/12, julgamento de 1 de julho de 2014.
82. Tribunal de Justiça das Comunidades Europeias, caso C-55/93, julgamento de 5 de Outubro de 1994.

Sob a ótica da presente obra, para a tutela das relações desiguais que demandam maior proteção a uma das partes, a gramática dos direitos humanos impõe-se na determinação do conteúdo das normas imperativas de tutela da vida e da saúde dos indivíduos nos fatos transnacionais. Nesse sentido, Basedow defende que os direitos humanos e direitos fundamentais são *standards* internacionais, os quais atuam como evidência de valores fundamentais da sociedade que não admitem aplicação de leis estrangeiras divergentes[83].

No campo do Direito do Consumidor, as normas imperativas aparecem como *um* dos métodos para o direito internacional privado proteger indivíduos envolvidos na relação consumerista. Como aponta Hanotiau em vários Estados, existe uma busca de *proteção* para os consumidores, expressa na forma de leis nacionais imperativas[84].

A título ilustrativo, o Tribunal de Justiça da União Europeia aceitou restrições às liberdades comunitárias impostas em normas imperativas locais que: (i) proíbam a venda de artefato de metal precioso sem previsão de título de conteúdo informativo compreensível para os consumidores do Estado[85]; (ii) estipulem proibição ao fornecedor de exigir um adiantamento do consumidor antes do termo do prazo de resolução nas vendas à distância transfronteiriça[86]; e (iii) restrinjam a venda de videogramas que não contenham classificação etária aprovada por autoridade regional sobre proteção de menores[87].

Por outro lado, não foram consideradas como exigências imperativas de proteção do consumo, saúde e do comércio leal aptas a afastarem a aplicação da lei determinada pelo método conflitual: (i) a fixação de um teor mínimo de álcool para determinadas bebidas alcoólicas (célebre caso *Cassis de Dijon*)[88]; (ii) a fixação de limite máximo de cafeína em bebidas energéticas (caso Red Bull, CULT e GUVI)[89]; e (iii) a imposição de formato

83. BASEDOW, Jurgen. "The Law of Open Societies: Private Ordering and Public Regulation of International Relations: General Course on Private International Law" *in Recueil des Cours de l' Académie de Droit International de la Haye,* vol. 360, 2012, pp. 9-516, p. 443 e seguintes.

84. HANOTIAU, Bernard. "L'arbitralité" *in Recueil des Cours de l' Académie de Droit International de la Haye,* vol. 296, 2002, pp. 25-253, em especial p. 214. No mesmo sentido, defendendo a existência da ordem pública de proteção, ver LOQUIN, Eric. «Arbitrabilité et protection des parties faibles» *in Droit International privé: travaux du Comité Français de droit international privé* (17e année, 2004-2006), 2008, pp. 135-164, em especial p. 136.

85. Tribunal de Justiça das Comunidades Europeias, caso C-293/93, julgamento de 15 de setembro de 1994.

86. Tribunal de Justiça das Comunidades Europeias, caso C-205/07, julgamento de 16 de dezembro de 2008.

87. Tribunal de Justiça das Comunidades Europeias, caso C-244/06, julgamento de 14 de fevereiro de 2008.

88. Tribunal de Justiça das Comunidades Europeias, caso 120/78, julgamento de 20 de Fevereiro de 1979.

89. Tribunal de Justiça das Comunidades Europeias, caso 420/01, julgamento de 19 de junho de 2003.

específico para as embalagens de produto importado (margarina) diferente da manteiga[90].

No Brasil, Lima Marques e Jacques assinalam, acertadamente, que o Superior Tribunal de Justiça, no caso *Panasonic*, aplicou o Código de Defesa do Consumidor a uma relação internacional, desconsiderando a previsão sobre a autonomia da vontade do artigo 9º da LINDB e gerando implicitamente o reconhecimento da natureza imperativa das normas consumeristas[91].

Gamillscheg ressalta que a disparidade evidente entre partes na demanda, igualmente, o afastamento da lei acordada pelas partes em favor de normas imperativas favoráveis ao trabalhador[92]. Na mesma linha, Moura Ramos afirma ser o direito material a seara adequada para a discussão da relação contratual, de modo que as normas imperativas são um dos instrumentos para garantir a proteção da parte mais fraca no contrato individual de trabalho[93]. Ainda, Malintoppi atribui caráter imperativo às regras de direito do trabalho pelo seu objetivo social e intensidade valorativa, preponderantes ao ponto de excluir qualquer outra regulamentação jurídica que não a *lex fori*[94].

Razões de interesse geral relativas à proteção dos trabalhadores foram reconhecidas pelo Tribunal de Justiça da União Europeia no tocante (i) ao cumprimento de obrigações sociais previstas na legislação de Estado-membro sobre a apresentação de documentos relacionados à legislação trabalhista (caso *Arblade*)[95], (ii) à estipulação de salário mínimo a qualquer pessoa

90. Tribunal de Justiça das Comunidades Europeias, caso 261/81, julgamento de 10 de Novembro de 1982.

91. No caso, houve a propositura de ação de indenização no Brasil em face de dano ao consumidor gerado na aquisição de uma filmadora "Panasonic" com defeito, nos Estados Unidos, da subsidiária norte-americana do grupo. A pessoa jurídica ré no Brasil alegou que possuía personalidade jurídica própria, distinta da subsidiária norte-americana. O STJ decidiu a favor do consumidor, uma vez que o grupo econômico ganhava clientes pela notoriedade mundial da marca, sendo exigível que a subsidiária brasileira fosse obrigada a pagar pelos danos gerados pelo vício do produto. Superior Tribunal de Justiça, Recurso Especial n° 63.981, Rel. p/ Acórdão Ministro Sálvio de Figueiredo Teixeira, julgamento em 11 de abril de 2000, DJ 20/11/2000, p. 296. MARQUES, Claudia Lima; JACQUES, Daniela Corrêa. 'Normas de aplicação imediata como um método para o Direito Internacional Privado de proteção do consumidor no Brasil" *in "Cadernos do Programa de Pós-Graduação em Direito da UFRGS",* n. 01, 2004, pp. 65-96, em especial p. 90 e seguintes.

92. GAMILLSCHEG, F. "Rules of public order *in* private international labour law" *in Recueil des Cours de l´Académie de Droit International de la Haye, vol.* 181, 1983, pp. 285-347, em especial p. 312-313.

93. RAMOS, Rui Manuel Gens de Moura. *Da lei aplicável ao contrato de trabalho internacional.* Coimbra: Almedina, 1990, p. 746 e seguintes.

94. MALINTOPPI, Antonio. "Les rapports de travail en droit international privé" *in Recueil des Cours de l´Académie de Droit International de la Haye,* vol. 205, 1987, pp. 331-394, em especial p. 356 e seguintes.

95. Tribunal de Justiça das Comunidades Europeias, caso C-369/96 e C-376/96, julgamento de 23 de novembro de 1999.

que efetue trabalho no território de Estado-membro[96] e (iii) à limitação da liberdade de estabelecimento de empresa mediante a propositura de ações coletivas visando melhores condições de trabalho[97-98].

Em decorrência da interdependência e da emergência de interesses transfronteiriços, Struycken identifica, além das normas de aplicação imediata nacionais e comunitárias, o surgimento de *normas de aplicação imediata supranacionais,* em áreas de interesse comum dos Estados que demandam atuação interdependente[99].

Nesse sentido, citem-se como exemplos as seguintes Convenções internacionais ratificadas pelo Brasil: a Convenção internacional para a prevenção da poluição causada por navios e seu Protocolo (MARPOL 73/78[100]); a Convenção das Nações Unidas sobre o direito do mar, de 1982[101]; a Convenção da UNIDROIT sobre bens culturais furtados ou ilicitamente exportados, de 1995[102]; a Convenção de Rotterdam, de 1998, sobre o consentimento prévio informado para o comércio internacional de certas substâncias químicas e agrotóxicos perigosos[103]; a Convenção Internacional para supressão do financiamento do terrorismo, de 1999[104]; e a Convenção das Nações Unidas contra a corrupção, de 2003[105].

Por fim, discute-se a aplicação das normas imperativas indicadas pelo direito estrangeiro de terceiro Estado relacionado aos fatos plurilocalizados.

---

96. Tribunal de Justiça das Comunidades Europeias, caso C-62/81, julgamento de 3 de fevereiro de 1982. No mesmo sentido, Tribunal de Justiça das Comunidades Europeias, caso C-165/98, julgamento de 15 de março de 2001.
97. Tribunal de Justiça das Comunidades Europeias, caso C-438/05, julgamento de 11 de dezembro de 2007.
98. Para uma análise crítica da jurisprudência do Tribunal de Justiça das Comunidades Europeias, especialmente levando em consideração o caso *Ingmar* (caso C-381/98, que determinou a aplicação de diretiva europeia que garante determinados direitos ao agente comercial após a cessação do contrato de agência, quando o agente comercial exerceu a sua atividade em estado-membro, mesmo que o comitente esteja estabelecido em terceiro estado, o qual, contratualmente, teve sua lei escolhida para reger o contrato de agência) e o temor das normas imperativas comunitárias adquirirem uma dimensão *desproporcional* e resultarem em um novo fenômeno de *absolutismo* do foro, ver, por todos, GAUDEMET-TALLON, Hélène. "Le pluralisme en droit international privé: richesses et faiblesses (le funambule et l'arc-en-ciel): cours général" *in Recueil des Cours de l´Académie de Droit International de la Haye,* vol. 312, 2005, pp. 9-488, em especial p. 267 e seguintes. Tribunal de Justiça das Comunidades Europeias, caso Ingmar (caso C-381/98), julgamento de 9 de novembro de 2000.
99. STRUYCKEN, Antoon Victor Marie. "Co-ordination and Co-operation *in* Respectful Disagreement: General Course on Private International Law" *in Recueil des Cours de l´Académie de Droit International de la Haye,* vol. 311, 2004, pp. 9-551, em especial p. 36 e seguintes.
100. Ratificada pelo Brasil e incorporada internamente pelo Decreto n. 2.508, de 04 de março de 1998.
101. Ratificada pelo Brasil e incorporada internamente pelo Decreto n. 99.165. de 12 de março de 1990.
102. Ratificada pelo Brasil e incorporada internamente pelo Decreto n. 3.166, de 14 de setembro de 1999.
103. Ratificada pelo Brasil e incorporada internamente pelo Decreto n. 5.360, de 31 de janeiro de 2005.
104. Ratificada pelo Brasil e incorporada internamente no Decreto n. 5.640, de 26 de dezembro de 2005.
105. Ratificada pelo Brasil e incorporada internamente pelo Decreto n. 5.687, de 31 de janeiro de 2006.

Marín Lopez[106], Marques dos Santos[107], Symeonides[108] e Gaudemet-Tallon[109] estão entre os adeptos do reconhecimento das normas imperativas estrangeiras, sob o fundamento de paridade no tratamento entre lei estrangeira e lei nacional, harmonia e estabilidade das decisões e cortesia internacional (*international comity*).

Já Dolinger entende que, em caso de concurso entre normas imperativas do Estado do foro e normas imperativas de outros Estados, as regras imperativas previstas da lei do foro *impedem* a análise de outras normas estrangeiras conflitantes, na medida em que a sua aplicação dá-se por força de lei[110]. Autores da tradição da *common law*, como Briggs[111] e Collier[112] também vislumbram tal possibilidade com mais restrição, apenas facultando ao juiz a possibilidade de reconhecer as normas imperativas estrangeiras[113].

O já citado artigo 16 da Convenção da Haia sobre a lei aplicável aos contratos de mediação e à representação, de 1978, reconhece a incidência de normas imperativas de *qualquer* Estado que tenha relação real com a situação plurilocalizada. Similarmente prevê o artigo 16 da Convenção da Haia sobre a lei aplicável ao truste e a seu reconhecimento, de 1985, com a ressalva de que os estados podem, por meio de reserva, declarar que não aplicarão a regra.

Ainda, o artigo VIII (2) (b)do Acordo do Fundo Monetário Internacional prevê que "os contratos de câmbio com moedas de estados-membros, que sejam contrários aos regulamentos de controle de câmbio de qualquer Estado-membro, não serão executados nos territórios dos estados Membros".

Já a Convenção de Roma sobre a lei aplicável às obrigações contratuais, de 1980, dispõe, no artigo 7.1, que as normas imperativas de outro Estado

---

106. MARÍN LÓPEZ, A."Las normas de aplicación necesaria en derecho internacional privado" *in Revista Española de Derecho Internacional*, vol. 23, 1970, pp. 19-41, em especial p. 30 e seguintes.
107. SANTOS, Antonio Marques dos. *As Normas de Aplicação Imediata no Direito Internacional Privado.* Esboço de uma Teoria Geral. vol. II. Coimbra: Almedina, 1991, em especial p. 749.
108. SYMEONIDES, Symeon C. Private International Law at the End of the 20th Century: Progress or Regress? General Report. Xvth Congress of Comparative Law, Bristol, England, 1998, pp. 3-79, em especial p. 18.
109. GAUDEMET-TALLON, Hélène."Le pluralisme en droit international privé: richesses et faiblesses (le funambule et l'arc-en-ciel): cours général" *in Recueil des Cours de l´Académie de Droit International de la Haye*, vol. 312, 2005, pp. 9-488, em especial p. 190 e seguintes.
110. DOLINGER, Jacob. Direito Internacional Privado. Vol. II. *Contratos e obrigações no Direito Internacional Privado.* Rio de Janeiro: Renovar, 2007, p. 155.
111. BRIGGS, Adrian. *The Conflict of Laws.* 3ª Ed. Oxford: Oxford University Press, 2013, em especial p. 259.
112. COLLIER, J. G. *Conflict of Laws.*Cambridge: Cambridge University Press, 2001, em especial p. 213 e seguintes.
113. Nesse sentido, o Reino Unido, inclusive, apresentou uma reserva ao artigo 7.1 da Convenção de Roma sobre a lei aplicável às obrigações contratuais, de 1980, que versa sobre as normas imperativas estrangeiras.

com o qual a situação plurilocalizada tenha conexão podem prevalecer sobre a lei aplicável ao contrato, considerando a sua natureza, objeto e consequências da sua aplicação ou não aplicação[114]. No caso *Unamar*, sobre o pagamento de indenização pela denúncia de contrato de agência comercial entre uma empresa belga e uma sociedade húngara, o Tribunal de Justiça da União Europeia assinalou que as normas imperativas estrangeiras *dependem* de parâmetros específicos fixados no citado artigo 7.1 da Convenção de Roma de 1980, enquanto as disposições imperativas do foro *não* estão sujeitas a tais condições[115].

Contudo, o artigo 9.3 do Regulamento (CE) nº 593/2008 do Parlamento Europeu e do Conselho de 17 de Junho de 2008 sobre a lei aplicável às obrigações contratuais (Roma I) restringe essa previsão ao estipular a prevalência das normas imperativas *apenas* do local da execução do contrato, se elas o considerarem ilegal, tendo em vista a natureza, objeto e consequências da sua aplicação[116-117].

A possibilidade de normas de aplicação imediata de outro Estado serem aplicadas já havia sido analisada no caso *Alnati,* decidido pelos tribunais holandeses em 1966, sobre o pagamento de indenização pela avaria de carga constante em *bill of lading* (conhecimento de embarque marítimo) de armador holandês, para transporte, em navio holandês, de mercadoria de porto na Bélgica para porto no Brasil. O contrato dava preferência para a aplicação da lei holandesa, a qual não previa limitação da responsabilidade do proprietário do navio em caso de transporte de mercadorias entre dois portos fora do território holandês. Por outro lado, a Bélgica havia incorporado a Convenção para a unificação de regras relativas à conhecimento de embarque e protocolo de assinatura, de 1924 (*Hague Rules – Brussels* 1924), consideradas como integrantes do seu conceito de ordem pública internacional. A Corte de Apelação (*Gerechtshof s'Gravenhage*) afirmou

114. Convenção de Roma de 1980 sobre a lei aplicável às obrigações contratuais: "Artigo 7º Disposições imperativas. 1. Ao aplicar-se, por força da presente convenção, a lei de um determinado país, pode ser dada prevalência às disposições imperativas da lei de outro país com o qual a situação apresente uma conexão estreita se, e na medida em que, de acordo com o direito deste último país, essas disposições forem aplicáveis, qualquer que seja a lei reguladora do contrato. Para se decidir se deve ser dada prevalência a estas disposições imperativas, ter-se-á em conta a sua natureza e o seu objecto, bem como as consequências que resultariam da sua aplicação ou da sua não aplicação".

115. Tribunal de Justiça da União Europeia, caso Unamar (C-184/12), julgamento de 17 de outubro de 2013.

116. Ver, por todos, BONOMI, Andrea. "Overriding Mandatory Provisions *in* the Rome I Regulation on the Law Applicable to Contracts" *in Yearbook of Private International Law*, vol. X, 2008, pp. 285-300.

117. O art. 17 do Tratado Benelux sobre lei uniforme em direito internacional privado, de 1969 (não em vigor) afastava a aplicação da lei escolhida pelas partes em virtude de normas imperativas do Estado com o qual a obrigação guardasse relação de proximidade.

que a lei holandesa não poderia sobrepor-se às normas belgas de caráter imperativo. Todavia, a Suprema Corte holandesa (*Hoge Raad*) concluiu que, ainda que o Estado possa ter interesses suficientemente fortes para justificar a aplicação da sua lei fora do seu território, essas normas imperativas não restaram provadas no caso, aplicando-se, portanto, a legislação holandesa[118].

Na temática da proteção do patrimônio cultural e da circulação das obras de arte o embate entre as disposições imperativas de diferentes Estados possui contornos específicos, na medida em que colidem os interesses do Estado no qual as obras se encontram e os do Estado de origem[119]. No caso *Attorney-General of New Zealand v. Ortiz and Others (Sotheby included)*, de 1982, sobre restituição de obra de arte maori que estava em leilão na Inglaterra, a Corte de Apelação inglesa decidiu pela inaplicabilidade da lei estrangeira (lei neozelandesa sobre a proteção de objetos históricos), por considerá-la de natureza penal (previsão de confisco), não sendo, portanto, executável na Inglaterra[120].

Visando evitar esse tipo de solução que desconsidera as disposições imperativas estrangeiras, foi editada, em 1991, a Resolução sobre a venda internacional de objetos de arte sob o ângulo da proteção do patrimônio cultural, do Instituto de Direito Internacional, a qual estabelece, no artigo 2º, que a transferência da propriedade desses objetos é submetida à lei do seu Estado de origem[121].

Já em matéria de arbitragem, a utilização das normas imperativas é problemática devido à força dada à vontade das partes, tendo o termo ganhado contornos mais amplos, incluindo, além das *lois de police*, as normas que não podem ser derrogadas por vontade das partes e a exceção de ordem pública. Sobre o tema, Bermann anota existirem discussões doutrinárias sobre a possibilidade de, por acordo das partes, se desconsiderar, inclusive, a aplicação das *lois de police* da *lex arbitri* e de terceiros estados[122].

118. HARTLEY, Trevor C. "Mandatory Rules *in* International Contracts: the common law approach" *in Recueil des Cours de l´Académie de Droit International de la Haye*, vol. 266, 1997, pp. 337-426, em especial p. 357 e seguintes.

119. KREUZER, Karl. "La propriété mobilière en droit international privé" *in Recueil des cours de l´Académie de Droit International de la Haye,* vol. 259, 1996, pp. 9-317, em especial p. 188 e seguintes. Sobre o tema, ver ainda SIEHR, Kurt. "International art trade and the law" *in Recueil des cours de l´Académie de Droit International de la Haye,* vol. 243, 1993, pp. 9-292, em especial p. 86 e seguintes.

120. Court of Appeal, caso *Attorney-General of New Zealand v. Ortiz and Others*, [1982] 3 W.L.R. 571 (C.A.); House of Lords, [1983] 3 W.L.RI 8o9 (H.L.).

121. Instituto de Direito Internacional. "The International Sale of Works of Art from the Angle of the Protection of the Cultural Heritage". Resolução adotada na sessão de Basel, 1991. Relator: FERRER-CORREIA, Antonio de Arruda. Disponível em: http://www.idi-iil.org/app/uploads/2017/ 06/1991_bal_04_en.pdf. Acesso em: 30/05/2024.

122. BERMANN, George A. "Arbitration and Private International Law, General Course on Private International Law" *in Recueil des Cours de l´Académie de Droit International de la Haye,* vol. 381, 2017, pp. 41-478, p.

Também suscita questionamentos a falta de harmonização entre a legislação local que estipula normas imperativas e as disposições de tratados internacionais ratificados pelo Estado que determinam a lei aplicável ao mesmo fato plurilocalizado. Hartley aponta que a existência de normas imperativas negativas – situações em que a lei imperativa não incide em uma situação que não se enquadra no seu âmbito original de aplicação - pode ocasionar distorções e resultados imprevistos. Para exemplificar, cita um Estado, parte da Convenção de Roma sobre a lei aplicável às obrigações contratuais, de 1980, e que, na sua legislação interna, possui dispositivo que prevê como norma imperativa a aplicação da lei local somente para trabalhadores que exerçam suas atividades habitualmente no *próprio Estado*. Aos trabalhadores nacionais desse Estado, que lá *não* exerçam suas atividades habituais, aplicar-se-ia o artigo 6(2)(b) da Convenção de Roma, que determina a incidência da lei daquele Estado, ocasionando uma situação de incidência de uma norma cujo âmbito de aplicação é expressamente inaplicável[123].

D´Avout utiliza a analogia de uma "criança rebelde" para explicar o sentimento atual em relação às normas de aplicação imediata (ou normas imperativas) na teoria do direito internacional privado, pois seu comportamento é marcado por uma flutuação que oscila entre a restrição ou a ampla permissão[124]. Para D´Avout, apesar da desconfiança, as normas imperativas permanecem vivas no cenário contemporâneo, em razão da comodidade prática da sua aplicação, da soberania estatal e da inabilidade pontual das regras indiretas para solucionar todos os conflitos com elementos plurilocalizados. Contudo, para justificar a sua aplicação compulsória, ao intervencionismo interno deve corresponder um intervencionismo internacional, devendo-se desconsiderar a diferenciação entre normas imperativas do foro e normas imperativas estrangeiras, harmonizando-as independentemente da sua origem[125].

---

318 e seguintes. Sobre o tema, ver também KESSEDJIAN, Catherine. "Mandatory Rules of International Arbitration, 'What are Mandatory Rules?" *in American Review of International Arbitration*, vol. 18, 2007, pp. 147-154; SMIT, Hans. "Mandatory law *in* arbitration" *in American Review of International Arbitration*, vol. 18, 2007, pp. 155-173.

123. HARTLEY, Trevor C. "Mandatory Rules *in* International Contracts: the common law approach" *in Recueil des Cours de l´Académie de Droit International de la Haye*, vol. 266, 1997, pp. 337-426, em especial p. 381 e seguintes.

124. No original: «enfant rebelle». D'AVOUT, Louis. "Les lois de police" *in* AZZI, Tristan; BOSKOVIC, Oliveira (orgs). *Quel avenir pour la théorie générale des conflits de lois? Droit européen, droit conventionnel, droit commun*. Bruxelles: Bruylant, 2015, pp. 91-121, em especial p. 121.

125. D'AVOUT, Louis. "Les lois de police" *in* AZZI, Tristan; BOSKOVIC, Oliveira (orgs). *Quel avenir pour la théorie générale des conflits de lois? Droit européen, droit conventionnel, droit commun*. Bruxelles: Bruylant, 2015, pp. 91-121, em especial p. 98 e seguintes.

De fato, esses questionamentos mostram que a proteção de direitos do foro por meio das normas de aplicação imediata torna-se problemática no direito internacional privado da atualidade.

Muir Watt analisa a relação de desconfiança entre o liberalismo econômico e a imperatividade das leis do foro, enfatizando que a interferência das normas imperativas na execução de sentenças estrangeiras deve ser excepcional e restrita aos casos que versem sobre o núcleo duro dos interesses políticos do Estado do foro. Assim, privilegia-se a autonomia das partes e a circulação de decisões judiciais internacionais para *contrabalancear* a *inflação* de normas imperativas estatais, criando um novo equilíbrio que limita a sua aplicação aos fatos plurilocalizados[126].

Para disciplinar o uso das normas de aplicação imediata do foro, D´Avout defende o uso de dois "testes": (i) o teste hipotético de causalidade entre a norma e o objetivo protegido e (ii) o teste prático de legitimidade na aplicação ou não aplicação da referida norma. Expondo tais testes em forma de questionamento tem-se: a norma de aplicação imediata possui origem e conteúdo normativo aceitáveis? Existe vínculo de proximidade suficiente entre a norma e o objetivo que ela reivindica proteger? A aplicação da norma é justa, no caso concreto, considerando os interesses individuais em questão?[127]

Os dois testes de D´Avout e a "relação de desconfiança" apontada por Muir Watt demonstram, em uma leitura de direitos proposta na presente obra, o desconforto causado pelas colisões de direitos oriundos dos valores que a norma de aplicação imediata protege, que são distintos entre os Estados envolvidos na relação jurídica internacional de direito privado.

De um lado, há normas de aplicação imediata que defendem os direitos à vida, saúde, ao meio ambiente equilibrado, entre outros, conforme os exemplos já mencionados. De outro lado, há direitos que são comprimidos e afastados, como a liberdade de agir, o direito de propriedade, a igualdade entre o nacional e o estrangeiro, entre outros.

Evidente, então, uma tensão entre os direitos tradicionalmente defendidos pelo direito internacional privado (direito à segurança jurídica, liberdade de agir e igualdade) e outros direitos que as normas de aplicação imediata se propõem a defender.

126. WATT, Horatia Muir. "Aspects économiques du droit international privé: (réflexions sur l'impact de la globalisation économique sur les fondements des conflits de lois et de juridictions)" *in Recueil des Cours de l´Académie de Droit International de la Haye,* vol. 307, 2004, pp. 25-383, em especial p. 155 e seguintes.

127. D'AVOUT, Louis. "Les lois de police" *in* AZZI, Tristan; BOSKOVIC, Oliveira (orgs). *Quel avenir pour la théorie générale des conflits de lois? Droit européen, droit conventionnel, droit commun.* Bruxelles: Bruylant, 2015, pp. 91-121, em especial p. 116 e seguintes.

Em um cenário de aceitação do pluralismo de métodos do DIPr contemporâneo, com adição da promoção de diversos direitos como objetivos da disciplina, as normas de aplicação imediata podem se contrapor ao direito à diversidade (entre outros direitos protegidos pelo direito estrangeiro abandonado), ferindo a tolerância do direito internacional privado.

Kinsch[128] e Meeusen[129] apontam, por exemplo, que normas de aplicação imediata com critérios baseados na nacionalidade podem representar violação ao princípio da não discriminação entre nacionais e estrangeiros, defendendo a adoção de um parâmetro alternativo para a aplicação de normas imperativas que garanta um *standard* uniforme de proteção a todos.

Nesse panorama, *não basta* simplesmente pugnar pelo reconhecimento equilibrado das normas de aplicação imediata – da *lex fori*, da *lex causae*, de terceiros estados, comunitárias e regionais – sem recair no absolutismo dos valores do foro ou em um reconhecimento irrestrito do direito estrangeiro que desconsidere direitos, ou ainda defender que a adoção de uma norma de aplicação imediata tenha de resultar em uma solução justa.

É necessário ir além, explicitando como é possível gerar o equilíbrio ou a solução justa, em uma ponderação de direitos que seja consistente e coerente, com as prevalências e compressões claramente expostas.

---

128. KINSCH, Patrick. "Droit de l'homme, droits fundamentaux et droit international privé" *in Recueil des Cours de l´Académie de Droit International de la Haye*, vol. 318, 2005, pp. 9-331, em especial p. 158 e seguintes; KINSCH, Patrick. "Choice of Law Rules and the Prohibition of Discrimination under the European Convention on Human Rights" *in University of Luxembourg Law Working Paper n.* 01, 2011, pp. 1-13, em especial p. 13.

129. MEEUSEN, Johan. "Le droit international privé et le principe de non-discrimination" *in Recueil des Cours de l´Académie de Droit International de la Haye*, vol. 353, 2011, pp. 9-184, em especial p. 109 e seguintes.

CAPÍTULO

5

A TÉCNICA DA PREVALÊNCIA DOS DIREITOS CONSTITUCIONAIS: O CONTROLE DE CONSTITUCIONALIDADE NO DIREITO INTERNACIONAL PRIVADO

5.1. A CONSTITUCIONALIZAÇÃO DO DIREITO INTERNACIONAL PRIVADO

A relação do direito internacional privado com a Constituição apresentou grande evolução do século XIX até os dias de hoje. Inicialmente, o direito internacional privado clássico era tido como distante de qualquer tema constitucional, uma vez que o método indireto rígido prevalecente à época o levaria a apontar o direito incidente ou a jurisdição adequada, sem qualquer preocupação com resultados materiais.

A concepção de direito internacional privado como sobredireito o imunizava de conter qualquer valor eventualmente em choque com a Constituição. Marques dos Santos registrou o entendimento da disciplina como um "espaço livre de constitucionalidade", no máximo, o direito constitucional permanecendo em "segundo plano" nas discussões sobre a matéria[1]. A lógica tida como neutra do direito internacional privado tradicional (exposta na Parte I do presente livro) teria, como corolário, a

1. SANTOS, António Marques dos. "Constituição e Direito Internacional Privado" *in* SANTOS, António Marques dos. *Estudos de Direito Internacional Privado e de direito público*. Coimbra: Almedina, 2004, em especial p. 55.

ausência de ofensa à Constituição, pois a indicação da lei material obedeceria critérios técnicos sem qualquer valoração. Nessa abordagem, o direito internacional privado seria um conjunto de normas técnicas, cuja natureza de sobredireito impediria que os comandos constitucionais fossem violados. A mera localização espacial dos fatos transnacionais não seria tema sujeito ao controle de constitucionalidade.

Exemplificando essa posição, Labrusse apontou que o direito de propriedade reconhecido por uma Constituição não afetaria a regra de conexão de bens no direito internacional; ou ainda a submissão do regime matrimonial à lei nacional do marido não dizia respeito à igualdade entre homem e mulher, que só teria sentido para o direito material. Assim, o direito internacional privado seria essencialmente um direito que fixa competências, de natureza formal e técnica, não tendo por objeto a organização da sociedade - como é o caso das normas constitucionais[2].

Para Moura Ramos, sob essa perspectiva, as regras do direito internacional privado seriam "infra-normas", na medida em que não regulariam comportamentos, mas articulariam os diversos ordenamentos jurídicos envolvidos. No caminho oposto, defendeu-se a caracterização das normas da disciplina como "super-normas" (expressão de Moura Ramos), que estariam voltadas à regulação dos fatos transnacionais, de modo distinto das normas constitucionais, que seriam voltadas à produção jurídica de regulação dos fatos internos. Essa posição peculiar não permitiria que as normas do direito internacional privado fossem vinculadas às normas constitucionais[3].

Em síntese, sendo o direito internacional privado um direito de aplicação do direito, não se vincularia a nenhuma ordem constitucional, levando, por consequência, a ausência de subordinação da disciplina a uma Constituição específica[4].

Contudo, como já foi visto, mesmo o método indireto rígido traz em seu bojo valores que são introduzidos, implicitamente, pela adoção de determinados elementos de conexão - por exemplo, o uso da lei pessoal do marido para regular o casamento implica em uma opção de discriminação por gênero incompatível com a igualdade prevista em várias

2. LABRUSSE, Catherine. «Droit constitutionnel et droit international privé en Allemagne fédérale (à propos de la décision du Tribunal constitutionnel fédéral du 4 mai 1971)» *in Revue critique de droit international privé*, vol. 63, 1974, pp. 1-43, em especial p. 18-19.

3. RAMOS, Rui Manuel Gens de Moura. *Direito Internacional Privado e Constituição – introdução a uma análise das suas relações.* 3ª reimpressão,Coimbra: Coimbra Ed., 1994, p. 195-197.

4. RAMOS, Rui Manuel Gens de Moura. *Direito Internacional Privado e Constituição – introdução a uma análise das suas relações.* 3ª reimpressão,Coimbra: Coimbra Ed., 1994, p. 32.

Constituições. Com a consagração da pluralidade de métodos no direito internacional privado e a busca da concretização de resultados materiais, o direito internacional privado passa, também, a manejar valores explícitos, o que torna impossível sustentar a exclusão da disciplina do confronto com os valores constitucional.

Paralelamente, ocorreu também mudança na concepção das funções da Constituição, que impactou a proteção de direitos no direito internacional privado. O constitucionalismo – como expressão jurídica da afirmação do estado de direito – consagrou o respeito às normas, superando a vontade autocrática, em um ambiente de garantia de direitos e preservação da separação de poderes. Para Sarmento e Souza Neto, o constitucionalismo moderno baseava-se na "limitação jurídica do poder do Estado em favor da liberdade individual", superando o Estado absolutista e implantando a subordinação da vontade do poder ao direito[5]. A importância da Constituição é realçada por Casella como "elo de união e partida" no direito interno do tratamento dispensado tanto na ordem externa (o Estado enquanto sujeito de direito internacional) quanto na ordem interna (em relação aos indivíduos e pessoas jurídicas)[6].

O foco inicial das Constituições no século XIX, após as revoluções liberais dos séculos XVII e XVIII, foi a preservação da liberdade dos agentes econômicos privados, a propriedade e a segurança, como se vê nas chamadas Constituições liberais clássicas, como a Constituição americana de 1787[7]. Para Tavares, o conceito prevalecente de "constituição" no século XIX está atrelado à ideologia política liberal, com a garantia das liberdades formais em um ambiente de divisão de poderes[8].

Apesar de teoricamente serem fruto de poder constituinte originário titularizado pelo povo, as primeiras Constituições conviveram com restrições ao poder popular, promovendo direitos formais com intensas desigualdades. A Constituição de 1824 do Brasil imperial é exemplo de formalismo constitucional, pois, como aponta Lima Lopes, aquela "Constituição cala

5. SARMENTO, Daniel e SOUZA NETO, Cláudio Pereira de. *Direito Constitucional – teoria, história e métodos de trabalho*. Belo Horizonte: Fórum, 2012, em especial p. 70.

6. CASELLA, Paulo Borba. "Constituição e Direito Internacional" *in* CASELLA, Paulo Borba e LIQUIDATO, Vera Lúcia Viegas (coords.). *Direito da Integração*. São Paulo: Quartier Latin, 2006, pp. 31-55", em especial p. 33. No mesmo sentido, DALLARI, Pedro Bohomoletz de Abreu. *Constituição e Tratados Internacionais*. São Paulo: Saraiva, 2003.

7. Nesse sentido, DALLARI, Dalmo de Abreu. *Elementos de teoria geral do Estado*. 19ª ed, São Paulo: Saraiva, p. 168-170. Também ver em RANIERI, Nina. *Teoria do Estado: do Estado de Direito ao Estado Democrático de Direito*. São Paulo: Manole, 2013, p. 45-46.

8. TAVARES, André Ramos. *Curso de Direito Constitucional*. 5ª ed., Saraiva: São Paulo, 2007, p. 62.

sobre os escravos", assegurando ainda privilégios estamentais e formas de diferenciação social[9].

Para assegurar o respeito às normas constitucionais, consagrou-se, como um dos princípios básicos da Constituição, a supremacia constitucional, pela qual todas as demais normas do ordenamento têm como pressuposto de validade último as normas constitucionais. Nesse sentido, Kelsen elaborou dois conceitos de Constituição: o material, que entende a Constituição como ato iniciador de todo ordenamento jurídico, regulando a produção das demais normas jurídicas; e o formal, que entende a Constituição como texto escrito que, além de regular a produção das demais normas, possui processo próprio de alteração, mais dificultoso que o processo de criação da legislação infraconstitucional. A Constituição formal é, normativamente, superior às demais normas[10].

Apesar da posição de superioridade da Constituição em um ordenamento jurídico, a visão tradicional até meados do século XX era a de que possuía mera natureza política, ficando suas normas à mercê da liberdade de conformação do legislador ou à discricionariedade administrativa[11]. As transformações do Estado de direito contemporâneo no século XX e XXI contribuíram para forjar uma nova relação entre as normas constitucionais e as demais normas do ordenamento jurídico pautada na busca da efetividade e na conformação de todo o ordenamento à interpretação dada às normas constitucionais. As normas constitucionais, mesmo se consideradas programáticas[12], impõem tarefas, possuindo força normativa que concilia o ordenamento como um todo, como salienta Hesse[13].

No Brasil, a sequência democrática das últimas três décadas, após 21 anos de ditadura militar, gerou, nas palavras de Barroso, um "renascimento do direito constitucional" após a promulgação da Constituição de 1988. Fazendo

---

9. LOPES, José Reinaldo de Lima. *O Direito na História. Lições introdutórias.* 3ª ed., São Paulo: Atlas, 2009, p. 289.

10. KELSEN, Hans. *Teoria geral do Direito e do Estado.* Trad. Luís Carlos Borges. São Paulo: Martins Fontes, 2000, p. 182-183.

11. BARROSO, Luis Roberto. "Neoconstitucionalismo e constitucionalização do Direito (O triunfo tardio do direito constitucional no Brasil)" *in Revista de Direito Administrativo*, vol. 240, 2005, pp. 1-42, em especial p. 5. BARROSO, Luis Roberto. *O Direito Constitucional e a efetividade de suas normas.* Limites e possibilidades da Constituição brasileira. 3ª ed., Rio de Janeiro: Renovar, 1996, p. 106.

12. Na clássica classificação de José Afonso da Silva. SILVA, José Afonso. *Aplicabilidade das normas constitucionais.* São Paulo: Revista dos Tribunais, 1968. Também sobre a eficácia e garantia dos direitos previstos na Constituição, ver SILVA, Virgílio Afonso. *Direitos Fundamentais – conteúdo essencial, restrições e eficácia.* São Paulo: Malheiros, 2009, p. 246-251.

13. HESSE, Konrad. *A força normativa da Constituição.* Trad. de Gilmar Ferrreira Mendes, Porto Alegre: Sérgio Antonio Fabris Editor, 1991, em especial p. 19 e p. 37.

remissão à ditadura militar brasileira, o autor realça que o "direito constitucional passou da desimportância ao apogeu em menos de uma geração"[14].

Para Barcellos, o constitucionalismo atual adota três premissas: a imperatividade das normas constitucionais; a superioridade da Constituição sobre o restante do ordenamento jurídico; e a centralidade das normas constitucionais, correspondendo a exigência de que todos os demais ramos do direito devam ser "compreendidos e interpretados a partir do que dispõe a Constituição"[15].

Na linha de revalorização da Constituição, consolida-se a "doutrina brasileira da efetividade" que sustenta serem as normas constitucionais aplicáveis direta e imediatamente, na extensão máxima de sua densidade normativa. Reconhece-se a normatividade plena da Constituição, que resulta em direitos e obrigações mesmo sem a intermediação de lei, impondo sua supremacia real[16]. Com a doutrina da efetividade, as normas constitucionais sociais e intervencionistas passam a ser o "centro unificador" de todo o direito infraconstitucional, na feliz expressão de Sarmento[17].

Por outro lado, a enorme gama de conceitos indeterminados inseridos na Constituição amplificou sua importância e realçou a necessidade de interpretação de seus diversos comandos. A redação das normas constitucionais constitui ponto de partida para definir a interpretação e delimitação normativa dada pelos intérpretes judiciais[18].

No Brasil, triunfou a valorização da força normativa da Constituição e o reconhecimento do conteúdo aberto e principiológico dos dispositivos constitucionais, que não possuem sentido único ou absolutamente objetivo. Barroso e Barcellos sustentam que a redação do dispositivo constitucional (o "relato da norma") demarca uma moldura na qual há distintas possibilidades interpretativas[19].

14. BARROSO, Luis Roberto. "Neoconstitucionalismo e constitucionalização do Direito (O triunfo tardio do direito constitucional no Brasil)" *in Revista de Direito Administrativo*, vol. 240, 2005, pp. 1-42, em especial p. 4.

15. BARCELLOS, Ana Paula de. "Neoconstitucionalismo, Direitos fundamentais e controle das políticas públicas" *in Revista de Direito Administrativo,* n. 240, 2005, pp. 83-103, em especial p. 84.

16. BARROSO, Luís Roberto. "Vinte anos da Constituição brasileira: o Estado a que chegamos" *in* SOUZA NETO, Cláudio Pereira; SARMENTO, Daniel; BINENBOJM, Gustavo (coords.). *Vinte Anos da Constituição Federal de 1988.* Rio de Janeiro: Lumen Juris, 2009, pp. 27-63, em especial p. 57-58.

17. SARMENTO, Daniel. "A constitucionalização do direito privado" *in Revista da Escola da Magistratura do Estado do Rio de Janeiro.* vol. 6, n. 23, 2003, pp. 272-297, em especial p. 272.

18. Para Zagrebelsky, as leis são "parte" do Direito e não "todo" o Direito, sendo integradas pela interpretação judicial. ZAGREBELSKY, Gustavo. *El derecho dúctil.* Trad. Marina Gascón. 3. ed., Madrid: Trotta, 1999, em especial p. 153.

19. BARROSO, Luís Roberto e BARCELLOS, Ana Paula de. "O começo da história: a nova interpretação constitucional e o papel dos princípios no direito brasileiro" *in* SILVA, Virgílio Afonso da. *Interpretação constitucional* (org.). São Paulo: Malheiros, 2005, pp. 271-316, em especial p. 275.

O amplo espaço de atuação da via interpretativa acarreta a atualização dos sentidos do texto constitucional para acompanhar a evolução de valores de uma sociedade. Consagra-se a "Constituição viva", que é o resultado da interpretação concreta da Constituição em uma determinada realidade política[20].

Somada à busca da efetividade (consequência da afirmação da supremacia real - e não meramente formal) da Constituição, o texto constitucional brasileiro - abrangente e renovado continuamente pela interpretação - acomoda todos os ramos do direito. A conformação constitucional do direito é denominada de constitucionalização do ordenamento jurídico, que consiste em processo pelo qual as normas constitucionais servem para direcionar a aplicação das normas infraconstitucionais e as decisões judiciais.

Guastini sustenta que o ordenamento jurídico constitucionalizado caracteriza-se pela existência de uma "Constituição invasora", capaz de condicionar a legislação, jurisprudência e doutrina, bem como a ação dos atores políticos e as relações sociais[21]. Streck destaca a importância da renovação da supremacia da constitucional, que vai além do controle de constitucionalidade e da tutela dos direitos fundamentais, para torná-la uma "norma diretiva fundamental, que dirige aos poderes públicos e condiciona os particulares de tal maneira que assegura a realização dos valores constitucionais"[22].

A constitucionalização do ordenamento jurídico tem relação com a superação do paradigma do Estado liberal, no qual a força vinculante dos preceitos constitucionais restringia-se à organização do Estado e à delimitação dos direitos de defesa do indivíduo. As demais normas constitucionais não possuíam aplicabilidade imediata, sendo consideradas normas programáticas que geravam, no máximo, um estímulo para o legislador adotar, no momento adequado, regras com força vinculante[23].

Com a ascensão do Estado social, a intervenção do Estado em todas as facetas da vida social por intermédio de um texto constitucional amplo fez com que a supremacia da Constituição fosse espalhada para todo o

20. GUASTINI, Riccardo. "Sobre el concepto de constitución" *in* CARBONELL, Miguel. *Teoría del neoconstitucionalismo. Ensayos escogidos.* Madrid: Trotta, 2007, pp. 15-27, em especial p. 27.

21. GUASTINI, Riccardo. "La "constitucionalización" del ordenamiento jurídico: el caso italiano" *in* GUASTINI, Riccardo. *Estudios de teoría constitucional.* México/DF: Fontamara; 2003, pp. 153-183, em especial p. 153.

22. STRECK, Lênio Luiz. *Jurisdição constitucional e hermenêutica – uma nova crítica do direito.* 2ª ed., Rio de Janeiro: Forense, 2004, p. 101. Itálico no original.

23. PRATA, Ana. *A tutela constitucional da autonomia privada.* Coimbra: Almedina, 1982, p. 32-33.

seu conjunto normativo. Para Bercovici, a ampliação dos direitos políticos e o conteúdo material dos direitos sociais em especial no pós 2ª Guerra Mundial fez com que houvesse forte reclamo popular de emancipação e reivindicação de uma democracia econômica e social[24].

Reconhece-se que o cumprimento das normas constitucionais em sua plenitude não é somente uma consequência da superioridade normativa constitucional, mas também da necessidade de não comprometer os valores que estão na Constituição (agora intervencionista) e que representam aspirações de desenvolvimento e mudança social[25].

No plano das relações privadas, o paradigma liberal restringia o alcance da Constituição para permitir, em contrapartida, a afirmação do direito privado, regido pela codificação civilista, fornecendo segurança jurídica às relações sociais e econômicas. Já no paradigma do Estado social, a intervenção do legislador no campo privado foi impulsionada pela edição de normas de defesa de interesses coletivos, com base na disciplina constitucional da economia e das relações entre os atores econômicos, como se vislumbra na consolidação da legislação trabalhista, consumerista e de intervenção no domínio econômico[26].

Consagra-se o fenômeno da constitucionalização do direito no Brasil, o qual impõe a obediência das relações privadas aos valores constitucionais, que, a partir da edição da Constituição de 1988, possui forte apelo à igualdade e à solidariedade. Para Fachin ocorreu uma "virada de Copérnico" no direito privado brasileiro gerando novos significados e leituras dos textos civilistas anteriores e impulsionando a edição de novos textos que reflitam os novos valores da temática, em especial a solidariedade social[27].

A constitucionalização do direito é fruto do que, para Hesse, é indispensável para desencadear a força normativa da Constituição: a "vontade da Constituição", anseio social de concretizar, genuinamente, os valores constitucionais, rompendo-se os condicionantes e limites históricos[28], que

24. BERCOVICI, Gilberto. *Soberania e constituição: para uma crítica do constitucionalismo.* 2ª ed., São Paulo: Quartier Latin, 2013, p. 321.

25. ARAUJO, Nadia de. "Constitucionalização do Direito Internacional Privado: a nova concepção do princípio da ordem pública no direito interno e nas convenções da Haia sobre a adoção internacional e sobre aspectos civis de seqüestro de menores" *in* SOUZA NETO, Cláudio Pereira de; SARMENTO, Daniel (orgs). *A constitucionalização do direito.* Rio de Janeiro: Lumen Juris, 2007, pp. 585-595, em especial p. 587.

26. Ver em BERCOVICI, Gilberto; MASSONETTO, Luís Fernando. "Os direitos sociais e as constituições democráticas brasileiras: breve ensaio histórico" *in* SÁNCHEZ RÚBIO, David; HERRERA FLORES, Joaquin; CARVALHO, Salo de (orgs.). *Direitos humanos e globalização: fundamentos e possibilidades desde a teoria crítica.* Rio de Janeiro: Lumen Juris, 2004. p. 505-524.

27. FACHIN, Luiz Edson. *Direito Civil – sentidos, transformações e fim.* Rio de Janeiro: Renovar, 2015, p. 57-58.

28. HESSE, Konrad. *A força normativa da Constituição.* Trad. de Gilmar Ferreira Mendes. Porto Alegre: Sergio Antonio Fabris Editor, 1991, p. 7.

seriam os fatores reais de poder, capazes de transformar a Constituição em uma folha de papel, na expressão sarcástica de Lassale[29].

Por sua vez, o ambiente no qual essa força normativa da Constituição impera não é composto por critérios rígidos, como expõe Zagrebelsky, já que são as situações concretas que levarão o intérprete à tomada de posição sem que haja uma hierarquia *a priori* de valores[30]. No Brasil, Eros Grau sustenta que a atividade de interpretação possui natureza constitutiva, que concretiza a norma incidente em determinado caso, a partir dos textos normativos associados aos dados da realidade. Supera-se, assim, a visão tradicional de que os juízes seriam a "boca da lei", agindo por intermédio de uma subsunção mecânica dos fatos à lei. Conforme expõe o autor, a interpretação do direito é composta pela análise dos textos normativos conformados com os dados da realidade[31]. Nesse contexto, para Campilongo é inevitável que o juiz surja como responsável pela tutela dos direitos e das situações subjetivas, mas, confrontando-se com a realidade, seja um dos titulares da distribuição de recursos e construção do equilíbrio entre interesses supra-individuais[32].

No campo do direito privado, Fachin relembra que o juiz contemporâneo possui desafios quanto às promessas do Estado social, decidindo assentado nos "pilares siameses" da legalidade e da legitimidade, dando resposta ao pleito e clamor de justiça[33]. Na Europa, Wieacker, trazendo como exemplo a prática alemã, aponta a ambição de realização, no direito privado, de valores gerais previstos na Lei Fundamental de Bonn de 1949, gerando uma jurisprudência que vislumbra no direito privado um instrumento para a realização de valores éticos[34].

---

29. LASSALE, Ferdinand. *A essência da Constituição*. Trad.de Walter Stönner, 5ª ed, Rio de Janeiro: Lumen Juris, 2000 (original de 1863), p. 17-18.

30. ZAGREBELSKY, Gustavo. *El derecho dúctil – ley, derechos, justicia*. Trad. Marina Gascón, 3ª ed., Madrid: Trotta, 1999, em especial p. 109-111 e p. 144-145.

31. No original: "Isso significa – como linhas acima anotei – que a *norma* é produzida, pelo intérprete, não apenas a partir de elementos colhidos no *texto normativo* (mundo do dever-ser), mas também a partir de elementos do caso ao qual será ela aplicada – isto é, a partir de dados da realidade". GRAU, Eros. *Ensaio e discurso sobre a interpretação/aplicação do direito*. 4. ed. São Paulo: Malheiros, 2006, p. 97.

32. Conforme Campilongo, "(...) Aplicar o direito tende a configurar-se, assim, apenas num resíduo de atividade judiciária, agora também combinada com a escolha de valores e aplicação de modelos de justiça" CAMPILONGO, Celso Fernandes. "Os desafios do judiciário: um enquadramento teórico" *in* FARIA, José Eduardo (org). *Direitos Humanos, direitos sociais e justiça*. São Paulo: Malheiros, 1994, pp. 30-51, em especial p. 49. Sobre a transformação do papel do juiz na construção do ordenamento jurídico, ver CAMPILONGO, Celso Fernandes. *Política, sistema jurídico e decisão judicial*. 2ª ed, São Paulo: Saraiva, 2010.

33. FACHIN, Luiz Edson. *Direito Civil – sentidos, transformações e fim*. Rio de Janeiro: Renovar, 2015, pp. 119-120.

34. WIEACKER, Franz. *História do direito privado moderno*. 2ªed, Trad. de Antonio Manoel Botelho Hespanha, Lisboa: Fundação Calouste Gulbenkian, 1980, p. 703-704.

A amplitude da interpretação também estende a força normativa da Constituição, cujos comandos passam a ter, conforme sustenta Barroso, "impacto relevante sobre todos os ramos jurídicos"[35].

No que tange ao direito internacional privado, a sua constitucionalização consiste na impregnação imediata e mediata pelas normas constitucionais. A *impregnação imediata* decorre do uso das normas constitucionais para ditar o conteúdo das regras diretas e indiretas da disciplina. Já a *impregnação mediata* impõe a interpretação das regras de direito internacional privado conforme à Constituição.

No Brasil, a Constituição brasileira possui dispositivos sobre o concurso de leis (art. 5º, XXXI), cooperação jurídica internacional (art.105, I, "i"; art. 109, III e X[36]) e ainda princípios gerais que podem ser aplicados à jurisdição internacional (art. 1º, art. 4º, art. 5º, XXXV), bem como menção à dignidade humana (art. 1º, III), que informam as normas de direito internacional privado. Além disso, a Constituição de 1988 *influencia* o direito internacional privado *conformando* a interpretação e aplicação de suas normas[37].

Reconhecida essa subordinação do direito internacional privado à Constituição no Brasil, seu primeiro efeito é o de limitação, no qual é declarada inconstitucional (ou não recepcionada, se a norma for anterior, como é o caso da Lei de Introdução às Normas do Direito Brasileiro) norma que colida com a Constituição. Esse efeito destaca-se no Brasil justamente pela ausência de renovação do direito internacional privado de matriz legal, cuja norma básica - a Lei de Introdução às Normas do Direito Brasileiro - foi editada, em sua essência, sob a égide da ditadura de Getúlio Vargas, em 1942, há mais de 70 anos.

Outro efeito é o estímulo dado pelas normas constitucionais à criação de novos padrões hermenêuticos das normas do direito internacional privado, adaptando-as aos novos padrões de exegese do século XXI.

O controle da obediência aos valores constitucionais é feito tanto antes (controle *a priori*) quanto depois da incidência das normas de direito

---

35. BARROSO, Luís Roberto. "Vinte anos da Constituição brasileira: o Estado a que chegamos" *in* SOUZA NETO, Cláudio Pereira; SARMENTO, Daniel; Binenbojm Gustavo (coords.). *Vinte Anos da Constituição Federal de 1988*. Rio de Janeiro: Lumen Juris, 2009, pp. 27-63, em especial p. 61.

36. Além das regras referentes à nacionalidade e aos direitos dos estrangeiros, temas que, como visto, compõem a disciplina para parte da doutrina. RUSSOMANO, Gilda Maciel Corrêa Mayer. *O objeto do Direito Internacional Privado*. Rio de Janeiro: José Konfino – Editor, 1956, p. 45.

37. Sobre o tema, ver TIBURCIO, Carmen. "Constituição e relações internacionais" *in Universitas Jus*, v. 25, 2014, pp. 1-24. TIBURCIO, Carmen. "Constituição e Relações Internacionais" *in* TIBURCIO, Carmen; BARROSO, Luís Roberto. *Direito Constitucional Internacional*. Rio de Janeiro: Renovar, 2013, pp. 3-50.

internacional privado (controle *a posteriori*). No controle *a priori*, acontece o crivo da conformação das normas do direito internacional privado em todos os seus segmentos em face das normas constitucionais. Já no controle *a posteriori*, há a aferição da compatibilidade do conteúdo da lei estrangeira ou ainda da deliberação estrangeira (incluindo aqui a atuação da jurisdição estrangeira) em face das normas constitucionais.

O instrumento específico para aferir a compatibilidade do direito internacional privado com a Constituição é o controle de constitucionalidade, cuja missão é zelar pela supremacia constitucional, afastando normas de conteúdo formal ou materialmente inconstitucional sob os mais variados instrumentos.

Como sustenta Elival Ramos, o "sistema de controle de constitucionalidade funciona como critério identificador da sanção de inconstitucionalidade acolhida pelo ordenamento", que assegura a supremacia formal das normas constitucionais diante das regras do direito internacional privado[38]. É amplo o espectro de instrumentos do controle difuso (todo juiz é fiscal da constitucionalidade das leis e atos) e do controle concentrado de constitucionalidade (ações diretas cuja apreciação é reservada ao Supremo Tribunal Federal, como a ação direta de inconstitucionalidade, ação direta de constitucionalidade, arguição de descumprimento de preceito fundamental e a ação direta de inconstitucionalidade por omissão)[39]. Outros instrumentos, como a Súmula Vinculante e a repercussão geral do recurso extraordinário, possibilitam a generalização da interpretação constitucional referente a amplos aspectos da vida privada. A prática do Supremo Tribunal Federal também colabora com a busca da efetividade dos comandos constitucionais, com a coletivização de instrumentos outrora reservados às lides individuais[40].

---

38. RAMOS, Elival da Silva. *A inconstitucionalidade das leis – vício e sanção*. São Paulo: Saraiva, 1994, p. 244.

39. Há farta bibliografia sobre a preservação da supremacia da Constituição por intermédio do controle de constitucionalidade no Brasil. Ver, entre outros, TAVARES, André Ramos. *Curso de Direito Constitucional*. 5ª ed., São Paulo: Saraiva, 2007. MORAES, Alexandre de. *Direito constitucional*. 33ª ed. São Paulo: Atlas, 2017. BARROSO, Luís Roberto. *Curso de Direito Constitucional contemporâneo*. 5ª ed., São Paulo: Saraiva, 2015. BARROSO, Luís Roberto. *O controle de constitucionalidade no direito brasileiro*. 5ª ed., São Paulo: Saraiva, 2011. BARROSO, Luís Roberto. *Interpretação e aplicação da Constituição*. 7ª ed., São Paulo: Saraiva, 2009. MENDES, Gilmar Ferreira; BRANCO, Paulo Gustavo Gonet. *Curso de direito constitucional*. 10ª. ed. São Paulo: Saraiva, 2015. STRECK, Lenio Luiz. *Jurisdição constitucional e hermenêutica. Uma nova crítica do Direito*. 2ª ed., Rio de Janeiro: Forense, 2004.

40. Como se viu na consagração, em 2018, do *habeas corpus coletivo*. No voto do Min. Lewandowski, ficou expresso que "É que, na sociedade contemporânea, burocratizada e massificada, as lesões a direitos, cada vez mais, assumem um caráter coletivo, sendo conveniente, inclusive por razões de política judiciária, disponibilizar-se um remédio expedito e efetivo para a proteção dos segmentos por elas atingidos, usualmente desprovidos de mecanismos de defesa céleres e adequados". Supremo Tribunal Federal,

5.2. A IMPOSIÇÃO DOS DIREITOS PREVISTOS NA CONSTITUIÇÃO

A imposição do conteúdo de norma constitucional no direito internacional privado ocorre em quatro hipóteses: (i) no crivo das regras de conexão (normas indiretas); (ii) no crivo das normas diretas de direito internacional privado que regulam os fatos transnacionais; (iii) na análise do direito estrangeiro incidente (indicado pelas regras de conexão); (iv) na avaliação das sentenças e demais deliberações estrangeiras.

Nos Estados Unidos, a revolução americana e as críticas ao modelo conflitual tradicional marcaram o ambiente no qual vicejaram discussões sobre o respeito, nos conflitos de leis, às normas constitucionais. Um dos pioneiros foi Ross, que, em 1931, realizou estudo sobre os limites constitucionais do direito internacional privado nos Estados Unidos[41]. O principal limite imposto é o previsto no Art. IV, Seção I, da Constituição norte-americana, o qual prevê que cada Estado da Federação deve reconhecer os atos públicos, registros e procedimentos judiciais de outro. Essa cláusula constitucional, também denominada "*Full Faith and Credit Clause*", foi elaborada justamente para não permitir que determinado Estado-membro pudesse, na consecução da ordem pública do foro, não reconhecer atos ou julgamentos de outros. A vedação foi estendida pela via interpretativa para abarcar também os casos de utilização da lei do foro para solucionar controvérsias sem nenhum vínculo significativo com o ente federado[42]. Outra porta de entrada dos valores constitucionais no direito internacional privado norte-americano foi a exigência de cumprimento, pela lei escolhida, do devido processo legal substancial (prevista na XIV emenda), respeitando-se a justiça material no caso concreto (*fairness* e *substantial justice*)[43].

Habeas Corpus nº 143.641, Rel. Min. Ricardo Lewandowski, 2ª Turma, julgamento de 20 de fevereiro de 2018, publicado no DJE nº 33, de 21/02/2018.

41. ROSS, G. W. C. "Has the Conflict of Laws Become a Branch of Constitutional Law?" *in Minnesota Law Review*, vol. 15, 1931, pp. 161-181.

42. No original: "Full faith and credit shall be given in each state to the public acts, records, and judicial proceedings of every other state. And the Congress may by general laws prescribe the manner in which such acts, records and proceedings shall be proved, and the effect thereof." Sobre o uso dessa cláusula, ver CORWIN, Edward. S. "The 'Full Faith and Credit' Clause" *in University of Pennsylvania Law Review*, vol. 81, n. 4, 1933, p. 371-389, em especial p. 371. MÜLLER-FREIENFELS, W. "Conflits of law and constitutional law" *in The University of Chicago Law Review*, vol. 45, 1978, pp. 598-611, em especial p. 598.

43. MARTIN, James A. "Constitutional limitations on choice of law" *in Cornell Law Review*, vol. 61, n.2, 1976, pp. 185-230, em especial p. 190-191. Já Leflar lista vários casos nos quais a Suprema Corte dos Estados Unidos adotou interpretação restritiva desses comandos constitucionais em face de casos interestaduais, que, nos Estados Unidos, são resolvidos pelo direito internacional privado de cada unidade federativa. LEFLAR, Robert A. "Constitutional Limits on Free Choice of Law" *in Law and Contemporary Problems*, vol. 28, Issue 4, 1963, pp. 706-731, em especial p. 706.

Na Europa, Kinsch aponta que, depois da 2ª Guerra Mundial, os sistemas de controle de constitucionalidade da Alemanha e da Itália passaram a debater o cumprimento de normas constitucionais locais pelas regras de conexão do foro e também pelo conteúdo do direito estrangeiro indicado. Houve, claro, hesitação: em 1954 não se aceitou na Alemanha o afastamento de regra de conexão em matéria de direito de família, sob o argumento de que a regra era neutra em relação ao resultado eventualmente obtido[44].

Para Müller-Freienfels, apesar do desenvolvimento tardio do debate sobre a incidência das normas constitucionais no direito internacional privado na Europa em comparação com os Estados Unidos, a sua utilização em vários Estados europeus é mais incisiva, em especial no controle das regras de conflito aprovadas nos Parlamentos, não sendo limitado por apelo à separação de poderes. A interpretação das Constituições europeias no pós 2ª Guerra Mundial foi influenciada pela experiência totalitária, o que legitimou as Cortes constitucionais a zelar pela adequação das regras de direito internacional privado e das leis estrangeiras indicadas às normas constitucionais[45].

O marco da adequação constitucional de regras de conexão e também do direito estrangeiro na Europa foi a decisão do Tribunal Constitucional da Alemanha, no caso *espanhol*, em 1971, sobre casamento de pessoa divorciada. No caso, o direito internacional privado alemão remetia a capacidade matrimonial à lei nacional do nubente espanhol, que pretendia casar com nacional alemã divorciada. A negativa de emissão do certificado de capacidade matrimonial sob o fundamento da impossibilidade de casamento com pessoa já casada (à luz da proibição do divórcio na Espanha) pela autoridade espanhola foi considerada ofensiva à liberdade de contrair matrimônio contida no artigo 6.1 da Lei Fundamental alemã[46].

O Tribunal decidiu que o princípio da igualdade, previsto na Lei Fundamental alemã, exige a adequação do direito internacional privado. A supremacia da norma constitucional alemã foi reconhecida, não podendo a regra de conexão do foro indicar lei estrangeira que seja ofensiva aos direitos previstos constitucionalmente. Adicionalmente, decidiu-se que o próprio

---

44. KINSCH, Patrick. «Droits de l'homme, droits fondamentaux et droit international privé» *in Recueil des Cours de l'Académie de Droit International de la Haye*, vol. 318, 2005, pp. 9-331, em especial p. 1439-140.

45. MÜLLER-FREIENFELS, W. "Conflits of law and constitutional law" *in The University of Chicago Law Review*, vol. 45, 1978, pp. 598-611, em especial p. 601.

46. Tribunal Constitucional Federal, caso espanhol, 1 BvR 636/68, julgamento de 4 de maio de 1971. Ver em FEDERAL CONSTITUTIONAL COURT. *Decisions of the Bundesverfassungsgericht – Federal Constitutional Court – Federal Republic of Germany.* Vol 5 – Family-Related Decisions – 1957-2010. Baden-Baden: Nomos, 2013(texto traduzido). KOMMERS, Donald. P. *The constitutional jurisprudence of the Federal Republic of Germany.* Second edition, Durham/London: Duke University Press, 1997, em especial p. 499-500.

direito estrangeiro indicado pela regra de conexão deveria ser compatível com os comandos constitucionais alemães[47].

Apesar da prevalência do controle de constitucionalidade no direito internacional privado, alguns autores resistiram à sua utilização, alegando que a própria disciplina possuía alternativas de defesa de direitos. Labrusse, comentando o caso *espanhol*, enumerou três possibilidades de se afastar o direito espanhol (*lex causae)* sem o recurso à supremacia da norma constitucional: em primeiro lugar, poderia ser utilizada a teoria da questão prévia, que submete a validade do divórcio à regra de conflito aplicável à questão principal (a capacidade matrimonial do nubente espanhol) ou prevê regra autônoma, no caso, a lei alemã, pois o divórcio foi realizado na Alemanha, com ambos os cônjuges alemães; em segundo lugar, considerar o caso como um problema de conflito de jurisdição, eis que a sentença de divórcio alemã não poderia ser desconsiderada em razão de lei material espanhola, sob pena do divórcio ser privado de seu efeito básico no país no qual a sentença fora prolatada; finalmente, a ordem pública de direito internacional privado poderia barrar a lei material espanhola[48]. Nenhuma dessas três possibilidades, porém, é suficiente para abarcar a totalidade do controle de constitucionalidade e sua técnica de privilegiar os direitos constitucionais, porque a preservação do conteúdo da norma constitucional dependeria da interpretação de comandos legais do direito internacional privado (questão prévia, execução de sentença interna e ordem pública), invertendo a hierarquia das normas no plano doméstico (a Constituição passaria a depender da lei para ter validade e não o contrário).

O uso dos dispositivos constitucionais para formatar o conteúdo direito internacional privado é realizado por dois modos distintos, a depender da forma de incidência da Constituição diante dos fatos transnacionais: o modo direto e o modo indireto.

No modo direto, determinadas Constituições modelam diretamente as regras de conexão (ou impõem outros métodos, como o método direto) ou delimitam a jurisdição e a cooperação jurídica internacional. Por exemplo, a já citada XIV Emenda dos Estados Unidos proíbe a aplicação da lei local a fatos que

47. No original: "The application of constitutional provisions is not limited to instances in which German local law applies. Rather, both German conflicts and foreign substantive law are subject to constitutional review" JUENGER, Friedrich K. "The German Constitution Court and the Conflict of Laws" *in American Journal of Comparative Law*, vol. 20, Issue 2, 1972, pp. 290-298, em especial p. 293.

48. LABRUSSE, Catherine. «Droit constitutionnel et droit international privé en Allemagne fédérale (à propos de la décision du Tribunal constitutionnel fédéral du 4 mai 1971)» *in Revue critique de droit international privé*, vol. 63, 1974, pp. 1-43, em especial p. 12-14.

não tenham vínculo com o Estado do foro. No mesmo sentido, está a previsão constitucional brasileira sobre a preferência a brasileiros na sucessão transnacional (art. 5º, XXXI da CF/88). Integra também o modo direto a incidência das normas constitucionais para controlar a constitucionalidade das normas do direito internacional privado e eventualmente a lei estrangeira indicada.

Ainda no tocante ao modo direto, há quem defenda que somente é possível conformar as regras de direito internacional privado à luz da Constituição, escapando ao controle de constitucionalidade o direito estrangeiro eventualmente indicado. Para os que defendem o alcance restrito, as normas constitucionais apenas formatam as regras de direito internacional privado. Por exemplo, a expressão "domicílio do chefe da família" prevista no artigo 7º, § 7º, da Lei de Introdução às Normas do Direito Brasileiro, como regra de conexão é tida como não recepcionada pela Constituição diante da violação a igualdade de gênero da Constituição de 1988[49].

Os defensores da incidência limitada (ou restrita) pugnam pela preservação do objetivo maior da disciplina que é a segurança jurídica, uma vez que os indivíduos teriam assegurada, após a conformação das regras de conexão de direito internacional privado à Constituição, a previsibilidade do tratamento material do fato transnacional pelo direito estrangeiro escolhido, evitando a incerteza gerada pelo cotejo do conteúdo do direito estrangeiro com as normas constitucionais.

Além disso, utilizar a Constituição do foro para fazer o crivo das leis estrangeiras seria impor os valores do foro a leis criadas sob o pálio de outra Constituição e de outros valores. Romper-se-ia a igualdade entre o direito nacional e o direito estrangeiro, um dos pilares do direito internacional privado tradicional. Nessa visão, o controle do conteúdo do direito material estrangeiro eventualmente indicado seria feito pelo uso da cláusula de ordem pública[50].

Contudo, como aponta Herzog, pode a regra de conexão em abstrato ser constitucional, mas sua aplicação *in concreto* gerar o uso de direito material estrangeiro ofensivo às normas constitucionais do foro[51]. Além disso,

---

49. CARVALHO RAMOS, André de; GRAMSTRUP, Erik G. *Comentários à Lei de Introdução às Normas do Direito Brasileiro*. São Paulo: Saraiva, 2016, em especial p. 169-170.

50. CLÈVE, Clèmerson Merlin. *A Fiscalização abstrata de constitucionalidade no direito brasileiro*. São Paulo: Ed. Revista dos Tribunais, 1995, p. 143. TELLINI, Denise Estrella. "O controle da ordem pública internacional e o controle da constitucionalidade do direito alienígena a ser aplicado: a responsabilidade do juiz do foro no respeito à ordem nacional ou estrangeira" *in Direito e Democracia – Revista de Ciências Jurídicas – ULBRA*. vol. 8, nº 2, jul/dez 2007, pp. 239-253.

51. HERZOG, Peter E. «Constitutional limits on choice of law» *in Recueil de Cours de l´Académie de Droit International de La Haye*, vol. 234, 1992, pp. 239-330, em especial p. 251.

o uso da cláusula de ordem pública é restrito aos valores essenciais do foro. Ainda, aceitar que valores constitucionais sejam protegidos por cláusula que, no Brasil, tem valor legal ou convencional, implica em subordinar a Constituição à lei, o que é inadmissível em estados com Constituições rígidas. As normas constitucionais seriam reunidas às demais fontes materiais informadoras do conceito de ordem pública, perdendo assim seu atributo de supremacia que lhe é nota característica.

Por outro lado, os defensores do controle de constitucionalidade com alcance maior, entendem que deve-se abarcar também a análise da compatibilidade do direito estrangeiro com a Constituição nas hipóteses de fatos transnacionais que tenham vínculos com o foro. Com isso, busca-se assegurar a segurança jurídica dos envolvidos nos fatos transnacionais, que podem manter a expectativa de aplicação da lei estrangeira, mas, ao mesmo tempo, o direito constitucional do foro para impedir que normas materiais estrangeiras ofensivas aos valores constitucionais sejam aplicadas em casos que interessam ao foro.

Para Ferrer Correia, o controle de constitucionalidade pressupõe a existência de manifesta contrariedade entre o dispositivo material estrangeiro e a norma constitucional, bem como uma relação significativa entre o fato transnacional analisado e o ordenamento jurídico do foro. Excepcionalmente, o autor admite o uso das normas constitucionais para obstar a incidência do direito material estrangeiro que for gravemente ofensivo a princípio constitucional fundamental para o Estado do foro[52].

Por sua vez, no modo indireto de incidência da Constituição no direito internacional privado, os valores constitucionalmente protegidos são utilizados como fonte de delimitação do conceito indeterminado de ordem pública de direito internacional privado[53].

Como o conceito de ordem pública abarca tão somente os valores essenciais do foro, permanece a dúvida sobre quais comandos constitucionais retratam princípios essenciais do foro e sobre a possibilidade do intérprete destacar somente alguns preceitos constitucionais para moldar o conceito de ordem pública. No controle de constitucionalidade, em geral, é impossível o uso apenas de um número restrito de normas constitucionais. Nas Constituições

---

52. FERRER CORREIA, António. "A revisão do código civil e o Direito Internacional Privado" *in* FERRER CORREIA, António *Estudos vários de Direito Internacional Privado.* Coimbra: Universidade de Coimbra (por ordem), 1982, pp. 279-307, em especial p. 307.
53. RAMOS, Rui Manuel Gens de Moura. *Direito Internacional Privado e constituição – introdução a uma análise das suas relações.* 3ª reimpressão, Coimbra: Coimbra Ed., 1994, p. 216-217.

rígidas, como a brasileira, a norma constitucional é hierarquicamente superior às demais normas do ordenamento do foro, que lhe devem obediência. Entre os diversos tratados de direito internacional privado existentes, o Código Bustamante sugere que todas as normas constitucionais seriam de natureza de ordem pública de direito internacional privado (art. 4º).

Já Moura Ramos sustenta que a Constituição deve ser considerada como limite autônomo e distinto da ordem pública somente em casos envolvendo os "direitos reconhecidos a todos os homens". Nos demais só a apreciação da intensidade da relação entre o estrangeiro e o Estado do foro permitiria a análise da aplicação ou não dos direitos fundamentais reconhecidos pela Constituição[54].

Essa posição moderada fere a igualdade de tratamento entre os envolvidos no fato transnacional a depender da maior ou menor vinculação com o foro. Ofende-se a universalidade desses direitos prevista nos tratados internacionais de direitos humanos e na dicção da Constituição de 1988, que tem como fundamento a dignidade da pessoa humana (art. 1º, III) e a igualdade entre nacionais e estrangeiros (art. 5º, *caput).*

Por outro lado, há quem defenda que, no Brasil, as normas que sejam constitucionais somente por questões formais, não sendo substancialmente constitucionais, devam ser deixadas de lado no controle interno de constitucionalidade[55].

Todavia, a separação entre normas constitucionais materiais e formais é criticada por utilizar critério não aceito pelo próprio constituinte, aumentando a insegurança e rompendo a organicidade da própria Constituição do foro. Nesse sentido, Barroso defende que todas as normas constitucionais – e não somente algumas, que seriam materialmente constitucionais – podem ser utilizadas como normas paramétricas do controle de constitucionalidade das regras do direito internacional privado e do direito estrangeiro eventualmente incidente[56].

Outra forma de introdução de valores constitucionais no direito internacional privado é realizada pelo controle de constitucionalidade externo,

---

54. RAMOS, Rui Manuel Gens de Moura. *Direito Internacional Privado e constituição – introdução a uma análise das suas relações.* 3ª reimpressão,Coimbra: Coimbra Ed., 1994, p. 234-235.

55. Nessa linha, Mônaco, em sua conclusão de obra sobre o controle de constitucionalidade da lei estrangeira sustenta:"Isso porque se defendeu que as normas que não sejam substancialmente constitucionais, mas estejam nesse patamar por razões meramente formais, devem ser deixadas em segundo plano no âmbito do controle intrínseco de constitucionalidade pra que não se configure uma situação de intolerância não fundamentada relativamente ao Direito estrangeiro aplicável". MONACO, Gustavo Ferraz de Campos. *Controle de constitucionalidade da lei estrangeira.* São Paulo: Quartier Latin, 2013, p. 140.

56. BARROSO, Luís Roberto. *Interpretação e aplicação da Constituição.* 7ª ed., São Paulo: Saraiva, 2009, p. 51-52.

i.e, a aferição da compatibilidade da lei estrangeira indicada com a própria Constituição de origem. Nessa hipótese, o Estado do foro deseja aplicar a lei estrangeira nos limites constitucionais do Estado de origem em duas situações possíveis: o Estado do foro utiliza precedente anterior do Estado de origem sobre os limites constitucionais do direito estrangeiro ou, na inexistência de precedente anterior, decide o que provavelmente os tribunais estrangeiros teriam determinado; o Estado do foro seria precursor no controle de constitucionalidade do direito estrangeiro em face da própria Constituição estrangeira. Nessa linha, sustentou Valladão que o juiz do foro deverá respeitar "sempre os princípios hierárquicos estabelecidos no próprio direito estrangeiro"[57].

O *controle de constitucionalidade externo* é fruto da atuação regular do direito internacional privado, que impõe eventualmente o uso do direito material estrangeiro, que deve ser aplicado pelo juiz do foro da mesma maneira que o juiz estrangeiro o aplicaria, inclusive afastando regra tida como inconstitucional diante da Constituição estrangeira. O único limite ao controle de constitucionalidade externo seria a hipótese na qual o ordenamento jurídico estrangeiro não permita aos seus juízes a declaração de inconstitucionalidade das leis materiais, o que impediria que o juiz assim procedesse ao aplicar o direito estrangeiro. Para Batalha, trata-se de aplicar o direito como "*ordenamento global*, dando prevalência às normas fundamentais sobre as secundárias ou derivadas"[58].

Como o controle de constitucionalidade externo é feito no caso concreto, ele é *relativo* e *contextual*, dependendo de renovação nos casos posteriores, até para aplicar eventual nova jurisprudência estrangeira sobre a constitucionalidade do direito material. No Brasil, Barroso menciona o caso *Donnini* envolvendo extradição, como exemplo de controle de constitucionalidade externo, tendo o Supremo Tribunal Federal indeferido a extradição pleiteada, uma vez que o cumprimento da promessa de reciprocidade seria impossível, pois inconstitucional à luz da própria Constituição estrangeira[59].

57. VALLADÃO, Haroldo. *Direito Internacional Privado*. Vol. I.2ª ed., Rio de Janeiro: Freitas Bastos, 1977, p. 475. BATALHA, Wilson de Souza Campos. *Tratado de Direito Internacional Privado*. Vol I., 2ª ed., São Paulo: RT, 1977, p. 233.

58. Grifo constante do original. BATALHA, Wilson de Souza Campos. *Tratado de Direito Internacional Privado*. Vol I., 2ª ed., São Paulo: RT, 1977, p. 233.

59. Supremo Tribunal Federal, Extradição n. 541/Itália, Rel. Original Min. Néri da Silveira. Rel. para o Acórdão Min. Sepúlveda Pertence, julgamento de 7 de novembro 992, DJU de 18/12/1992. Curiosamente, a Itália – sob condições –aceita extraditar nacionais, como se viu no caso Pizzolato. O autor ainda aponta o caso Firmenich, no qual houve votos contrários à extradição em virtude da inconstitucionalidade da lei argentina de revogação da anistia em face da própria Constituição da Argentina. Assim, a anistia argentina persistiria impedindo o Brasil de extraditar o ex-líder do grupo Montoneros, pela ausência da dupla identidade (ser crime na Argentina e também no Brasil). Contudo, essa posição restou vencida.

5.3. A PROTEÇÃO DOS DIREITOS CONSTITUCIONAIS E O RISCO À DIVERSIDADE

O rechaço à supremacia dos valores constitucionais no direito internacional privado tem raiz no receio de vinculação da disciplina ao direito interno, em uma nacionalização do tratamento do fato transnacional, que, por definição, não possui vínculo somente com o ordenamento do foro.

Moura Ramos reconhece esse *perigo de retorno* ao particularismo no direito internacional privado, mas sustenta que se pretende "impedir que as regras de conflitos neguem grosseiramente os valores constitucionais, aqueles que por definição constituem a cúpula do edifício jurídico e que devem ser respeitados por todo o ordenamento"[60].

Ao se consagrar a conformação do direito internacional privado às normas constitucionais, corre-se o risco de impor uma concepção nacionalista da disciplina, na medida em que suas regras (inclusive as previstas em tratados internacionais) devem ser subordinadas ao texto de cada Constituição.

No atual estágio do constitucionalismo brasileiro, houve a explícita incorporação de valores nos textos constitucionais, em especial voltados à promoção da dignidade humana e direitos fundamentais[61]. O artigo 3º, I, estipula que um dos objetivos da República Federativa do Brasil é a construção de uma "sociedade livre, justa e solidária". Esse dispositivo é, para Bercovici, uma norma-fim, da qual o Estado brasileiro retira sua legitimidade e justifica sua intervenção na vida social[62].

O amplo catálogo de direitos previstos na Constituição, que conta inclusive com o reconhecimento de direitos decorrentes do regime jurídico, princípios constitucionais e tratados celebrados pelo Brasil (artigo 5º, § 2º, da CF/88[63]), contaminou as relações privadas, naquilo que se denomina eficácia

---

Supremo Tribunal Federal, Extradição n. 417/Argentina, Rel. Original Min. Alfredo Buzaid, Rel. para o Acórdão Oscar Dias Côrrea, julgamento de 20 de maio de 1984, DJ 21/09/1984, pp. 1571. BARROSO, Luís Roberto. *Interpretação e aplicação da Constituição.* 7ª ed., São Paulo: Saraiva, 2009, p. 43-48.

60. RAMOS, Rui Manuel Gens de Moura. *Direito Internacional Privado e Constituição* – introdução a uma análise das suas relações. 3ª reimpressão,Coimbra: Coimbra Ed., 1994, p. 210.

61. BARCELLOS, Ana Paula de."Neoconstitucionalismo, Direitos fundamentais e controle das políticas públicas" *in Revista de Direito Administrativo,* n. 240, 2005, pp. 83-103, em especial p. 85.

62. BERCOVICI, Gilberto. *Petróleo, recursos naturais e apropriação do excedente.* A soberania econômica na Constituição de 1988. Tese apresentada ao Concurso de Professor Titular junto ao Departamento de Direito Econômico, Financeiro e Tributário – Área de Direito Econômico e Economia Política da Faculdade de Direito da Universidade de São Paulo. São Paulo, 2010, p. 185.

63. CF/88. Art. 5º, (...) § 2º Os direitos e garantias expressos nesta Constituição não excluem outros decorrentes do regime e dos princípios por ela adotados, ou dos tratados internacionais em que a República Federativa do Brasil seja parte.

horizontal dos direitos humanos[64]. Aplicar o catálogo de direitos somente às relações privadas nacionais, excluindo as relações privadas transnacionais, seria adotar um tratamento diferenciado injustificado[65]. Assim, as visões anteriores de restrição à afirmação dos direitos constitucionais no direito internacional privado são insuficientes, pois limitam a força normativa da Constituição, abalando a doutrina brasileira da efetividade constitucional.

Se não é possível imunizar as relações jurídicas transnacionais diante da promoção da dignidade humana e da proteção de direitos, o uso da técnica de proteção de direitos constitucionais introduz uma visão parcial da temática, baseada em como os direitos são delimitados no plano doméstico.

Traduzindo os valores nacionais na linguagem dos direitos, o controle de constitucionalidade impõe a supremacia da interpretação nacionalista das colisões de direitos existentes nos fatos transnacionais. Por exemplo, no já citado *leading case* do controle de constitucionalidade do Tribunal Constitucional Federal da Alemanha, a prevalência à liberdade de dissolução do matrimônio foi dada sob a ótica da defesa de direitos da Lei Fundamental de Bonn, desconsiderando-se como é feita a defesa de direitos no Estado estrangeiro.

Se, de um lado, é inegável que os estados democráticos redimensionaram o papel das Constituições e do próprio direito internacional privado no decorrer do século XX, adicionando o objetivo de justiça material nas relações privadas, o uso da técnica da promoção dos direitos constitucionais reforça a fragmentação do tratamento dado aos fatos transnacionais e maximiza o risco do desprezo de outras fórmulas de ponderação entre os direitos envolvidos.

Em uma disciplina que maneja a potencial aplicação de direito estrangeiro, a técnica de proteção de direitos constitucionais implica necessariamente em não dar o necessário peso a distintas concepções de direitos e, consequentemente, ao direito à diversidade cultural. O direito internacional privado ganha, assim, mais um reforço no que tange à fragmentação e à recusa de tratamento universal dos fatos transnacionais, reforçando a existência de um mosaico de institutos de defesa de direitos, cada qual atuando sem a devida consideração com a promoção de outros direitos envolvidos no fato transnacional.

64. A eficácia horizontal dos direitos humanos será vista em maior detalhe na Parte III deste livro.

65. Nesse sentido, ver BARROSO, Luís Roberto. *Interpretação e aplicação da Constituição.* 7ª ed., São Paulo: Saraiva, 2009, p. 51-52. BARROSO, Luís Roberto. "A Constituição e o conflito de normas no espaço. Direito Constitucional Internacional" *in Revista da Faculdade de Direito da Universidade do Estado do Rio de Janeiro.* n. 4, 1996, pp. 201-230.

A necessidade de proteção desses novos direitos leva ao risco de fragmentação na disciplina, gerando uma assistematicidade na interpretação dos direitos dos indivíduos envolvidos nos fatos transnacionais. A fragmentação de fontes e métodos busca a promoção de direitos, agora parte integrante dos objetivos do direito internacional privado, a partir da consolidação dos novos interesses a serem protegidos pela disciplina.

CAPÍTULO

6

A ERA DO MOSAICO: A FRAGILIDADE E A POUCA NITIDEZ DA IMAGEM DO DIREITO INTERNACIONAL PRIVADO

O direito internacional privado heterogêneo reagiu, ao longo das décadas, à pluralidade de fontes, de métodos e de objetivos, bem como às novas exigências do Estado social, por meio da adoção de novos institutos ou, ainda, pela reconfiguração de antigos, com a finalidade de atender à diversidade de interesses defendidos agora pela disciplina.

Essas pluralidades acima expostas revelam também a heterogeneidade de interesses entre os envolvidos nos fatos transnacionais, gerando aquilo que Jayme e Lima Marques denominam de *pluralismo de papéis* dos sujeitos de direitos, que se especificam como consumidores, crianças, idosos, pessoas com deficiência, entre outros[1].

Contudo, o direito internacional privado da heterogeneidade *não* foi construído de modo sistemático e orgânico, sendo resultado, antes, de uma *coexistência tolerada* do que de uma forma de *cooperação integrada*.

Tolera-se a pluralidade de métodos como consequência incontornável da necessidade de consecução de novos objetivos no direito internacional privado.

1. JAYME, Erik. "Identité culturelle et intégration: le droit international privé postmoderne" *in Recueil des cours de l'Académie de Droit International de la Haye*, vol. 251, 1995, pp. 9-267, em especial p. 33 e p. 251 e seguintes. MARQUES, Claudia Lima. "Direito na pós-modernidade e a teoria de Eric Jayme" *in* OLIVEIRA JUNIOR, Jose Alcebíades de. (Org.). *Faces do multiculturalismo: teoria – política – direito*. Santo Ângelo: EDIURI, 2007, pp. 21-36, em especial p. 21.

Porém, esses objetivos não estão integrados e referenciados entre si: um determinado direito pode ser valorizado por uma fonte e um método sem que seja levada em consideração a ofensa a outros direitos no mesmo fato transnacional.

Ademais, a adição de novos métodos em um ambiente de proliferação de fontes nacionais e internacionais do direito internacional privado permite que um Estado valorize um direito e outro Estado o comprima, gerando desarmonia internacional e consequente corrida para a escolha do melhor foro e da melhor lei.

Assim, a reação do direito internacional privado heterogêneo diante dos diversos interesses dos indivíduos é errática e assistemática, com institutos voltados à defesa unidimensional de determinados direitos, desconsiderando outros.

Essa desagregação do direito internacional privado estimula inclusive críticas – como vistas acima – daqueles que questionam a evolução da disciplina, como se fosse possível o retorno ao paradigma do Estado liberal e ao direito internacional privado informado pela justiça conflitual.

O retorno é ainda mais incabível se forem levadas em consideração as promessas não cumpridas de (i) uniformidade e (ii) neutralidade do direito internacional privado tradicional: a uniformidade não se realizou pela falta de acordo entre os Estados sobre as regras de localização do direito aplicável, que nunca foram consensuais; a neutralidade na adoção das regras de localização era apenas aparente, já que elas eram vinculadas à consecução de políticas públicas de cada Estado.

Como não é possível o retorno ao direito internacional privado tradicional ou clássico, resta ao direito internacional privado heterogêneo lidar com suas pluralidades por intermédio de um grupo de institutos, analisados acima, que se encontram vinculados apenas formalmente à disciplina, sem maior interação, fazendo nascer um verdadeiro mosaico.

A metáfora do mosaico é adotada aqui porque sugere justamente uma organização de pequenas peças colocadas sobre uma superfície, buscando transmitir uma imagem, no caso, a da disciplina "direito internacional privado". Contudo, examinando a imagem com cuidado, percebe-se que ela não é única, pois as peças (a pluralidade do direito internacional privado heterogêneo) são distintas, sequer levam em consideração umas às outras, e o material que as une não é sólido, pertencendo as peças apenas formalmente à disciplina, contando cada uma com seu próprio propósito isolado. Com tal fragilidade na união e sem um propósito comum, as peças colocadas no mosaico chegam a distorcer a imagem do direito internacional privado, perdendo os contornos contemporâneos da nitidez da disciplina.

Nesse panorama, o *princípio do favorecimento* compõe, inicialmente, a era do mosaico no direito internacional privado. Se, de um lado, a valorização do princípio do favorecimento e seu uso intensivo em tratados e leis domésticas de direito internacional é consequência irreversível da introdução de novos objetivos no direito internacional privado heterogêneo relacionados com a justiça material, vê-se que a técnica do direito prioritário sofre com a ausência da consideração dos demais direitos dos indivíduos envolvidos nos fatos transnacionais. Esse lado unidimensional do princípio do favorecimento torna opaco e sem fundamentação seu uso na situação comum de colisão de direitos, como se viu, por exemplo, na adoção do *favor filiationis* e seu conflito óbvio com o *favor impugnationis*. A opacidade é mantida no caso do uso do princípio do favorecimento por meio da comparação, pela qual o intérprete deve adotar uma "lei mais favorável", ainda que seja mais favorável em determinado aspecto e menos favorável em outro.

No que tange à *ordem pública* de direito internacional, o instituto foi reconfigurado, com parcela da doutrina clamando pela sua conformação à luz dos direitos humanos. Com essa conformação, a ordem pública passa a incorporar a promoção dos direitos agora considerados como "valores essenciais do foro". A técnica da prevalência do direito essencial por intermédio da ordem pública também é unidimensional, pois ignora o direito à diferença e pode impor a interpretação nacional de determinado direito. Ademais, os reclamos doutrinários que levaram à criação de formas amenas de ordem pública, como a ordem pública da proximidade, implicam no risco de se aceitar práticas que violam direitos dos envolvidos nos fatos transnacionais somente porque não há vínculo forte com o foro. A ordem pública vive o seu dilema da intolerância, que é visto tanto pela adoção da visão nacional da delimitação dos direitos quanto pela negação de seu uso (em casos de atenuação da ordem pública). Novamente, constata-se uma visão inapropriada à pluralidade de objetivos – e dos consequentes direitos – relacionados à regulação do fato transnacional.

A terceira peça estudada do mosaico foi a *norma de aplicação imediata* (norma imperativa). Fruto da defesa explícita de direitos tais quais entendidos pelo foro, as normas de aplicação imediata impõem sua visão da configuração dos direitos, negando proteção ao direito que entre em colisão com o direito protegido. A rejeição da alteridade e o desrespeito ao direito à diferença, que também representam objetivos da disciplina, são evidentes.

A última peça do mosaico analisada consiste no *controle de constitucionalidade*. Fruto da mudança de paradigma dos papéis do Estado no séc. XX – do Estado liberal para o Estado social –, a constitucionalização do direito internacional privado gerou, como consequência, a impregnação dos direitos constitucionais na disciplina. A técnica da eficácia transnacional dos direitos e valores constitucionais também representa risco à diversidade. As fórmulas intermediárias de controle de constitucionalidade (somente as regras materialmente constitucionais serviriam de normas paramétricas) são insuficientes, pois não enfrentam a desconsideração de interpretação que não seja a do foro.

O lado unidimensional de cada peça fragiliza o direito internacional privado heterogêneo, pois a imagem do mosaico perde nitidez e se distorce. Cria-se nova dimensão do direito internacional privado particularista, que é baseada no predomínio dos direitos tal qual configurados pelo foro. Como suas peças não consideram o conjunto de direitos defendidos pelo direito internacional privado heterogêneo, surgem reações negacionistas e apelos à volta do direito internacional clássico que, aparentemente, era homogêneo.

Struycken, por exemplo, defende a ausência de superioridade de valores contidos na regra do foro em relação aos da lei estrangeira indicada. O autor defendeu a necessidade de respeito aos valores da lei estrangeira, oriundos de uma história jurídica e de relações sociais que não podem ser ignoradas pelo Estado do foro em nome de uma "pregação arrogante para impor o seu próprio evangelho jurídico". Seria inevitável a diferença de visões sobre o direito justo e a justiça em situações transnacionais, somente sendo possível o uso da "válvula de segurança" da ordem pública se a aplicação da lei estrangeira redundasse em resultados "repugnantes"[2]. Como exemplo, o autor menciona a questão de outorga de alimentos em um caso de divórcio de casal norte-americano (domiciliado no Texas) na Suíça, que possui legislação que reconhece a aplicação da lei da nacionalidade comum. Ao aplicar a lei texana, não caberia a fixação de alimentos após o divórcio. Apesar de a lei material suíça ser diferente (favorável à outorga de alimentos), não haveria motivo para a adoção de princípio do

2. Tradução livre. *In verbis:* "Would the forum not unduly ignore the legal history and the social relations in that foreign country by arrogantly preaching and imposing its own legal gospel? (...) Courts always have the safety valve of the *"ordre public"*, public policy. However, the safety valve has to be used with restraint. Where application of some foreign law would really lead to repugnant results, courts can refuse." STRUYCKEN, Antoon Victor Marie. "Co-ordination and Co-operation in Respectful Disagreement: General Course on Private International Law" *in Recueil des cours de l´Académie de Droit International de La Haye*, vol. 311, 2004, pp. 9-551, em especial p. 222.

favorecimento, desrespeitando a lei texana, que seria tão somente o produto de uma cultura diferente[3].

Contudo, o retorno ao modelo clássico localizador levaria também ao desrespeito a direitos, sem resolver o drama da opacidade na avaliação dos direitos envolvidos (o que seria um "resultado repugnante"?).

Em conclusão, o direito internacional privado heterogêneo necessita continuar sua evolução. A pluralidade nele contida exige que seja incorporada técnica que dê coerência aos diversos objetivos e os consequentes direitos dos envolvidos nos fatos transnacionais. Tratar de direitos em colisão no direito internacional privado exige que sejam feitos juízos transparentes de preferência por meio de valoração consistente. A valoração é feita por intermédio de comparações racionais, que, então, asseguram coerência à disciplina e lhe permitem retomar o universalismo pretendido desde sua origem, como veremos na Parte III da obra.

3. *In verbis*: "Where Swiss law is different, would it be a good reason for a Swiss divorce court not to apply Texan law? Why should it not respect the law of the land of the Texan couple? Texan law presents the outcome of a different culture." STRUYCKEN, Antoon Victor Marie. "Co-ordination and Co-operation in Respectful Disagreement: General Course on Private International Law" *in Recueil des cours de l'Académie de Droit International de La Haye*, vol. 311, 2004, pp. 9-551, em especial p. 224.

PARTE III

O DIREITO INTERNACIONAL PRIVADO E A CONSTRUÇÃO DA COERÊNCIA

CAPÍTULO

1

A BUSCA DA SISTEMATICIDADE FORMAL E DA LEGITIMIDADE SUBSTANCIAL NO DIREITO INTERNACIONAL PRIVADO

No direito internacional privado atual, coexistem o objetivo de proteção dos interesses tidos como *tradicionais* da disciplina e o objetivo de proteção dos *novos* interesses de direito material que foram agregados ao DIPr ao longo do século XX e XXI. A coexistência entre objetivos é realizada por meio da pluralidade de métodos e fontes, concatenados para que os interesses múltiplos envolvidos na disciplina sejam promovidos.

A coordenação entre os objetivos, métodos e fontes passa a ser tema central do direito internacional privado, implicando em busca de coerência entre os métodos e fontes como etapa indispensável para que se obtenha a preservação de direitos individuais e difusos dos envolvidos nos fatos transnacionais.

Gaudemet-Tallon assinala que o direito internacional privado busca uma "coerência sistemática" do seu pluralismo. Para a autora, o direito internacional privado apresenta-se inicialmente como um arco-íris, cujas cores se misturam no céu. As categorias jurídicas, os objetivos perseguidos e as diferentes fontes do direito não se distinguem mais com clareza. Uma segunda imagem trazida pela autora é a do equilibrista na corda bamba, o que faz a disciplina buscar a compatibilização de imperativos diversos ao mesmo tempo em que não pode ater-se ao imobilismo, pois a queda seria inevitável: deve continuar a caminhar, mas sem precipitação ou correria, pois também nessa hipótese a queda ocorrerá[4].

Os interesses tradicionalmente defendidos pela disciplina são voltados à localização do ordenamento jurídico ao qual será vinculada determinada relação transnacional, tanto do ponto de vista do direito aplicável quanto da definição de jurisdição ou da cooperação jurídica internacional em matéria cível.

Por essa ótica, determinado indivíduo não possui um interesse de direito material a ser promovido pelo direito internacional privado, mas tem um interesse na localização do ordenamento cuja lei ou jurisdição seja a mais adequada para regular o fato transnacional no qual esteja envolvido.

Desse ponto de vista tradicional, os sujeitos das relações jurídicas transnacionais possuem interesses em terem a regulação dessas relações pelo ordenamento ao qual estejam mais intimamente vinculados, facilitando a realização de atos e negócios jurídicos. Há também interesses difusos (ou gerais) da comunidade como um todo, que pugnam pela proteção da segurança jurídica nos fluxos transnacionais, gerando a mesma solução jurídica aceita por todos os estados com vínculos com o fato transnacional em análise. A harmonia jurídica internacional favoreceria o desenvolvimento da circulação jurídica transnacional, concretizando o interesse difuso da coletividade a ser protegido pelo direito internacional privado[5].

O avanço de outros métodos do direito internacional privado, como o método indireto flexível com regras de conexão materiais ou mesmo o método direto, adicionou objetivos materiais e, simultaneamente, valores e desvalores na matéria.

Conforme Miguel Reale, a primeira consequência da introdução do conceito de valor em uma disciplina jurídica é a bipolaridade, ou seja, o reconhecimento de que a todo valor corresponde um desvalor, sendo ambos - valor e desvalor - definidos historicamente[6]. Por exemplo, o direito internacional privado das famílias convive com o valor de preservação da unidade familiar (*favor matrimonii)* e o valor de respeito à liberdade de seus componentes em pugnar pela dissolução do mesmo matrimônio (*favor divortii).*

---

4. GAUDEMET-TALLON, Hélène. "Le pluralisme en droit international privé: richesses et faiblesses (le funambule et l'arc-en-ciel): cours général" *in Recueil des Cours de l´Académie de Droit International de la Haye*, vol. 312, 2005, pp. 9-488, em especial p. 23 e 24.

5. FERRER CORREIA, António. "Principais interesses a considerar na resolução dos conflitos de leis" *in* FERRER CORREIA, António. *Direito internacional privado – Estudos Jurídicos III*. Coimbra: Atlântida, 1970, pp. 84-92, em especial p. 85-86.

6. REALE, Miguel. *Pluralismo e liberdade.* 2ª ed., Rio de Janeiro: Expressão e Cultura, 1998, pp. 45-46.

O choque entre valores no direito internacional privado é desnudado também pela erupção dos direitos humanos na seara jusprivatista, que passa a ter uma nova centralidade com o respeito à dignidade humana e aos direitos essenciais de todos. Esses direitos direcionam as atividades estatais e também as ações dos agentes privados, contudo, é mantida a arena de antagonismos: há direitos em conflito que são invocados pelas partes adversas envolvidas.

Outro fator de colisão de valores no direito internacional privado corresponde ao direito à diferença, que, para Dolinger, em conjunto com o princípio da proximidade, seria a fonte de aproximação de todos os povos do mundo[7]. Para o autor, o "direito internacional privado nos ensina a tolerância para com o estrangeiro, a tolerância para com os sistemas jurídicos estrangeiros, a aceitação do princípio e das regras que conduzem a uma lei estranha à nossa (...)"[8].

Goldschmidt denominava a disciplina de "direito da tolerância"[9], considerando que o verdadeiro direito internacional privado era baseado no cosmopolitismo, oposto ao chauvinismo jurídico, que se manifesta pelo respeito ao estrangeiro e ao que é diferente do que comumente admitido no foro[10]. Depréz assevera ser o direito internacional privado um convite à alteridade, devendo-se evitar a superioridade entre civilizações, o estabelecimento de hierarquias no choque dos direitos e, no limite, o etnocentrismo[11].

Contudo, o respeito à alteridade, fruto da tolerância, pode entrar em choque com a afirmação da universalidade dos direitos humanos. A heterogeneidade das diversas opções legislativas locais aplicadas aos fatos transnacionais são confrontadas com parâmetros normativos (direitos humanos) que pugnam pela supremacia universal. Ao mesmo tempo, o direito à diversidade cultural consta no rol dos direitos protegidos, como se vislumbra na Convenção da UNESCO sobre a proteção do patrimônio cultural imaterial, de 2003.

7. No original: "(...) we should launch the idea that private international law is the law of proximity, the law that has as its main object, its underlying philosophical-political goal, the approximation of all peoples of the world". DOLINGER, Jacob. "Evolution of principles for resolving conflicts in the field of contracts and torts" *in Recueil des Cours de l'Académie de Droit International de la Haye*, vol. 283, 2000, pp. 187-512, em especial p. 503.

8. DOLINGER, Jacob. "Da Dignidade da Diferença ao Moderno Direito Internacional Privado" *in* DOLINGER, Jacob. *Direito e Amor – e outros temas*. Rio de Janeiro: Renovar, 2009, pp. 131-143, em especial p. 143.

9. GOLDSCHMIDT, Werner. *Derecho Internacional Privado. Derecho de la Tolerancia*. 7.ed. Buenos Aires: Ediciones Depalma, 1990, p. XXI.

10. GOLDSCHMIDT, Werner. *Sistema y filosofia del derecho internacional privado*. Tomo I, 2ª ed., Buenos Aires: Ediciones Juridicas Europa-America, 1952, p. 32-33.

11. DÉPREZ, Jean. «Droit international privé et conflits de civilisations – aspects méthodologiques» *in Recueil des Cours de l'Académie de Droit International de la Haye*, vol. 211, 1988, pp. 9-372, em especial p. 36.

Fica definido mais um antagonismo no direito internacional privado contemporâneo, que implica em saber como garantir o respeito aos direitos humanos e, simultaneamente, respeitar a diversidade cultural e as opções estrangeiras distintas das opções adotadas pelo foro.

Além disso, a tendência em um processo de integração econômica, como o europeu, é a criação de um "espaço único de direito", na expressão de Jayme, que impacta o direito internacional privado, cujas regras não podem servir para obstaculizar o fluxo de pessoas em um mercado comum. Ergue-se um novo interesse a ser levado em conta pelo direito internacional privado: o de assegurar a liberdade de circulação de pessoas[12].

As colisões e tensões aguçaram-se no contexto da globalização, que, como assinala Muir Watt, gerou o exponencial aumento dos fatos transnacionais, com a intensificação da velocidade das trocas comerciais e a interconexão entre os mercados, inclusive pela utilização maciça da internet[13].

Nesse contexto, os fatos transnacionais tornam-se cada vez mais complexos e envolvem direitos de diversos indivíduos e comunidades. Reflexo dessa complexidade são os casos de danos causados por empresas de atuação global, que criam, para evitar a reparação devida, estratégias de busca do "melhor direito" e da "melhor jurisdição", bem como estabelecem "véus corporativos" com a separação entre empresas do mesmo grupo econômico para frustrar a execução de sentenças estrangeiras[14]. A busca do direito aplicável e da definição de jurisdição, nesse caso, deve envolver não só o respeito à liberdade, autonomia negocial e segurança jurídica aos investidores,

12. JAYME, Erik. «Le droit international privé du nouveau millénaire: la protection de la personne humaine face à la globalisation / conférence prononcée le 24 juillet 2000» *in Recueil des Cours de l´Académie de Droit International de la Haye,* vol. 282, 2000, pp. 9-40, em especial p. 24-25.

13. Aponte-se o uso, no idioma francês, do termo "mondialisation" (mundialização). WATT, Horatia Muir. «La globalisation et le droit international privé» *in* ANCEL, Bertrand; AUDIT,Mathias e LAGARDE, Paul (edits). *Mélanges en l'honneur du Professeur Pierre Mayer.* Paris: LGDJ, 2015, pp. 591-606, em especial p. 591.

14. Como exemplo, Varella menciona o derramamento de petróleo gerado pela explosão da plataforma *Deepwater Horizon*, em abril de 2010, na costa do estado da Louisiana, Estados Unidos, gerando prejuízo de bilhões de dólares e danos severos ao meio ambiente. A plataforma havia sido alugada pela empresa British Petroleum, pertencendo à empresa Transocean. O pavilhão de registro era nas Ilhas Marshall (Estado com aproximadamente *65 mil habitantes* – exemplo de bandeira de conveniência e sujeito a toda sorte de influência do poder econômico transnacional na sua elaboração legislativa), cuja lei seria a responsável pela regulação da qualidade da operação e investigação do acidente. VARELLA, Marcelo Dias. *Internacionalização do direito: Direito internacional, globalização e complexidade.* Tese apresentada na Faculdade de Direito da Universidade de São Paulo (USP), como exigência parcial à obtenção do titulo de Livre-Docência em Direito Internacional, 2012, em especial p. 117. Disponível em: https://www.uniceub.br/media/186548/MVarella.pdf. Acesso em: 30/05/2024. Anteriormente, em 1978, o afundamento do superpetroleiro Amoco Cadiz nas costas francesa e espanhola também gerou discussão sobre a cadeia de responsabilização. Ver mais em BALLARINO, Tito. «Questions de droit international privé et dommages catastrophiques» *in Recueil des Cours de l´Académie de Droit International de la Haye*, vol. 220, 1990, pp. 289-387 em especial p. 342-345.

mas também ao direito difuso ao meio ambiente equilibrado, entre outros direitos dos afetados pelas atividades das corporações multinacionais.

Outro exemplo diz respeito à contratação internacional ofensiva a direitos humanos internacionalmente protegidos. Na hipótese de uma empresa utilizar trabalho infantil – lícito em certo Estado – e vender seus produtos para país desenvolvido – no qual o trabalho infantil é proibido –, surge a dúvida sobre como deve ser feita a coordenação entre as diversas fontes (e seus métodos) de normas incidentes, inclusive em um ambiente de autonomia da vontade das partes, que permite a escolha da norma e a submissão de eventual rescisão do contrato à arbitragem[15].

As duas situações ilustram a diversidade e a relatividade dos valores que podem estar inseridos nos métodos e fontes da disciplina, confrontando a liberdade dos agentes econômicos com a defesa de outros direitos, inclusive direitos difusos.

Ao mesmo tempo, a relatividade enfrenta a pulsão de unificação que advém da irradiação da gramática de direitos humanos para conformar a formatação jurídica dos fatos transnacionais. O ambiente no qual o direito internacional privado tradicional ou clássico sedimentou-se foi a delimitação territorial de estados soberanos que lidam com fatos vinculados a outros ordenamentos estrangeiros. Já na era de globalização e de pluralidade de fontes nacionais e internacionais, o direito internacional privado enfrenta a existência de uma ordem de valores cuja primazia funda-se sobre uma pretensão de fundamentalidade valorativa e não mais sobre a pretensão de soberania.

A busca da unidade de interpretação e legitimidade em um ambiente de fragmentação (o "mosaico" do DIPr visto na Parte II) exige, preliminarmente, que se reconheça a existência de diferentes direitos que são justamente a tradução atual dos diversos interesses protegidos pela disciplina (hierarquia de valores vista na Parte II).

Ferrer Correia admite que os interesses sejam graduados em uma escala de valores, contudo, essa tarefa seria de "extrema dificuldade"[16]. Para permitir que seja feita essa graduação, propõe-se neste livro que, inicialmente, esses interesses sejam traduzidos de direitos dos envolvidos nas relações intersubjetivas

15. Sobre o direito internacional privado e seu impacto na regulação de violações de direitos humanos por parte de empresas, ver EECKHOUT, Veerle van den. «Corporate Human Rights Violations and Private International Law – The Hinge Function and Conductivity of PIL in Implementing Human Rights in Civil Proceedings in Europe: A Facilitating Role for PIL or PIL as a Complicating Factor?" (November 25, 2011). Disponível em: SSRN: https://ssrn.com/abstract=1964441. Acesso em: 30/05/2024.

16. FERRER CORREIA, António. "Principais interesses a considerar na resolução dos conflitos de leis" *in* FERRER CORREIA, António. *Direito internacional privado – Estudos Jurídicos III*. Coimbra: Atlântida Editral, 1970, pp. 84-92, em especial p. 92.

transnacionais, seguida da discussão dos vetores de interpretação dos direitos em colisão que consigam dar consistência e coerência à disciplina.

Esses distintos interesses (traduzidos em direitos) possuem múltiplas fontes na disciplina, que hoje se encontra inserida no chamado pluralismo jurídico. Serão vistos, a seguir, os diversos aspectos do pluralismo jurídico e do reconhecimento de direitos e seu impacto no direito internacional privado.

CAPÍTULO

2

O PLURALISMO JURÍDICO E A GRAMÁTICA DOS DIREITOS

2.1. A ACEITAÇÃO DO PLURALISMO JURÍDICO NO DIREITO INTERNACIONAL PRIVADO: A HETEROGENEIDADE AGRAVADA

O pluralismo jurídico consiste no reconhecimento da existência de várias ordens jurídicas que convivem no mesmo espaço e tempo[1]. Para MacCormick, o pluralismo jurídico da atualidade é composto (i) pela ordem nacional, (ii) pela ordem internacional e ainda (iii) pela ordem regional (oriunda dos processos de integração econômica, como o da União Europeia), tendo substituído uma visão "monocular", pautada somente na soberania do Estado, por uma visão policêntrica de interação entre as diferentes ordens jurídicas[2].

O pluralismo jurídico foi retratado em estudos sob o ângulo constitucional (e sua relação com normas internacionais), com as denominações de "constitucionalismo multinível"[3], "pluralismo constitucional"[4], "interconsti-

1. BELLEY, Jean-Guy. «Pluralisme juridique» *in* ARNAUD, A.-J. (dir.). *Dictionnaire encyclopédiquedethéorieetdesociologie* du *droit*. 2ª ed., Paris: LGDJ, 1993, pp. 443-449.
2. MACCORMICK, Neil. "Beyond the Sovereign State" *in Modern Law Review*, vol. 56, nº 1, 1993, pp. 1-18, em especial p. 4-6.
3. PERNICE, Ingolf. "Multilevel constitutionalism and the Treaty of Amsterdam: European constitution-making revisited" *in Common MarketLawReview*, n. 36, 1999, pp. 703-750. PERNICE, Ingolf. "The Treaty of Lisbon: Multilevel Constitutionalism in Action" *in The Columbia Journal of European Law*, vol. 15, nº 3, 2009, pp. 350-407.
4. WALKER, Neil. "The Idea of Constitutional Pluralism" in *The Modern Law Review*, n. 65, 2002, pp. 317-359, em especial p. 339.

tucionalidade"[5], "transconstitucionalismo"[6], "cross-constitucionalismo"[7], "constitucionalismo global"[8], "constitucionalismo internacional"[9], "constitucionalismo transnacional"[10], entre outros. Já os estudos sobre o pluralismo jurídico que utilizam, como ponto de partida, a análise da relação entre direito internacional e direito interno, utilizam a expressão "internacionalização do Direito"[11], que atesta a impregnação de normas internacionais em todos os ramos do direito nacional e gera o pluralismo de ordens jurídicas (na expressão de Delmas-Marty[12]) na convivência de normas nacionais e internacionais.

Inicialmente, relata Delmas-Marty que o sonho da unidade jurídica entre as diversas comunidades humanas percorreu os séculos, tendo, como exemplos, o cosmopolitismo de Kant ou a defesa da fusão de diferentes tradições para que fosse construído um único ordenamento, de cunho supranacional. Em face da ausência de um único ordenamento entre os povos, restaria a análise das possibilidades de *ordenação* e *convivência* das ordens jurídicas existentes[13].

A convivência de normas pressupõe a comunicação ao invés de assimilação, sendo, por isso, distinta de fórmulas hierarquizadas de aplicação do direito estrangeiro. Contudo, não corresponde, como bem assinala Muir Watt, a uma "tolerância com o intolerável", pois o direito internacional privado no seio do pluralismo jurídico pode também possuir mecanismos de exclusão do direito estrangeiro[14].

---

5. CANOTILHO, José Joaquim Gomes. *'Brancosos' e Interconstitucionalidade.* Itinerários dos Discursos sobre a Historicidade Constitucional. Coimbra: Almedina, 2008.
6. NEVES, Marcelo. *Transconstitucionalismo.* São Paulo: Martins Fontes, 2009.
7. TAVARES, André Ramos. "Modelos de uso da jurisprudência constitucional estrangeira pela justiça constitucional" *in Revista Brasileira de Estudos Constitucionais.* Belo Horizonte, ano 3, n. 12, pp. 17-55, 2009.
8. CUNHA, Paulo Ferreira da. "Do constitucionalismo global" *in Revista Brasileira de Direito Constitucional,* n. 15, 2010, pp. 245-255.
9. CLAVERO, Bartolomé. *Derecho global.* Por uma historia verosímil de los derechos humanos. Madrid: Trotta, 2014, p. 192.
10. ARAGÓN REYES, Manuel "La Constitución como paradigma" *in* CARBONELL SÁNCHEZ, Miguel.*Teoría del neoconstitucionalismo:* ensayos escogidos. Madrid: Trotta, 2007, pp. 29-40.
11. DIAS, Jorge de Figueiredo (org). *Internacionalização do direito no novo século.* Coimbra: Coimbra Editora, 2009.CASELLA, Paulo Borba. "Introdução: ratificação pelo Brasil da Convenção de Nova Iorque de 1958 – internacionalização do direito e relações entre o direito internacional e direito Interno" *in* WALD, Arnold; LEMES, Selma Ferreira (coords). *Arbitragem comercial internacional:* a convenção de Nova iorque e o Direito Brasileiro. São Paulo: Saraiva, 2011, pp. 19-51.
12. DELMAS-MARTY, Mireille. *Le pluralisme ordonné.* Paris: Seuil, 2004.
13. Para a autora, «(...) Le rêve d´unité juridique a parcouru des siècles et traversé les cultures». DELMAS--MARTY, Mireille. *Le pluralisme ordonné.* Paris: Seuil, 2004, em especial p. 12 e seguintes.
14. WATT, Horatia Muir. "Jurisprudence without confines: Private International Law as Global Legal Pluralism" *in Cambridge Journal of International and Comparative Law,* vol. 5, issue 3, 2016, pp. 388-403, em especial p. 400-401.

No direito internacional privado, o pluralismo jurídico revela-se agudamente na formatação de direitos que integram as relações jurídicas transnacionais. Na medida em que cada ordem jurídica (nacional, internacional e regional) possui o seu catálogo de direitos, os interesses privados com vínculos de estraneidade passam a possuir distintas delimitações, a depender da regra que venha a incidir. A assunção de catálogos de direitos pelas ordens jurídicas plurais e justapostas cria um ambiente de *tensão latente* que pode surgir pela maior ou menor abrangência dos direitos dos sujeitos envolvidos nos fatos transnacionais.

Consolida-se, no século XXI, uma *heterogeneidade agravada* da disciplina, que agora é impactada por outras ordens jurídicas. À heterogeneidade composta pela pluralidade de fontes, métodos e objetivos do direito internacional privado, soma-se uma nova camada de heterogeneidade pela existência de ordens jurídicas que formatam direitos incidentes sob os mesmos fatos transnacionais regulados pela disciplina, a exemplo do direito internacional dos direitos humanos e do direito da integração econômica. O direito internacional privado ganha, então, um reforço de heterogeneidade aqui denominado de heterogeneidade agravada.

Cabe, então, retomar o desenvolvimento histórico da disciplina no que tange à relação entre as ordens jurídicas nacional e internacional. A partir da segunda metade do século XIX, o direito internacional privado dos estados europeus e também na América Latina foi marcado pela convivência de leis nacionais com convenções internacionais criadas para padronizar e universalizar as regras estatais de direito internacional privado. No plano americano, a edição do Código Bustamante foi o ápice do movimento de padronização, com a delimitação do alcance espacial das regras materiais nacionais. No século XX, os tratados internacionais, a partir da atividade da Conferência da Haia de Direito internacional privado e, nas últimas décadas, da Organização dos Estados Americanos, buscaram estabelecer regras de conexão bilaterais, inclusive introduzindo regras de conexão materiais. Esse movimento de pluralidade de métodos do direito internacional privado é acompanhado também pela evolução da disciplina nos Estados Unidos, em claro movimento de influências recíprocas entre os Estados.

No século XXI, o direito internacional privado da heterogeneidade também é influenciado pela consagração dos direitos humanos dos envolvidos nos fatos transnacionais, o que impulsiona mais um método na disciplina: o método do reconhecimento, que tem como nota característica a assunção da formação e interpretação do conteúdo de direitos no ordenamento estrangeiro, sem remissão ao método indireto clássico. O *método do reconhecimento* tem como pressuposto a afirmação do pluralismo jurídico, gerando uma percepção do relacionamento de convivência entre as ordens jurídicas nacionais e internacional.

Na atualidade, a heterogeneidade agravada do direito internacional privado decorre da existência de várias ordens jurídicas, irredutíveis entre si, cada uma com regras próprias de validade, de interpretação e campo de aplicação normativo[15]. Não há hierarquia, mas a decisão de dar efeito a normas externas a uma ordem jurídica depende da ordem jurídica de acolhimento, naquilo que Santi Romano denomina de decisão de tornar relevante uma norma externa por outra ordem jurídica. Para o autor, o direito internacional privado insere-se na vontade de um Estado que maneja sua ordem jurídica de modo a deixar espaço para a atuação da ordem jurídica de outro Estado[16]. A recusa em acolher uma norma externa implica somente em uma negação de relevância e não de juridicidade, de modo que inexiste hierarquia entre a norma acolhedora e a norma externa, mesmo que a primeira negue efeito de acolhimento à última, pois a diversidade das normas não implica em subordinação ou submissão a uma regra comum superior.

Aceita a existência da heterogeneidade agravada no direito internacional privado (como se viu na Parte I), serão analisados os modos de coordenação das ordens jurídicas incidentes no fato transnacional.

2.2. DA COORDENAÇÃO À ARTICULAÇÃO DAS ORDENS JURÍDICAS

O direito internacional privado oferece a possibilidade de o Estado coordenar o seu direito com o direito de outros Estados na regulação dos fatos transnacionais. Essa coordenação é feita, originalmente, de forma descentralizada, a depender de cada Estado ou da vontade dos Estados (no caso de tratados), que se reconhecem mutuamente como produtores de normas jurídicas que sofrem uma integração de efetividade ao serem utilizadas por Estado diverso daquele que as produziram[17].

A coordenação descentralizada da coexistência das ordens jurídicas é tradicionalmente feita a partir do marco da ordem jurídica acolhedora,

15. BODEN, Didier. «Le pluralisme juridique en droit international privé» *in Archives de philosophie du droit*, vol. 49, 2005, pp. 275-316, em especial p. 279 e 283.
16. ROMANO, Santi. *O ordenamento jurídico*. Trad. de Arno Dal Ri Júnior. Florianópolis: Fundação Boiteux, 2008, p. 166 e seguintes.
17. VITTA, Edoardo. «Cours général de droit international privé» *in Recueil des Cours de l´Académie de Droit International de la Haye*, vol. 162, 1979, pp. 9-243, em especial p. 36.

de acordo com seus próprios valores[18]. Tal coordenação não é capaz de cumprir sequer um dos objetivos principais do DIPr tradicional que é a previsibilidade e a uniformidade das soluções jurídicas aos fatos transnacionais (harmonia internacional).

Sob o ângulo da mobilidade dos agentes econômicos, tal coordenação não impediu a utilização do *forum shopping*, fenômeno que favorece a parte mais célere ou mais preparada na análise das múltiplas alternativas de regulação normativa e jurisdicional do fato transnacional[19].

Para Juenger, se o *forum shopping* é utilizado, em grande parte, pela diversidade das regras materiais e conflituais, qual é o sentido da existência do direito internacional privado? A indagação revela a visão de que o *forum shopping* representaria a violação de um dos objetivos do direito internacional privado tradicional: a obtenção da harmonia internacional por meio da concretização da promessa de uma única solução ao fato transnacional, não importando o local de sua apreciação.

Contudo, mais recentemente, emergiu uma corrente que defende a importância do *forum shopping* para a preservação dos demais objetivos também defendidos pelo direito internacional privado, como o acesso à justiça (e os direitos que podem ser melhor protegidos por uma determinada lei ou jurisdição).

Bookman sustenta que o *forum shopping* pode ter efeitos *positivos* na defesa de direitos, em especial se for utilizado para ampliar o acesso à justiça. Exemplifica com o papel do "*forum shopping* global" na defesa de direitos, em especial diante de danos causados por multinacionais, com as inúmeras demandas no Canadá, Austrália, Coréia do Sul e diversos países europeus no notório caso de manipulação dos testes antipoluição pela Volkswagen nos Estados Unidos visando ocultar a emissão de poluentes em níveis superiores ao permitido pelas leis materiais norte-americanas[20].

Outro caso célebre foi o processamento de ação movida contra o Facebook em Estado diferente (Áustria) do local de sua sede europeia

18. SPERDUTI, Giuseppe. «Théorie du droit international privé» *in Recueil des Cours de l´Académie de Droit International de la Haye*, vol. 122, 1967, pp. 173-336, em especial p. 191.

19. Ferrari menciona o exemplo da apreciação, pela jurisdição alemã, de contenda comercial mesmo na existência de contrato internacional com cláusula de escolha de foro e de lei, justamente porque a lei estrangeira não concedia direito à indenização considerado imperativo pela lei alemã. FERRARI, Franco. "Forum (and law) shopping" *in* BASEDOW, Jürgen; RÜHL, Giesela; FERRAI, Franco; MIGUEL ASENSIO, Pedro de (editores). *Encyclopedia of Private International Law.* Edward Elgar Publishing, 2017. Versão on-line. Disponível em https://www.elgaronline.com/view/nlm-book/9781782547228/b-9781782547235-F_9.xml. Acesso em: 30/05/2024.

20. BOOKMAN, Pamela K. "The Unsung Virtues of Global Forum Shopping" *in Notre Dame Law Review*, vol. 92, issue 2, 2016, pp. 579-636, em especial p. 580 e 590.

(Irlanda), em razão da inércia das autoridades irlandesas. Em 2018, o Tribunal de Justiça da União Europeia (TJUE), ao analisar o artigo 16, nº 1, do Regulamento nº 44/2001 sobre competência judiciária em matéria civil e comercial[21], confirmou ser possível usuário dessa rede social, na qualidade de "consumidor", escolher entre o local da sede da empresa ou o local do seu próprio domicílio, para o processamento da ação, afirmando, contudo, que o consumidor não pode invocar, no tribunal do lugar em que está domiciliado, além dos seus próprios direitos, também os direitos cedidos por outros consumidores domiciliados no mesmo Estado-membro, em outros estados-membros ou em estados terceiros[22].

Percebe-se, portanto, que o *forum shopping* é um instrumento em si neutro (expressão de Ferrari[23]) que pode ou não assegurar os direitos dos indivíduos ou de grupos de indivíduos envolvidos nos fatos transnacionais. A crítica à coordenação baseada na decisão do Estado do foro não é quanto a sua inação em face do *forum shopping* e do *law shopping*, mas à ausência de uma baliza clara que oriente a articulação das ordens jurídicas, gerando o risco de se adotar o direito "caso por caso", o que levaria a disciplina a recair inteiramente nas mãos dos intérpretes, ou, na dicção de Jayme, faria que o indivíduo e seu caso transnacional fossem "abandonados aos tribunais"[24].

Exemplo da dificuldade de ser feita essa articulação no que tange à jurisdição e às leis protetoras de direitos foi vista no caso *Kiobel*, sobre busca de indenização nos Estados Unidos contra multinacional da área de petróleo por graves fatos (estupros, assassinatos, danos à propriedade) ocorridos na região de Ogoni na Nigéria, tendo a Suprema Corte dos Estados Unidos decidido contra os autores, defendendo que não cabia à Justiça americana apreciar as condutas ocorridas em outro Estado[25].

---

21. Regulamento (CE) n.° 44/2001 do Conselho, de 22 de Dezembro de 2000, relativo à competência judiciária, ao reconhecimento e à execução de decisões em matéria civil e comercial. *In verbis:* "Artigo 16. 1. O consumidor pode intentar uma ação contra a outra parte no contrato, quer perante os tribunais do estado-membro em cujo território estiver domiciliada essa parte, quer perante o tribunal do lugar onde o consumidor tiver domicílio".
22. Tribunal de Justiça da União Europeia, caso C-498/16, julgamento de 25 de janeiro de 2018.
23. FERRARI, Franco. "Forum Shopping: a plea for a broad and value-neutral definition" *in NYU Lectures on Transnational Litigation, Arbitration and Commercial Law – NYU School of Law, Public Law Research Paper n. 14-39*, 2013, pp. 1-33, em especial p. 23.
24. JAYME, Erik. "Formação progressiva do Direito Internacional Privado por parte dos juízes: a experiência americana e alemã até 1986" *in Cadernos do Programa de Pós-Graduação em Direito da Universidade Federal do Rio Grande do Sul*, vol. 1, n.1, 2003, pp. 69-91, em especial p. 91.
25. Suprema Corte dos Estados Unidos, caso *Kiobel v. Royal Dutch Petroleum Co.*, 621 F. 3d 111, affirmed, julgamento de 17 de abril de 2013. Disponível em: https://www.law.cornell.edu/supremecourt/text/10-1491. Acesso em 24/06/2024. Sobre o caso, ver ainda CANTU RIVERA, Humberto. "The *Kiobel* precedent and its effects on universal jurisdiction and the business & human rights agenda: a continuation to 'a human rights forum in peril?" *in Cuestiones Constitucionales*, vol. 30, pp. 209-222.

Assim, a coordenação de ordens jurídicas sob a influência do pluralismo jurídico de Santi Romano supera as soluções hierarquizadas ou mesmo unificadoras, mas deixa de impor vetores delineados de obtenção de coerência e consistência na aplicação do direito aos fatos transnacionais.

A busca de coerência e consistência é exigência trazida pela concorrência de direitos hoje existente, face à constatação de discrepâncias entre soluções jurídicas dadas a casos transnacionais com base em regras nacionais, internacionais ou mesmo regionais (por exemplo, oriundas da União Europeia), fatos comuns no direito internacional privado atual devido à nova configuração da disciplina, que não é mais tida como isolada dos interesses que permeiam as sociedades nacionais e o plano internacional. Traduzindo esses interesses na linguagem dos direitos, podem ser invocados direitos que se antagonizam, de modo que, para a obtenção da harmonia internacional e da segurança jurídica dos envolvidos, é necessária uma interpretação adequada dos direitos em colisão.

Há ensaios de unificação ou, pelo menos, de restrição a essa coordenação descentralizada tradicional para que se obtenha uma articulação das ordens jurídicas, capaz de gerar a compatibilização da interpretação dos direitos envolvidos nos fatos transnacionais.

O contexto da articulação é o que Canotilho denomina de "problema do constitucionalismo global", que substitui o antigo problema do constitucionalismo nacional de limitar o poder absoluto do Estado, pelo dilema da regulação de "dinâmicas sociais relacionadas com a digitalização, a privatização e a rede global", tendo como ponto de partida os direitos humanos que formam, no dizer do autor, uma "constituição de direitos global", a qual vale não apenas perante as instâncias políticas mas também perante os centros de poder econômico[26].

Os direitos humanos formam um ponto de contato entre os ordenamentos jurídicos, o que faz realçar a ideia de partilha de valores, ideias ou concepções de mundo, permitindo regular, com coerência, os fatos transnacionais sem que se recaia no decisionismo do intérprete do foro.

A comunhão de direitos entre os ordenamentos plurais não se restringe, como Canotilho apontou, à atuação do Estado, abrangendo também a ação ou omissão dos agentes privados, de crucial importância para o DIPr, que regula justamente os fatos transnacionais privados. A contaminação

26. CANOTILHO, José Joaquim Gomes. *"Brancosos" e interconstitucionalidade. Itinerários dos discursos sobre a historicidade constitucional.* 2ªed., Coimbra: Almedina, 2008, p. 286 e 289.

das relações privadas pela era dos direitos humanos demanda o estudo do processo de incorporação de direitos na regulação normativa civilista e dos modos de incidência dos direitos humanos nas relações privadas. Os dois ângulos de análise se complementam: de um lado, a constatação de que o direito civil (e, consequentemente, os fatos transnacionais de direito privado) agora é aberto à gramática dos direitos humanos; de outro, a incidência dos direitos humanos também sobre as relações horizontais entre os indivíduos, não mais somente nas relações verticais entre o indivíduo e o Estado.

2.3. A REGULAÇÃO DAS RELAÇÕES PRIVADAS TRANSNACIONAIS: A DESCODIFICAÇÃO E A CONSTITUCIONALIZAÇÃO DO DIREITO PRIVADO

A articulação das ordens jurídicas plurais em um ambiente de convivência de direitos exige, preliminarmente, o exame do estágio atual da absorção da gramática de direitos humanos nas relações intersubjetivas, para demonstrar a superação do paradigma da codificação liberal do direito privado, em que preponderavam os vetores da autonomia da vontade e a igualdade formal na regulação normativa.

O paradigma do Estado liberal restringia a incidência da constituição nas relações privadas tão somente a normas programáticas, desvestidas de eficácia jurídica imediata, cabendo à legislação ordinária regular de maneira ampla a vida privada[27].

A codificação do direito privado desenvolveu-se na Europa no século XIX, tendo como marco o já citado Código Civil francês de 1804. A influência das ideias liberais emergentes na época é indiscutível, uma vez que a extinção dos privilégios estamentais é consequência da consagração da igualdade e da liberdade. Conforme Lima Lopes, o Código Civil francês cumpriu um papel cultural e político de garantir estabilidade das relações privadas, independentemente da instabilidade da conjuntura política, assegurando regras perenes à vida do mercado e à organização familiar burguesa[28].

De acordo com esse paradigma liberal, a construção de um código único contendo regras coerentes e sistemáticas que regulam de modo exaustivo as relações privadas asseguraria a igualdade de todos e a liberdade de agir perante a lei, que também valeria para todos.

---

27. SARMENTO, Daniel. "A normatividade da Constituição e a constitucionalização do direito privado" *in Revista da EMERJ*, vol. 6, n. 22, 2003, pp. 272-297, em especial p. 272.
28. LOPES, José Reinaldo Lima. *O Direito na história*. Lições introdutórias.3ª ed, São Paulo: Atlas, 2009, p. 280.

Três foram os resultados almejados pela codificação: (i) a simplificação do sistema jurídico pela diminuição do número de leis, o que geraria maior segurança jurídica; (ii) a racionalização do ordenamento jurídico, pois a codificação em um texto único eliminaria dispositivos contraditórios ou inspirados em outras lógicas; (iii) a exaustividade na regulação, pois o código traria inclusive fórmulas de integração e preenchimento de lacunas[29].

A codificação legal privatista do século XIX caracterizava-se pela adoção de parâmetros hipotéticos, abstratos e gerais. A igualdade era pressuposto e consequência da lei criada pela concepção liberal do direito, fruto da evolução do jusnaturalismo oitocentista para o positivismo novecentista, que reconheceu a posição normativa estatal como fonte primária de direitos e reduziu o princípio da igualdade à exigência de não discriminação[30].

Lafer aponta a influência do cientificismo da segunda metade do século XIX, que espalhou a crença em um tipo de universal de ciência, válido também para a cultura e para o pensamento jurídico ocidental, gerando a fixação da unidade do ordenamento jurídico e sua meta de controle, com segurança, o processo decisório do Estado. Implantou-se o ideal codificador que estabelecia, com base no racionalismo, regras claras visando assegurar segurança jurídica à economia capitalista em plena expansão, que necessitava calcular as consequências das suas ações para o funcionamento de uma economia de mercado[31]. Para Tepedino, a segurança almejada não dizia respeito aos resultados que a atividade privada lograria obter, mas, sim, à disciplina balizadora dos negócios jurídicos, as chamadas "regras do jogo"[32].

Reflexo do Estado liberal, a codificação do direito privado não deveria sofrer influência do direito constitucional, sob pena de ofensa à igualdade e à liberdade dos agentes econômicos. Para Habermas, cristalizou-se uma "sociedade econômica" desacoplada do Estado e dos interesses materiais dos diversos atores e entregue aos mecanismos do mercado[33].

---

29. Motilla aponta que a origem de código (*codex*) está no termo caule ou tronco da árvore (*caudex*), passando, no século III d.C, a significar "livro". Com a codificação de Justiniano, passou o termo a designar tanto um livro de conteúdo jurídico quanto o livro de compilação de leis para uso forense. MOTILLA, Agustín. "La codificación como técnica de producción legislativa" *in Revista de Derecho Privado*, junio 1987, pp. 545-574, em especial p. 545 e 546 (nota de rodapé nº1) e p. 547.

30. PRATA, Ana. *A tutela constitucional da igualdade*. Coimbra: Almedina, 1982, p. 87-88.

31. LAFER, Celso. *A reconstrução dos direitos humanos*. São Paulo: Companhia das Letras, 1991, em especial p. 42 e 45.

32. TEPEDINO, Gustavo. "Premissas metodológicas para a constitucionalização do direito civil" *in Revista de Direito do Estado*, ano 1, nº 2, abril/junho 2006, pp. 37-53, em especial p. 39.

33. HABERMAS, Jürgen. *Direito e democracia entre faticidade e validade*. Vol. II. Trad. Flávio B. Siebenechler. Rio de Janeiro: Tempo Brasileiro, 1997, p. 138 e seguintes.

Sztajn reforça o papel das revoluções liberais, como a Revolução Francesa de 1789, para impulsionar a elaboração de mecanismos legais que, além de regular de maneira integral as relações entre particulares, impediam os juízes de julgar de acordo com critérios pessoais ou classistas[34].

Nesse contexto, o papel do direito privado era voltado a garantia das regras mínimas de atuação, cabendo a autonomia da vontade regular com maior profundidade os ganhos e perdas dos indivíduos nas suas relações privadas. Assegurava-se a autonomia negocial, bem como a proteção patrimonial e contratual, que, em abstrato, permitiam a todos o atingimento do bem comum. Para Moraes, a função do direito privado no Estado liberal era "assegurar a estabilidade mais absoluta das relações econômicas", protegendo o indivíduo contra indevidas atuações de outros indivíduos ou do próprio Estado[35].

O afastamento do direito privado do direito público era tido como fruto da sua própria natureza: o direito público seria contingente, elaborado e modificado ao sabor da vontade política; já o direito privado decorreria do direito natural, extraído da razão[36]. Moraes denomina o Código Civil da época de "Constituição dos Privados", contendo os temas de regulação da vida privada dos indivíduos, incluindo os limites à atividade do Estado[37]. Para Giorgianni, os códigos civis do século XIX e da primeira metade do século XX, com os pilares da defesa da propriedade e do contrato, formataram o direito privado como conjunto de direitos dos indivíduos, limitados pelo Estado somente para atender às exigências dos próprios particulares[38]. Com a missão de proteger a atividade do indivíduo frente ao Estado, a codificação privatista transformou-se em constituição paralela, verdadeiro diploma superior e básico de toda a ordem jurídica dos indivíduos.

34. SZTAJN, Raquel. "Codificação, decodificação, recodificação: a empresa no código civil brasileiro" *in Revista de Direito Mercantil*, vol. 45, n. 143, 2006, pp. 11-20, em especial p. 11.

35. MORAES, Maria Celina Bodin de. "O Direito Civil Constitucional" *in* CAMARGO, Margarida Maria Lacombe. *1988-1998 – Uma década de Constituição.* Rio de Janeiro: Renovar, 1999, pp. 115-127, p. 119.

36. BOBBIO, Norberto. *Direito e Estado no pensamento de Emanuel Kant.* (2 ª ed original de 1969), Trad. de Alfredo Fait, São Paulo: Mandarim, 2000, p.82-87. Ver também em GIORGIANNI, Michele. "O direito privado e as suas atuais fronteiras". Trad. Maria Cristina de Cicco. *InRevista dos Tribunais,* nº 747, 1998, pp. 35-55, em especial p. 36 e seguintes.

37. MORAES, Maria Celina Bodin de. "O Direito Civil Constitucional" *in* CAMARGO, Margarida Maria Lacombe. *1988-1998 – Uma década de Constituição.* Rio de Janeiro: Renovar, 1999, pp. 115-127, em especial p. 119. Miguel Reale denomina a codificação civilista de "constituição do homem comum". REALE, Miguel. *O Projeto do Novo Código Civil.* São Paulo: Saraiva, 1999, p. 3.

38. GIORGIANNI, Michele. "O direito privado e as suas atuais fronteiras". Trad. Maria Cristina de Cicco. *InRevista dos Tribunais,* nº 747, 1998, pp. 35-55, em especial p. 36 e seguintes.

Retratando a posição tradicional no Brasil, Couto e Silva relata que a característica inicial da codificação civilista brasileira no século XX foi a centralização normativa, em separado do direito constitucional com o qual seria incomunicável, correspondendo a uma concepção liberal, dominante à época, na qual o direito privado possuiria uma neutralidade valorativa em face dos diferentes grupos sociais[39].

No Brasil, a primeira codificação do direito civil, sob a influência do código civil francês[40] e alemão, adotou também a visão positivista racionalista do direito privado, em que pesem as óbvias diferenças entre as sociedades europeias da época e o contexto brasileiro do final do século XIX e começo do século XX, recém saído de uma monarquia escravocrata (época da redação e aprovação do código civil de 1916). Otávio Luiz Rodrigues Junior problematiza o real impacto da alcunha "liberal" tanto do Código Civil alemão de 1896 (BGB) quanto do brasileiro, de 1916, vendo nuances no liberalismo de ambos os países, bem como contradições no próprio liberalismo em países capitalistas ocidentais, que pode conviver com legislações de direito de família e sucessões pautadas por forte conteúdo religioso (protestante ou católico)[41].

No decorrer do século XX, contudo, o Estado liberal deu lugar ao Estado social (com os marcos da edição da Constituição do México de 1917 e de Weimar em 1919[42]), caracterizado por três pautas definidas: compete ao Estado garantir aos jurisdicionados um mínimo de bens materiais, quer propiciando condições para que cada um os obtenha com seu esforço ou provendo diretamente os meios de satisfação do mínimo existencial; compete ao Estado a realização de atividades de equalização de possibilidades de acesso ao bem-estar social, por meio de política de investimento em serviços públicos e de distribuição de rendas; compete ao Estado reformular a organização social, por meio da atribuição de direitos aos vulneráveis[43].

39. COUTO E SILVA, Clóvis Veríssimo. "O direito civil brasileiro e perspectiva histórica e visão de futuro" *in Revista de Informação Legislativa*, vol. 25, n. 97, jan. /mar.1988, pp. 163-180,em especial p. 172.

40. Para Tepedino, o Código Civil de 1916 é "fruto da doutrina individualista e voluntarista que, consagrada pelo Código de Napoleão e incorporada pelas codificações posteriores inspiraram o legislador brasileiro". TEPEDINO, Gustavo. "Premissas Metodológicas para a Constitucionalização do Direito Civil" *in Revista de Direito do Estado*, ano 1, nº 2, abril/junho 2006, pp. 37-53, em especial p. 38.

41. Enfatiza ainda a importância do direito civil alemão para as codificações civilistas de 1916 e 2002 no Brasil, reconhecendo, contudo, a "força da Escola Francesa", em especial na doutrina elaborada na Faculdade de Direito da Universidade de São Paulo. Ver mais RODRIGUES JUNIOR, Otávio Luiz. "A influência do BGB e da doutrina alemã no direito civil brasileiro do século XX" *in Revista dos Tribunais*, vol. 938, 2013, pp. 79-155.

42. SARLET, Ingo W. *A eficácia dos direitos fundamentais*. 10. ed., Porto Alegre: Livraria do Advogado, 2010, p. 185.

43. PRATA, Ana. *A tutela constitucional da igualdade*. Coimbra: Almedina, 1982, p. 114-115.

Para Martins-Costa, o Estado social reorganizou a atividade estatal em função de finalidades coletivas, abrangendo, além da própria organização do Estado, a vida privada, o que impulsionou o nascimento do "direito civil constitucional". Atualmente, é inconcebível reduzir o direito privado ao Código Civil ou às leis especiais e tampouco pode-se concebê-lo como mero conjunto de normas de conduta "neutras, apolíticas e técnicas" divorciado dos valores fundamentais constitucionalmente previstos ou deduzidos[44].

O novo paradigma consagrou um papel estatal ativo no domínio social, perseguindo objetivos em todas as facetas da vida social. O Estado social sustenta a interferência estatal na autonomia privada por meio de criação de novos ramos do direito (por exemplo, direito do trabalho e direito do consumidor) e pela quebra da codificação civilista unitária com a edição de leis extravagantes voltadas para determinados interesses da coletividade (por exemplo, leis de proteção do inquilinato).

Novos ramos e microssistemas emergiram, fragmentando o direito privado[45]. A *descodificação* do direito privado é caracterizada pela perda da centralidade do código civil na regulação da vida privada face à emergência de leis especiais com normas e princípios próprios e contraditórios às normas e princípios gerais do Código Civil. Irti aponta que a "fuga do código civil" levou a sua *substituição* pela Constituição, no papel de garantia dos direitos dos indivíduos e também na erosão do seu papel de fornecedor de princípios gerais uniformizadores de todo o direito privado, agora fragmentado nas mãos das leis especiais com princípios informadores próprios[46].

Varela assevera que a codificação do direito privado viveu uma fase de apogeu com a edição dos grandes códigos, como o Código Civil francês de 1804, que perdurou até o final da 1ª Guerra Mundial. Nesse período o direito privado englobou a disciplina básica do ordenamento jurídico,

44. MARTINS-COSTA, Judith. "Mercado e solidariedade social" *in* MARTINS-COSTA, Judith (org.). *A reconstrução do direito privado*. São Paulo: RT, 2002, pp. 611-661, em especial p. 625.

45. No Brasil, são comumente citados, como exemplos de microssistemas, o Estatuto da Criança e do Adolescente (Lei nº 8.069/90), o Código de Defesa do Consumidor (Lei nº 8.078/90), o Estatuto do Idoso (Lei nº 10.741/03) e o Estatuto do Torcedor (Lei nº 10.671/03).

46. O uso do termo "descodificação" para retratar esse fenômeno é atribuído a Natalino Irti. Foi utilizada, neste livro, a quarta edição da obra de Irti. Como o próprio autor menciona, sua primeira reflexão sobre a descodificação ocorreu em aula na Universidade de Salamanca em 1978. IRTI, Natalino. *L'età della decodificazione*. 4ª ed., Milano: Giuffrè, 1999, em especial p. 3 e p. 45. Por outro lado, Motilla defende a importância, mesmo no final do século XX, da codificação como forma de construir conceitos e princípios gerais, que evitem o particularismo jurídico. O autor reconhece, contudo, que é superada a ideia de um código sem lacunas que dê resposta a todos os conflitos jurídicos de uma sociedade. MOTILLA, Agustín. "La codificación como técnica de producción legislativa" *in Revista de Derecho Privado*, vol. 1, 1987, pp. 545-574, em especial p. 574.

regulando a vida privada dos indivíduos de modo integral, desde o momento do seu nascimento até sua morte, com tratamento sucessório de seus bens, dando-se relevo ao princípio da segurança jurídica na garantia das regras do jogo[47].

Cotejando o desenvolvimento da codificação do direito privado no seio do constitucionalismo liberal, Amaral Júnior aponta que os códigos da época foram redigidos segundo uma lógica clássica da "*fattispecie* e efeito", com uma norma que claramente esboça uma hipótese seguida de uma consequência jurídica, visando criar uma normatização mecânica baseada na subsunção do fato à norma, acessível a qualquer um, sem papel maior do juiz ou intérprete[48].

No que tange ao direito internacional privado, a fase de apogeu da codificação do direito privado impactou a disciplina parcialmente, pois nunca se logrou reunir, em um único diploma central, as regras sobre concurso de leis, determinação de jurisdição e cooperação jurídica internacional em matéria cível. No máximo, as codificações civilistas traziam as regras de concurso de leis do direito internacional privado de matriz legal. Consequentemente, a pluralidade de fontes do direito internacional privado – contrariando a lógica unitária das codificações – é sentida desde o final do século XIX, com o esforço de produção de tratados internacionais sobre a matéria.

A partir do final da 1ª Guerra Mundial e da ascensão do Estado social de direito, a Constituição passou a ocupar o centro do ordenamento jurídico, estabelecendo valores que levam à edição de leis especiais que normatizam as relações privadas sem remissão ao código civil. Morsello assinala que, com o advento dos ideais socializantes e do *Welfare State* (Estado do bem-estar social ou Estado social) o papel centralizador do direito, mesmo na órbita do direito privado, passou a ser feito pelas Constituições[49].

A centralidade constitucional inaugurou uma fase intermediária no período entre guerras, na qual o Código Civil forneceu os princípios

47. VARELA, João de Matos Antunes. "O movimento de descodificação do direito civil" *in* BARROS, Hamilton de Moraes e (org). *Estudos Jurídicos em Homenagem ao Professor Caio Mário da Silva Pereira*. Rio de Janeiro: Forense, 1984, pp. 499-531.

48. AMARAL JUNIOR, José Levi Mello do. "Constituição e codificação: primórdios do binômio" *in* MARTINS-COSTA, Judith (org.). *A reconstrução do direito privado*. São Paulo: RT, 2002, pp. 54-71, em especial p. 61-62.

49. MORSELLO, Marco Fábio. "Direito Civil Constitucional e o direito de propriedade no Brasil e no direito comparado" *in Revista da Pós-Graduação da Faculdade de Direito da USP*, vol. 2, 2000, pp. 93-125, em especial p. 94.

gerais do direito privado, mas é completado ou modificado por leis especiais voltadas a determinados segmentos, voltados a certos grupos sociais. Lorenzetti utiliza a metáfora da "explosão" do Código Civil, produzindo o fracionamento da ordem jurídica semelhante ao sistema planetário: os novos microssistemas jurídicos, tal qual planetas, orbitam em torno do sol (código civil), que ilumina e colabora com a vida de cada um deles (regulação subsidiária), sem incidir diretamente[50].

Após a 2ª Guerra Mundial, inicia-se nova fase agora marcada pela descodificação, a depender do grau de intervencionismo estatal e dos ditames constitucionais em cada Estado. Para Varela, a *alergia* ao direito codificado geral estimulou o direito setorial, concretizado no papel do Estado de promotor ativo do bem comum e garantidor da justiça social[51].

O processo de descodificação do direito privado impactou o DIPr especialmente pela introdução de tratados internacionais pautados por novos métodos (método indireto flexível, método direito internacionalista e método do reconhecimento) e por temas de cooperação jurídica internacional. A edição de tratados temáticos desenvolveu a matriz internacional da matéria sob o signo da descodificação, que é visto também em processos de integração regional, a exemplo do direito internacional privado da União Europeia, formado por regulamentos setoriais, alheios um único diploma com princípios abstratos e gerais[52].

A descodificação da regulação do direito privado foi acompanhada pela sua *constitucionalização*[53], com a submissão de todo o direito privado aos valores constitucionais e a incidência direta dos comandos constitucionais nas relações intersubjetivas[54]. O impacto das normas constitucionais

50. LORENZETTI, Ricardo Luis. *Fundamentos do direito privado.* São Paulo: RT, 1998, p. 45.

51. VARELA, João de Matos Antunes. "O movimento de descodificação do direito civil" *in* BARROS, Hamilton de Moraes (org). *Estudos Jurídicos em Homenagem ao Professor Caio Mário da Silva Pereira.* Rio de Janeiro: Forense, 1984, pp. 499-531, em especial p. 501 e seguintes.

52. Esse hipotético regulamento geral (um código europeu de direito internacional privado) foi denominado pela doutrina de "Roma 0". VON HEIN, J.; RÜHL, G. "Towards a European Code on Private International Law?", *Crossborder activities in the EU Making life easier for citizens.* Policy Department C: Citizens' Rights and Constitutional Affairs, 2015, pp. 8-53. Disponível em: http://www.europarl.europa.eu/RegData/etudes/STUD/2015/510003/IPOL_STU(2015)510003_EN.pdf. Acesso em: 30/05/2024.

53. Cabe separar os fenômenos da publicização do direito privado da sua constitucionalização. A publicização compreende, para Lobo, o processo de intervenção estatal no direito privado, reduzindo a autonomia privada para a garantia de direitos de determinados indivíduos, em nome da igualdade material, tal qual a subtração de disciplinas inteiras do código civil, como o direito do trabalho e o direito à habitação. LÔBO, Paulo Luiz Netto. "Constitucionalização do direito civil" *in Revista de Informação Legislativa,* ano 36, n. 141, 1999, pp. 99-109, p. 100.

54. Sobre a constitucionalização do direito privado, ver NEGREIROS, Teresa. *Teoria do contrato: novos paradigmas.* Rio de Janeiro: Renovar, 2002; TEPEDINO, Gustavo (Coord.). *Problemas de Direito Civil Constitucional.*

sobre a normatividade infraconstitucional ocasionou (i) os fenômenos da revogação das normas anteriores incompatíveis com o texto constitucional, (ii) a declaração de inconstitucionalidade das normas posteriores à Constituição com ela incompatíveis e (iii) a exigência de interpretação do direito infraconstitucional conforme as normas constitucionais[55].

Fachin insere a constitucionalização do direito privado em um contexto de três superações: a superação do monismo das fontes, da rigidez literal da hermenêutica e a da significação monolítica de institutos e figuras jurídicas fundantes das relações sociais. É impossível sustentar a reconstrução do direito privado em torno da ideia de codificação, devendo ser utilizados, em substituição, a formatação que advém da (i) atuação formal, (ii) substancial e (iii) prospectiva (de novos significados) de normas constitucionais, gerando a reconstitucionalização do direito privado. A atuação formal das normas constitucionais demanda obediência do direito privado às regras positivadas na Constituição e correção hermenêutica dos institutos previstos na legislação infraconstitucional à interpretação conforme o texto constitucional. A atuação substancial manifesta-se na força normativa dos princípios constitucionais que vinculam todo o ordenamento civilista. E, finalmente, a atuação prospectiva gera a construção de novos significados do direito privado, para fazer cumprir o programa normativo constitucional[56]. Assim, a leitura do código civil obedece os princípios constitucionais explícitos e implícitos, em um "processo contínuo e incessante de prestação de contas à realidade subjacente ao direito"[57].

Consequentemente, a intervenção da Constituição no direito privado vai além da inserção formal em seu texto de temas outrora tratados na legislação ordinária, exigindo-se também a releitura do Código Civil e das leis extravagantes à luz dos princípios (expressos ou implícitos) constitucionais. Importa em exigir o respeito da Constituição e seus valores de modo direto, por meio da eficácia imediata da Constituição nas relações entre particulares, mesmo em face da omissão do legislador

---

Rio de Janeiro: Renovar, 2000; TEPEDINO, Gustavo. *Temas de Direito Civil*. Rio de Janeiro: Renovar, 1999; FACHIN, Luiz Edson. *Teoria Crítica do Direito Civil*. Rio de Janeiro: Renovar, 2000; MARTINS-COSTA, Judith (Org.). *A reconstrução do Direito Privado*. São Paulo: Editora Revista dos Tribunais, 2002.

55. Sobre o efeito das normas constitucionais em relação às demais normas jurídicas, ver, entre outros, RAMOS, Elival da Silva. *Controle de Constitucionalidade No Brasil – Perspectivas de Evolução*. São Paulo: Saraiva, 2010. CLÈVE, Clémerson. *A Fiscalização Abstrata da Constitucionalidade no Direito Brasileiro*. São Paulo, RT, 1995.

56. FACHIN, Luiz Edson. *Direito Civil: sentidos, transformações e fim*. Rio de Janeiro: Renovar, 2015, p. 8-9.

57. FACHIN, Luiz Edson. *Questões do direito civil brasileiro contemporâneo*. Rio de Janeiro: Renovar, 2008, em especial p. 13.

e trata também de impor valores constitucionais de modo indireto, que moldam a interpretação conforme das normas de direito privado infraconstitucionais ou derrogam e invalidam normas em sentido contrário. Nesse sentido, para Lima Marques, os direitos fundamentais agem como garantia e limite do direito privado[58].

A incidência direta da Constituição no direito privado é alvo de críticas, que escapam ao objeto da obra, resumidas no temor de erosão da autonomia privada e da segurança jurídica, uma vez que a vagueza e a indeterminação das normas constitucionais levariam ao aumento da intervenção judicial, prejudicando a realização das relações intersubjetivas.

Na linha da preservação da segurança jurídica, a codificação civilista pretérita implicou em separação entre direito e política e entre Estado e sociedade civil: o *campo* do direito privado seria oriundo de processo histórico sedimentado, oriundo das relações sociais e econômicas, *despido de paixões políticas*. Para Andrade, a codificação é "manifesta aplicação do princípio da continuidade" no ordenamento jurídico, sendo comum o relativo distanciamento entre o Código Civil e as eventuais alterações do sistema jurídico[59]. A aplicação do direito seria fruto de um *silogismo*, no qual o julgador faz incidir aos fatos postos à sua apreciação a norma, em mecânica clara e transparente por intermédio da subsunção. O *formalismo jurídico* reduziu o direito à legalidade, evitando ponderar valores e zelando, acima de tudo, pela segurança jurídica dos envolvidos. Todavia, como assinala Tepedino, ainda assim as bases interpretativas meramente formais eram insuficientes para assegurar a fidelidade do magistrado aos valores do sistema[60].

As transformações da sociedade levaram à revisão do paradigma tradicional, alterando-se o contexto político, econômico e social que marcou a gênese das codificações civilistas, implicando, também, na superação do padrão codificador, baseado no monismo jurídico das fontes do direito, partindo da premissa de ser o direito um sistema unitário, completo e criado pelo Estado. Com as codificações obteve-se a completude do código civil, processo legislativo com pretensão exclusivista que gerou um modelo de

---

58. MARQUES, Claudia Lima. "O novo Direito Privado brasileiro após a decisão da ADIn dos bancos (2.591): observações sobre a garantia institucional-constitucional do Direito do Consumidor e a Drittwirkung no Brasil" *in Revista de Direito do Consumidor*, n. 61, 2007, pp. 40-75, em especial p. 42.

59. ANDRADE, Fábio Siebeneichler de. *Da codificação – crônica de um conceito*. Porto Alegre: Livraria do Advogado, 1997, p. 157-158.

60. TEPEDINO, Gustavo. "O Código Civil, os chamados microssistemas e a Constituição: premissas para uma reforma legislativa" *in* TEPEDINO. Gustavo (coord.). *Problemas de Direito Civil – Constitucional* – Rio de Janeiro: Renovar, 2000, pp. 1-16, em especial p. 12.

sistema jurídico fechado, autossuficiente, no qual as demais fontes formais do direito (inclusive a própria Constituição) não tinham função[61].

Contudo, conforme Barroso, não há como impedir a irradiação dos valores abrigados nos princípios e regras da Constituição para todo o ordenamento jurídico[62], o que resulta inexorável a sua incidência direta sobre as relações privadas. No Brasil, a implantação do Estado social e, em 1988, do Estado democrático de direito, reflete a complexidade da sociedade contemporânea em um ambiente de democracia de massas, nas quais não é mais possível defender a igualdade meramente formal entre as pessoas.

Com o desenvolvimento econômico-social brasileiro, após décadas de intervenção do Estado na economia, e, ainda, com a redemocratização e a busca pela proteção de distintos interesses individuais e difusos por meio de microssistemas amparados pela defesa da dignidade humana e da gramática de direitos ampla prevista na Constituição e nos tratados de direitos humanos celebrados pelo Brasil, floresceu um novo direito privado calcado na proteção de direitos que existem em torno dos indivíduos nas suas relações intersubjetivas[63].

Para atender a diversidade de demandas, houve um apelo à pluralidade de fontes. De acordo com Azevedo, a multiplicidade das fontes do direito, formais (normas jurídicas de diferentes matrizes, nacionais ou internacionais) ou materiais, representa os diferentes grupos sociais justapostos e sem valores compartilhados, querendo, cada qual, uma lei especial para si[64].

A diversidade de demandas consagra as reivindicações de reconhecimento de identidade dos sujeitos sociais (o que abrange os grupos sociais minoritários), que anseiam por atendimento de suas necessidades específicas e reivindicam autonomia[65].

61. MORAES, Maria Celina Bodin de. "A constitucionalização do direito civil e seus efeitos sobre a responsabilidade civil" *in Direito, Estado e Sociedade*, vol. 9, n. 29, 2006, pp. 233-258, em especial p. 237.

62. BARROSO, Luis Roberto. "Neoconstitucionalismo e constitucionalização do Direito (O triunfo tardio do direito constitucional no Brasil)" *in Revista de Direito Administrativo*, Rio de Janeiro, vol. 240, 2005, pp. 1-42, em especial p. 42.

63. Sobre a descodificação no Brasil, ver AMARAL, Francisco. "A descodificação do direito civil brasileiro" *in Revista do Tribunal Regional Federal da 1ª Região*, vol. 8, n. 4, 1996, pp. 635-651.

64. AZEVEDO, Antonio Junqueira de. "O direito pós-moderno e a codificação" *in Revista da Faculdade de Direito da Universidade de São Paulo*, vol. 94, 1999, pp. 3-12, em especial p. 4.

65. WOLKMER, Antonio Carlos. "Pluralismo jurídico, direitos humanos e interculturalidade" *in Revista Seqüência*, nº53, 2006, pp. 113-128, em especial p. 114. Ver também WOLKMER, Antonio Carlos. *Pluralismo jurídico. Fundamentos de uma nova cultura no Direito*. São Paulo: Alfa Omega, 2001.

Será vista, a seguir, o reconhecimento dessas demandas por intermédio da gramática dos direitos e seu impacto no direito internacional privado.

2.4. O RECONHECIMENTO DE DIREITOS E SEU IMPACTO NO DIREITO INTERNACIONAL PRIVADO

Desde a reflexão de Irti sobre a descodificação em 1978[66], desenvolveu-se contínua reflexão sobre o papel do Estado social e sua crise após a queda do regime soviético e o aprofundamento da globalização.

A pluralidade social e a diversidade cultural influenciam na formulação de normas jurídicas não baseadas no monismo jurídico e na preponderância da segurança jurídica e da justiça formal. A segurança coletiva e a busca do bem comum são vertidas na linguagem de direitos, incorporando-se ao catálogo os direitos coletivos e difusos, que concorrem, no plano da concretização, com os direitos individuais tradicionais.

Ao mesmo tempo, o conceito de justiça passa a incorporar também a busca da justiça social, que pode colidir com a liberdade formal, a qual abarca, por sua vez, a autonomia privada e os direitos assecuratórios. Porém, como adverte Fachin, a liberdade pode violar a própria liberdade, o que exige a intervenção do Estado para "garantir o livre desenvolvimento da personalidade e dar limites à liberdade contratual"[67].

No epicentro da confluência de direitos está a preservação dos direitos individuais e difusos da coletividade, o que gera uma modificação no escopo do direito privado para priorizar a pessoa humana, sua dignidade e livre desenvolvimento[68]. A centralidade da pessoa humana erode a importância da segurança jurídica como fundamento axiológico do direito privado, em prol da concretização da justiça material. Nesse contexto, a descodificação é resultado dessa busca de tratamento justo, pois o surgimento de leis especiais e ramos jurídicos autônomos em microssistemas possibilitam regulação apropriada às assimetrias existentes em determinados segmentos da vida social.

Ao mesmo tempo, a preocupação com a justiça ao caso concreto impõe o ganho de importância da interpretação, que submete o "texto ao

---

66. A obra, como já mencionado, é baseada em palestra de 1978. IRTI, Natalino. *L'età della decodificazione*. 4ª ed., Milano: Giuffrè, 1999.
67. FACHIN, Luiz Edson. *Direito Civil: sentidos, transformações e fim.* Rio de Janeiro: Renovar, 2015, p. 62.
68. MORAES, Maria Celina Bodin de. "A caminho de um direito civil constitucional" *in Revista Direito, Estado e Sociedade,* vol. I, julho/dezembro de 1991, pp. 126-163, em especial p. 136.

contexto" (expressão de Fachin), para que se busque a fundamentação ético-axiológica na aplicação das normas. A lei e a legitimidade são chamadas a manter o vínculo com o fundamento ético, com respeito à diversidade e com igualdade na diferença[69].

Assim, a unidade do direito privado não é mais obtida pela edição de códigos ou pela união da legislação esparsa. Tampouco o uso de valores e princípios agasalhados pela Constituição possibilita a unidade ideal, pois convivem princípios e valores constitucionais contrastantes que podem concorrer e se antagonizar em um caso específico[70]. O direito privado atual é um sistema aberto, no qual a interpretação deve ser utilizada para fazer a prevalência e a compressão necessárias entre os direitos envolvidos.

A necessidade de ponderação de valores e princípios constitucionais amplia a importância da legitimação da ordem jurídica de direito privado, aceitando-se a especificidades do caso concreto como núcleo gerador de permissão para a edição de normas individuais e concretas voltadas à resolução de conflitos, superando a visão hierárquica típica das codificações. Consequentemente, a aplicação do direito afasta-se do procedimento de subsunção e aproxima-se da ponderação, em um jogo de prevalências e compressões. Abandona-se o monossistema dos códigos e da unidade sistemática do direito privado em prol de um regime plural, sob a égide geral da Constituição, mantendo-se a necessidade de uma atuação protagonista do Estado na concretização do direito na prática social.

No Brasil, Tepedino entende que a nova postura metodológica orientada para a pluralidade das fontes é facilitada pela compreensão do papel dos princípios constitucionais nas relações de direito privado - solidariedade social, dignidade da pessoa humana, função social da propriedade, entre outros -, que têm seu caráter normativo reconhecido e orientam a reunificação do sistema de direito privado[71].

No final do século XX, a queda do Muro de Berlim e os novos mercados abertos pela globalização estimularam a reflexão sobre uma nova

69. FACHIN, Luiz Edson. *Direito Civil: sentidos, transformações e fim*. Rio de Janeiro: Renovar, 2015, p.123, p. 151 e 153.

70. Para Azevedo: "Do ponto de vista teórico, não precisa também o professor, apavorado, afirmar, mais para si mesmo que para os discípulos, que a unidade do sistema não está perdida, porque há a Constituição e esta, cúpula do edifício, 'fecha o sistema'! A frase é ilusória porque, na verdade – admitamos a desconstrução – a Constituição é composta de muitos princípios e estes precisam ser desenvolvidos, 'desenrolados' por interpretação". AZEVEDO, Antonio Junqueira de. "O direito pós-moderno e a codificação" *in Revista da Faculdade de Direito da Universidade de São Paulo*, vol. 94, 1999, pp. 3-12, em especial p. 8.

71. TEPEDINO, Gustavo. "O Código Civil, os chamados microssistemas e a Constituição: premissas para uma reforma legislativa" *in* TEPEDINO. Gustavo (coord.). *Problemas de Direito Civil – Constitucional* – Rio de Janeiro: Renovar, 2000, pp. 1-16, em especial p. 12-13.

oportunidade, nesse caldo de cultura da diversidade, para um esforço de recodificação do direito em linha com a busca de menor intervenção do estado e maior liberdade aos agentes econômicos. Nesse sentido, Timm sustenta a viabilidade de uma recodificação civilista em um estado neoliberal no qual se busca a desregulamentação da conduta dos agentes econômicos, servindo o grau de vagueza semântica dos princípios civilistas para adaptar os institutos ao capitalismo e suas transformações do final do século XX e começo do século XXI[72].

Contudo, a crise econômica de 2008 gerou questionamentos sobre o futuro da desregulamentação e da liberdade dos agentes econômicos face ao crescimento (e não à diminuição) das desigualdades sociais e à renovação da discussão sobre o papel do estado na implementação de direitos e na regulação da atuação dos agentes econômicos privados. O ambiente evidencia a tensão entre a autonomia e a liberdade dos agentes econômicos e o fortalecimento da defesa de direitos que, no limite, geram uma restrição a tal liberdade.

Mesmo antes de 2008 as disputas entre estados para atrair investimentos hipermóveis (por meio da desregulamentação, inclusive no campo tributário) levaram à perda da capacidade de intervenção e financiamento de políticas públicas. José Eduardo Faria, em 1999, quase dez anos antes da crise, alertava para a substituição da *política pelo mercado*, pois a globalização econômica impulsionava a fragmentação das atividades produtivas em diferentes estados, debilitando o poder de fiscalização governamental, que passam a abrir mão do processo decisório para melhor atrair capitais estrangeiros cada vez mais voláteis[73].

A crise econômica de 2008 é um marco no questionamento dos efeitos positivos da globalização. Tendo como início uma crise financeira no setor de financiamento imobiliário nos Estados Unidos, logo atingiu grandes corporações bancárias de atuação mundial[74] e tornou-se uma crise global[75].

---

72. TIMM, Luciano Benetti. "'Descodificação', constitucionalização e descentralização no direito privado: o Código Civil ainda é útil?" *in Revista de Direito Privado,* vol. 7, n. 27, 2006, p. 223-251, em especial p .250-251.

73. FARIA, José Eduardo. "Direitos humanos e globalização econômica: notas para uma discussão" *in Revista Estudos de Sociologia.* vol. 4, n. 6, 1999, pp.5-20, em especial p. 6. Ver também FARIA, José Eduardo. *O direito na economia globalizada.* São Paulo: Malheiros, 2004.

74. Sobre a abordagem jurídica da crise de 2008, ver ARNER, Douglas W. "The Global Credit Crisis of 2008: Causes and Consequences" *in International Lawyer (ABA),* vol. 43, Issue 1, 2009, pp. 91-136. SUPIOT, Alain. "A Legal Perspective on the Economic Crisis of 2008" *in International Labour Review,* vol. 149, issue 2, 2010, pp. 151-162.

75. Sobre os dados impressionantes da queda do PIB de diversos países, com foco na União Europeia, ver WOUTERS, Jan; VAN KERCKHOVEN, Sven. "The EU's Internal and External Regulatory Actions after the Outbreak of the 2008 Financial Crisis" *in European Company Law,* vol. 8, issue 5, 2011, pp. 201-206.

Para Bresser-Pereira, a contínua perda da capacidade do estado de redistribuir riqueza por políticas públicas gerou alta concentração de renda, resultando na impossibilidade de se manter o crescimento da demanda sem financiamentos irreais nas últimas décadas. Tais empréstimos foram concedidos sem controle efetivo por anos em vários Estados desenvolvidos, em especial nos Estados Unidos, graças à desregulamentação e à diminuição do papel de fiscalização estatal[76]. Quando os tomadores de empréstimos deixaram de honrar seus compromissos, emergiu a crise financeira, exigindo paradoxalmente o chamamento do estado para investir na economia (inclusive impedindo, graças a empréstimos estatais, a falência de várias corporações privadas)[77].

O custo social desse salvamento estatal de grandes corporações privadas foi intenso, ocasionando crises fiscais em vários estados, corte de gastos públicos e diminuição da demanda, em um círculo vicioso de recessão e estagnação. Conclui Bresser-Pereira salientando que essa é a crise econômica mais severa enfrentada pelas economias capitalistas desde a Grande Depressão de 1929, provocando imensa crise social e desemprego no mundo[78].

De acordo com Piketty, a exclusão social cresce em demasia no capitalismo do século XXI e a desigualdade passa a ser problema central das sociedades contemporâneas[79], resultando em insatisfação com o estado e os efeitos nocivos da globalização, como as inovações tecnológicas que geram perdas de emprego e a necessidade de aceitação de menor proteção trabalhista.

Milanovic estuda o impacto da globalização na desigualdade, mostrando que os novos fluxos de bens, serviços (especialmente os financeiros) e pessoas estimulam o desenvolvimento do direito internacional privado ao mesmo tempo em que acarretaram aumento geral da desigualdade no mundo. A globalização gerou novas correlações de interdependência entre os estados, com a transferência de parte importante da base fabril

76. Quinn, no mesmo sentido, questiona vários aspectos da falta de regulamentação estatal e ainda o papel das agências de risco ("The rating agency problem"). QUINN, Brian J. M. "The Failure of Private Ordering and the Financial Crisis of 2008" *in New York University Journal of Law & Business*, vol. 5, Issue 2, 2009, pp. 549-616, em especial p. 611 e seguintes.

77. Arner traz números alarmantes do uso de dinheiro público para salvamento de corporações privadas (especialmente as bancárias) em vários países. ARNER, Douglas W. "The Global Credit Crisis of 2008: Causes and Consequences" *in International Lawyer (ABA)*, vol. 43, Issue 1, 2009, pp. 91-136, em especial p. 116-117.

78. BRESSER-PEREIRA, Luiz Carlos. "A crise financeira global e depois: um novo capitalismo?" *in Novos Estudos – Cebrap*, vol. 86, 2010, pp. 51-86, em especial p. 53-54. BRESSER-PEREIRA, Luiz Carlos. "A crise financeira de 2008" *in* Bresser-Pereira, Luiz Carlos. (Org.). *Depois da crise: a China no centro do mundo?*. Rio de Janeiro: Editora FGV, 2012, pp. 21-56.

79. PIKETTY, Thomas. *O capital no século XXI*. Trad. de Monica Baumgarten de Bolle Rio de Janeiro: Intrínseca, 2014.

mundial para a Ásia e a transformação de determinadas economias, como a brasileira, em fornecedoras de matérias-primas ou em controladoras do sistema financeiro e de serviços de alto valor agregado (como os Estados Unidos, que ainda detém a emissão *nacional* de moeda de livre curso *internacional*). Sua conclusão é que a desigualdade entre os estados tem gerado, no conjunto, o aumento da desigualdade social no mundo. Os beneficiados pela globalização (os pertencentes ao 1% mais rico, chamados "plutocratas globais") aproveitam-se da economia globalizada graças às oportunidades de atuação em diversos países, que permitem, por exemplo, que franceses ou espanhóis especulem com a dívida pública da Argentina ou bilionários russos transfiram riqueza para o Reino Unido (auxiliando o setor financeiro britânico). A conclusão do autor é direta: os ganhos da globalização, caso esta continue, nunca serão distribuídos de modo igualitário[80].

No Brasil, em sua plena inserção na globalização e em vigor o regime democrático, as desigualdades são resilientes: em média, entre 2006 e 2012, o 1% mais rico do Brasil apropriou-se de aproximadamente 25% da renda total brasileira, sendo que o 0,1% mais rico ficou com 11%[81].

Não é surpresa que os desfavorecidos pela globalização reajam nas sociedades democráticas exigindo modificações na atuação do estado que, em contrapartida, adota políticas de intervenção e *proteção econômica ao nacional*. A ameaça do antigo governo norte-americano (Trump) de guerra comercial com a China para preservar empregos locais (mantida por seu sucessor, Biden, e aparentemente consensual e suprapartidiária nos Estados Unidos)[82], bem como a vitória apertada do "Brexit" especialmente em regiões menos desenvolvidas do Reino Unido[83], mostram bem o reclamo difuso dos excluídos da globalização.

---

80. MILANOVIC, Branko. *Global Inequality: A New Approach for the Age of Globalization*. Cambridge: Harvard University Press, 2016, em especial p. 41 ("The real global plutocrats: the billionaires") e p. 239 (no original: "The gains from globalization will not be evenly distributed").

81. MEDEIROS, Marcelo; SOUZA, Pedro H. G. Ferreira de; CASTRO, Fábio Avila de. "O Topo da Distribuição de Renda no Brasil: Primeiras Estimativas com Dados Tributários e Comparação com Pesquisas Domiciliares (2006-2012)" *in DADOS – Revista de Ciências Sociais,* vol. 58, nº 1, 2015, pp. 7-36, em especial p. 28.

82. Sobre Biden, verHESSLER, Uwe "US-China trade war: Why Joe Biden has raised the stakes" (texto de 14 de maio de 2024). Disponível em: https://www.dw.com/en/us-china-trade-war-why-joe-biden-has-raised-the-stakes/a-69076641. Sobre Trump, ver LYNCH, David J.; LONG, Heather. "Trump escalates China trade war, threatens tariffs on $200 billion in products" *in The Washington Post,* edição on-line de 19 de junho de 2018. Disponível em https://www.washingtonpost.com/business/economy/trump-escalates-china-trade-war-announces-plan-for-tariffs-on-200-billion-in-products/2018/06/18/ac683f80-7355-11e8-b4b7-308400242c2e_story.html?noredirect=on&utm_term=.198802d860ff. Acesso em: 30/05/2024.

83. SILVA, Alexandre Pereira da. "*Brexit:* desafios jurídicos internacionais, regionais e domésticos" *in Revista Jurídica da Presidência,* vol. 19, n. 117,2017, pp. 98-124, em especial p. 102.

No Brasil, Nobre aponta a reação dos manifestantes de junho de 2013 contra um sistema político que resiste à transformação, como expressão da insatisfação difusa contra a política e os governos vistos como corruptos e cooptados por agentes econômicos privados[84]. Em 2018, o maciço apoio popular à greve nacional dos caminhoneiros, que exigiam, essencialmente, a intervenção governamental em preço de combustível e em tabelamento de preço mínimo de frete, contrariando o que se espera da fixação de preços em uma sociedade capitalista[85],evidencia o anseio pela retomada do *papel protetor do estado*, em um momento no qual a globalização fragilizou vários segmentos sociais e econômicos, sem, todavia, confiança de que o estado possa oferecer uma resposta apropriada.

O cenário de exclusão pela globalização demonstra a importância do estudo da centralidade da defesa dos direitos dos indivíduos como peça angular da construção do direito internacional privado da atualidade, objeto desta obra. Com a defesa de direitos, o direito internacional privado pode se mostrar vetor de proteção aos indivíduos, cumprindo o anseio de justiça social e promoção da dignidade humana estabelecido nas Constituições e nos tratados de direitos humanos.

Fachin constata a superação do "sujeito frágil", que, em uma economia capitalista, só assume importância inserido em determinada relação jurídica, não sendo, portanto, um sujeito propriamente dito, com necessidades, mas mero elemento abstrato de uma relação jurídica com a qual se limita a contribuir. Adverte Fachin que não basta a menção à tutela de direitos e promoção da dignidade humana em termos genéricos e abstratos, devendo existir rompimento com a lógica patrimonialista do direito privado, sem soluções mecanizadas, buscando-se uma "direção emancipadora"[86].

Com a centralidade da proteção da pessoa humana e de sua dignidade, o direito internacional privado incorpora a nova racionalidade de respeito aos direitos humanos e aspirações sociais, que se torna urgente no pós-crise econômica global de 2008.

---

84. NOBRE, Marcos. *Choque de democracia. Razões da revolta.* Breve Companhia, 2013.

85. Abordando especialmente as condições de trabalho e a ausência de direitos trabalhistas dos caminhoneiros e de seus ajudantes como caldo de cultura da greve, ver MAIOR, Jorge Luis Souto. "Você realmente se preocupa com os caminhoneiros?". Disponível em http://www.migalhas.com.br/dePeso/16,MI280866,11049-Voce+realmente+se+preocupa+com+os+caminhoneiros. Acesso em: 30/05/2024.

86. FACHIN, Luiz Edson. "Los derechos fundamentales en la construcción del derecho privado contemporáneo brasileño a partir del derecho civil-constitucional" *in Revista de Derecho Comparado,* vol. 15, 2009, pp. 243-271, em especial p. 264-265.

2.5. ASCENSÃO DOS DIREITOS HUMANOS E A SUA EFICÁCIA NAS RELAÇÕES PRIVADAS

Os direitos humanos consistem no conjunto de direitos considerado indispensável para a vida do ser humano pautada na liberdade, igualdade e dignidade.[87] Para Dallari, os direitos humanos são essenciais uma vez que, sem eles, a pessoa "não consegue existir ou não é capaz de se desenvolver e de participar plenamente da vida"[88]. Faceta importante dos direitos humanos é o seu caráter emancipatório, pois retratam a luta do ser humano para o atendimento das suas necessidades vitais no contexto histórico em que está situado[89].

Inúmeros são os termos para designar os direitos essenciais à vida digna[90], sendo útil para a finalidade da presente obra destacar "direitos fundamentais" e "direitos humanos": os direitos fundamentais são os direitos essenciais do indivíduo de origem constitucional; já os direitos humanos representam os direitos essenciais de origem internacional[91].

Com a crescente adesão dos estados à proteção internacional dos direitos humanos e a consequente incorporação de tratados dessa temática no plano interno, Comparato, Moraes e Manoel Gonçalves Ferreira Filho estão entre os autores que defendem a união de termos, mostrando a equivalência entre os direitos humanos e os direitos fundamentais[92]. Em que pese em alguns casos há idêntica redação de direitos previstos em normas

---

87. CARVALHO RAMOS, André de. *Curso de direitos humanos.* 5ª ed., São Paulo: Saraiva, 2018, p. 29.
88. DALLARI, Dalmo de Abreu. *Direitos humanos e cidadania.* São Paulo: Moderna, 1998, p. 7.
89. No original: "Não podemos entender os direitos sem vê-los como parte da luta de grupos sociais empenhados em promover a emancipação humana". HERRERA FLORES, Joaquim. *A (re)invenção dos direitos humanos.* Trad. de Carlos Roberto Diogo Garcia, Antonio Henrique Graciano Suxberger, Jefferson Aparecido Dias. Florianópolis: Fundação Boiteux, 2009, p. 71.
90. Enumero, em obra própria, os seguintes termos: direitos humanos, direitos fundamentais, direitos humanos fundamentais, direitos naturais, liberdades públicas, direitos do homem, direitos individuais, direitos públicos subjetivos, liberdades fundamentais. Essa diversidade é fomentada pela doutrina e também pelos diplomas nacionais e internacionais. CARVALHO RAMOS, André de. *Curso de direitos humanos.* 11ª ed., São Paulo: Saraiva, 2024, p. 25 e seguintes.
91. A distinção é adotada por diversos autores, mas deve ser reconhecida resistência dos estados, tanto no plano doméstico quanto no plano internacional. No Brasil, a Constituição faz menção a "direitos humanos" ou "direitos da pessoa humana" em passagens do seu texto, ao invés de usar exclusivamente "direitos fundamentais". Na União Europeia, foi editada a "Carta de direitos fundamentais", em que pese sua origem internacional. Ver VIEIRA DE ANDRADE, José Carlos. *Os direitos fundamentais na Constituição portuguesa de 1976.* Coimbra: Livr. Almedina, 1983, p. 32. No Brasil, adotando essa separação de termos pela origem, ver SARLET, Ingo Wolfgang. *A eficácia dos direitos fundamentais.* 10ª ed. Porto Alegre: Livraria do Advogado, 2010, p. 30.
92. COMPARATO, Fábio Konder. *A afirmação histórica dos direitos humanos. 7ª ed,* São Paulo: Saraiva, 2011, p. 74. MORAES, Alexandre de. *Direitos Humanos Fundamentais – teoria geral. Comentários aos arts. 1º a 5º da Constituição da República Federativa do Brasil.* 9ª ed., São Paulo: Atlas,2011, em especial p. 1 e 16.FERREIRA FILHO, Manoel G. *Os direitos humanos fundamentais,* 2ed. São Paulo: Saraiva, 1998. Ver ainda TAVARES, André Ramos. "Direitos humanos fundamentais e a função do Estado-Juiz" *in* SALIBA, Aziz Tuffi *et al* (orgs).

nacionais e internacionais, contudo, existe diferença importante entre os termos, relativamente à possibilidade de divergência entre a interpretação nacionalista e a interpretação internacionalista desses direitos essenciais.

Lafer sustenta, amparado em René Cassin, que os princípios gerais da liberdade, igualdade e não discriminação são a expressão do processo de generalização e universalização dos direitos humanos no globo, cuja etapa de positivação inicia-se com as declarações de direitos e a consequente irradiação para os textos constitucionais dos diversos estados[93]. Já a positivação dos direitos humanos no plano internacional é um processo cujos marcos são, no âmbito global, a Carta de São Francisco, que cria a Organização das Nações Unidas, em 1945, e a Declaração Universal dos direitos humanos, de 1948, e, no plano regional, a Carta da Organização dos Estados Americanos e a Declaração Americana dos direitos e deveres do homem, de 1948.

Nesse sentido, Lewandowski aponta que as organizações internacionais que surgiram após a 2ª Guerra Mundial trouxeram consigo objetivos de respeito a direitos humanos, bem como patrocinaram uma série de declarações e convenções sobre a matéria, universalizando temas que, anteriormente eram reservados às normas internas[94].

A universalidade dos direitos humanos, que parte, inicialmente, da visão jusnaturalista de direitos inerentes a todo ser humano, obtém, com a internacionalização da temática, sua positivação em diplomas internacionais. A internacionalização foi acompanhada pela criação de órgãos internacionais de supervisão e controle das obrigações assumidas pelos estados, que contam, hoje, com tribunais regionais extremamente profícuos como a Corte Europeia de Direitos Humanos, a Corte Interamericana de Direitos Humanos e o Tribunal Africano de Direitos Humanos e dos Povos[95].

Direitos fundamentais e a função do Estado nos planos interno e internacional. vol. 2,Belo Horizonte: Arraes, 2010, pp. 1-15.

93. Deve ser mencionado que René Cassin, um dos grandes inspiradores e redatores da Declaração Universal dos direitos humanos (conforme atesta Lafer), prêmio Nobel da Paz em 1968, proferiu curso de direito internacional privado na Academia de Direito Internacional da Haia. CASSIN, René. «La nouvelle conception du domicile dans le règlement des conflits de lois» *in Recueil des Cours de l´Académie de Droit International de la Haye,* vol. 34, 1930, pp. 659-809. LAFER, Celso. *A internacionalização dos direitos humanos – Constituição, Racismo e Relações Internacionais.* São Paulo: Manole, 2005, em especial p. 37.

94. LEWANDOWSKI, Enrique Ricardo. *Proteção dos direitos humanos na ordem interna e internacional.* Rio de Janeiro: Forense, 1984, p. 82-84.

95. Sobre o funcionamento desses tribunais, ver, entre outros: CARVALHO RAMOS, André de. *Processo Internacional de direitos humanos.*7ª ed, São Paulo: Saraiva, 2022; CANÇADO TRINDADE, Antônio Augusto. *Tratado de Direito Internacional dos Direitos Humanos.* Porto Alegre: Sérgio Antonio Fabris, 1997, vol. I; vol. II; vol. III, 1999 e 2003. PIOVESAN, Flávia. *Direitos Humanos e Justiça Internacional.* 2. ed. ampl. São Paulo: Saraiva, 2011. BARJA DE QUIROGA, Jacobo López *et al. Doctrina del Tribunal Europeo de Derechos Humanos.* 2ª ed., Valencia: Tirant lo blanch, 2012. BURGORGUE-LARSEN, Laurence; ÚBEDA DE TORRES, Amaya. *The*

Para Bobbio[96], a universalização dos direitos humanos tem como marco a edição da Declaração Universal dos direitos humanos[97], de 1948, que depois foi acompanhada pela Declaração e Programa de Ação de Viena aprovada na II Conferência Mundial de Viena de direitos humanos, cujo art. 5º determina que todos os direitos humanos são universais, indivisíveis e interdependentes, devendo ser considerados, globalmente, de forma justa e equitativa[98].

No direito internacional, Casella sinaliza que o foco do direito internacional da atualidade é a internacionalização dos direitos humanos e a consequente criação de um sistema internacional para a sua proteção[99]. Cançado Trindade defende o processo de humanização do direito internacional, no qual há o reconhecimento da centralidade dos direitos humanos, que correspondem ao *ethos* de nossos tempos[100].

Como decorrência da centralidade dos direitos humanos no ordenamento jurídico, desenvolveu-se discussão sobre a incidência dos direitos humanos *nas relações privadas*, etapa necessária para que se

---

inter-american court of human rights. Trad. de Rosalind Greenstein, Oxford: Oxford University Press, 2013. QUERALT JIMÉNEZ, Argelia. *El Tribunal de Estrasburgo: una jurisdicción internacional para la protección de los derechos fundamentales*. Barcelona: Tirant lo Blanch, 2003. GARCÍA ROCA, Javier; SANTOLAYA, Pablo (coords.). *La Europa de los Derechos. El Convenio Europeo de Derechos Humanos*. Madrid: Centro de Estudios Políticos y Constitucionales, 2005. COHEN-JONATHAN, Gérard. *La Convention Européenne des Droits de l'Homme*. Paris: Economica, 1989.

96. BOBBIO, Norberto. *A era dos direitos*. Trad. Carlos Nelson Coutinho. Rio de Janeiro: Campus, 1992, p. 26 e seguintes.

97. Ver ainda LAFER, Celso. "Declaração Universal de Direitos Humanos" *in* MAGNOLI, Demétrio. *A história da paz*. São Paulo: Contexto, 2008, pp. 297-329.

98. Lindgren Alves salienta que a Declaração Universal de Direitos Humanos de 1948 não era inicialmente universal, por não ter sido aprovada por estados ainda sob o regime colonial, em especial na África e na Ásia. Já a Declaração de 1993 é considerada, em virtude do número de estados participantes da Conferência em Viena (181), um passo decisivo para a universalização. ALVES, J.A. Lindgren. *Os direitos humanos na pós-modernidade*.São Paulo: Perspectiva, 2005, p. 25.Ver, sobre a internacionalização dos direitos humanos, ver: LAUTERPACHT, H. "The international protection of human rights" *in Recueil des Cours de l' Académie de Droit International de la Haye*, vol. 70, 1947, pp. 1-108. VASAK, Karel. «Le droit international des droits de l'homme» *in Recueil des Cours de l' Académie de Droit International de la Haye*, vol. 140, 1974, pp. 333-429. CASSIN, René. «La déclaration universelle et la mise en oeuvre des droits de l'homme» *in Recueil des Cours de l' Académie de Droit International de la Haye*, vol. 79, 1951, pp. 237-367. CASSIN, René. «Les droits de l'homme» *in Recueil des Cours de l' Académie de Droit International de la Haye*, vol. 140, 1974, pp. 321-332. CANÇADO TRINDADE, Antônio Augusto. «International law for humankind: towards a new jus gentium (I): general course on public international law» *in Recueil des Cours de l' Académie de Droit International de la Haye*, vol. 316, 2005, pp. 9-439. CANÇADO TRINDADE, Antônio Augusto. «International law for humankind: towards a new jus gentium (II): general course on public international law» *in Recueil des Cours de l' Académie de Droit International de la Haye*, vol. 317, 2005, pp. 9-312.

99. CASELLA, Paulo Borba. "Direito Internacional e dignidade humana" *in* CASELLA, Paulo Borba; CARVALHO RAMOS, André de (orgs.). *Direito Internacional: homenagem a Adherbal Meira Mattos*. São Paulo: Quartier Latin, 2008, pp. 223-343, em especial p. 277.

100. CANÇADO TRINDADE, Antônio Augusto. *A humanização do direito internacional*. Belo Horizonte: Del Rey, 2006, p. 406.

possa analisar a influência dos direitos humanos no direito internacional privado atual[101].

Inicialmente, as Constituições liberais do século XIX restringiam os direitos humanos à proteção do indivíduo em face do estado. Virgílio Afonso da Silva expõe que as liberdades públicas, também chamadas de direitos de defesa, correspondiam aos direitos que garantem uma esfera de liberdade de atuação dos indivíduos contra ingerências estatais, como a liberdade de expressão, de imprensa, de religião, de associação, de reunião e o direito de propriedade[102].

A premissa básica da concepção de direitos como limite à ação estatal é a promoção do individualismo. Sociedade civil e Estado eram opostos, sendo o Estado o inimigo a ser contido, em uma eficácia vertical de proteção dos particulares apenas contra ingerências ilegítimas estatais, porém não oponível nas relações intersubjetivas. Além disso, outro limitador à incidência dos direitos humanos na esfera privada era a assunção de densidade normativa apenas após a sua veiculação por meio de lei. O princípio da legalidade fazia com que fosse necessária uma lei que restringisse a autonomia (ilimitada, a princípio) dos particulares nas suas relações com seus iguais. Para Zagrebelski, o Estado liberal era, antes de tudo, um Estado de preponderância da lei e não da Constituição, sendo os direitos, assim, tutelados *ex lege* e não *ex constitutione*[103].

---

101. Entre outras obras, citem-se: SILVA Virgílio Afonso da. *A Constitucionalização do Direito: os direitos fundamentais nas relações entre particulares*. São Paulo: Malheiros, 2005. SARMENTO, Daniel. *Direitos Fundamentais e relações privadas*. 2ª ed., Rio de Janeiro: Lumen Juris, 2010. MENDES, Gilmar Ferreira. "Direitos Fundamentais: eficácia das garantias constitucionais nas relações privadas; análise da jurisprudência da Corte Constitucional alemã" *in* MENDES, Gilmar Ferreira. *Direitos Fundamentais e Controle de Constitucionalidade: estudos de direito constitucional*. São Paulo: Saraiva, 1998, pp. 207-225; CASTRO, Carlos Roberto Siqueira. "Aplicação dos Direitos Fundamentais às Relações Privadas" *in* PEREIRA, Antonio Celso Alves; ALBUQUERQUE, Celso R. D. de (Orgs.). *Estudos em Homenagem a Carlos Alberto Menezes Direito*. Rio de Janeiro: Renovar, 2003, pp. 227-246; SARLET, Ingo Wolfgang (Org.). *Constituição, Direitos Fundamentais e Direito Privado*. 2ª ed., Porto Alegre: Livraria do Advogado, 2006; STEINMETZ, Wilson. *A Vinculação dos Particulares aos Direitos Fundamentais*. São Paulo: Malheiros, 2004; PEREIRA, Jane Gonçalves Reis. "Apontamentos sobre a aplicação de normas de direito fundamental nas relações jurídicas entre particulares" *in* BARROSO, Luís Roberto (Org.). *A Nova Interpretação Constitucional: ponderação, direitos fundamentais e relações privadas*. Rio de Janeiro: Renovar, 2003, pp. 119-192. MOREIRA, Eduardo Ribeiro. Obtenção dos Direitos Fundamentais nas Relações entre Particulares. Rio de Janeiro: Lumen Juris, 2007. TEPEDINO, Gustavo. "Direitos Humanos e Relações Jurídicas Privadas" *in* TEPEDINO, Gustavo. *Temas de Direito Civil*. Rio de Janeiro: Renovar, 1999, pp. 55-71.

102. SILVA, Virgílio Afonso da. "A evolução dos direitos fundamentais" *in Revista Latino-Americana de Estudos Constitucionais*, vol. 6, 2005, pp. 541-558, em especial p. 547.Ver também FERREIRA FILHO, Manoel G. *Os direitos humanos fundamentais*, 2. ed. São Paulo: Saraiva, 1998, em especial p. 15 e p. 28 e seguintes. ZAGREBELSKY, Gustavo. *El derecho dúctil*. Trad. Marina Gascón. 3. ed., Madrid: Trotta, 1999, em especial p. 21.

103. ZAGREBELSKY, Gustavo. *El derecho dúctil*. Trad. Marina Gascón. 3. ed., Madrid: Trotta, 1999, em especial p. 24.

Com a superação do paradigma do estado liberal e a consolidação do estado social e do estado democrático de direito[104], impõe-se o reforço da juridicidade dos direitos previstos na Constituição, exigindo-se que todos os poderes do estado cumpram os comandos constitucionais. O espaço da legalidade passa a ser, assim, um espaço restrito e conforme à Constituição. Legitima-se a conduta do estado de observar os direitos dos particulares, evitando com seus atos ofender direitos, e de garantir os direitos de particulares contra ofensas perpetradas por outros particulares.

O estado passa de inimigo ou adversário dos direitos dos particulares para tutor ou guardião desses mesmos direitos frente a investidas de outros particulares[105]. A Constituição portuguesa de 1976 é exemplo da aplicação dos direitos fundamentais aos entes privados, ao prever, no artigo 18.1, que os preceitos constitucionais referentes aos direitos, liberdades e garantias são diretamente aplicáveis e vinculam as entidades públicas e privadas.

Os direitos humanos possuem uma dimensão subjetiva, na qual há direitos de resistência do indivíduo contra o estado, e uma dimensão objetiva, que gera o dever estatal de tutela dos direitos. Esse dever de tutela gera o efeito irradiante (ou de irradiação) dos direitos humanos, que exige que o estado conforme todo o direito e inclusive as relações privadas de acordo com os direitos humanos. Não podem as autoridades públicas omitirem-se em face de agressões realizadas por particulares, resultando no direito à proteção no âmbito das relações privadas[106].

O direito à proteção consiste na faculdade individual de se exigir que o estado impeça ofensas a direitos realizadas por particulares. Para Alexy, o objeto do direito à proteção é amplo, abarcando não somente os direitos individuais, como a liberdade e a vida, mas também todos os direitos em geral, demarcando-se a atuação dos sujeitos de direitos em suas relações privadas recíprocas[107]. Sarlet

104. Para Canotilho, o estado constitucional deve se estruturar como um estado de direito democrático, ou seja, "é necessário associar (como, de resto, já foi frisado) a realização do princípio do Estado de direito com a efectivação do princípio democrático". GOMES CANOTILHO, *Direito Constitucional*. Coimbra: Almedina, 1993, p. 389.

105. MENDES, Gilmar Ferreira. "Direitos Fundamentais: eficácia das garantias constitucionais nas relações privadas; análise da jurisprudência da Corte Constitucional alemã" *in* MENDES, Gilmar Ferreira. *Direitos Fundamentais e Controle de Constitucionalidade: estudos de direito constitucional*. São Paulo: Saraiva, 1998, pp. 207-225, em especial p. 214.

106. Sobre o efeito irradiante ou irradiador, ver CARVALHO RAMOS, André de. *Teoria Geral dos Direitos Humanos na Ordem Internacional*. 7ª. Ed, São Paulo: Saraivajur, 2019, p. 184-186. DIMOULIS, Dimitri; MARTINS, Leonardo. *Teoria Geral dos Direitos Fundamentais*. 4ª ed, São Paulo: Atlas, 2012, em especial p. 110-114. QUEIROZ, Cristina M.M. *Direitos Fundamentais*: teoria geral. Coimbra: Coimbra, 2002, p. 39.

107. ALEXY, Robert. *Teoria dos direitos fundamentais*. Trad. Virgílio Afonso da Silva. São Paulo: Malheiros, 2008, p. 450.

menciona que se exige do estado também o dever de *prevenção e precaução*, impedindo condutas de particulares que possam gerar *riscos* de lesão a direitos e bens constitucionalmente tutelados[108].

Com a ascensão do estado social, os direitos previstos na Constituição não podem deixar de ser aplicados em todo o ordenamento jurídico, não se justificando excluir o direito privado de seu alcance, pois tal ramo do direito não está à margem da Constituição. O novo papel promocional do estado social exige a sua atuação para proteger os particulares de outros indivíduos ou entidades privadas que podem exercer verdadeiros poderes *de facto*[109].

Nesse contexto, grife-se ser o particular, ao mesmo tempo, sujeito passivo de determinado direitos e também sujeito ativo do direito à autodeterminação dos seus interesses, o que impõe a preservação da sua autonomia. As escolhas individuais não podem ser pautadas *da mesma maneira* que se pautam as escolhas do estado, de modo que seu papel não se equipara ao dos poderes públicos - por exemplo, não pode o particular ser obrigado a tratar, de modo isonômico, todos os seus conhecidos, em equiparação a obrigação estatal de agir, em geral, com impessoalidade, tratando a todos de modo igualitário. Assinalam Sarmento e Gomes que a hipertrofia da eficácia dos direitos humanos nas relações privadas, longe de trazer a utopia da plena realização de direitos em todos os espaços sociais, faria nascer uma *distopia* com a restrição em excesso da autonomia privada, submetendo todos a um "fundamentalismo dos direitos humanos"[110].

Feita essa ressalva, a eficácia horizontal dos direitos (eficácia externa, eficácia em relação a terceiros)[111] consiste na proteção dada a tais direitos nas relações entre particulares. Com a eficácia horizontal, não se admite que, em nome da liberdade e autonomia privada, os particulares possam nas suas relações sociais, violar direitos sem reação do Estado. Exige-se, ao

108. SARLET, Ingo W. *A eficácia dos direitos fundamentais*. 10. ed., Porto Alegre: Livraria do Advogado, 2010, p. 191.

109. ANDRADE, José Carlos de. *Os direitos fundamentais na Constituição portuguesa de 1976*. Coimbra: Almedina, 1987, p. 274.

110. SARMENTO, Daniel; GOMES , Fábio Rodrigues. "A eficácia dos direitos fundamentais nas relações entre particulares: o caso das relações de trabalho" *in Revista do Tribunal Superior do Trabalho*, vol. 77, n. 4,2011, pp. 60-101, em especial p. 61.

111. Há vários termos possíveis, como a eficácia em relação a terceiros (chamada de *Drittwirkung* na doutrina alemã – "direito em relação a terceiros") e eficácia dos diretos humanos nas relações privadas. ANDRADE, José Carlos de. *Os direitos fundamentais na Constituição portuguesa de 1976*. Coimbra: Almedina, 1987, p. 271. ALEXY, Robert. *Teoria dos direitos fundamentais*. Trad. Virgílio Afonso da Silva. São Paulo: Malheiros, 2008, p. 528 e seguintes. SILVA, Luís Virgílio Afonso da. *A constitucionalização do direito – os direitos fundamentais nas relações entre particulares*. Tese apresentada à Faculdade de Direito da Universidade de São Paulo como requisito parcial para a obtenção do título de Livre Docente junto ao Departamento de Direito do Estado, área de Direito Constitucional. São Paulo, 2004, p. 62.

contrário, que haja equilíbrio e ponderação entre a liberdade e a autonomia privada e os outros direitos humanos em colisão[112]. Há duas espécies de incidência dos direitos humanos nas relações entre particulares: o modo mediato (ou indireto) e o modo imediato (ou direto).

O modo mediato de incidência dos direitos humanos nas relações entre particulares consiste na sua aplicação nas relações privadas por intermédio de lei. Mantém-se a vinculação dos direitos humanos somente aos poderes públicos, que devem agir (inclusive editando leis) para inocular os direitos humanos nas relações privadas. A princípio, o particular é livre para agir, como reflexo de sua autonomia da vontade, que não poderia ser transformada em um mero instrumento para a consecução do interesse público[113]. A eficácia horizontal indireta gera, portanto, o dever do Estado legislar, mas, até que isso ocorra, as normas de direitos humanos não têm impacto nas relações privadas.

Aceita-se, contudo, que as cláusulas gerais do próprio direito privado, como a proteção da boa-fé, a vedação do abuso de direito, proibição do enriquecimento sem causa, defesa da ordem pública e institutos específicos possam ser reinterpretados para fazer valer a força normativa dos direitos humanos nas relações privadas[114]. Perlingieri assinala que legislar por cláusulas gerais permite que o intérprete tenha maior possibilidade de adaptar a norma de direito privado às situações concretas[115]. Rigaux recorda que os conceitos indeterminados ocupam uma "zona cinzenta", irredutível ao esforço de racionalidade de previsibilidade do direito. Para o autor, o direito internacional privado tradicional convive bem com os conceitos indeterminados, especialmente por meio da aceitação da cláusula de ordem pública[116].

Nesse sentido, o Código Civil brasileiro traz exemplos de portas de entrada da gramática de direitos para densificar conceitos genéricos como

112. SARMENTO, Daniel. *Direitos Fundamentais e relações privadas.* 2ª ed., Rio de Janeiro: Lumen Juris, 2010, em especial p. 240.

113. Nas palavras de Hesse, a autonomia privada não pode ser convertida em um simples "medio para fines sociales". HESSE, Konrad. *Derecho constitucional y derecho privado.* Trad. de Ignacio Gutiérrez Gutiérrez. Madrid: Civitas, 1995, em especial p. 64 e p. 75.

114. MARTINS-COSTA, Judith. *A boa-fé no direito privado: sistema e tópica no processo obrigacional.* São Paulo: RT,1999, p. 286.

115. PERLINGIERI, Pietro. *Perfis do direito civil. Introdução ao direito civil constitucional.* Trad. de Maria Cristina de Cicco. 1ª ed., rev. e ampl. Rio de Janeiro: Renovar, 1999, p. 27.

116. RIGAUX, François. «Les concepts indeterminés en droit international privé et en droit communautaire» *in Estudos em homenagem à Professora Doutora Isabel de Magalhães Collaço.* Vol I,. Coimbra: Almedina, 2002, pp. 623-647, em especial p. 624.

a "probidade" e "boa-fé" (art. 422[117]), a interpretação da boa-fé dos negócios jurídicos (art. 113[118]) e o limite ao exercício de direito que não exceda manifestamente os limites impostos pelo seu fim econômico ou social, pela "boa-fé" ou pelos "bons costumes" (art. 187[119]).

Para Martins, esses conceitos abertos podem servir de escada para a implementação de direitos tutelados constitucionalmente, como os direitos de personalidade, direito à propriedade e sua função social. No caso da autonomia de vontade na seara obrigacional, entende o autor que o artigo 421[120] do Código Civil brasileiro é a porta de entrada a proteção da liberdade e igualdade[121]. Reforça-se a independência do direito privado, que não é substituído pela incidência direta das normas de direitos humanos, os quais, por sua vez, serão preservados graças ao uso de regras do *próprio* direito privado. Assim, a eficácia indireta mitiga a importância dos direitos humanos no ordenamento jurídico de um estado, valorizando-se, ao contrário, as cláusulas gerais do direito privado ou de leis específicas.

A eficácia horizontal indireta almeja evitar que a autonomia da vontade dos particulares seja afastada pela alegação de violação de direitos humanos, o que levaria à perda de identidade e independência do direito privado em face da gramática de direitos humanos.

Outro argumento a favor da incidência indireta dos direitos humanos é a dificuldade de se solucionar, sem a legitimidade do legislador, a colisão que a eficácia horizontal pressupõe entre a liberdade e outros direitos também considerados essenciais. Sem a atuação legislativa, os direitos humanos dependeriam da interpretação judicial para a delimitação do seu sentido (em geral, redigido de modo vago e eventualmente ambíguo), o que pode comprimir de modo inesperado a liberdade de agir dos particulares, comprometendo a segurança jurídica[122].

117. *In verbis:* "Art. 422. Os contratantes são obrigados a guardar, assim na conclusão do contrato, como em sua execução, os princípios de probidade e boa-fé".

118. *In verbis:* "Art. 113. Os negócios jurídicos devem ser interpretados conforme a boa-fé e os usos do lugar de sua celebração".

119. *In verbis:* "Art. 187. Também comete ato ilícito o titular de um direito que, ao exercê-lo, excede manifestamente os limites impostos pelo seu fim econômico ou social, pela boa-fé ou pelos bons costumes".

120. *In verbis:* "Art. 421. A liberdade de contratar será exercida em razão e nos limites da função social do contrato".

121. MARTINS, Leonardo. "Do vínculo do Poder Judiciário aos direitos fundamentais e suas implicações práticas" *in Revista da Escola Paulista da Magistratura*, ano 5, nº 2, 2004, pp. 89-127, em especial p. 118.

122. Hesse entende que cabe ao legislador fundamentalmente a tarefa de inocular o direito privado de aspectos da proteção de direitos humanos. HESSE, Konrad. *Derecho constitucional y derecho privado*. Trad. de Ignacio Gutiérrez Gutiérrez. Madrid: Civitas, 1995, em especial p. 63-64.

Marco da incidência indireta dos diretos fundamentais na esfera das relações privadas é o caso *Lüth* decidido pelo Tribunal Constitucional Federal (TCF) da Alemanha[123], sobre a licitude de boicote organizado pelo presidente do clube de imprensa de Hamburgo contra o filme "Amada Imortal" dirigido por Veit Harlan, cineasta envolvido com a divulgação de ideias antissemitas no período do nazismo. O fracasso do filme gerou o debate, em ação indenizatória por perdas e danos, entre o dever compensatório daquele que causar danos a outrem e de maneira ofensiva aos bons costumes, previsto no § 826 do Código Civil alemão e a possibilidade de se restringir, indevidamente, a liberdade de expressão. O Tribunal decidiu que a expressão "bons costumes" deveria ser interpretada à luz dos valores constitucionais de defesa de direitos, exigindo, ao final, o respeito à liberdade de expressão. Foi assinalado pelo TCF que "(...) O juiz tem que, por força de mandamento constitucional, julgar se aquelas normas materiais de direito civil a serem por ele aplicadas não são influenciadas pelo direito fundamental da forma descrita; se isso ocorrer, então ele precisa observar a modificação do direito privado que resulta desta influência junto à interpretação e aplicação daquelas normas. Este é o sentido da vinculação do juiz cível aos direitos fundamentais"[124].

No que tange à autonomia contratual, o Tribunal Constitucional Federal da Alemanha analisou o caso de mulher, sem formação profissional e conhecimento sobre o impacto econômico da fiança, assumiu ser fiadora do seu pai em valor desproporcional ao seu patrimônio. Após ter perdido nas instâncias ordinárias a ação declaratória de nulidade da cláusula de fiança, a fiadora interpôs reclamação constitucional alegando que o direito fundamental ao livre desenvolvimento da sua personalidade (que abrange a autonomia da vontade) teria sido violado pela cláusula abusiva imposta. Com base na conceituação de autonomia da vontade como autodeterminação do indivíduo, o Tribunal considerou ser necessário levar em consideração, na proteção da autonomia, a existência de verdadeira paridade

123. Para Virgílio Afonso da Silva, em sua tese de livre-docência referente aos direitos fundamentais nas relações entre particulares: "Sem dúvida alguma, por motivos que serão analisados posteriormente, é na Alemanha que o problema é estudado de forma sistemática há mais tempo". SILVA, Luís Virgílio Afonso da. *A constitucionalização do direito – os direitos fundamentais nas relações entre particulares*. Tese apresentada à Faculdade de Direito da Universidade de São Paulo como requisito parcial para a obtenção do título de Livre Docente junto ao Departamento de Direito do Estado, área de Direito Constitucional. São Paulo, 2004, p. 15.

124. Ver tais passagens do caso Lüth (de 1958) em MARTINS, Leonardo (org.). *Cinquenta anos de jurisprudência do Tribunal Constitucional Federal alemão*. Montevidéu: Konrad Adenauer Stiftung, 2005, pp. 387390, em especial p. 387 e p. 389. Tribunal Constitucional Federal da Alemanha, caso Lüth, julgamento de 15 de janeiro de 1958.

contratual, inexistente no caso concreto[125]. Steinmetz traz outro exemplo da jurisprudência alemã, com a declaração de nulidade, por ofensa aos bons costumes, de cláusula que, na ocasião do divórcio, impunha ao pai o dever de domiciliar-se fora da cidade onde residiam a sua ex-mulher e filha, já que a cláusula, fruto da liberdade de celebrar o negócio jurídico, ofendia o direito de ir e vir[126].

Em síntese, a eficácia horizontal indireta reclama intervenção do legislador, a princípio de modo explícito, limitando a liberdade de agir dos particulares, em prol de determinado direito. Essa eficácia indireta atua também de modo implícito, por intermédio das cláusulas gerais do direito privado, interpretadas e delimitadas de acordo com o direito essencial envolvido.

Critica-se a teoria da eficácia indireta por ser insuficiente na tutela dos direitos humanos na esfera das relações entre particulares, pois é excessivamente dependente da intervenção do legislador[127]. Fachin assinala que, diante do poder normativo da Constituição, não há como eximir o direito privado de sua observância, sendo insuficiente a aplicação mediata e indireta do texto constitucional como mero parâmetro interpretativo de cláusulas legais[128].

Nesse contexto, a eficácia horizontal direta dos direitos humanos consiste na sua incidência, sem intermediação legislativa, para impedir violações oriundas de condutas de sujeitos privados[129]. Em comum com a teoria da eficácia indireta, a eficácia direta também reconhece a dimensão

---

125. MARTINS, Leonardo. "Do vínculo do Poder Judiciário aos direitos fundamentais e suas implicações práticas" *in Revista da Escola Paulista da Magistratura*, ano 5, nº 2, 2004, pp. 89-127, em especial p. 110-111.

126. STEINMEZTS, Wilson. *A vinculação dos particulares a direitos fundamentais*. São Paulo: Malheiros, 2004, p. 148.

127. A defesa da teoria da eficácia indireta no Brasil é feita por poucos doutrinadores. Por todos, citem-se Dimoulis e Martins. No original: "Em resumo, no ordenamento jurídico brasileiro, vale como regra que destinatário dos deveres que correspondem aos direitos fundamentais é o Estado, tanto no sentido do dever de abstenção como no sentido do dever de prestação". DIMOULIS, Dimitri; MARTINS, Leonardo. *Teoria Geral dos Direitos Fundamentais*. 4ª ed, São Paulo: Atlas, 2012, em especial p. 104-105.

128. Conclui o autor a favor da aplicação direta e imediata dos direitos humanos nas relações entre particulares, pois assim se realiza o "programa constitucional de emancipação e concretização dos direitos fundamentais". FACHIN, Luiz Edson. "A liberdade e a intimidade: uma breve análise das biografias não autorizadas" *in* SIMÃO, José Fernando; BELTRÃO, Silvio Romero (coords). *Direito civil: estudos em homenagem a José de Oliveira Ascenção*. Vol 1, São Paulo: Atlas, 2015, pp. 376-394, em especial p. 384.

129. Definição de Bilbao Ubillos. No original: "(...) defender la tesis de la eficacia inmediata frente a terceros es afirmar la virtualidad directa, sin mediaciones concretizadoras, de los derechos fundamentales, en tanto que derechos subjetivos reforzados por la garantía constitucional, frente a las violaciones procedentes de sujetos privados". BILBAO UBILLOS, Juan Maria. *La eficácia de los derechos fundamentales frente a particulares. Análisis de la jurisprudencia del Tribunal Constitucional*. Madrid: Centro de Estudios Políticos y Constitucionales, 1997, p. 325.

objetiva dos direitos humanos, que gera o efeito irradiante conformador de todas as condutas dos poderes públicos e dos particulares. A distinção entre os modos de incidência está no reconhecimento, pela teoria da eficácia horizontal direta, de serem os direitos humanos passíveis de invocação diretamente pelos indivíduos sem regulações legislativas ou administrativas densificadoras, oponíveis tanto aos poderes públicos quanto aos demais particulares.

No que tange às condutas dos particulares, a eficácia direta gera um problema de colisão entre a liberdade e outros direitos, que variam, a depender do caso concreto. A incidência direta não gera, invariavelmente, uma compressão da liberdade de agir dos particulares, mas impõe a necessidade do intérprete levar em consideração outros direitos humanos para, eventualmente, restringir a autonomia da vontade dos particulares.

Os críticos da teoria da eficácia horizontal direta dos direitos humanos asseveram ser ignorada, nessa vertente, a autonomia dos indivíduos, elemento que diferencia as relações intersubjetivas das relações verticais entre o Estado e o indivíduo. Para Hesse, a autonomia privada ficaria em risco toda vez que as pessoas não pudessem renunciar à proteção de seus próprios direitos (em nome de sua liberdade), o que não pode ocorrer em relação aos poderes públicos já que esses últimos sempre devem comportar-se de acordo com a proteção de direitos humanos[130]. Além disso, gerar-se-ia insegurança jurídica, porque os particulares não poderiam antever eventual nulidade de suas avenças em face da incidência de normas diretamente da Constituição sem mediação legislativa.

O risco de eliminação da autonomia privada é minimizado com a cautela de se sustentar a necessidade de uma análise de colisão de direitos, entre a liberdade de agir e o outro direito pretensamente ameaçado ou violado. Caso não seja assim, assumir-se-ia a imunização dos particulares em face da proteção de direitos humanos, podendo estes, na omissão do legislador, transformar em *letra morta* aquilo que é, por definição, indispensável para a vida digna[131]. Já o argumento da indeterminação de normas como ofensa à segurança jurídica não é tema inédito no campo do direito privado: as cláusulas gerais vistas acima também incorreriam na mesma crítica, pois são, por definição, caracterizadas como vagas e indeterminadas[132].

130. HESSE, Konrad. *Derecho constitucional y derecho privado*. Trad. de Ignacio Gutiérrez Gutiérrez. Madrid: Civitas, 1995, em especial p. 61.

131. Nesse sentido, CANARIS, Claus-Wilhelm. *Direitos fundamentais e direito privado*. Trad. de Ingo W. Sarlet e Paulo Mota Pinto. Coimbra: Almedina, 2003, p. 129.

132. SARMENTO, Daniel. *Direitos Fundamentais e relações privadas*. 2ª ed., Rio de Janeiro: Lumen Juris, 2010, p.242.

No Brasil, até a edição da Constituição de 1988, a incidência dos direitos fundamentais era voltada à limitação da atuação do Estado. Em caso sob a égide da Constituição de 1967 no qual se discutia o estatuto social de um clube de futebol (associação civil sem fins lucrativos) e seu crivo em face da igualdade prevista na Constituição, o Supremo Tribunal Federal decidiu que o princípio da isonomia só seria aplicável nas relações de direito público ou nas relações em que o direito público interferisse. Nas relações de direito privado, como as que envolviam um clube de futebol, deveria verificar-se a existência de norma de direito público que impusesse a isonomia e, na sua inexistência, "os estatutos da associação dessa natureza poderão livremente estabelecer aquelas relações conforme fôr do interêsse associativo"[133].

A partir da edição da Constituição de 1988, esse posicionamento alterou-se, com base, inicialmente, na centralidade da proteção dos direitos humanos na nova Constituição, que possui a proteção da dignidade humana como "valor supremo", nas palavras de José Afonso da Silva[134]. Adicionalmente, a eficácia direta dos direitos humanos nas relações entre particulares está embasada no art. 5º, § 1º, da Constituição, que prevê que "as normas definidoras dos direitos e garantias fundamentais têm aplicação imediata"[135].

Ilustra a mudança de posição do Supremo Tribunal Federal sobre o tema, o caso *Air France* sobre a licitude de regras internas de companhia aérea que estabeleciam vantagens somente aos empregados de nacionalidade francesa, tendo o tribunal decidido que esse tipo de regra é inconstitucional por ofensa à igualdade (CF, 1967, art. 153, § 1º; CF, 1988, art. 5º, *caput*) ao discriminar o indivíduo pela sua nacionalidade, sem justificativa que autorizasse a desigualização[136].

O reconhecimento da ocorrência de violações de direitos humanos também nas relações travadas entre pessoas físicas e jurídicas de direito privado foi feito claramente pelo Supremo Tribunal Federal em 2006. Consta da ementa "(...) A autonomia privada, que encontra claras limitações de

133. Supremo Tribunal Federal, R.E nº 63. 279/SP, Relator: Min. Amaral Santos, julgamento de 15 de março de 1968, Órgão Julgador: Terceira Turma, publicado no DJ de 17/06/1968, pp. 02231. Mantida a grafia do português no original, p. 6 do acórdão.

134. SILVA, José Afonso da. *Comentário contextual à Constituição*. 2. ed. São Paulo: Malheiros, 2006, p. 38.

135. Nesse sentido, SARLET, Ingo Wolfgang. *A eficácia dos direitos fundamentais*. 10ª ed. Porto Alegre: Livraria do Advogado, 2010, pp. 365-366.

136. Supremo Tribunal Federal, RE 161.243, Rel. min. Carlos Velloso, julgamento de 29 de outubro de 1996, 2ª T, DJ de 19/12/1997.

ordem jurídica, não pode ser exercida em detrimento ou com desrespeito aos direitos e garantias de terceiros, especialmente aqueles positivados em sede constitucional, pois a autonomia da vontade não confere aos particulares, no domínio de sua incidência e atuação, o poder de transgredir ou de ignorar as restrições postas e definidas pela própria Constituição, cuja eficácia e força normativa também se impõem, aos particulares, no âmbito de suas relações privadas, em tema de liberdades fundamentais"[137]. O voto do Ministro Celso de Mello expressamente adere à teoria da incidência imediata dos direitos humanos ao mencionar que a autonomia da vontade privada não pode ser exercida contra direitos de indivíduos, uma vez que os direitos humanos têm eficácia contra os atos de particulares[138].

Assim, a incidência imediata dos direitos humanos tem como efeito a sua irradiação para a esfera das relações jurídicas entre particulares e o reconhecimento da sua representação de vetores hermenêuticos de todas as demais normas infraconstitucionais no campo das relações intersubjetivas.

Na seara da proteção internacional dos direitos humanos, a eficácia dos direitos humanos na esfera privada tem sido constantemente reconhecida tanto pelos textos normativos quanto pela jurisprudência internacional. Entre os dispositivos expressos em tratados internacionais de direitos humanos que exigem do Estado que restrinja a liberdade de particulares no trato com outros indivíduos, para proteger direitos, mencione-se o artigo

137. Supremo Tribunal Federal, RE 201.819, Rel. p/ o ac. Min. Gilmar Mendes, julgamento em 11 de outubro de 2005, Segunda Turma, *DJ* de 27/10/2006. Apesar do texto da ementa ter generalizado a adoção da teoria da eficácia horizontal imediata, o caso tratou de exclusão, sem o devido processo legal, de indivíduo associado da União Brasileira de Compositores – UBC, sociedade civil sem fins lucrativos, a qual integra a estrutura do ECAD (Escritório Central de Arrecadação e Distribuição, instituído pela Lei Federal nº 5.988/73, responsável pela arrecadação e distribuição dos direitos autorais das músicas aos autores e demais titulares). A exclusão de sócio do quadro social da UBC, sem qualquer garantia de ampla defesa, do contraditório, ou do devido processo constitucional, onerou consideravelmente o indivíduo excluído, o qual ficou impossibilitado de perceber os direitos autorais relativos à execução de suas obras. Por isso, constou também do acórdão que "(...) O caráter público da atividade exercida pela sociedade e a dependência do vínculo associativo para o exercício profissional de seus sócios legitimam, no caso concreto, a aplicação direta dos direitos fundamentais concernentes ao devido processo legal, ao contraditório e à ampla defesa (art. 5º, LIV e LV, CF/88)". Não obstante tal particularidade, há menções de aceitação da teoria imediata.

138. No original: "(...) a autonomia privada – que encontra claras limitações de ordem jurídica – não pode ser exercida em detrimento aos direitos e garantias de terceiros, especialmente aqueles positivados em sede constitucional, pois a autonomia da vontade não confere aos particulares, no domínio de sua incidência e atuação, o poder de transgredir ou de se ignorar as restrições postas e definidas pela própria Constituição, cuja eficácia e força normativa também se impõem aos particulares, no âmbito de suas relações privadas, em tema de liberdades fundamentais". Em outra passagem, consta expressamente "(...) a vinculação imediata dos indivíduos, em suas relações privadas, aos direitos básicos assegurados pela Carta Política". Grifos que constam do original foram retirados. Voto do Min. Celso de Mello. Supremo Tribunal Federal, RE 201.819, Rel. p/ o ac. Min. Gilmar Mendes, julgamento em 11 de outubro de 2005, Segunda Turma, *DJ* de 27/10/2006.

13, "b", da Convenção, para a eliminação de toda forma de discriminação contra mulher. O dispositivo exige que os estados adotem medidas apropriadas para eliminar a discriminação contra a mulher na obtenção, entre outras situações, de empréstimos bancários, hipotecas e outras formas de crédito financeiro, impondo, portanto, aos estados intervenção nos contratos bancários para eliminar qualquer discriminação, como a exigência obrigatória de coobrigado pelo único fato de ser a contratante mulher[139]. Outro exemplo é o artigo 2º da Convenção para a eliminação de todas as formas de discriminação racial, que determina que o Estado deve combater a discriminação praticada por "quaisquer pessoas, grupo ou organização", ou seja, os particulares não podem discriminar em suas relações intersubjetivas.

No que tange à jurisprudência, há diversos precedentes tanto da Corte Interamericana de Direitos Humanos quanto da Corte Europeia de Direitos Humanos que implantaram a eficácia horizontal dos direitos humanos no âmbito das respectivas jurisdições. Em ambos os tribunais, somente possui legitimidade passiva o estado, sendo a eficácia horizontal mencionada em casos envolvendo debate sobre a omissão do ente estatal diante da ocorrência de atos de particulares ofensivos a direitos de outros indivíduos.

Um dos precedentes mais antigos é o caso *X* e *Y v. Holanda*, no qual a Corte Europeia de Direitos Humanos estabeleceu ser dever do estado assegurar o respeito aos direitos humanos mesmo na esfera das relações intersubjetivas[140]. Outro precedente importante foi o caso *Young, James* e *Webster*, no qual foi considerada ofensiva à liberdade de associação em sua dimensão negativa (direito de não se associar) cláusula de acordo entre sindicatos (patronal e de empregados) que criava o dever das empresas em contratar somente trabalhadores sindicalizados[141].

Atualmente, anotam-se algumassemelhanças entre a eficácia vertical e horizontal dos direitos humanos: de um lado, existe certa verticalidade nas relações entre particulares, cada vez mais caracterizadas pela assimetria entre as partes, com exercício de poder econômico e social por um dos lados, constatando-se o desequilíbrio de poder entre os particulares,

139. COURTIS, Christian. "La eficacia de los derechos humanos en las relaciones entre particulares" *in* SARLET, Ingo Wolfgang (Org.). *Constituição, Direitos Fundamentais e Direito Privado*. 2ª ed., Porto Alegre: Livraria do Advogado, 2006, pp. 405-429, p. 428.

140. Corte Europeia de Direitos Humanos, caso *X e Y versus Holanda, julgamento* de 26 de março de 1985, em especial parágrafo 23. No original: "The adoption of measures designed to secure respect for private life even in the sphere of the relations of individuals between themselves".

141. Corte Europeia de Direitos Humanos, caso *Young, James & Webster*, julgamento de 13 de agosto de 1981. Ver também em CLAPHAM, Andrew. *Human Rights in the private sphere*. Oxford: Clarendon Press, 1993.

em uma relação de verticalidade similar ou mesmo mais esmagadora do que nas relações entre os particulares e o poder público; de outro lado, nas relações entre particulares, a incidência dos direitos humanos exige, em geral, a intervenção dos agentes públicos para comprimir um direito e privilegiar outro, em conexão com uma ação estatal, tal qual ocorre com a eficácia vertical[142].

A partir desses marcos, observe-se que, no direito internacional privado, a ubiquidade dos direitos humanos também se faz presente[143], uma vez que a vida privada transnacional do indivíduo e das pessoas jurídicas envolvem a análise do alcance e sentido dos direitos envolvidos nos atos dos particulares nas suas relações com vínculos de estraneidade, tais como liberdade, igualdade e não discriminação.

142. Nesse sentido, SARLET, Ingo W. "Neoconstitucionalismo e influência dos direitos fundamentais no direito privado: algumas notas sobre a evolução brasileira". Civilistica.com. Rio de Janeiro, a. 1, n. 1, jul.-set./2012. Disponível em: <http://civilistica.com/neoconstitucionalismo/>. Acesso em: 30/05/2024.

143. Utilizando aqui a ideia de Sarmento, aplicada ao direito constitucional. SARMENTO, Daniel. "Ubiqüidade Constitucional: os dois lados da moeda" *in Revista de Direito do Estado*, vol. 2, 2006, pp. 83-118.

CAPÍTULO

3

A INCIDÊNCIA DOS DIREITOS HUMANOS NO DIREITO INTERNACIONAL PRIVADO

3.1. ATRIBUTOS DIFERENCIADOS DOS DIREITOS HUMANOS E SEU OBJETIVO EMANCIPATÓRIO NO DIREITO INTERNACIONAL PRIVADO

A dignidade humana consiste na qualidade intrínseca e distintiva de cada ser humano, que o protege contra todo tratamento degradante e lhe assegura condições materiais mínimas de sobrevivência[1].

Na conhecida formulação da dignidade de Kant, as pessoas por terem autonomia e capacidade de agir segundo a moralidade, diferentemente das coisas, não têm preço, mas, sim, dignidade[2]. A defesa da dignidade humana ampara-se, assim, na ética kantiana, uma vez que o ser humano existe como um fim em si mesmo, não simplesmente como um instrumento para ser utilizado por outro indivíduo ou pelo Estado[3].

Sarmento sintetiza a dignidade humana como princípio profundamente humanista, baseado na valorização da pessoa e comprometido com a garantia de direitos humanos contra a injustiça e opressão. Relata o autor

1. SARLET, Ingo Wolfgang. *Dignidade da pessoa humana e direitos fundamentais.* Porto Alegre: Livraria do Advogado, 2001, p. 60.
2. KANT, Immanuel. *Fundamentação da metafísica dos costumes.* Trad. de Pedro Quintela. Lisboa: Edições 70, 2011, p. 77-78.
3. COMPARATO, Fábio Konder. *A afirmação histórica dos direitos humanos.* 7ª ed., 3ª tiragem, São Paulo: Saraiva,2011, p. 34.

que a primeira invocação explícita da dignidade da pessoa humana em um texto jurídico foi feita no preâmbulo do decreto que aboliu a escravidão na França, em 1794, no qual foi mencionado que a escravidão era um "atentado contra a dignidade humana". No plano constitucional, a dignidade humana foi mencionada em algumas constituições anteriores à 2ª Guerra Mundial, como a Constituição do México, de 1917 e mesmo no artigo 115 da Constituição brasileira de 1934[4].

Após a 2ª Guerra Mundial, a proteção da dignidade humana encontra eco em diversos diplomas normativos internacionais. A Declaração Universal dos direitos humanos reconhece, no artigo 1º, a "dignidade" e os direitos iguais e inalienáveis de todos os membros da humanidade. Os tratados de direitos humanos celebrados posteriormente também possuem a previsão da proteção da dignidade humana, como se vê nos preâmbulos do Pacto Internacional de direitos civis e políticos e do Pacto Internacional de direitos sociais econômicos e culturais, ambos reconhecendo a dignidade inerente do ser humano. Por sua vez, o artigo 5º da Convenção Americana de direitos humanos protege a "dignidade inerente ao ser humano" e, finalmente, o artigo 1º da Carta de direitos fundamentais da União Europeia determina que "[a] dignidade do ser humano é inviolável. Deve ser respeitada e protegida". No plano doméstico brasileiro, destaca-se o artigo 1º, III, da Constituição de 1988, que estabelece que um dos fundamentos do Estado democrático de direito é a promoção da dignidade da pessoa humana. Além desse dispositivo geral, a Constituição de 1988 ainda menciona o "princípio da dignidade humana" no artigo 226, § 7º (planejamento familiar), no artigo 227 ("dignidade" à criança) e no artigo 230 (dignidade das pessoas idosas).

Para Barroso, há três componentes da dignidade humana: o componente da proteção do valor intrínseco de cada ser humano; o componente da autonomia, que permite a autodeterminação dos indivíduos; e o componente comunitário, que aceita a interferência do Estado e da sociedade para impor limites à autonomia individual[5].

Azevedo sustenta, inicialmente, que o ser humano caracteriza-se pela sua capacidade de reconhecimento do próximo, de estabelecer diálogos,

4. O art. 115 da Constituição de 1934 estabelecia que "A ordem econômica deve ser organizada conforme os princípios da Justiça e as necessidades da vida nacional, de modo que possibilite a todos existência digna. Dentro desses limites, é garantida a liberdade econômica". Ver mais em SARMENTO, Daniel. *Dignidade da pessoa humana*. 2ª ed., Belo Horizonte: Fórum, 2016, p. 15 e p. 53.

5. BARROSO, Luís Roberto. "Aqui, lá e em todo lugar": a dignidade humana no Direito Contemporâneo e no discurso transnacional" *in Revista dos Tribunais*, vol. 101, n. 919, 2012, pp. 127-196. Ver também BARROSO, Luís Roberto. *A dignidade humana no direito constitucional contemporâneo*: a construção de um conceito jurídico à luz da jurisprudência mundial. Belo Horizonte: Editora Fórum, 2013.

devendo ser a concepção da pessoa humana fundada na vida e no amor. Com esse fundamento, considera que a dignidade humana é um princípio jurídico que ordena o respeito à integridade física e psíquica das pessoas, a outorga de condições materiais mínimas para o exercício da vida e o respeito às condições mínimas de liberdade e convivência social igualitária[6].

Para Dolinger, a história do pensamento humano inspirou-se na ideia da dignidade pessoal do ser humano, destacando os modernos antecedentes da proteção da dignidade humana como a Declaração do bom povo de Virgínia (1776, art. 1º) e a Declaração francesa dos direitos do homem e do cidadão (1789, art. 2º), concluindo que "a ideia e a prática da dignidade humana sempre estiveram presentes, acompanhando a vida dos povos dos quais herdamos os valores éticos e jurídicos"[7].

Novais afirma que o conteúdo da dignidade humana é o sentido de justiça, que é aferido contextualmente, variando ao longo da evolução das sociedades. Traz o autor o exemplo da criminalização, até 1993, na Irlanda, da prática de atos homossexuais, sendo, anteriormente, a lei criminalizadora considerada compatível com a dignidade humana. Em 2015, a emenda constitucional, aprovada em referendo, previu o casamento entre pessoas do mesmo sexo como exigência de respeito à dignidade humana. A mudança foi gerada, para Novais, pela atualização do sentido de justiça, que é regido pela regra de ouro da convivência humana: a reciprocidade moral, ou seja, a assunção da obrigação de não impor a outro o que não deseja para si e que resulta da capacidade do ser humano se colocar idealmente no lugar do outro[8].

Os direitos humanos reconhecidos universalmente e que fornecem uma garantia contra as falhas de proteção dos estados (mesmo os democráticos) são resultados de lutas históricas que têm, como fonte propulsora, a indignação gerada pela afronta à dignidade humana. Para Sarmento, o motor das lutas pelos direitos humanos foi a percepção de que certas condutas ofendem a dignidade das suas vítimas[9].

No direito internacional privado, os direitos humanos são aqueles reconhecidos como universais para todos os seres humanos em face da

---

6. AZEVEDO, Antonio Junqueira de. "Caracterização jurídica da dignidade da pessoa humana" *in Revista da Universidade de São Paulo*, n. 53, 2002, pp. 90-101, em especial p. 100.
7. DOLINGER, Jacob. "Dignidade: o mais antigo valor da humanidade. Os mitos em torno da Declaração Universal dos Direitos do Homem e da Constituição brasileira de 1988. As ilusões do Pós-Modernismo/ Pós-Positivismo. A visão judaica" *in Revista de Direito Constitucional e Internacional*. vol. 18, n. 70, 2010, pp. 24-90, em especial p. 27 e 36.
8. NOVAIS, Jorge. *A dignidade humana. Vol II – Dignidade e inconstitucionalidade*. Coimbra: Almedina, 2017, em especial p. 53.
9. SARMENTO, Daniel. *Dignidade da pessoa humana*. 2ª ed., Belo Horizonte: Fórum, 2016, p. 53.

sua indispensabilidade para dignidade humana[10]. Como fonte para o seu uso no DIPr, podem ser enumerados os tratados internacionais de direitos humanos no plano global, tais como os tratados celebrados sob os auspícios da Organização das Nações Unidas, bem como os tratados no plano regional, a exemplo dos celebrados sob os auspícios do Conselho da Europa (sistema regional europeu) e da Organização dos Estados Americanos (sistema regional americano).

Indaga-se se a consagração dos direitos humanos no plano internacional após a Carta da Organização das Nações Unidas e a Declaração Universal dos direitos humanos teria gerado *modificação* dos parâmetros de atuação das regras de direito internacional privado.

Para Vasconcelos, o direito internacional privado sempre possuiu a finalidade de proteger os indivíduos e, portanto, não haveria ineditismo na invocação de direitos humanos na disciplina, pois o direito internacional privado de matriz legal dos estados "funcionaria, já há várias centenas de anos, como instrumento de proteção do ser humano"[11].

No que tange à evolução história do direito internacional privado no Brasil, Dolinger sugere que a doutrina clássica nacional "esteve *sempre* sintonizada com o princípio do respeito ao ser humano, com sua dignidade", citando, ainda no Império, a doutrina de Pimenta Bueno[12].

De fato, o epicentro do direito internacional privado, desde a fase iniciadora (fase estatutária) até os dias de hoje consiste na determinação de direitos de indivíduos diante de fatos transnacionais.

Todavia, a diferenciação abissal entre a determinação tradicional de direitos pelo DIPr (apontada por Dolinger e Vasconcelos) e a contemporânea proteção de direitos humanos diz respeito ao *objetivo da última de criar uma sociedade inclusiva*, baseada na liberdade e igualdade, com forte carga emancipatória gerada pela proteção dos vulneráveis.

Conforme Vieira, quando associamos a expressão "humanos" à ideia de "direitos", a presunção de superioridade, que é inerente aos direitos em geral

---

10. FAWCETT, James J.; SHÚILLEABHÁIN, Máire Ní; SHAH, Sangeeta. *Human Rights and Private International Law.* Oxford: Oxford University Press, 2016, p. 11.

11. VASCONCELOS, Raphael Carvalho de. "O Direito internacional privado e a Proteção do Ser Humano: A Falácia da Novidade" *in* CARVALHO RAMOS, André de. *Direito Internacional Privado: Questões Controvertidas.* Belo Horizonte: Arraes, 2015, pp. 270-288, em especial p. 271.

12. DOLINGER, Jacob. "Dignidade: o mais antigo valor da humanidade. Os mitos em torno da Declaração Universal dos Direitos do Homem e da Constituição brasileira de 1988. As ilusões do Pós-Modernismo/Pós-Positivismo. A visão judaica" *in Revista de Direito Constitucional e Internacional.* vol. 18, n. 70, 2010, pp. 24-90, em especial p. 74.

(pois obrigam o sujeito passivo), torna-se peremptória, uma vez que esses direitos buscam proteger valores e interesses indispensáveis à realização da dignidade humana. Os denominados "direitos humanos" passam a servir de veículos para a implementação dos princípios de justiça em uma sociedade[13].

Para garantir a justiça social, os direitos humanos contam com um *regime jurídico próprio*, baseado na assunção da sua fundamentalidade, considerando integrante do seu catálogo todo aquele direito que seja indispensável para uma vida digna. Assim, os direitos humanos consistem em um rol aberto de direitos que contam com *atributos diferenciados*, não contemplados pelo direito internacional privado ou por qualquer outro ramo do ordenamento jurídico[14].

No que tange à importância desses atributos ao direito internacional privado, destaca-se, inicialmente, a *universalidade*, que corresponde ao reconhecimento de direitos de todos os envolvidos nos fatos transnacionais. Consequentemente, esse atributo gera reflexão sobre a negação de direitos a estrangeiros e o tratamento privilegiado para o nacional e sobre a discriminação de determinada pessoa por motivo não admitido, como se viu na superação das regras de conexão favoráveis ao marido no caso da família transnacional.

O segundo atributo é a *preferenciabilidade*, que impõe a prevalência dos direitos humanos dos envolvidos nos fatos transnacionais mesmo em face de outros interesses nacionais, o que gera questionamento sobre determinadas opções da ordem pública de direito internacional privado, como a defesa da indissolubilidade do casamento, proibição de uniões do mesmo sexo e restrições injustificadas à maternidade de substituição. Essa preferenciabilidade retrata a superioridade normativa dos direitos humanos, que conformam e se impõem – pelo seu conteúdo – diante das demais normas do direito internacional privado.

O terceiro atributo é a *limitabilidade*, que impede o automatismo ou o absolutismo no mundo dos direitos humanos diante da constatação de existência de colisões entre direitos, o que é especialmente relevante no direito internacional privado. Não é possível, por exemplo, focar na liberdade ou autonomia negocial em um contrato internacional e olvidar

13. VIEIRA, Oscar Vilhena. "A gramática dos direitos humanos" *in Boletim Científico da Escola Superior do Ministério Público da União*. a. I, nº 4, 2002, pp. 13-33, em especial p. 17.

14. Sobre as características específicas dos direitos humanos, ver ROTHENBURG, Walter Claudius. "Direitos Fundamentais e suas características", *Caderno de Direito Constitucional e Ciência Política*, n. 29, out./dez. 1999, pp. 5565. CARVALHO RAMOS, André de. *Teoria geral dos direitos humanos na ordem internacional*. 6ª ed., São Paulo: Saraiva, 2016, pp. 189 e seguintes.

a existência de outros direitos, como a igualdade da parte vulnerável em uma relação consumerista transnacional. Há a necessidade de se estabelecer uma ponderação de direitos vinculados ao fato transnacional, o que pode, novamente, impor modificações na regulação tradicional do direito internacional privado.

A incidência dos direitos humanos nas relações entre particulares (vista acima) exige que o direito internacional privado *justifique*, racionalmente, as *prevalências* e *compressões*, que também devem ser pautadas pela gramática de direitos humanos e não por razões de Estado. Assim, a justificativa para a limitação de determinado direito com normas de direito internacional privado ou para aplicação do direito estrangeiro deve ser feita a partir da gramática de direitos humanos, fazendo menção aos motivos e à racionalidade de se comprimir um direito para dar preponderância a outro.

A partir desses três atributos, o direito internacional privado à luz dos direitos humanos desenvolveu-se de *modo distinto* da determinação *genérica* no passado da disciplina de direitos dos indivíduos envolvidos nos fatos transnacionais. Toda a interpretação das normas de direito internacional privado passou a levar em consideração a realização do objetivo de universalização e de emancipação dos indivíduos, o que é típico da consagração de uma sociedade inclusiva pautada no respeito à dignidade humana e aos direitos humanos de todos os seus integrantes.

O objetivo de criação de uma sociedade inclusiva é desafiador no Brasil. Trinta anos após a implantação do Estado Democrático de Direito, com a Constituição de 1988, e da ratificação de dezenas de tratados de direitos humanos, há o reconhecimento formal da importância da dignidade humana em um difícil contexto real de desigualdade, que, além da concentração da riqueza nas mãos de pouquíssimos agentes privados, se revela em uma postura hierárquica e estamental na qual a definição de direitos e deveres é movida pela pessoalidade e por distinções sociais[15]. O papel da dignidade humana e da proteção de direitos humanos no Brasil não pode ser limitado à *invocação retórica* e que justifica, inclusive, tratamentos hierarquizados e inferiorizantes. Ao contrário, a incidência dos direitos humanos nas relações

15. Sarmento traz exemplos que o próprio autor define como "anedóticos", nos quais a violação de direitos é avaliada de modo estamental, quase que em situação de pré-reconhecimento de direitos universais: no Tribunal de Justiça do Rio de Janeiro, um magistrado, invocando a dignidade humana, quis obrigar funcionário do seu condomínio a chamá-lo de "doutor" ou "senhor". Ou ainda uma decisão do Tribunal Regional Federal da 1ª Região que se valeu da dignidade humana para decidir a favor da fixação de uma quantia maior de indenização por danos morais, em virtude de a vítima ter sido um magistrado. SARMENTO, Daniel. *Dignidade da pessoa humana.* 2ª ed., Belo Horizonte: Fórum, 2016, p. 65.

entre particulares deve mirar a pessoa concreta e situada em sua realidade, sendo alavanca de transformação da situação desigual do cotidiano brasileiro.

Esse *objetivo emancipatório* traz mais um elemento da *especificidade* do uso do regime jurídico dos direitos humanos em relação à promoção genérica de um direito por parte do direito internacional privado de épocas passadas.

Na atualidade, conforme Lima Marques, os direitos humanos devem ser entendidos como a "ponte" entre o direito internacional privado e o direito internacional público, pois agora o foco do DIPr é justamente a proteção dos direitos essenciais do indivíduo[16].

Além disso, a invocação atual dos direitos humanos no direito internacional privado tem outra fundamental importância: traz em seu bojo o *instrumental analítico* que permite que seja realizada a interpretação, com consistência e coerência, da harmonização entre os inúmeros objetivos antagônicos envolvidos na disciplina, na sua atual era de acúmulo de métodos e fontes.

Graças à gramática dos direitos humanos, será possível conciliar, sem arbitrariedades, objetivos como a preservação da harmonia internacional e cumprimento da justiça material, que são, como vimos na Parte I, objetivos cumulados do direito internacional privado da atualidade.

3.2. O USO INDIRETO DOS DIREITOS HUMANOS NO DIREITO INTERNACIONAL PRIVADO

A proteção de direitos humanos, com as especificidades demonstradas, é *tema tardio* no desenvolvimento histórico do direito internacional privado. Tal como ocorreu no que tange à invocação da supremacia da Constituição, os direitos humanos não eram considerados um tema de interesse para uma disciplina que era vista, pelo olhar tradicional, como sendo de sobredireito, construída para localizar a jurisdição e a norma de regência dos fatos transnacionais sem preocupação com a efetiva solução regulatória a ser dada ao fato transnacional. Os direitos humanos incidiriam no bojo *doméstico*, bastando ao direito internacional privado indicar o ordenamento jurídico adequado, o que inclui a definição de jurisdição e a cooperação jurídica internacional cível.

16. MARQUES, Claudia Lima. "Human Rights as a Bridge between Private International Law and Public International Law: the protection of Individuals (as Consumers) in the Global Market" *in* FERNÁNDEZ ARROYO, Diego P.; MARQUES, C. Lima (orgs.).*Derecho internacional privado y derecho internacional público: un encuentro necesario*. Asunción: CEDEP, 2011, pp. 363-389, em especial p. 365.

Na visão tradicional, os direitos humanos estariam previstos, tal qual qualquer outra norma, no direito material do foro ou do direito estrangeiro quer estivessem inseridos em leis ou tratados celebrados pelos estados envolvidos.

Como aponta Froher, para tal visão, as regras de direito internacional privado não poderiam afrontar a essência dos direitos humanos, pois estes possuem conteúdo material, não se desenvolvendo na esfera da localização do direito, que é a área de atuação do direito internacional privado. Assim, as regras de conexão não poderiam ser, em si, ofensivas aos direitos humanos por serem meros instrumentos de localização *in abstrato* do ordenamento a regular, materialmente, o fato transnacional. Somente após a localização, poder-se-ia admitir que a regra escolhida fosse, eventualmente, nociva aos direitos protegidos[17], situação na qual caberia o uso da cláusula de ordem pública, caso a ofensa fosse considerada grave o suficiente para abalar os valores essenciais do foro.

Nesse panorama, os direitos humanos eram, inicialmente, excluídos da disciplina e, eventualmente, relacionados com o conteúdo da ordem pública, cuja indeterminação possibilitava, no seu bojo, a menção à proteção dos direitos humanos[18].

Tratava-se, na essência, de uma aplicação indireta dos direitos humanos. Beviláqua defendeu, já em 1906, que seria útil adicionar à noção de ordem pública o conceito de bons costumes, que trataria do respeito à "dignidade humana"[19]. Na atualidade, Vasconcelos defende que é fácil a transposição da textura aberta dos princípios de proteção dos direitos humanos à determinação da ordem pública, concluindo que há "verdadeira correspondência" entre a ordem pública e o núcleo protetivo mínimo atribuído aos seres humanos[20].

---

17. FROHER, Estelle. *L'incidence de la convention européenne des droits de l'homme sur l'ordre public international français*. Bruxelles: Bruylant, 1999, p. 3.

18. Para Miragem, "o conteúdo da ordem pública na pós-modernidade é preenchido de sentido exatamente da máxima de proteção e promoção dos direitos humanos". MIRAGEM, Bruno. "Conteúdo da ordem pública e os direitos humanos. Elementos para um direito internacional pós-moderno" *in* ARAUJO, Nadia de; MARQUES, Claudia Lima (orgs.). *O novo Direito Internacional – estudos em homenagem a Erik Jayme*. Rio de Janeiro: Renovar, 2005, pp. 307-354, em especial p. 324. Ver ainda ARAÚJO, Nádia de. "Direito internacional privado e Direitos Fundamentais: Uma Perspectiva Retórico-Argumentativa do Princípio da Ordem Pública" *in* BRANT, Leonardo Nemer Caldeira (org.). *O Brasil e os Novos Desafios do Direito Internacional*. Rio de Janeiro: Forense, 2004. pp. 569-607. ROMAN, J.F. "L'ordre public (notion générale) et les droits de l'homme» *in L'ordre public, concept et applications*. Les conferences du Centre de Droit privé et de Droit economique Vol. III, Bruxelles: Bruylant, 1995, pp. 5 e seguintes.

19. BEVILÁQUA, Clóvis. *Princípios elementares de Direito Internacional Privado*. 1ª edição, Salvador: Livraria Magalhães, 1906, p. 83-84.

20. VASCONCELOS, Raphael Carvalho de. "Ordem pública no Direito internacional privado e a Constituição" *in Revista de Ética e Filosofia Política*, nº 12, vol. 2, 2010, pp. 218-248, em especial p. 233.

Michaels também defende o uso dos direitos humanos como conformador do conceito aberto de ordem pública[21].

Costa e Gabriel sustentam que, para que se obtenha coerência na aplicação do conceito de ordem pública pelos estados, a sua interpretação deve ser realizada sob a ótica dos direitos humanos, gerando um padrão universal de ordem pública[22]. No mesmo sentido, Araujo aponta que o juiz deve, ao aplicar o direito estrangeiro, levar em conta os direitos fundamentais protegidos pela Constituição e pelas convenções internacionais de direito humanos no conceito genérico de ordem pública[23].

Mills, por sua vez, traz diversos exemplos da construção de uma ordem pública de direito internacional privado informada por direitos humanos internacionalmente reconhecidos: o afastamento da *lex situs* por Tribunais ingleses, britânicos e franceses nos casos de desapropriação de bens de empresas petrolíferas estrangeiras pelas várias nacionalizações em países produtores de petróleo a partir da segunda metade do século XX, sob a alegação de violação de direitos de propriedade, protegidos pelo direito internacional dos direitos humanos; e o abandono da regra de conexão da *lex loci delicti* em face da ofensa à ordem pública do foro, sob o argumento da violação do devido processo legal e acesso à justiça, quando a lei local não fornecia instrumentos de defesa para reparar os danos causados[24].

Contudo, como já visto, a ordem pública é de conteúdo indeterminado e depende da constatação da ofensa a valores essenciais do ordenamento, em geral o do foro, o que pode gerar a exclusão de determinados direitos. Nesse sentido, Dolinger, em conferência proferida em 2006, traz o exemplo da ordem pública frente a casamentos homossexuais, destacando o exemplo da Bélgica, que rompeu, no código de direito internacional privado de 2004, com a antiga tradição de *proibir* o casamento entre pessoas do mesmo sexo, prevendo o afastamento da lei da nacionalidade proibitiva de um nubente, na hipótese da lei da nacionalidade do outro nubente ou da lei de sua residência permitirem o direito ao matrimônio. O autor enfatiza a *alteração* do conteúdo da ordem pública de direito internacional privado na Bélgica,

21. MICHAELS, Ralf. "Public and Private international law: German views on global issues" *in Journal of Private International Law,* Vol. 4, n. 1, pp. 121-138, em especial p. 132.

22. COSTA, José Augusto Fontourae GABRIEL, Vivian Daniele Rocha. "Direito Internacional Privado e ordem pública" *in* CARVALHO RAMOS, André de. *Direito Internacional Privado:* Questões controvertidas. Belo Horizonte: Arraes, 2015, pp. 48-59.

23. ARAUJO, Nadia de. *Direito Internacional Privado.* 7ª ed., São Paulo: RT, 2018, p. 112.

24. MILLS, A. *The Confluence of Public and Private International Law, Justice, Pluralism and Subsidiarity in the International Constitutional Ordering of Private law.* Cambridge: Cambridge University Press, 2009, p. 280-282.

que anteriormente rejeitava o reconhecimento de casamento de pessoas do mesmo sexo, mesmo realizado em jurisdição estrangeira, para a situação de não admitir a lei que proíba tal casamento; ou seja, uma alteração radical do que antes chocava a ordem pública passou a ser obrigatoriamente aceito pela mesma ordem pública, reforçando a *volubilidade* do conceito de ordem pública de direito internacional privado[25].

O uso indireto dos direitos humanos no DIPr abarca apenas parcialmente a sua gramática, contando com a cláusula de ordem pública para zelar pela exclusão do direito originalmente aplicável.

No restante, o direito internacional privado prescindiria da aproximação com a temática dos direitos humanos, porque possui método (indireto, de localização) que resulta na obtenção da justiça formal, dispensando, a não ser em casos excepcionais - uso da cláusula de ordem pública - a análise de eventual conformação aos direitos humanos da solução final a ser dada ao fato transnacional.

Além de utilizar apenas parcialmente a gramática dos direitos humanos, o uso exclusivo da ordem pública para promover os direitos de todos os indivíduos (e, eventualmente, comunidades) envolvidos nos fatos transnacionais é criticável por não levar em consideração a heterogeneidade atual da disciplina, cuja pluralidade de métodos e objetivos envolvidos exige que se identifique claramente os direitos em colisão e que haja técnica de análise da ponderação a ser feita pelo intérprete.

Caso contrário, o intérprete da disciplina recai na situação de *perplexidade* retratada por Dolinger, no caso acima mencionado da união homoafetiva na Bélgica, que oscilou ao sabor de mudança legislativa.

3.3. O USO DIRETO DOS DIREITOS HUMANOS: A INVOCAÇÃO NACIONAL

O uso direto ou imediato consiste na incidência, sem mediação pela cláusula da ordem pública, dos direitos humanos como novo fator de conformação de todas as regras do direito internacional privado. Dois fatores, um endógeno e o outro exógeno, levaram ao uso direto ou imediato dos direitos humanos na disciplina.

25. Conclui dizendo que, ao mesmo tempo em que se reconhece a inclusão do respeito à orientação sexual no "conceito geral dos direitos humanos", não seria possível prever "até onde irá a evolução dos costumes e das leis". DOLINGER, Jacob. "A ordem pública internacional brasileira frente a casamentos homossexuais e poligâmicos" *in* DOLINGER, Jacob. *Direito e amor*. Rio de Janeiro: Renovar, 2009, pp. 283-302, em especial p. 287 e 301.

O fator endógeno compreende a perda do quase monopólio do método indireto tradicional, com a disciplina incorporando métodos com claros vínculos com a obtenção de resultados materiais, por meio da pluralidade de fontes (tanto em diplomas normativos nacionais quanto em tratados específicos). A substancialização do direito internacional privado fez com que a disciplina fosse orientada pela solução material a ser dada ao caso concreto, o que a aproximou da temática dos direitos humanos.

O segundo fator é exógeno ao direito internacional privado e diz respeito justamente ao uso da gramática de direitos pelos indivíduos e comunidades envolvidas nos fatos transnacionais em um ambiente de fortalecimento do processo de constitucionalização e internacionalização dos direitos humanos. O indivíduo prejudicado pela incidência de uma determinada regra de conexão tem a possibilidade de questionar a regra ou o direito estrangeiro localizado (ou a jurisdição definida, bem como a sentença estrangeira a ser executada) alegando "violação de direitos humanos", quer diante do Poder Judiciário do foro ou ainda diante de órgãos internacionais, como veremos nos precedentes da Corte Europeia de Direitos Humanos, Tribunal de Justiça da União Europeia, entre outros.

Assim, à constitucionalização do direito privado agregou-se também o rol de direitos humanos previsto em diversos tratados ratificados e incorporados, que tornaram a temática dos direitos humanos impossível de ser contornada em qualquer ramo do direito, levando o direito internacional privado à fase da incidência direta dos direitos humanos.

Na incidência direta, os direitos humanos atuam sobre a conformação de todas as regras de direito internacional privado, quer sejam regras indiretas ou diretas, bem como sobre as regras materiais do direito indicado. Consagra-se, assim, um direito internacional privado conforme aos direitos humanos. Na feliz expressão de Weick, os direitos humanos passam a ser adotados como "métrica" (*measure-stick*) do conteúdo do direito internacional privado[26].

A mesma fórmula de aplicação das normas constitucionais no direito privado agora é seguida pela incidência dos direitos humanos (direitos essenciais de matriz internacional) sobre o direito internacional privado, quer no que tange à conformação das regras gerais da disciplina (por exemplo, as regras de conexão, que devem obediência aos direitos humanos) quer em relação ao direito estrangeiro indicado ou mesmo à cooperação jurídica

26. WEICK, Günter. "Human rights and private international law" *in* MACELDOWNEY, John; WEICK, Günter (eds). *Human Rights in Transition*. Frankfurt am Main: Peter Lang Publishing, 2003, pp. 193-200, em especial p. 200.

internacional, em especial no caso de sentenças estrangeiras e direitos adquiridos no exterior.

Inicialmente, a incidência direta no direito internacional privado foi feita a partir da valorização da redação dos direitos e sua interpretação de acordo com a perspectiva local. Trata-se de uma incidência direta nacional dos direitos humanos, que recorre à gramática dos direitos humanos e ao seu claro conteúdo universal, de forma descritiva, deixando a palavra final ao Estado, forjando-se mais uma faceta do direito internacional privado particularista.

Em um dos primeiros escritos sobre a relação do direito internacional privado e os direitos humanos, Lerebours-Pigeonnière analisou o impacto da Declaração Universal dos direitos humanos, de 1948, sobre o direito internacional privado praticado na França. Seu ponto de partida foi a prevalência das leis internas sobre os direitos previstos na Declaração Universal dos direitos humanos, pelo seu caráter, à época, não vinculante[27]. Contudo, utilizando o exemplo da proteção de direitos autorais, defendeu que o direito de propriedade imaterial é protegido pela Declaração e, portanto, é indispensável a uma "ordem jurídica universal", resultando no afastamento da lei estrangeira que venha a permitir contrafação de obra francesa no exterior[28].

Recorre-se aos direitos humanos de um modo mitigado, extraindo somente o texto de um direito, mas mantendo a interpretação ou mesmo a ponderação de eventual concurso ou conflito com outros direitos igualmente protegidos no plano da decisão local. Trata-se de um apelo à promoção da dignidade humana e a proteção de direitos *sem* a inclusão do universalismo dos direitos humanos como um fator de vinculação e modificação dos parâmetros locais.

3.4. O USO DIRETO DOS DIREITOS HUMANOS: A INVOCAÇÃO INTERNACIONAL

A promoção da dignidade humana e o respeito aos direitos humanos internacionalmente protegidos deixou de ser uma temática diluída na interpretação localista desses direitos a partir dos anos 70 do século XX

27. Sobre a natureza consuetudinária de parte da Declaração Universal de Direitos Humanos, ver CARVALHO RAMOS, André de. *Teoria geral dos direitos humanos na ordem internacional.* 6ª ed., São Paulo: Saraiva, 2016, p. 66. ACCIOLY, Hildebrando, NASCIMENTO E SILVA, G.E; CASELLA, P.B. *Manual de Direito Internacional Público.* 23ª ed., São Paulo: Saraiva, 2017, em especial p. 489.

28. LEREBOURS-PIGEONNIÉRE, Paul. "La déclaration universelle dês droits de l´homme et le droit international privé français" *in Études offertes à Georges Ripert: Le droit privé français au milieu du XXème siècle.* Paris: Pichon et Durand-Auzias, 1950, pp. 255-271, em especial p. 270.

diante do forte desenvolvimento da jurisprudência de órgãos internacionais de direitos humanos. No âmbito do direito internacional privado, a prática do Tribunal de Justiça da União Europeia (TJUE) e da Corte Europeia de Direitos Humanos (Corte EDH) tem papel de destaque[29].

Em relação à prática do Tribunal de Justiça da União Europeia, observe-se que o reconhecimento do papel dos direitos humanos na integração econômica europeia passou por diversas fases. Inicialmente, *negava-se* qualquer influência dos direitos humanos na integração econômica, que teria, por definição, o objetivo restrito de concretizar a liberdade de circulação dos fatores de produção, com vocação exclusivamente economicista. A defesa dos direitos humanos nos estados então integrantes das Comunidades europeias deveria ser feita pela Comissão e Corte Europeias de Direitos Humanos, ou, ainda, pelos tribunais locais[30].

A fase de ilusão economicista da integração europeia foi superada pela reação dos tribunais constitucionais nacionais, que ameaçou, sob a argumentação de defesa de direitos essenciais, a primazia do direito comunitário. Após determinadas decisões do Tribunal Constitucional Federal da Alemanha[31], o Tribunal de Justiça das Comunidades Europeias (hoje, Tribunal de Justiça da União Europeia) consolidou a abertura do direito comunitário aos direitos humanos, que passam a contar como princípios gerais do direito comunitário, inspirados pelas tradições constitucionais comuns[32], e aptos a conformar toda a normatividade produzida pelo bloco.

A fase de consolidação dos direitos humanos na União Europeia desembocou na inclusão, nos tratados institutivos da integração, do dever de proteção de direitos humanos, como se vê de modo pioneiro no Tratado da União Europeia (TUE), assinado em Maastricht, 1991, cujo artigo F.2 dispunha que a "União respeitará os direitos fundamentais tal como os

29. A jurisprudência da Corte Interamericana de Direitos Humanos, à qual o Brasil está vinculado, será aqui mencionada de modo esparso, em virtude da restrição de acesso (só a Comissão Interamericana e os Estados partes da Convenção Americana de direitos humanos podem submeter um caso na jurisdição contenciosa da Corte). Como se verá abaixo, o direito de ação do indivíduo perante a Corte Europeia de Direitos Humanos (Corte EDH) foi um grande impulsionador do aumento do número de casos e, consequentemente, de precedentes da Corte EDH.

30. CARVALHO RAMOS, André de. *Direitos humanos na integração econômica*. Rio de Janeiro: Renovar, 2008.

31. Sobre a jurisprudência alemã e a proteção de direitos humanos no Tribunal de Justiça da União Europeia, ver CANO MONTEJANO, José Carlos. *La integración europea desde el Tribunal Constitucional alemán*. Madrid: Centro de Estudios Politicos y Constitucionales, 2001.STEIN, T., "La jurisprudencia de los tribunales alemanes en relación con el derecho comunitario europeo" *in Revista de Instituciones Europeas, n. 9*, 1982, pp. 785-807.

32. Entre os casos emblemáticos, ver o caso *Stauder*. Tribunal de Justiça das Comunidades Europeias, caso *Erich Stauder contra Ville d'Ulm – Sozialamt* (questão prejudicial promovida pelo *Verwaltungsgericht* de Stuttgart – Alemanha), caso 29/69, julgamento de 12 de novembro de 1969.

garante a Convenção Europeia de salvaguarda dos direitos do homem e das liberdades fundamentais, assinada em Roma em 4 de Novembro de 1950, e tal como resultam das tradições constitucionais comuns aos estados-membros, enquanto princípios gerais do Direito Comunitário"[33]. Em 2000, o bloco passou a contar com uma carta de direitos, que foi denominada "Carta dos direitos fundamentais", ainda sem força vinculante, mas com força persuasiva perante o Tribunal de Justiça do bloco[34].

Em 2007, no bojo da última grande alteração normativa, o artigo 1º-A do TUE dispõe que a União funda-se nos valores do respeito pela dignidade humana, da liberdade, da democracia, da igualdade, do Estado de Direito e do respeito pelos direitos humanos, incluindo os direitos das pessoas pertencentes a minorias. Esses valores são comuns aos estados-membros, em uma sociedade caracterizada pelo pluralismo, a não discriminação, a tolerância, a justiça, a solidariedade e a igualdade entre homens e mulheres.

Já o artigo 2º do TUE assinalou que a União tem por objetivo promover a paz, os seus valores e o bem-estar dos seus povos, proporcionando aos seus cidadãos um espaço de liberdade, segurança e justiça sem fronteiras internas. Finalmente, o artigo 6.1 do TUE estipula que a "União reconhece os direitos, as liberdades e os princípios enunciados na Carta dos direitos fundamentais da União Europeia, de 7 de dezembro de 2000, com as adaptações que lhe foram introduzidas em 12 de dezembro de 2007, em Estrasburgo, e que tem o mesmo valor jurídico que os Tratados".

No que tange aos direitos protegidos pela Carta dos direitos fundamentais que impactam o direito internacional privado, podem ser enumerados: o direito ao respeito da vida privada e familiar (art. 7º); o direito ao matrimônio e o direito de constituir uma família (art. 9º); a liberdade de pensamento, de consciência e de religião (art. 10); a liberdade de expressão e de informação (art. 11); o direito de propriedade (art. 17); o direito à igualdade perante a lei (art. 20); o direito a não ser discriminado por

33. PI LLORENS, Montserrat. *Los derechos fundamentales en el ordenamiento comunitario*. Barcelona: Ed. Ariel, 1999. Ver também GARCÍA ROCA, Javier; FERNÁNDEZ SÁNCHEZ, Pablo A. (orgs.). *Integración europea a través de derechos fundamentales: de un sistema binario a otro integrado*. Madrid: Centro de Estudios Políticos y Constitucionales, 2009.

34. FERNÁNDEZ TOMÁS, Antonio. "Sobre eficacia de la Carta de Derechos Fundamentales de la Unión Europea" *in* HERRERO DE LA FUENTE, Alberto A. (coord.). *La Carta de Derechos Fundamentales de la Unión europea*. Una perspectiva pluridisciplinar. Zamora: Fundación Rei Afonso Henriques, 2003, pp. 33-48, em especial p. 35. RUBIO LLORENTE, Francisco. "Una carta de dudosa utilidad" *in* MATIA PORTILLA, Francisco Javier (org.), *La protección de los derechos fundamentales en la Unión Europea*. Madrid: Civitas, 2002, pp. 169-201.

motivo odioso (art. 21); os direitos da criança (art. 24); e o direito de acesso à justiça imparcial (art. 47)[35].

Há importante menção ao pluralismo jurídico no preâmbulo da Carta, que reafirma o respeito aos direitos que decorrem, nomeadamente, das tradições constitucionais e das obrigações internacionais comuns aos estados-membros, da Convenção Europeia de direitos humanos, das Cartas Sociais aprovadas pela União e pelo Conselho da Europa, bem como da jurisprudência do Tribunal de Justiça da União Europeia e da Corte Europeia de Direitos Humanos.

Prevê ainda o artigo 53 da Carta que nenhuma disposição deve ser interpretada no sentido de restringir ou violar os direitos humanos, nos respectivos âmbitos de aplicação, pelo direito da União, o direito internacional e as Convenções internacionais em que são Partes a União ou todos os estados-membros, nomeadamente a Convenção Europeia de direitos humanos, bem como pelas Constituições dos estados-membros.

Com isso, a incidência da Carta dos direitos fundamentais nas relações transnacionais exige uma conexão ou vínculo com o processo integracionista. Não se pode utilizar a proteção de direitos humanos *per se*, ampliando-se a área de atuação dos órgãos da União Europeia. O artigo 6.1 do TUE, em seu último parágrafo, é claro ao dispor que "[d]e forma alguma o disposto na Carta pode alargar as competências da União, tal como definidas nos Tratados".

Por exemplo, na hipótese da defesa da vida familiar, extremamente importante nos casos das famílias transnacionais, exige-se que haja um vínculo com a construção do mercado comum ou com a matéria integracionista em geral. No caso *Carpenter*, o TJUE reconheceu a violação do direito à vida familiar na conduta do Reino Unido em deportar mulher filipina, esposa de nacional britânico, tendo como "vínculo com a integração" o fato do marido prestar serviços em outros estados da União Europeia, que seriam embaraçados pela ruptura de sua família[36].

No que tange à defesa de direitos humanos pelos órgãos da União Europeia, ressalte-se o papel da jurisprudência do Tribunal de Justiça da União Europeia, que possui a incumbência de interpretar o direito da integração, bem como a compatibilidade do direito interno com aquele. O

35. FAWCETT, James J.; SHÚILLEABHÁIN, Máire Ní; SHAH, Sangeeta. *Human Rights and Private International Law.* Oxford: Oxford University Press, 2016, p. 25.

36. Tribunal de Justiça das Comunidades Europeias, caso *C-60/00*, julgamento de 11 de julho de 2002.

artigo 51.1 da Carta dos direitos fundamentais prevê que os direitos nela previstos devem ser respeitados pelos órgãos da União Europeia, bem como pelos estados-membros na implementação das normas integracionistas, cujo cumprimento é assegurado pelo Tribunal de Justiça da União Europeia e pelos órgãos judiciais nacionais.

Contudo, os indivíduos não podem processar um Estado-membro da União Europeia por violação de direitos previstos na Carta diretamente no Tribunal de Justiça da União Europeia. É necessário que seja feita a implementação da Carta nos órgãos judiciais domésticos e, eventualmente, pode existir a adjudicação do caso por meio do reenvio prejudicial ao TJUE[37].

Assim, surge preciosa fonte de *precedentes* sobre regras de direito internacional privado tanto oriundas do bloco (a já mencionada europeização do direito internacional privado) quanto das regras nacionais, que são analisadas caso constituam ofensas às normas integracionistas. Saliente-se que a própria existência do direito internacional privado, que é voltado à gestão da diversidade normativa e jurisdicional diante do fato transnacional não é, em si, uma ofensa ao direito à igualdade de tratamento. A diferença de regulação entre as situações nacionais e transnacionais privadas (objeto do DIPr) não é considerada, em princípio, uma violação de direitos ou um obstáculo à livre circulação no seio do mercado comum, mas, sim, reflexo da falta de harmonização comunitária[38].

Em relação à proteção europeia especializada de direitos humanos, destaca-se o papel do Conselho da Europa, organização intergovernamental criada em 1949, por meio do Tratado de Londres, com o objetivo expresso de defesa da democracia e dos direitos e liberdades fundamentais nos estados com todo ou parte do seu território na Europa. Em 1950, o Conselho da

37. O art. 267 do Tratado de Funcionamento da União Europeia (TFUE) trata do reenvio prejudicial. Além do reenvio prejudicial, há o recurso de anulação contra atos da própria União Europeia (art. 263 do TFUE), o qual faz parte dos recursos que podem ser interpostos perante o Tribunal de Justiça da União Europeia, podendo o particular utilizá-lo, caso demonstre um interesse de agir para solicitar a anulação de um ato europeu ("Qualquer pessoa singular ou colectiva pode interpor, nas condições previstas nos primeiro e segundo parágrafos, recursos contra os actos de que seja destinatária ou que lhe digam directa e individualmente respeito, bem como contra os actos regulamentares que lhe digam directamente respeito e não necessitem de medidas de execução" – art. 263). Ver MESQUITA, Maria José Rangel de. *Introdução ao Contencioso da União Europeia.* Coimbra: Almedina, 2017. MACHADO, Jónatas E M. *Direito da União Europeia.* 2ª ed., Coimbra: Coimbra Editora, 2014. MOTA DE CAMPOS, João e MOTA DE CAMPOS, João Luiz. *Manual de Direito Comunitário.* 4.ª edição, Lisboa: Fundação Calouste Gulbenkian, 2004. CASELLA, Paulo Borba. *União Européia. Instituições e ordenamento jurídico.* São Paulo: Ed. Ltr, 2002. RUIZ-JARABO COLOMER, D. *El juez nacional como juez comunitario.* Madrid: Civitas/Fundación Universidad Empresa, 1993.

38. MEEUSEN, Johan. «Le droit international privé et le principe de non-discrimination» *in Recueil des Cours de l'Académie de Droit International de la Haye*, vol. 353, 2011, pp. 9-184, em especial p. 40.

Europa elaborou a Convenção Europeia de direitos e liberdades fundamentais, denominada também de Convenção Europeia de direitos humanos. Inicialmente restrito a estados-membros do bloco do capitalismo ocidental, o Conselho da Europa passou por um processo de forte crescimento após a queda do Muro de Berlim em 1989, com o ingresso de estados do ex-bloco soviético, inclusive a própria Rússia (expulsa em 2022, após o início da guerra de agressão contra a Ucrânia naquele ano)[39].

Atualmente (2024), o Conselho da Europa conta com 46 estados europeus, todos eles partes da Convenção Europeia de direitos humanos. A Convenção é peça chave no desenvolvimento da proteção de direitos humanos na região, contando, inicialmente, com um rol de direitos (civis e políticos) e com dois órgãos de supervisão e controle das obrigações assumidas pelos estados-membros, a Comissão e a Corte Europeias de Direitos Humanos. Após a edição de vários protocolos de alteração (16 até o momento), a Comissão foi extinta e a Corte Europeia de Direitos Humanos consolidou-se como um órgão judicial internacional permanente, com 46 juízes e com acesso direto às vítimas de violações de direitos humanos[40]. O direito de ação internacional das vítimas (ou seus representantes) impulsionou a jurisprudência da Corte EDH, que passou de menos de 1000 julgamentos até 1998 (data da entrada em vigor do Protocolo n. 11, que permitiu o acesso direto da vítima à Corte, extinguindo a Comissão), para aproximadamente 69 mil petições aguardando julgamento em 2023[41].

Com base no dever dos estados de fazer cumprir a Convenção, a Corte EDH produziu diversos precedentes importantes sobre a incidência de direitos humanos sobre os fatos transnacionais, que deixam de ser submetidos exclusivamente às regras do direito internacional privado tradicional de dimensão legal ou mesmo convencional.

Deve ser salientado também que a Corte EDH reconheceu que não lhe cabe dirimir conflitos privados como se fosse uma "quarta instância" em

39. CARVALHO RAMOS, André de. *Processo Internacional de direitos humanos*. 7ª ed., São Paulo: Saraiva, 2022, em especial p. 177 e seguintes.

40. Sobre o funcionamento e a interpretação realizada pela Corte EDH, ver, entre outros, CARVALHO RAMOS, André de. *Processo Internacional de Direitos Humanos*. 7ª ed., São Paulo: Saraivajur, 2022. GARCÍA ROCA, Javier e SANTOLAYA, Pablo (coords.). *La Europa de los Derechos. El Convenio Europeo de Derechos Humanos*. Madrid: Centro de Estudios Políticos y Constitucionales, 2005. QUERALT JIMÉNEZ, Argelia. *El Tribunal de Estrasburgo: una jurisdicción internacional para la protección de los derechos fundamentales*. Barcelona: Tirant lo Blanch, 2003. QUERALT JIMÉNEZ, Argelia. *La interpretación de los derechos: del tribunal de estrasburgo al tribunal constitucional*. Madrid: Centro de Estudios Políticos y Constitucionales, 2008.

41. Corte Europeia de Direitos Humanos. Dados do Relatório Anual da Corte Europeia de Direitos Humanos de 2023, p. 87. Disponível em: https://www.echr.coe.int/Documents/Annual_report_2017_ENG.pdf. Acesso em: 30/05/2024.

relação aos órgãos judiciais domésticos. Contudo, cabe à Corte zelar pela aplicação correta dos direitos previstos na Convenção, tanto em relação aos fatos internos quanto em relação aos fatos transnacionais. Essa ampliação da competência material da Corte exige que os Estados não evitem somente lesões perpetradas pelos agentes públicos, mas também aquelas resultantes de atos de particulares[42].

Consagra-se, também no plano internacional, o dever de proteção estatal que impede que o Estado, omitindo-se, permita que particular viole direitos de outros particulares. Exemplo desse dever de proteção é visto no caso *Wagner*, no qual a falta de proteção estatal à relação familiar/filial (da mãe solteira e sua filha adotada no Peru) - graças às normas de direito internacional privado do Estado réu - foi considerada uma violação da Convenção Europeia de direitos humanos[43].

Por outro lado, tal qual o Tribunal de Justiça da União Europeia, a Corte EDH não considera discriminatório, em abstrato, o uso do método indireto com a indicação de lei estrangeira - cujo teor seja distinto da lei nacional que regula o fato nacional - para regular situações transnacionais. Para Marchardier, esse *regime jurídico duplo*, pelo qual o direito material nacional é aplicado aos fatos sem elementos de estraneidade e o direito internacional privado incide sobre os fatos com elementos de estraneidade não implica em discriminação proibida[44]. No mesmo sentido, assinala Meeusen que o tratamento distinto aos fatos transnacionais é a base do direito internacional privado tradicional, que aceita, pelo uso da regra de conexão, que um fato transnacional seja regulado por lei estrangeira[45].De fato, esse tratamento diferenciado entre o fato transnacional e o fato nacional

42. No original: «59. Certes, la Cour n'est pas appelée, en principe, à régler des différends purement privés. Cela étant, dans l'exercice du contrôle européen qui lui incombe, elle ne saurait rester inerte lorsque l'interprétation faite par une juridiction nationale d'un acte juridique, qu'il s'agisse d'une clause testamentaire, d'un contrat privé, d'un document public, d'une disposition légale ou encore d'une pratique administrative, apparaît comme étant déraisonnable, arbitraire ou, comme en l'espèce, en flagrante contradiction avec l'interdiction de discrimination établie à l'article 14 et plus largement avec les principes sous-jacents à la Convention». Corte Europeia de Direitos Humanos, caso *Pla et Puncernau v. Andorra,* julgamento de 13 de julho de 2004, em especial § 59 da sentença. Ver também Corte Europeia de Direitos Humanos, caso *Larkos v. Chipre,* julgamento de 18 de fevereiro de 1999.

43. Esse caso será analisado abaixo, com detalhes. Corte Europeia de Direitos Humanos, caso *Wagner e J.M.W.L. v. Luxemburgo,* julgamento de 28 de junho de 2007. WATT, Horatia Muir. "Future directions" *in* WATT, Horatia Muir; FERNÁNDEZ ARROYO, Diego P. (edits). *Private international law and global governance.* Oxford: Oxford University Press, 2014, pp. 343-382, em especial p. 370.

44. MARCHADIER, F. *Les objectifs généraux du droit international privé à l´épreuve de la Convention européenne des droits de l´homme.* Bruxelles: Bruylant, 2007, p. 272.

45. MEEUSEN, Johan. «Le droit international privé et le principe de non-discrimination» *in Recueil des Cours de l´Académie de Droit International de la Haye*, vol. 353, 2011, pp. 9-184, em especial p. 39.

é *justificado* pela existência de vínculo com o ordenamento estrangeiro: *não seria*, então, discriminação odiosa, injustificável.

No caso *Johnston e outros*, a Corte EDH foi acionada para analisar, à luz da proibição da discriminação (art. 14 da Convenção), a aceitação, pela Irlanda, da licitude do divórcio de nacionais irlandeses (o divórcio era genericamente proibido pela lei material irlandesa), desde que fossem domiciliados em Estado que o admitisse. Questionou-se a eventual discriminação baseada em critério censitário, já que o uso da regra de conexão da "lei do domicílio" geraria um resultado discriminatório sem justificativa, pois só aos mais ricos irlandeses seria admitido o divórcio. Para a maioria dos juízes, a situação puramente interna (irlandeses domiciliados na Irlanda) e a situação com vínculos de estraneidade (irlandeses domiciliados em Estado estrangeiro) não eram análogas e, consequentemente, as diferenças de tratamento não eram discriminatórias[46]. Assim, a Corte EDH não condena, em si, a existência de um sistema de direito internacional privado[47], mas aceita averiguar, no caso concreto, se as regras diretas e indiretas do direito internacional privado (das dimensões nacional e internacional) e também o direito estrangeiro localizado violam a Convenção.

No que tange às regras de conexão, a Corte EDH reconheceu que o uso da nacionalidade não é, em si, discriminatório, porque protegeria o vínculo mais estreito de uma pessoa com seu Estado. No caso *Ammdjadi*, a Corte considerou que não houve violação do direito à vida privada nem da vedação à discriminação pelo uso de lei da nacionalidade (no caso, iraniana), que privou ex-esposa iraniana de pensão que poderia ter sido fixada se fosse aplicada a lei de sua residência (Alemanha). A Corte considerou que, apesar de a lei da residência habitual ser preferível para o tratamento adequado da matéria (pensão alimentícia), não poderia a incidência da lei da nacionalidade ser considerada injustificada[48].

---

46. No original: "The Court notes that under the general Irish rules of private international law foreign divorces will be recognized in Ireland only if they have been obtained by persons domiciled abroad (see paragraph 20 above). It does not find it to have been established that these rules are departed from in practice. In its view, the situations of such persons and of the first and second applicants cannot be regarded as analogous". Corte Europeia de Direitos Humanos, caso *Johnston e outros v. Irlanda,* julgamento de 18 de dezembro de 1986, em especial parágrafo 60.

47. MEEUSEN, Johan. «Le droit international privé et le principe de non-discrimination» *in Recueil des Cours de l'Académie de Droit International de la Haye*, vol. 353, 2011, pp. 9-184, em especial p. 39.

48. No original: "The rapporteur finds that, especially in conflict of laws cases, the differentiation for all family issues according to nationality and not to habitual residence is a well-known principle which aims at protecting a person's close connection with his or her home country. Therefore, even though the decisiveness of the habitual residence might arguably be considered preferable with regard to pension rights, the decisiveness of a person's nationality cannot be considered to be without 'objective and reasonable justification'". Corte Europeia de Direitos Humanos, caso *Ammdjadi v. Alemanha,* julgamento de 9 de março de 2010.

As obrigações impostas ao Estado pela Corte Europeia de Direitos Humanos abrangem também a avaliação do direito estrangeiro a ser implementado pelos estados. Para Kiestra, a jurisprudência da Corte EDH considera que o direito estrangeiro aplicado (mesmo de estado terceiro) pode resultar em violação de direitos humanos protegidos pela Convenção EDH[49].

A Corte EDH realiza, então, o controle de convencionalidade do direito internacional privado de cada Estado parte, escrutinando suas normas (e o direito estrangeiro indicado) em face do respeito aos direitos previstos na Convenção Europeia de direitos humanos. Nem sempre a Corte entende que deve se pronunciar a respeito de uma determinada conduta imputada ao estado, pois pode existir, de acordo com a própria Corte, uma margem de apreciação nacional para delimitar determinado direito. A margem de apreciação nacional é instrumento no diálogo das fontes[50], pois permite que, a critério da Corte, a interpretação local sobre determinados direitos seja mantida, em especial nos casos nos quais há indefinição entre os próprios estados (falta de consenso europeu) sobre a delimitação e interpretação dos direitos envolvidos. Contudo, a palavra final sobre a existência ou não da margem de apreciação é da própria Corte EDH, que pode, inclusive alterar seu posicionamento.[51]

É importante esclarecer que mesmo a europeização do direito internacional privado também pode ser objeto de crivo pela Corte EDH: desde o caso *Matthews*, ficou estabelecido que a normatividade da União Europeia pode ser avaliada em face dos parâmetros da Convenção Europeia de direitos humanos[52]. Para a Corte EDH, os estados partes da Convenção Europeia de direitos humanos *não* podem se desonerar das obrigações a eles impostas pelo ingresso em outras organizações internacionais, mesmo aquelas de integração econômica[53].

---

49. No original: "It has been established that it is generally accepted that the application of a foreign law interfering with one of the rights guaranteed in the ECHR by a national court of one of the Contracting Parties may lead to a violation of the ECHR by the respondent Contracting Party". KIESTRA, Lowrens R. *The impact of the European Convention on Human Rights on Private International Law.* The Hague: T.M.C Asser, 2014, em especial p. 295.

50. Ver abaixo o desenvolvimento da temática do "diálogo das fontes".

51. GARCÍA ROCA, Javier. *El margen de apreciación nacional en la interpretación del convenio europeu de derechos humanos: soberanía e integración.* Navarra/Pamplona: Civitas/Thomson Reuters, 2010. CARVALHO RAMOS, André de. *Teoria geral dos direitos humanos na ordem internacional.* 6ª ed., São Paulo: Saraiva, 2016, p. 152 e seguintes.

52. Corte Europeia de Direitos Humanos, caso *Matthews v. United Kingdom,* julgamento de 18 de fevereiro de 1999.

53. Corte Europeia de Direitos Humanos, caso *Beer e Regan V. Alemanha,* julgamento de 18 de fevereiro de 1999. No mesmo sentido, *Waite e Kennedy* contra Alemanha, julgamento de 18 de fevereiro de 1999.

Os principais direitos da Convenção Europeia de direitos humanos que são encontrados na jurisprudência da Corte EDH que dizem respeito ao direito internacional privado são: o direito ao julgamento justo (art. 6º); o direito à vida privada e familiar (art. 8º); a liberdade de religião (art. 9º); a liberdade de expressão (art. 10); o direito ao matrimônio (art. 12); o direito de propriedade (art. 1º do Protocolo n. 1); o direito a não ser discriminado (art. 1.2 do Protocolo n. 12); e a igualdade de direitos entre cônjuges (art. 5º do Protocolo n. 7)[54].

A invocação internacionalista dos direitos humanos no direito internacional privado impõe a superação da visão meramente local da temática. Em face da multiplicação de precedentes internacionais de direitos humanos realiza-se, em concreto, o universalismo pretendido pelos textos internacionais, fornecendo uma alternativa *pro persona* em face de comportamentos comissivos ou omissivos de Estados que ofendem os direitos humanos.

54. FAWCETT, James J.; SHÚILLEABHÁIN, Máire Ní; SHAH, Sangeeta. *Human Rights and Private International Law.* Oxford: Oxford University Press, 2016, p. 13.

CAPÍTULO

4

A BUSCA DA COERÊNCIA E O USO DO TESTE DE PROPORCIONALIDADE NO DIREITO INTERNACIONAL PRIVADO

4.1. A COORDENAÇÃO DAS ORDENS JURÍDICAS E O USO DA HIERARQUIA DAS FONTES

O direito internacional privado tem como marca distinta o reconhecimento dos diversos interesses e valores envolvidos na regulação do fato transnacional. Nesse sentido, Bucher salienta que a discussão dos objetivos da disciplina é inspirada, hoje, na liberdade e autonomia privada, mas também no interesse geral da sociedade e do estado[1]. A pluralidade das ordens jurídicas do direito internacional privado da atualidade tem como pressuposto igualmente a existência de diplomas normativos externos à disciplina que também geram direitos aos envolvidos nos fatos transnacionais. Torna-se urgente, portanto, o debate da coordenação dessas normas para evitar choques e insegurança sobre a norma (e o direito nela contido) prevalecente.

A coordenação deve levar em consideração o respeito aos objetivos de justiça material na disciplina, bem como a incidência incontornável de direitos humanos, pautados pelo universalismo e promoção da dignidade humana dos envolvidos nos fatos transnacionais de direito privado.

1. BUCHER, Andréas. «Vers l'adoption de la méthode des intérêts? Réflexions à la lumière des codifications récentes» *in Droit international privé: travaux du Comité français de droit international privé, 12e année, 1993-1995*,1996, pp. 209-237, em especial p. 224.

Duas são as formas de se estabelecer a coordenação das ordens jurídicas: a interna e a externa. A coordenação interna é fixada nas próprias regras de direito internacional privado, motivo pelo qual pode ser considerada unidimensional (pois parte do direito internacional privado) e rígida (estabelece formalmente o modo de relacionamento entre as normas).

A coordenação interna é mais frequente em relação às normas de direito internacional privado da mesma espécie, não necessariamente da mesma fonte normativa. Um exemplo é o relacionamento fixado entre tratados de direito internacional privado, em que um assume ser prevalente em relação a outro, tal qual a regulação internacional dos alimentos em que a Convenção da Haia sobre a cobrança internacional de alimentos para crianças e outros membros da família, de 2007, determina sua *prevalência* sobre a Convenção das Nações Unidas sobre prestação de alimentos no estrangeiro, de 1956[2].

Já a coordenação externa é feita pela interpretação sem apoio expresso nos textos normativos, por meio (i) de um critério hierárquico, de afastamento de determinada regra para predomínio de outra ou (ii) do reconhecimento da ausência de hierarquia entre as fontes, que devem ser conciliadas por meio do diálogo na regulação do fato transnacional.

No que tange à proteção de direitos no bojo do direito internacional privado, o critério hierárquico pode ser adotado com o reconhecimento da natureza de *jus cogens* das normas de direitos humanos[3]. A norma de *jus cogens* de direito internacional, também chamada norma imperativa ou norma cogente, contém valores considerados essenciais à comunidade internacional como um todo, tendo, por isso, superioridade normativa no choque com outras normas[4].

---

2. Ver o art. 49 da Convenção sobre a cobrança internacional de alimentos para crianças e outros membros da família: "Artigo 49 – Coordenação com a Convenção de Nova Iorque de 1956. Nas relações entre Estados Contratantes, esta Convenção substitui a Convenção das Nações Unidas sobre prestação de alimentos no estrangeiro, de 20 de junho de 1956, na medida em que seu âmbito de aplicação entre os Estados corresponda ao âmbito de aplicação desta Convenção".

3. Sobre o *jus cogens*, ver GAJA, Giorgio. «Jus cogens beyond the Vienna convention» *in Recueil des Cours de l' Académie de Droit International de la Haye*, vol. 172, 1981, pp. 271-316; ALEXIDZE, Levan. «Legal nature of Jus cogens in contemporary international law» *in Recueil des Cours de l' Académie de Droit International de la Haye*, vol. 172, 1981, pp. 219-270; GOMEZ ROBLEDO, Antonio. «Le ius cogens international: sa genèse, sa nature, ses fonctions» *in Recueil des Cours de l' Académie de Droit International de la Haye*, vol. 172, 1981, pp. 9-218. BAPTISTA, Eduardo Correia. *Ius Cogens em Direito Internacional*. Lisboa: Lex, 1997; RODAS, João Grandino. "Jus Cogens em Direito Internacional" *in Revista da Faculdade de Direito da Universidade de São Paulo*. São Paulo: Universidade de São Paulo, vol. LXIX, fasc. II, 1974, pp. 124-135. CASELLA, Paulo Borba. *Fundamentos do direito internacional pós-moderno*. São Paulo: Quartier Latin, 2008. SAULLE, M. "*Jus Cogens* and human rights" *in Études en l'honneur de Roberto Ago*, vol. II, Milano: Giuffrè, 1987. pp. 385-396. FRIEDRICH, Tatyana Scheila. *As normas imperativas de Direito Internacional Público – Jus Cogens*. Belo Horizonte: Ed. Fórum, 2007.

4. Aponta Casella a importância dos ensinamentos de Francisco de Vitória e Francisco Suárez na construção dos fundamentos e normas cogentes do direito internacional. ACCIOLY, Hildebrando, NASCIMENTO E

A Convenção de Viena sobre o direito dos tratados, de 1969, regulou o *jus cogens* em seus artigos 53, 64 e 71. Para a Convenção, a norma de *jus cogens* é aquela em relação a qual não se permite nenhuma derrogação, podendo ser modificada somente por nova norma de direito internacional geral do mesmo quilate (art. 53). Além disso, o artigo 53 estipula que é nulo o tratado que, no momento de sua conclusão, venha a chocar-se com uma norma de *jus cogens*. O artigo 64 determina que tratado preexistente que venha, posteriormente, a colidir com norma *superveniente* de *jus cogens* torna-se nulo, sendo assim extinto. Por fim, o artigo 71 da Convenção prevê os efeitos da nulidade de tratado que viole norma de *jus cogens*[5].

Ainda na metade do século XX, Ripert sugeriu uma aproximação do conceito de norma de *jus cogens* com o conceito de ordem pública no direito internacional[6]. Em relação aos direitos humanos, Correia Baptista defende que a prática internacional, em especial a da Organização das Nações Unidas, exige dos estados a promoção de direitos humanos e, consequentemente, impõe que a temática seja integrada ao conjunto de normas imperativas internacionais[7].

Nessa linha, a Corte Europeia de Direitos Humanos possui precedentes que reconhecem à Convenção Europeia de direitos humanos a qualidade de pertença à *ordem pública regional europeia*[8].

Por sua vez, a Corte Interamericana de Direitos Humanos (Corte IDH) possui diversos precedentes nos quais reconhece a qualidade de *jus cogens* de determinados direitos humanos, sendo dois deles na regulação dos fatos transnacionais: o direito à igualdade e a proibição de discriminação odiosa e o direito de acesso à justiça e o consequente devido processo legal. Na Opinião Consultiva n. 18, a Corte decidiu que "o princípio fundamental

---

SILVA, G.E e CASELLA, P.B. *Manual de Direito Internacional Público.* 23ª ed., São Paulo: Saraiva, 2017, em especial p. 130.

5. A Convenção de Viena sobre o direito dos tratados foi ratificada pelo Brasil em 2009 e incorporada internamente pelo Decreto n. 7.030/2009. Ver mais em CARVALHO RAMOS, André de. "Comentários à Convenção de Viena sobre o Direito dos Tratados (1969) – Parte V – Nulidade, Extinção e Suspensão da Execução de Tratados – art. 53" *in* SALIBA, Aziz Tuffi. (Org.). *Comentários à Convenção de Viena sobre o Direito dos Tratados (1969).* Belo Horizonte: Arraes Editores, 2011, pp. 445-467. VILLIGER, Mark. *Commentary on the 1969 Vienna Convention on the Law of Treaties.* Leiden: Brill, 2009, em especial p. 678.
6. RIPERT, Georges. "Les règles du droit civil applicables aux rapports internationaux: (contribution à l'étude des principes généraux du droit visés au statut de la Cour permanente de justice internationale)" *in Recueil des Cours de l´Académie de Droit International*, vol. 44,1933, pp. 565-664, em especial p. 598-600.
7. BAPTISTA, Eduardo Correia. *Ius Cogens em Direito Internacional.* Lisboa: Lex, 1997, p. 414.
8. No original: «la nature particulière de la Convention, instrument de l'ordre public européen pour la protection des êtres humains». Corte Europeia de Direitos Humanos, caso *Loizidou – Exceções Preliminares* (Chipre *versus* Turquia), julgamento de 23 de março de 1995, parágrafo 93.

de igualdade e não discriminação ingressou no domínio do *jus cogens*"[9] e, no caso *Goibirú e outros v. Paraguai*, a Corte assinalou que o acesso à justiça constitui norma imperativa de direito internacional, devendo ser tal acesso informado pelas regras do devido processo legal[10]. Ademais, o voto em separado do Juiz Cançado Trindade sobre o direito de acesso à justiça na sentença do caso *Masacre of Pueblo Bello v. Colombia*, realçou que as garantias judiciais previstas na Convenção Americana de direitos humanos, nos artigos 8º e 25, compõem o *jus cogens*, devendo ser aplicadas em "todas as circunstâncias"[11].

Assim, o fundamento genérico para o critério hierárquico como instrumento da coordenação das ordens jurídicas é amparado na natureza de *jus cogens* de determinados direitos humanos comumente encontrados na regulação dos fatos transnacionais.

Contudo, o critério hierárquico *não* soluciona *aspecto central* do direito internacional privado: a sua vocação para regular a relação jurídica transnacional de direito privado na qual convivem direitos de indivíduos em situações contrapostas.

A eficácia horizontal dos direitos humanos nas relações entre particulares *não* permite o uso do critério hierárquico, pois há *colisão* de direitos (individuais ou difusos), ambos com o mesmo estatuto normativo. Se direitos - ambos igualmente essenciais - envolvendo indivíduos distintos estão em colisão, não se pode invocar hierarquia, como se vislumbra nos tradicionais choques entre a liberdade (autonomia) e o direito à igualdade em contratos internacionais.

O critério hierárquico tampouco cumpre seu desiderato quando o conflito é dado pela divergência de *interpretação* do real alcance e sentido de determinado direito, tal qual ocorre na divergência sobre a interpretação do "melhor interesse da criança" na aplicação da Convenção da Haia sobre aspectos civis do sequestro internacional de crianças, como será visto em capítulo próprio da obra.

9. Corte Interamericana de Direitos Humanos, Opinião ConsultivaOC-18/03 sobre a condição jurídica e os direitos dos migrantes indocumentados, de 17 de setembro de 2003, Serie A nº 18, parágrafo 101. Ver também QUISPE REMÓN, Florabel. "Ius cogens en el Sistema Interamericano: su relación con el debido proceso" *in Revista de Derecho*, núm. 34, 2010, pp. 42-78.

10. Corte Interamericana de Direitos Humanos, caso *Goiburú y otros Vs. Paraguay*, julgamento de 22 de setembro de 2006, parágrafos 93 e 131.

11. Corte Interamericana de Direitos Humanos, caso de la *Masacre de Pueblo Bello Vs. Colombia*, julgamento de 31 de janeiro de 2006, Serie C nº 140, voto em separado do Juiz Cançado Trindade, em especial parágrafo 64.

4.2. A COORDENAÇÃO POR MEIO DO DIÁLOGO DAS FONTES

Superada a possibilidade da coordenação externa pelo uso da hierarquia em um mundo globalizado no qual indivíduos com interesses contrastantes apelam para a gramática de direitos, resta a coordenação externa pelo uso do diálogo, que pressupõe a análise casuística do caso concreto, com parâmetros e modos de atuação que evitem o risco de arbítrio e decisionismo por parte do intérprete.

A coordenação pelo diálogo possui, no direito internacional privado, o pioneirismo de Jayme[12], que parte da aceitação das diferenças. Não se trata de obter a superioridade de valores, mas o convencimento sobre a escolha da lei ou definição de jurisdição que, para o caso concreto, melhor regula determinado fato transnacional.

Nesse contexto, os três critérios tradicionais de resolução de conflitos normativos no tempo (anterioridade, especialidade e hierarquia) que geram o afastamento de determinada norma são superados em favor da convivência e "diálogo das fontes". Jayme defendeu a flexibilidade como instrumento de coordenação de fontes, que elimina dissonâncias e obtém a harmonia não pela exclusão, mas pelo uso simultâneo das fontes. Para o autor, o direito internacional privado emerge, na atualidade, como o resultado de um "diálogo das fontes das mais heterogêneas", citando expressamente os direitos humanos entre as fontes que não se excluem mutuamente, mas "falam" umas com as outras, devendo o intérprete "escutar" o que elas (as fontes) dizem[13].

O "diálogo das fontes", técnica de aplicação de normas internas e internacionais com potencial de incidência em determinada situação jurídica transnacional de direito privado, busca a convivência e determinação, por meio de influências recíprocas entre as fontes, da fundamentação da solução ao caso concreto[14].

Busca-se *convencer e não vencer*, como é usual na coordenação pela hierarquia. Esse diálogo e a inclusão de todas as normas potencialmente incidente (sem exclusões) permite que o intérprete, com parâmetros, possa

12. JAYME, Erik. «Identité culturelle et intégration: le droit international privé postmoderne» *in Recueil des Cours de l´Académie de Droit International de la Haye,* vol. 251,1995, pp. 9-267.

13. JAYME, Erik. «Identité culturelle et intégration: le droit international privé postmoderne» *in Recueil des Cours de l´Académie de Droit International de la Haye,* vol. 251,1995, pp. 9-267, em especial p. 259.

14. MARQUES, Claudia Lima. "O "diálogo das fontes" como método da nova teoria geral do direito: um tributo a Erik Jayme" *in* MARQUES, Claudia Lima (coord.). *Diálogo das Fontes*– do conflito à coordenação de normas do direito brasileiro. São Paulo: RT, 2012, pp. 18-66, em especial, p. 19-20.

compor a melhor norma ou definir a melhor jurisdição para determinado fato transnacional. Para Lima Marques, o pluralismo das fontes é total, a ponto de o diálogo das fontes nacionais e internacionais, inclusive a *soft law*, fazer nascer o direito[15].

A aplicação do diálogo das fontes divide-se em: diálogo das fontes de aplicação direta ou imediata, com a constatação da existência de regras nacionais ou internacionais, que demandam evidente coordenação; e diálogo das fontes indireto ou mediato, com a inspiração por parte de uma fonte, inicialmente não incidente ou não vinculante, sobre a fonte vinculante incidente[16].

O diálogo direto ou imediato pode ocorrer na forma de diálogo sistemático de coerência, que ajusta a aplicação de regras nacionais e internacionais de DIPr, dando coerência e harmonia na aplicação das regras que podem servir de base conceitual de outras regras, tal qual o binômio normal especial - norma geral[17]. Outra alternativa para o diálogo das fontes imediato é o diálogo sistemático de complementaridade e subsidiariedade, que não utiliza as cláusulas tradicionais de revogação de uma norma por outra, buscando conciliar normas distintas para obter a finalidade de proteção dos direitos envolvidos[18], tal qual as cláusulas gerais ou normas de conteúdo indeterminado - comuns na temática dos direitos humanos. Ainda, o diálogo imediato pode ocorrer por meio do diálogo das influências recíprocas sistemáticas (ou diálogo de coordenação e adaptação sistemáticas),

---

15. MARQUES, Claudia Lima. "*Laudatio* para Erik Jayme - memórias e utopia" *in* MARQUES, Claudia Lima; ARAUJO, Nadia de (orgs). *O novo direito internacional - estudos em homenagem a Erik Jayme*. Rio de Janeiro: Renovar, 2005, pp. xv-xxv, em especial p. xxii.
16. MARQUES, Claudia Lima. «Procédure civile internationale et MERCOSUR: pour un dialogue des règles universelles et régionales» *in Uniform Law Review - Revue de Droit Uniforme*, 2003, pp. 465-484, em especial p. 469.
17. O artigo 9º da Convenção Interamericana sobre normas gerais de direito internacional privado estipula um diálogo sistemático, ao determinar que as diversas leis potencialmente incidentes na regulação das facetas de uma mesma relação jurídica transnacional devem ser aplicadas harmonicamente, cumprindo o objetivo de cada uma delas, tendo como parâmetro de coordenação de fontes as "exigências impostas pela equidade no caso concreto". Elaborada em 1979 e ratificada pelo Brasil em 1995. Incorporada internamente pelo Decreto nº 1.979, de 9 de agosto de 1996. Sobre o diálogo sistemático, ver MIRAGEM, Bruno. "*Eppur si muove:* diálogo das fontes como método de interpretação sistemática no direito brasileiro" *in* MARQUES, Claudia Lima (coord.). *Diálogo das Fontes*- do conflito à coordenação de normas do direito brasileiro. São Paulo: RT, 2012. pp. 67-109, em especial, p. 73. MARQUES, Claudia Lima. "O "diálogo das fontes" como método da nova teoria geral do direito: um tributo a Erik Jayme" *in* MARQUES, Claudia Lima (coord.). *Diálogo das Fontes*- do conflito à coordenação de normas do direito brasileiro. São Paulo: RT, 2012, pp. 18-66, em especial, p. 31.
18. MARQUES, Claudia Lima. «Procédure civile internationale et MERCOSUR: pour un dialogue des règles universelles et régionales» in *Uniform Law Review - Revue de Droit Uniforme*, 2003, pp. 465-484, em especial p. 479. Ver também MARQUES, Claudia Lima. "Diálogo entre o Código de Defesa do Consumidor e o novo Código Civil: do "diálogo das fontes" no combate às cláusulas abusivas" *in Revista Direito do Consumidor*, São Paulo, n. 45, pp. 71-99, 2003, em especial p. 73.

que demanda a transferência das conquistas obtidas na interpretação de uma lei para outra[19].

Já o diálogo de aplicação indireta aplica normas vinculantes não diretamente incidentes ou normas nacionais e internacionais não vinculantes para inspirar e fundamentar a interpretação de normas vinculantes e incidentes no caso concreto. O diálogo narrativo é fundado na persuasão de determinadas normas, que apesar de não obrigarem, trazem em seu bojo a descrição de valores essenciais, influenciando a tomada de decisão sobre outras normas[20]. Exemplo desse diálogo no âmbito do direito internacional privado é o uso "narrativo" feito pelo Supremo Tribunal Federal do "Código Bustamante" para regular fato acontecido em Estado não parte do referido tratado[21].

A importância do diálogo das fontes é sentida graças ao pluralismo jurídico que torna o direito internacional privado complexo, exigindo o respeito aos direitos de *todos* os envolvidos nos fatos transnacionais.

Contudo, o diálogo das fontes não pode ser tão somente uma busca de aproximação entre as ordens jurídicas sem que existam, de maneira clara, *parâmetros* para direcionar o intérprete sobre a prevalência e compressão de direitos em conflito na análise das diversas regras incidentes sobre o fato transnacional.

4.3. UNIVERSALISMO, IGUALDADE MATERIAL E RECONHECIMENTO DAS DIFERENÇAS

A incidência dos direitos humanos no direito internacional privado conforma a regulação das relações privadas. Essa conformação suscita a reflexão sobre como pode ser feita a combinação entre o universalismo dos direitos humanos e o respeito à tolerância e à diversidade do direito internacional privado.

19. MARQUES, Claudia Lima. "O "diálogo das fontes" como método da nova teoria geral do direito: um tributo a Erik Jayme" *in* MARQUES, Claudia Lima (coord.). *Diálogo das Fontes* – do conflito à coordenação de normas do direito brasileiro. São Paulo: RT, 2012, pp. 18-66, em especial, p. 32. Ver também MARIGHETO, Andrea. "O 'diálogo das fontes' como forma de passagem da teoria sistemático-moderna à teoria finalista ou pós-moderna do direito" *in* MARQUES, Claudia Lima (coord.). *Diálogo das Fontes* – do conflito à coordenação de normas do direito brasileiro. São Paulo: RT, 2012, pp. 111-124, em especial p. 119.
20. No original: «En ce qui concerce le droit, nous notons un phénomène particulier: l´émergence des 'normes normatives'. Ces normes n´obligent pas, elles décrivent des valeurs». JAYME, Erik. "Identité culturelle et intégration: le droit international privé postmoderne" *in Recueil des Cours de l´Académie de Droit International de la Haye*, vol. 251, 1995, pp. 9-267, em especial p. 259.
21. Supremo Tribunal Federal, Sentença Estrangeira n. 993, Relator Min. Carlos Maximiliano, julgamento de 17 de julho de 1940.

Em outros termos, é possível desenvolver uma articulação no pluralismo jurídico que caracteriza o direito internacional privado da heterogeneidade agravada, de modo a superar o particularismo e o casuísmo na incidência *ad hoc* de determinados valores que caracterizou o DIPr da era do mosaico em boa parte do século XX, *sem* perder o apelo à tolerância e a diversidade da disciplina?

A proteção da vida digna e dos direitos humanos em geral apresentam *ambiguidade* explorada por Arendt: a junção da luta pela *igualdade* e a afirmação da *diferença*. Se os seres humanos não fossem iguais, seriam incapazes de compreender-se entre si e aos seus ancestrais e não fariam planos para o futuro, prevendo as necessidades das gerações vindouras. Se não fossem diferentes entre si (cada indivíduo diferindo de todos os que existiram, existem ou que venham a existir), não haveria a necessidade do discurso ou da ação para se fazerem entender. A pluralidade humana é a pluralidade de seres singulares[22].

Os direitos humanos têm como titulares os seres humanos e suas emanações (pessoas jurídicas), não importando a origem, etnia, credo, pertença a grupo social ou outra forma de diferenciação. São universais e para invocá-los basta a condição humana, na expressão de Carlos Nino[23].

Como já visto, os direitos humanos separam-se dos ordenamentos nacionais na medida em que servem como baliza para detectar condutas desviantes, implementando em concreto o universalismo e a proteção dos vulneráveis. Surge um padrão universal de respeito à dignidade humana, que deve ser observado mesmo por estados constitucionais e democráticos.

Assim, não basta que os tratados de direitos humanos estejam incorporados internamente e sejam vistos como parte integrante do direito interno: é necessário também que os estados os apliquem internamente da maneira tida como adequada pelos órgãos internacionais. Ser parte integrante do ordenamento interno é condição necessária, mas não suficiente para que sejam respeitados os direitos humanos, que contam com uma *interpretação internacionalista* dada por órgãos internacionais independentes dos Estados, que pode ser distinta da interpretação nacional.

22. ARENDT, Hannah. *A condição humana*. Prefácio de Celso Lafer. Trad. de Roberto Raposo, 10ª ed, Rio de Janeiro: Forense Universitária, 2007, p. 188-189.

23. No original: "La pertenencia a la especie humana es (...) condición necesaria y suficiente para gozar de los derechos en cuestión, en tanto que otras propriedades – raza, sexo, inteligencia, actos cometidos o padecidos – son irrelevantes". NINO, Carlos Santiago. *Ética y derechos humanos:* un ensayo de fundamentación. Barcelona: Ariel, 1989, p. 41.

O impacto da vigilância internacional de direitos humanos é sensível ao modo tradicional pelo qual o direito internacional privado vê os direitos humanos. Não basta somente mencionar direitos humanos como parte integrante do direito do foro, servindo como baliza para as normas indiretas, definição de jurisdição, cooperação jurídica internacional em matéria cível e para o conteúdo da ordem pública e das normas de aplicação imediata. Todas essas normas passam a ser verificadas à luz da interpretação internacionalista dos direitos humanos, deixando de ser parte do domínio reservado dos Estados. Fernández Arroyo menciona uma feição processual dos direitos humanos, a qual permite que sentenças estrangeiras tangenciando assuntos como jurisdição, direito aplicável, reconhecimento de sentença, sejam analisadas a partir da perspectiva de proteção de direitos humanos envolvidos[24].

Importante para a consecução do objetivo de justiça material do direito internacional privado é observar que os direitos humanos possuem uma evidente preocupação com as condições materiais mínimas de sobrevivência de todos, comprovada pelo desenvolvimento do rol de direitos sociais, econômicos e culturais. Para Novais, enquanto nos direitos individuais os bens protegidos são a liberdade, autonomia e participação política, os direitos sociais protegem bens de natureza essencialmente econômica, social, ambiental ou cultural, impondo ao estado o dever de respeitar o acesso a tais bens pelos particulares e a obrigação de realizar prestações positivas e intervenções normativas para proporcioná-los a quem não dispõe de recursos próprios[25].

Com a consecução dos direitos sociais, obtém-se a igualdade material para que os direitos humanos possam ser fruídos por todos, em especial os mais vulneráveis em sua sociedade. Retoma-se, com a dimensão social dos direitos, a concretização do universalismo, agora no sentido de gozo dos direitos por todos.

O signo da igualdade material não é concretizado sem a identificação de situações de vulnerabilidade e adoção de medidas de proteção, com forte acento emancipatório, para oferecer a todos condições materiais dignas. É característica dos direitos humanos a defesa dos vulneráveis, ou seja, daqueles que necessitam da proteção de direitos essenciais em face de condutas ofensivas adotadas pelo estado ou por outro particular.

24. FERNÁNDEZ ARROYO, Diego P. "As novas tendências do Direito Internacional Privado" *in Cadernos do Programa de Pós-Graduação em Direito – PPGDir./UFRGS*, n. 1, 2013., pp. 305-313, em especial p. 310.

25. NOVAIS, Jorge. *Direitos sociais. Teoria jurídica dos direitos sociais enquanto direitos fundamentais.* 2ª ed., Lisboa: AAFDL, 2016, em especial p. 46 e 53.

A concretização dos direitos sociais demanda ponderação de direitos, em especial, sob o foco da presente obra, pela possível compressão da liberdade nas relações entre particulares. Para Virgílio Afonso da Silva, sob o ponto de vista da menção constitucional dos direitos sociais, não há como negar a sua juridicidade (não seriam "lírica constitucional"), mas é de se reconhecer também que sua estrutura prestacional exige diálogo e transparência nas escolhas[26].

Além da adoção da (i) interpretação internacionalista e da (ii) implementação de direitos sociais, com a busca de igualdade material e proteção dos vulneráveis, uma (iii) *terceira faceta* diz respeito à realização dos direitos humanos envolvendo a regulação de fatos transnacionais: a promoção do direito à diferença e o respeito ao multiculturalismo.

A internacionalização dos direitos humanos em um ambiente de globalização deveria redundar em maior respeito à diversidade nas sociedades contemporâneas. Entretanto, mesmo sociedades democráticas apresentam condutas de exclusão e negação da identidade cultural dos indivíduos, denegando o evidente multiculturalismo trazido pela intensificação do fluxo de pessoas da atualidade.

Taylor introduz, no seio da proteção de direitos humanos, a discussão sobre o reconhecimento e observância das diferenças, em especial a preservação das culturas não majoritárias, vislumbrando o respeito às diferenças como uma necessidade humana vital. Não basta a adoção genérica da promoção da dignidade humana, pois sendo a dignidade formada socialmente, seu conteúdo é, em geral, reflexo da cultura hegemônica em uma sociedade[27].

A falta de reconhecimento pela sociedade faz com que se desenvolva menor autoestima nos indivíduos que possuam determinadas características distintivas, como, por exemplo, a adoção de práticas culturais divergentes. Para Honneth, existe um nexo indissolúvel entre a incolumidade e a integridade dos seres humanos e o assentimento por parte do outro[28], um vínculo entre o reconhecimento pelo outro e a formação da identidade sem distorções de um determinado indivíduo ou grupo de indivíduos.

---

26. SILVA, Virgílio Afonso da." O judiciário e as políticas públicas: entre transformação social e obstáculo à realização dos direitos sociais" *in* SARMENTO, Daniel; SOUZA NETO, Cláudio Pereira. *Direitos sociais. Fundamentos, judicialização e direitos sociais em espécie.* Rio de Janeiro: Lumen Juris, 2008, pp. 587-599, em especial p. 597-598.

27. TAYLOR, Charles. "The politics of recognition" *in* TAYLOR, Charles (org.). *Multiculturalism: examining the politics of recognition.* Princeton, New Jersey: Princeton University, 1994, pp. 25-73, em especial p. 43.

28. HONNETH, Axel. *Luta por reconhecimento.* A gramática dos conflitos sociais. Trad. de Luiz Repa. São Paulo: Editora 34, 2003, p. 213.

O ponto crucial do reconhecimento (ou ausência de) é a aceitação das diferenças entre um grupo especificado por distinções e o grupo majoritário. O reconhecimento não é somente a identificação do diferente, mas também a aceitação e respeito da diferença, em um ambiente de tolerância.

Partindo da constatação da necessidade de reconhecimento e respeito das diferenças, indaga-se qual é o papel da proteção dos direitos humanos? Para Habermas, a correta compreensão da teoria dos direitos exige uma política de reconhecimento que proteja a integridade do indivíduo nos contextos sociais em que sua identidade é formada[29]. Essa proteção demanda que se considerem as diferenças entre os grupos nos espaços públicos, inclusive na redação das normas, gerando uma proteção especial a grupos que possuem reivindicações relacionadas a identidades coletivas não hegemônicas, como mulheres, negros, pessoas com deficiência, LGBTQIA+[30], entre outros[31].

A defesa de reivindicações associadas a específicas identidades coletivas tem como base inicial os direitos humanos universais e, a partir desse ponto de apoio, visa assegurar a cada pessoa o direito à própria identidade e ao seu grupo o direito à preservação da cultura na qual esteja inserido. Busca-se preservar o multiculturalismo, evitando aquilo que Taylor denomina de *liberalismo cego* às diferenças, que não é neutro, uma vez que condensa as opções do grupo hegemônico em uma sociedade[32].

Avançando o debate sobre a política de reconhecimento em um mundo globalizado pós-queda do muro de Berlim, Fraser a vincula a luta contra a injustiça, tanto do ponto de vista econômico quanto cultural. Em uma abordagem mais próxima dos efeitos sociais das políticas econômicas atuais em vários países, inclusive no Brasil, a autora defende a inter-relação entre a dimensão econômica e a dimensão cultural na vida de um indivíduo: a assimetria econômica gera inferiorização cultural e, paralelamente, a inferiorização cultural tem efeitos econômicos nocivos.

29. HABERMAS, Jürgen. "Struggles for recognition in the democratic constitutional State" (trad. de Shierry W. Nicholsen) *in* TAYLOR, Charles (org.). *Multiculturalism: examining the politics of recognition*. Princeton, New Jersey: Princeton University, 1994, pp. 107-148, em especial p. 113.

30. A sigla "LGBTQIA+" significa "Lésbicas, Gays, Bissexuais, Trans, Queers,Intersexuais, Assexuais e outras identidades de gênero e orientações sexuais". Os direitos referentes à identidade de gênero e orientação sexuais encontram-se nos Princípios de Yogyakarta. Em dezembro de 2017, houve a atualização do catálogo dos Princípios de Yogyakarta ("Yogyakarta Principles plus 10"). CARVALHO RAMOS, André de. *Curso de direitos humanos*. 11ª ed., São Paulo: Saraiva, 2024, p. 267 e seguintes.

31. SARMENTO, Daniel. *Dignidade da pessoa humana*. 2ª ed., Belo Horizonte: Fórum, 2016, p. 243.

32. Critica o citado autor a "era da dignidade liberal" consagrada por Rousseau, que não vê as diferenças. TAYLOR, Charles. "The politics of recognition" *in* TAYLOR, Charles (org.). *Multiculturalism: examining the politics of recognition*. Princeton, New Jersey: Princeton University, 1994, pp. 25-73, em especial p. 43 e seguintes.

A partir dessa premissa, expõe o dilema "redistribuição-reconhecimento", enfrentado por sociedades que possuem simultaneamente injustiças econômicas e culturais: para combater as injustiças econômicas, busca-se eliminar as diferenças; para salvaguardar as especificidades culturais, busca-se políticas de reconhecimento que valorizam o direito à diferença[33]. Não é possível enfocar, de modo segregado, as injustiças econômicas e as injustiças culturais para que se afirme, em concreto, os direitos universalmente protegidos.

Para envolver os três reflexos dos direitos humanos na sociedade globalizada atual (universalismo, igualdade material e reconhecimento das diferenças), é necessário o estudo da vulnerabilidade.

A vulnerabilidade consiste em situação na qual indivíduo ou grupo de indivíduos se encontra, com potencial de ofensa a direitos humanos em virtude de sua posição política, social, econômica ou cultural, em comparação aos demais membros da sociedade. Importante citar a diferença, mencionada por Fiechter-Boulvard, entre vulnerabilidade e a tradicional desigualdade. A primeira depende da análise da pessoa; a segunda é oriunda da comparação, não é um estado em si como a vulnerabilidade[34].

Para Lima Marques, a origem etimológica de vulnerabilidade advém de "vulnus", que, no latim, significa estar machucado, ferido, sendo o estado daquele que tem um ponto fraco e que pode ser ferido[35]. A vulnerabilidade compreende o estado inerente de risco ou confrontação excessiva com o mercado, que pode ser permanente ou provisória, individual ou coletiva, mas que fragiliza o sujeito de direitos, desequilibrando a relação jurídica com a outra parte. É um instrumento que guia a atuação do legislador ou do julgador na aplicação de normas protetivas que reequilibram as relações jurídicas, em nome da justiça material. Com a valorização dos

---

33. No original: "Even the most material economic institutions have a constitutive, irreducible cultural dimension; they are shot through with significations and norms. Conversely, even the most discursive cultural practices have a constitutive, irreducible political-economic dimension; they are underpinned by material supports". Ver FRASER, Nancy. "From Redistribution to Recognition? Dilemmas of Justice in a 'Post-Socialist' Age" *in New Left review,* n. 212, 1995, pp. 68-93, em especial p. 72.

34. FIECHTER-BOULVARD, F. «La notion de vulnerabilité et sa consécration par le droit» *in* COHEY-CORDET, Frederique. *Vulnerabilité et Droit. Le développement de la vulnerabilité et ses enjeux en droit.* Grenoble: Presses Universitaires de Grenoble, 2000, pp. 13-32, em especial p. 15.

35. MARQUES, Claudia Lima. "A pessoa no mercado e a proteção dos vulneráveis no direito privado brasileiro" *in* MENDES, Gilmar Ferreira; GRUNDMANN, Stefan; MARQUES, Claudia Lima; BALDUS, Christian; MALHEIROS, Manuel. *Direito Privado, Constituição e Fronteiras.* Encontros da Associação Luso-Alemã de Juristas no Brasil. 2ª ed., São Paulo: RT, 2014, pp. 287-331, em especial p. 289-290 e p. 313-314.

direitos humanos, o direito privado transformou-se em um "direito privado solidário" (expressão de Lima Marques) que busca incluir ricos e pobres na sociedade de consumo e de crédito e que prioriza a solidariedade e a igualdade dos mais fracos[36].

O conceito de vulnerabilidade serve como (i) orientação ao intérprete para a tomada de decisão em casos nos quais a interpretação nacional de um direito seja destoante da interpretação internacional, ferindo o universalismo; (ii) baliza também os casos de inferiorização social ou econômica, que ferem a igualdade material e a justiça social; (iii) finalmente, detecta a situação daqueles que apresentam identidade distinta da sociedade envolvente.

A proteção dos vulneráveis permite a análise conjunta do universalismo, da busca da justiça social, da preservação das diferenças e da defesa da tolerância nas relações privadas transnacionais. Nessa linha, Jayme defende que "as soluções dos conflitos de leis pressupõem um diálogo intercultural, a respeitar a diversidade dos indivíduos"[37].

Assim, o ambiente da parametrização da incidência dos direitos humanos no direito internacional privado é o da *proteção dos vulneráveis.* De fato, a incidência dos direitos humanos no direito internacional privado é *incontornável*, permanecendo questionamentos sobre o seu modo de incidência (uso indireto ou direto), intensidade e parâmetros, em especial quanto à preservação das especificidades culturais e da tolerância.

Nesse panorama, a vulnerabilidade serve de *norte* para que seja aferido o *espaço que resta para os particularismos culturais* e as diferenças entre as regras de direito privado. Ademais, a vulnerabilidade é *parâmetro* para a análise do impacto da *incidência* dos direitos humanos – interpretados internacionalmente – sobre as relações entre particulares, para ponderar os diversos direitos em colisão. Finalmente, a vulnerabilidade *auxilia na interpretação* das normas de direito internacional privado para dar concretude à defesa dos vulneráveis, gerando uma carga emancipatória à disciplina e orientando também os valores que já foram admitidos a partir do pluralismo de fontes e métodos.

---

36. MARQUES, Claudia Lima. "A pessoa no mercado e a proteção dos vulneráveis no direito privado brasileiro" *in* MENDES, Gilmar Ferreira; GRUNDMANN, Stefan; MARQUES, Claudia Lima; BALDUS, Christian e MALHEIROS, Manuel. *Direito Privado, Constituição e Fronteiras.* Encontros da Associação Luso-Alemã de Juristas no Brasil. 2ª ed., São Paulo: RT, 2014, pp. 287-331, em especial p. 317-318.

37. JAYME, Erik. "O Direito internacional privado no novo milênio: a proteção da pessoa humana em face da globalização" in ARAUJO, Nadia de; MARQUES, Claudia Lima (orgs.). *O novo Direito Internacional – estudos em homenagem a Erik Jayme.* Rio de Janeiro: Renovar, 2005, pp. 3-20, em especial p.5.

O universalismo dos direitos humanos por meio do uso do conceito de proteção dos vulneráveis é o motor de um processo de confronto ao particularismo do direito internacional privado, na medida em que retira das mãos do estado nacional o poder de interpretar, ao seu talante, o real alcance e sentido das regras que formatam as normas indiretas da disciplina, do direito do foro ou direito estrangeiro indicado, as normas de ordem pública e as normas de aplicação imediata.

4.4. DIREITO INTERNACIONAL PRIVADO, INCLUSÃO E A PROTEÇÃO DOS VULNERÁVEIS

Os valores que foram impregnados na consolidação do direito internacional privado heterogêneo, redundando na atual era mosaico, são comuns à promoção da dignidade humana, devendo ser traduzidos na linguagem dos direitos previstos em diversas Constituições (inclusive a brasileira), na Declaração Universal dos direitos humanos e nos tratados de direitos humanos.

Entretanto, a explosão de valores, agora traduzidos em direitos dos envolvidos nos fatos transnacionais, bem como a existência de um pluralismo de ordens jurídicas (a heterogeneidade agravada do direito internacional privado) foram acompanhadas, simultaneamente, por uma dificuldade de retomar a sua *coerência* interpretativa para além da banal constatação de que a disciplina (como todas as demais) deve obediência à centralidade dos direitos humanos e à proteção da dignidade da pessoa humana.

Essa dificuldade é fruto, inicialmente, da coexistência, no rol dos direitos humanos aplicados às relações transnacionais privadas, de direitos em antagonismo, que impõem a necessidade de parâmetros de calibragem para a intensidade e incidência de cada direito em confronto.

Além desse fator inicial de complexidade na busca de uma coerência interpretativa do direito internacional privado, há também a necessidade do respeito aos diferentes, um atributo do direito internacional privado marcado pela tolerância. Gera-se mais uma colisão de direitos, agora entre direitos culturais e outros direitos tensionados da sociedade envolvente.

A tolerância e o respeito ao diferente são ainda mais cruciais na época atual, pois o reconhecimento contínuo da igualdade não resultou na eliminação do preconceito ou dos tratamentos discriminatórios, exigindo a defesa de identidades de grupos tradicionalmente inferiorizados na sociedade. No caso do Brasil, é patente a inferiorização de afrodescendentes[38], mulheres[39], homossexuais[40], transexuais[41], idosos[42], pessoas com deficiência[43], populações indígenas[44], entre outros grupos sociais, que buscam no reconhecimento de suas diferenças e identidades próprias a superação de preconceitos e posições de subordinação.

O reconhecimento da diferença e da identidade própria de indivíduos e grupos exige o aprofundamento da luta pela igualdade, superando o paradigma tradicional liberal do direito privado, que valorizava o individualismo e o voluntarismo, impedindo o reconhecimento da proteção ao diferente além do uso das tradicionais incapacidades (absoluta e relativa) de direito privado.

O reconhecimento de diferenças, levando em consideração as distintas vulnerabilidades associadas às identidades de indivíduos e grupos sociais distintos do agrupamento hegemônico em uma determinada sociedade, forja um paradigma de inclusão no direito internacional privado.

---

38. No clássico estudo que já completa 17 anos, Ricardo Henriques comprova a desigualdade racial no Brasil, rompendo mitos de um Brasil cordial e sem discriminação racial. Para o autor: "(...) faz-se necessário redefinir os horizontes de igualdade de oportunidades, de condições e de resultados, fazendo dispor, entre outros, de políticas explícitas de inclusão racial. A redução da desigualdade entre brasileiros brancos e brasileiros afro-descendentes apresenta-se como prioridade para constituirmos uma sociedade democrática, livre, economicamente eficiente e socialmente justa". HENRIQUES, Ricardo. *Desigualdade racial no Brasil*: evolução das condições de vida na década de 90. Rio de Janeiro: IPEA, 2001, p. 46. Disponível em: http://www.ipea.gov.br/portal/images/stories/PDFs/TDs/td_0807.pdf. Acesso em: 30/05/2024.
39. PIOVESAN, Flávia. *Temas de direitos humanos*. 4ª ed., São Paulo: Saraiva, 2010, em especial p. 263-305 (direitos da mulher).
40. Suiama aponta, como forma de exclusão e discriminação, o preconceito reservado aos homossexuais em diversos programas de televisão no Brasil, em lógica autoritária e excludente. SUIAMA, Sérgio. "Identidades, diferenças" *in Boletim Científico da Escola Superior do Ministério Público da União,* Brasília, a. III – n. 11, 2004, pp. 131-139, em especial p. 138.
41. No que tange aos direitos dos transexuais, Rios e Resadori apontam, com razão, o desafio de romper a tradição do binarismo sexual e de enxergar na proibição de utilização de banheiros destinados ao gênero vinculado à identidade social (liberdade de utilização de banheiros sem discriminação por identidade de gênero) uma grave violação de direitos humanos. RIOS, Roger Raupp; RESADORI Alice Hertzog. "Direitos humanos, transexualidade e 'direito dos banheiros'" *in Direito & Práxis,* vol. 06, n. 12, 2015, pp. 196-227, em especial p. 218.MARQUES, Claudia Lima; RAMOS, Elaine da Silva. "Legal Aspects of Transsexualism in Brazilian Law – A Private Law Approach" *in The International Journal of Transgenderism.* vol. 1, n. 1, 1997. Disponível em: http://www.symposion.com/ijt/ijtc0105.htm. Acesso em: 30/05/2024.
42. Sobre a vulnerabilidade dos idosos, ver MARQUES, Claudia Lima. "Autonomia dos vulneráveis no direito privado brasileiro" *in* MARQUES, Claudia Lima; BENICKE, Christoph; JAEGER Jr., Augusto (orgs). *Diálogo entre o direito brasileiro e o direito alemão.* Tomo II. Porto Alegre: Gráfica e Ed. RJR, 2016, pp. 41-84, em especial p. 67.
43. TONOLO, Sara. "The protection of persons with disabilities in private international law" *in Cuadernos de Derecho Transnacional*, vol. 5, nº 1, 2013, pp. 273-280. Sobre as lutas pela inclusão das pessoas com deficiência, ver a recente coletânea de GONZAGA, Eugênia Augusta; MEDEIROS, Jorge Luiz Ribeiro de (orgs). *Ministério público, sociedade e a lei brasileira de inclusão da pessoa com deficiência.* Brasília: ESMPU, 2018.
44. Sobre o tema, ver SILVA, Paulo Thadeu Gomes da. *Os direitos dos índios*: fundamentalidade, paradoxos e colonialidades internas. São Paulo: Café com Leite, 2015.

A proteção dos mais fracos e dos mais vulneráveis surge para dar concretude à igualdade, gerando um direito internacional privado promotor da inclusão social na vida privada transnacional dos indivíduos, tal qual ocorre com o direito privado doméstico. Para Vrellis, o direito internacional privado aspira à consecução da justiça, o que deve ser feito respeitando-se a autonomia das partes, massem dispensar uma proteção adicional à parte fraca[45].

A vulnerabilidade serve também como parâmetro para condução do diálogo das fontes no direito internacional privado. Esse uso parte da constatação da exclusão social na atualidade globalizada, que gerou, para Lima Marques, categorias de indivíduos que podem ser distinguidas de acordo com sua integração aos novos fluxos globais: (i) o *homo economicus,* que contempla aqueles que têm acesso aos serviços e bens produzidos globalmente, inclusive pela via eletrônica; (ii) o *homo semi-economicus,* que abarca aqueles que, pelo poder aquisitivo médio, tem acesso a poucos bens e serviços; e (iii) o *homo excluidus*, que congrega aqueles com baixa renda, que não contam com os benefícios da era digital e da inovadora oferta de bens e serviços com diversidade e abundância[46].

Em virtude das exclusões da globalização, a inclusão transforma-se em "objetivo síntese" que deve orientar a busca da interpretação coerente do direito internacional privado da atualidade. A proteção do vulnerável fornece o fio condutor do conjunto de valores que a disciplina absorveu, após a consolidação da constitucionalização do direito privado e da incidência dos direitos humanos nas relações intersubjetivas.

A preocupação com os vulneráveis consolida a função social do direito internacional privado, que passa a ter como bússola a implementação de direitos, a proteção da dignidade humana e a promoção de direitos dos envolvidos nos fatos transnacionais.

Sob a ótica do direito internacional privado, os indivíduos vulneráveis nas relações privadas são aqueles que enfrentam assimetria sou tratamento discriminatório nas suas relações jurídicas privadas por fatores

---

45. No original: "Le droit international privé, même sous la forme des règles de conflit de lois, n'est point dépourvu de vraies valeurs fondamentales. Il aspire à la justice, il la poursuit, et, dans une certaine mesure, la réalise déjà. Le respect de la libre volonté des parties, de leur égalité, de leurs attentes justifiées, de leur dignité humaine, ainsi que la protection de la partie faible ou des personnes ayant besoin d'une protection accrue, sont des manifestations importantes de cette réalisation". VRELLIS, Spyridon. «Conflit ou coordination de valeurs en droit international privé a la recherche de la justice» *in Recueil des Cours de l´Académie de Droit International de la Haye*, vol. 328, 2007, pp. 175-486, em especial p. 368-369.

46. MARQUES, Claudia Lima. *Confiança no comércio eletrônico e a proteção do consumidor (um estudo dos negócios jurídicos no comércio eletrônico)*. São Paulo: RT, 2004, p. 235.

econômicos, sociais, de gênero, de raça, orientação sexual, deficiência ou pertença à grupo social, entre outros fatores capazes de gerar a necessidade de intervenção do Estado.Com base nos debates no seio da Organização das Nações Unidas, Cançado Trindade enumera como sendo parte dos "grupos vulneráveis" os pobres, populações indígenas, mulheres, crianças, idosos, sem-teto, doentes, pessoas com deficiência, imigrantes, refugiados e deslocados interno[47].

A vulnerabilidade no direito privado foi debatida ainda na primeira metade do século XX por Josserand, que identificou uma exigência de proteção a novos sujeitos de direito sob a alegação de serem fracos em razão de profissão, contrato ou função. As medidas de proteção também deveriam ser alteradas: anteriormente, em face dos tradicionalmente considerados fracos, havia o sistema de *incapacidades*; para os "novos fracos", utilizam-se *medidas de ataque e paralisia de condutas deletérias pela parte contrária*, como as certas cláusulas contratuais abusivas, combatidas com sanção de nulidade[48].

No Brasil, Alvino Lima, na lição inaugural de abertura dos cursos jurídicos da Faculdade de Direito da Universidade de São Paulo em 1939, faz menção à nova concepção social do direito civil de "fortificar os fracos", conseguindo juridicamente extirpar ou pelo menos atenuar as desigualdades sociais, compensando com uma superioridade jurídica a sua inferioridade[49].

Pocar, em texto específico sobre a "parte fraca" (*partie faible*), tem como pressuposto do DIPr a proteção da parte mais fraca face à parte mais forte[50]. Tendo como premissa o objetivo do DIPr em *realizar justiça no caso concreto*, a disciplina tem a função de definir uma lei aplicável que não

47. No original: "Agenda 21, adopted by the 1992 UN Conference on Environment and Development (UNCED), expressly referred to the vulnerable groups [the urban and rural poor, indigenous populations, children, women, the elderly, the homeless, the terminally ill, the disabled persons (...) migrants, refugees and displaced persons (...) among others, those formed by the poorest segments of society] the central concern lying in the satisfaction of basic human needs 2301 (food, health preservation, adequate housing, education)".CANÇADO TRINDADE, Antônio Augusto. "International law for humankind: towards a new jus gentium (II): general course on public international law" *in Recueil des Cours de l' Académie de Droit International de la Haye*, vol. 317, 2005, pp. 9-312, em especial p. 254. Ver também CANÇADO TRINDADE, Antônio Augusto. *A proteção dos vulneráveis como legado da II Conferência mundial de Direitos Humanos (1993-2013)*. Fortaleza: IBDH/IIDH/SLADI, 2014, p. 93. CHAPMAN, A.; CARBONETTI, B. "Human rights protections for vulnerable and disadvantaged groups: the contributions of the UN Committee of Economic, social and cultural rights" *in Human Rights Quartely*, vol. 33, 2011, pp. 682-732.

48. JOSSERAND, Louis. "A proteção aos fracos pelo direito" (original de 1939). Trad. Francisco de Assis Andrade *in Revista Forense*, ano XLVII, vol. CXXVIII, 1950, pp. 363-368, em especial p. 368.

49. LIMA, Alvino. "Da influência, no direito civil, do movimento socializador do direito" *in Revista da Faculdade de Direito da Universidade de São Paulo*, vol. 35, n. 1, 1939, pp. 199-213, em especial p. 202-203.

50. POCAR, Fausto. "La protection de la partie faible en Droit International Privé" *in Recueil des Cours de l'Académie de Droit International de la Haye,* vol. 188, 1988, pp. 339-417, em especial p. 355.

cause injustiça material à parte mais fraca da relação jurídica[51]. Também Overbeck aponta como um dos objetivos das regras materiais de DIPr a proteção da *partie faible*[52].

A proteção dos interesses das partes fracas resulta na indisponibilidade de determinados direitos, para evitar que a parte fraca, ao contratar com a "parte forte" (*partie forte*), abandone a proteção que a lei lhe assegura. Evita-se que os fenômenos do *forum shopping* e *law shopping* (se gerados pelas escolhas feitas pela parte forte) sirvam para contornar, no plano do direito internacional privado, leis que assegurem proteção aos direitos das partes fracas[53]. Para Vrellis, não se trata de sacrificar a segurança jurídica e a autonomia privada pela intervenção da proteção da parte fraca, mas de buscar um equilíbrio entre a justiça material e a segurança jurídica[54].

Mayer distingue a proteção à parte fraca das regras de favorecimento a um determinado interesse, pois seu objetivo é proteger genericamente o vulnerável de uma escolha (da lei ou da jurisdição) que beneficie a parte forte[55], podendo a desigualdade jurídica ser utilizada pelo legislador ou

51. No original: «Tandis que la fonction d'édicter la réglementation protectrice concrète revient au droit matériel, la tâche du droit international privé est d'indiquer la loi applicable, mais en évitant que la différence du niveau de protection existant dans les systèmes juridiques avec lesquels une situation caractérisée par le besoin de protection d'un sujet a des liens puisse provoquer des solutions injustes pour la faible. En matière d'obligations cette tâche s'exprime normalement dans le soin d'empêcher qu'une partie ne perde de protection à cause de cette pluralité des systèmes juridiques, en matière de contrats d'empêcher la partie la plus forte de se prévaloir de la même pluralité de règles en présence pour opprimer la faible». POCAR, Fausto. "La protection de la partie faible en Droit International Privé" *in Recueil des Cours de l´Académie de Droit International de la Haye*, vol. 188, 1988, pp. 339-417, em especial p. 350-353 e 357.

52. OVERBECK, Alfred E. von. «La contribution de la Conférence de La Haye au développement du droit international privé» *in Recueil de Cours de l´Académie de Droit International de La Haye*, vol. 233, 1992, pp. 9-98, em especial p. 61.

53. LOQUIN, Eric. «Arbitrabilité et protection des parties faibles» *in Droit International privé: travaux du Comité Français de droit international privé* (17e année, 2004-2006), 2008, pp. 135-164, em especial p. 136.

54. No original: "L'inégalité juridique entre les parties, en principe contraire à la justice, peut cependant être imposée, en tant que correctif, tant par le législateur que par le juge, dans le souhait de réparer une inégalité de fait (naturelle ou circonstancielle) préexistante. Un cas caractéristique dans lequel il faut intervenir au nom de l'équité, afin de corriger les injustices d'une égalité abstraite et en même temps assurer un équilibre entre la sécurité juridique et la justice dans chaque cas individuel, est celui de la partie la plus faible, que ce soit l'employé ou le consommateur, souvent le cocontractant d'une banque ou d'une compagnie d'assurances ou de l'Etat, un créancier d'aliments ou la victime d'un délit, bien qu'il soit parfois difficile de préciser d'avance quelle est en réalité la partie faible d'une relation". VRELLIS, Spyridon. «Conflit ou coordination de valeurs en droit international privé a la recherche de la justice» *in Recueil des Cours de l´Académie de Droit International de la Haye*, vol. 328, 2007, pp. 175-486, em especial p. 368-369.

55. MAYER, Pierre. «La partie faible en droit international privé» *in* FONTAINE, Marcel; GHESTIN, Jacques (orgs). *La protection de la partie faible dans les rapports contractuels. Comparaisons franco-belges*. Paris: L.G.D.J., 1996, pp. 513-552, em especial p. 529.

pelo juiz a fim de reparar uma desigualdade de fato (natural ou contextual) preexistente.

O conceito de "parte fraca" (parte débil) equivale ao de pessoa vulnerável[56], englobando três situações, que, pela sua natureza, demandam proteção: (i) aquela que surge independentemente de uma relação jurídica específica, derivando da condição do sujeito, como é o caso dos menores e dos incapazes; (ii) aquela que surge da disparidade entre partes em uma relação jurídica aferida a depender da assimetria *in concreto*, tal qual ocorre com a parte economicamente mais fraca nos contratos; (iii) aquela que surge da oposição de dois interesses, em uma determinada relação jurídica, mas não da disparidade entre as partes e, sim, da necessidade de cumprir um determinado valor, tal qual ocorre com o credor de alimentos, que precisa ter condições mínimas de subsistência.

Aproveitando essa classificação da proteção da parte fraca (pessoa vulnerável), citam-se exemplos do reconhecimento pela doutrina especializada da vulnerabilidade no direito internacional privado em vários subtemas da disciplina, em especial a partir da segunda metade do século XX.

Quanto à condição do sujeito como fator de vulnerabilidade, a promoção dos direitos das crianças e pessoas com deficiência é tida como consequência da proteção dos vulneráveis. Nesse sentido, Batiffol sustenta que a proteção daqueles que são considerados fracos é compatível com os interesses gerais da disciplina, citando, como exemplo, as crianças[57]. Boer também enfatiza que as crianças são vulneráveis, podendo ser invocado o "princípio da proteção" (*protection principle)* para indicar lei que assegure tratamento mais benéfico[58].

Na adoção internacional de crianças também se constata a vulnerabilidade do menor, que sofrerá a modificação do "centro de vida" ao ser

56. Marques aproxima os dois conceitos (parte fraca evulnerabilidade) ao apontar a necessidade de proteger a parte mais fraca nos contratos internacionais, especialmente os consumidores, queimpregnou "assim as normas de conflito de leis com um objetivo material e de proteção deste sujeito vulnerável". MARQUES, Claudia Lima. "A proposta brasileira de Convenção Interamericana de Direito Internacional Privado sobre a lei aplicável a alguns contratos com consumidores (CIDIP VII): temas e discussões no forum de expertos da OEA" *in Cadernos do Programa de Pós-Graduação em Direito – PPGDir./UFRGS*, nºV, Mar./2006, pp. 75-106, em especialp. 81.

57. BATIFFOL, Henri. «Principes de droit international privé» *in Recueil de Cours de l'Académie de Droit International de La Haye,* vol. 97, 1959, pp. 431-593, em especial p. 567.

58. No original: "They are based on the notion that certain areas of substantive law support important social values, particularly a concern for vulnerable individuals, such as children, employees or consumers. Such policies are reflected in choice-of-law rules that refer to the law of the party whose interest the corresponding substantive law protects against the other party". BOER, Th.M. de. "Facultative choice of law: the procedural status of choice-of-law rules and foreign law" *in Recueil des Cours de l'Académie de Droit International de la Haye*, vol. 257, 1996, pp. 223-427, em especial p. 279.

deslocada para outro Estado, enfrentando os desafios da adaptação em um momento de vida de desenvolvimento de sua maturidade[59]. Já Loon reconhece uma posição de vulnerabilidade das mães solteiras na adoção e das crianças refugiadas[60]. Ortiz Ahlf também agrega ao rol das pessoas vulneráveis os migrantes indocumentados[61], que podem sofrer com as diferenças culturais e assimetrias jurídicas em casos plurilocalizados.

Em relação à disparidade entre as partes como fator de vulnerabilidade, os trabalhadores são considerados pela doutrina como partes vulneráveis nas relações contratuais. Para Ferrari, os trabalhadores exemplificam a parte mais fraca dos contratos de trabalho transnacionais[62]. Malintoppi[63], Guiliano e Boer[64] também apontam o direito internacional do trabalho como direito de proteção da parte fraca. Na mesma linha, Ubertazzi, na análise de regras de conexão que poderiam ser consideradas discriminatórias, faz menção a *partie faible* como pessoa em situação desfavorável, citando os trabalhadores em embarcações, que merecem proteção especial (não sendo regras discriminatórias vedadas)[65]. Salah Mohamed Mahmoud

---

59. NAJURIETA, María Susana. «L'adoption internationale des mineurs et les droits de l'enfant» *in Recueil des Cours de l´Académie de Droit International de la Haye*, vol. 376, 2015, pp. 199-493, em especial p. 480.

60. LOON, J.H.A. van. "International co-operation and protection of children with regard to intercountry adoption" *in Recueil des Cours de l´Académie de Droit International de la Haye*, vol. 244, 1993, pp. 191-456, em especial p. 371 e p. 378.

61. ORTIZ AHLF, Loretta. «The human rights of undocumented migrants» *in Recueil des Cours de l´Académie de Droit International de la Haye*, vol. 369, 2013, pp. 43-160, em especial p. 149.

62. No original: «La tendance en faveur de la compétence de la loi locale est sans doute très forte dans a jurisprudence et dans la doctrine de plusieurs pays. Elle s'appuie sur l'argument de la protection du travailleur car, en admettant la compétence de la loi qui régit le contrat, on risquerait de voir l'entrepreneur imposer au travailleur le choix d'une loi qui ne lui accorderait pas une protection substantielle, bref une loi dont l'observance serait moins chère pour l'entrepreneur. Cet argument, apparemment très fort, perd beaucoup de consistance si l'on pense que les travailleurs dont la position contractuelle et financière est la plus faible, donc qui ont le plus besoin de protection, sont normalement les travailleurs embauchés localement par des entreprises étrangères». FERRARI, Luigi Bravo. «Les rapports entre les contrats et les obligations délictuelles en droit international privé» *in Recueil des Cours de l´Académie de Droit International de la Haye*, vol. 146, 1974, pp. 341-452, em especial p. 393.

63. MALINTOPPI, Antonio. «Les rapports de travail en droit international privé» *in Recueil des Cours de l´Académie de Droit International de la Haye*, vol. 205, 1987, pp. 331-394, em especial p. 339.

64. Para Guiliano: «En ce qui concerne les contrats individuels de travail, il s'agissait, même dans ce cas, de donner une réglementation plus appropriée à une matière où les intérêts d'une des contractants ne se placent pas sur le même plan que ceux de l'autre et d'assurer en même temps, par le biais d'une telle réglementation, une protection plus adéquate à la partie qui est à considérer, d'un point de vue socio-économique, comme la partie la plus faible dans la relation contractuelle». GUILIANO, Mario. «La loi applicable aux contrats: problèmes choisis» *in Recueil des Cours de l´Académie de Droit International de la Haye*, vol. 158, 1977, pp. 183-270, em especial p. 244. BOER, Th. M. de. "Facultative choice of law: the procedural status of choice-of-law rules and foreign law" *in Recueil des Cours de l´Académie de Droit International de la Haye*, vol. 257, 1996, pp. 223-427, em especial p. 279.

65. Defende o autor que: «Si le renvoi à la loi du pavillon ne s'impose pas en vue d'insurmontables raisons d'ordre technique, les discriminations entre le propriétaire (ou l'armateur) et les hommes d'équipage ne sauraient trouver de justifications valables. On peut même affirmer, au contraire, que cette inégalité est

entende que a vulnerabilidade do trabalhador é estrutural, decorrente da presunção de inferioridade de uma parte frente à outra[66]. Maupain, sob a ótica da fragilização das relações de trabalho no mundo da globalização, defende a existência de "trabalhadores particularmente vulneráveis", como mulheres, crianças, aposentados e trabalhadores migrantes[67]. Moura Vicente, analisando a legislação portuguesa, sustenta a adoção do princípio do tratamento mais favorável ao trabalhador, ressalvando que a aplicação das normas portuguesas na matéria fica subordinada à condição de não haver outras mais favoráveis ao trabalhador na lei estrangeira[68].

Ainda em relação à disparidade entre as partes como fator de vulnerabilidade, a existência de uma parte em clara assimetria em relação a outra parte nos contratos internacionais é motivo de limitação da autonomia contratual para diversos autores. Voulgaris aponta, a existência de partes fracas nos contratos que requerem proteção adicional no direito internacional privado em face do "poder de negociação exorbitante" que a outra parte possui[69]. Picone defende a proteção dos consumidores e dos trabalhadores como partes fracas nos contratos, apontando a proteção especial que lhes é conferida como exemplo da influência de valores de direito material no direito internacional privado[70]. Também Skapski, ao analisar o limite da autonomia contratual, reconhece que a liberdade tem como um dos seus limites a proteção da parte mais fraca, no bojo dos contratos de adesão[71].

---

l'autant moins tolérante qu'elle défavorise la partie la plus faible. Un tel résultat ne saurait être accepté à la légère: il se heurte aux sentiments qui ont animé la lutte menée par les travailleurs en vue de leur émancipation et au difficile équilibre de forces que l'on a atteint». UBERTAZZI, Giovanni Maria. «Règles de non-discrimination et droit international privé» *in Recueil des Cours de l´Académie de Droit International de la Haye*, vol. 157, 1977, pp. 333-414, p. 374 e 377.

66. No original «infériorité structurelle».SALAH MOHAMED MAHMOUD, Mohamed."Loi d'autonomie et méthodes de protection de la partie faible en droit international privé" *in Recueil des Cours de l´Académie de Droit International de la Haye*, vol. 315, 2005, pp. 141-364, em especial p. 169.

67. MAUPAIN, Francis. «L'OIT, la justice sociale et la mondialisation» *in Recueil des Cours de l´Académie de Droit International de la Haye*, vol. 278, 1999, pp. 201-396, em especial p. 219.

68. VICENTE, Dário Moura. "Liberdades comunitárias e direito internacional privado" *in* VICENTE, Dário Moura. *Direito Internacional Privado* – Ensaios. Vol I, Coimbra: Almedina, 2002, em especial p. 101.

69. VOULGARIS, Ioannis. «Le crédit-bail (leasing) et les institutions analogues en droit international privé» *in Recueil des Cours de l´Académie de Droit International de la Haye*, vol. 259, 1997, pp. 319-412, em especial p. 373.

70. PICONE, Paolo. «Les méthodes de coordination entre ordres juridiques en droit international privé – Cours général de droit international privé» *in Recueil des Cours de l´Académie de Droit International de la Haye*, vol. 276, 1999, pp. 9-288, em especial p. 86.

71. No original: «La loi applicable doit aussi se prononcer sur les limites de la liberté des contrats. Cela est lié à la protection des individus économiquement plus faibles qui ne peuvent pas être privés de la possibilité de protection prévue par la loi de fond. C'est un point particulièrement important à une époque où se développent les contrats dits d'adhésion dans lesquels la volonté de l'une des parties est souvent purement fictive». SKAPSKI, Józef. «Les obligations en droit international privé dans le cadre du

Malintoppi reconhece que a vulnerabilidade econômica de uma das partes nos contratos de adesão justifica a proteção à "parte economicamente mais fraca"[72]. Virally, ao analisar a reciprocidade como meio para evitar o abuso do direito, menciona a sua função de proteção da parte mais fraca[73].

A autonomia da vontade, para Salah Mohamed Mahmoud, apenas existe quando não há disparidade entre as partes, de modo que a proteção especial pelo DIPr é necessária nas situações de vontade meramente unilateral em um contrato. Contudo, o autor não é contrário a compatibilidade entre a proteção da parte mais fraca e a autonomia da vontade. Interessando ao DIPr apenas as situações de debilidade (*faiblesse*) que aniquilam a possibilidade de escolha, podendo decorrer do perfil das pessoas envolvidas no contrato ou da sua posição econômica ou social[74].

Overbeck[75] e Remiro Brotón[76] também sustentam que a proteção da "parte fraca" é limite legítimo à autonomia da vontade contratual. Para

---

commerce extérieur des pays socialistes» *in Recueil des Cours de l´Académie de Droit International de la Haye*, vol. 136, 1972, pp. 499-591, em especial p. 509.

72. No original: «C'est la faiblesse économique de l'une des parties qui la contraint à accepter finalement un contrat dont les clauses ont été unilatéralement formulées par l'autre partie jouissant d'une position économique plus forte. Dans cette situation, qui est propre à plusieurs sortes de contrats dans n'importe quel système juridique national, la participation essentiellement limitée de l'une des parties à la détermination du contenu du contrat justifie la protection que la loi accorde aux intérêts de la partie économiquement plus faible. Cette tendance est, constante, d'une façon ou d'une autre, dans tous les systèmes juridiques nationaux». MALINTOPPI, Antonio. «Les rapports entre droit uniforme et droit international privé» *in Recueil des Cours de l´Académie de Droit International de la Haye*, vol. 116, 1965, pp. 1-87, em especial p. 9.

73. No original: «Plus exactement, la réciprocité ne va être utilisée que pour éviter les abus du système, pour empêcher des déséquilibres trop flagrants, au moment de la passation du contrat (lésion) ou de son exécution (exceptio non adimpleti contractus). Elle est donc à l'origine de diverses techniques de protection du contractant de bonne foi contre le contractant de mauvaise foi, mais elle peut aussi, de façon plus générale, conduire à protéger le contractant faible contre les abus du puissant, puisqu'elle se trouve derrière l'idée de contrat léonin».VIRALLY, Michel. «Le principe de réciprocité dans le droit international contemporain» *in Recueil des Cours de l´Académie de Droit International de la Haye*, vol. 122, 1967, pp. 1-105, em especial p. 17 e 71.

74. No original: «Nourri des leçons du droit économique, il faut poser comme règle que seules les faiblesses qui annihilent les possibilités effectives de choix de l'une des parties au moment de la formation du contrat, ou qui conduisent à un état de subordination qui transforme le sujet em agent, justifient une protection au titre du droit international privé. Formulée autrement, chaque fois que l'application de la loi d'autonomie ne peut conduire, compte tenu de la nature du contrat ou du contenu des rapports qu'il met en place, qu'à l'expression d'une volonté unilatérale, le droit international privé doit prévoir une protection spécifique". SALAH MOHAMED MAHMOUD, Mohamed."Loi d'autonomie et méthodes de protection de la partie faible en droit international privé" *in Recueil des Cours de l´Académie de Droit International de la Haye*, vol. 315, 2005, pp. 141-364, em especial p.164, 166, 169, 175 e 178.

75. No original: «Il faut tout de suite ajouter que, lorsqu'il y a deux parties, elles auront souvent des intérêts divergents, ce qui conduit à restreindre l'autonomie lorsqu'il y a lieu de protéger une partie plus faible». OVERBECK, Alfred Eugène von. «Les questions générales du droit international privé à la lumière des codifications et projets récents: cours général de droit international privé» *in Recueil des Cours de l´Académie de Droit International de la Haye*, vol.176, 1982, pp. 9-258, em especial p. 87.

76. No original: «Pour les plus enthousiastes, les clauses de choix de la loi applicable au contrat ne conviennent pas aux plus faibles dans la négociation, parce que dans celle-ci les plus forts finiront par imposer

Gaudemet-Tallon, as regras de conflito com caráter substancial protegem a parte fraca (credor de alimentos, consumidor e trabalhador) e podem limitar a autonomia da vontade no que tange à escolha da lei[77].

Os consumidores são considerados como parte vulnerável pela doutrina, como enfatizam Droz[78]e Fallon[79]. Lima Marques destaca a necessidade de se considerar vulnerável o "consumidor transnacional ativo" (o consumidor turista, viajante, que se desloca e adquire produtos ou serviços em outro país) e o "consumidor transnacional passivo" (aquele que, exposto à publicidade, resolve contratar a distância, em geral por meios eletrônicos), graças à substancial mudança na estrutura do mercado, nas quais o fornecedor tem alcance global e desequilibra, ainda mais, as relações de consumo[80].

Jayme destaca a vulnerabilidade daquele que se comunica eletronicamente[81], no que é também seguido por Lima Marques, que aponta que a vulnerabilidade especial do consumidor *on-line*[82]. A autora assinala ainda a hipervulnerabilidade do consumidor, decorrente de situação social fática e

---

celle qui leur convient le mieux; c'est l'arbitre qui, avec son pouvoir formidable, pourra neutraliser cette circonstance». REMIRO BROTONS, Antonio. «La reconnaissance et l'exécution des sentences arbitrales étrangères» *in Recueil des Cours de l´Académie de Droit International de la Haye*, vol. 184, 1984, pp. 169-354, em especial p. 239.

77. No original: «Enfin, parfois, bien que les parties puissent en principe choisir la loi applicable à leur contrat, la règle de conflit limite leur autonomie en ce qu'elle interdit que ce choix prive la partie faible de la protection à laquelle elle peut légitimement s'attendre (celle du lieu d'exécution du travail pour le salarié, celle du lieu de sa résidence habituelle pour le consommateur qui contracte dans l'Etat de cette résidence)". Em outra passagem, a autora defende que: «Dans une optique différente, lorsque le contrat unit deux parties dont l'une est réputée faible, contrat de travail et contrat de consommation essentiellement, l'autonomie de la volonté est limitée afin d'assurer la protection de la partie faible". GAUDEMET-TALLON, Hélène. «Le pluralisme en droit international privé: richesses et faiblesses (le funambule et l'arc-en-ciel). Cours général de droit international privé». *Recueil des Cours de l´Académie de Droit International de la Haye*, vol. 312, 2005, pp. 9-488, em especial p. 233, 246-248, 259, 269 e 321.

78. Droz reconhece os consumidores, trabalhadores e segurados como categoria de pessoas consideradas como partes fracas nos contratos de adesão. DROZ, Georges A. L. «Regards sur le droit international prive comparé. Cours général de droit international privé» *in Recueil des cours de l´Académie de Droit International de La Haye*, vol 229, 1991, pp. 9-424, em especial p. 55-56.

79. FALLON, Marc. «Les conflits de lois et de juridictions dans un espace économique intégré» *Recueil des Cours de l´Académie de Droit International de la Haye*, vol. 253, 1995, pp. 9-282, em especial p. 174.

80. MARQUES, Claudia Lima. "A insuficiente proteção do consumidor nas normas de Direito Internacional Privado – da necessidade de uma convenção interamericana (CIDIP) sobre a lei aplicável a contratos e relações de consumo" *in Revista dos Tribunais*, a. 90, vol. 788, 2001, pp. 11-56.

81. JAYME, Erik. «Le droit international privé du nouveau millénaire: la protection de la personne humaine face à la globalisation. Conférence prononcée le 24 juillet 2000» *in Recueil des Cours de l´Académie de Droit International de la Haye*, vol. 282, 2000, pp. 9-40, em especial p. 20-21.

82. MARQUES, Claudia Lima. *Confiança no comércio eletrônico e a proteção do consumidor (um estudo dos negócios jurídicos no comércio eletrônico)*. São Paulo: RT, 2004, p. 237 e 467. Ver também MADRID MARTÍNEZ, Claudia. "La protección internacional del consumidor, o de como el derecho internacional privado puede influiren la conducta de los proveedores de bienes y servicios" in AMARAL JUNIOR, Alberto do; VIEIRA, Luciane Klein (coords.). El Derecho Internacional Privado y sus Desafíos en la Actualidad. Bogota: Editorial Ibanez, 2016, pp. 155-196.

objetiva de agravamento da vulnerabilidade da pessoa física consumidora, por circunstâncias pessoais aparentes ou conhecidas do fornecedor, como idade reduzida, idade alentada e situação médica[83]. Vieira também reconhece a hipervulnerabilidade do consumidor transfronteiriço, afirmando que a especial fragilidade dos consumidores idosos, crianças, com deficiência, doentes, analfabetos, resulta em uma proteção adicional no comércio transnacional[84].

Quanto à necessidade de proteção de um interesse que, se não protegido, gera vulnerabilidade, destaca a doutrina o interesse do credor de alimentos transnacionais, em face do risco à sua sobrevivência. Sakmar aponta a proteção do credor de alimentos como "parte fraca" e defende a utilização de lei que lhe é materialmente mais favorável[85-86].

Mais recentemente, as vítimas de danos transnacionais são também consideradas partes vulneráveis, pelas dificuldades geradas para a completa reparação das lesões sofridas em face da existência de diversas jurisdições envolvidas. Bucher inclui, ainda, entre as pessoas vulneráveis as vítimas de danos ambientais[87]. Em uma situação de "conjunção de fatores de vulnerabilidade", Loon aponta como grupos vulneráveis as vítimas de danos ambientais transfronteiriços (vulnerabilidade pelo fator de promoção de um interesse) e, entre elas, os grupos indígenas, as crianças e mulheres (vulnerabilidade pela condição do sujeito)[88]. Turp assinala a proteção do patrimônio cultural e da diversidade cultural sob a ótica da vulnerabilidade. Trazendo essa contribuição para o campo do direito internacional privado, a diversidade cultural deve ser entendida também como um direito difuso a merecer proteção[89].Nesse sentido, Frigo também invoca a necessidade da

---

83. MARQUES, Claudia Lima. "Autonomia dos vulneráveis no direito privado brasileiro" *in* MARQUES, Claudia Lima; BENICKE, Christoph; JAEGER Jr., Augusto (orgs). *Diálogo entre o direito brasileiro e o direito alemão.* Tomo II. Porto Alegre: Gráfica e Ed. RJR, 2016, pp. 41-84, em especial p. 63. Ver também MARQUES, Claudia Lima; DELALOYE, María Laura. "El roldelos principios en la proteccióninternacionaldelconsumidor: la Declaración de Sofía de la International Law Association" *in* AMARAL JÚNIOR, Alberto do; VIEIRA, Luciane Klein (coords.) *El Derecho Internacional Privado y sus Desafíos en la Actualidad.* Bogota: Editorial Ibanez, 2016, pp. 135-149, em especial p. 149.

84. VIERA, Luciane Klein. *La hipervulnerabiidad del consumidor transfronterizo y la función material del derecho internacional privado.* Buenos Aires: La Ley, 2017, p. 76.

85. SAKMAR, Ata. «Le nouveau droit international privé turc» *in Recueil des Cours de l´Académie de Droit International de la Haye*, vol. 223, 1990, pp. 303-416, em especial p. 342.

86. No mesmo sentido, Bucher inclui, entre as pessoas vulneráveis, os credores de alimentos transnacionais. BUCHER, Andreas. "La dimension sociale du droit international privé: cours general" *in Recueil des Cours de l´Académie de Droit International de La Haye*, vol. 341, 2009, pp. 9-526, em especialp. 137-138, 203-204 e 516.

87. BUCHER, Andreas. «La dimension sociale du droit international privé: cours general» *in Recueil des Cours de l´Académie de Droit International de la Haye*, vol. 341, 2009, pp. 9-526, em especial p. 137-138, 203-204 e 516.

88. LOON, J. H. A. van. «The global horizon of private international law» *in Recueil des Cours de l´Académie de Droit International de la Haye*, vol. 380, 2016, pp. 9-108, em especial p. 84.

89. TURP, Daniel. «La contribution du droit international au maintien de la diversité culturelle» *in Recueil des Cours de l´Académie de Droit International de la Haye*, vol. 363, 2012, pp. 333-453, em especial p. 393-394.

proteção de expressões culturais consideradas vulneráveis dos povos, em especial as tradições orais, as práticas populares e os saberes tradicionais, em uma verdadeira dimensão cultural dos direitos humanos[90].

Para Fawcett, a vulnerabilidade encontra-se presente também no conteúdo das normas de aplicação imediata (normas imperativas), várias delas criadas para proteger grupos de pessoas vulneráveis, como consumidores e empregados[91]. Bucher aponta o papel das normas imperativas de DIPr na proteção da parte mais fraca, superando a liberdade contratual[92]. Por sua vez, Struycken enumera, como exemplos não exaustivos, crianças, trabalhadores, mulheres e consumidores como partes fracas que podem redundar em maior número de normas imperativas no direito internacional privado[93].

No que tange à arbitragem transnacional, Hanotiau reconhece a inclusão do consumidor como parte mais fraca, cuja proteção é imperativo de ordem pública em diversas legislações nacionais[94] e Radicati di Brozolo afasta a arbitragem na hipótese de litígios envolvendo, como partes, os chamados "sujeitos fracos", como os consumidores, trabalhadores e investidores não profissionais[95].

Já no que tange à definição de jurisdição e à cooperação jurídica internacional em matéria cível, Lagarde entende que a proteção da parte fraca pode gerar hipótese de jurisdição internacional absoluta e ainda recusa ao reconhecimento de decisão estrangeira oriunda de tribunal de outro Estado[96].

---

90. FRIGO, M. "Circulation des biens culturels, détermination de la loi applicable et méthodes de règlement des litiges" *in Recueil des Cours de l´Académie de Droit International de la Haye*, vol. 375, 2014, pp. 89-474, em especial p. 123-128.

91. No original: "The concept of mandatory rules is one of the key concepts under the Rome Convention, and is used in no fewer than six different provisions. Mandatory rules are substantive law rules, which are typically designed to protect groups of vulnerable persons, such as consumers or employees, or the national interest". FAWCETT, J.J. «Products liability in private international law: an european perspective» *in Recueil des Cours de l´Académie de Droit International de la Haye*, vol. 238, 1993, pp. 9-246, em especial p. 117.

92. No original: "Ces règles [impératives] l'emportent, en principe, sur la liberté contractuelle, celle-ci n'ayant guère d'autre but, en pareille situation, que celui de priver la partie "faible" au contrat d'une protection que l'Etat du "marché" entend assurer de façon homogène sur son territoire". BUCHER, Andreas. «L'ordre public et le but social des lois en droit international privé» *in Recueil des Cours de l´Académie de Droit International de la Haye*, vol. 239, 1993, pp. 9-116, em especial p. 96.

93. STRUYCKEN, Antoon Victor Marie. «La contribution de l'Académie au développement de la science et de la pratique du droit international privé; conférence prononcée à l'occasion du soixante-quinzième anniversaire de l' Académie» *in Recueil des Cours de l´Académie de Droit International de la Haye*, vol. 271, 1998, pp. 11-56, em especial p. 47.

94. HANOTIAU, Bernard. «L'arbitralité» *in Recueil des Cours de l´Académie de Droit International de la Haye*, vol. 296, 2002, pp. 25-253, em especial p. 214.

95. RADICATI DI BROZOLO, Luca G. «Arbitrage commercial international et lois de police: considérations sur les conflits de juridictions dans le commerce international» *in Recueil des Cours de l´Académie de Droit International de la Haye*, vol. 315, 2005, pp. 265-501, em especial p. 319.

96. No original: «Le principe de protection de la partie faible pourra également intervenir en matière de reconnaissance de décisions étrangères, pour rendre exclusive la compétence du tribunal le plus proche

Bucher vê como ideia central da definição da jurisdição internacional cível da União Europeia o uso da residência habitual do autor da ação em casos de relação de consumo, de relações trabalhistas e em contratos de seguro, como forma de proteção da parte fraca na determinação do foro, pois se assegura um "foro de proximidade" em tese mais apto a conhecer as peculiaridades da situação de vulnerabilidade dos demandantes[97]. Muir Watt adiciona a proximidade da jurisdição com o demandante como proteção da parte fraca, dos segurados, consumidores e trabalhadores, independentemente da garantia de aplicação da lei material mais protetiva[98].

No plano da jurisdição internacional, Glenn também vê como "estabelecida" a proteção da parte fraca, por meio da jurisdição protetora aos consumidores, empregados e segurados[99]. Kohler defende que os interesses da parte fraca servem como justificativa para a escolha de foro e de lei, de modo a preservar, por exemplo, no campo das obrigações alimentares, a criança ou o adulto em situação de vulnerabilidade socioeconômica[100].

Em síntese, da *ampla identificação de vulnerabilidades* feita pela doutrina acima exposta, depreende-se que a proteção da parte mais fraca serve para corrigir as desigualdades materiais, cumprindo o objetivo de justiça material do direito internacional privado.

A proteção dos vulneráveis é reconhecida por diversos autores como objetivo maior do DIPr em face de diversos fatos transnacionais de direito privado. Conclui-se que, genericamente, a vulnerabilidade é o parâmetro de orientação da interpretação da colisão de direitos, de modo a justificar, racionalmente, a prevalência de um e a compressão de outro.

Também é importante levar em consideração que a *multiplicação de vulnerabilidades*, como se viu acima, gera a dificuldade adicional de saber como solucionar o enfrentamento *entre* partes vulneráveis em um

---

de la partie à protéger, au moins s'il s'agit d'un tribunal de l'Etat de reconnaissance, et s'opposer ainsi à la reconnaissance de toute décision rendue par un autre tribunal». LAGARDE, Paul. «Le principe de proximité dans le droit international privé contemporain; cours général de droit international privé» *in Recueil des Cours de l´Académie de Droit International de la Haye*, vol. 196, 1986, pp. 9-238, em especial p. 174.

97. BUCHER, Andreas. «La competénce universelle civile» *in Recueil des Cours de l´Académie de Droit International de la Haye*, vol. 372, 2015, pp. 9-127, em especial p. 97.

98. WATT, Horatia Muir. «Aspects économiques du droit international privé: (réflexions sur l'impact de la globalisation économique sur les fondements des conflits de lois et de juridictions)» *in Recueil des Cours de l´Académie de Droit International de la Haye*, vol. 307, 2004, pp. 25-383, em especial p. 145.

99. GLENN, Hugh Patrick. «La conciliation des lois» *in Recueil des Cours de l´Académie de Droit International de la Haye*, vol. 364, 2012, pp. 187-470, em especial p. 414.

100. KOHLER, Christian. «Autonomie de la Volonte en Droit International Prive: un Principe universel entre liberalisme et etatisme» *in Recueil des Cours de l´Académie de Droit International de la Haye*, vol. 359, 2012, pp. 285-478, em especial p. 437 e 451.

fato transnacional, como se vê, por exemplo, na colisão entre o direito à diversidade cultural e a igualdade de gênero, em casos envolvendo direito de família no islamismo.

Porém, não basta a consolidação da vulnerabilidade como fio condutor genérico da análise da colisão de direitos. É necessário examinar a intensidade da proteção da parte vulnerável confrontada com a compressão ao direito da parte forte e as formas possíveis de interpretação das normas de direito internacional privado que protejam os vulneráveis, mostrando como ocorre a articulação entre os direitos e a construção da coerência do direito internacional privado da atualidade.

CAPÍTULO

5

O DIREITO INTERNACIONAL PRIVADO E A ARTICULAÇÃO COERENTE ENTRE OS DIREITOS

5.1. ASPECTOS GERAIS

A proteção dos vulneráveis é o parâmetro geral do intérprete na aplicação das normas de direito internacional privado. Conforme Lima Marques e Miragem, o fio condutor de proteção do vulnerável pode ser aplicado como orientação para adoção do direito aplicável com a finalidade de proteger a parte mais fraca nas relações entre particulares, concretizando os direitos humanos envolvidos e gerando justiça material no caso concreto[1].

Com esse fio condutor, é dado o passo adicional rumo à parametrização da interpretação da heterogeneidade dos objetivos do direito internacional privado. Contorna-se, assim, o *truísmo* de se vincular o DIPr à centralidade genérica dos direitos humanos, que não esclarece como será efetivamente promovida a dignidade e os direitos colidentes e antagônicos em um caso concreto.

Contudo, o fio condutor (proteção dos vulneráveis) e a identificação do caminho (o "diálogo das fontes") não bastam. É necessário que se investigue como se desenvolverá a caminhada do intérprete, ou seja, como deve ser realizada a interpretação, a intensidade e os limites da proteção dos vulneráveis, no âmbito do diálogo das fontes, em um determinado caso transnacional jusprivatista.

1. MARQUES, Claudia Lima; MIRAGEM, Bruno. *O novo direito privado e a proteção dos vulneráveis*. 2ª ed., São Paulo: RT, 2014, p. 101-102.

Evita-se, assim, que a caminhada seja *errática*, sem qualquer previsibilidade ou mesmo segurança que os direitos dos vulneráveis serão efetivamente protegidos ou que os demais direitos, em especial a autonomia de vontade privada e o direito difuso à diversidade cultural (direito à diferença), não serão excessivamente marginalizados.

O modo pelo qual a caminhada do intérprete será desenvolvida abarca o cipoal de (i) fontes, (ii) métodos e (iii) direitos dos envolvidos nos fatos transnacionais, no bojo (iv) do pluralismo de ordens jurídicas, que redundou no direito internacional privado da heterogeneidade agravada. De início, será demonstrada a possibilidade de se traduzir as relações jurídicas transnacionais em direitos dos indivíduos ou direitos difusos da coletividade. Em seguida, será utilizado o teste de proporcionalidade para determinado direito ser protegido e o outro comprimido. Após, analisar-se-á o método do reconhecimento e a possibilidade de seu uso para a proteção dos direitos humanos nos fatos transnacionais.

5.2. A ARTICULAÇÃO DOS DIREITOS E O TESTE DE PROPORCIONALIDADE NO DIREITO INTERNACIONAL PRIVADO

O instrumento para a realização da releitura do direito internacional privado à luz dos direitos humanos é o teste de proporcionalidade, pelo qual se verifica qual é a interpretação que melhor protege os vulneráveis em uma concreta relação jurídica transnacional.

O princípio da proporcionalidade consiste na determinação da idoneidade, necessidade e equilíbrio da intervenção estatal - mediante ato administrativo, legislativo ou judicial[2] - em determinado direito

---

2. ALEXY, Robert. *Teoria dos direitos fundamentais*. Trad. Virgílio Afonso da Silva. São Paulo: Malheiros, 2008, p. 588 e seguintes. CARVALHO RAMOS, André de. *Curso de Direitos Humanos*. São Paulo: Saraiva, 2018, p. 122. A literatura sobre o princípio da proporcionalidade é farta no Brasil. Ver, entre outros, SILVA, Virgílio Afonso da. "O proporcional e o razoável" *in Revista dos Tribunais*, n. 798, 2002, pp. 23-50. TAVARES, André Ramos. *Curso de direito constitucional*. 5ª ed., São Paulo: Saraiva, 2007, p. 462. MENDES, Gilmar Ferreira; COELHO, Inocêncio Mártires e BRANCO, Paulo Gustavo Gonet. *Hermenêutica constitucional e direitos fundamentais*. Brasília: Brasília Jurídica, 2000, p. 246 e seguintes. BRANCO, Paulo Gustavo Gonet. *Juízo de ponderação na jurisdição constitucional*. São Paulo: Saraiva, 2009. BARROS, Suzana de Toledo. *O princípio da proporcionalidade e o controle de constitucionalidade das Leis Restritivas de Direitos Fundamentais*. 2ª ed. Brasília: Brasília Jurídica, 2000. BARROSO, Luís Roberto. "Princípios da razoabilidade e proporcionalidade" *in* SOARES, José Ronald Cavalcante (coord.). *Direito constitucional*: estudos em homenagem a Paulo Bonavides. São Paulo: LTr, 2001, pp. 319-342. GUERRA FILHO, Willis Santiago. "Princípio da proporcionalidade e teoria do direito" *in* GRAU, Eros Roberto; GUERRA FILHO, Willis Santiago (orgs.). *Direito constitucional*: estudos em homenagem a Paulo Bonavides. São Paulo: Malheiros, 2003. ROTHENBURG, Walter Claudius. "O tempero da proporcionalidade no caldo dos direitos fundamentais" *in* OLIVEIRA NETO, Olavo de; LOPES, Maria Elizabeth de Castro (coords.). *Princípios processuais civis na Constituição*. Rio de Janeiro: Elsevier, 2008, pp. 283-319.

fundamental[3]. Nas relações privadas, a proporcionalidade é utilizada para determinar a adequação da intervenção do Estado no sentido delimitar determinado direito ou arbitrar a prevalência de um direito em detrimento de outro[4]. Para Canotilho, a dogmática das restrições a direitos fundamentais auxilia a compreensão da análise dos limites aos direitos no campo do direito privado[5].

No que tange à limitação da ação do Estado, a proporcionalidade veda o excesso de intervenção estatal, o que é útil no direito internacional privado em especial em face do uso abusivo da cláusula de ordem pública. Além disso, no que se refere à resolução da colisão de direitos, o princípio da proporcionalidade é essencial para garantir a coerência e a consistência na delimitação dos direitos dos envolvidos nos fatos transnacionais.

Além dessa função de limitação da ação do Estado e de resolução da colisão de direitos, a proporcionalidade é instrumento de legitimação racional da otimização de um direito em detrimento de outro: sem o uso da proporcionalidade, o direito internacional privado com foco na gestão da diversidade normativa e jurisdicional pela promoção dos vulneráveis não teria como estabelecer, com parâmetros seguros, qual direito deve preponderar em determinado fato transnacional[6].

Cabe mencionar o alerta de Muir Watt, para quem o estudo da proporcionalidade no direito internacional privado contrasta com a "celebração da proporcionalidade" no direito público. Para a autora, ainda há desconfiança na importação de uma técnica oriunda da relação vertical entre o poder público e o indivíduo para uma temática (direito privado)

3. Conforme Elival da Silva Ramos, para quem "(...) No denominado teste de proporcionalidade, os três elementos que emergem do apelo à congruência de meios e fins constituem etaps de um procedimento único". RAMOS, Elival da Silva. "A exigência da proporcionalidade no controle abstrato de normas brasileiro" *in* LEITE, George Salomão; SARLET, Ingo W.; CARBONELL, Miguel. *Direitos, deveres e garantias fundamentais.* Salvador: Juspodivm, 2011, pp. 347-373, em especial p. 362.

4. Nesse sentido, Guerra Filho traz exemplos do uso do princípio da proporcionalidade nas relações privadas, como as referentes à responsabilidade civil, vícios do ato jurídico, teoria da imprevisão, entre outros. GUERRA FILHO, Willis Santiago. "O princípio da proporcionalidade em Direito constitucional e em Direito privado no Brasil" *in* ALVIM, Arruda; CÉSAR, Joaquim Portes de Cerqueira; ROSAS, Roberto (coords.). *Aspectos controvertidos do novo código civil.* Escritos em homenagem ao Ministro José Carlos Moreira Alves. São Paulo: RT, 2003, pp. 583-595, em especial p. 594-596.

5. CANOTILHO, José Joaquim Gomes. "Dogmática de direitos fundamentais e direito privado" *in* CANOTILHO, José Joaquim Gomes. *Estudos sobre direitos fundamentais.* 2ª ed. portuguesa/ 1ª ed. brasileira. Coimbra/ São Paulo: Coimbra Editora/RT, 2008, pp. 191-215, em especial p. 214-215.

6. Sobre o papel de legitimação do direito realizado pelo princípio da proporcionalidade, ver TORRES, Ricardo Lobo. "A legitimação dos direitos humanos e os princípios da ponderação e da razoabilidade" *in* TORRES, Ricardo Lobo (org). *A Legitimação dos Direitos Humanos.* Rio de Janeiro: Renovar, 2002, pp. 397-449, em especial p. 432.

caracterizada pela horizontalidade e intersubjetividade dos conflitos a serem solucionados[7].

Contudo, consagrada a eficácia horizontal dos direitos humanos nas relações entre particulares, a proporcionalidade serve como ferramenta metodológica adequada para uma disciplina que, na sua essência, trata também de escolhas: do direito aplicável, da jurisdição e das formas de cooperação jurídica internacional. Nesse sentido, o princípio da proporcionalidade ganhou espaço no direito constitucional e no direito internacional dos direitos humanos justamente por permitir, de modo racional, escolhas entre direitos de igual quilate.

Como salienta Mendes, o princípio da proporcionalidade é instrumento para o "processo de ponderação" desenvolvido para solucionar o conflito de direitos individuais, no qual não se deve atribuir primazia absoluta a um ou a outro direito[8]. Por exemplo, não é possível utilizar um princípio genérico de favorecimento ao indivíduo (*pro persona)* nas relações intersubjetivas transnacionais típicas do direito internacional privado, nas quais há direitos – *de titularidades distintas* – em colisão.

Com a erupção de direitos no DIPr da heterogeneidade agravada, o teste de proporcionalidade (a aplicação do princípio da proporcionalidade[9]) passou a ser um instrumento que fornece uma interpretação não apenas racional, mas também universal, se adotada em foros internacionais ou, ao menos, embasada em precedentes internacionais.

O chamado "conflito ou concurso" de ordenamentos pode ser reenquadrado como colisão de direitos ou de interpretações divergentes do mesmo direito. Esse *reenquadramento* é necessário, pois no direito internacional privado heterogêneo da *era do mosaico*, a colisão de direitos existe, mas sua resolução é opaca e fragmentada no uso de vários institutos.

Para exemplificar as *insuficiências* da visão unidimensional de direitos constante dos institutos usualmente utilizados na era do mosaico, cite-se o caso

---

7. WATT, Horatia Muir. «La reconnnaissance entre philosophie politique et droit international privé: un rendez-vous manqué? *in* LAGARDE, Paul (org.). *La reconnaissance des situations en droit international privé*. Paris: Pedone, 2013, pp. 85-95, em especial p. 91-92.

8. MENDES, Gilmar Ferreira. "Colisão de direitos fundamentais: liberdade de expressão e de comunicação e direito à honra e à imagem" *in Revista de Informação Legislativa,* ano 31, nº 122, 1994, pp. 297-301, em especial p. 301. Ver também MENDES, Gilmar Ferreira. *Direitos Fundamentais e controle de constitucionalidade – estudos de direito constitucional.* São Paulo: Celso Bastos Editor/Instituto Brasileiro de Direito Constitucional, 1998, em especial p. 67-83 ("A proporcionalidade na jurisprudência do Supremo Tribunal Federal").

9. Utiliza-se aqui o termo "teste de proporcionalidade" para enfatizar a importância do seu resultado no direito internacional privado. Ver em SAUTER, Wolf. "Proportionality in EU Law: A Balancing Act?" *in TILEC Discussion Paper,* n.3, 2013. Disponível em: https://ssrn.com/abstract=2208467. Acesso em: 30/05/2024.

corriqueiro de publicação de fotos não autorizadas de uma celebridade, em uma revista do Estado X cujas leis protegem com maior desenvoltura a liberdade de informação que as leis do Estado de residência habitual da celebridade (Estado Y), as quais privilegiam a privacidade. Considerando que o periódico em questão é vendido também no Estado Y, foi proposta nesse último Estado ação de reparação de danos e determinado o pagamento de vultosa indenização pela violação aos direitos de imagem da celebridade, pelo uso do *favor laesi*. Contudo, a homologação da sentença estrangeira de Y no Estado X pode ser obstaculizada por alegação de violação da *ordem pública*, por ofensa à liberdade de informação trazida pela aplicação da lei do local do dano. Evidencia-se, assim, o confronto dos institutos de valoração de direitos da era do mosaico: de um lado, o *favor laesi*; de outro, a ordem pública informada pelos direitos humanos. A colisão de direitos permanece sem solução.

Com o teste de proporcionalidade, aquilo que seria fragmentado (uso inicial do princípio do favorecimento e subsequente uso da ordem pública em sentido oposto!) e opaco (ofensa a "valores essenciais" do foro) passa a ter (i) uma argumentação racional de colisão de direitos, (ii) com a possibilidade de utilização de referências cruzadas de órgãos que já se pronunciaram sobre o choque entre a liberdade de informação e o direito à privacidade[10].

A realização do teste de proporcionalidade possui variações. No Brasil, aplica-se o princípio da proporcionalidade decompondo-o em três elementos: a adequação, a necessidade e a proporcionalidade em sentido estrito (também chamada de ponderação ou equilíbrio).

O elemento "adequação" analisa a se compressão de determinado direito resulta, em abstrato, na realização de um objetivo legítimo, em exame da aptidão do meio escolhido para realizar o objetivo da norma (que pode ser, inclusive, a proteção do vulnerável na relação transnacional).

O elemento "necessidade" verifica se a intervenção em determinado direito é indispensável, devendo ser mínima para não vulnerar, sem necessidade, um outro direito.

Finalmente, a proporcionalidade em sentido estrito consiste no balanceamento entre a restrição a um direito e a vantagem a ser obtida pelo titular do outro direito em colisão[11].

10. Exemplo adaptado de Muir Watt. WATT, Horatia Muir. "Future directions" *in* WATT, Horatia Muir; FERNÁNDEZ ARROYO, Diego P. (edits). *Private international law and global governance*. Oxford: Oxford University Press, 2014, pp. 343-382, em especial p. 380.

11. SILVA, Virgílio Afonso da. *Direitos fundamentais – conteúdo essencial, restrições e eficácia*. São Paulo: Malheiros, 2009, pp. 167-182 (o autor utiliza o termo "regra da proporcionalidade"). Ver também SARMENTO, Daniel. *A ponderação de Interesses na Constituição*. Rio de Janeiro: Lumen Juris, 2000.

No plano da proteção regional europeia de direitos humanos, a proporcionalidade foi generalizada a partir de cláusulas previstas em artigos da Convenção Europeia de Direitos Humanos[12], segundo as quais as restrições a direitos devem estar previstas em lei, sendo estritamente necessárias para o atingimento de uma finalidade legítima em uma sociedade democrática. Assim, a proporcionalidade utilizada na colisão de direitos em uma relação transnacional examina se a compressão de um direito (i) foi prevista em lei; (ii) almeja finalidade legítima; e (iii) é indispensável para a vida dos indivíduos em uma sociedade democrática.

Na mesma linha, a Corte Interamericana de Direitos Humanos analisa, na colisão de direitos, os seguintes parâmetros na decisão sobre a proporcionalidade de determinada restrição: (i) a previsão legal da restrição; (ii) a existência de uma finalidade legítima, de acordo com os direitos previstos na Convenção e a idoneidade da restrição para atingir a finalidade; (iii) a necessidade da restrição; e (iv) a ponderação entre a restrição a um direito e o benefício (satisfação) a ser alcançado em face do titular de outro direito[13].

No Tribunal de Justiça da União Europeia, cabe o uso da proporcionalidade, com base nos artigos 5.1 e 5. 4 do Tratado da União Europeia[14], para o controle dos atos dos órgãos da União e dos atos dos estados-membros na limitação dos direitos e liberdades no mercado comum. Para Heymann, analisa-se, em geral, (i) a adequação das medidas e sua finalidade legítima; (ii) a utilização da medida menos gravosa; e (iii) o impacto excessivo ou desproporcional da medida sobre os direitos do interessado[15].

Em que pesem as variações entre os elementos do critério da proporcionalidade, o uso do teste de proporcionalidade (e da ponderação de direitos) permite que se forneça (i) *coerência instrumental e* (ii) *material* no bojo do direito internacional privado da heterogeneidade agravada.

---

12. Ver, na Convenção Europeia de direitos humanos, os artigos 8º (vida familiar e privacidade), 10 (liberdade de expressão) e 11 (liberdade de associação).

13. Por todos, cite-se Corte Interamericana de Direitos Humanos, caso *Kimel v. Argentina*, julgamento de 2 de maio de 2008, Serie C, N° 177, em especial §§ 56, 58 e 84.

14. Art. 5.1: "A delimitação das competências da União rege-se pelo princípio da atribuição. O exercício das competências da União rege-se pelos princípios da subsidiariedade e da proporcionalidade". Art. 5.4 "Em virtude do princípio da proporcionalidade, o conteúdo e a forma da ação da União não devem exceder o necessário para alcançar os objetivos dos Tratados. As instituições da União aplicam o princípio da proporcionalidade em conformidade com o Protocolo relativo à aplicação dos princípios da subsidiariedade e da proporcionalidade".

15. HEYMANN, Jeremy. "Importing proportionality to the conflict of laws" *in* WATT, Horatia Muir; FERNÁNDEZ ARROYO, Diego P. (edits). *Private international law and global governance*. Oxford: Oxford University Press, 2014, pp. 277-289, em especial p. 278.Ver também SAUTER, Wolf. "Proportionality in EU Law: A Balancing Act?" *in TILECDiscussion Paper* nº 2013, pp. 1-31, em especial p. 9. Disponível em: https://ssrn.com/abstract=2208467 or http://dx.doi.org/10.2139/ssrn.2208467. Acesso em: 30/05/2024.

A *coerência instrumental* decorre do teste de proporcionalidade como vetor da conformação dos métodos do direito internacional privado como um todo. O método indireto tradicional é palco da incidência dos direitos humanos, desde a fixação das regras de conexão até a análise do direito aplicável e o teste de proporcionalidade possibilita a análise racional de uma determinada regra de conexão à luz dos direitos humanos. Por exemplo, a regra de conexão que estabelece a lei do domicílio do marido para reger as relações familiares não consegue superar o crivo da proporcionalidade, pois comprime o direito à igualdade sem que seja adequado, necessário ou gere benefício, aumentando, ao contrário, a discriminação de gênero.

O método indireto flexível (aberto ou fechado) também pode ser escrutinado pelo teste de proporcionalidade, para se obter, por exemplo, a desconsideração do *favor negotii* (que preserva a liberdade e autonomia contratual), caso venha a comprimir em excesso os direitos de uma parte fraca (por exemplo, incapazes). A linha norte-americana de análise dos interesses governamentais e de respeito ao *better law approach* também pode ser traduzida em termos de proteção dos direitos envolvidos, com a vantagem de se parametrizar (pelo teste de proporcionalidade) o conteúdo dos princípios de preferência (como visto em Cavers) da consecução do interesse a ser protegido ou a melhor solução (*better law)* para o caso. Já a identificação da lei com vínculo mais próximo (*the most significant relationship*) ganha solidez pelo teste de proporcionalidade, uma vez que a proximidade implica em ponderar o direito à segurança jurídica (pela expectativa de invocação da lei mais próxima) com eventuais confrontos com outros direitos envolvidos no fato transnacional. O próprio conteúdo da norma indicada diretamente (método direto) também é passível de escrutínio pelo teste de proporcionalidade, para verificar de que modo há a prevalência de um direito e a compressão de outro.

Em relação à *coerência material*, o teste de proporcionalidade unifica a análise do conteúdo do direito aplicável determinado pelos diversos métodos da disciplina e também pelos diplomas normativos internacionais externos ao direito internacional privado, podendo ainda ser utilizado na definição da jurisdição, para examinar se a fixação ou exclusão do foro é ofensiva ao acesso à justiça ou ao devido processo legal.

Mesmo a cláusula de ordem pública de direito internacional privado pode ser conformada à luz dos direitos humanos com o uso do teste de proporcionalidade. Nessa linha, Muir Watt conclui que o teste de proporcionalidade atua nos mesmos termos da exceção da ordem pública e largamente a *absorve*. Adiciona a autora que a cláusula de ordem pública deve espelhar a ponderação de direitos à qual os Estados europeus estão vinculados de acordo com a Convenção Europeia de direitos humanos[16]. O teste de proporcionalidade, ao invés de excluir aplicação de direito estrangeiro por violar os "valores essenciais do foro" ou violar genericamente "direitos humanos" e a "dignidade humana", permite que a colisão de direitos que a relação jurídica transnacional encerra seja apreciada de modo racional, até para se afastar o direito estrangeiro com argumentação jurídica coerente e consistente.

Para se analisar a busca da coerência instrumental e material do direito internacional privado da heterogeneidade agravada, optou-se por analisar o método do reconhecimento, na medida em que se configura como método direto baseado em direitos, permitindo a análise da divergência de interpretações sobre um direito e o exame da colisão entre o direito a ser reconhecido e outros direitos em conflito no Estado do foro.

5.3. A CONSTRUÇÃO DA COERÊNCIA NO MÉTODO DO RECONHECIMENTO À LUZ DOS DIREITOS HUMANOS

O método do reconhecimento das situações jurídicas é retomado como objeto de análise da possibilidade de *uso pleno do teste de proporcionalidade* como forma de obtenção da coerência da disciplina sem desprezar a diversidade que caracteriza o atual direito internacional privado[17].

Esse método é uma porta de entrada dos direitos humanos no DIPr justamente porque é um método baseado em direitos, que, com o teste de proporcionalidade, permite responder qual direito deve prevalecer e qual deve ser afastado[18]. Nesse sentido, Baratta enfatiza que o método do reconhecimento ganha autonomia nas últimas décadas, fundando-se, essencialmente, no respeito aos direitos fundamentais dos indivíduos envolvidos no fato transnacional[19].

---

16. No original: "The public policy exception itself would have to mirror the balance of fundamental rights to which the European states are ultimately held under ECHR". WATT, Horatia Muir. "Future directions" *in* WATT, Horatia Muir; FERNÁNDEZ ARROYO, Diego P. (edits). *Private international law and global governance.* Oxford: Oxford University Press, 2014, pp. 343-382, em especial p. 381, nota de rodapé 187.

17. Sobre a influência da doutrina dos "direitos adquiridos" e dos "vested rights" na formação do método do reconhecimento, ver LAGARDE, Paul. "La méthode de la reconnaissance Est-elle l'avenir du droit international privé?" *in Recueil des Cours de l'Académie de Droit International de la Haye*, vol. 371, 2015, pp. 19-42, em especial p. 22 e seguintes. WATT, Horatia Muir. «Quelques remarques sur la théorie anglo-américaine des droits acquis» *in Revue critique de droit international privé*, n. 75, 1986, pp. 425-455. No Brasil, ver BOUCAULT, Carlos Eduardo de Abreu. *Direitos Adquiridos no Direito Internacional Privado.* Porto Alegre: Sergio Fabris Ed., 1996.

18. WATT, Horatia Muir. "Fundamental rights and recognition in private international law" *in European Journal of Human Rights*, n.3, 2013, pp. 411-435, em especial p. 433.

19. No original: «La *ratio legis*, la raison d'être de cette 'méthode', est ainsi le *respect de ce droit fondamental des personnes concernées*». Grifo do original mantido. BARATTA, Roberto. «La reconnaissance internationale

Há *três* fundamentos que apoiam o uso do método do reconhecimento aperfeiçoado pela gramática de direitos humanos.

O primeiro fundamento é a preservação da razão de ser do direito internacional privado tradicional, ou seja, a segurança jurídica aos envolvidos nos fatos transnacionais concretizada pela estabilidade nas relações jurídicas consolidadas no exterior, preservando as expectativas legítimas das partes em uma era de intensa mobilidade gerada pela globalização.

O segundo fundamento é fruto da proteção de direitos humanos que assegura aos indivíduos envolvidos nos fatos transnacionais poderoso instrumento de contestação dos resultados adversos gerados pelo método indireto (unilateral ou bilateral). Conforme o que já foi discutido sobre o impacto do pluralismo jurídico no direito internacional privado, salienta Muir Watt que o reconhecimento no direito internacional privado está inquestionavelmente vinculado à disciplina de proteção de direitos humanos[20]. Também Gannagé sustenta que o método do reconhecimento funda-se cada vez mais nos "direitos individuais da pessoa"[21]. Kinsch aponta precedentes da Corte Europeia de Direitos Humanos a favor do reconhecimento de situações jurídicas consolidadas condenando estados que aplicaram mecanicamente as suas regras de conexão, violando direitos dos envolvidos[22].

O terceiro fundamento relaciona-se aos deveres de não discriminação e de estímulo a livre circulação de pessoas no bojo da União Europeia (cuja experiência pode servir de exemplo para outros processos de integração), que exigiram o reconhecimento de situações consolidadas em um Estado do bloco nos demais integrantes[23].

Consequentemente, no plano normativo, destacam-se *três* fontes que influenciam o fortalecimento do método do reconhecimento como

des situations juridiques personnelles et familiales» *in Recueil des Cours de l´Académie de Droit International de la Haye*, vol. 348, 2010, pp. 253-499, em especial p. 390.

20. No original: "(...) changes simultaneously taking place in name of recognition are now also unquestionably linked to the discipline of fundamental rights". WATT, Horatia Muir. "Future directions" *in* WATT, Horatia Muir; FERNÁNDEZ ARROYO, Diego P. (edits). *Private international law and global governance*. Oxford: Oxford University Press, 2014, pp. 343-382, em especial p. 369.
21. GANNAGÉ, Léna. «Les méthodes du droit international privé à l'épreuve des conflits de cultures» *in Recueil des Cours de l´Académie de Droit International de la Haye*, vol. 357, 2011, pp. 223-490, em especial p. 435.
22. KINSCH, Patrick. «L'apport de la jurisprudence de la Cour Européenne des Droits de l'Homme», *in* LAGARDE, Paul (org.). *La reconnaissance des situations en droit international privé*. Paris: Pedone, 2013, pp. 43-55, em especial p. 43-45. Ver abaixo, nesta obra, o impacto da incidência dos direitos humanos e dos direitos fundamentais no direito internacional privado.
23. LAGARDE, Paul. «La méthode de la reconnaissance est-elle l'avenir du droit international privé? Conférence inaugurale, session de droit international privé» *in Recueil des Cours de l´Académie International de la Haye*, vol. 371, 2015, pp. 19-42, em especial p. 28.

articulação de direitos: (i) as normas internacionais de direitos humanos, (ii) as normas do processo de integração europeu e, finalmente, (iii) as normas de direito internacional privado que aceitam esse método[24].

As normas internacionais de direitos humanos exigem que os direitos dos envolvidos nos fatos transnacionais *não* sejam desrespeitados por eventual aplicação das regras de conflito do método multilateral. As normas do processo de integração europeu pugnam pela liberdade de circulação dos fatores de produção combinada com a outorga de direitos por normas da própria União Europeia, que pode ser ofendida por restrições a direitos geradas pelo método multilateral[25]. Por fim, as normas de direito internacional privado permitem que o método do reconhecimento seja absorvido como método admitido pela disciplina[26], sendo utilizado para superar divergências antigas oriundas da ausência de uniformização do método conflitual.

Nesse sentido, sustenta Baratta que o método do reconhecimento vinculado aos direitos humanos realiza uma melhor gestão da diversidade das ordens jurídicas que o método indireto tradicional, pois, por exemplo, supera a "interminável discussão" sobre a escolha do melhor elemento de conexão para reger o estatuto pessoal (por exemplo, a lei da nacionalidade ou lei do domicílio)[27]. Lagarde vê o método do reconhecimento como o "futuro" do direito internacional privado pela *falta de perspectiva* da adoção genérica de regras de conexão de base convencional pelos Estados[28].

A articulação por meio do método do reconhecimento à luz dos direitos humanos internacionalmente protegidos possui precedentes na Corte Europeia de Direitos Humanos, a exemplo dos casos envolvendo direitos de personalidade e direito à vida familiar, em clara intersecção entre o direito

---

24. LAGARDE, Paul. «Introduction au théme de la reconnaissance des situations: rappel des points les plus discutés» *in* LAGARDE, Paul (org.). *La reconnaissance des situations en droit international privé*. Paris: Pedone, 2013, pp. 19-25, em especial p. 19.

25. GANNAGÉ, Léna. «Les méthodes du droit international privé à l'épreuve des conflits de cultures» *in Recueil des Cours de l´Académie de Droit International de la Haye*, vol. 357, 2011, pp. 223-490, em especial p. 435-436.

26. Para Lagarde, o mais célebre texto convencional que trata do método do reconhecimento é a Convenção da Haia sobre o reconhecimento da validade dos casamentos de 1978. LAGARDE, Paul. "La méthode de la reconnaissance – Est-elle l'avenir du droit international privé?" *in Recueil des Cours de l´Académie de Droit International de la Haye*, vol. 371, 2015, pp. 19-42, em especial p. 26.

27. No original: «(...) dépasse l''interminable discussion' sur la préférence pour le rattachement de la nationalité ou bien pour le domicile». BARATTA, Roberto. «La reconnaissance internationale des situations juridiques personnelles et familiales» *in Recueil des Cours de l´Académie de Droit International de la Haye*, vol. 348, 2010, pp. 253-499, em especial p. 495.

28. LAGARDE, Paul. "La méthode de la reconnaissance – Est-elle l'avenir du droit international privé?" *in Recueil des Cours de l´Académie de Droit International de la Haye*, vol. 371, 2015, pp. 19-42, em especial p. 42.

internacional privado (que lida com as situações jurídicas transnacionais de direito privado) e a proteção de direitos humanos(que promove os direitos dos indivíduos, quer envolvidos em fatos internos ou transnacionais).

O direito ao reconhecimento sob a ótica do direito internacional privado foi analisado no caso *Burghartz* sobrenacionais *suíços*, casados na Alemanha, que escolheram, de acordo com a lei alemã, o sobrenome da mulher como sobrenome da família, o que era vedado pela lei suíça (lei da nacionalidade, aplicável ao caso, de acordo com o DIPr suíço), que somente assegurava que as esposas adicionassem o sobrenome do marido. A Corte EDH considerou a conduta suíça desproporcional e ofensiva ao direito à vida privada e ao direito a não ser discriminado[29], já que o uso da regra de conexão da lei do lugar da nacionalidade fez incidir uma lei material considerada desproporcional (sucumbiu ao teste de proporcionalidade), fazendo nascer o reconhecimento do direito estabelecido pela lei alemã.

Outro exemplo sobre o tema, em ótica ligeiramente diferente, é o caso *Mentzen alias Mencena*, que versou sobre mulher nacional da Letônia, casada com nacional alemão, que adotou o nome de família do marido, requerendo que o nome de família (Mentzen) fosse mantido na grafia latina no seu passaporte letão, não utilizando a transcrição fonética de sobrenomes estrangeiros (Mencena) de acordo com a *lex fori*, com a alegação de que a diferença poderia gerar dúvida ou constrangimentos. A Corte Europeia, embora reconhecendo eventual ofensa ao direito à identidade pessoal, considerou que a Letônia havia possibilitado a introdução da forma escrita original do sobrenome após a primeira página do passaporte, não existindo dano suficientemente sério à requerente e tampouco violação ao direito ao nome[30].

No caso *Wagner e J.M.W.L*, a Corte EDH analisou violação do direito à vida familiar em caso de adoção, realizada por nacional solteira de Luxemburgo, de criança de nacionalidade peruana, feita de acordo com a lei peruana, não aceita pela lei material do Estado europeu indicado pela regra de conexão (nacionalidade do adotante) como aplicável ao caso, que apenas admitia a adoção por casais. Reconhecendo que a adoção gerou situação familiar *de facto* entre mãe e filha que deveria ter sido respeitada pelas autoridades de Luxemburgo, o Estado foi condenado[31]. A Corte

29. Corte Europeia de Direitos Humanos, caso *Burghartz v. Suíça*, julgamento de 22 de fevereiro de 1994.
30. Corte Europeia de Direitos Humanos, caso *Mentzen alias Mencena v. Letônia*, julgamento de 7 de dezembro de 2004.
31. Corte Europeia de Direitos Humanos, caso *Wagner e J.M.W.L. v. Luxemburgo*, julgamento de 28 de junho de 2007.

EDH afastou a lei material apontada pela regra de conexão, pois o crivo da proibição da adoção plena por mulher solteira *sequer* passa pelo subprincípio da adequação, não servindo, nem em abstrato, para assegurar o melhor desenvolvimento da criança.

A Corte EDH ressaltou sua jurisprudência tradicional de não regular conflitos privados, mas promover a observância, pelo Estado, dos direitos previstos na Convenção Europeia de direitos humanos nocaso *Negrepontis--Giannisis*. O caso versou sobre a negativa de validade, por suposta violação da ordem pública grega, de adoção realizada no exterior, pelo fato de o adotante ser membro do clero da Igreja Católica Ortodoxa Grega, com base em regulamentos religiosos dos sécs. VII e IX que vedavam aos clérigos atos da vida civil (como a adoção), o que, posteriormente, privou o adotado de herdar bens que lhe caberiam como filho. A Corte EDH entendeu pela violação dos direitos: à vida familiar, pela recusa ao reconhecimento da adoção realizada no exterior; à proibição de discriminação, em face da diferença de tratamento entre a adoção feita por um clérigo e o tratamento a um filho natural de um clérigo ou a um filho na constância de um casamento regular no estrangeiro, situações em a Grécia não negava o estatuto de filiação; e de propriedade, pelo afastamento do filho adotivo da linha sucessória[32]. Bastou à Corte recordar a diferença de tratamento entre o filho adotado e o filho natural, para ser evidente que a vedação da adoção por clérigo não representava, nem em abstrato, a preservação de qualquer finalidade legítima em um Estado democrático.

Também deve ser destacada a posição da Corte EDH no que tange ao reconhecimento do estado de filiação de crianças nascidas por maternidade por substituição[33]. No caso *Mennesson*, ficou evidente a divergência de legislações

32. Corte Europeia de Direitos Humanos, caso *Negrepontis-Giannisis v. Grécia,* julgamento em 03 de maio de 2011.

33. Não há norma geral de direito internacional privado regulando as dúvidas referentes à reprodução humana assistida transfronteiriça, que consiste na gestação que envolve pessoas de diferentes nacionalidades ou residências habituais, com destaque aos que têm intenção de serem pais e que têm que se deslocar a outro estado (distinto do de sua nacionalidade ou residência habitual) para realizar o seu projeto parental. Há quem detecte a existência de um "turismo reprodutivo", feito com o propósito de contornar regras locais restritivas e de encontrar estados com legislação permissiva. Sobre aspectos gerais da maternidade por substituição, ver ARAUJO, Nadia de; VARGAS, Daniela; MARTEL, Letícia de Campos Velho. "Gestação de Substituição: regramento no direito brasileiro e seus aspectos de Direito Internacional Privado" *in* PEREIRA, Rodrigo da Cunha(org.). *Família entre o Público e o Privado.* Porto Alegre: Lex Magister/IBDFAM, 2012, pp. 211-224. TRIMMINGS, Katarina; BEAUMONT, Paul "International surrogacy arrangements: an urgent need for legal regulation at the international level" *in Journal of Private International Law,* vol. 7, nº 3, 2011, pp. 627-647. MERCEDES ALBORNOZ, María e GONZÁLEZ MARTÍN, Nuria. "Aspectos transfronterizos de la gestación por sustitución" *in Anuario Mexicano de Derecho Internacional*, vol. XVI, 2016. Disponível em: https://revistas.juridicas.unam.mx/index.php/derecho-internacional/article/view/524/784. Acesso

sobre a temática, que levam nacionais de estados com legislações restritivas a realizarem seu projeto parental com auxílio da gestação por substituição em outro Estado de legislação benevolente[34]. No caso, a Corte EDH *condenou* a França pela recusa ao reconhecimento de filiação de crianças nascidas por maternidade por substituição nos Estados Unidos[35]. Protegeu-se o direito à vida privada e familiar dos pais de intenção e das crianças, não podendo esse tipo de projeto parental ser considerado uma ofensa à ordem pública.

O Tribunal Pleno da Corte EDH adotou outra posição no caso *Paradiso e Campanelli*[36] sobre gestação de substituição acordada na Rússia, mediante paga (49 mil euros), quando este tipo de projeto parental era proibido na Itália, local de residência dos pais de intenção. Ao retornarem para a Itália com o bebê – com o qual, apesar da intenção original de usar o material biológico do pai italiano, não possuíam vínculo genético por uma falha na clínica russa – viram a criança ser encaminhada à adoção. A Corte EDH, por maioria[37], recusou-se a reconhecer a *família de fato*, sustentando que o direito à vida privada dos recorrentes deveria ceder em face do interesse público de se evitar comércio de seres humanos[38]e de respeitar as regras nacionais de adoção. No teste de proporcionalidade, entendeu a Corte que a Itália protegeu o direito das mulheres e das crianças, evitando o "turismo reprodutivo", o que pode gerar superexploração das gestantes de substituição[39].

---

em: 30/05/2024. Ver ainda DIAS, Cristina M. Araújo. "A Jurisprudência do Tribunal Europeu dos Direitos do Homem e as novas formas de família" *in Revista Jurídica da Universidade Portucalense Infante D. Henrique*, n.15, 2012, pp. 35-48.

34. Em linhas gerais, o litígio ocorre após a gestação, pois mesmo com toda a documentação juridicamente válida expedida pelo estado estrangeiro, reconhecendo o estado de filiação entre o bebê e os pais de intenção (sem nenhum vínculo com a genitora de substituição), o estado de origem dos pais de intenção poderia recusar-se a reconhecer o vínculo de filiação por ofensa à ordem pública do foro. Em estudo feito pela Corte Europeia de Direitos Humanos em 2014, constatou-se que, entre 35 estados europeus, somente em treze era possível obter o reconhecimento do vínculo de filiação entre os pais de intenção e uma criança nascida com auxílio de gestação de substituição em estado estrangeiro cuja legislação permita esse tipo de acordo. Corte Europeia de Direitos Humanos, caso *Mennesson v. França,* julgamento de 26 de junho de 2014, parágrafo 79. No Brasil, a gestação por substituição é regulada pela Resolução nº 2.013, de 2013, do Conselho Federal de Medicina (CFM), que a proíbe quando realizada com finalidades comerciais, sendo somente aceita (com condicionantes) na forma altruística e sem fins lucrativos. As regras do CFM não proíbem a gestação por substituição por estrangeiros, mas as condicionantes (em especial o vínculo de parentesco entre a gestante e os pais) desestimulam o "turismo reprodutivo".

35. Corte Europeia de Direitos Humanos, caso *Mennesson v. França,* julgamento de 26 de junho de 2014.

36. Corte Europeia de Direitos Humanos, caso *Paradiso e Campanelli* v. Itália, julgamento de 24 de janeiro de 2017.

37. Juízes Lazarova Trajkovska, Bianku, Laffranque, Lemmens e Grozev, nos votos vencidos, consideraram que existia direito à vida familiar a ser protegido (família *de facto,* mesmo na ausência de vínculo biológico), apontando que o estado italiano havia sido desproporcional na sua reação de destinar a criança para adoção.

38. Houve sugestão de "compra de criança" no voto conjunto dos juízes De Gaetano, Pinto de Albuquerque, Wojtyczek e Dedov, em virtude do valor pago.

39. Para Beuamont e Trimmings, a maternidade por substituição comercial, que exige pagamentos bem superiores aos custos normalmente existentes nesses casos, resulta em risco de exploração da gestante por

Os precedentes da Corte EDH mostram a intenção em realizar o teste de proporcionalidade no conflito de direitos, zelando pela consistência e coerência na incidência dos direitos humanos nas situações transnacionais.

No âmbito da integração econômica, o Tribunal de Justiça da União Europeia realizou ponderação sobre as diferentes interpretações sobre o direito ao nome.

O caso *Grunkin-Paul*[40] versou sobre o não reconhecimento, pela Alemanha, de nome dado a menor alemão em registro dinamarquês, país de seu nascimento e residência, uma vez que a lei de regência do nome na Alemanha (lei da nacionalidade), vedava a aposição de sobrenome do pai (Grunkin) e da mãe (Paul), sob a alegação de defesa dos valores públicos da unidade do nome entre os irmãos e da homogeneidade do uso do nome aos nacionais. O TJUE entendeu que a existência de um nome claudicante (a criança teria um nome na Alemanha e outro na Dinamarca) geraria instabilidade e restrição à liberdade de circulação de pessoas, de modo a eventual diferença do nome de família (causado pela junção do nome do pai e da mãe) era custo pequeno em comparação ao benefício de não se ter um nome de família que embaraçasse as liberdades comunitárias.

Similarmente, no caso *Garcia Avello*, os pais de criança de nacionalidade belga-espanhola, residente na Bélgica, pleitearam a utilização da lei espanhola para reger a formação do nome de família, pois, diferentemente do direito privado da Bélgica indicado pelo método indireto, que autorizava apenas o apelido patronímico de seu pai, o nome dos filhos, pela lei espanhola, é composto pelo apelido do pai seguido do da mãe. O TJUE considerou que o vínculo da família com a Espanha justificava a aplicação da lei espanhola, preservando – sem entrar em maiores detalhes – o direito à vida familiar[41].

Os precedentes da Corte Europeia de Direitos Humanos e do Tribunal de Justiça da União Europeia exemplificam o duplo uso do método do reconhecimento a partir da incidência de direitos humanos: o reconhecimento de situações consolidadas e o reconhecimento de situação prospectiva,

---

substituição e "mercantilização das crianças" (*commodification of children*). Sobre o caso, ver BEAUMONT, Paul; TRIMMINGS, Katarina. "The European Court of Human Rights in *Paradiso and Campanelli v. Italy* and the way forward for regulating cross-border surrogacy", pp. 1-21, em especial p. 6 e p. 16. Disponível em: https://www.abdn.ac.uk/law/documents/CPIL%20Working%20Paper%20No%202017_3.pdf. Acesso em: 30/05/2024.

40. Tribunal de Justiça das Comunidades Europeias, caso *Grunkin-Paul* v. Alemanha (caso C-353/06), julgamento de 14 de outubro de 2008.

41. Tribunal de Justiça das Comunidades Europeias, caso *Garcia Avello* v. Bélgica (caso C-148/02), julgamento de 2 de outubro de 2003.

ou seja, da situação que poderia ocorrer caso houvesse a aplicação da lei estrangeira[42].

O método do reconhecimento revela, então, demandas de respeito aos direitos humanos no direito internacional privado, possibilitando o *uso da interpretação internacionalista* no teste de proporcionalidade entre os direitos envolvidos em um arcabouço conhecido pelo DIPr, que é o reconhecimento de situações jurídicas consolidadas no exterior.

Usualmente, o método do reconhecimento demanda uma situação jurídica consolidada, de acordo com a lei estrangeira de sua formação[43], bem como a ausência de ofensa à ordem pública do Estado do foro que reconhece a situação, além, é claro, da permissão em se utilizar o método do reconhecimento. O *último condicionante* é importante, porque o uso do método afasta a regra de direito internacional privado usualmente aplicada, contrapondo o interesse da continuidade das situações jurídicas consolidadas no exterior ao interesse do Estado do foro em utilizar suas regras de direito internacional privado. Para alguns autores, é necessário que haja um *vínculo* entre a situação consolidada e o Estado estrangeiro de origem, para se evitar a fraude à lei, por meio do *forum shopping* ou *law shopping*[44].

O método do reconhecimento à luz dos direitos humanos modifica essa arquitetura tradicional ao verter, na linguagem dos direitos, esses condicionantes. A *consolidação da situação* é traduzida no direito à segurança jurídica e no direito de não ser discriminado de modo odioso, tal como se depreende do caso *Wagner*, em que uma mulher solteira teve violado o seu direito à segurança jurídica e o seu direito de não ser tratada, injustificadamente, de modo distinto de uma adotante casada.

A *exigência de vínculo* da situação com o Estado estrangeiro (espelho do princípio da proximidade) e o combate à fraude à lei são vertidos na proteção da liberdade e autonomia dos indivíduos, cuja *autodeterminação* é valorizada na gramática dos direitos humanos. No caso *Mennesson,* a opção de realização de projeto parental em outro Estado não foi questionada, enquanto no caso *Paradiso e Campanelli,* a opção de obter, mediante

42. LAGARDE, Paul. "La méthode de la reconnaissance – Est-elle l'avenir du droit international privé?" *in Recueil des Cours de l´Académie de Droit International de la Haye*, vol. 371, 2015, pp. 19-42, em especial p. 39.

43. Mayer usa o termo "cristalizada". MAYER, Pierre. «La reconnaissance: notions et méthodes» *in* LAGARDE, Paul (org.). *La reconnaissance des situations en droit international privé.* Paris: Pedone, 2013, pp. 27-33, em especial p. 32.

44. LAGARDE, Paul. "La méthode de la reconnaissance – Est-elle l'avenir du droit international privé?" *in Recueil des Cours de l´Académie de Droit International de la Haye*, vol. 371, 2015, pp. 19-42, em especial p. 30 e seguintes («condições do reconhecimento»).

vultosa paga e sem vínculo genético, a realização do desejo por um filho, foi considerada, para a maioria, uso abusivo da autonomia.

Finalmente, a *ausência* de violação da ordem pública do foro e a preservação de outros interesses do Estado do foro que impulsionam o uso das demais regras de direito internacional privado, podem ser absorvidas pela definição de direitos de terceiros (individuais ou difusos) que podem ser violados.

Baratta, ao analisar o reconhecimento de uniões homoafetivas, sugere que seja adotado um efeito "atenuado" da ordem pública, que só poderia ser invocada nos casos de violação de conceitos absolutamente fundamentais da ordem jurídica do Estado do foro[45]. Contudo, mesmo o uso de valores essenciais do foro pode gerar violações de direitos de vulneráveis, especialmente aqueles que integram minorias, tal qual ocorreu no caso *Mennenson,* em que foi afastado o conceito indeterminado de ordem pública em nome da preservação do direito à vida familiar.

A desconsideração da ordem pública do Estado do foro por ofensa aos direitos humanos tem importante precedente da Corte Europeia de Direitos Humanos no caso *Marckx.* Tratou-se de negativa de reconhecimento de filiação de criança tida como "ilegítima" pois, diferentemente dos filhos nascidos na constância do casamento, este dependia de declaração judicial ou do uso do instituto do reconhecimento voluntário (*reconnaissance volontaire*), sob a alegação de que o favorecimento legal à "família tradicional" era fundado na moralidade e na ordem pública doméstica belga. Para a Corte, a consolidação do princípio da igualdade dos filhos é incompatível com a discriminação baseada em vínculo meramente natural de filiação, mostrando o descompasso entre a ordem pública nacional e os direitos previstos na Convenção Europeia de direitos humanos[46].

A partir dessa nova leitura, o método do reconhecimento à luz dos direitos humanos ganha coerência e distancia-se do método do reconhecimento tradicional, pois a vedação ao seu uso não se dá pela ausência de um ou vários dos seus condicionantes que podem ser opacos e questionados (como se viu na discussão acima da ordem pública no caso *Mennesson),* mas por meio da análise da prevalência de determinado direito eventualmente em colisão com outro[47].

45. BARATTA, Roberto. «La reconnaissance internationale des situations juridiques personnelles et familiales» *in Recueil des Cours de l´Académie de Droit International de la Haye*, vol. 348, 2010, pp. 253-499, em especial p. 494.

46. Corte Europeia de Direitos Humanos, caso *Marckx,* Série A, n. 31, julgamento de 13 de junho de 1979.

47. Como Muir Watt conclui, o desenvolvimento atual do método do reconhecimento é vinculado à consagração dos direitos humanos. WATT, Horatia Muir. «La reconnnaissance entre philosophie politique

5.4. A INSUFICIÊNCIA DA DICOTOMIA *LEX FORI* E *LEX CAUSAE* NO TESTE DE PROPORCIONALIDADE: O USO DAS REFERÊNCIAS CRUZADAS

Reconhecido o papel do teste de proporcionalidade e confirmada sua importância no estudo de precedentes sobre o método do reconhecimento à luz dos direitos humanos, cabe mencionar as duas formas tradicionais de orientação do intérprete na avaliação dos elementos desse teste (de adequação; necessidade; e proporcionalidade em sentido estrito), que implicam em delimitar e dar peso aos direitos envolvidos no fato transnacional: a interpretação pela *lex fori* e a interpretação pela *lex causae*.

A interpretação pela *lex fori* demanda aferir o alcance, a intensidade e os limites entre os direitos humanos envolvidos no fato transnacional a partir os cânones hermenêuticos do Estado do foro. Parte-se, assim, do conceito nacional dos direitos, que servem tanto para os fatos nacionais quanto para os fatos transnacionais.

Além de ser uma forma de interpretação à qual o julgador local encontra-se acostumado, é possível plasmá-la no conceito genérico da ordem pública, comum na doutrina e na visão tradicional do impacto dos direitos humanos no direito internacional privado. No pioneiro texto de Lerebours-Pigeonnière sobre a Declaração Universal dos direitos humanos e o direito internacional privado, por exemplo, utiliza-se a interpretação francesa do alcance e sentido dos direitos previstos na Declaração[48].

Identifica-se dois obstáculos ao uso da interpretação da *lex fori* no teste de proporcionalidade: (i) o repúdio ao *lex-forismo* e (ii) a possibilidade de choque com a interpretação internacionalista dos direitos humanos.

O primeiro obstáculo consiste no reconhecimento de que o apelo exclusivo à visão doméstica seria um excesso, verdadeiro comportamento deletério sarcasticamente denominado de *lex-forismo*[49], resultando em risco à tolerância e à diversidade, que os direitos humanos da atualidade buscam justamente proteger. A interpretação nacionalista dos direitos humanos enfatiza o chauvinismo e a xenofobia jurídicos, fragmentando novamente

---

et droit international privé: un rendez-vous manqué? *in* LAGARDE, Paul (org.). *La reconnaissance des situations en droit international privé*. Paris: Pedone, 2013, pp. 85-95, em especial p. 91.

48. LEREBOURS-PIGEONNIÉRE, Paul."La déclaration universelle dês droits de l'homme et le droit international privé français" *in Études offertes à Georges Ripert: Le droit privé français au milieu du XXème siècle*. Paris: Pichon et Durand-Auzias, 1950, pp. 255-271, em especial p. 270.

49. Expressão utilizada com essa grafia por SANTOS, António Marques dos. *As normas de aplicação imediata no Direito Internacional Privado* – esboço de uma teoria geral. vol.I, Coimbra: Almedina, 1991, p. 58.

o direito internacional privado em um novo territorialismo e esterilizando a própria internacionalização da disciplina. Os tratados passam a ter seus preceitos interpretados nacionalmente, *rompendo* a lógica de uniformização das condutas dos Estados partes no tratamento dos fatos transnacionais, contribuindo, uma vez mais, para a eternização da heterogeneidade do direito internacional privado da era do mosaico.

O segundo obstáculo diz respeito à crescente ação dos órgãos internacionais de interpretação de preceitos de direitos humanos. Se faltam *mecanismos institucionais próprios de interpretação internacional no direito internacional privado*, é impossível negar que os órgãos quase judiciais ou judiciais internacionais de direitos humanos frequentemente analisam normas locais e tratados de direito internacional privado, caso tenham impacto sobre direitos protegidos. A interpretação nacionalista dos direitos dos indivíduos envolvidos nos fatos transnacionais será questionada pelos órgãos internacionais, como a Corte Europeia de Direitos Humanos, Comissão Interamericana de Direitos Humanos e a Corte Interamericana de Direitos Humanos.

Em virtude desses dois obstáculos, a forma nacionalista de interpretação dos direitos envolvidos *perde sua força*, na atualidade dos processos internacionais de direitos humanos.

A segunda forma de interpretação é a *lex causae*, que utiliza os cânones hermenêuticos do *Estado estrangeiro* envolvido, buscando, em linha com o espírito de tolerância e defesa da diversidade do direito internacional privado, aceitar a visão estrangeira sobre a dignidade humana e os direitos envolvidos, mesmo que distinta da visão do foro.

Fortalece-se a confiança na defesa de direitos no Estado estrangeiro, que, apesar de não comungar da mesma interpretação do foro, possui genericamente o compromisso de zelar pela dignidade humana por intermédio de uma Constituição democrática ou pela ratificação de tratados de direitos humanos.

Contudo, a forma de interpretação pela *lex causae* também incide em *obstáculos*. A aceitação do modelo estrangeiro gera assimetria com a proteção local, acarretando a compressão de um direito não admitida no direito interno. Essa assimetria seria aceita pelo Estado do foro, que não daria a proteção nacional a um determinado direito, *vulnerando-o*, sob a alegação de respeito à diversidade. Caberia ao Estado do foro aceitar o tratamento diferenciado entre os fatos transnacionais e os fatos nacionais, o que poderia violar a igualdade prevista no texto constitucional local.

Usando o Brasil como exemplo, o Supremo Tribunal Federal já decidiu *não* aceitar a interpretação de direito – considerada adequada em outro Estado democrático – em caso de pedido, da Dinamarca, para ser realizado exame compulsório de DNA em ação cível de investigação de paternidade cumulada com ação de alimentos no Estado requerente, em face da interpretação brasileira do alcance da dignidade humana e da intangibilidade do direito à integridade física[50]. Ainda que prevista em legislação de Estado democrático (Dinamarca), a *intervenção corpórea mínima compulsória para realização de exame de DNA* no direito privado não foi admitida sob a alegação violação de direitos humanos[51].

Fica evidente o *contraste* entre os testes de proporcionalidade: no Brasil, a violação mínima da integridade física (uma gota de sangue, fio de cabelo, saliva) para realização do exame de DNA *contra* a vontade de presumido pai foi considerada extremamente ofensiva à dignidade humana, mesmo em face ao inegável ganho para o *direito à filiação da criança,* que a legislação da Dinamarca visava privilegiar.

Outro problema relaciona-se à situação do Estado do foro contribuir para a violação de direitos humanos do indivíduo afetado, mesmo que a violação inicial seja imputada à norma oriunda do Estado estrangeiro, que pode ser levada à apreciação dos órgãos internacionais de direitos humanos, da mesma maneira que ocorre na forma de interpretação de direitos baseada na *lex fori.*

Nesse sentido, a Corte Europeia de Direitos Humanos adota a teoria da proteção indireta ou *proteção por ricochete*, pela qual o estado parte da Convenção Europeia de direitos humanos não pode contribuir para violação de direito protegido, mesmo que a ofensa venha a ser feita originalmente por Estado terceiro (não parte da Convenção). Assim, é comum, em casos de cooperação jurídica internacional entre um estado europeu (requerido) e um estado terceiro (requerente), que os envolvidos processem o estado europeu perante a Corte EDH, alegando que ato atribuído a estado terceiro – realizado de acordo com ordenamento estrangeiro – viola a interpretação de determinado direito da Convenção EDH. O estado europeu, ao realizar a cooperação com estado terceiro, transforma-se em coautor da violação, mesmo que o ato questionado seja de estado não parte da Convenção[52].

50. Supremo Tribunal Federal, Carta Rogatória nº 8.443 – Reino da Dinamarca. Relator: Min. Celso de Mello. Julgamento de 03 de setembro de 1998, DJU de 14/09/1998.

51. Supremo Tribunal Federal, HC 71.373, Rel. p/ o ac. Min. Marco Aurélio, julgamento em 10 de novembro de 1994, Plenário, DJ de 22/11/1996.

52. Sobre a proteção por ricochete (proteção indireta) ver LEUPRECHT, Peter; DELAS, Olivier. "Cinquante ans de Convention Europeenne des Droits de l'Homme – la Convention Europeenne: un chef d'oeuvre

As insuficiências da interpretação pela *lex fori* e pela *lex causae* retratam o atual momento da pluralidade das ordens jurídicas no direito internacional privado, que convive com direitos antagônicos (ou com divergentes entendimentos sobre o mesmo direito) e interpretações distintas da resolução das colisões nos fatos transnacionais.

Não é mais satisfatória a opção pela *lex fori* nem pela *lex causae*, devendo ser encontrada forma de fertilização cruzada entre as diversas interpretações voltadas à proteção dos vulneráveis, a partir da referência das interpretações oriundas dos órgãos do foro, do estado estrangeiro envolvido e das jurisdições internacionais de direitos humanos.

A referência cruzada pode ser feita no plano doméstico, nos tribunais locais, e no plano internacional, em tribunais internacionais, implicando em uma utilização da interpretação feita pelo estado do foro, pelo estado estrangeiro, combinando-se ainda com a interpretação eventualmente existente em órgãos internacionais.

No plano doméstico, cabe trazer um exemplo de utilização de referência à interpretação internacional do Superior Tribunal de Justiça, no caso *Stolichnaya*, que tratou de ação de homologação de sentença russa sobre nulidade de cláusula de estatuto social com impacto sobre a utilização da referida marca de vodca no Brasil. O voto do Min. Relator Fernando Gonçalves mencionou a interpretação favorável da Corte EDH sobre o respeito ao devido processo legal na prolação da sentença russa. Referenciou-se a interpretação internacionalista do conteúdo do direito ao devido processo legal, em contraposição à *lex fori* (como o Brasil interpreta o devido processo legal) e à *lex causae* (como a Rússia interpreta tal direito)[53].

No plano internacional, a referência cruzada é encontrada na Corte EDH, destacando Burgorgue-Larsen a "era da abertura", na qual são múltiplas as fontes utilizadas para interpretação dos direitos previstos na Convenção Europeia de direitos humanos. Trata-se de um cosmopolitismo internacional que vai além do antigo consenso europeu, fruto do direito e das práticas internas dos estados-membros do Conselho da Europa[54].

---

en péril?» *in Revue quebecoise de droit international*, vol. 13, issue 1, 2000, pp. VII-XXIV, em especial p. X e XI. SUDRE, Frédéric. *Droit international et européen des droits de l'Homme*. Paris: Presses universitaires de France, 1997, p. 252. No Brasil, ver ABADE, Denise Neves. *Direitos fundamentais na cooperação jurídica internacional*. São Paulo: Saraiva, 2013, p. 130.

53. No original: "Por fim, verifica-se que a presente sentença foi julgada válida pela Corte Europeia de Direitos Humanos, sediada em Estrasburgo, França (fls.1.640-1.649), não identificando, o referido tribunal, qualquer violação à Convenção para a proteção dos direitos humanos e das liberdades fundamentais". Superior Tribunal de Justiça, Sentença Estrangeira Contestada nº 269, Relator Ministro Fernando Gonçalves, Corte Especial, julgamento de 3 de março de 2010, Data da Publicação/Fonte DJe 10/06/2010.

54. BURGORGUE-LARSEN, Laurence. *El diálogo judicial*. Máximo desafío de los tiempos jurídicos modernos. Cidade do México: Editorial Porrúa, 2013, pp. 66-80.

Para comprovar o modo de obtenção da coerência instrumental e material no direito internacional privado, foi escolhida a temática do sequestro internacional de crianças, que contém o debate sobre a vulnerabilidade da criança, o uso do diálogo das fontes e o necessário teste de proporcionalidade na colisão de direitos existente.

O tema representa exemplo prático do pluralismo que rege a heterogeneidade agravada do direito internacional privado, contando com tratados diversos e leis nacionais incidentes na temática (pluralidade de fontes), resultando também em uma pluralidade de métodos, além de direitos antagônicos (direito à vida familiar, direito da criança, entre outros) e tribunais diversos atuando na interpretação das normas oriundas do pluralismo jurídico (diálogo das fontes e referências cruzadas).

Nas palavras de Muir Watt, as relações entre pais e filhos ilustram situação em que o reconhecimento em direito internacional privado e a força expansiva vertical-horizontal dos direitos humanos demandam uma renovação na sua perspectiva metodológica, na medida em que os tribunais internacionais consideram que a aplicação tradicional de regras de direitos internacional privado violam instrumentos de proteção de direitos humanos[55].

Além disso, na análise do sequestro internacional de crianças, examina-se a escolha do direito aplicável e sua interpretação, bem como o alcance da jurisdição e a cooperação jurídica internacional cível, tríade de segmentos do direito internacional privado reconhecidos amplamente.

5.5. O TESTE DE PROPORCIONALIDADE E O SEQUESTRO INTERNACIONAL DE CRIANÇAS NO DIREITO INTERNACIONAL PRIVADO

5.5.1. A pluralidade de regras e interpretações na matéria de sequestro internacional de crianças: o laboratório da articulação no direito internacional privado

Os aspectos civis da subtração internacional ilícita de crianças[56] foi o tema escolhido por abordar um dos principais objetos de preocupação sobre vulnerabilidade no direito internacional privado: o direito das crianças. Analisando especificamente a proteção da *partie faible* em direito internacional privado, Pocar enfatiza serem os menores vulneráveis independentemente

55. WATT, Horatia Muir. "Fundamental rights and recognition in private international law" *in European Journal of Human Rights*, n.3, 2013, pp. 411-435, em especial p. 418 e seguintes.

56. Também denominada de sequestro internacional ou ainda retenção internacional ilícita.

de relação jurídica específica, já que a sua vulnerabilidade deriva de sua condição enquanto sujeito em formação biológica e emocional[57].

Igualmente, Ubertazzi Boer, Struycken, Maupain, Rchid, Momtaz, Salah Mohamed Mahmoud, Cançado Trindade, Najurieta e Van Loon, estão entre os autores que expressamente defendem a necessidade de maior proteção jurídica em temas envolvendo crianças[58].

A preocupação com uma tutela específica para as crianças é evidenciada na Convenção das Nações Unidas sobre os direitos da criança, atualmente ratificada por 196 partes[59], que contém vários dispositivos específicos objetivando a proteção da vida e do desenvolvimento da criança, entre os quais ressalte-se o artigo 3º, que enuncia a busca do seu melhor interesse; o artigo 7º, que versa sobre o direito da criança ser cuidada pelos pais; os artigos 9º, 10 e 11, sobre o direito ao contato direto com os pais, que garante o direito à reunião familiar em outros estados e impede a separação entre eles, coibindo a transferência ilegal de crianças e a sua retenção ilícita no exterior; e o artigo 35, que determina aos estados a adoção de medidas para barrar o sequestro, a venda e o tráfico de crianças.

Nesse quadro, a subtração internacional por um dos genitores representa violação ao direito de convivência familiar e à liberdade de locomoção[60],

57. POCAR, Fausto. "La protection de la partie faible en droit international privé" *in Recueil des Cours de l´Académie de Droit International de la Haye,* vol. 188, 1984, pp. 339-418, em especial p. 350-353.

58. UBERTAZZI, Giovanni Maria. "Règles de non-discrimination et droit international privé" *in Recueil des Cours de l´Académie de Droit International de la Haye,* vol.157, 1977, pp. 333-414, em especial p. 374 e seguintes. BOER, Th.M. de. "Facultative choice of law: the procedural status of choice-of-law rules and foreign law" *in Recueil des Cours de l´Académie de Droit International de la Haye,* vol. 257, 1996, pp. 223-427, em especial p. 279. STRUYCKEN, A.V.M. "La contribution de l'Académie au développement de la science et de la pratique du droit international privé" *in Recueil des Cours de l´Académie de Droit International de la Haye,,* vol. 271, 1998, pp. 11-56, em especial p. 47. MAUPAIN, Francis. "L'OIT, la justice sociale et la mondialisation" *in Recueil des Cours de l´Académie de Droit International de la Haye,* vol. 278, 1999, pp. 201-396, em especial p. 219. RCHID, Abderrazak Moulay. "Les droits de l'enfant dans les conventions internationales et les solutions retenues dans les pays arabo-musulmans" *in Recueil des Cours de l´Académie de Droit International de la Haye,* vol. 268, 1997, pp. 9-290, em especial p. 23. MOMTAZ, Djamchid. "Le droit international humanitaire applicable aux conflits armés non internationaux" *in Recueil des Cours de l´Académie de Droit International de la Haye,* vol. 292, 2001, pp. 9-146, em especial p. 74. SALAH MOHAMED MAHMOUD, Mohamed. "Loi d'autonomie et méthodes de protection de la partie faible en droit international privé" *in Recueil des Cours de l´Académie de Droit International de la Haye*, vol. 315, 2005, pp. 141-264, em especial p. 164 e seguintes. CANÇADO TRINDADE, Antônio Augusto. "International law for humankind: towards a new jus gentium (II): general course on public international law" *in Recueil des Cours de l´Académie de Droit International de la Haye,* vol. 317, 2005, pp. 9-312, em especial p. 254. NAJURIETA, María Susana. "L'Adoption Internationale des mineurs et les droits de l'enfant" *in Recueil des Cours de l´Académie de Droit International de la Haye,* vol. 376, 2015, em especial p. 480. LOON, J. H. A.van. «The global horizon of private international law» *in Recueil des Cours de l´Académie de Droit International de la Haye*, vol. 380, 2016, pp. 9-108, em especial p. 84.

59. Elaborada em 1989. Ratificada pelo Brasil em 24 de setembro de 1990, foi incorporada internamente pelo Decreto n. 99.710, de 21 de novembro de 1990. De acordo com o estágio de ratificação em 19 de junho de 2024. Disponível em: https://treaties.un.org/Pages/ViewDetails.aspx?src=TREATY&mtdsg_no=IV-11&chapter=4&clang=_en. Acesso em: 30/05/2024.

60. CAVALLIERI, Leila Arruda. *O direito internacional e a criança: adoção transnacional e nacionalidade do adotando.* Belo Horizonte: Arraes, 2017, p. 83 e seguintes. MONACO, Gustavo Ferraz de Campos. *A proteção da criança no cenário internacional.* Belo Horizonte: Del Rey, 2005, p. 165 e seguintes.

sofrendo as crianças com a súbita retirada do seu ambiente familiar e social, para outro Estado, cultura e idioma.

Raape[61] e Steiger[62] já apontavam, respectivamente nas décadas de 30 e 60 do século XX, que as transformações sociais demandariam a regulação de fatos transnacionais relacionados ao estatuto pessoal envolvendo crianças, alertando Shapira que o sequestro internacional levanta questões complexas sobre jurisdição, lei aplicável e reconhecimento e execução de decisões estrangeiras envolvendo guarda[63]. Apontam Fawcett, Shúilleabháin e Shah que a matéria de sequestro internacional de crianças proporciona uma área de forte desenvolvimento do relacionamento entre direito internacional privado e direitos humanos[64].

Seguindo a doutrina da proteção integral da criança, algumas convenções foram elaboradas para implementar especificamente os direitos das crianças em casos transnacionais complexos como o da sua retenção internacional ilícita. Nessa linha, apontam Costa e Lopes, as convenções são voltadas à formação de consenso e práticas cooperativas, possuindo como princípios reitores o melhor interesse da criança e o respeito ao ordenamento jurídico estrangeiro, regras para a restituição, visita e guarda, padrões para as autoridades centrais judiciais e administrativas que intermediam a localização e a restituição, procedimentos para os interessados e redes cooperacionais[65].

Nesse contexto, foi elaborada a Convenção da Haia sobre os aspectos civis do sequestro internacional de crianças, em 1980[66]. A Convenção da Haia enquadra-se na categoria de convenção social sobre proteção de direitos, já que, além de regular a cooperação jurídica internacional na matéria, também protege diretamente direitos humanos dos sujeitos envolvidos no fato transnacional[67].

61. RAAPE, Léo. "Les rapports juridiques entre parents et enfants comme point de départ d'une explication pratique d'anciens et de nouveaux problèmes du droit international privé" *in Recueil des Cours de l´Académie de Droit International de la Haye*, vol. 50, 1934. pp. 401-544.

62. STEIGER, Werner E von. "La protection des mineurs en droit international privé" *in Recueil des Cours de l´Académie de Droit International de la Haye*, vol. 112, 1964, pp. 469-526, em especial p. 484 e seguintes.

63. SHAPIRA, Amos. "Private international law: aspects of child custody and child kidnapping cases" *in Recueil des Cours de l´Académie de Droit International de la Haye*, vol. 214, 1989, pp. 127-250, em especial p. 139 e seguintes.

64. FAWCETT, James J.; SHÚILLEABHÁIN, Máire Ní; SHAH, Sangeeta. *Human Rights and Private International Law*. Oxford: Oxford University Press, 2016, p. 701.

65. COSTA, José Augusto Fontoura e LOPES, Rachel de Oliveira. "Análise das Convenções sobre Restituição Internacional de Crianças Indevidamente Transportadas ou Retidas à Luz da Teoria dos Regimes Internacionais" *in Sequência (UFSC)*, vol. 37, p. 125-144, 2016, em especial p. 136.

66. Elaborada em 1980 pela Conferência da Haia de Direito Internacional Privado. Ratificada pelo Brasil em 19 de outubro de 1999 e incorporada internamente pelo Decreto nº 3.413, de 14 de abril de 2000.

67. CARVALHO RAMOS, André de. *Curso de Direito Internacional Privado*. 3ª ed, São Paulo: Saraiva, 2023, p. 94.

Nas palavras do juiz Pinto de Albuquerque, a Convenção da Haia não é um tratado meramente procedimental sobre escolha de jurisdição em matéria de sequestro internacional de crianças. Ao contrário, a ampla ratificação da Convenção das Nações Unidas sobre os direitos da criança e o reconhecimento da supremacia do interesse da criança enquanto sujeito fortalecem a visão da Convenção da Haia como tratado que não ignora aspectos de direito material relativos ao bem-estar da criança, apresentando objetivos e efeitos tangíveis sobre os direitos dos envolvidos[68].

Buscando solução eficaz para problema transfronteiriço, a Convenção da Haia combina a cooperação internacional de autoridades e um procedimento rápido para a localização e restituição da criança, com o menor risco possível. Conforme aponta Pérez-Vera, relatora da Comissão Especial encarregada de redigir o texto do tratado, o seu objeto é combater a prática de retirada da criança do meio social e familiar em que vivia com o propósito de forjar novos vínculos capazes de alterar a lei aplicável ao fato transnacional para o abdutor obter o reconhecimento de seu direito de guarda no Estado para o qual a criança foi levada, alterando o foro competente para discussão sobre o mérito do direito de guarda[69]. Assim, o artigo 1º da Convenção sintetiza os seus objetivos, quais sejam, impedir que os atos do abdutor sobre a guarda da criança tenham consequências jurídicas e restaurar o *status quo ante,* com o seu retorno imediato ao local da sua residência habitual.

A Convenção estabelece, nos artigos 8º a 20, procedimento expedito e de urgência para a restituição da criança transferida ou retida ilegalmente, excepcionado apenas pelas restrições constantes nos artigos 13 e 20. Os artigos 6º a 10 estabelecem as autoridades centrais dos Estados e as condições de procedimento para o retorno da criança, com adoção de medidas administrativas e judiciais necessárias para a sua localização, proteção e retorno. Bucher lembra que o papel das autoridades centrais na cooperação ativa e passiva em matéria de sequestro internacional de crianças colabora para criar confiança mútua no exercício das suas tarefas[70].

---

68. Corte Europeia de Direitos Humanos, caso *X v. Letônia* (Application nº 27853/09), jugamento de 26 de novembro de 2013.

69. Conferência da Haia de Direito Internacional Privado. "Pérez-Vera Report. Explanatory Report on the 1980 Hague Child Abduction Convention", 1982. Disponível em: https://www.hcch.net/en/publications-and-studies/details4/?pid=2779. Acesso em: 30/05/2024. Sobre a elaboração da Convenção da Haia sobre os aspectos civis do sequestro internacional de crianças ver, também, DYER, Adair. "International Child Abduction by Parents" *in Recueil des Cours de l´Académie de Droit International de la Haye*, vol. 168, 1980, pp. 231-267.

70. BUCHER, Andreas. "La famille en droit international privé" *in Recueil des Cours de l´Académie de Droit International de la Haye*, vol. 283, 2000, pp. 9-186, em especial p. 140 e seguintes.

Os dispositivos direcionados à organização dos direitos de guarda e visita evidenciam o caráter preventivo da Convenção para desestimular o sequestro parental[71]. A Convenção da Haia é aplicável quando direitos de guarda ou visita são violados, independentemente da existência de um acordo prévio de guarda entre os genitores. Já o procedimento específico de retorno é acionado somente quando existe violação ao direito de guarda (total ou compartilhada)[72], excluindo os casos em que o genitor não possui nenhum direito de guarda, possui apenas direitos de visita[73] ou quando a transferência ou retenção ocorreram com o seu consentimento[74].

Nessa linha, o artigo 16 prevê que, uma vez ciente do sequestro internacional, as autoridades do Estado no qual a criança encontra-se retida não podem tomar decisões sobre a guarda na pendência da análise das condições para o retorno. A Convenção possui, portanto, um procedimento *ad hoc* de retorno[75], que, nos termos do artigo 19, não interfere na análise do mérito sobre a guarda da criança, que é decidido pelo local de

71. Corte Europeia de Direitos Humanos, caso *Maumousseau e Washington v. França* (*Application* nº 39388/05), julgamento 6 de dezembro de 2007.

72. No caso *Monory v. Romênia e Hungria*, a Corte EDH entendeu que a interpretação do artigo 3º abarca a guarda compartilhada de genitores divorciados. Corte Europeia de Direitos Humanos, caso *Monory v. Romênia e Hungria* (*Application* nº 71099/01), julgamento de 5 de abril de 2005.

73. Nos termos do artigo 21, com relação aos genitores que possuem direitos de visita, as autoridades centrais devem atuar para garantir ou organizar o direito de levar uma criança, por um período limitado de tempo, para um lugar diferente daquele onde ela habitualmente reside. Nesse sentido, nos casos *Maire v. Portugal* e *Qama v. Albânia*, a Corte Europeia de Direitos Humanos apontou que a Convenção da Haia não prevê a utilização do mecanismo de retorno em situações em que o genitor abandonado possui apenas direitos de visita. Sobre o exercício do direito de visita na Convenção da Haia sobre os aspectos civis do sequestro internacional de crianças, ver STEWARD, Priscilla. "Access rights: a necessary corollary to custody rights under the Hague convention on the civil aspects of international child abduction" *in Fordham International Law Journal*, vol. 21, 1997, pp. 308-358. Corte Europeia de Direitos Humanos, caso *Maire v. Portugal* (Application nº 48206/99), julgamento de 26 de junho de 2003. Corte Europeia de Direitos Humanos, caso *Qama v. Albânia* (*Application* nº 4604/09), julgamento de 8 de janeiro de 2013.

74. Nocaso *Raban v. Romênia*, a Corte Europeia de Direitos Humanos considerou inexistir violação aos direitos protegidos pela Convenção Europeia de direitos humanos diante do consentimento do genitor para a transferência da criança para a Romênia, na pendência do incremento da sua situação financeira no local de residência habitual. Não sendo ilícita a transferência e retenção da criança, não há que se falar em aplicação da Convenção da Haia. Já no caso *R.S. v. Polônia*, a Corte Europeia afirmou que o artigo 3º da Convenção da Haia deve ser interpretado no sentido de que a ilegalidade da transferência e retenção da criança decorre da interferência dessa ação com o exercício normal dos direitos de guarda de um dos genitores, de acordo com a lei do Estado de residência habitual da criança. Corte Europeia de Direitos Humanos, caso *Raban v. Romênia* (*Application* nº 25437/08), julgamento de 26 de outubro de 2010. Corte Europeia de Direitos Humanos, caso R.S v. Polônia (*Application* nº 63777/09), julgamento de 21 de julho de 2015. Sobre o conceito de residência habitual, ver, por todos, SILBERMAN, Linda J. "Cooperative efforts in private international law on behalf of children: the Hague Children's Conventions" *in Recueil des Cours de l´Académie de Droit International de la Haye*, vol. 323, 2006, pp. 261-477, em especial p. 346 e seguintes.

75. HERRANZ BALLESTEROS, Mónica. "International Child Abduction in the European Union: the Solutions Incorporated by the Council Regulation" *in Revue générale de droit*, vol. 34, 2004, pp. 343-364, em especial p. 348. SILBERMAN, Linda J. "Cooperative efforts in private international law on behalf of children: the

sua residência habitual, onde existem vínculos mais estreitos e informações para as decisões que envolvam guarda e visita. Conforme afirma Schulz, as ordens de retorno direcionam as partes para o *forum conveniens* para a decisão sobre a guarda e visita[76].

Ademais, grifa Dolinger que, devido à dispersão internacional da família, as fontes convencionais multi e bilaterais sobre a retenção de crianças são especialmente ricas para o direito internacional privado[77]. Ainda no seio da Conferência da Haia de Direito Internacional Privado, a Convenção relativa à competência, à lei aplicável, ao reconhecimento, à execução e à cooperação em matéria de responsabilidade parental e de medidas de proteção das crianças, de 1996, auxilia na interpretação e aplicação da Convenção da Haia sobre os aspectos civis do sequestro internacional de crianças ao introduzir novos aspectos de jurisdição, reconhecimento e execução e abarcar outros assuntos envolvendo a proteção da criança e de sua propriedade[78].

Em âmbito regional, a Convenção Interamericana sobre a restituição internacional de menores, de 1989, complementa a Convenção da Haia sobre os aspectos civis do sequestro internacional de crianças, possuindo como traço distintivo o critério alternativo de competência internacional para a apreciação do pedido de restituição (residência habitual no momento do sequestro, localização da criança e local de ocorrência do fato que motivou a reclamação)[79]. No âmbito do Mercosul, está em vigor, ainda, o Protocolo de Las Leñas sobre cooperação e assistência jurisdicional em matéria civil, comercial, trabalhistas e administrativa, de 1992, que pode aplicar-se ao reconhecimento e execução de sentenças, por via de carta rogatória, em casos de restituição de menores.

Hague Children's Conventions" *in Recueil des Cours de l'Académie de Droit International de la Haye*, vol. 323, 2006, pp. 261-477, em especial p. 303.

76. SCHULZ, Andrea. "The 1980 Hague Child Abduction Convention and the European Convention on Human Rights" *in Transnational Law & Contemporary Problems*, vol. 12, 2002, pp. 355-392, em especial p. 360.

77. DOLINGER, Jacob. *Direito Internacional Privado – A criança no Direito Internacional*. Rio de Janeiro: Renovar, 2003, p. 243 e seguintes.

78. Sobre o tema, ver DEHART, G.F. "The Relationship between the 1980 Child Abduction Convention and the 1996 Protection Convention" *in New York University Journal of International Law and Politics*, vol. 33, 2001, pp. 83-101, em especial p. 89 e seguintes; COESTER-WALTJEN, Dagmar. "The future of the Hague child abduction convention: the rise of domestic and international tensions – the european perspective" in *International law and politics*, vol. 33, 2000, pp. 59-82.

79. POLIDO, Fabrício Bertini Pasquot. "As famílias nas relações privadas transnacionais: aportes metodológicos do direito internacional privado" *in* CUNHA PEREIRA, Rodrigo da (org.). *Tratado de Direito das Famílias*. 2ª Ed. Belo Horizonte: IBDFAM, 2016, pp. 883-936, em especial p. 922; MONACO, Gustavo Ferraz de Campos. *Guarda internacional de crianças*. São Paulo: Quartier Latin, 2012, p. 156; COSTA, José Augusto Fontoura. "Breve Análise da Convenção Interamericana para Restituição Internacional de Menores" *in* CASELLA, Paulo Borba; ARAÚJO, Nádia (coordenadores). *Integração Jurídica Interamericana: as convenções interamericanas de Direito Internacional Privado (CIDIPs) e o direito brasileiro*. São Paulo: LTr, 1998, pp. 537-563.

No seio do Conselho da Europa, está em vigor a Convenção europeia sobre o reconhecimento e a execução das decisões relativas à guarda de menores e sobre o restabelecimento da guarda de menores, de 1980. Elaborada como ferramenta para facilitar o reconhecimento e execução de decisões de guarda tomadas por estados-membros, pressupõe, para a sua aplicação, a existência de uma decisão judicial prévia no Estado de residência habitual da criança[80]. Merece menção, também, a Convenção europeia sobre as relações pessoais no que se refere às crianças, de 2002, que reforça as relações pessoais transfronteiriças, especialmente o direito das crianças, dos seus genitores e de outras pessoas que com elas têm laços familiares, de manterem contato regular.

No âmbito da União Europeia, o processo de integração regional estimulou a elaboração da Decisão do Conselho, de 28 de maio de 2001, que cria uma rede judiciária europeia em matéria civil e comercial e do Regulamento (CE) nº 2201/2003 (Bruxelas II *bis*) do Conselho de 27 de novembro de 2003 relativo à competência, ao reconhecimento e à execução de decisões em matéria matrimonial e em matéria de responsabilidade parental e que revoga o Regulamento (CE) nº 1347/2000[81].

Do Regulamento Bruxelas II *bis* destacam-se os seguintes dispositivos: o artigo 2.11[82], que resume os requisitos do artigo 13 da Convenção da Haia, elucidando o conceito de guarda compartilhada; os artigos 11.2[83] e 11.5[84], que primam pela oitiva da criança e do genitor; o artigo 11.3, que fixa prazo de 6

80. SHAPIRA, Amos. "Private international law: aspects of child custody and child kidnapping cases" *in Recueil des Cours de l'Académie de Droit International de la Haye*, vol. 214, 1989, pp. 127-250, em especial p. 200 e seguintes.

81. Sobre o regime europeu para casos de sequestro internacional de crianças ver MCELEAVY, Peter. "The New Child Abduction Regime in the European Union: Symbiotic Relationship or Forced Partnership" *in Journal of Private International Law*, vol. 1, 2005, pp. 5-34; HERRANZ BALLESTEROS, Mónica. "International Child Abduction in the European Union: the Solutions Incorporated by the Council Regulation" in *Revue générale de droit*, vol. 34, 2004, pp. 343-364.

82. Artigo 2.11. "Para efeitos do presente regulamento, entende-se por: (...) "Deslocação ou retenção ilícitas de uma criança", a deslocação ou a retenção de uma criança, quando: a) Viole o direito de guarda conferido por decisão judicial, por atribuição de pleno direito ou por acordo em vigor por força da legislação do Estado-Membro onde a criança tinha a sua residência habitual imediatamente antes da deslocação ou retenção; e b) No momento da deslocação ou retenção, o direito de guarda estivesse a ser efetivamente exercido, quer conjunta, quer separadamente, ou devesse estar a sê-lo, caso não tivesse ocorrido a deslocação ou retenção. Considera-se que a guarda é exercida conjuntamente quando um dos titulares da responsabilidade parental não pode, por força de uma decisão ou por atribuição de pleno direito, decidir sobre local de residência da criança sem o consentimento do outro titular da responsabilidade parental".

83. Artigo 11.2. "Ao aplicar os artigos 12.o e 13.o da Convenção da Haia de 1980, deve-se providenciar no sentido de que a criança tenha a oportunidade de ser ouvida durante o processo, exceto se tal for considerado inadequado em função da sua idade ou grau de maturidade".

84. Artigo 11.5. "O tribunal não pode recusar o regresso da criança se a pessoa que o requereu não tiver tido oportunidade de ser ouvida".

semanas para manifestação sobre a restituição da criança pelo tribunal competente para julgar o caso[85]; o artigo 11.4, que, contrariamente a previsão do artigo 13.b da Convenção da Haia, impõe o retorno da criança se restar provado que sua proteção pode ser garantida com o seu regresso[86]; o artigo 11.7, que prevê, não havendo processo sobre a guarda da criança no Estado de sua residência habitual, a notificação das partes para apresentação de informações para a decisão sobre a guarda[87]; e o artigo 11.8, que permite a execução automática de decisão posterior que determine a restituição da criança tomada pelo Estado de sua residência habitual, mesmo após decisão de retenção baseada no artigo 13 da Convenção da Haia emitida por tribunal no Estado da sua retenção[88]. Assim, o Estado requerido tem a palavra final para emitir uma ordem de não retorno fundada no artigo 13 da Convenção da Haia quando a decisão está fora do escopo do Regulamento Bruxelas II *bis*, todavia, o Estado requerente pode sobrepor-se a essa decisão e determinar o retorno da criança, detendo a palavra final para casos em que o Regulamento se aplica[89].

Os regimes de proteção da criança estabelecidos pelas Convenções complementam-se em nível global e regional. As várias convenções internacionais que disciplinam diferentes aspectos do sequestro internacional de crianças possuem ampla aceitação internacional e extensão geográfica. Ademais, tratados bilaterais são alternativas para operacionalizar o retorno das crianças nos casos em que um dos estados não é parte de nenhuma das citadas Convenções[90].

85. Artigo 11.3. "3. O tribunal ao qual seja apresentado um pedido de regresso de uma criança, nos termos do disposto no n.o 1, deve acelerar a tramitação do pedido, utilizando o procedimento mais expedito previsto na legislação nacional. Sem prejuízo do disposto no primeiro parágrafo, o tribunal deve pronunciar-se o mais tardar no prazo de seis semanas a contar da apresentação do pedido, exceto em caso de circunstâncias excepcionais que o impossibilitem".

86. Artigo 11.4. "O tribunal não pode recusar o regresso da criança ao abrigo da alínea b) do artigo 13.o da Convenção da Haia de 1980, se provar que foram tomadas medidas adequadas para garantir a sua proteção após o regresso".

87. Artigo 11.7 "Exceto se uma das partes já tiver instaurado um processo nos tribunais do Estado-Membro da residência habitual da criança imediatamente antes da retenção ou deslocação ilícitas, o tribunal ou a autoridade central que receba a informação referida no n.o 6 deve notificá-la às partes e convidá-las a apresentar as suas observações ao tribunal, nos termos do direito interno, no prazo de três meses a contar da data da notificação, para que o tribunal possa analisar a questão da guarda da criança. Sem prejuízo das regras de competência previstas no presente regulamento, o tribunal arquivará o processo se não tiver recebido observações dentro do prazo previsto".

88. Artigo 11.8 "Não obstante uma decisão de retenção, proferida ao abrigo do artigo 13.o da Convenção da Haia de 1980, uma decisão posterior que exija o regresso da criança, proferida por um tribunal competente ao abrigo do presente regulamento, tem força executória nos termos da secção 4 do capítulo III, a fim de garantir o regresso da criança".

89. FAWCETT, James J.; SHÚILLEABHÁIN, Máire Ní; SHAH, Sangeeta. *Human Rights and Private International Law*. Oxford: Oxford University Press, 2016, p. 704 e seguintes.

90. Cita-se, a título exemplificativo, os tratados entre: Argélia e França; Austrália e Egito; Austrália e Líbano; Canadá e Egito; Canadá e Líbano; Egito e França; Egito e Suécia; Egito e Estados Unidos; França e Líbano; Líbano e Suíça. Disponível em: https://www.incadat.com/en/legal-instruments. Acesso em: 30/05/2024.

No âmbito da Conferência da Haia de Direito Internacional Privado, a Convenção da Haia sobre os aspectos civis do sequestro internacional de crianças, com 103 estados-membros (em junho de 2024)[91], é o segundo instrumento desta organização com maior número de ratificações[92-93]. Ainda, a Convenção relativa à competência, à lei aplicável, ao reconhecimento, à execução e à cooperação em matéria de responsabilidade parental e de medidas de proteção das crianças, de 1996, atualmente está em vigor para 48 Estados. Em âmbito regional, a Convenção Interamericana sobre a restituição internacional de menores atualmente conta com 14 Estados-membros[94-95]. Já a Convenção europeia sobre o reconhecimento e a execução das decisões relativas à guarda de menores e sobre o restabelecimento da guarda de menores conta com a ratificação de 37 Estados[96] e a Convenção europeia sobre as relações pessoais no que se refere às crianças conta com 09 ratificações[97].

Essas convenções representam instrumentos internacionais de vasta adesão internacional, por estados de diversos sistemas jurídicos, proporcionando um laboratório prático sobre a articulação coerente e consistente dos diversos direitos incidentes em face de um fato transnacional no direito internacional privado da heterogeneidade agravada.

Ressalte-se que a terminologia abstrata e a ausência de regras procedimentais para conduta judicial nos procedimentos de retorno previstos nas convenções, bem como a inexistência de um sistema de solução de

---

91. Dados sobre o estágio das ratificações disponíveis em: https://www.hcch.net/pt/instruments/conventions/status-table/?cid=24. Acesso em: 30/05/2024.
92. A Convenção da Haia sobre os aspectos civis do sequestro internacional de crianças fica atrás, apenas, da Convenção relativa à supressão da exigência da legalização dos atos públicos estrangeiros de 1961, ratificada por 125 Estados. Ainda, a Convenção relativa à proteção das crianças e à cooperação em matéria de adoção internacional, de 1993 também foi ratificada por 98 Estados. Dados sobre o estágio das ratificações disponíveis, respectivamente em: https://www.hcch.net/pt/instruments/conventions/status-table/?cid=69; https://www.hcch.net/en/instruments/conventions/status-table/?cid=41. Acesso em: 30/05/2024.
93. A Convenção da Haia alcançou ampla extensão geográfica, incluindo: quarenta e seis Estados europeus; vinte e cinco Estados americanos; treze Estados asiáticos; onze Estados africanos; e três Estados da Oceania. Em termos de índice de desenvolvimento humano, a Convenção foi ratificada por Estados de diferentes índices, sendo 80,61% das ratificações de Estados com índices elevados ou muito elevados, 14,28% de Estados com índices médios e 5,10% de Estados com índices baixos.
94. Dados sobre o estágio das ratificações disponíveis em: <http://www.oas.org/juridico/english/sigs/b-53.html>. Acesso em: 30/05/2024.
95. As ratificações da Convenção Interamericana representam 40% do total de Estados Membros da Organização dos Estados Americanos e, em termos de população, os Estados que aderiram a essa Convenção somam aproximadamente 540 milhões de pessoas.
96. Dados sobre o estágio das ratificações disponíveis em: https://www.coe.int/en/web/conventions/full-list/-/conventions/treaty/105/signatures?p_auth=SgC9046Y. Acesso em: 30/05/2024.
97. Dados sobre o estágio das ratificações disponíveis em: https://www.coe.int/en/web/conventions/full-list/conventions/treaty/192/ signatures?p_auth=HuyCykjZ. Acesso em: 30/05/2024.

controvérsias entre os estados possibilitam aplicações nacionalistas e divergentes. É inegável o risco das legislações e juízes locais darem interpretações diferentes às convenções, desconsiderando o peso a ser dado aos precedentes internacionais e decidindo discricionariamente, de forma unilateral e favorável aos interesses nacionais.

Como cada sistema jurídico apresenta soluções jurídicas diferentes, é necessário contornar barreiras linguísticas, culturais, sociais e territoriais que variam ao sabor de aspirações políticas, sob pena de recair em chauvinismo nas decisões sobre o retorno ou não das crianças abduzidas[98].

Assim, consagra-se o quadro típico do direito internacional privado da heterogeneidade na era do mosaico: pluralismo jurídico, com cruzamento de métodos (além do método indireto, há discussão sobre situações jurídicas consolidadas pelo método do reconhecimento) e colisões de direitos, em um ambiente de necessário diálogo das fontes e existência de vulnerabilidade patente (a criança abduzida).

O tema exige, portanto, uma articulação da diversidade, de modo que, além do comprometimento dos tribunais locais no uso de referências cruzadas e no desenvolvimento de uma jurisprudência global[99], contribuem os tribunais internacionais competentes para julgar a interpretação e aplicação de casos de sequestro internacional de crianças, examinando a interpretação das convenções multilaterais e regionais sobre o tema.

Nesse panorama, o conflito entre o direito da criança, dos genitores e a efetiva implementação do direito à vida familiar nas relações privadas demanda atuação positiva dos estados, a qual fica sob o escrutínio dos sistemas regionais de proteção de direitos humanos ou mesmo de órgãos judiciais de organizações de integração (como é o caso do Tribunal de Justiça da União Europeia), que podem, com fundamento em convenções sobre sequestro internacional de crianças, responsabilizar os estados pela sua interferência ou omissão indevidas nas relações privadas.

5.5.2. A jurisprudência da Corte Europeia de Direitos Humanos no sequestro internacional de crianças

Dos quarenta e sete estados-membros do sistema europeu de proteção de direitos humanos, quarenta e cinco (95,74%) ratificaram a Convenção

98. SILBERMAN, Linda. "Interpreting the hague abduction convention: in search of a global jurisprudence" *in University of California Davis School of Law Review*, vol. 38, 2005, pp. 1049-1086, em especial p. 1057 e seguintes.

99. Para uma análise crítica sobre a interpretação dos tribunais locais em casos de sequestro internacional de crianças, ver MARTINS, Natalia Camba. *Subtração internacional de crianças: as exceções à obrigação de retorno previstas na Convenção da Haia sobre os aspectos civis do sequestro internacional de crianças: interpretação judicial da adaptação da criança*. Curitiba: CRV, 2013, em especial p. 115 e seguintes.

da Haia sobre os aspectos civis do sequestro internacional de crianças e 37 (78,72%) ratificaram a Convenção europeia sobre o reconhecimento e a execução das decisões relativas à guarda de menores e sobre o restabelecimento da guarda de menores. Assim, o âmbito de competência da Corte Europeia de Direitos Humanos para julgar casos envolvendo sequestro internacional de crianças engloba, com exceção de Azerbaijão, todos os estados-membros (97,87%) do sistema europeu de proteção de direitos humanos.

Na ausência de mecanismo internacional próprio para interpretar e fiscalizar a aplicação da Convenção da Haia sobre os aspectos civis do sequestro internacional de crianças, a Corte Europeia de Direitos Humanos detém a palavra final para analisar o melhor interesse da criança em situações de sequestro internacional de crianças no continente europeu, como expressamente proclamou um de seus juízes, o juiz Pinto de Albuquerque, no caso *X. v. Letônia*[100].

Para Fawcett, Shúilleabháin e Shah, a adoção de medidas nacionais arbitrárias e totalmente incompatíveis com os objetivos da Convenção da Haia sobre os aspectos civis do sequestro internacional de crianças é violação ao direito à vida familiar, previsto na Convenção Europeia de direitos

100. Corte Europeia de Direitos Humanos, caso *X v. Letônia* (*Application* nº 27853/09), julgamento de 26 de novembro de 2013. Apesar de extenso, é de interesse a transcrição de trecho do voto concorrente em separado do juiz Pinto de Albuquerque, que expõe criticamente a possibilidade de incoerência e inconsistência nas interpretações dadas à temática do sequestro internacional de crianças: "(...)ultimately, the Court has the final word on the assessment of the best interests and the human rights of the abducted child in Europe, be this prior to the execution of the return order or even after its execution. This line of reasoning also impacts on the remit of the courts in the host country in assessing return applications, in so far as they must examine the situation of the child and the family in accordance with the Convention. In Europe, the judge in the host country has to interpret Articles 12, 13 and 20 of the Hague Convention in the light of the Convention and the Court's case-law. Such analysis is particularly important in cases of return to States which are not under the jurisdiction of the Court, where the parties will be unable subsequently to bring complaints to the Court if their rights in the country of habitual residence are breached. In an international mechanism that has no oversight body to ensure the uniformity of the interpretation and implementation of the Contracting Parties' obligations and to sanction recalcitrant States accordingly, there is a real risk that the legislation implementing the Hague Convention and the case-law of domestic courts applying it are very different from one Contracting Party to another. Reality has proved this risk to be very real. The bitter consequence of this institutional weakness is clear to see: there is little room for progress where such wide discrepancies occur in the functioning of the international mechanism and national authorities are free to give foreign precedent little weight, or no weight at all, for the purpose of interpreting the Hague Convention. In the absence of any meaningful supranational review of the way in which the Contracting States implement, interpret and apply the Hague Convention, courts of Contracting States do as they please, sometimes ostensibly and one-sidedly ruling in favour of the national party. This inherent weakness in the Hague mechanism is magnified by the ambiguous and undefined legal terminology utilised in the Hague Convention and the lack of procedural rules on the conduct of judicial return proceedings, such as on evidentiary hearing, discovery, burden of proof, appeals, stay of orders pending appeals and interim measures. The damaging effect of differing, contradictory and confusing national case-law is further amplified by the fact that the enforcement stage of the return order is not regulated at all in the Hague Convention, and more specifically no legal basis is provided for stipulations, conditions or undertakings imposed on the parties or a system of judicial cooperation for the implementation of "mirror orders"".

humanos[101], mostrando claramente o *vínculo* entre o direito internacional privado e os direitos humanos nessa temática.

A jurisprudência da Corte Europeia de Direitos Humanos, em virtude do direito de ação garantido às vítimas, é a fonte mais rica para a análise da compatibilidade da Convenção da Haia sobre os aspectos civis do sequestro internacional de crianças e de outros instrumentos regionais relativos ao tema à luz da Convenção das Nações Unidas sobre os direitos da criança e da Convenção Europeia de direitos humanos.

A Corte EDH já examinou o tema do sequestro internacional de crianças mesmo *fora* do escopo da Convenção da Haia quando os estados ainda não a haviam ratificado, a exemplo dos casos *Hansen v. Turquia*[102], *Ignaccolo-Zenide v. Romênia*[103] e *V.P v. Rússia*[104]. Para a Corte, na análise do dever de retorno da criança à luz do artigo 8º da Convenção Europeia de direitos humanos é inevitável utilizar algumas abordagens gerais desenvolvidas na sua jurisprudência sobre a Convenção da Haia[105], tal qual o conceito de retenção ilícita e a necessidade de um mecanismo que efetive o retorno.

Em relação à ordenação da jurisprudência da Corte EDH, optou-se pela divisão da temática em "aspectos procedimentais", com base na violação aos artigos 6º e 8º da Convenção Europeia de direitos humanos, relativamente ao direito a um processo justo, e "aspectos materiais", contribuindo para a interpretação de vários conceitos de direito material sobre o sequestro internacional de crianças.

5.5.2.1. *A colisão de direitos envolvendo o devido processo legal: a articulação procedimental no direito internacional privado*

O direito internacional privado da atualidade enfrenta diversas hipóteses de colisões de direitos envolvendo *aspectos procedimentais* nos fatos

101. FAWCETT, James J.; SHÚILLEABHÁIN, Máire Ní; SHAH, Sangeeta. *Human Rights and Private International Law*. Oxford: Oxford University Press, 2016, p. 718 e seguintes.

102. Corte Europeia de Direitos Humanos, caso *Hansen v. Turquia* (*Application* nº 36141/97), julgamento de 23 de setembro de 2003.

103. Corte Europeia de Direitos Humanos, caso *Ignaccolo-Zenide v. Romênia* (*Application* nº 31679/96), julgamento de 25 de janeiro de 2000. No mesmo sentido, ver também Corte Europeia de Direitos Humanos, caso *Karadžić v. Croácia* (*Application* nº 35030/04), julgamento de 15 de dezembro de 2005.

104. Corte Europeia de Direitos Humanos, caso *V.P. v. Rússia* (*Application* nº 61362/12), julgamento de 23 de outubro de 2014.

105. No original: "The Court reiterates in this connection that its primary task is to examine the applicant's situation in the light of the requirements of Article 8 of the European Convention. The Court is prepared to assume that the Hague Convention had no direct application in Russia at the time when the proceedings started. However, even if the Hague Convention had no direct application to the present case, the Court cannot avoid relying on certain general approaches developed in its own 'Hague Convention case-law'". Corte Europeia de Direitos Humanos, caso *V.P. v. Rússia* (*Application* nº 61362/12), julgamento de 23 de outubro de 2014, parágrafo 119.

transnacionais, desde a dúvida sobre *qual* Estado deve ter jurisdição sobre determinada situação e até mesmo *como* deve ser realizado o procedimento de solução de litígios sobre fatos transnacionais.

Na temática do sequestro internacional de crianças, vários aspectos procedimentais foram analisados pela jurisprudência da Corte EDH, fornecendo exemplo de argumentação jurídica sobre as colisões a respeito do direito ao devido processo legal em prazo razoável (tanto por parte do abdutor quando do genitor abandonado), que envolvem o conflito entre os direitos ao contraditório e ampla defesa (do abdutor) em face do direito do genitor abandonado a uma tutela rápida.

A *parametrização* do devido processo legal em prazo razoável mostra a importância da interpretação internacionalista do direito internacional privado, bem como da existência de um teste de proporcionalidade entre os direitos envolvidos em casos que podem ser ou não complexos.

A Corte EDH considerou adequado o processamento do pedido, em todas as instâncias recursais locais, em, respectivamente, de quatro a oito meses, nos casos *Sylvester v. Áustria*[106]e *Lipkowsky e McCormack v. Alemanha*[107]. Por outro lado, conforme determinado no caso *Shaw v. Hungria*[108], atrasos no procedimento são suficientes para caracterizar uma violação à urgência do caso, tal qual ocorreu nos casos *Monory v. Romênia*[109] *e Hungria, Vilenchik v. Ucrânia*[110], *Iosub Carus v. Romênia*[111], *Blaga v. Romênia*[112]e *M.R e D.R v. Ucrânia*[113], em que os Estados foram condenados por não chegarem a uma decisão final sobre o retorno em prazo inferior a um ano.

Já o caso *H.N v. Polônia*[114], foi condenado o Estado por violação do artigo 6º, por falta de diligência e agilidade na tramitação de procedimento

---

106. Corte Europeia de Direitos Humanos, caso *Sylvester v. Áustria* (*Application* nº 36812/97), julgamento de 24 de abril de 2003.
107. Corte Europeia de Direitos Humanos, caso *Lipkowsky e McCormack v. Alemanha* (*Application* nº 26755/10), julgamento de 18 de janeiro de 2011.
108. Corte Europeia de Direitos Humanos, caso *Shaw v. Hungria* (*Application* nº 6457/09), julgamento de 26 de julho de 2011.
109. Corte Europeia de Direitos Humanos, caso *Monory v. Romênia e Hungria* (*Application* nº 71099/01), julgamento de 5 de abril de 2005.
110. Corte Europeia de Direitos Humanos, caso *Vilenchik v. Ucrânia* (*Application* nº 21267/14), julgamento de 3 de outubro de 2017.
111. Corte Europeia de Direitos Humanos, caso *Iosub Caras v. Romênia* (*Application* nº 7198/04), julgamento de 27 de julho de 2006.
112. Corte Europeia de Direitos Humanos, caso *Blaga v. Romênia* (*Application* nº 54443/10), julgamento de 1 de julho de 2014.
113. Corte Europeia de Direitos Humanos, caso *M.R e D.R v. Ucrânia* (*Application* nº 63551/13), julgamento de 22 de maio de 2018.
114. Corte Europeia de Direitos Humanos, caso *H.N. v. Polônia* (*Application* nº 77710/01), julgamento de 13 de setembro de 2005.

de retorno com duração superior a 3 anos e 7 meses, com períodos de total inatividade nos procedimentos locais. Nesse caso, vê-se a busca da Corte EDH por um critério que *não seja* da *lex fori* sobre a delonga judicial, com o afastamento do prazo de quase quatro anos para demanda que não é considerada complexa. O artigo 6º também foi invocado no caso *Deak v. Romênia e Reino Unido*[115], no qual o Estado requerente foi condenado por demora excessiva na tramitação de decisão quanto à ilegalidade da retenção da criança à luz da sua legislação local, nos termos do artigo 15 da Convenção da Haia.

Contudo, conforme estabelecido no caso *X. v. Letônia*, o dever estatal de agir com rapidez no procedimento de retorno da criança não exclui o dever concomitante de examinar adequadamente as alegações trazidas pelas partes[116]. A duração da tramitação do pedido de localização e retorno da criança, no prazo de seis semanas, nos termos do artigo 11 da Convenção da Haia, e sua compatibilidade com o direito de ter contato com os genitores e estar com eles reunido, previsto no artigo 8º da Convenção EDH, também foi objeto de análise da Corte em diversas oportunidades.

Já no caso *Henrioud v. França*[117], considerando as consequências da decisão de retorno da criança, foi o excesso de formalismo - inadmissibilidade de recurso adesivo diante do não conhecimento do recurso principal interposto pelo Ministério Público, por falta de mera juntada da intimação da decisão recorrida - que caracterizou violação ao artigo 6º da Convenção europeia de direitos humanos.

No caso *López Guió v. Eslováquia*[118], a Corte entendeu violar aspecto procedimental do artigo 8º da Convenção Europeia o fato de o genitor abandonado não possuir legitimidade no processo perante Tribunal Constitucional que levou à anulação de ordem final e executória anteriormente emitida por tribunais comuns para o retorno de criança. No caso, o genitor não foi informado do processo constitucional e não teve a oportunidade de participar, mesmo possuindo interesse legítimo no caso que, após a decisão, retornou às instâncias ordinárias para reanálise, com novo julgamento, desta vez contrário ao retorno da criança em razão do tempo transcorrido

115. Corte Europeia de Direitos Humanos, caso *Deak v. Romênia e Reino Unido* (*Application* nº 19055/05), julgamento de 3 de junho de 2008.
116. Corte Europeia de Direitos Humanos, caso *X v. Letônia* (*Application* nº 27853/09), julgamento de 26 de novembro de 2013.
117. Corte Europeia de Direitos Humanos, caso *Henrioud v. França* (*Application* nº 21444/11), julgamento de 5 de novembro de 2015.
118. Corte Europeia de Direitos Humanos, caso *López Guió v. Eslováquia* (*Application* nº 10280/12), julgamento de 3 de junho de 2014. No mesmo sentido, ver, também, Corte Europeia de Direitos Humanos, caso *M.A v. Áustria* (*Application* nº 4097/13), julgamento de 15 de janeiro de 2015.

(cerca de 2 anos), da sua integração ao novo Estado e da forte vinculação com o genitor abdutor.

Nesses precedentes, o direito de acesso à justiça, que assegura tanto a *previsibilidade* quanto a *segurança jurídica* no direito internacional privado, não pode ser afastado por aquilo que foi considerado pela Corte EDH "excesso de formalismo" ou simplesmente negado em virtude da falta de legitimidade perante o Tribunal máximo do Estado. Trata-se de argumento relevante para ser dada prevalência ao direito de acesso à justiça no direito internacional privado.

A violação ao artigo 6º sob a ótica do retorno da criança para terceiro Estado alheio ao sistema europeu de proteção de direitos humanos foi analisada no caso *Eskinazi e Chelouche* v. *Turquia*[119]. No caso, a Corte analisou a existência de ofensa ao melhor interesse da criança e às suas garantias judiciais em ordem emitida pelos tribunais turcos determinando o retorno de criança à Israel, onde tribunal rabínico seria competente para reger o divórcio dos genitores e as questões relacionadas ao estatuto pessoal, incluindo a guarda. Ao considerar inadmissível o caso, a Corte concluiu que o retorno apenas poderia ser impedido diante de *flagrante* denegação de justiça no terceiro Estado, o que não ocorre quando este possui sistema de justiça instituído com tribunais estabelecidos por lei e se submete às obrigações internacionais fixadas em instrumentos internacionais de proteção aos direitos humanos, tal qual a convenção da Haia sobre os aspectos civis do sequestro internacional de crianças, o Pacto Internacional sobre os direitos civis e políticos e a Convenção das Nações Unidas sobre os direitos da criança.

Esse precedente é importante porque resultou em parâmetros para ser ponderada a *prevalência* do direito da criança em se desenvolver em situação imune à alienação parental com a *compressão* ao direito do abdutor de ter seu pleito analisado por tribunal com as devidas garantias judiciais. O caso era considerado complexo pela existência de tribunais religiosos, porém, o fato de ser o estado terceiro (Israel) um estado democrático, que permite o acesso à justiça e se submete a tratados de direitos humanos, convenceu a Corte EDH da possibilidade de devolução da criança.

Sobre a prova das alegações trazidas durante o procedimento de retorno, a Corte afirmou, no caso *Carlson v. Suíça*[120], que a interpretação

119. Corte Europeia de Direitos Humanos, caso *Eskinazi e Chelouche v. Turquia* (*Application* nº 14600/05), julgamento de 6 de dezembro de 2005.

120. Corte Europeia de Direitos Humanos, caso *Carlson v. Suíça* (*Application* nº 49492/06), julgamento de 6 de novembro de 2008.

do artigo 13 da Convenção da Haia demanda que o ônus da prova do consentimento do genitor abandonado para a transferência ou retenção da criança seja do genitor abdutor. Por seu turno, no caso *M.R. et L.R. v. Estônia*[121], a Corte apontou que o processo para determinar o retorno deve ser completo e justo, abarcando a submissão de documentos e provas pelas partes, a constituição de advogado para representar a criança, a nomeação de psicológico e psicoterapeuta e a possibilidade de recurso. Ademais, alegações de abuso físico ou sexual contra o genitor abdutor ou contra a criança, se não provadas, não são suficientes para caracterizar grave risco à criança, prevalecendo a *presunção de inocência*.

Evidencia-se, assim, a articulação de direitos na regulação da produção probatória, que orbitava tradicionalmente no direito internacional privado em torno da dicotomia da regência pela *lex fori* ou pela *lex diligentiae*[122]. Nos precedentes mencionados, a produção probatória é traduzida em direitos, que são abordados a partir da pluralidade de fontes (Convenção da Haia e Convenção EDH), utilizando o teste de proporcionalidade.

5.5.2.2. A colisão de direitos envolvendo o melhor interesse da criança: a articulação material no direito internacional privado

No tocante aos aspectos materiais do sequestro internacional de crianças, o melhor interesse da criança e as exceções ao seu retorno são os temas cuja interpretação pelos estados mais diverge do parâmetro de controle final estabelecido pela Corte europeia de direitos humanos.

A interpretação dada pelos tribunais locais para alegações de risco (psicológico e físico) criado pelo genitor abandonado e de adaptação do menor ao novo local de residência apresentadas pelos genitores abdutores para a não devolução das crianças foi objeto de várias decisões da Corte EDH, tendo evoluído ao longo dos anos.

O melhor interesse da criança é um conceito jurídico subjetivo, abstrato e impreciso[123], mencionado no preâmbulo da Convenção da Haia, podendo

121. Corte Europeia de Direitos Humanos, caso *M.R. et L.R. v. Estônia* (*Application* nº 13420/12), julgamento de 15 de maio de 2012. No mesmo sentido, ver Corte Europeia de Direitos Humanos, caso *Paradis e outros v. Alemanha* (*Application* nº 4783/03), julgamento de 15 de maio de 2003.

122. DOLINGER, Jacob; TIBURCIO, Carmen. "The forum law rule in international litigation: lex fori or lex diligentiae? – unresolved choice-of-law issues in the transnational rules of civil procedure" *in Texas International Law Journal*, vol. 33, 1997, pp. 425-461. CARVALHO RAMOS, André de. "Obtenção de provas no exterior: para além da lex fori e lex diligentiae" *in Revista de Direito Internacional*, vol. 12, n. 2, 2015, pp. 684-703.

123. O elevado grau de abstração do conceito foi reiterado nos relatórios da Comissão Especial sobre o tema. Conferência da Haia de Direito Internacional Privado. "Report And Conclusions of the fifth Meeting Of

traduzir manifestações de particularismo cultural e social de estados quando utilizado para revestir de legalidade a concessão de direitos de guarda ao genitor abdutor. Tendo em vista o objetivo geral da Convenção de combater o aumento no número de casos de sequestro internacional de crianças, a interpretação do conceito deve privilegiar o retorno da criança ao local da sua residência habitual, com exceção para os casos em que o não retorno se justifica por razões objetivas da criança ou do ambiente em que se encontra.

Dada a extrema imprecisão do conceito, é importante o diálogo das fontes. Em que pese ser órgão de outro tratado (Convenção dos direitos das crianças), o Comitê sobre os Direitos da Criança aponta como elementos a serem considerados na avaliação do melhor interesse da criança: as opiniões da criança sobre as decisões que lhe afetam; a identidade da criança, em termos de nacionalidade, cultura, orientação sexual, religião e personalidade; a preservação do ambiente e das relações familiares; cuidado, proteção e segurança da criança; situações de vulnerabilidade; direito à saúde; e direito à educação[124]. Essa parametrização é importante porque indica a interpretação internacionalista de um tratado (Convenção da ONU sobre os direitos da criança) que incide na temática, servindo para ser feita a ponderação entre o direito ao melhor desenvolvimento da criança e os direitos dos genitores (fundados no direito à vida familiar), sendo a posição do Comitê utilizada expressamente pela Corte em determinados casos.

No caso *Monory v. Romênia*[125], a Corte fixou o entendimento de que "o gozo mútuo pelos pais e filhos da companhia um do outro constitui elemento fundamental da vida familiar", de modo que as medidas adotadas pela legislação e pelos tribunais locais que o impeçam constituem violação ao artigo 8º da Convenção Europeia de direitos humanos. Posteriormente, no caso *Maumousseau e Washington v. França*[126], a Corte EDH afirmou que o objetivo da Convenção da Haia é impedir que o genitor abdutor obtenha reconhecimento jurídico, pela passagem do tempo, de uma situação de fato por ele criada unilateralmente, impedindo que se beneficie do seu próprio ato transgressor.

Beaumont criticou as primeiras decisões da Corte Europeia, especialmente o caso *Monory v. Romênia*, superado, posteriormente, pelo paradigma

The Special Commission", The Hague: Permanent Bureau, 2006. Disponível em: <https://assets.hcch.net/upload/wop/abd_2006_rpt e.pdf>. Acesso em: 30/05/2024.

124. Comitê dos Direitos da Criança, Comentário Geral n. 14, de 2013.

125. Corte Europeia de Direitos Humanos, caso *Monory v. Romênia e Hungria* (*Application* nº 71099/01), julgamento de 5 de abril de 2005.

126. Corte Europeia de Direitos Humanos, caso *Maumousseau e Washington v. França* (*Application* nº 39388/05), julgamento de 6 de dezembro de 2007.

Maumousseau e Washington v. França, afirmando que a interpretação do "melhor interesse da criança" deve ser realizada à luz das condições substantivas para o não retorno enumeradas no artigo 13 da Convenção da Haia sobre os aspectos civis do sequestro internacional de crianças[127].

No caso *Maumousseau e Washington v. França*[128], a Corte definiu que o conceito de *melhor interesse da criança* abarca o seu direito a não ser separado de um de seus genitores e retido pelo outro, o qual considere, correta ou incorretamente, que possui direitos de guarda iguais ou superiores em relação à criança. Nesse sentido, a Corte enfatiza que a noção de "melhor interesse" deve ser interpretada de maneira coerente e consistente, independentemente da convenção internacional invocada.

Em termos de pluralismo jurídico no direito internacional privado, o caso *Neulinger e Shuruk v. Suíça*, reiterado na decisão do caso *X. v. Letônia*[129], enumera os princípios gerais sobre a interpretação dos dispositivos da Convenção Europeia de direitos humanos em conjunto com a Convenção da Haia e a Convenção da ONU sobre os direitos da criança, devendo levar em consideração os direitos da criança (aos quais deve ser dada prevalência), dos genitores, bem como a ordem pública, com citação expressa da posição do Comitê dos Direitos da Criança.

O melhor interesse da criança abarca a manutenção dos vínculos familiares e o seu desenvolvimento saudável, devendo ser determinado em cada caso, com a análise de uma variedade de circunstâncias individuais relacionadas à idade, ao nível de maturidade, à presença ou ausência dos pais, às experiências e ao meio social. Diante disso, o retorno da criança ao Estado de residência habitual não pode ser determinado automaticamente, cabendo às autoridades locais, que possuem contato direto com os envolvidos, o exame da situação familiar e de fatores de ordem fática, emocional, psicológica, material e médica, para determinar seu melhor interesse[130].

No caso *Vujica v. Croácia*, a Corte reiterou que o melhor interesse de cada criança deve ser analisado individualmente, condenando Estado réu

127. BEAUMONT, Paul R. "The Jurisprudence of the European Court of Human Rights and the European Court of Justice on the Hague Convention on International Child Abduction" *in Recueil des Cours de l´Académie de Droit International de la Haye*, vol. 335, 2008, pp. 9-104, em especial p. 57.

128. Corte Europeia de Direitos Humanos, caso *Maumousseau e Washington v. França* (*Application* nº 39388/05), julgamento de 6 de dezembro de 2007.

129. Corte Europeia de Direitos Humanos, caso *X v. Letônia* (*Application* nº 27853/09), julgamento de 26 de novembro de 2013.

130. Corte Europeia de Direitos Humanos, caso *Neulinger e Shuruk v. Suiça* (*Application* nº 41615/07), julgamento de 6 de julho de 2010, em especial parágrafo 50 (menção ao Comitê dos Direitos das Crianças).

que analisou conjuntamente o melhor interesse de irmãos, sem levar em consideração as características de cada um. Nesse caso, também foi mencionado expressamente o Comentário Geral n. 14 (2013) do Comitê dos Direitos da Criança, pelo qual as colisões entre direitos na temática devem ser resolvidas de acordo com as características do caso concreto, em uma ponderação dos direitos de todos os envolvidos, justificando o uso do teste de proporcionalidade no direito internacional privado da atualidade[131].

5.5.2.3. *A colisão de direitos envolvendo as exceções ao retorno da criança: a articulação material no direito internacional privado*

A diretriz geral de retorno imediato da criança possui exceções, previstas no artigo 13 da Convenção da Haia sobre aspectos civis do sequestro internacional de crianças, relacionadas (i) ao não exercício do direito de guarda à época da retenção da criança, (ii) consentimento da transferência ou retenção pelo genitor abandonado, (iii) exposição da criança a perigos de ordem física ou psíquica ou a situação intolerável no retorno ao seu Estado de residência habitual[132] ou (iv) recusa da criança com suficiente grau de maturidade para se opor ao retorno. Na ausência de dispositivo sobre ordem pública na referida Convenção da Haia, o artigo 20 da Convenção estipula que o retorno imediato da criança pode ser (v) recusado se incompatível com os "princípios fundamentais do Estado requerido com relação à proteção dos direitos humanos e das liberdades fundamentais".

O artigo 13.1.b da Convenção da Haia é o argumento mais invocado pelos genitores abdutores para subsidiar a recusa do retorno da criança ao Estado de sua residência habitual[133], cabendo o alerta de Skoler sobre a

131. No original: "101. In this respect the Court refers to the General Comment nº 14 of the Committee on the Rights of the Child according to which potential conflicts between the best interests of a child, considered individually, and those of a group of children have to be resolved on a case-by-case basis, carefully balancing the interests of all parties and finding a suitable compromise". Corte Europeia de Direitos Humanos, caso *Vujica v. Croácia* (*Application* nº 56163/12), julgamento de 8 de outubro de 2015, parágrafo 101.

132. Tiburcio e Calmon diferenciam *situação intolerável* de *grave risco*, apontando que a situação intolerável abarca situações externas à criança – riscos conjunturais no local de residência habitual da criança como epidemias e devastações, bem como atos de abuso contra o genitor abdutor – que justificam o seu não retorno. TIBURCIO, Carmen; CALMON, Guilherme. *Sequestro internacional de crianças: comentários à Convenção da Haia de 1980*. São Paulo: Atlas, 2014, p. 290.

133. Conferência da Haia de Direito Internacional Privado. LOWE, Nigel. "A statistical analysis of applications made in 2008 under the Hague Convention of 25 october 1980 on the civil aspects of international child abduction. Part I". Cardiff University Law School. Disponível em: https://assets.hcch.net/upload/wop/abduct2011pd08ae.pdf. Acesso em: 30/05/2024.

influência dos usos e abusos das questões psicológicas, que podem gerar síndrome de alienação parental ou de sequestro (*parental alienation syndrome* e *child hostage syndrome*), nas decisões sobre o retorno das crianças[134].

Por este motivo, Silberman demonstra grande preocupação com a interpretação do artigo 13.b[135], tendo sido, inclusive, elaborado no 7º Encontro da Comissão Especial de operacionalização prática da Convenção da Haia uma proposta de guia prático, que estabelece o exame das exceções não limitado às circunstâncias pretéritas à subtração, devendo-se avaliar o cenário em que a criança viveria se restituída imediatamente[136].

No já citado caso *Neulinger e Shuruk v. Suíça*, a Corte estabeleceu que o teste para determinação à integração social da criança no Estado deve ser análogo ao realizado pela jurisprudência da Corte EDH nos casos de expulsão de estrangeiros, levando em consideração a solidez dos seus vínculos sociais, culturais e familiares, além da seriedade das dificuldades que serão enfrentadas no Estado de retorno, sendo o aprendizado do idioma e a frequência a creches e escolas locais indícios de enraizamento no Estado[137].

Esse raciocínio da Corte recebeu várias críticas, já que a lentidão no processamento do pedido de retorno e a consequente integração da criança ao meio pela passagem do tempo beneficiariam o abdutor, minando, também, o caráter preventivo da Convenção[138].

Contudo, essa decisão não alterou a lógica de interpretação da Corte EDH nos casos de sequestro internacional de crianças. A análise completa de todo o histórico familiar vista no caso *Neulinger e Shuruk v. Suíça* foi

---

134. SKOLER, Glen. "A Psychological Critique of International Child Custody and Abduction Law" *in Family Law Quarterly*, vol. 32, 1998, pp. 557-602, em especial p. 558 e seguintes.

135. SILBERMAN, Linda. "Patching up the abduction convention: a call for a new international protocol and a suggestion for amendments to ICARA" *in Texas International Law Journal*, vol. 38, 2003, pp. 41-62.

136. Conferência da Haia de Direito Internacional Privado. "Draft – Guide to good practice on article 13(1)(b) of the Hague convention of 25 october 1980 on the civil aspects of international child abduction. Part V – article 13(1)(b)". Disponível em https://assets.hcch.net/docs/0a0532b7-d580-4e53-8c25-7edab2a94284.pdf. Acesso em: 30/05/2024.

137. Corte Europeia de Direitos Humanos, caso Neulinger e Shuruk v. Suiça (*Application* nº 41615/07), julgamento de 6 de julho de 2010.

138. Para críticas, ver, entre outros, PATON, Jennifer. "The Correct Approach to the Examination of the Best Interests of the Child in Abduction Convention Proceedings Following the Decision of the Supreme Court in Re E (Children) (Abduction: Custody Appeal)" *in Journal of Private International Law*, vol. 8, 2012, pp. 547-576, em especial p. 549; WALKER, Lara. "The Impact of the Hague Abduction Convention on the Rights of the Family in the Case-Law of the European Court of Human Rights and the UN Human Rights Committee: The Danger of Neulinger" *in Journal of Private International Law*, vol. 6, 2010, pp. 649-682; BEAUMONT, Paul; TRIMMINGS, Katarina; WALKER, Lara; HOLLIDAY, Jayne." Child Abduction: Recent Jurisprudence of the European Court of Human Rights" *in International and Comparative Law Quarterly*, vol. 64, 2015, pp. 39-64, em especial p. 43 e seguintes.

aperfeiçoada no caso *X v. Letônia*[139], no qual se enfatizou que o exame do melhor interesse da criança para fins do seu retorno difere do seu exame em casos internos de guarda (mostrando a especificidade da situação transnacional), devendo ser analisados os fatores que podem impedir o retorno imediato da criança à luz da Convenção da Haia (aceitando a pluralidade das fontes envolvida na temática). Elucida o juiz Pinto de Albuquerque que o objetivo da Corte no julgamento do caso *Neulinger e Shuruk v. Suíça* era afirmar que a Convenção da Haia deveria ter uma interpretação evolutiva, de modo que o exame das exceções ao retorno fosse realizado em conformidade com as condições sociais e tendências sociológicas atuais. Os objetivos atuais da Convenção da Haia exigem a preponderância do melhor interesse da criança como princípio de direito internacional, não podendo sua interpretação ser baseada em suposição ultrapassada, unilateral e simplista em favor do genitor abandonado, que ignora a situação real da criança e de sua família e prevê uma abordagem meramente punitiva no caso de sequestro pelo principal cuidador da criança[140].

Assim, no caso *X v. Letônia*, a Corte EDH exigiu que os estados analisassem o caso concreto em um modo "não automático e estereotipado" (*non automatic and stereotyped*)[141], o que confirma a necessidade de um teste de proporcionalidade *in concreto* e que leve em consideração a pluralidade das fontes (ou seja, as especificidades da situação transnacional e a Convenção da Haia).

Esses precedentes da Corte EDH são valiosos porque, de um lado, exigem que os Estados *fundamentem* a decisão (pelo retorno ou não retorno) com base na situação real da criança e de seus genitores (os direitos do abdutor e o genitor abandonado), e, de outro lado, *sopesem* a especificidade da situação transnacional (a retirada ilícita de um Estado para outro).

A Corte também enfrentou alegações genéricas envolvendo a não devolução por existência de "grave risco à criança". Conforme reiterado no caso *G.S v. Geórgia*[142], o grave risco mencionado no artigo 13.b da Conven-

139. Corte Europeia de Direitos Humanos, caso *X v. Letônia* (*Application* nº 27853/09), julgamento de 26 de novembro de 2013.

140. Corte Europeia de Direitos Humanos, caso *X v. Letônia* (*Application* nº 27853/09), julgamento de 26 de novembro de 2013.

141. Corte Europeia de Direitos Humanos, caso *X v. Letônia* (*Application* nº 27853/09), julgamento de 26 de novembro de 2013.

142. Corte Europeia de Direitos Humanos, caso *G.S. v. Geórgia* (*Application* nº 2361/13), julgamento de 21 de julho de 2015. No mesmo sentido, Corte Europeia de Direitos Humanos, caso Maumousseau e Washington v. França (*Application* nº 39388/05), julgamento 6 de dezembro de 2007.

ção da Haia não pode decorrer exclusivamente da separação da criança e do genitor responsável pela sua retenção ou transferência ilegal, a qual, a despeito da difícil situação gerada para a criança, não se enquadra automaticamente no conceito de exceção de retorno. Igualmente, no caso *Ilker Ensar Uyanık v. Turquia*[143], foi decidido que a tenra idade e a dependência do genitor abdutor não são suficientes para caracterizar, por si só, motivos para o não retorno.

Ademais, a Corte reforçou, no caso *G.N v. Polônia*[144] e *no* caso *K.J v. Polônia*[145], que ao negar o retorno da criança ao Estado de sua residência habitual com fundamento no grave risco de separação da criança do genitor abdutor, o tribunal local deve analisar a possibilidade e os impedimentos do retorno do genitor abdutor juntamente com a criança. Nessa linha, no caso *Blaga v. Romênia*[146], a Corte reiterou que os tribunais locais devem verificar se as medidas adequadas para conter o risco e garantir a segurança da criança foram tomadas, por exemplo, o retorno da criança com o genitor abdutor para residir juntos, separadamente do genitor abandonado, na pendência da decisão sobre a guarda.

Ainda em relação ao conceito de grave risco, a Corte EDH condenou Estados pelo descumprimento do dever de analisar os aspectos materiais do risco à criança antes de determinar o seu retorno, no caso *X v. Letônia*[147], caso *B. v Bélgica*[148], caso *Šneersone e Kampanella v. Itália*[149], caso *Neulinger e Shuruk v. Suíça*[150] e caso *Karrer v. Romênia*[151]. Para a Corte, compete ao genitor que se opõe ao retorno o ônus de provar o grave risco, o que, no caso concreto, pode ser realizado, por exemplo, com a juntada de relatório

143. Corte Europeia de Direitos Humanos, caso *Ilker Ensar Uyanık v. Turquia* (*Application nº* 60328/09), julgamento de 3 de maio de 2012.

144. Corte Europeia de Direitos Humanos, caso G.N v. Polônia (*Application* nº 2171/14), julgamento de 19 de julho de 2016.

145. Corte Europeia de Direitos Humanos, caso K.J. v. Polônia (*Application* nº 30813/14), julgamento de 1 de março de 2016.

146. Corte Europeia de Direitos Humanos, caso Blaga v. Romênia (*Application* nº 54443/10), julgamento de 1 de julho de 2014.

147. Corte Europeia de Direitos Humanos, caso *X. v. Letônia* (*Application* nº 27853/09), julgamento de 26 de novembro de 2013.

148. Corte Europeia de Direitos Humanos, caso *B. v. Bélgica* (*Application* nº 4320/11), julgamento de 10 de julho de 2012.

149. Corte Europeia de Direitos Humanos, caso *Šneersone e Kampanella v. Itália* (*Application* nº 14737/09), julgamento de 12 de julho de 2011.

150. Corte Europeia de Direitos Humanos, caso *Neulinger e Shuruk v. Suíça* (*Application* nº 41615/07), julgamento de 6 de julho de 2010.

151. Corte Europeia de Direitos Humanos, caso *Karrer v. Romênia* (*Application* nº 16965/10), julgamento de 21 de fevereiro de 2010.

psicológico atestando que a separação da criança daquele genitor ocasionaria risco de trauma.

Nos casos em que a possibilidade de trauma psicológico para a criança é atestado por laudo, a Corte entende *não* ser salvaguarda adequada para proteção da criança a emissão de uma decisão de retorno que pretenda minimizar o trauma com o compromisso de manutenção de contato esporádico entre a criança e o genitor abdutor, rematrícula da criança na sua escola original e matrícula em escola de idioma estrangeiro para manter o vínculo com o Estado do genitor abdutor. Ademais, parecer do Ministério Público requisitando mais investigações previamente à decisão de retorno, condenações criminais, tratamentos de saúde, recursos financeiros e condições para habitação com o genitor também são elementos a serem ponderados na decisão sobre o retorno da criança[152].

Tais decisões da Corte EDH demonstram a necessidade dos Estados buscarem elementos concretos no teste de proporcionalidade na colisão de direitos. Ao mesmo tempo em que o ônus probatório do risco físico ou psicológico à criança gerado pela devolução é do abdutor, seu *direito à prova* também deve ser preservado.

Sobre o tema da prova, a Corte admite que o Estado pode não dar crédito total a prova produzida unilateralmente por uma das partes, devendo, todavia, para desconsiderá-la, determinar a nomeação de peritos ou especialistas e a realização de investigação no Estado de residência habitual da criança. Nesse sentido, no caso *G.S v. Geórgia*[153] e no caso *Ferrari v. Romênia*[154], a Corte entendeu como deficiente a fundamentação dos tribunais locais que emitiram ordem de não retorno com justificativa vaga de grave risco, não especificado ou provado, exemplificado na alegação de que viagens frequentes do genitor em razão da sua profissão como piloto militar interferiam no melhor interesse da criança.

Novamente, a interpretação internacionalista da Corte impõe freios a eventual *lex-forismo* dos estados, que não podem sopesar de modo

152. No caso *Šneersone e Kampanella v. Itália*, a Corte entendeu como violação ao artigo 8º da Convenção Europeia de direitos humanos desconsiderar as evidências de que o genitor abdutor não teria condições financeiras de retornar e se manter no Estado de residência habitual da criança, por não possuir emprego e familiaridade com o idioma local. Corte Europeia de Direitos Humanos, caso *Šneersone e Kampanella v. Itália* (*Application* nº 14737/09), julgamento de 12 de julho de 2011.

153. Corte Europeia de Direitos Humanos, caso *G.S. v. Geórgia* (*Application* nº 2361/13), julgamento de 21 de julho de 2015.

154. Corte Europeia de Direitos Humanos, caso *Ferrari v. Romênia* (*Application* nº 1714/10), julgamento de 28 de abril de 2015.

desequilibrado o que vem a ser o "melhor interesse da criança" ou o "grave risco" do retorno.

A não execução de ordem de retorno por oposição da criança que deseja permanecer com o genitor abdutor foi analisada no caso *Raw v. França*[155], tendo a Corte afirmado que, ainda que a opinião da criança deva ser levada em consideração, sua objeção não é necessariamente suficiente para impedir o seu retorno ao Estado da sua residência habitual. Recentemente, contudo, no caso *M.K v. Grécia*[156], a Corte decidiu que a opinião expressa por criança com compreensão suficiente da realidade é fator relevante em processo judicial ou administrativo que a afete, justificando a recusa do retorno a sua oposição quando já atingiu idade e grau de maturidade adequados, especialmente considerando, no caso, a proximidade da criança com irmão que permaneceria no Estado do genitor abdutor[157]. Dolinger ressalva que a manifestação da vontade da criança é complexa, pois exige discernimento do tribunal para avaliar a maturidade da criança em expressar a sua própria vontade ao mesmo tempo em que envolve a criança diretamente no litígio dos pais[158].

Diferentemente da prioridade no retorno da criança, o retorno do genitor abdutor para o Estado de residência habitual é tema delicado. Para Beaumont, a Convenção Europeia de direitos humanos pressupõe o direito do genitor abdutor de participar dos procedimentos para determinação da guarda da criança em prazo razoável no Estado da residência habitual, sendo considerada denegação flagrante de justiça capaz de obstar a ordem de retorno da criança o seu indiciamento criminal ou a recusa de entrada por restrições de visto[159].

Nesse sentido, a Corte EDH já afirmou que a possibilidade do genitor enfrentar procedimentos criminais caso retorne com a criança pode justificar a ordem de não retorno se o genitor abdutor for o principal

---

155. Corte Europeia de Direitos Humanos, caso *Raw v. França* (*Application* nº 10131/11), julgamento de 7 de março de 2013. Sobre o tema, ver também Corte Europeia de Direitos Humanos, caso *Maumousseau e Washington v. França* (*Application* nº 39388/05), julgamento 6 de dezembro de 2007.

156. Corte Europeia de Direitos Humanos, caso *M.K v. Grécia* (*Application* nº 51312/16), julgamento de 1 de fevereiro de 2018.

157. O juiz Koskelo critica a decisão majoritária da Corte em seu voto divergente em separado, afirmando que o melhor interesse da criança deve ser analisado em conformidade com os demais princípios de direito, de modo que uma decisão final ordenando o retorno da criança não pode ser derrogada com base em investigações subsequentes em questões já julgadas, sem violar o devido processo legal. Corte Europeia de Direitos Humanos, caso *M.K v. Grécia* (*Application* nº 51312/16), julgamento de 1 de fevereiro de 2018.

158. DOLINGER, Jacob. *Direito Internacional Privado – A criança no Direito Internacional*. Rio de Janeiro: Renovar, 2003, p. 261 e seguintes.

159. BEAUMONT, Paul R. "The Jurisprudence of the European Court of Human Rights and the European Court of Justice on the Hague Convention on International Child Abduction" *in Recueil des Cours de l´Académie de Droit International de la Haye*, vol. 335, 2008, pp. 9-104, em especial p. 62.

cuidador da criança[160]. A Corte enfatiza que a possibilidade do genitor abdutor retornar com a criança para o Estado de sua residência habitual para determinar os direitos de guarda e visita é um dos fatores determinantes para a concessão da ordem de retorno[161].

Em matéria de execução, é uma obrigação positiva do Estado, na visão da Corte Europeia, adotar medidas para a implementação de decisão que determina o retorno[162]. No caso *Ignaccolo-Zenide v. Romênia*[163], a Corte afirmou que a passagem do tempo pode ocasionar consequências graves e permanentes para o relacionamento entre a criança e o genitor abandonado, cabendo às autoridades locais a adoção das medidas necessárias para a rápida implementação de ordens de retorno emitidas. No caso, ao longo de quatro anos, apenas poucas tentativas de cumprimento da decisão de retorno foram realizadas, sem a apresentação de explicação satisfatória ou adoção de medidas acessórias contra o genitor abdutor que não entregou as crianças para o seu retorno. Ao contrário, no caso *Couderc v. República Checa*[164], a demora de oito meses para o cumprimento da ordem de retorno foi considerada dentro da margem de apreciação estatal, especialmente diante das várias ordens, tentativas de execução e processamento de ação criminal contra o genitor abdutor.

Sobre o tema, no caso *Sylvester v. Áustria*[165], foi estabelecido que o descumprimento de decisões que determinem o retorno somente pode decorrer de fatos excepcionais que alterem o melhor interesse da criança, não podendo ser justificado pela lentidão dos tribunais locais na execução da ordem. Recentemente, no caso *Edina Tóth v. Hungria*[166], a Corte con-

---

160. Corte Europeia de Direitos Humanos, caso *Neulinger e Shuruk v. Suíça* (*Application* nº 41615/07), julgamento de 6 de julho de 2010.

161. Corte Europeia de Direitos Humanos, caso *Maumousseau e Washington v. França* (*Application* nº 39388/05), julgamento 6 de dezembro de 2007. No mesmo sentido, ver Corte Europeia de Direitos Humanos, caso *Lipkowsky e McCormack v. Alemanha* (*Application* nº 26755/10), julgamento de 18 de janeiro de 2011; Corte Europeia de Direitos Humanos, caso *X v. Letônia* (*Application* nº 27853/09), julgamento de 26 de novembro de 2013.

162. Corte Europeia de Direitos Humanos, caso *Ignaccolo-Zenide v. Romênia* (*Application* nº 31679/96), julgamento de 25 de janeiro de 2000. No mesmo sentido, ver Corte Europeia de Direitos Humanos, caso *Bajrami v. Albania (Application* nº *35853/04)*, julgamento *de 12 de dezembro de 2006.*

163. Corte Europeia de Direitos Humanos, caso *Ignaccolo-Zenide v. Romênia* (*Application* nº 31679/96), julgamento de 25 de janeiro de 2000. No mesmo sentido, ver também Corte Europeia de Direitos Humanos, caso Karadžić v. Croácia (*Application* nº 35030/04), julgamento de 15 de dezembro de 2005.

164. Corte Europeia de Direitos Humanos, caso *Couderc v. República Checa (Application* nº *54429/00)*, julgamento de1 de janeiro de 2001.

165. Corte Europeia de Direitos Humanos, caso *Sylvester v. Áustria* (*Application* nº 36812/97), julgamento de 24 de abril de 2003. No mesmo sentido, Corte Europeia de Direitos Humanos, caso *Iglesias Gil e A.U.I v. Espanha* (*Application* nº 56673/00), julgamento de 29 de abril de 2003.

166. Corte Europeia de Direitos Humanos, caso *Edina Tóth v. Hungria* (*Application* nº 51323/14), julgamento de 30 de janeiro de 2018.

denou Estado por não adotar medidas adequadas para implementação de decisão de retorno da criança, já que, mesmo ciente do paradeiro do genitor abdutor, não o intimou para se manifestar sobre a localização da criança.

O posicionamento da Corte combate, no plano da execução da decisão, eventual favorecimento ao genitor abdutor, em geral nacional do Estado. Trata-se de valorização da cooperação jurídica internacional em matéria civil, evitando que toda a articulação feita anteriormente seja desrespeitada.

5.5.2.4. A colisão de direitos envolvendo a exceção ao retorno por violação de direitos humanos: a articulação material no direito internacional privado

A última exceção ao retorno está prevista no artigo 20[167] da Convenção da Haia, que foi elaborado e incluído estrategicamente ao final do capítulo sobre o retorno da criança com finalidade excepcional. A incidência do artigo pressupõe a demonstração de que o Estado não permite o retorno por razões extrínsecas à relação entre a criança e seus genitores, afetas à violação dos "princípios fundamentais do Estado requerido com relação à proteção dos direitos humanos e das liberdades fundamentais"[168].

Tibúrcio e Calmon apontam ser o artigo 20 um limite ao artigo 12 da Convenção da Haia, que atua como controle interno de compatibilidade com às Constituições dos Estados[169], podendo incluir violação ao devido processo legal e ofensa à legislação local que coíbe violência doméstica (a exemplo da lei brasileira n. 11.340/2006, Lei Maria da Penha).

Para Bruch, o artigo 20 da Convenção da Haia deve ser lido conjuntamente com a Convenção das Nações Unidas sobre os direitos da criança, de modo que questões de gênero para definição da guarda, entendimento sobre o melhor interesse da criança ou práticas culturais em violação a direitos humanos podem impedir a decisão de retorno[170].

---

167. Artigo 20."O retorno da criança de acordo com as disposições contidas no Artigo 12° poderá ser recusado quando não for compatível com os princípios fundamentais do Estado requerido com relação à proteção dos direitos humanos e das liberdades fundamentais".

168. Conferência da Haia de Direito Internacional Privado."Pérez-Vera Report. Explanatory Report on the 1980 Hague Child Abduction Convention", 1982. Disponível em: https://www.hcch.net/en/publications-and-studies/details4/?pid=2779. Acesso em: 30/05/2024.

169. TIBURCIO, Carmen; CALMON, Guilherme. *Sequestro internacional de crianças: comentários à Convenção da Haia de 1980.*São Paulo: Atlas, 2014, p. 370.

170. BRUCH, Carol S. "Religious law, secular practices, and children's human rights in child abduction cases under the Hague child abduction convention" *in International law and politics*, vol. 33, 2000, pp. 49-58, em especial p. 53 e seguintes.

Trimmings e Beaumont citam como exemplo de fundamentos para negativa do retorno com base no artigo 20 da Convenção da Haia as situações de guerra ou revoluções que causem alterações radicais no sistema jurídico local ou violações sistemáticas a convenções internacionais de direitos humanos, casos extremos de violência doméstica contra o genitor abdutor considerando os procedimentos judiciais e administrativos disponíveis para a sua proteção no Estado de residência habitual da criança e aplicação do princípio do *non-refoulement* quando for concedido refúgio à criança[171].

Nesse panorama, diante da ainda incipiente jurisprudência específica sobre o artigo 20 da Convenção da Haia, alguns questionamentos hipotéticos podem ser formulados. Poderia o Estado para onde a criança abduzida foi levada, que adota o ensino religioso nas suas escolas, impedir o retorno de uma criança alegando que o Estado da residência habitual, apesar de democrático, só disponibiliza educação pública laica e especialmente proíbe que os estudantes ingressem no recinto escolar portando símbolos religiosos ostensivos (mesmo que de cunho individual e sem proselitismo), o que, na visão do Estado requerido é gravemente ofensivo à liberdade religiosa e ao direito difuso à diversidade cultural?

Obviamente, no caso hipotético, o Estado democrático da residência habitual da criança abduzida não reconheceria que as condutas questionadas representam ofensa aos direitos humanos, sustentando possuir estrutura judicial adequada para promover os direitos previstos nas Constituições e nos tratados ratificados.

Percebe-se que o artigo 20 oferece mais uma oportunidade para que sejam aferidos, em concreto, a colisão de direitos e o diálogo das fontes: será necessário verificar, de acordo com os parâmetros internacionais e sopesando as interpretações em conflito, o que vem a ser a violação da "proteção de direitos humanos e liberdades fundamentais" no Estado do genitor abandonado, evitando, com isso, tanto o *lex-forismo* quanto a crença absoluta na *lex causae*.

No caso hipotético, inspirado na proibição de símbolos religiosos islâmicos na Europa[172], já houve o escrutínio da Corte EDH relativamente a

171. TRIMMINGS, Katarina; BEAUMONT, Paul. "Article 20 of the 1980 Hague Abduction Convention" *in Journal of Comparative Law*, vol. 9, 2014, pp. 66-88, em especial p. 84 e seguintes.

172. Holanda, Alemanha, Áustria, França, Bélgica, Itália, Espanha, Reino Unido, Turquia, Dinamarca, Suíça e Rússia adotaram medidas (quer no plano federal, ou, ao menos no plano dos entes federados) para proibir véus islâmicos que cubram totalmente a face em público ou, no mínimo, em locais estatais. Ver em "The Islamic Veil Across Europe", BBC, 31 de janeiro de 2017. Disponível em: www.bbc.com/news/world-europe-13038095. Acesso em: 30/05/2024. Ver também BENNOUNE, Karima. "Secularism and human rights: a contextual analysis of headscarves, religious expression, and women's equality under international law" *in Columbia Journal Transnational Law*, vol. 45, 2007, pp. 367-426.

determinadas proibições nacionais europeias tanto em espaços públicos[173] quanto em espaços educacionais, tendo a Corte reiteradamente entendido que a proibição cumpria o teste de proporcionalidade para assegurar um fim legítimo (laicidade) em uma sociedade democrática, sugerindo ainda a possibilidade de um proselitismo religioso indireto (e por isso, ilegítimo) em especial no uso de véu por profissional do ensino[174].

Contudo, no rumoroso caso *Lautsi* sobre a afixação de crucifixo cristão em escolas públicas italianas (o que seria ofensivo ao direito à educação laica e à liberdade religiosa negativa - não ser a criança exposta à crença religiosa em espaço estatal), a Corte, por maioria, entendeu que não se tratava de proselitismo indireto, devendo ser respeitado o direito à manifestação cultural de ampla aceitação no Estado réu[175].

Não se objetiva explorar na presente obra eventual parâmetro duplo (*double standard)* da Corte EDH, mas demonstrar que é possível, na articulação das ordens jurídicas no âmbito do diálogo das fontes, trazer tais referências cruzadas e inclusive questionar determinados precedentes nacionais ou internacionais de interpretação.

As divergências na interpretação de direitos entre a *lex fori* e a *lex causae* devem estar amparadas, de acordo com o que esta obra defende, no diálogo das fontes parametrizado pela proteção dos vulneráveis e no uso das referências cruzadas.

O uso explícito e fundamentado do teste de proporcionalidade - que, obviamente, não logra unanimidades no mundo dos direitos em conflito - gera a construção do direito internacional privado da coerência, respeitando as suas pluralidades, como se verá abaixo.

5.5.3. A colisão de direitos envolvendo o pluralismo jurídico: a articulação entre direitos previstos em tratados no direito internacional privado

A temática do sequestro internacional de crianças é, conforme visto, regulamentada, pela Convenção da Haia sobre os aspectos civis do sequestro

173. Corte Europeia de Direitos Humanos, caso *S.A.S v. França,* julgamento de 26 de junho de 2014.

174. No caso, professora de escola primária de fé islâmica processou a Suíça na Corte Europeia de Direitos Humanos alegando violação da sua liberdade religiosa pela proibição de uso do véu islâmico no seu trabalho. A Suíça foi vitoriosa. Na Corte, foi levado em consideração o proselitismo indireto inadmissível em escolas mesmo sem qualquer menção feita pela professora à fé, bastando a utilização do símbolo religioso, uma vez que suas aulas eram ministradas a crianças menores de idade. Corte Europeia de Direitos Humanos, caso *Dahlab v. Suíça,* julgamento de 15 de fevereiro de 2001.

175. No caso *Lautsi,* a Corte decidiu que não existia proselitismo indireto pela mera presença passiva do símbolo religioso cristão. Corte Europeia de Direitos Humanos, caso *Lautsi e outros v. Itália,* julgamento de 18 de março de 2011 (Tribunal Pleno).

internacional de crianças, bem como em vários outros instrumentos multilaterais e regionais relativos ao tema. No caso *K.J v. Polônia*, por exemplo, o procedimento de retorno foi analisado sob a ótica da Convenção Europeia de direitos humanos, da Convenção da Haia sobre os aspectos civis do sequestro internacional de crianças, do Regulamento Bruxelas II *bis* e da Convenção Europeia sobre o reconhecimento e a execução das decisões relativas à guarda de menores e sobre o restabelecimento da guarda de menores[176].

No âmbito europeu, a relação complementar entre a Convenção da Haia e o Regulamento Bruxelas II *bis* foi analisada, pela primeira vez, no caso *Šneersone e Kampanella v. Itália*[177], sobre ordem de retorno pelo Estado de residência habitual da criança em contrariedade a decisão de não retorno previamente emitida no Estado onde retida, nos termos do artigo 11.8 do Regulamento. Para a Corte EDH, nesse caso específico, ocorreu violação ao artigo 8º da Convenção Europeia na emissão de ordem de retorno, pelo Estado de residência habitual, sem a análise adequada do melhor interesse da criança.

Grife-se que a aplicação do Regulamento Bruxelas II *bis* em casos de sequestro internacional de crianças não altera a interpretação da Corte EDH, mas possui algumas feições específicas, tal qual a maior eficiência e rigor no cumprimento do prazo de seis semanas para o procedimento de retorno, o que ocasionou a condenação do Estado, no caso *Shaw v. Hungria*[178], por ultrapassar em cerca de seis meses o prazo.

Tema complexo dentro da interpretação de casos de sequestro internacional de crianças é o escopo concomitante de competência da Corte Europeia de Direitos Humanos e do Tribunal de Justiça da União Europeia no cumprimento de decisão de retorno emitida por tribunal do Estado do local da residência habitual da criança após, e em contrariedade, a ordem de não retorno emitida por tribunal do local de retenção da criança, nos termos dos artigos 11.8 e 42 do Regulamento Bruxelas II *bis*.

No caso *Doris Povse v. Mauro Alpago*, o Tribunal de Justiça da União Europeia confirmou a possibilidade de tribunal do Estado do local de residência habitual da criança emitir uma ordem de retorno – sobrepondo-se

176. Corte Europeia de Direitos Humanos, caso *K.J. v. Polônia* (*Application* nº 30813/14), julgamento de 1 de março de 2016.

177. Corte Europeia de Direitos Humanos, caso *Šneersone e Kampanella v. Itália* (*Application* nº 14737/09), julgamento de 12 de julho de 2011.

178. Corte Europeia de Direitos Humanos, caso *Shaw v. Hungria* (*Application* nº 6457/09), julgamento de 26 de julho de 2011. Sobre o tema, ver: FAWCETT, James J.; SHÚILLEABHÁIN, Máire Ní; SHAH, Sangeeta. *Human Rights and Private International Law*. Oxford: Oxford University Press, 2016, em especial p. 738 e seguintes.

a uma ordem de não retorno previamente emitida pelos tribunais do local de retenção da criança – mesmo na pendência da decisão sobre a guarda, na medida em que o objetivo do Regulamento Bruxelas II *bis* era o retorno expedito da criança[179]. Posteriormente instada a se manifestar sobre violação ao artigo 8º da Convenção Europeia de direitos humanos, a Corte EDH afirmou que o estrito cumprimento da ordem de retorno não caracteriza violação à Convenção Europeia, na medida em que a proteção dos direitos fundamentais conferida pelo sistema da União Europeia, especialmente considerando o conteúdo dos direitos e o TJUE como mecanismo que controla a sua observância, é, em princípio, equivalente à proteção conferida pelo sistema da Convenção Europeia de direitos humanos[180]. Assim, a decisão de ambos os tribunais valorizou a cooperação internacional e reconhecimento mútuo entre seus precedentes[181].

No panorama envolvendo casos de sequestro internacional de crianças, o Tribunal de Justiça da União Europeia analisa a compatibilidade dos artigos 7, 24 e 47 da Carta dos direitos fundamentais da União Europeia com o regulamento Bruxelas *bis* II. No caso *Rinau v. Rinau* (C-195/08)[182], no caso *Deticek v. Sgueglia* (C-403/09)[183] e no caso *Aguirre Zarraga* (C-491/10)[184], o Tribunal ordenou o retorno da criança com base no regulamento Bruxelas II *bis* e no artigo 24 da Carta dos direitos fundamentais da União Europeia, fundamentando a decisão no direito da criança ter contato com os dois genitores e na confiança mútua nas decisões emitidas por outros estados membros.

Fawcett, Shúilleabháin e Shah[185] criticam o Tribunal de Justiça por desconsiderar, nas suas decisões, a necessidade de examinar as exceções ao retorno, especialmente após longo período de permanência da criança fora

179. Tribunal de Justiça da União Europeia, caso C-211/10 (caso Doris Povse v. Mauro Alpago), julgamento de 1 de julho de 2010.

180. No original: "Applying these principles in the present case, the Court reiterates, firstly, that it has already found that the protection of fundamental rights afforded by the European Union is in principle equivalent to that of the Convention system as regards both the substantive guarantees offered and the mechanisms controlling their observance. In respect of the latter aspect, the Court had particular regard to the role of the European Court of Justice (see Bosphorus Hava Yolları Turizm ve Ticaret Anonim Şirketi, cited above, §§ 160-165, and Michaud, cited above, §§ 106-111)". Corte Europeia de Direitos Humanos, caso *Povse v. Austria* (*Application* nº 3890/11), julgamento de 18 de junho de 2013, parágrafo 77.

181. Sobre o tema, ver BEAUMONT, Paul; TRIMMINGS, Katarina; WALKER, Lara; HOLLIDAY, Jayne." Child Abduction: Recent Jurisprudence of the European Court of Human Rights" *in International and Comparative Law Quarterly*, vol. 64, 2015, pp. 39-64.

182. Tribunal de Justiça das Comunidades Europeias, caso C-195/08, julgamento de 11 de julho de 2008.

183. Tribunal de Justiça da União Europeia, caso C-403/09, julgamento de 23 de dezembro de 2009.

184. Tribunal de Justiça da União Europeia, caso C-491/10, julgamento de 22 de dezembro de 2010.

185. FAWCETT, James J.; SHÚILLEABHÁIN, Máire Ní; SHAH, Sangeeta. *Human Rights and Private International Law*. Oxford: Oxford University Press, 2016, em especial p. 750 e seguintes.

do Estado de sua residência habitual. Na mesma linha, Muir Watt questiona ter o Tribunal de Justiça olvidado o conflito entre a celeridade processual e a proteção do melhor interesse da criança[186].

Beaumont e Walker apontam que a Corte Europeia de Direitos Humanos dá muita atenção à análise de toda a situação familiar quando examina uma decisão do retorno enquanto o Tribunal de Justiça da União Europeia privilegia o princípio da confiança mútua[187]. Apesar das críticas, a Corte EDH e o TJUE têm afirmado que os objetivos da Convenção da Haia sobre os aspectos civis do sequestro internacional de crianças e o Regulamento Bruxelas II *bis* são os *mesmos* no que diz respeito à proteção dos direitos à vida familiar e aos direitos da criança.

Já no contexto americano, o sistema interamericano de direitos humanos analisa potenciais violações à Convenção Americana de direitos humanos em alguns casos de sequestro internacional de crianças ainda de forma *incipiente*, devido ao filtro de admissibilidade nas demandas realizado pela Comissão Interamericana[188-189].

No caso *X e Z v. Argentina*[190], a Comissão Interamericana de direitos humanos examinou aspectos procedimentais da legalidade do cumprimento imediato de uma decisão de retorno face aos artigos 8 e 25 da Convenção Americana. A Comissão reafirmou o entendimento de que as autoridades do Estado de retenção da criança não podem emitir decisões sobre o mérito

186. WATT, Horatia Muir. "Enlèvement international d'enfant et ordre de retour: compétence et vie privée" *in Revue critique de droit international privé*, 2012, pp. 172-189.

187. WALKER, Lara; BEAUMONT, Paul. "Shifting the Balance Achieved by the Abduction Convention: The Contrasting Approaches of the European Court of Human Rights and the European Court of Justice" *in Journal of Private International Law*, vol. 7, 2011, pp. 231-250.

188. Dos vinte e três estados partes do sistema americano de proteção de direitos humanos, dezoito estados (78,26%) ratificaram a Convenção da Haia sobre os aspectos civis do sequestro internacional de crianças e onze estados (47,82%) ratificaram a Convenção Interamericana sobre a restituição internacional de menores. Ademais, apenas cinco (21,73%) estados do sistema regional americano de direitos humanos não ratificaram a Convenção Interamericana sobre a restituição internacional de menores e tampouco a Convenção da Haia sobre os aspectos civis do sequestro internacional de crianças, de modo que a competência da Comissão Interamericana de Direitos Humanos e da Corte Interamericana de Direitos Humanos para analisar casos de sequestro internacional de crianças inclui dezoito dos vinte e três estados-membros (78,26%) do sistema interamericano de proteção dos direitos humanos. A Corte Interamericana de Direitos Humanos não analisou, até o presente momento, nenhum caso envolvendo especificamente o sequestro internacional de crianças, merecendo ser mencionada, todavia, a sua jurisprudência sobre a proteção dos direitos das crianças desde o paradigmático caso Niños de la Calle. Corte Interamericana de Direitos Humanos, caso *Niños de la Calle (Villagrán Morales y otros) v. Guatemala*, julgamento de 19 de novembro de 1999.

189. Sobre o tema, ver, também. FIORINI, A. «Enlèvements internationaux d'enfants – solutions internationales et responsabilités étatiques» *in McGill Law Journal*, vol. 51, 2006, pp. 1-47.

190. Comissão Interamericana de Direitos Humanos, caso *X e Z v. Argentina*, Report n. 71/00, julgamento de 3 de outubro de 2000.

do direito de guarda, mas somente analisar o preenchimento dos requisitos para o retorno, nos termos da Convenção da Haia sobre os aspectos civis do sequestro internacional de crianças. Para a Comissão, a Convenção da Haia resulta de um esforço interdisciplinar que harmoniza e unifica o direito privado e influencia as leis locais de assistência judiciária e acesso à justiça, não cabendo à Comissão examinar a interpretação da Convenção da Haia dada pelo Estado, mas, sim, se as autoridades judiciais nacionais, ao fazê-lo, agiram em conformidade com a Convenção Americana.

Ademais, a Comissão, na linha da interpretação da Corte Europeia de Direitos Humanos, afirmou que a Convenção da Haia visa evitar que o sequestro internacional de crianças do Estado de sua de residência habitual por um genitor seja legalizado em outro Estado, garantindo, para isso, o retorno imediato do menor. Nessa linha, a Comissão entendeu, no caso *X e Z v. Argentina*, que decisão que autoriza o retorno na pendência da análise de recurso extraordinário é compatível com o procedimento previsto na Convenção da Haia e não ofende os direitos das partes ao devido processo legal, especialmente quando o processo contou com entrevistas com os genitores e a criança, participação de psicólogos e assistente social e foi realizado de maneira imparcial e rápida[191].

Na análise da admissibilidade do caso *Alejandro Daniel Esteve e Filhos v. Brasil*[192], a Comissão entendeu que se aplica a exceção ao esgotamento dos recursos internos prevista no artigo 46.2 da Convenção Americana ao juízo de restituição internacional, na medida em que a demora injustificada no procedimento de restituição (no caso pendente após nove anos) pode caracterizar violação aos direitos e garantias judiciais previstos nos artigos 8.1, 17, 19, 24 e 25 da Convenção Americana. A Comissão fez expressa menção à jurisprudência da Corte EDH na interpretação do artigo 8º da Convenção Europeia de direitos humanos à luz da Convenção sobre os direitos da criança e da Convenção da Haia sobre os aspectos civis do sequestro internacional de crianças para afirmar que os procedimentos de restituição devem ser expeditos e diligentes.

Mais recentemente, houve o primeiro caso envolvendo a Convenção da Haia sobre Sequestro de Crianças na Corte Interamericana de Direitos Humanos (Corte IDH). Tratou-se de uma abdução realizada na Argentina

191. Comissão Interamericana de Direitos Humanos, caso *X e Z v. Argentina*, Report n. 71/00, julgamento de 3 de outubro de 2000.
192. Comissão Interamericana de Direitos Humanos, caso *Alejandro Daniel Esteve e Filhos v. Brasil*, Report nº 173/11, julgamento de admissibilidade 02 de novembro de 2011. Análise de mérito ainda pendente em 26/06/2018.

pela genitora em janeiro de 2006, que levou a criança, com menos de dois anos, para o Paraguai. No mesmo ano (2006), a Justiça paraguaia, graças a um processo de cooperação para restituição do menor previsto na Convenção da Haia, intimou a abdutora, mas esta não compareceu à audiência. Não foram adotadas medidas básicas para a localização da genitora e da criança abduzida (por exemplo, ação coordenada de localização do menor com autoridades educacionais e sanitárias, entre outras). Somente em 2015, ou seja, quase dez anos depois da abdução, após oferta de recompensa do Estado argentino, mãe e filho foram encontrados. Contudo, o jovem recusou-se a reconstruir os laços com seu pai, após tanto tempo. O Paraguai foi condenado por omissão inconvencional, ou seja, por ter se omitido em implementar medidas para corretamente assegurar o retorno da criança abduzida. Em um "diálogo das fontes", entendeu-se que o Paraguai havia violado os direitos à integridade pessoal, à vida privada e familiar, à família e ao devido processo legal (cumprimento de decisões judiciais), previstos na Convenção Americana de Direitos Humanos, em prejuízo do genitor abandonado.

Este pioneiro caso da Corte IDH reflete a articulação do pluralismo jurídico incidente no direito internacional privado, no qual a falta de comprometimento do Estado em fazer cumprir uma Convenção de DIPr (omissão inconvencional) gera a violação de um tratado de Direitos Humanos. Assim, um tema típico de DIPr é traduzido (com razão) em uma linguagem de direitos humanos previsto em tratados (também de direitos humanos). Nas palavras da Corte IDH: "Isso indica que a transferência ilícita de uma criança não pertence exclusivamente ao âmbito do direito internacional privado, mas envolve questões relacionadas com direitos humanos, em particular, com os direitos das meninas e dos meninos."[193] Contemporaneamente, a mudança no perfil do abdutor – do genitor não detentor de direitos de guarda para o principal responsável pelos cuidados da criança (*primary caretaker*)[194] –, as novas formas de família, os acordos de guarda criativos (com a criança morando parcialmente com cada um dos pais) e a violência doméstica contra o genitor abdutor são problemas

193. Corte Interamericana de Direitos Humanos. *Caso Córdoba vs. Paraguai*. Sentença de 04 de setembro de 2023.

194. SILBERMAN, Linda. "The Hague Child Abduction Convention Turns Twenty: Gender Politics and Other Issues" *in New York University Journal of International Law and Politics,* vol. 33, 2000, pp. 221-250, em especial p. 224 e seguintes. Por outro lado, Ripley entende que o aumento de sequestros por *primary caretakers* não altera os objetivos principais da Convenção da Haia e tampouco altera a interpretação a ser dada as exceções ao retorno previstas no artigo 13, mas admite áreas de preocupação como a violência doméstica contra o genitor abdutor. RIPLEY, Peter. "A defence of the established approach to the grave risk exception in the Hague child abduction Convention" *in Journal of Private International Law*, vol. 4, 2008, pp. 443-477, em especial p. 454 e seguintes.

novos *não* contemplados expressamente pelas convenções internacionais que abarcam aspectos sobre o sequestro de crianças e que podem alterar a lógica que permeia o procedimento sobre o retorno imediato[195].

Ademais, a influência da tendência de igualdade de gênero na jurisprudência internacional é outro fator ainda sem solução sob a ótica do sequestro internacional de crianças. Nessa linha, o tratamento que algumas legislações atribuem aos direitos de guarda dos pais solteiros, ao conceder aquisição automática de direitos de guarda apenas à mãe, conforme afirmado no antigo precedente do caso *Balbontin v. Reino Unido*, pode ser atualmente questionado à luz da Convenção Europeia de direitos humanos e da Carta dos direitos fundamentais da União Europeia, já que parece discriminatório que o pai solteiro e responsável pela criança não possa impedir a remoção do filho para outro Estado por não possuir automaticamente direitos de guarda sobre ela[196].

Ampliando para o âmbito global o raciocínio do juiz Pinto de Albuquerque no caso *X. v. Letônia*, pode-se afirmar que os tribunais internacionais, ao verificarem se a aplicação dos tratados sobre sequestro internacional de crianças pelos tribunais nacionais de fato garante os direitos humanos neles previstos, contribuem para a diminuição do risco de jurisprudência divergente[197].

Para o direito internacional privado da atualidade, a atuação dos sistemas de proteção dos direitos humanos e do Tribunal de Justiça da União Europeia para a proteção dos direitos da criança impede interpretações injustificadas em favor do genitor abdutor ou do genitor abandonado, gerando coerência e articulação de direitos.

---

195. Finkey aponta que alguns Estados, entre os quais os Estados Unidos, têm adaptado a interpretação da Convenção para incluir a violência doméstica contra o genitor abdutor como justificativa para o não retorno da criança. FINKEY, Dana Beth. "The Hague Convention on the Civil aspects of International Childhood Abduction: Where are we, and where do we go from here?" *in Hastings International Law & Comparative Law Review*, vol. 30, 2007, pp. 505-522, em especial p. 514 e seguintes.

196. JIMÉNEZ BLANCO, Pilar. "Unmarried fathers and child abduction in european union law" *in Journal of Private International Law*, vol. 8, 2012, pp. 135-157, em especial p. 148 e seguintes; Corte Europeia de Direitos Humanos, caso *Balbontin v. Reino Unido* (*Application* nº 39067/97), julgamento de 14 de setembro de 1999.

197. Corte Europeia de Direitos Humanos, caso *X v. Letônia (Application* nº 27853/09), julgamento de 26 de novembro de 2013. Trecho do voto concorrente em separado do juiz Pinto de Albuquerque: "(...)In this context, the fact that the Court is competent to ascertain whether in applying the Hague Convention the domestic courts secured the human rights set forth in the Convention diminishes the risk of divergent case-law. Moreover, the temptation of forum shopping is excluded in a system of human rights protection where all national courts are subject to scrutiny by an international court, which ensures that there is no unjustified interpretation in favour of the abducting parent. Thus, progress in the protection of the child's rights, comity among States and cooperation in cross-border child abduction is furthered by the uniform application of the Hague Convention obligations interpreted in the light of the Convention, at least among the Contracting Parties to the Convention".

CAPÍTULO

6

O DIREITO INTERNACIONAL PRIVADO E A FIXAÇÃO DA JURISDIÇÃO INTERNACIONAL: O TESTE DE PROPORCIONALIDADE ENTRE O DIREITO DE ACESSO À JUSTIÇA E OS DIREITOS À AMPLA DEFESA E CONTRADITÓRIO

6.1. A CONCORRÊNCIA DE JURISDIÇÃO

O objetivo central do direito internacional privado no século XXI é *coordenar* a *aplicação de normas* incidentes sobre fatos que ultrapassam, por qualquer motivo, as fronteiras de um Estado e que envolvam a vida social do indivíduo. Busca-se, assim, proteger o indivíduo nos fluxos transfronteiriços, evitando que a xenofobia e o chauvinismo jurídicos violem a igualdade e a justiça material.[1]

Para atingir esse objetivo central, o DIPr possui um objeto amplo de interesse, regulando (i) a escolha de uma regra de regência sobre fatos transnacionais que afetam a vida dos indivíduos e pessoas jurídicas, bem como a (ii) fixação de uma jurisdição para solucionar eventuais litígios sobre tais fatos, além de estudar as (iii) fórmulas de cooperação jurídica

1. CARVALHO RAMOS, André de. *Curso de direito internacional privado.* 3ª Ed., São Paulo: Saraivajur, 2023, p. 5.

internacional entre Estados que resultem na efetiva prestação de justiça aos envolvidos nessas situações transnacionais. Pode, ainda, abarcar as regras sobre a (iv) nacionalidade e (v) aspectos gerais da mobilidade internacional humana (a antiga "condição jurídica do estrangeiro")[2].

Neste capítulo da presente obra, veremos como a construção de um direito internacional privado coerente e inclusivo no século XXI afeta um dos segmentos centrais da disciplina que vem a ser a fixação da jurisdição internacional de um Estado diante dos fatos transnacionais.

Em seu sentido amplo, a jurisdição internacional de um Estado consiste no seu poder de regência sobre pessoas, entes e bens, em geral localizados em seu território. No seu sentido estrito, o termo jurisdição designa a atividade do Poder Judiciário de um determinado Estado de conhecer e solucionar controvérsias. A existência desse poder é emanação da própria soberania do Estado, pois, como já decidiu a Corte Permanente de Justiça Internacional, "(...) a jurisdição é uma das formas mais óbvias de exercício do poder soberano"[3].

No Brasil, a temática da jurisdição afeta os direitos dos indivíduos (como o direito de acesso à justiça e o direito ao devido processo legal) e a atuação do Poder Judiciário doméstico. Assim, a modulação da jurisdição de cada Estado é tema importante para o Direito Internacional (Público e Privado) e também para o Direito Constitucional, pois afeta tanto as relações pacíficas entre Estados quanto a configuração dos direitos humanos. Definições mais amplas ou mais restritas da jurisdição internacional podem levar a atritos entre Estados em virtude de alegações de jurisdição abusiva e decisões contraditórias. Ou ainda pode levar à denegação de justiça e à privação de direitos, quando os Estados sustentam não ter jurisdição para tratar de determinado caso.

O estudo da jurisdição internacional no direito internacional privado engloba as normas internacionais e nacionais relativas aos fundamentos, princípios, limites e extensão da jurisdição do Estado nos litígios envolvendo *fatos transnacionais*. Essas normas compõem aquilo que parte da doutrina denomina de "direito processual internacional" e representam, segundo Strenger, o "necessário complemento do direito internacional privado"[4].

2. Ver mais em CARVALHO RAMOS, André de. *Curso de direito internacional privado.* 3ª Ed., São Paulo: Saraivajur, 2023, p. 4.
3. Corte Permanente de Justiça Internacional, *Caso do Estatuto legal da Groenlândia Oriental* (Dinamarca *vs.* Noruega), séries A/B, n. 53 (1933), julgamento de 5 de abril de 1933, p. 48.
4. STRENGER, Irineu. *Direito processual internacional.* São Paulo: LTr, 2003, p. 17.

Valladão intitulava o estudo do "Direito Processual Internacional" como sendo o *Direito internacional privado do processo*, "sendo uma das seções mais importantes da Parte Especial" do DIPr[5].

Sua inserção como parte do objeto do direito internacional privado é indispensável para a aplicação dos métodos de escolha da lei material para reger os fatos transnacionais. O direito internacional privado e seus métodos só são aplicáveis no Brasil caso haja jurisdição internacional para conhecer e apreciar o fato transnacional em análise. Conforme sustenta Luís Lima Pinheiro, a jurisdição internacional é um "*pressuposto de aplicabilidade do Direito de Conflitos pelos órgãos públicos*"[6]. Consequentemente, o direito internacional privado inclusivo e coerente necessita que a delimitação da jurisdição internacional leve também a sério a gramática dos direitos humanos. A amplitude exagerada ou diminuta da jurisdição internacional do Estado pode dificultar ou mesmo impedir ou inviabilizar a aplicação da lei sobre os fatos jurisdicionais, restringindo ou violando direitos.

Portanto, a escolha do direito (em sentido amplo) para regular os fatos transnacionais envolve também o estudo da determinação da jurisdição, uma vez que esta, na ocorrência de litígios, permitirá (ou não) a regência adequada dessas condutas transfronteiriças.

O problema central do estudo da jurisdição no DIPr do século XXI consiste em determinar, entre as jurisdições com as quais os fatos transnacionais podem possuir vínculos diretos ou indiretos, qual a jurisdição adequada (ou mesmo jurisdições, caso exista mais de uma adequada, em caso de pluralidade de jurisdições) a conhecer e decidir os litígios envolvidos com tais fatos.

De início, cabe alertar sobre as diferenças entre os vínculos diretos ou indiretos a definir (i) a escolha da lei e (ii) a escolha da jurisdição. É possível que o Estado do foro entenda que há vínculos suficientes para justificar que os *Tribunais* locais possam conhecer de litígio transnacional, mas, ao mesmo tempo, chegar à conclusão de que a *lei estrangeira* é que deve ser aplicada. Isso, então, exige que sejam estudados os critérios para a definição da jurisdição, que são distintos daqueles que levam à escolha

5. Valladão, coerente com sua visão maximalista do DIPr, entendia que essa parte especial do DIPr não era restrita aos fatos transnacionais cíveis da vida privada e abrangia os conflitos de leis processuais civis, comerciais, do trabalho etc., ressalvadas, apenas, e em certa parte, as leis processuais penais. VALLADÃO, Haroldo. *Direito internacional privado*. Rio de Janeiro: Freitas Bastos, 1978, v. III, p. 121-122.

6. PINHEIRO, Luís de Lima. *Direito internacional privado* – competência internacional e reconhecimento de decisões estrangeiras.2. ed. refundida. Coimbra: Almedina, 2012, v. III, p. 30. Grifo no original.

da lei[7]. Afinal, qual deve ser o critério de escolha de uma jurisdição no direito internacional privado do século XXI?

Essa temática é também conhecida como "conflito de jurisdição" (ou "concorrência de jurisdição"[8]), o qual, em última análise, é criado pela existência de uma pluralidade de Estados e de seus respectivos sistemas de justiça. Essa pluralidade de Estados pode gerar (i) *sobreposição* de jurisdições, que ocorre quando dois ou mais Estados pretendem solucionar um litígio, ou mesmo (ii) *ausência* de jurisdição, que ocorre quando nenhum Estado se dispõe a isso. O estudo das normas de determinação da jurisdição é essencial para dirimir os chamados "conflitos positivos de jurisdição" (dois ou mais Estados querem a regência de certa conduta social) ou os "conflitos negativos de jurisdição" (nenhum Estado aceita regular determinada conduta).

Veremos, abaixo, como o "direito internacional privado do mosaico" trata a concorrência das jurisdições e, após, as balizas a serem seguidas pelo renovado direito internacional inclusivo para que seja forjada uma jurisdição internacional tolerante e inclusiva.

6.2. A JURISDIÇÃO INTERNACIONAL CÍVEL DA ERA DO MOSAICO: OS VÍNCULOS *A PRIORI*

Tradicionalmente, o direito internacional privado do mosaico classifica a jurisdição internacional no DIPr em dois tipos, a depender *do momento* da análise das regras de sua determinação: (i) jurisdição imediata ou direta e (ii) jurisdição mediata ou indireta.

A *jurisdição internacional imediata ou direta* é a determinação da jurisdição dos juízos nacionais para que estes possam conhecer de litígios envolvendo fatos transnacionais, o que seria, na linguagem de Amilcar de Castro, uma análise *a priori* das regras nacionais e internacionais de delimitação da jurisdição[9]. Na jurisdição direta, é definido, de modo preliminar,

7. AUDIT, Bernard. Le droit international privé en quête d'universalité: cours général. *Recueil des Cours de l'Académie de Droit International de La Haye*, v. 305, 2003, p. 9-487, cit., p. 365.

8. Amilcar de Castro critica a expressão "conflito de jurisdição". Para o citado autor, "é também da essência do conflito de jurisdição que seja resolvido por autoridade superior, que mantenha em subordinação os julgadores em conflito, positivo ou negativo. E nada disso acontece nos supostos conflitos de jurisdição internacionais". Contudo, mantenho o uso da terminologia "conflito de jurisdição", uma vez que, atualmente, há possibilidade inclusive de crivo de tribunal internacional (a "autoridade superior" de Castro), como a Corte Internacional de Justiça, Corte Europeia de Direitos Humanos, entre outros, que podem ser chamados quando um Estado extrapola sua jurisdição ou mesmo se omite (denegação de justiça). CASTRO, Amilcar de. *Direito internacional privado*. 5. ed. Rio de Janeiro: Forense, 2000, p. 57.

9. CASTRO, Amilcar de. *Direito internacional privado*. 5. ed. Rio de Janeiro: Forense, 2000, p. 528-529.

se o Estado-juiz possui jurisdição internacional para apreciar determinada situação envolvendo fatos transnacionais.

Já a *jurisdição internacional mediata ou indireta* consiste na avaliação, em determinada decisão estrangeira, da existência de jurisdição internacional do juízo estrangeiro prolator da decisão para que o Estado do foro possa cumpri-la[10]. Na jurisdição indireta, é feita uma análise *a posteriori* da existência da jurisdição, no caso concreto, do Estado de estrangeiro que deu origem à modalidade de cooperação jurídica internacional[11]. É também denominada *bases indiretas de jurisdição*, pois se trata da avaliação, pelo Estado do foro, do exercício regular da jurisdição pelo *Estado estrangeiro*, para fins de reconhecimento e execução da sentença estrangeira. A análise das bases indiretas de jurisdição é, normalmente, vista na cooperação jurídica internacional em especial nas ações de homologação de sentença estrangeira e na assistência jurídica internacional (por exemplo, na via da carta rogatória)[12].

As normas nacionais sobre jurisdição internacional no DIPr do mosaico são *normas unilaterais*, pois só atentam para a fixação da jurisdição do Estado do foro, sem fazer menção à jurisdição de outros Estados.

Por exemplo, quando o Estado estabelece sua jurisdição sobre ações sobre imóveis situados no seu território, *não* é possível aplicar esse raciocínio para estabelecer que, se o imóvel estiver situado no território de um Estado estrangeiro, este é que terá jurisdição para conhecer de tais ações ("bilateralizando" a norma unilateral), uma vez que cabe ao próprio Estado estrangeiro estabelecer sua jurisdição. Por outro lado, é possível que normas *internacionais* prevejam, de modo *multilateral*, regras de fixação de jurisdição, abarcando tanto a determinação da jurisdição do Estado do foro quanto a dos Estados estrangeiros partes do tratado[13].

As normas de jurisdição são, em geral, *normas de natureza pública*, não podendo ser derrogadas pela vontade das partes. Contudo, isso não significa

10. SOARES, Guido F. S. A Competência internacional do Judiciário brasileiro e a questão da autonomia da vontade das partes. In: BAPTISTA, Luiz Olavo; HUCK, Hermes Marcelo; CASELLA, Paulo Borba (Org.) *Direito e comércio internacional:* tendências e perspectivas. Estudos em homenagem ao Prof. Irineu Strenger. São Paulo: LTr, 1994, p. 283-305, em especial p. 285.

11. A origem da divisão de jurisdição direta e indireta é atribuída a Bartin. Já o realce do momento de análise (*a priori* e *a posteriori*) foi desenvolvido por Amilcar de Castro. Ver BARTIN, E. *Principes de droit international privé selon la loi et la jurisprudence françaises*. Paris: Éditions Domat-Montchrestien, 1930, t. 1, em especial § 127, p. 317. CASTRO, Amilcar de. *Direito internacional privado*. 5. ed. Rio de Janeiro: Forense, 2000, p. 528-529.

12. Sobre os elementos da cooperação jurídica internacional, ver ABADE, Denise Neves. *Direitos Fundamentais na Cooperação Jurídica Internacional*. São Paulo: Saraiva, 2013.

13. Ver a seguir tratados de DIPr que tratam de jurisdição internacional.

que a autonomia da vontade não tenha papel na fixação da jurisdição internacional: há casos nos quais os Estados aceitaram (por meio de normas nacionais ou internacionais) a derrogação da jurisdição por acordo de vontades (cláusula de eleição de foro) ou mesmo ampliação da jurisdição pela submissão voluntária da lide ao Poder Judiciário (princípio da submissão).

A existência do fato transnacional e dos seus vínculos com mais de um ordenamento jurídico gera o fenômeno da *concorrência ou conflito de jurisdições* no direito internacional privado do mosaico. Nos séculos XIX e XX, essa concorrência era tida como natural e decorria da soberania de cada Estado, que poderia fixar sua jurisdição, não importando se outro Estado também pudesse assim fazer. Para Fernández Arroyo, a existência de jurisdições concorrentes reforçou a busca de Savigny por soluções uniformes para a regência do fato transnacional, para evitar decisões judiciais contraditórias[14].

Como já visto, é comum o uso do termo "conflitos de jurisdição", o qual consiste em expressão doutrinária que engloba tanto a existência de duas ou mais jurisdições aptas a conhecer um caso envolvendo fatos transnacionais (conflito positivo) como ainda a inexistência de jurisdição disposta a apreciar o caso (conflito negativo)[15]. A expressão "conflito" não retrata necessariamente disputa formal entre Estados: o Estado que discorde da extensão ou mesmo da decisão da jurisdição estrangeira simplesmente *não reconhece* tais decisões estrangeiras no seu território.

Contudo, no final do século XX e agora no século XXI, o Direito Internacional Público impõe limites ou até mesmo o dever de julgar, podendo acarretar, *em concreto*, disputas internacionais entre Estados envolvendo a jurisdição internacional de direito internacional privado, em especial na (i) fixação abusiva de jurisdição, (ii) denegação de jurisdição e (iii) ausência do devido processo legal após a fixação da jurisdição. O caso *Bélgica* vs. *Suíça* na Corte Internacional de Justiça a respeito da recusa suíça em reconhecer a legitimidade da decisão da jurisdição belga, é amostra da crescente *limitação da soberania* dos Estados na determinação livre da jurisdição no direito internacional privado[16].

---

14. FERNÁNDEZ ARROYO, Diego P. Compétence exclusive et compétence exorbitante dans les relations privées internationales. *Recueil des Cours de l'Académie de Droit International de La Haye*, v. 323, 2006, p. 9-260, em especial p. 38.

15. MUIR WATT, Horatia. Aspects économiques du droit international privé – Réflexions sur l'impact de la globalisation économique sur les fondements des conflits de lois et de juridictions. *Recueil des Cours de l'Académie de Droit International de La Haye*, v. 307, 2004, p. 29-383.

16. Corte Internacional de Justiça, *Caso da jurisdição e execução em matéria civil e comercial* (Bélgica *vs.* Suíça), homologação da desistência da ação em 12 de abril de 2011. Tratou-se de ação promovida pela Bélgica

As normas relativas à jurisdição internacional no direito internacional privado do mosaico revelam o alcance da jurisdição do Estado para conhecer e julgar litígios que possuem vínculo com outros ordenamentos jurídicos. Para Mehren, os Estados podem apoiar-se (i) na soberania (fundados no seu poder) ou (ii) na busca de equidade (*fairness*) para definir as hipóteses de jurisdição internacional[17].

Em geral, no direito internacional privado do mosaico, a fixação de jurisdição internacional obedece três fundamentos que justificam o seu exercício: (i) a proteção aos nacionais (fidelidade do Estado, que fixa jurisdição sempre que um nacional for autor ou réu); (ii) a coerção sobre pessoas (fixando a jurisdição sempre que a pessoa encontre-se no território estatal), condutas (fixando jurisdição sobre obrigações realizadas ou a serem cumpridas/executadas no Estado) ou bens (fixando jurisdição caso o bem seja situado no território estatal); e (iii) hipóteses de conveniência, equidade e justiça (como, por exemplo, no interesse do foro em decidir certa questão)[18].

Com base nesses fundamentos, o direito internacional privado do mosaico utiliza vínculos *a priori* escolhidos para fixar jurisdição sobre fatos transnacionais. Esses vínculos são: a (i) nacionalidade, o (ii) domicílio ou residência de uma das partes (autor ou réu), a (iii) obrigação constituída ou a obrigação a ser executada; e a (iv) celebração de atos considerados de relevo para os Estados, como casamento (uniões) ou o divórcio, entre outros.

Esses vínculos constituem-se em verdadeiros *elementos de conexão jurisdicional* (ou vínculos jurisdicionais) que embasam a fixação da jurisdição estatal, sendo típicos de uma visão mecanicista e calcada na segurança jurídica do direito internacional privado da era do mosaico.

Contudo, tal segurança jurídica criada por esse cipoal de normas internacionais e nacionais é aparente e vulgarizada, reproduzindo aqui a crítica

---

contra a Suíça, alegando descumprimento da Convenção de Lugano sobre jurisdição e execução de decisões em matéria civil e comercial de 1988. De acordo com a Bélgica, as autoridades suíças descumpriram a Convenção ao se recusarem a reconhecer e executar decisão judicial belga. Após recuo suíço no sentido de aceitar futura execução de decisões belgas, a Bélgica solicitou a desistência da ação, no que a Corte anuiu. A importância do caso está na (i) reiteração da possibilidade de uso da CIJ para consagrar a interpretação internacionalista dos casos de DIPr e na (ii) possibilidade de escrutínio internacional sobre a fixação de jurisdição e execução de decisões estrangeiras. Ver mais em CARVALHO RAMOS, André de. *Curso de direito internacional privado.* 3ª Ed., São Paulo: Saraivajur, 2023, p. 112.

17. VON MEHREN, Arthur. Adjudicatory jurisdiction: general theories compared and evaluated. *Boston Universtiy Law Review,* v. 63, p. 279-340, em especial p. 288-290. Ver também VON MEHREN, Arthur. Theory and practice of adjudicatory authority in private international law: a comparative study of the doctrine, policies and practices of common – and civil-law systems: general course on private international law (1996). *Recueil des Cours de l'Académie de Droit International de La Haye,* v. 295, 2002, p. 9-431.

18. LAGARDE, Paul. Le principe de proximité dans le droit international privé contemporain; cours général de droit international privé. *Recueil des Cours de l'Académie de Droit International de La Haye,* v. 196, 1986, p. 9-238, em especial p. 127.

ao uso das regras de conexão *a priori* do método indireto multilateral rígido. Tal busca por segurança jurídica levou à aceitação do conceito de "jurisdição abusiva" ou "exorbitante", que deveria impedir que Estados adotassem regras de fixação de jurisdição com base em vínculos considerados "frágeis".

A *jurisdição abusiva ou exorbitante* (também chamada *jurisdição de conveniência*) consiste na jurisdição determinada a partir de um vínculo considerado tênue ou artificial. Um exemplo tradicionalmente apontado é a fixação da jurisdição a partir do domicílio ou residência do autor da ação no Estado do foro. Tal vínculo permite a atração ao Estado do foro de qualquer tipo de demanda, impondo por vezes sérios gravames ao réu, que pode ser surpreendido por um processo em jurisdição distante.

A jurisdição abusiva pode gerar (i) a busca da jurisdição mais vantajosa (o chamado "forum shopping"), abalando a imparcialidade do juízo e (ii) prejuízos à defesa e ao devido processo legal. O primeiro caso célebre sobre *jurisdição abusiva* foi o "caso da ilha de Tobago" no começo do século XIX. No caso, foi negada, na Inglaterra, a execução de decisão de julgamento à revelia de réu que nunca havia estado naquela ilha. O juízo britânico questionou a amplitude da jurisdição de Tobago, pois, no caso concreto, o réu nunca havia estado sob a jurisdição local[19].

Contudo, como veremos, nem sempre um vínculo considerado frágil é inadequado: pode ser útil para promover outros direitos, como, por exemplo, o direito de acesso à justiça. Assim, a fixação *a priori* da jurisdição internacional do direito internacional privado da era do mosaico necessita ser revista, para incorporar novos direitos a serem protegidos.

6.3. A JURISDIÇÃO INTERNACIONAL CÍVEL DO DIREITO INTERNACIONAL PRIVADO INCLUSIVO: A GRAMÁTICA DOS DIREITOS

As soluções predeterminadas que acarretam a fixação da jurisdição a partir do reconhecimento de *vínculos estreitos* com o foro são insuficientes. A recusa em se reconhecer a jurisdição em determinados casos de atividades realizadas fora do território não gera impactos simétricos em todos os Estados. Por exemplo, na presente globalização, há dúvidas sobre a efetividade do acesso à justiça em Estados dependentes, por exemplo, de atividades econômicas realizadas por empresas multinacionais poluidoras.

19. Caso Buchanan *vs.* Rucker, 1808. Conferir a descrição do caso em STORY, Joseph. *Commentaries on the conflict of laws*. (1. ed. 1834), 4. ed. Boston: Little Brown and Company, 1852. Disponível em: <http://www.unz.org/Pub/StoryJoseph-1834n02>. Último acesso em: 15 jun. 2024, p. 916-917.

A flexibilidade na determinação da jurisdição, por outro lado, pode levar também ao cenário de insegurança, com busca de uma jurisdição de conveniência complacente para que se obtenha uma sentença para, após, gerar a sua execução em outro Estado.

No atual momento, no qual o fluxo transfronteiriço aumenta, assim como a assimetria entre Estados, agentes econômicos e ainda os diversos grupos sociais vulneráveis, a temática da jurisdição internacional deve levar em consideração os diversos direitos dos indivíduos envolvidos nos fatos transacionais, como se defendeu no presente livro: (i) acesso à justiça, (ii) devido processo legal, com respeito à ampla defesa e (iii) justiça material no caso concreto. Esses direitos mostram a impregnação de valores do direito internacional privado inclusivo da atualidade.

Com base nesses direitos, o foco na determinação da jurisdição internacional no direito internacional privado não pode ser somente o dos limites à jurisdição no caso da jurisdição abusiva, mas deve também abarcar o dever do exercício razoável da jurisdição, para que se evite a denegação de justiça, como veremos no item referente à *jurisdição de necessidade*[20].

A ausência de vínculo imediato com o Estado do foro não torna a jurisdição de um Estado em uma "jurisdição abusiva" se existirem vínculos *indiretos*, calcados em normas internacionais de direitos humanos

Por exemplo, a jurisdição universal cível de um Estado pode atrair causas de violação de direitos humanos sem outro vínculo com o foro. O maior exemplo dessa extensão de jurisdição para fins do direito internacional privado foi o *Alien Tort Statute* dos Estados Unidos, que permitiu a estrangeiros propor ações de reparação civil por violações ao Direito Internacional (costume ou tratado celebrado pelos Estados Unidos) ocorridas *fora* do território norte-americano. Contudo, após casos bem-sucedidos de processos nos Estados Unidos promovidos por vítimas de tortura[21], a Suprema Corte americana restringiu o alcance da jurisdição norte-americana em outros casos envolvendo *multinacionais*, mesmo quando o Poder Judiciário do local dos fatos fosse incapaz de fornecer adequada reparação.

20. MUIR WATT, Horatia; BUREAU, Dominique. *Droit International Privé. Tome I. Partie générale.* 3. ed. Paris: PUF, 2014, p. 89.

21. O caso *Filártiga* vs. *Peña-Irala* é o mais conhecido, tendo um tribunal federal norte-americano assumido a jurisdição para apreciar de ação de responsabilidade cível por torturas cometidas por agentes de Estado estrangeiro em violação ao direito à integridade física. O tribunal dos Estados Unidos considerou, em que pese a nacionalidade *paraguaia* do autor e do réu, ter sido violada obrigação internacional cogente, podendo a jurisdição local estadunidense ser utilizada para obter reparação para as vítimas. Sobre o caso citado e outros, ver STEINER, Henry J.; ALSTON, Philip. *International Human Rights in context*, Oxford: Clarendon Press, 1996, p. 779-788.

Um dos casos célebres dessa tendência restritiva nos Estados Unidos foi o caso *Kiobel*, no qual a empresa Shell foi processada nos Estados Unidos por vítimas nigerianas de atrocidades (estupros, assassinatos, destruição de propriedade etc.) cometidas por tropas e policiais do governo da Nigéria, tendo sido alegado que a empresa em questão havia fornecido substancial apoio aos ataques realizados após protestos pelos danos ambientais causados pela extração de petróleo na região de Ogoni. Para a Suprema Corte dos Estados Unidos, não havia presunção de extraterritorialidade na fixação da jurisdição cível por violação do Direito Internacional, não cabendo à Justiça norte-americana apreciar fatos ocorridos em outro Estado soberano[22].

Outro caso rumoroso foi o caso *Daimler AG* vs. *Bauman et al.*, no qual conhecida empresa automobilística (o grupo Daimler/Mercedes-Benz) foi processada nos Estados Unidos pelo envolvimento de uma subsidiária com fatos graves ocorridos durante o regime ditatorial argentino (teria repassado informações e apontado os "empregados subversivos" aos agentes da repressão, contribuindo para os desaparecimentos forçados e mortes). A Suprema Corte norte-americana, novamente, entendeu que não era possível estender a jurisdição norte-americana para abranger fatos ocorridos fora do território e realizados por pessoa jurídica (a subsidiária argentina) com vínculos distantes com os Estados Unidos. Contudo, durante o processo, os autores esforçaram-se em demonstrar que nem a jurisdição argentina nem a jurisdição alemã (sede principal da Daimler-Benz)[23] teriam condições de prestar justiça no caso concreto, bem como buscaram provar a existência de vínculos do grupo com os Estados Unidos (importante mercado desses automóveis), além da inexistência de prejuízo à defesa.

Esses exemplos mostram a resistência em se ampliar a jurisdição internacional com base na proteção de direitos. Não se ignora que a ampliação da jurisdição, ao mesmo tempo que se facilita o acesso à justiça e a proteção de direitos humanos, se pode contrariar interesses (e comprimir, por exemplo, o direito de propriedade de empresas obrigadas a pagar vultosas indenizações).

---

22. Suprema Corte dos Estados Unidos, *Kiobel et al.*, vs. *Royal Dutch Petroleum et al.*, Case 10-1491 (julgamento de 17 de abril de 2013). Ver os votos e a posição da Suprema Corte em: <https://www.law.cornell.edu/supremecourt/text/10-1491>. Sobre o caso, ver CANTU RIVERA, Humberto. The *Kiobel* precedent and its effects on universal jurisdiction and the business & human rights agenda: a continuation to a human rights forum in peril? *Cuestiones Constitucionales*, v. 30, p. 209-222.

23. MULLENIX, Linda S. Due process, general personal jurisdiction, and F-Cubed litigation: the extraterritorial reach of American State Courts over foreign nation corporations for alleged human rights violations. *University of Texas* School of Law, Public Law Research Paper n. 525.

Por isso, defendemos o uso do "teste de proporcionalidade" já exposto nesta obra para também delimitar a jurisdição internacional cível, que envolva todos os direitos dos envolvidos nos fatos transnacionais da vida privada.

Veremos abaixo as possibilidades de fixação de jurisdição no direito internacional privado inclusivo no Brasil, por meio da aceitação da jurisdição de proteção ou jurisdição de necessidade.

6.4. A JURISDIÇÃO INTERNACIONAL CÍVEL DO DIREITO INTERNACIONAL PRIVADO INCLUSIVO: O CASO BRASILEIRO

6.4.1. A pluralidade das fontes na determinação da jurisdição internacional cível brasileira

Por meio da determinação da jurisdição internacional, o Brasil expõe sua opção (dentro do marco do Direito Internacional) na delimitação do seu poder jurisdicional, tanto por meio da imposição de deveres de apreciação quanto na fixação de limites à jurisdição. Ao assim proceder, o Brasil reconhece a existência de outros Estados e suas respectivas jurisdições, evitando os dois extremos: uma jurisdição excessivamente ampla (e por isso abusiva, ofendendo, por exemplo, a ampla defesa e a segurança jurídica) ou uma jurisdição extremamente restrita (também abusiva, por violar o acesso à justiça e à igualdade material).

No Brasil, há fontes internacionais e nacionais vigentes que tratam da temática da jurisdição internacional. No plano internacional, há o costume internacional (exposto em precedentes de tribunais internacionais) e os tratados que consolidam a posição do direto internacional sobre os limites à jurisdição internacional, bem como eventual dever de impor sua jurisdição.

O primeiro tratado sobre jurisdição internacional celebrado no mundo foi o Tratado de Lima, de 1878 (não ratificado por nenhum Estado) e, em seguida, o Tratado de Montevidéu sobre Direito Civil Internacional, de 1889. Na Europa, o primeiro tratado sobre a temática foi a Convenção da Haia para regular os conflitos de leis e jurisdições em matéria de divórcio e de separação de pessoas, editada no âmbito da primeira fase da Conferência da Haia de direito internacional privado, em 1902.

No que tange aos tratados celebrados pelo Brasil, o mais longevo a tratar de jurisdição internacional *direta* é o Código Bustamante (1928), que, nos seus arts. 318 a 339, aborda várias facetas da fixação da jurisdição. Nos tratados temáticos negociados no âmbito da OEA e da Conferência da Haia de direito internacional privado, há dispositivos referentes à jurisdição, como, por exemplo, na Convenção Interamericana sobre Obrigação Alimentar[24] (fixando a jurisdição para os litígios envolvendo obrigação alimentar) e na Convenção da Haia sobre os Aspectos Civis do Sequestro Internacional de Crianças[25] (fixando a jurisdição da residência habitual da criança para decidir sobre a guarda). No âmbito do Mercosul, a jurisdição é tratada expressamente no Protocolo de Buenos Aires sobre Jurisdição Internacional em Matéria Contratual[26] e também no Protocolo de Santa Maria sobre jurisdição internacional em matéria de relações de consumo de 1996[27]. No que tange à jurisdição indireta, destaca-se o Protocolo de Cooperação e Assistência Jurisdicional em Matéria Civil, Comercial, Trabalhista e Administrativa, de 1992[28].

As fontes internacionais prevalecem em nome do princípio da especialidade, na existência de fatos transnacionais vinculados aos Estados-Partes do tratado.

Além dos tratados sobre jurisdição internacional direta, há diversos tratados bilaterais e multilaterais sobre cooperação jurídica internacional, que estabelecem modalidades de cooperação entre Estados e exigem, como *preliminar* para o deferimento da cooperação, que o Estado Requerente tenha jurisdição sobre o objeto da demanda sob a qual incidirá o pleito cooperacional. Ou seja, há o regramento das "bases indiretas de jurisdição", como exposto acima.

Quanto aos novos tratados, há falta de um tratado de âmbito global que contenha tanto o regramento da jurisdição internacional direta quanto da jurisdição indireta. Essa abordagem "dupla" ofereceria previsibilidade e segurança jurídica aos envolvidos nos fatos transnacionais, pois ficam esclarecidos os critérios de determinação da jurisdição dos Estados em casos de litígios pluriconectados, bem como ficam expostos, de modo multilateral, os motivos para o indeferimento do pleito cooperacional (pela negativa de cumprimento de uma carta rogatória ou mesmo pelo não reconhecimento de

24. A Convenção Interamericana sobre Obrigação Alimentar, concluída em Montevidéu, em 15 de julho de 1989, ratificada pelo Brasil em 1997, foi incorporada internamente pelo Decreto n. 2.428, de 17 de dezembro de 1997.
25. A Convenção sobre os Aspectos Civis do Sequestro Internacional de Crianças, concluída na cidade de Haia, em 25 de outubro de 1980, ratificada pelo Brasil em 1999, foi incorporada internamente pelo Decreto n. 3.416, de 14 de abril de 2000.
26. O Protocolo de Buenos Aires sobre Jurisdição Internacional em Matéria Contratual, concluído em Buenos Aires, em 5 de agosto de 1994, foi promulgado pelo Decreto n. 2.095, de 17 de dezembro de 1996.
27. Adotado pela decisão do Conselho do Mercado Comum n. 10, de 17 de dezembro de 1996. Ainda não incorporado internamente.
28. O Protocolo de Cooperação e Assistência Jurisdicional em Matéria Civil, Comercial, Trabalhista e Administrativa foi assinado pelo Brasil em 27 de junho de 1992, ratificado em 1996 e incorporado internamente pelo Decreto n. 2.067, de 12 de novembro de 1996.

uma sentença estrangeira) por ausência de jurisdição do Estado Requerente, evitando-se que tal indeferimento seja feito de modo *unilateral* com base em leis nacionais do Estado Requerido (que estaria, por via oblíqua, questionando a demarcação da jurisdição internacional feita pelo Estado estrangeiro). Para Araujo e Polido, esse modelo de convenção "dupla" facilita a própria cooperação jurídica internacional, pois bastaria que fosse provado, em um reconhecimento de sentença estrangeira, o cumprimento das regras de jurisdição internacional direta pelo tribunal estrangeiro de origem da sentença[29].

Quanto ao reconhecimento da gramática de direitos para delimitar a jurisdição internacional cível do direito internacional privado inclusivo, há dois segmentos aceitos pelo Brasil: 1) na fixação de uma jurisdição protetora pelo Código de Processo Civil de 2015 (CPC/2015) no que tange a relações de consumo transnacional e também a alimentos transnacional e 2) na aceitação da jurisdição internacional cível protetiva, mesmo na ausência de regras de fixação expressas aprioristicamente.

6.4.2. A jurisdição internacional cível baseada na proteção de direitos: o uso do foro do domicílio/residência do Autor

A jurisdição protetora consiste na aceitação da jurisdição internacional cível de um Estado que se fundamenta na defesa de direitos, com base em vínculos que seriam considerados frágeis caso não existisse o objetivo de proteção de determinado direito. A jurisdição protetora foi adotada claramente pelo Brasil no CPC/2015 em duas situações: na proteção dos direitos dos consumidores transnacionais e na proteção dos credores de alimentos transnacionais.

Em relação à proteção dos direitos dos consumidores, havia uma lacuna na fixação de regras jurisdicionais específicas no Brasil: o Código de Processo Civil de 1973 e na LINDB não previram nenhum tratamento especial às relações de consumo transnacionais, sendo aplicável a regra geral do *actor sequitur forum rei*, que exigia que o consumidor domiciliado ou residente no Brasil processasse o fornecedor no Estado do domicílio deste, o que – pelos custos – fatalmente gerava denegação de justiça.

Por isso, o art. 22, II, do CPC de 2015, trouxe novidade na temática da jurisdição internacional concorrente especial, prevendo que compete à

29. ARAUJO, Nádia de; POLIDO, Fabrício Bertini Pasquot. Reconhecimento e execução de sentenças estrangeiras: análise do projeto em andamento na Conferência da Haia de Direito internacional privado. *Revista de Direito Internacional*, v. 11, n. 1, 2014, p. 19-42, em especial p. 24.

autoridade judiciária brasileira processar e julgar as ações *decorrentes de relações de consumo*, quando o *consumidor* tiver *domicílio* ou *residência* no Brasil[30].

Exige-se, assim, que a demanda seja baseada nas (i) relações de consumo *e* (ii) tenha o consumidor domicílio ou residência no Brasil. Assim, o CPC dispõe que o consumidor pode processar ou ser processado no Brasil, caso aqui tenha domicílio ou residência. A hipótese de o consumidor ser processado (réu) no Brasil já estava abarcada na regra do CPC de 1973 e na LINDB, ao dispor que a jurisdição internacional brasileira seja fixada em virtude do "domicílio do réu". Com este dispositivo, basta a residência do réu consumidor e não sendo necessário o seu domicílio no país.

A grande novidade dessa nova hipótese de jurisdição internacional concorrente especial está na aceitação da jurisdição brasileira no caso de ser o *autor da ação* de consumo aquele domiciliado ou residente no Brasil. Antes do CPC de 2015, essa hipótese era defendida com fundamento no art. 101, I, do Código de Defesa do Consumidor (a ação consumerista pode ser proposta no "domicílio do autor")[31]. Esse fundamento era frágil, uma vez se trata de dispositivo sobre "competência" e não sobre jurisdição. Ou seja, se o Brasil possuísse jurisdição, então a demanda consumerista poderia ser proposta no foro do domicílio do autor.

Agora, após o CPC de 2015, não há mais polêmica e a jurisdição internacional brasileira foi estendida expressamente para abarcar as ações consumeristas propostas pelo consumidor domiciliado ou residente no Brasil, não importando ter sido a contratação de consumo realizada ou cumprida fora do país.

Com o CPC de 2015, atendeu-se, assim, a antigo anseio do movimento consumerista brasileiro para estender a jurisdição brasileira sobre lides consumeristas transnacionais (como as oriundas do comércio eletrônico, turismo etc.), assegurando o acesso à justiça ao consumidor. A qualificação do que vem a ser "relações de consumo" segue a lei do foro (lei brasileira), ou seja, incide o Código de Defesa do Consumidor, que enumera os diferentes tipos de consumidor.

A extensão da jurisdição internacional do foro do domicílio ou residência do autor para abarcar os feitos envolvendo o consumo internacional

30. *In verbis:* "Art. 22. Compete, ainda, à autoridade judiciária brasileira processar e julgar as ações (...) II – decorrentes de relações de consumo, quando o consumidor tiver domicílio ou residência no Brasil".

31. *In verbis:* "Art. 101. Na ação de responsabilidade civil do fornecedor de produtos e serviços, sem prejuízo do disposto nos Capítulos I e II deste título, serão observadas as seguintes normas: I – a ação pode ser proposta no domicílio do autor; (...)".

é uma tendência mundial nesse mundo de consumo globalizado, como se vê no direito internacional privado da União Europeia.

O Regulamento n. 1.215/2012 da União Europeia, de 12 de dezembro de 2012 (também chamado de "Regulamento Bruxelas I Bis" – "Regulamento Bruxelas Reformulado"), sobre jurisdição internacional (competência judiciária), reconhecimento e execução de decisões em matéria civil e comercial[32], tratou diferentemente a competência em matéria de relação de consumo, fugindo da regra geral (foro do domicílio do réu) e adotando a competência do foro do domicílio do autor, no caso de o fornecedor ter dirigido sua atividade, por quaisquer meios, ao Estado do domicílio do consumidor.

De acordo com o art. 18 do Regulamento n. 1.215/2012, o consumidor pode intentar uma ação contra a outra parte no contrato, quer (i) nos tribunais do Estado-Membro onde estiver domiciliada essa parte, quer (ii) no tribunal do lugar onde o consumidor tiver domicílio, independentemente do domicílio da outra parte. A outra parte no contrato só pode intentar uma ação contra o consumidor nos tribunais do Estado-Membro em cujo território estiver domiciliado o consumidor.

Ponto polêmico da jurisdição em matéria de relações de consumo na União Europeia está na aplicação da jurisdição do foro do domicílio do consumidor somente aos casos nos quais o fornecedor tenha dirigido sua atividade, *por quaisquer meios*, ao Estado-Membro do domicílio do consumidor. Essa restrição da regulação europeia tem objetivo claro: a jurisdição do Estado do domicílio do consumidor só abarca as relações de consumo realizadas em outro Estado no caso dos "fornecedores transnacionais". O típico fornecedor doméstico (em geral, de pequeno ou médio porte) não seria afetado e continuaria a gozar da prerrogativa de só ser processado no foro de seu domicílio (jurisdição fixada pelo domicílio do réu).

Resta esclarecer, desse modo, o que seria uma atividade do fornecedor *voltada a outro* Estado. Inicialmente, houve dúvida se o uso dos sítios da internet (mesmo fornecedores de pequeno porte os possuem), que são acessíveis de modo transfronteiriço, levariam à extensão da jurisdição do Estado do domicílio do consumidor. Contudo, o Tribunal de Justiça da União Europeia (TJUE) decidiu que não basta o fornecedor possuir um *site* na internet, que seja acessível ao consumidor de outro Estado, uma vez que todo *site* é acessível de modo transfronteiriço. Para o TJUE, é

32. Esse regulamento revogou expressamente o Regulamento (CE) n. 44/2001, conhecido como Regulamento Bruxelas – I (art. 80 do Regulamento n. 1.215/2012 – "Bruxelas Reformulado"). Utilizei a última versão consolidada de 10-1-2015. Disponível em: <http://eur-lex.europa.eu/legal-content/PT/TXT/?qid=1413382002387&uri=CELEX:32012R1215>. Acesso em: 10-07-2024.

necessário que se possa deduzir, de modo razoável, na análise das condutas do próprio fornecedor, ao ofertar seus bens ou serviços, que este quer atrair consumidores de outro Estado.

Constam da decisão do TJCE os seguintes elementos comprobatórios (enumeração não exaustiva) de que o fornecedor dirige a sua atividade ao Estado-Membro do domicílio do consumidor: a natureza internacional da atividade, a menção de itinerários a partir de outros Estados-Membros para chegar ao local onde o comerciante está estabelecido, a utilização de uma língua ou moeda diferentes das habitualmente utilizadas no Estado-Membro em que o comerciante está estabelecido, com a possibilidade de reservar e confirmar a reserva nessa língua, a menção de números de telefone com seu código internacional, a menção à clientela internacional constituída de consumidores domiciliados em diferentes Estados-Membros etc.[33] Ficou evidente, na jurisprudência do TJUE, o desejo de restringir a extensão da jurisdição do foro do domicílio do consumidor, de modo a não criar ônus excessivo aos pequenos e médios fornecedores.

Por sua vez, a jurisdição internacional sobre relações de consumo do CPC de 2015 inova em relação à regulação europeia, pois *não a restringe* aos contratos internacionais de consumo dirigidos ao mercado brasileiro: basta a relação consumerista, não importando se o consumidor domiciliado ou residente no Brasil tenha aceitado proposta dirigida ao nosso mercado ou procurado voluntariamente celebrar contrato no exterior (consumidor turista, por exemplo).

Essa inovação do CPC de 2015 atende a uma demanda do DIPr contemporâneo de atualização das regras de delimitação da jurisdição em face da *vulnerabilidade* do consumidor no contexto de fornecedores globais. Como sustenta acertadamente Claudia Lima Marques, é necessária uma "visão renovada dos princípios do DIPr em matéria de consumo internacional"[34].

Assim, o consumidor que adquirir produto no exterior e for *domiciliado ou residente* no Brasil pode se socorrer da proteção do Judiciário nacional. Não se trata *aqui* de discutir a lei a ser aplicável à lide, se o Código de Defesa

33. Ver o julgamento conjunto dos casos C-585/08 e C-144/09 em Tribunal de Justiça da União Europeia, Caso *Peter Pammer* vs. *Reederei Karl Schlüter GmbH & Co. KG* (C-585/08) e Caso *Hotel Alpenhof GesmbH* vs. *Oliver Heller* (C-144/09). Disponível em: <http://curia.europa.eu/juris/document/document.jsf?text=&docid=83437&pageIndex=0&doclang=PT&mode=lst&dir=&occ=first&part=1&cid=102849>. Último acesso em: 27 nov. 2022.

34. MARQUES, Claudia Lima. *Confiança no comércio eletrônico e a proteção do consumidor (um estudo dos negócios jurídicos de consumo no comércio eletrônico)*. São Paulo: RT, 2004, p. 445.

do Consumidor brasileiro (Lei n. 8.078/90) é norma de aplicação imediata ou de ordem pública[35], mas sim de definição da jurisdição internacional.

Essa definição de jurisdição é importante, pois elimina as barreiras de acesso à justiça (custos proibitivos ao consumidor domiciliado ou residente no Brasil para processar o fornecedor no Estado estrangeiro) e ainda permite que o consumidor aproveite as regras processuais protetivas vigentes no Brasil, em especial a inversão do ônus da prova.

Com isso, o novo CPC está em linha com a tendência de proteção da parte vulnerável (consumidor) no desenvolvimento contemporâneo do DIPr, tendo estendido nossa jurisdição para abarcar também as ações propostas pelo consumidor aqui domiciliado ou residente, além da tradicional fixação do foro do domicílio do réu. Essa inovação é ainda mais consistente por não ter se restringido às relações de consumo nas quais o fornecedor dirigiu seus esforços de vendas ao mercado brasileiro.

Assim, a partir do novo CPC, os custos de defesa no Brasil por parte de um fornecedor domiciliado em outro Estado passam a ser um risco do seu negócio. O acesso ao mercado consumidor brasileiro (com os lucros a ele associados) não pode ser desprovido de custos aos fornecedores globais.

Em relação à temática dos alimentos transnacionais, o CPC de 2015 também inovou. De acordo com seu art. 22, compete, ainda, à autoridade judiciária brasileira processar e julgar as ações de alimentos, quando: (a) o credor tiver domicílio ou residência no Brasil; (b) o réu mantiver vínculos no Brasil, tais como posse ou propriedade de bens, recebimento de renda ou obtenção de benefícios econômicos. São hipóteses distintas e não cumulativas, bastando uma delas para firmar a jurisdição internacional cível do Brasil[36].

Buscou-se, assim, amparar os credores de alimentos no bojo das demandas transnacionais envolvendo Estados que não são contratantes de tratados sobre o tema, facilitando o acesso ao Judiciário brasileiro. Antes da inovação, houve a defesa da adaptação da regra de competência interna do foro do domicílio ou residência do alimentando (previsto no art. 100, II, do CPC de 1973 e no art. 53, II, do atual CPC)[37] para fins de fixação da

35. Ver os capítulos sobre as normas de aplicação imediata e, ainda, sobre o conceito de ordem pública neste *Curso*.

36. *In verbis:* "Art. 22. Compete, ainda, à autoridade judiciária brasileira processar e julgar as ações: I – de alimentos, quando: a) o credor tiver domicílio ou residência no Brasil; b) o réu mantiver vínculos no Brasil, tais como posse ou propriedade de bens, recebimento de renda ou obtenção de benefícios econômicos".

37. *In verbis:* "Art. 53. É competente o foro: (...) II – de domicílio ou residência do alimentando, para a ação em que se pedem alimentos".

jurisdição internacional[38]. Ocorre que só existe o uso da regra de competência interna *se* o Brasil tiver jurisdição internacional sobre o fato transnacional, o que após a edição do novo CPC ficou consagrado.

São duas situações previstas no art. 22, I, referentes a aspectos subjetivos e objetivos envolvidos na temática da prestação de alimentos. No aspecto subjetivo, é necessário que o Autor (credor de alimentos) seja domiciliado ou tenha ao menos residência no Brasil, o que aumenta a possibilidade de acesso à justiça. Houve nítida aproximação com as regras constantes nos tratados internacionais, como a Convenção Interamericana sobre Obrigação Alimentar, que também utiliza o critério do domicílio ou residência para a fixação de jurisdição.

No tocante ao aspecto objetivo, trata-se de assegurar a qualquer alimentando (mesmo que não seja domiciliado ou residente no Brasil) acesso à justiça contra devedor que aqui possua vínculos patrimoniais, como posse ou propriedade de bens, rendas ou obtenha benefícios econômicos. Esse rol de vínculos é meramente *exemplificativo*, podendo, no caso concreto, serem acrescentadas outras categorias de vínculos *desde que* com repercussão econômica. Os vínculos previstos no CPC são de *natureza patrimonial ou econômica*, justamente para assegurar o pagamento do crédito alimentar[39].

Trata-se, portanto, de hipótese de *jurisdição protetora*, que visa assegurar o acesso à justiça da parte vulnerável envolvida no fato transnacional. A nova disposição evita a omissão existente no passado quando o fundamento da ação de alimentos não se originava de fato ocorrido no Brasil, levando o alimentando (credor dos alimentos) a enfrentar grandes dificuldades no acesso à justiça, caso o réu fosse domiciliado em Estado estrangeiro. Por isso, o novo CPC aceitou, inclusive, o critério da "residência do credor de alimentos" e não somente o "domicílio" para a fixação da jurisdição internacional do Brasil.

6.4.3. A fixação da jurisdição internacional cível brasileira para além das hipóteses aprioristicamente determinadas: o teste de proporcionalidade

A ampliação da jurisdição internacional cível brasileira é controvertida e tem como pressuposto a natureza *meramente exemplificativa* do rol de hipóteses estabelecido expressamente em normas nacionais ou internacionais.

38. JATAHY, Vera Maria Barrera. *Do conflito de jurisdições*: a competência internacional da Justiça Brasileira. Rio de Janeiro: Forense, 2003, p. 115.

39. CABRAL, Antonio do Passo; CRAMER, Ronaldo. *Comentários ao novo Código de Processo Civil*. 2. ed. Rio de Janeiro: Forense, 2016, p. 74.

Parte da doutrina defende que o rol de hipóteses de jurisdição é uma decisão que reflete a soberania do Estado, tendo natureza de norma de ordem pública, não podendo ser modificada pelas partes ou pelo julgador, sem apoio expresso em texto normativo nacional ou internacional (por exemplo, lei ou tratado). Nesse sentido, sustenta Celso Agrícola Barbi, ao tratar do rol de hipóteses de "competência internacional" do antigo CPC, que "(...) se a causa não estiver entre aquelas ali mencionadas, ele [o julgador] não poderá conhecer dela"[40].

Outra parte da doutrina sustenta que a enumeração constante do texto legal ou mesmo internacional não é exaustiva, devendo ser admitidas outras hipóteses que atendam à finalidade do Estado Democrático de Direito[41]. Nesse sentido, defende Tiburcio que o Capítulo I do Título II, intitulado "Dos limites da jurisdição nacional", do CPC de 2015 não é imune a dificuldades, uma vez que é possível o exercício de jurisdição em hipóteses não expressamente previstas[42].

Por sua vez, Barbosa Moreira, ainda sob a égide do CPC de 1973, defendeu a existência de hipóteses não previstas expressamente em casos "para os quais seria absurdo negar a competência da Justiça brasileira" (*rectius*, jurisdição internacional cível), citando expressamente a matéria atinente (i) à jurisdição voluntária e ainda (ii) a inexistência de Poder Judiciário estrangeiro que queira conhecer do litígio. Nessa última hipótese, Barbosa Moreira sustenta que deve existir, contudo, algum elemento de ligação entre a causa e o Brasil (o vínculo jurisdicional)[43].

Há dois fundamentos utilizados para ampliar a jurisdição internacional cível: (i) a preservação da soberania e (ii) a proteção de direitos humanos, em especial o direito de acesso à justiça (proibição da denegação de justiça).

No tocante ao primeiro fundamento, Tiburcio defende que qualquer hipótese não prevista e que seja essencial para a *preservação da soberania brasileira* pode servir para ampliar a jurisdição brasileira, inclusive podendo

---

40. BARBI, Celso Agrícola. *Comentários ao Código de Processo Civil*: Lei n. 5.869, de 11 de janeiro de 1973, v. I, Rio de Janeiro: Forense, 1998, p. 298.

41. Nesse sentido, decidiu o STJ que "a competência (jurisdição) internacional da autoridade brasileira não se esgota pela mera análise dos arts. 88 e 89 do CPC, *cujo rol não é exaustivo*. Assim, pode haver processos que não se encontram na relação contida nessas normas, e que, não obstante, são passíveis de julgamento no Brasil". Grifo meu. Superior Tribunal de Justiça, Recurso Ordinário n. 64-SP, Rel. Min. Nancy Andrighi, julgamento em 13-5-2008, publicado no *DJe* 23-6-2008.

42. TIBURCIO, Carmen. *Extensão e limites da jurisdição brasileira*: competência internacional e imunidade de jurisdição. Salvador: JusPodivm, 2016, p. 26.

43. BARBOSA MOREIRA, José Carlos. *Problemas relativos a litígios internacionais*. Temas de direito processual: quinta série. São Paulo: Saraiva, 1994, p. 139-162, em especial p. 144.

ser considerada hipótese de "jurisdição exclusiva". Como exemplo, cita litígios envolvendo (i) material nuclear e (ii) validade de registros públicos, entre outros[44].

No tocante à proteção de direitos humanos e, em especial, do direito de acesso à justiça, é possível a ampliação da jurisdição internacional brasileira para que se evite a denegação de justiça que ocorreria caso se prove que (i) nenhum outro Estado conheceria da ação ou (ii) caso se demonstre que o Estado estrangeiro que teria jurisdição *não* oferece o indispensável devido processo legal ou proteção adequada a um determinado direito.

Na primeira hipótese, trata-se de situação de "conflito negativo de jurisdição", que ofende o direito de acesso à justiça previsto em tratados internacionais de direitos humanos e na CF/88 (art. 5º, XXXV). Na segunda hipótese, o Estado estrangeiro não oferece, para o caso concreto, o devido processo legal nos seus aspectos processuais e materiais. Para Fernández Arroyo, o juiz pode assumir, excepcionalmente, a jurisdição sobre determinado litígio transnacional na medida em que for necessário para não deixar os envolvidos sem a possibilidade de satisfazer suas justas pretensões[45].

É a *jurisdição de necessidade* (*forum necessitatis*) que, paulatinamente, consta de diversos diplomas nacionais de DIPr, como a Lei Federal de direito internacional privado da Suíça (art. 3º[46]), o Código de direito internacional privado da Bélgica (art. 11[47]), o Código de Processo Civil português (art. 62, *c*[48]), o Código Civil de Québec (art. 3.136[49]), entre outros.

Na União Europeia, a *jurisdição de necessidade* é prevista expressamente em vários diplomas normativos de DIPr (na chamada "europeização do

44. TIBURCIO, Carmen. *Extensão e limites da jurisdição brasileira*: competência internacional e imunidade de jurisdição. Salvador: JusPodivm, 2016, p. 105.

45. FERNÁNDEZ ARROYO, Diego P. (Org.). *Derecho internacional privado de los estados del Mercosur*. Buenos Aires: Zavalía Ed, 2003, em especial p. 164.

46. Lei federal de Direito internacional privado, de 18 de dezembro de 1987. *In verbis:* "Art. 3º Lorsque la présente loi ne prévoit aucun for en Suisse et qu'une procédure à l'étranger se révèle impossible ou qu'on ne peut raisonnablement exiger qu'elle y soit introduite, les autorités judiciaires ou administratives suisses du lieu avec lequel la cause présente un lien suffisant sont compétentes".

47. Lei de 16 de julho de 2004. *In verbis:* "Attribution exceptionnelle de compétence internationale. Art. 11. Nonobstant les autres dispositions de la présente loi, les juridictions belges sont exceptionnellement compétentes lorsque la cause présente des liens étroits avec la Belgique et qu'une procédure à l'étranger se révèle impossible ou qu'on ne peut raisonnablement exiger que la demande soit formée à l'étranger".

48. CPC português de 2013. *In verbis:* "Art. 62, *c*) Quando o direito invocado não possa tornar-se efetivo senão por meio de ação proposta em território português ou se verifique para o autor dificuldade apreciável na propositura da ação no estrangeiro, desde que entre o objeto do litígio e a ordem jurídica portuguesa haja um elemento ponderoso de conexão, pessoal ou real".

49. Código Civil de Québec, de 1994. *In verbis:* "Art. 3.136. Even though a Québec authority has no jurisdiction to hear a dispute, it may nevertheless hear it provided the dispute has a sufficient connection with Québec, if proceedings abroad prove impossible or the institution of proceedings abroad cannot reasonably be required".

DIPr"), como, por exemplo, no Regulamento n. 4/2009 relativo à competência, à lei aplicável, ao reconhecimento e à execução das decisões e à cooperação em matéria de obrigações alimentares (art. 7º)[50] e o Regulamento n. 650/2012 relativo à competência, à lei aplicável, ao reconhecimento e execução das decisões, à aceitação e execução dos atos autênticos em matéria de sucessões e à criação de um Certificado Sucessório (art. 11[51]).

No plano interamericano, a Convenção Interamericana sobre competência na esfera internacional para a eficácia extraterritorial das sentenças estrangeiras (La Paz, 1984[52]) estabelece, em seu art. 2º, que se considera adequado o exercício de jurisdição quando o órgão jurisdicional que proferiu a sentença tenha assumido jurisdição para evitar *denegação de justiça* por não existir *órgão jurisdicional competente*.

É possível extrair determinadas características comuns das leis locais (e, eventualmente, das normas internacionais) sobre o *forum necessitatis*: (i) excepcionalidade da ampliação da jurisdição; (ii) inexistência de outro foro ou ausência do devido processo legal no foro estrangeiro; e (iii) conexão ou vínculo suficiente com a jurisdição nacional.

A ausência do devido processo legal no foro estrangeiro pode ocorrer por razões subjetivas (em relação especificamente aos envolvidos naquele litígio transnacional) ou mesmo objetivas (pela inexistência do devido processo legal para qualquer caso, tal qual previsto nos tratados internacionais e na jurisprudência internacional de direitos humanos).

Atualmente, as exigências do devido processo legal no plano internacional possuem dois aspectos: (i) o aspecto procedimental (*procedural due process*), que abarca as garantias de acesso à justiça, juiz natural, ampla defesa e

50. Regulamento (CE) n. 4/2009 do Conselho de 18 de dezembro de 2008, relativo à competência, à lei aplicável, ao reconhecimento e à execução das decisões e à cooperação em matéria de obrigações alimentares. *In verbis*: "Art. 7º *Forum necessitatis*. Quando nenhum tribunal de um Estado-Membro for competente por força dos arts. 3º, 4º, 5º e 6º, os tribunais de um Estado-Membro podem, em casos excepcionais, conhecer do litígio se não puder ser razoavelmente instaurado ou conduzido, ou se revelar impossível conduzir um processo num Estado terceiro com o qual o litígio esteja estreitamente relacionado. O litígio deve apresentar uma conexão suficiente com o Estado-Membro do tribunal demandado".

51. Regulamento (UE) n. 650/2012 do Parlamento Europeu e do Conselho de 4 de julho de 2012 relativo à competência, à lei aplicável, ao reconhecimento e execução das decisões, e à aceitação e execução dos atos autênticos em matéria de sucessões e à criação de um Certificado Sucessório Europeu. *In verbis*: "Art. 11. *Forum necessitatis*. Caso nenhum órgão jurisdicional de um Estado-Membro seja competente por força do disposto no presente regulamento, os órgãos jurisdicionais de um Estado-Membro podem, em casos excecionais, decidir da sucessão se uma ação não puder ser razoavelmente intentada ou conduzida ou se revelar impossível num Estado terceiro com o qual esteja estreitamente relacionada. O processo deve apresentar uma conexão suficiente com o Estado-Membro do órgão jurisdicional em que foi instaurado".

52. Adotada na 3ª Conferência Interamericana de Direito internacional privado (CIDIP-III), em 24 de maio de 1984, na cidade de La Paz. Ainda não ratificada pelo Brasil.

contraditório, entre outros e (ii) o aspecto substancial, que analisa o direito aplicado ao litígio transnacional, levando em consideração os princípios de justiça, com razoabilidade (*reasonableness*), e de racionalidade (*rationality*).

Assim, a jurisdição de necessidade pode ser invocada tanto pela violação de aspectos procedimentais ou mesmo em virtude da violação de princípios de justiça na interpretação dada às normas pela jurisdição estrangeira[53].

Já a existência de vínculos suficientes com o Estado do foro é tema controvertido, uma vez que a *jurisdição de necessidade*, por definição, funda-se no dever dos Estados, amparado na proteção internacional de direitos humanos, de assegurar o acesso à justiça e ao devido processo legal a *todos* os seres humanos e não somente àqueles que tenham algum tipo de vínculo com o foro.

Por isso, cabe ao julgador brasileiro a aceitação de sua jurisdição internacional mesmo em hipóteses não previstas nas leis e nos tratados, quando detectar que (i) não há outra jurisdição para apreciar o caso ou (ii) a jurisdição estrangeira não oferece o devido processo legal ou a proteção adequada aos direitos dos indivíduos envolvidos no fato transnacional, com base nos parâmetros internacionais fixados pelos órgãos e tribunais internacionais de direitos humanos.

Nessa segunda hipótese, o direito internacional privado inclusivo deve realizar de modo claro e transparente a ponderação entre os direitos envolvidos, para mostrar a prevalência da jurisdição internacional brasileira.

Afinal, é razoável supor que aquele beneficiado pelo tratamento jurisdicional estrangeiro buscará evitar a ação da jurisdição brasileira, opondo-se ao pleito do Autor da ação no Brasil. Alegará, por exemplo, que terá restrição ao seu direito de defesa ou ao direito à produção probatória aqui no Brasil. Caberá ao juízo brasileiro realizar o "teste de proporcionalidade" para que se obtenha qual deve ser o direito prevalecente.

Assim, com a jurisdição protetora e ainda a jurisdição de necessidade, sob o crivo do teste de proporcionalidade, a jurisdição internacional cível do Brasil se aproxima do direito internacional privado inclusivo do século XXI.

53. Sobre o devido processo legal e seus dois aspectos, ver CARVALHO RAMOS, André de. *Curso de direitos humanos*. 11. ed. São Paulo: Saraiva, 2024.

CAPÍTULO

7

O DIREITO INTERNACIONAL PRIVADO HETEROGÊNEO E A CONSTRUÇÃO DA COERÊNCIA NA PROTEÇÃO DE DIREITOS

No mundo contemporâneo, interdependente e inter-relacionado, permeado por disputas englobando a promoção dos direitos dos diversos sujeitos e sua diversidade cultural, ao mesmo tempo em que as desigualdades tornam-se cada vez mais evidentes, sintetiza-sc a pluralidade do DIPr em três componentes, vistos na Parte I: a pluralidade de fontes, a pluralidade de métodos e a pluralidade de objetivos, consagrando-se o direito internacional privado da heterogeneidade.

Essa heterogeneidade do direito internacional privado apresenta *tensões*. No plano das *fontes* identifica-se uma contradição com a coexistência da contínua elaboração de tratados multilaterais e regionais na disciplina e a persistência dos estados em privilegiarem a codificação nacional do direito internacional privado[1]. A quantidade de *objetivos* abarcados pela disciplina na regulação dos fatos transnacionais faz com que perca espaço a lógica do "código" e dos tratados internacionais com abrangência ampla, visando abarcar todas as situações transnacionais possíveis, imperando, atualmente, o trabalho na elaboração legislativa de temas concretos que criam um "colar de regras internacionais" (expressão de Fernández Arroyo) a depender da necessidade do caso[2].

1. SYMENONIDES, Symeon C. *Codifying choice of law around the world.* New York: Oxford University Press, 2014.
2. FERNÁNDEZ ARROYO, Diego P. "As novas tendências do Direito Internacional Privado" *in Cadernos do Programa de Pós-Graduação em Direito – PPGDir./UFRGS*, n. 1, 2013, pp. 305-313, em especialp. 308.

No plano dos *métodos* e dos *objetivos*, tampouco prepondera a unidade, há o acúmulo de métodos indiretos e diretos para a gestão dos fatos transnacionais. A coexistência desordenada dos métodos gera insegurança e incerteza para os sujeitos envolvidos na situação plurilocalizada.

A inclusão de novos objetivos da disciplina suscita, também, uma releitura de determinadas situações antes consideradas nefastas à justiça conflitual, mas, atualmente, positivas para o incremento da justiça material. O uso do *law shopping* e do *forum shopping*, que eram usualmente criticados e têm sofrido releitura favorável em casos de reparação de danos causados por grandes corporações, exemplifica mais uma tensão no direito internacional privado heterogêneo na era do mosaico.

Ao direito internacional privado atual incumbe, ainda, a realização de seus amplos objetivos com respeito às diferenças e à diversidade cultural, impondo, no dizer de Jayme, que a igualdade tome em consideração as diferenças entre os indivíduos[3]. Casella ressalta a "ênfase aos valores", em especial ao respeito à diversidade cultural e à dimensão humanista das normas regentes do sistema internacional[4].

Outra tensão surgiu após a constatação dos efeitos sociais excludentes da globalização, consolidando o fio condutor da proteção do vulnerável na relação transnacional para servir de parâmetro da interpretação dos direitos protegidos nos fatos transnacionais.

Nesse panorama, a expansão da gramática dos direitos humanos proporcionou a tradução dos interesses dos envolvidos nos fatos transnacionais em direitos, cujo regime jurídico protetivo impele a sua utilização para adensar argumentos jurídicos, o que ocasiona mais pontos de tensão na solução de casos com elementos transnacionais. O pluralismo jurídico, ao incluir direitos de ordens jurídicas alheias ao DIPr os quais devem ser levados em consideração na regulação do fato jurídico transnacional, resultou na heterogeneidade agravada da disciplina.

A incidência dos direitos humanos nas relações privadas coloca em xeque a visão unidimensional e fragmentada da disciplina, a qual se torna insustentável diante do imperativo de proteção integral do indivíduo. Os

3. O autor discorre sobre a necessidade de preservação da identidade cultural em um ambiente de pluralismo no direito internacional privado. JAYME, Erik. "Identité culturelle et intégration: le droit international privé postmoderne" *in Recueil des cours de l'Académie de Droit International de la Haye*, vol. 251, 1995, pp. 9-267, em especial p. 251 e seguintes.

4. CASELLA, Paulo Borba. *Fundamentos do Direito Internacional Pós-Moderno*. São Paulo: Quartier Latin, 2008, p. 1381.

direitos humanos não aceitam soluções que protejam um direito e violem outro e tampouco uma hierarquia mecânica e apriorística de valores (por exemplo, a sobreposição sempre do direito à segurança jurídica do método indireto clássico), impondo a tradução das divergências em direitos antagônicos e demandando a utilização de um instrumental que dê prevalência e compressão em cada caso de conflito, afastando a opacidade retratada em argumentos de proteção de valores essenciais do foro (como a cláusula de ordem pública).

Ressalva-se que não se propõe uma absorção do direito internacional privado pela disciplina dos direitos humanos, que apenas informam o conteúdo e a interpretação do DIPr, que, por sua vez, continua a ter sua especificidade voltada à regência normativa e jurisdicional do fato transnacional. Cabe ao direito internacional privado a função de localizar a lei ou definir a jurisdição para apreciação dos direitos dos envolvidos no fato transnacional, à luz da gramática dos direitos.

As tensões e contradições do direito internacional privado heterogêneo agravado dificultam a compreensão de uma visão sistemática da disciplina e fomentam ainda mais a fragmentação do seu estudo em vários elementos separados (fontes; métodos; objetivos; regras de conexão; concurso de normas; e limites à aplicação do direito estrangeiro).

A integridade do direito internacional privado enquanto disciplina depende da aceitação da sua heterogeneidade agravada e do uso consistente da gramática de direitos humanos para dar coerência aos seus componentes, avaliando com argumentos claros e consistentes o modo de convivência dos diversos interesses hoje tutelados pela disciplina.

A diversidade de fontes, métodos e objetivos, bem como das respectivas interpretações, não é irreconciliável com a coerência sistemática da disciplina. Para garantir a coerência interna ao direito internacional privado no contexto da globalização e da hipermobilidade de fluxos transfronteiriços surgem duas alternativas: a unificação e a gestão da pluralidade.

A ordenação da disciplina seria possível por meio de uma hipotética unificação normativa gerada pela criação de um direito mundial e de um órgão de interpretação global. Contudo, a adesão a uma política global na gestão dos fatos transnacionais depende de consenso e de interesses homogêneos entre os estados, o que, após duas décadas da queda do muro de Berlim e da crise de 2008, não possui indícios de ocorrer. Tampouco se vislumbram elementos que indiquem que o grande número de excluídos da globalização aceitará uma regulação global, sem nenhuma garantia de que suas demandas sociais serão atendidas. Pelo contrário, ficou demonstrado que há uma nova onda social em diversos países contrária ao enfraquecimento do poder regulador estatal, clamando por uma nova era de intervenção do estado protecionista.

As recentes crises internacionais fortaleceram a atuação nacional e egoísta do estado para enfrentar os agentes reguladores privados. Ademais, com o aumento das desigualdades sociais, os excluídos da globalização clamam por nova atuação protetora, tanto em estados desenvolvidos quanto em estados em desenvolvimento, o que gera dissensos e estimula a criação de normas protetivas a partir de uma visão própria do interesse social do estado.

Assim, a alternativa para estruturar racionalmente o direito internacional privado no seu atual momento demanda a organização da sua pluralidade, constituindo, por meio da linguagem dos direitos, o que Pamboukis denomina de unidade plural (*unité plurielle*) no direito internacional privado[5].

Reconhece-se a dificuldade, como assinala Gaudemet-Tallon, de concretizar um pluralismo coerente (*pluralisme cohérent*), que, consciente da riqueza de cada ordenamento jurídico envolvido nos fatos transnacionais, seja capaz de encontrar soluções de conciliação[6]. A conciliação na diversidade é necessária para repelir a diluição da disciplina na fragmentação de métodos, fontes e objetivos plúrimos desconectados dos demais.

A busca de coerência é iniciada pelo uso amplo do diálogo das fontes, adotando-se como critério de interpretação a proteção dos vulneráveis em um cenário de colisão de direitos, cuja resolução depende das particularidades do caso concreto analisadas em um teste de proporcionalidade claro e consistente. Defende-se o uso da linguagem dos direitos para, mediante o instrumental do teste de proporcionalidade, gerar uniformidade na consecução dos objetivos, agora amplos, do direito internacional privado.

Do ponto de vista da presente obra, é insustentável a resistência doutrinária ao uso da linguagem dos direitos no DIPr sob a alegação de risco de criação de um "imperialismo" ou "absolutismo" dos direitos humanos, o que redundaria, para esses autores, em suposta desconsideração e menosprezo às especificidades da nacionais ou internacionais e às diferenças

5. PAMBOUKIS, Charalambos P. "Droit international privé holistique: droit uniforme et droit international privé" *in Recueil des cours de l'Académie de Droit International de la Haye*, vol. 330, 2007, pp. 9-474, em especial p. 340.

6. GAUDEMET-TALLON, Hélène. "Le pluralisme en droit international privé: richesses et faiblesses (le funambule et l'arc-en-ciel): cours général" *in Recueil des Cours de l´Académie de Droit International de la Haye*, vol. 312, 2005, pp. 9-488, em especial p. 471.

entre as culturas e os povos. Ainda para tal visão doutrinária, a inflação de direitos, com a interpretação ampliativa do seu alcance, ao abarcar as regras de conexão e o direito estrangeiro incidente, traria para o direito internacional privado uma homogeneidade não desejável e uma ingerência indevida na regulação das relações transnacionais privadas, causando desconfiança da atividade interpretativa de órgãos internacionais de direitos humanos na gestão do direito internacional privado[7].

Esses argumentos desmoronam diante da tradução dos interesses e individualidades em direitos. O amplo catálogo dos direitos humanos abarca as particularidades locais, a diversidade cultural e o respeito ao outro e às diferenças, elementos típicos do direito internacional privado, que são traduzidos em direitos dos envolvidos nos fatos transnacionais e considerados na avaliação da lei aplicável, jurisdição competente e cooperação jurídica internacional no caso concreto.

A cooperação e a convivência entre as diversas ordens jurídicas que possuam vínculos com o fato transnacional são garantidas pelo uso do diálogo das fontes e do instrumental do teste de proporcionalidade, que, ao ponderar os direitos dos envolvidos nos fatos transnacionais, permite a análise dos diversos interesses em conflito, sem automatismos ou preponderância para concepções específicas, locais ou internacionais[8]. Nesse contexto de simbiose, o próprio teste de proporcionalidade ganha qualidade pelo uso de atributos típicos do direito internacional privado[9], a exemplo do reconhecimento da situação familiar transnacional que gera impacto na prevalência do direito à vida familiar *(de facto)* ilustrada por precedentes da Corte EDH sobre adoção internacional plena.

Assim, a proposta aqui defendida de construção de um direito internacional privado da coerência permite reconhecer identidades vulneráveis que são invisíveis em diversas sociedades nacionais. Com a identificação das vulnerabilidades no bojo do diálogo das fontes, a disciplina adquire maturidade para resolver as colisões entre direitos no âmbito do reconhecimento de identidades e diferenças, expondo a consistência do teste de

7. GANNAGÉ, Léna. "A propos de l'"absolutisme" des droits fondamentaux", *in Vers de nouveaux équilibres entre ordres juridiques – Liber amicorum Hélène Gaudemet-Tallon*. Paris: Dalloz, 2008, pp. 265-284, em especial p. 268-269.

8. Aliás, a concepção de direitos do foro também pode ser censurada e a tradicional cláusula de ordem pública pode ser afastada, a exemplo do caso *Negrepontis-Giannisis*. Corte Europeia de Direitos Humanos, caso *Negrepontis-Giannisis v. Grécia*, julgamento em 03 de maio de 2011.

9. WATT, Horatia Muir. "Fundamental rights and recognition in private international law" *in European Journal of Human Rights*, n.3, 2013, pp. 411-435, em especial p. 434.

proporcionalidade para conciliar a tolerância com a preservação de outros direitos.

A análise baseada no caso concreto afasta a hierarquia predefinida e o imperialismo de uma determinada concepção, priorizando a argumentação em face das peculiaridades da situação que geram a prevalência ou compressão dos direitos envolvidos[10].

Juntamente com a proteção do vulnerável, do multiculturalismo e do direito à diferença, o direito internacional privado da coerência preserva a heterogeneidade agravada consolidada no século XXI, ganhando versatilidade no tratamento dos vulneráveis em novas situações criadas pela globalização e se apresentando pronto para dar coerência interpretativa aos seus mais variados componentes.

Nessa linha, o objetivo de justiça material pode ser compatível com a corrida ao melhor foro ou da melhor lei, a exemplo dos casos de graves danos ambientais e sociais causados por empresas multinacionais sediadas em estados com regulação normativa complacente, que podem ser processadas em outros locais[11]. A aceitação da heterogeneidade agravada e, simultaneamente, da necessidade de coerência hermenêutica, possibilitam realizar uma argumentação jurídica sincera, explicitando os pesos a serem dados aos direitos em colisão, a partir das regras de DIPr definidas, por sua vez, também à luz dos direitos humanos. A sinceridade na argumentação compele o intérprete a agir sem arbítrio ou decisionismo, sopesando os direitos previstos em diferentes fontes normativas (e seus respectivos métodos) em um teste de proporcionalidade que pode utilizar precedentes dos mais diversos órgãos nacionais ou internacionais.

O uso das referências cruzadas e dos precedentes internacionais para conformar o direito internacional privado da coerência fornece, ainda, a universalidade da disciplina.

Os particularismos gerados pela heterogeneidade do direito internacional privado da era do mosaico estimularam uma visão parcial da disciplina, desafiando o tratamento coerente dos fatos transnacionais, como visto na Parte II. Já a heterogeneidade agravada desafia o DIPr ao estabelecer regras de conformação dos fatos transnacionais alheias à disciplina, o que cria fonte adicional de dificuldade para ser concretizado o tratamento jurídico

10. DELMAS-MARTY, Mireille. *Três desafios para um direito mundial*. Trad. de Fauzi Hassan Choukr. Rio de Janeiro: Lumen Juris, 2003, p. 3.

11. ZAMORA CABOT, F. J. "Derecho internacional privado y derechos humanos en el ámbito europeo" *in Papeles El tiempo de los derechos*, n. 04, 2012, pp. 1-12, em especial p. 9.

final dos fatos transnacionais, especialmente se considerarmos a existência de interesses divergentes dos envolvidos, que necessitam de uma resposta clara e fundamentada sobre o direito que deve prevalecer.

Mais de um século após a defesa de ideais universalistas do direito internacional privado clássico, persistem obstáculos para o tratamento jurídico uniforme e justo dos fatos transnacionais. No século XXI, o direito internacional privado da coerência é capaz de atingir o ideal de um universalismo, agora pautado pelos casos concretos. O teste de proporcionalidade no direito internacional privado, ao realizar a ponderação dos direitos de todos os envolvidos no fato transnacional com o recurso às referências cruzadas, garante o tratamento uniforme dos envolvidos, considerando as peculiaridades do fato transnacional, o seu vínculo com mais de um ordenamento jurídico, bem como as assimetrias, vulnerabilidades e diferenças culturais.

Reconhece-se que o direito internacional privado da coerência não elimina a relatividade e, inclusive, certo grau de risco de imprevisibilidade na regência dos fatos transnacionais, já que o teste de proporcionalidade exige que se dê peso a variáveis do caso concreto por meio da interpretação judicial, podendo ocasionar novos resultados e superação de interpretações pretéritas.

Porém, na falta de uma regulamentação homogênea das relações privadas transnacionais (acompanhada da sua interpretação também uniforme, com órgãos internacionais) e diante dos novos objetivos da disciplina (que exigem métodos e fontes adequadas às novas demandas por justiça material), a relatividade e contextualidade das decisões envolvendo os fatos transnacionais são justificáveis e devem estar expostas com clareza e com exposição precisa de seus fundamentos, permitindo também que exista evolução na regulação do fato transnacional[12]. Sem a relatividade e contextualidade, o direito internacional privado da coerência seria incapaz de promover a sua contínua inovação para atender as novas demandas sociais geradas.

Não há imobilismo nem ponto de chegada no direito internacional privado da coerência que respeita a heterogeneidade da disciplina. A coerência é obtida em um processo de identificação e ponderação de direitos, respeitando-se o diálogo das fontes e as diversas interpretações possíveis, promovendo, ao final, os ideais de justiça e os direitos dos vulneráveis e dos demais envolvidos nos fatos transnacionais.

12. Nesse sentido, Guillaumé reconhece a inevitabilidade de certa relatividade e imprevisibilidade no direito internacional privado atual, cujos objetivos vão além da justiça conflitual. GUILLAUMÉ, Johanna. *L'affaiblissement de l'État-nation et le droit international privé*. Paris: L.G.D.J, 2011, p. 511.

CONCLUSÃO

Na conclusão deste estudo, é importante repisar a proposta inicial para aferir a sua consecução. Esta obra pretendeu apresentar os principais componentes para a construção da coerência interpretativa do direito internacional privado do século XXI, com foco na proteção de direitos dos vulneráveis e demais envolvidos nos fatos transnacionais, em um ambiente marcado pela heterogeneidade de fontes, métodos e objetivos da disciplina e, em cujo entorno floresce o pluralismo jurídico.

As ideias sínteses expostas no desenvolvimento do texto serão realçadas para demonstrar a realização do objetivo proposto.

1. A identidade básica do direito internacional privado é forjada na coordenação da regulação normativa e jurisdicional dos fatos da vida privada vinculados com mais de um ordenamento jurídico em um ambiente de convivência de normas estatais e internacionais. A regulação dos fatos transnacionais pela disciplina variou ao longo dos séculos para enfrentar as mudanças históricas e as transformações sociais, sendo identificadas as fases nas quais predominam (i) uniformidade de método e (ii) pluralidade de métodos.
2. Vincula-se a adoção de métodos no DIPr a determinada opção de defesa de direitos. A progressiva aceitação de diferentes interesses protegidos pela disciplina e sua tradução em direitos gerou uma pluralidade de métodos, retratando a contínua adição de valores a serem promovidos pelo direito internacional privado. Duas espécies de métodos destacam-se: o método indireto e o método direto.
3. O método indireto preocupa-se em localizar determinado direito para a regulação normativa de um fato transnacional. De início, desenvolveu-se o método indireto unilateral que, com eixo axiológico no privilégio aos interesses do Estado do foro, delimita o campo

espacial das suas normas e deixa aos demais estados a definição dos domínios de aplicação das suas respectivas leis. O método indireto adaptou-se à consolidação do Estado nacional, que, no ambiente positivista e do liberalismo econômico do século XIX, em sua busca por racionalidade, afastou-se das soluções casuísticas dos estatutários tradicionais. O método indireto unilateral perdeu espaço com o surgimento do método indireto multilateral e foi revalorizado com a "revolução americana", que visou aproximar o direito internacional privado do caso concreto, com parte da doutrina defendendo o uso da lei do foro como regra geral de regulação dos fatos transnacionais. Na Europa continental, o método retomou sua força no século XX, em um ambiente nacionalista e de proteção das opções legislativas da *lex fori*.

4. O século XIX foi marcado pela liberalização de mercados por parte de diversos estados e pelo fortalecimento da autonomia individual nas relações privadas. O cenário incentivou o esforço pela racionalização e universalização do direito internacional privado, com a adoção de um método que levasse em consideração os interesses de todos os estados envolvidos e, assim, resultasse na indicação de uma única lei para tratar o fato transnacional. O método unilateral (de foco nacionalista) cedeu espaço ao método indireto multilateral (ou bilateral).

5. Consagrado por Savigny e reconhecido como giro copernicano na disciplina, o método indireto multilateral é alicerçado no estudo da relação jurídica gerada pelo fato transnacional. Ao identificar o centro ou sede de cada relação jurídica no qual a lei deve incidir, não se privilegia a lei do foro, tratando igualmente as leis e as jurisdições dos estados envolvidos. O método multilateral possui uma essência universalista, necessária aos interesses do capitalismo liberal expansionista da época, que, ao prometer uniformidade de tratamento global, segurança e previsibilidade nas relações jurídicas transnacionais, tornou-o o método dominante no direito internacional privado.

6. Contudo, o universalismo doutrinário não convenceu os estados, que editaram ao mesmo tempo diversas codificações nacionais de direito internacional privado, frustrando a promessa de harmonia do método multilateral. Além da inexistência de consenso internacional, o aumento acelerado na intervenção do Estado na regulação das atividades privadas prejudicou a

almejada homogeneidade de tratamento das relações privadas transnacionais. O método multilateral foi esvaziado (banalizado), restringindo-se a uma técnica de coordenação entre a legislação do foro e o direito estrangeiro por intermédio de regras de conexão bilaterais rígidas, sem concretizar a harmonia internacional e a segurança jurídica. O método multilateral, reduzido a uma técnica formal, transforma a disciplina em um simples sistema de caminhos com encruzilhadas bem sinalizadas.

7. A consolidação do método indireto multilateral como técnica mecânica de localização da lei suscitou reações doutrinárias, jurisprudenciais e normativas que buscaram adicionar ao direito internacional privado preocupações com o resultado final da localização da lei. Diferentemente do método unilateral que, por definição, preocupa-se apenas com o atendimento aos interesses do foro, a introdução da defesa de resultados materiais no funcionamento do método indireto é novidade do método multilateral.
8. O não cumprimento das promessas do método multilateral levou à sua erosão como método rígido, impulsionando sua atualização. A flexibilização do método multilateral abarcou três reações: a especialização das categorias jurídicas e a criação de novas regras de conexão para refinar a determinação da lei aplicável; o uso do princípio da proximidade, que serve como cláusula de correção para evitar a incidência de regra de conexão sem vínculo com o caso; e o acréscimo de valores e resultados materiais como finalidades a serem perseguidas pelo método indireto. Nos Estados Unidos, a crítica ao método indireto multilateral incentivou a liberdade de atuação do julgador para escolher, entre os diversos ordenamentos jurídicos com vínculos com o fato transnacional, aquele que fornecesse a melhor lei para a solução do caso.
9. O método direto no direito internacional privado consiste na fixação de norma (internacional ou nacional) sem referência aos ordenamentos nacionais com os quais o fato transnacional possui vínculo. O método direto propõe-se a regular diretamente os fatos transnacionais, apresentando três espécies: o método direto internacionalista, o método direto nacionalista (normas imperativas) e o método direto do reconhecimento de situações jurídicas.
10. A internacionalização do direito internacional privado propiciou que os estados negociem a adoção de regras internacionais diretas de regulação do fato com elementos de estraneidade, fomentando

o método direto em normas internacionais. Já o método do reconhecimento das situações jurídicas representa a abertura do foro aos valores defendidos no Estado estrangeiro, motivada pela necessidade de manutenção da tolerância internacional nas relações privadas na era da globalização. As condicionantes à aplicação do método do reconhecimento e o controle *a posteriori* sofrido com o recurso à ordem pública demonstram que esse método encerra uma colisão entre direitos: o reconhecimento de uma situação jurídica consolidada pode gerar o amesquinhamento do direito de outra parte ou do direito difuso da coletividade.

11. A coordenação da diversidade normativa e jurisdicional não é exclusividade de um único método. A pluralidade de métodos na atualidade resulta no retorno ao problema inicial do direito internacional privado: a alocação da autoridade regulatória. Cada método é concebido de forma autônoma, sem a preocupação de consistência ou coerência com os métodos já existentes. Ainda, determinados valores – traduzidos em direitos – prevalecem para um método e não para outro, gerando insegurança e arbitrariedade. O pluralismo de fontes do DIPr, de matriz nacional e internacional, contribui para a falta de organização dos métodos, que não se conformam em uma rede orgânica.

12. A fragmentação das normas jurídicas em diplomas normativos nacionais e internacionais, a consecução de valores considerados como importantes para os estados e que podem ser antagônicos entre si, e a falta de maior consideração sobre o zelo pela consistência e coerência no tratamento do fato transnacional caracterizam o direito internacional privado da heterogeneidade na "era do mosaico".

13. Previsibilidade e uniformidade no tratamento dos fatos transnacionais, igualdade entre lei estrangeira e lei do foro e autonomia dos particulares representam os interesses associados desde os primórdios com o direito internacional privado. Traduzidos em direitos, a tríade segurança jurídica, igualdade e liberdade sintetiza os direitos que representam os objetivos perseguidos pelos métodos indireto e direto do DIPr. Decidiu-se pelo estudo desses três direitos pelo seu impacto na reconfiguração da justiça no direito internacional privado, em especial na superação da dicotomia entre justiça formal e justiça material (ou substancial). Reconhecida a importância da justiça material para o DIPr, foi possível a multiplicação de novos direitos como parte da disciplina.

14. O direito à segurança jurídica retoma o debate do paradoxo básico da disciplina: possuir como objeto fenômenos transnacionais (os fluxos transfronteiriços de bens, pessoas e atos em geral) tratados por diplomas nacionais (a fragmentação particularista do direito internacional privado). O afastamento da regra de conflito originalmente indicada pelo método clássico com a incidência do princípio da proximidade ou o recurso aos métodos de escolha da melhor lei (*better law approach*) visando a solução material do caso expõem dúvidas sobre o custo de se manter a harmonia internacional mesmo quando a solução de fundo for considerada injusta ou inadequada.
15. O objetivo de harmonia internacional valoriza, no plano individual, a igualdade entre os envolvidos no fato transnacional, impedindo o tratamento desigual dos indivíduos a depender do Estado no qual se encontram. A afirmação de igualdade formal entre direito nacional e direito estrangeiro introduz novos dilemas na disciplina, especialmente relacionados com a violação da sua igualdade material, pela manutenção de determinadas regras de conexão e incidência de direito estrangeiro que ocasionem discriminação injustificada aos indivíduos envolvidos nos fatos transnacionais.
16. A liberdade de escolha da lei aplicável e da determinação da jurisdição, que passou por diferentes níveis de aceitação ao longo da evolução do direito internacional privado, traduz, na linguagem de direitos, a autonomia da vontade dos particulares. A despeito da valorização da autoridade das partes nas relações privadas, a liberdade pode se chocar com a proteção de outros interesses, demandando a sua limitação em prol dos direitos de outros indivíduos envolvidos nos fatos transnacionais.
17. A pluralidade ocasionou uma evolução na teoria da justiça na resolução das controvérsias de direito internacional privado, na perspectiva da tradicional justiça formal ou conflitual e na ótica da justiça material. A consequência do uso do método indireto foi a consolidação da justiça formal ou espacial, com a função primordial de fornecer uniformidade e estabilidade nas relações jurídicas, independentemente do local onde fossem analisadas. Contudo, o método indireto mostrou-se incapaz de cumprir a promessa de uniformidade e estabilidade, frustrando a justificativa apresentada para a desconsideração dos resultados concretos da aplicação do direito ou da definição da jurisdição em casos com elementos plurilocalizados.

18. O desenvolvimento do método indireto multilateral mostrou que a penetração dos valores sociais na regra de conflito torna-se imperativo das transformações da sociedade. O direito internacional privado passa a ser um instrumento de combate ou apoio a determinado comportamento social e a justiça material se torna um dos objetivos da disciplina, contradizendo a sua visão de mero sobredireito despido de valores materiais.
19. A reflexão sobre a justiça no direto internacional privado espelha a discussão sobre o fortalecimento do papel do Estado na regulação da vida privada. O reconhecimento de direitos no plano internacional e no ordenamento interno destrói o mito de um direito internacional privado homogêneo que se dedica a reger as relações de uma sociedade internacional composta de indivíduos indistintos, sem considerar a atuação estatal para assegurar os interesses específicos dos estados na regulação dos fluxos e das assimetrias existentes nas relações jurídicas transnacionais privadas.
20. Vários fatores impactam a proteção de direitos no DIPr: a massificação dos fatos transnacionais, que multiplica os direitos antagônicos dos envolvidos; a consolidação da pluralidade de métodos e objetivos visando a justiça material na disciplina; e a defesa nacional de determinados direitos por institutos específicos que garantem a superioridade das normas internas para regular determinados fatos transnacionais.
21. O direito internacional privado atual é marcado pela heterogeneidade. O acúmulo de métodos, fontes e objetivos mostra a complexidade e a riqueza atuais da disciplina ao mesmo tempo em que expõe o desafio de desenvolver institutos que forneçam critérios para a articulação da pluralidade, evitando que o DIPr se perca na sua própria fragmentação, com normas isoladas, cada qual buscando um resultado. Ao atualizar-se para atender as novas demandas sociais, o direito internacional privado da heterogeneidade assume a missão de substituir a antiga pretensão de homogeneidade oferecida pelo método indireto tradicional e criar uma nova coerência sistêmica da disciplina.
22. Múltiplos são os instrumentos que podem introduzir a hierarquia das normas no direito internacional privado da atualidade, que variam, inclusive, face à maior ou menor adesão do Estado à pluralidade de métodos da disciplina. Optou-se pelo estudo dos institutos que buscam a prevalência de um direito (e a consequente

compressão dos demais direitos) inseridos na parte geral do direito internacional privado e voltados precipuamente para a realização de resultados materiais.

23. Para garantir a incidência de valores na disciplina, a resposta desenvolvida pelo direito internacional privado focou-se na evolução e atualização de algumas técnicas específicas que buscam a prevalência de um direito: a busca do favorecimento a determinado resultado sob o enfoque das regras de conexão múltiplas; o uso da exceção da ordem pública; as normas de aplicação imediata (*lois de police*); e a incidência do controle de constitucionalidade para exigir o respeito a determinados valores e resultados no direito internacional privado.

24. As formas de aplicação do princípio do favorecimento – *favor validitatis, favor negotii, favor testamenti, favor filiationis, favor matrimonii, favor divortii, favor laesi, favor obligationis* e *prélèvement* – demandam técnicas de operacionalização conferidas pelas leis de validação ou pelas leis comparadas. No favorecimento por lei de validação, o trabalho primário do juiz é pesquisar a lei que diz "sim" ou "não" a depender do resultado material e do direito prioritário. Na categoria do favorecimento pelo uso de leis comparadas, o trabalho primário do intérprete é maximizar a utilidade do favorecido pela adoção de regra de conexão múltipla.

25. No cotejo de situações transnacionais complexas, o princípio do favorecimento se mostra insuficiente ao impedir maior reflexão sobre a escolha por parte do intérprete e não fornecer critérios para a definição do conceito de lei mais favorável no caso concreto. A opacidade da escolha do direito prioritário e a falta de parâmetros para a preferência a um direito, comprimindo-se outros, representam a maior fragilidade do princípio do favorecimento.

26. A ordem pública pressupõe a superioridade dos valores do foro em relação às leis estrangeiras indicadas, aferindo a essencialidade dos interesses locais e a diferença chocante do conteúdo do direito estrangeiro invocado para impedir a sua aplicação. Ponto comum para as abordagens doutrinárias é o conteúdo indeterminado e contextual da ordem pública, variável no tempo e no espaço, a depender do contexto social do Estado do foro (espaço) no momento (tempo) da avaliação do fato transnacional.

27. Ao privilegiar os direitos conforme são concebidos no Estado do foro, o recurso à ordem pública corre o risco de afastar direitos

antagônicos ou interpretações estrangeiras divergentes sobre o mesmo direito, ameaçando a tolerância e a alteridade que informam o direito internacional privado. A alternativa de limitação do uso da ordem pública tampouco é capaz de solucionar o conflito entre as concepções distintas de direitos (do foro e do ordenamento estrangeiro), evidenciando a necessidade de um *elemento novo* para a articulação da prevalência e compressão de direitos no DIPr.

28. As normas imperativas traduzem objetivos do Estado do foro que, pela sua importância, demandam aplicação direta nos fatos transnacionais da vida privada. As normas imperativas constituem um método de direito internacional privado formado por normas de caráter material que protegem interesses essenciais do Estado e determinam a aplicação exclusiva da lei do foro. O recurso unilateral à *lex fori* pode gerar o afastamento da lei aplicável designada pelo método conflitual, a negação à autonomia da vontade e o óbice à homologação de sentença estrangeira e à concessão de *exequatur*.

29. O conceito de norma imperativa encerra uma tensão entre o panorama da globalização e o uso excessivo do direito local: estimula-se o aumento dos fluxos transfronteiriços ao mesmo tempo em que se incitam chauvinismos jurídicos e aversão ao estrangeiro, renascendo, com nova roupagem, o confronto entre particularismo e universalismo no direito internacional privado. A solução de limitação das normas imperativas apresenta os mesmos problemas das demais técnicas de prevalência de direitos, não soluciona o dilema da visão unidimensional dos direitos dos envolvidos no fato transnacional, podendo gerar o afastamento injustificado e desarrazoado dos direitos inseridos na norma estrangeira.

30. A força normativa da constituição e a constitucionalização do direito impõem a obediência aos valores constitucionais nas relações privadas, bem como estabelecem o controle amplo (interno e externo) de constitucionalidade sobre o direito internacional privado. A constitucionalização consiste na impregnação imediata e mediata da disciplina pelas normas constitucionais. A impregnação imediata decorre do uso das normas constitucionais para ditar o conteúdo das regras diretas e indiretas do DIPr. Já a impregnação mediata impõe a interpretação das regras da disciplina conforme à Constituição.

31. Traduzindo os valores nacionais na linguagem dos direitos, o controle de constitucionalidade impõe a supremacia da interpretação

nacionalista nas colisões de direitos existentes nos fatos transnacionais, reforçando a fragmentação do DIPr e maximizando o risco do desprezo de outras fórmulas de ponderação entre os direitos envolvidos.

32. O direito internacional privado da heterogeneidade (ou heterogêneo) reagiu à pluralidade de fontes, de métodos e de objetivos e às exigências do Estado social, com a adoção de novos institutos ou, ainda, com a reconfiguração de antigos institutos, visando atender à diversidade de interesses agora defendidos pela disciplina. Não sendo viável (e sequer desejável) o retorno ao direito internacional privado tradicional ou clássico, o direito internacional privado heterogêneo lidou com as suas pluralidades por intermédio de um grupo de institutos que se encontra vinculado apenas formalmente à disciplina, sem maior interação.

33. A recusa de tratamento universal dos fatos transnacionais é elemento comum a todas as técnicas de prevalência de direitos e reforça a existência de um mosaico de institutos diferentes, cada um atuando sem a devida consideração com a promoção de outros direitos envolvidos no fato transnacional, em uma visão opaca e incompleta da proteção de direitos pelo DIPr. O lado unidimensional de cada peça do mosaico fragiliza o direito internacional privado heterogêneo, que perde nitidez e se distorce. O tratamento de direitos em colisão no direito internacional privado exige, portanto, juízos transparentes de preferência por meio de valoração consistente.

34. Os distintos interesses (traduzidos em direitos) dos envolvidos nos fatos transnacionais possuem múltiplas fontes no DIPr, que está atualmente inserido no fenômeno denominado de pluralismo jurídico. Cada ordem jurídica (nacional, internacional e regional) possui o seu catálogo de direitos que passam a interferir na formatação dos direitos que integram as relações jurídicas com vínculos de estraneidade, comumente regradas apenas pelo direito internacional privado. O direito internacional privado da heterogeneidade – composto pela pluralidade de fontes, métodos e objetivos – adquire uma nova camada de heterogeneidade com as diversas ordens jurídicas agora incidentes sobre os fatos transnacionais, a exemplo do direito internacional dos direitos humanos e do direito da integração econômica. Esse fenômeno é denominado de heterogeneidade agravada do direito internacional privado.

35. A coordenação de ordens jurídicas sob a influência do pluralismo jurídico logra superar as soluções hierarquizadas, contudo não impõe vetores para a obtenção de coerência e consistência na aplicação dos direitos aos fatos transnacionais. O cenário de exclusão pela globalização demonstra a importância do estudo da centralidade da defesa dos direitos dos indivíduos como peça angular da construção do direito internacional privado da atualidade, objeto desta obra. Com a defesa de direitos, o direito internacional privado pode se mostrar vetor de proteção aos indivíduos, cumprindo o anseio de justiça social e promoção da dignidade humana estabelecido nas constituições e nos tratados de direitos humanos.

36. O desenvolvimento econômico-social e a busca pela proteção de distintos interesses individuais e difusos com a gramática de direitos prevista nas constituições e nos tratados de direitos humanos fomentaram o florescimento de um novo direito privado. A nova racionalidade de respeito aos direitos humanos e às aspirações sociais, centrada na proteção da pessoa humana e de sua dignidade, é incorporada pelo direito internacional privado. A eficácia horizontal dos direitos humanos impõe a proteção dos direitos de *todos* os envolvidos nas relações internacionais entre particulares, não se admitindo que a prevalência de um direito importe na violação de outro. O epicentro do direito internacional privado, que desde a fase iniciadora (fase estatutária) abarcou a determinação de direitos de indivíduos diante de fatos transnacionais, agora objetiva uma sociedade inclusiva, baseada na liberdade e na igualdade, com forte carga emancipatória gerada pela proteção dos vulneráveis.

37. A interpretação das normas de direito internacional privado passou a levar em consideração a realização do objetivo de universalização e de emancipação dos indivíduos, de forma indireta e direta. O uso indireto dos direitos humanos no DIPr recorre parcialmente à sua gramática, utilizando o exemplo clássico da cláusula de ordem pública para excluir o direito originalmente aplicável que viole direitos humanos. Já o uso direto dos direitos humanos demanda a sua incidência como novo fator de conformação das regras da disciplina, consagrando um direito internacional privado conforme os direitos humanos. Contudo, se a incidência direta dos direitos humanos no direito internacional privado é feita pela

valorização da sua redação e pela interpretação de acordo com a perspectiva local, forja-se mais uma faceta do direito internacional privado particularista. *É a* invocação internacionalista dos direitos humanos no DIPr que impõe a superação da sua visão estática e meramente local: o universalismo pretendido pelos textos internacionais é concretizado com a multiplicação de precedentes internacionais de direitos humanos, fornecendo uma alternativa *pro homine* em face de comportamentos de estados e indivíduos que ofendem direitos humanos.

38. O pluralismo no direito internacional privado tem como marca distintiva o reconhecimento dos diversos interesses e valores envolvidos na regulação do fato transnacional, devendo a sua coordenação levar em consideração o respeito aos objetivos de justiça material na disciplina e a incidência incontornável de direitos humanos pautados pelo universalismo e pela promoção da dignidade humana dos envolvidos nos fatos transnacionais de direito privado.

39. A coordenação externa das ordens jurídicas que caracterizam o pluralismo jurídico pode ser feita de duas formas: por um critério hierárquico de afastamento de determinada regra para predomínio de outra; ou pela conciliação das regras por meio do diálogo na regulação do fato transnacional. A eficácia horizontal dos direitos humanos nas relações entre particulares não permite o uso do critério hierárquico diante da colisão de direitos (individuais ou difusos) com o mesmo estatuto normativo, impondo-se a coordenação externa pelo uso do diálogo das fontes.

40. Para evitar o risco de arbítrio e decisionismo por parte do intérprete, o diálogo das fontes não pode representar somente a aproximação entre as ordens jurídicas com a análise do caso concreto. Torna-se essencial que o diálogo seja acompanhado de parâmetros claros para direcionar o intérprete sobre a prevalência e a compressão de direitos em conflito na análise das diversas regras incidentes sobre o fato transnacional.

41. A explosão de valores (agora traduzidos em direitos dos envolvidos nos fatos transnacionais) e a existência de um pluralismo de ordens jurídicas (a heterogeneidade agravada do direito internacional privado) foram acompanhadas, simultaneamente, por uma dificuldade de retomar a sua *coerência* interpretativa para além da banal constatação de que a disciplina (como todas

as demais) deve obediência à centralidade dos direitos humanos. O equilíbrio entre o universalismo dos direitos humanos e o respeito à tolerância e à diversidade do direito internacional privado é dado pela proteção dos mais fracos e dos mais vulneráveis, que confere concretude à igualdade, gerando um direito internacional privado promotor da inclusão social na vida privada transnacional dos indivíduos.

42. A vulnerabilidade é o parâmetro de orientação da interpretação da colisão de direitos, de modo a justificar, racionalmente, a prevalência de um direito e a compressão de outro. A *multiplicação de vulnerabilidades* gera dificuldade adicional para solucionar, no caso concreto, o enfrentamento entre partes vulneráveis em um fato transnacional. Assim, o fio condutor (proteção dos vulneráveis) e a identificação do caminho (o "diálogo das fontes") não bastam para a construção do direito internacional privado da coerência. É essencial a identificação de critérios que orientem o intérprete sobre a intensidade e os limites da proteção dos vulneráveis, no âmbito do diálogo das fontes, em um caso transnacional privado.

43. O uso do teste da proporcionalidade permite que se forneça a coerência instrumental e material no bojo do direito internacional privado da heterogeneidade agravada. Na análise de um fato transnacional, a ponderação de direitos tem a capacidade de transformar o que seria fragmentado (uso de alguma das técnicas da era do mosaico) e opaco (desconsideração do direito a ser afastado) em (i) uma argumentação racional de colisão de direitos, (ii) com a possibilidade de utilização de referências cruzadas de órgãos que já se pronunciaram sobre o choque dos direitos em análise.

44. O teste de proporcionalidade atua como vetor de conformação dos métodos de direito internacional privado, fornecendo coerência instrumental à disciplina. Ademais, o teste de proporcionalidade unifica a análise do conteúdo do direito aplicável determinado pelos diversos métodos do DIPr e pelos diplomas normativos internacionais externos à disciplina, garantindo a sua coerência material. Ademais, os institutos tradicionais para a proteção de direitos do DIPr (como o princípio do favorecimento, a cláusula de ordem pública, as normas imperativas e o controle de constitucionalidade), se conformados à luz dos direitos humanos com o uso do teste da proporcionalidade, abandonam o seu viés

unidimensional e parcial e se tornam instrumentos de proteção de direitos de todos os envolvidos nos fatos transnacionais.

45. Para exemplificar o potencial do uso do teste de proporcionalidade nos métodos de direito internacional privado, é retomado o método do reconhecimento das situações jurídicas como forma de obtenção da coerência da disciplina sem desprezar a diversidade.

46. Na atual pluralidade das ordens jurídicas no direito internacional privado, convivem direitos antagônicos (ou com divergentes entendimentos) e interpretações distintas da resolução das colisões, o que torna insuficiente a interpretação dos direitos em colisão na regulação do fato transnacional somente pela *lex fori* e pela *lex causae*. A referência cruzada deve ser feita no plano doméstico, nos tribunais locais, e no plano internacional, em tribunais internacionais, implicando em uma utilização da interpretação feita pelo Estado do foro, pelo Estado estrangeiro e pelos órgãos internacionais.

47. A articulação coerente e consistente da interpretação dos diversos direitos incidentes em um fato transnacional foi demonstrada, na prática, com o estudo do tema da subtração internacional de crianças. A atuação dos sistemas de proteção dos direitos humanos e do Tribunal de Justiça da União Europeia para a proteção dos direitos da criança e dos demais envolvidos nessa situação transnacional impediu interpretações injustificadas conferidas por decisões locais em favor do genitor abdutor ou do genitor abandonado. Ademais, a convergência de normas nacionais, tratados e de precedentes judiciais (de direito interno, de direito internacional privado, de direito internacional dos direitos humanos e do direito da integração) sobre o tema serviu também como laboratório do modo de articulação de direitos no pluralismo jurídico.

48. A integridade do direito internacional privado enquanto disciplina depende da aceitação da sua heterogeneidade agravada. A diversidade de fontes, métodos e objetivos, bem como das suas respectivas interpretações, não se mostra irreconciliável com a coerência sistemática da disciplina.

49. A busca de coerência do direito internacional privado é iniciada com o uso amplo do diálogo das fontes, adotando-se como critério de interpretação a proteção dos vulneráveis em um cenário de colisão de direitos, cuja resolução depende das particularidades do caso concreto analisadas em um teste de proporcionalidade

claro e consistente. O uso da linguagem dos direitos aliado ao instrumental do teste de proporcionalidade gera uniformidade na consecução dos objetivos, agora amplos, da disciplina.

50. A proposta aqui defendida, de construção de um direito internacional privado da coerência, permite reconhecer identidades vulneráveis que são invisíveis em diversas sociedades nacionais. Com a identificação das vulnerabilidades no bojo do diálogo das fontes, o direito internacional privado adquire maturidade para reconhecer identidades e diferenças na resolução de colisões entre direitos, expondo a consistência do teste da proporcionalidade para conciliar a tolerância (traduzida, também, na linguagem de direitos, como o direito à diversidade cultural) com a preservação de outros direitos nos fatos transnacionais.

51. O direito internacional privado da coerência preserva a heterogeneidade agravada – característica da disciplina consolidada no século XXI –, apresentando tratamento versátil para a tutela dos vulneráveis em novas situações criadas pela globalização e, concomitantemente, oferta o teste de proporcionalidade e a utilização das referências cruzadas como critérios que garantem um tratamento uniforme aos fatos transnacionais.

52. A determinação da jurisdição – segmento essencial do DIPr – também deve sofrer renovação. Não é mais possível a fixação de hipóteses aprioristicamente determinadas para a delimitação da jurisdição internacional cível de um Estado, sob pena de ser gerada denegação de justiça ou menosprezo a direitos dos envolvidos nos fatos transnacionais. Por isso, a importância do estudo da jurisdição protetora e também da jurisdição de necessidade na construção do DIPr da coerência do século XXI.

53. O direito internacional privado da coerência não é estático. Na medida em que o contexto histórico evolui e as especificidades do caso concreto variam, o resultado do teste de proporcionalidade altera-se para se adequar às demandas sociais. A renovação constante dos pesos das variáveis envolvidas no teste de proporcionalidade garante o dinamismo necessário para o direito internacional privado enfrentar os seus desafios atuais. A coerência do DIPr é obtida nesse *processo de identificação e ponderação de direitos*, respeitando-se o diálogo das fontes e as diversas interpretações possíveis, promovendo, ao final, os ideais de justiça e os direitos dos vulneráveis e dos demais envolvidos nos fatos transnacionais.

REFERÊNCIAS BIBLIOGRÁFICAS

ABADE, Denise Neves. *Direitos fundamentais na cooperação jurídica internacional.* São Paulo: Saraiva, 2013.

ABBAGNANO, Nicola. *Dicionário de Filosofia.* Trad. coord. e revista por Alfredo Bosi. São Paulo: Martins Fontes, 2003.

ACCIOLY, Hildebrando, NASCIMENTO E SILVA, G.E e CASELLA, P.B. *Manual de Direito Internacional Público.* 23ª ed., São Paulo: Saraiva, 2017.

AGO, Roberto. «Règles générales des conflits de lois» *in Recueil des Cours de l' Académie de Droit International de la Haye*, vol. 58, 1936, pp. 243-470.

_____. «Science juridique et droit international» *in Recueil des Cours de l' Académie de Droit International de la Haye*, vol. 90, 1956, pp. 851-958.

ALEXIDZE, Levan. «Legal nature of Jus cogens *in* contemporary international law» *in Recueil des coursde l'Académie de Droit International de La Haye*, vol. 172, 1981, pp. 219-270.

ALEXY, Robert. *Teoria dos direitos fundamentais.* Trad. Virgílio Afonso da Silva. São Paulo: Malheiros, 2008.

ALMEIDA, José Luiz Gavião de. "Reconhecimento de filiação" *in* CHINELATO, Silmara Juny de Andrade; SIMÃO, José Fernando; ZUCCHI, Maria Cristina (orgs.). *O direito de família no terceiro milênio: Estudos em homenagem a Álvaro Villaça Azevedo.* São Paulo: Atlas, 2010, pp. 523-545.

ALVES, J.A. Lindgren. *Os direitos humanos na pós-modernidade.* São Paulo: Perspectiva, 2005.

AMARAL JUNIOR, José Levi Mello. "Constituição e codificação: primórdios do binômio" *in* MARTINS-COSTA, Judith (org.). *A reconstrução do direito privado.* São Paulo: RT, 2002, pp. 54-71.

AMARAL NETO, Francisco dos Santos. "A autonomia privada como poder jurídico" *in* BARROS, Hamilton de Moraes (org). *Estudos Jurídicos em Homenagem ao Professor Caio Mário da Silva Pereira.* Rio de Janeiro: Forense, 1984, pp. 286-312.

AMARAL, Francisco. "A descodificação do direito civil brasileiro" *in Revista do Tribunal Regional Federal da 1ª Região,* vol. 8, n. 4, 1996, pp. 635-651.

ANCEL, B. e LEQUETTE, Y. *Les grands arrêts de la jurisprudence française de droit international privé.* 5ª ed., Paris: Dalloz, 2006.

ANCEL, Bertrand. *Élements d'histoire du droit international privé.* Paris: Editions Panthén-Assas, 2017.

_____. «Inconstitutionnalité du droit de prélèvement de l'heritier français dans les successions internationales» *in Revue critique de droit international privé,* n. 2, 2013, pp. 457-463.

ANDRADE, Fábio Siebeneichler de. *Da codificação – crônica de um conceito.* Porto Alegre: Livraria do Advogado, 1997.

ANDRADE, José Carlos de. *Os direitos fundamentais na Constituição portuguesa de 1976.* Coimbra: Almedina, 1987.

ARAGÓN REYES, Manuel "La Constitución como paradigma" *in* CARBONELL SÁNCHEZ, Miguel.*Teoría del neoconstitucionalismo: ensayos escogidos.* Madrid: Trotta, 2007, pp. 29-40.

ARAÚJO, Nádia de; POLIDO, Fabrício Bertini Pasquot. "Reconhecimento e Execução de Sentenças Estrangeiras: análise do projeto em andamento na Conferência da Haia de Direito Internacional Privado" *in Revista de Direito Internacional,* vol. 11, n. 1, 2014, pp. 19-42.

ARAUJO, Nadia de; VARGAS, Daniela; MARTEL, Letícia de Campos Velho. "Gestação de Substituição: regramento no direito brasileiro e seus aspectos de Direito Internacional Privado" *in* PEREIRA, Rodrigo da Cunha(org.). *Família entre o Público e o Privado.* Porto Alegre: Lex Magister/IBDFAM, 2012, pp. 211-224.

ARAUJO, Nadia de. "A Convenção do México sobre o direito aplicável aos contratos internacionais: suas características e influência para o Direito Internacional Privado brasileiro" in CASELLA, Paulo Borba e ARAUJO, Nadia de (coords). *Integração jurídica interamericana: as Convenções interamericanas de Direito Internacional Privado(CIDIPs) e o direito brasileiro.* São Paulo: LTr, 1998, pp. 435-457.

_____. "A necessária mudança do artigo 9º da LINDB: o avanço que faltava para a consagração da autonomia da vontade no DIPr brasileiro" *in* CARVALHO RAMOS, André de. *Direito internacional privado: Questões controvertidas.* Belo Horizonte: Arraes, 2015, pp. 289-309.

_____. "Constitucionalização do Direito Internacional Privado: a nova concepção do princípio da ordem pública no direito interno e nas convenções da Haia sobre a adoção internacional e sobre aspectos civis de seqüestro de menores" *in* SOUZA NETO, Cláudio Pereira de; SARMENTO, Daniel (orgs). *A constitucionalização do direito.* Rio de Janeiro: Lumen Juris, 2007, pp. 585-595.

_____. *Contratos Internacionais: autonomia da Vontade, MERCOSUL e Convenções Internacionais.* Rio de Janeiro: Renovar, 2009.

_____. *Direito Internacional Privado.* 7ª ed., São Paulo: RT, 2018.

_____. "Direito internacional privado e Direitos Fundamentais: Uma Perspectiva Retórico-Argumentativa do Princípio da Ordem Pública" *in* BRANT, Leonardo

Nemer Caldeira (org.). *O Brasil e os Novos Desafios do Direito Internacional.* Rio de Janeiro: Forense, 2004. pp. 569-607.

_____. “O projeto de convenção sobre cobrança de alimentos da Conferência da Haia: análise e resultados da participação brasileira” *in Revista de Direito do Estado*, vol. 21, 2011, pp. 695-715.

ARENDT, Hannah. *A condição humana.* Prefácio de Celso Lafer. Trad. de Roberto Raposo, 10ª ed, Rio de Janeiro: Forense Universitária, 2007.

ARISTÓTELES. *Política.* Tradução de Mário da Gama Kury. 3ª. ed. Brasília: Universidade de Brasília, 1997.

ARMINJON, Pierre. «La notion des droits acquis en droit international privé» *in Recueil des Cours de l´Académie de Droit International de la Haye*, vol. 44, 1933, pp. 1-110.

_____. «L´objet et la méthode du droit international privé» *in Recueil des Cours de l´Académie de Droit International de la Haye*, vol. 21, 1928, pp. 429-544.

_____. «Les systèmes juridiques complexes et les conflits de lois et de juridictions auxquels ils donnent lieu» *in Recueil des Cours de l´Académie de Droit International de la Haye*, volume 74, 1949, pp. 73-190.

ARNER, Douglas W. “The Global Credit Crisis of 2008: Causes and Consequences” *in International Lawyer (ABA)*, vol. 43, Issue 1, 2009, pp. 91-136.

ASCENSÃO, José de Oliveira. *O Direito – Introdução e Teoria Geral – uma Perspectiva Luso-Brasileira.* Lisboa: Fundação Calouste Gulbenkian, 1978.

AUDIT, Bernard. “A Continental Lawyer Looks at Contemporary American Choice-of-Law Principles” *in American Journal of Comparative Law*, vol. 27, 1979, pp. 589-603.

_____. “Du bon usage des lois de police” *in* HEUZÉ, Vicent; LIBCHABER, Rémy; VAREILLES-SOMMIÈRES, Pascal de (orgs). *Mélanges en l’honneur du Professeur Pierre Mayer.* Paris: LGDJ, 2015, pp. 25-42.

_____. *La Fraude à la loi.* Paris: Dalloz, 1974.

_____. «Le caractère fonctionnel de la règle de conflit: (sur la crise des conflits de lois)» *in Recueil des Cours de la Académie de Droit International de la Haye*, vol. 186, 1984, pp. 219-397.

_____. «Le droit international privé à la fin du XXe siècle: progrès ou recul» *in Revue internationale de droit comparé*, vol. 50 n°2, avril-juin 1998, pp. 421-448.

_____. «Le droit international privé en quête d’universalité – Cours général» *in Recueil des Cours de l´Académie de Droit International de la Haye*, vol. 305, 2003, pp. 9-487.

AZCÁRRAGA MONZONÍS, Carmen. «El nuevo convenio de la Haya sobre el cobro internacional de alimentos para los niños y otros miembros de la familia (Sobre la negociación de determinados artículos en la Sesión Diplomática del 5 al 23 de noviembre de 2007)» *in Revista Española de Derecho Internacional*, Madrid, vol. LX, n.2, 2008, pp. 491-522.

AZEVEDO, Antonio Junqueira de. "Caracterização jurídica da dignidade da pessoa humana" *in Revista da Universidade de São Paulo*, n. 53, 2002, pp. 90-101.

_____. "O direito pós-moderno e a codificação" *in Revista da Faculdade de Direito da Universidade de São Paulo*, v. 94, 1999, pp. 3-12.

BALLARINO, Tito. *Constituzione e diritto internazionale privato*. Padova: CEDAM, 1974.

_____. «Questions de droit international privé et dommages catastrophiques» *in Recueil des Cours de l´Académie de Droit International de la Haye*, vol. 220, 1990, pp. 289-387.

BANDEIRA DE MELLO, Celso Antônio. *Conteúdo jurídico do princípio da igualdade*. 3. ed. São Paulo: Malheiros, 1993.

BAPTISTA, Eduardo Correia. *Ius Cogens em Direito Internacional*. Lisboa: Lex, 1997.

BAR, Christian von. "Personal effects of marriage" *in* LIPSTEIN, Kurt (ed). *International Encyclopedia of Comparative Law*, vol. III, capítulo 17, pp. 2-48.

BAR, L. V. *The Theory and Practice of Private International Law*. 2ª Ed. Trad de. G. R. GILLESPIE. Edinburg: William Green & Sons Law Publishers, 1892.

BARATTA, Roberto. «La reconnaissance internationale des situations juridiques personnelles et familiales» *in Recueil des Cours de l´Académie International de la Haye*, vol. 348, 2010, pp. 253-499.

BARCELLOS, Ana Paula de. "Neoconstitucionalismo, Direitos fundamentais e controle das políticas públicas" *in Revista de Direito Administrativo*, n. 240, 2005, pp. 83-103.

BARILE, Giuseppe. «La fonction historique du droit international privé» *in Recueil des Cours de la Académie de Droit International de la Haye*, vol. 116, 1965, pp. 301-381.

BARJA DE QUIROGA, Jacobo López *et al. Doctrina del Tribunal Europeo de Derechos Humanos*. 2ª ed., Valencia: Tirant lo blanch, 2012.

BARROS, Suzana de Toledo. *O princípio da proporcionalidade e o controle de constitucionalidade das Leis Restritivas de Direitos Fundamentais*. 2ª ed. Brasília: Brasília Jurídica, 2000.

BARROSO, Luís Roberto; BARCELLOS, Ana Paula de. "O começo da história: a nova interpretação constitucional e o papel dos princípios no direito brasileiro" *in* SILVA, Virgílio Afonso da. *Interpretação constitucional* (org.). São Paulo: Malheiros, 2005, pp. 271-316.

BARROSO, Luís Roberto. "A Constituição e o conflito de normas no espaço. Direito Constitucional Internacional" *in Revista da Faculdade de Direito da Universidade do Estado do Rio de Janeiro*. nº 4, 1996, pp. 201-230.

_____. *A dignidade humana no direito constitucional contemporâneo*: a construção de um conceito jurídico à luz da jurisprudência mundial. Belo Horizonte: Editora Fórum, 2013.

_____. "Aqui, lá e em todo lugar": a dignidade humana no Direito Contemporâneo e no discurso transnacional" *in Revista dos Tribunais*, vol. 101, n. 919, 2012, pp. 127-196.

_____. *Curso de Direito Constitucional contemporâneo.* 5ª ed., São Paulo: Saraiva, 2015.

_____. "Diferentes, mas iguais: o reconhecimento jurídico das relações homoafetivas no Brasil" *in Revista Brasileira de Direito Constitucional,* n. 17 - jan./jun. 2011, pp. 105-138.

_____. *Interpretação e aplicação da Constituição.* 7ª ed., São Paulo: Saraiva, 2009.

_____. "Neoconstitucionalismo e constitucionalização do Direito (O triunfo tardio do direito constitucional no Brasil)" *in Revista de Direito Administrativo,* vol. 240, 2005, pp. 1-42.

_____. *O controle de constitucionalidade no direito brasileiro.* 5ª ed., São Paulo: Saraiva, 2011.

_____. *O Direito Constitucional e a efetividade de suas normas.* Limites e possibilidades da Constituição brasileira. 3ª ed., Rio de Janeiro: Renovar, 1996.

_____. "Princípios da razoabilidade e proporcionalidade" *in* SOARES, José Ronald Cavalcante (coord.). *Direito constitucional*: estudos em homenagem a Paulo Bonavides. São Paulo: LTr, 2001, pp. 319-342.

_____. "Vinte anos da Constituição brasileira: o Estado a que chegamos" *in* SOUZA NETO, Cláudio Pereira; SARMENTO, Daniel; BINENBOJM, Gustavo (coords.). *Vinte Anos da Constituição Federal de 1988.* Rio de Janeiro: Lumen Juris, 2009, pp. 27-63.

BARTIN, Etienne. «La doctrine des qualifications et ses rapports avec le caractère national du conflit des lois» *in Recueil des Cours de la Académie de Droit International de la Haye,* vol. 31, 1930, pp. 561-622.

_____. *Principes de Droit International Privé selon la loi et la jurisprudence françaises.* t. 1, Paris: Éditions Domat-Montchrestien, 1930.

BASEDOW, Jurgen. "The Law of Open Societies: Private Ordering and Public Regulation of International Relations: General Course on Private International Law" *in Recueil des cours de l'Académie de Droit International de la Haye,* vol. 360, 2012, pp. 9-516.

BATALHA, Wilson de Souza Campos. *Tratado de Direito Internacional Privado.* Vol I., 2ª ed., São Paulo: RT, 1977.

BATIFFOL, Henri. *Aspects philosophiques du Droit International Privé.* Paris: Dalloz, 1956.

_____. «Le pluralisme des méthodes en droit international privé» *in Recueil des Cours de l´Académie de Droit International de La Haye,* vol. 139, 1973, pp. 75-147.

_____. «Les tendances doctrinales actuelles en droit international privé» *in Recueil des Cours de la Académie de Droit International de la Haye,* vol. 72, 1948, pp. 1-66.

_____. «Principes de droit international privé» *in Recueil de Cours de l´Académie de Droit International de La Haye,* vol. 97, 1959, pp. 431-593.

_____. *Traité Élémentaire de Droit International Privé.* 3ª ed., Paris: LGDJ, 1959.

BEALE, Joseph Henry. *A Selection of Cases on the Conflict of Laws,* vol. 3, Cambridge: The Harvard Law Review Publishing Association, 1902.

_____. *A treatise on the conflict of laws or private international law*. vol. I. Cambridge: Harvard University Press, 1916.

_____. "What Law governs the validity of a contract. III" *in Harvard Law Review*, vol. xxiii, n. 1, 1909, pp. 1-11.

_____. "What Law governs the validity of a contract. III. Theoretical and Practical Criticisms of the Authorities" *in Harvard Law Review*, vol. XXIII, n. 4, 1910, pp. 260-272.

BEAUMONT, Paul R. "The Jurisprudence of the European Court of Human Rights and the European Court of Justice on the Hague Convention on International Child Abduction" *in Recueil des Cours de l´Académie de Droit International de la Haye*, vol. 335, 2008, pp. 9-104.

BEAUMONT, Paul; TRIMMINGS, Katarina; WALKER, Lara; HOLLIDAY, Jayne. "Child Abduction: Recent Jurisprudence of the European Court of Human Rights" *in International and Comparative Law Quarterly*, vol. 64, 2015, pp. 39-64.

BEAUMONT, Paul; TRIMMINGS, Katarina. "The European Court of Human Rights in *Paradiso and Campanelli v. Italy* and the way forward for regulating cross-border surrogacy", pp. 1-21. Disponível em: https://www.abdn.ac.uk/law/documents/CPIL%20Working%20Paper%20No%202017_3.pdf. Acesso em: 25/06/2018.

BELLEY, Jean-Guy. «Pluralisme juridique» *in* ARNAUD, A.-J. (dir.). *Dictionnaire encyclopédique de théorie et de sociologie du droit*. 2ª ed., Paris: LGDJ, 1993, pp. 443-449.

BENNOUNE, Karima. "Secularism and human rights: a contextual analysis of headscarves, religious expression, and women's equality under international law" *in Columbia Journal Transnational Law*, vol. 45, 2007, pp. 367-426.

BERCOVICI, Gilberto; MASSONETTO, Luís Fernando. "Os direitos sociais e as constituições democráticas brasileiras: breve ensaio histórico" *in* SÁNCHEZ RÚBIO, David; HERRERA FLORES, Joaquin; CARVALHO, Salo de (orgs.). *Direitos humanos e globalização: fundamentos e possibilidades desde a teoria crítica*. Rio de Janeiro: Lumen Juris, 2004.

BERCOVICI, Gilberto. *Petróleo, recursos naturais e apropriação do excedente*. A soberania econômica na Constituição de 1988. Tese apresentada ao Concurso de Professor Titular junto ao Departamento de Direito Econômico, Financeiro e Tributário – Área de Direito Econômico e Economia Política da Faculdade de Direito da Universidade de São Paulo. São Paulo, 2010.

BERCOVICI, Gilberto. *Soberania e constituição: para uma crítica do constitucionalismo*. 2ª ed., São Paulo: Quartier Latin, 2013.

BERMANN, George A. "Arbitration and Private International Law, General Course on Private International Law" *in Recueil des Cours de l´Académie de Droit International de la Haye*, vol. 381, 2017, pp. 41-478.

BEVILÁQUA, Clóvis. *Codigo civil dos Estados Unidos do Brasil*. 3ª ed, Vol. I, Rio de Janeiro: Livraria Francisco Alves, 1927.

_____. *Em defeza do projecto de Codigo civil brazileiro.* Rio de Janeiro: Livr. Francisco Alves, 1906.

_____. "Evolução da theoria dos contractos em nossos dias" *in Revista da Faculdade de Direito da Universidade de São Paulo*, vol. 34, n.1, 1938, pp. 57-66.

_____. *Princípios Elementares de Direito Internacional Privado.* 1ª edição, Salvador: Livraria Magalhães, 1906.

_____. *Princípios Elementares de Direito Internacional Privado.* 3ª edição, Rio de Janeiro: Freitas Bastos, 1938.

BILBAO UBILLOS, Juan Maria. *La eficácia de los derechos fundamentales frente a particulares. Análisis de la jurisprudencia del Tribunal Constitucional.* Madrid: Centro de Estudios Políticos y Constitucionales, 1997.

BLANCO-MORALES, Pilar. "Direito internacional privado: Portugal" *in Jurismat Revista Jurídica do Instituto Superior Manuel Teixeira Gomes*, Portimão, 2014, pp. 33-59.

BOBBIO, Norberto. *A era dos direitos.* Trad. Carlos Nelson Coutinho. Rio de Janeiro: Campus, 1992.

_____. *Direito e Estado no pensamento de Emanuel Kant.* (2 ª ed original de 1969), Trad. de Alfredo Fait, São Paulo: Mandarim, 2000.

BODEN, Didier. «Le pluralisme juridique en droit international privé» *in Archives de philosophie du droit*, vol. 49, 2005, pp. 275-316.

BOELE-WOELKI, Katharina. «La famille et le droit international» *in International Law - FORUM du droit international*, vol 7, 2005, pp. 146–152.

_____. "To Be, Or Not to Be: Enhanced Cooperation in International Divorce Law with in the European Union" *in Victoria University of Wellington Law Review*, vol. 39, 2009, pp. 779-792.

BOER, Th. M. de. "Facultative choice of law: the procedural status of choice-of-law rules and foreign law" *in Recueil des Cours de l´Académie de Droit International de la Haye*, vol. 257, 1996, pp. 223-427.

BOGDAN, Michael. "Private International Law as Component of the Law of the Forum: General Course on Private International Law" *in Recueil des Cours de la Académie de Droit International de la Haye*, vol. 348, 2010, pp. 9-252.

BOGGIANO, Antonio. *Derecho Internacional Privado - en la estructura jurídica del mundo actual.* 6ª ed., Buenos Aires: Abeledo Perrot, 2011.

_____. "The contribution of the Hague Conference to the development of private international law in Latin America: universality and genius loci" *in Recueil de Cours de l´Académie de Droit International de La Haye*, vol. 233, 1992, pp. 99-266.

BOLLEE, Sylvain. «L'extension du domaine de la méthode de reconnaissance unilatérale» *in Revue Critique de Droit International Privé*, 2007, pp. 307-355.

_____. «Les conditions de la reconnaissance, notamment à la lumière des conventions internationales» *in* LAGARDE, Paul (org.). *La reconnaissance des situations en droit international privé.* Paris: Pédone, 2013, pp. 113-120.

BONNICHON, André. «La notion de conflit de souverainetés dans la science des conflits de lois» *in Revue critique de Droit International Privé*, vol. 38, 1949, pp. 615-635.

_____. «La notion de conflit de souverainetés dans la science des conflits de lois» *in Revue critique de Droit International Privé*, vol. 39, 1950, pp. 11-32.

BONOMI, Andrea. "Overriding Mandatory Provisions *in* the Rome I Regulation on the Law Applicable to Contracts" *in Yearbook of Private International Law*, vol. X, 2008, pp. 285-300.

_____. "Sucession" *in* BASEDOW, Jürgen; RÜHL, Giesela; FERRAI, Franco; MIGUEL ASENSIO, Pedro de (eds.). *Encyclopedia of Private International Law.* Edward Elgar Publishing, 2017.

_____. «Successions internationales: conflits de lois et de juridictions» *in Recueil des Cours de la Académie de Droit International de la Haye*, vol. 350, 2010, pp. 71-418.

BOOKMAN, Pamela K. "The Unsung Virtues of Global Forum Shopping" *in Notre Dame Law Review*, vol. 92, issue 2, 2016, pp. 579-636.

BOUCAULT, Carlos Eduardo de Abreu. *Direitos Adquiridos no Direito Internacional Privado.* Porto Alegre: Sergio Fabris Ed., 1996.

BOUREL, Pierre. «Du rattachement de quelques délits spéciaux en droit international privé» *in Recueil des coursde l´Académie de Droit International de La Haye*, vol. 241, 1989, pp. 251-398.

BOYE, Abd-El-Kader. «Le statut personnel dans le droit international privé des pays africains au sud du Sahara: conceptions et solutions des conflits de lois: le poids de la tradition négro-africaine personnaliste» *in Recueil des Cours de la Académie de Droit International de la Haye*, vol. 238, 1993, pp. 249-419.

BRANCO, Paulo Gustavo Gonet. *Juízo de ponderação na jurisdição constitucional.* São Paulo: Saraiva, 2009.

BRESSER-PEREIRA, Luiz Carlos. "A crise financeira de 2008" *in* Bresser-Pereira, Luiz Carlos. (Org.). *Depois da crise: a China no centro do mundo?.* Rio de Janeiro: Editora FGV, 2012, pp. 21-56.

_____. "A crise financeira global e depois: um novo capitalismo?" *in Novos Estudos-Cebrap,* vol. 86, 2010, pp. 51-86.

BRIGGS, Adrian. *The Conflict of Laws.* 3ª Ed. Oxford: Oxford University Press, 2013.

_____. «The Principle of Comity *in* Private International Law» *in Recueil des Cours de l'Académie de Droit International de La Haye,* vol. 354, 2011, pp. 65-182.

BRILMAYER, Lea. "Interest analysis and the myth of legislative intent" *in Michigan Law Review,* vol. 78, 1980, pp. 392-431.

_____. "The role of substantive and choice of law policies in the formation and application of choice of law rules" *in Recueil des Cours de l´Académie de Droit International de La Haye.* Vol. 252, 1995, pp. 9-112.

BRITO, Luiz Araújo Corrêa de. *Do limite à extraterritorialidade do direito estrangeiro no Código Civil Brasileiro.* São Paulo: Escolas Profissionais Salesianas, 1952.

BROCHER, Charles. *Cours de Droit International Privé suivant les principles consacrés par le droit positif français.* t. 2. Paris: Ernest Thorin, 1883.

_____. "Étude sur le Traité de droit civil international publié par M. Laurent et sur les principes fondamentaux du droit international privé" *in Revue de Droit International et de législation comparée,* 1881, t. XIII, pp. 531-570.

_____. *Nouveau traité de droit international privé au double point de vue de la doutrine et de la pratique.* Paris: E. Thorin Éditor, 1876.

BRUCH, Carol S. "Religious law, secular practices, and children's human rights in child abduction cases under the Hague child abduction convention" *in International law and politics,* vol. 33, 2000, pp. 49-58.

BUCHER, Andreas. «La competénce universelle civile» *in Recueil des Cours de l´Académie de Droit International de la Haye,* vol. 372, 2015, pp. 9-127.

_____. "La famille en droit international privé" *in Recueil des Cours de l´Académie de Droit International de la Haye,* vol. 283, 2000, pp. 9-186.

_____. «La dimension sociale du droit international privé» *in Recueil des Cours de la Académie de Droit International de la Haye,* vol. 341, 2009, pp. 9-526.

_____. «L'ordre public et le but social des lois en droit international privé» *in Recueil des coursde l´Académie de Droit International de La Haye,* vol. 239, 1993, pp. 9-116.

_____. «Vers l'adoption de la méthode des intérêts? Réflexions à la lumière des codifications récentes» *in Droit international privé: travaux du Comité français de droit international privé,* 12e année, 1993-1995, 1996, pp. 209-237.

BUREAU, Dominique; WATT, Horatia Muir. *Droit International Privé.* Tome I. 3° édition, Paris: PUF, 2014.

BURGORGUE-LARSEN, Laurence; ÚBEDA DE TORRES, Amaya. *The inter-american court of human rights.* Trad. de Rosalind Greenstein, Oxford: Oxford University Press, 2013.

BURGORGUE-LARSEN, Laurence. *El diálogo judicial.* Máximo desafío de los tiempos jurídicos modernos. Cidade do México: Editorial Porrúa, 2013.

BUSTAMANTE Y SIRVEN, Antonio Sanchez de. *Derecho Internacional Privado.* Tomo I, 2ª ed., Habana: Habana Cultural, 1934.

_____. *El orden público: estudio de Derecho Internacional privado: leído en la apertura de la Academia de Derecho de la Universidad de La Habana.* Habana, Imprenta y papelería «La universal» de Ruiz y Hermano, 1893.

CALEB, Marcel. *Le principe de l'autonomie de la volonté en droit international privé.* Paris: Recueil Sirey, 1927.

CALVO CARAVACA, Alfonso-Luis; CARRASCOSA GONZÁLEZ, Javier. "La ley aplicable al divorcio en europa: el futuro reglamento Roma III" *in Cuadernos de Derecho Transnacional,* vol.I, 2009, pp. 36-71.

CAMARGO VIANA, Rui Geraldo. "Da relatividade do exame de DNA para reconhecimento da filiação" *in* CHINELATO, Silmara Juny de Andrade; SIMÃO, José Fernando;

ZUCCHI, Maria Cristina (orgs.). *O direito de família no terceiro milênio: Estudos em homenagem a Álvaro Villaça Azevedo*. São Paulo: Atlas, 2010, pp. 489-504.

CAMPILONGO, Celso Fernandes. "Os desafios do judiciário: um enquadramento teórico" *in* FARIA, José Eduardo (org). *Direitos Humanos, direitos sociais e justiça*. São Paulo: Malheiros, 1994, pp. 30-51.

_____. *Política, sistema jurídico e decisão judicial*. 2ª ed, São Paulo: Saraiva, 2010.

CANARIS, Claus-Wilhelm. *Direitos fundamentais e direito privado*. Trad. de Ingo W. Sarlet e Paulo Mota Pinto. Coimbra: Almedina, 2003.

CANÇADO TRINDADE, Antônio Augusto. *A humanização do direito internacional*. Belo Horizonte: Del Rey, 2006.

_____. *A proteção dos vulneráveis como legado da II Conferência mundial de Direitos Humanos (1993-2013)*. Fortaleza: IBDH/IIDH/SLADI, 2014.

_____. «International law for humankind: towards a new jus gentium (I): general course on public international law» *in Recueil des Cours de l' Académie de Droit International de la Haye*, vol. 316, 2005, pp. 9-439.

_____. «International law for humankind: towards a new jus gentium (II): general course on public international law» *in Recueil des Cours de l' Académie de Droit International de la Haye*, vol. 317, 2005, pp. 9-312.

_____.*Tratado de Direito Internacional dos Direitos Humanos*. Porto Alegre: Sérgio Antonio Fabris, 1997, vol. I; vol. II; vol. III, 1999 e 2003.

CANO MONTEJANO, José Carlos. *La integración europea desde el Tribunal Constitucional alemán*. Madrid: Centro de Estudios Politicos y Constitucionales, 2001.

CANOTILHO, José Joaquim Gomes. *'Brancosos' e Interconstitucionalidade. Itinerários dos Discursos sobre a Historicidade Constitucional*. Coimbra: Almedina, 2008.

_____. *Direito Constitucional*. Coimbra: Almedina, 1993.

_____. "Dogmática de direitos fundamentais e direito privado" *in* CANOTILHO, José Joaquim Gomes. *Estudos sobre direitos fundamentais*. 2ª ed. portuguesa/ 1ª ed. brasileira. Coimbra/São Paulo: Coimbra Editora/RT, 2008, pp. 191-215.

CANSACCHI, Giorgio. «Le choix et l'adaptation de la règle étrangère dans le conflit de lois» *in Recueildes Cours de l´Académie de Droit International de la Haye*, vol. 83, 1953, pp. 79-162.

CANTU RIVERA, Humberto. "The *Kiobel* precedent and its effects on universal jurisdiction and the business & human rights agenda: a continuation to a human rights forum in peril?" *in Cuestiones Constitucionales*, vol. 30, pp. 209-222.

CAPOTORTI, F. «La capacité en droit international privé' *in Recueil de Cours de l´Académie de Droit International de La Haye*, vol. 110, 1963, pp. 153-270.

CARRILLO SALCEDO, Juan Antonio. *Derecho Internacional Privado. Introducción a sus problemas fundamentales*. 2ª Ed. Madrid: Editorial tecnos, 1976.

_____. "Le renouveau du particularisme en droit international" *in Recueil des Cours de l'Académie de Droit International de la Haye*, vol. 160, 1978, pp. 181-264.

CARROLL, Lewis. *Alice's adventures in wonderland.* Chicago: Volume One Publishing, 1998.

CARRUTHERS, JANEEN. "Party autonomy *in* legal regulation of adult relationships: what place for party choice *in* private international law?" *in International and Comparative Law Quarterly*, vol. 61, 2012, pp. 881-913.

CARTER, P. B. "Recent English Decisions. Contract: Illegal Contract of Loan" *in International Law Quartely*, n. 03, 1950, pp. 408-413.

CARVALHO RAMOS, André de e GRAMSTRUP, Erik F. *Comentários à Lei de Introdução às Normas do Direito Brasileiro.* 2ª ed., São Paulo: Saraiva, 2021.

CARVALHO RAMOS, André de. "Comentários à Convenção de Viena sobre o Direito dos Tratados (1969) – Parte V – Nulidade, Extinção e Suspensão da Execução de Tratados – art. 53" *in* SALIBA, Aziz Tuffi. (Org.). *Comentários à Convenção de Viena sobre o Direito dos Tratados (1969).* Belo Horizonte: Arraes Editores, 2011, pp. 445-467.

_____. *Curso de Direitos Humanos.* 11ª ed., São Paulo: Saraiva, 2024.

_____. *Curso de Direito Internacional Privado.* 3ª ed., São Paulo: Saraiva, 2023.

_____. *Direitos humanos na integração econômica.* Rio de Janeiro: Renovar, 2008.

_____. "Direito Internacional Privado e o direito transnacional: entre a unificação e a anarquia" *in Revista Brasileira de Direito Internacional,* vol. 13, n. 2, 2016, pp. 504-521.

_____. "Estatuto pessoal no Direito Internacional Privado: evolução e perspectivas no Brasil" *in Revista da Faculdade de Direito da Universidade de São Paulo*, vol. 110, 2015, pp. 451-470.

_____. "Obtenção de provas no exterior: para além da lex fori e lex diligentiae" *in Revista de Direito Internacional*, vol. 12, n. 2, 2015, pp. 684-703.

_____. *Processo Internacional de direitos humanos.* 7ª ed, São Paulo: Saraiva, 2022.

_____. *Teoria geral dos direitos humanos na ordem internacional.* 8ª ed., São Paulo: Saraiva, 2024.

CASELLA, Paulo Borba. *ABZ: ensaios didáticos.* São Paulo: Imprensa Oficial do Estado, 2009.

_____. "A ordem pública e a execução de cartas rogatórias no Brasil" *in Revista da Faculdade de Direito da Universidade de São Paulo.* vol. 98, 2003, pp. 563-571.

_____."Constituição e Direito Internacional" *in* CASELLA, Paulo Borba; LIQUIDATO, Vera Lúcia Viegas (coords.). *Direito da Integração.* São Paulo: Quartier Latin, 2006, pp. 31-55".

_____. "Direito Internacional e dignidade humana" *in* CASELLA, Paulo Borba; CARVALHO RAMOS, André de (orgs.). *Direito Internacional: homenagem a Adherbal Meira Mattos.* São Paulo: Quartier Latin, 2008, pp. 223-343.

_____. "Existe Espaço para a Sobrevivência do Mercosul? *in Cadernos do Programa de Pós Graduação em Direito – PPGDir/UFRGS*, n.4, 2005, pp. 187-213.

_____. *Fundamentos do Direito Internacional Pós-Moderno*. São Paulo: Quartier Latin, 2008.

_____. "Introdução: ratificação pelo Brasil da Convenção de Nova Iorque de 1958 – internacionalização do direito e relações entre o direito internacional e direito Interno" *in* WALD, Arnold; LEMES, Selma Ferreira (coords). *Arbitragem comercial internacional: a convenção de Nova iorque e o Direito Brasileiro*. São Paulo: Saraiva, 2011, pp. 19-51.

_____. "Integração nas Américas: uma visão de conjunto" *in* CASELLA, P. B. (Org.). *Mercosul integração regional e globalização*. Rio de Janeiro: Renovar, 2000, pp. 235-278.

_____. "Mercosul: intégration économique et harmonisation juridique" *in Revista da Faculdade de Direito. Universidade de São Paulo*, vol. 90, 1995, pp. 327-337.

_____. *MERCOSUL, exigências e perspectivas: integração e consolidação de espaço econômico*. São Paulo: Ltr, 1996.

_____. *União Européia. Instituições e ordenamento jurídico*. São Paulo: Ed. Ltr, 2002.

CASELLA, Paulo Borba; ARAUJO, Nadia de (coords). *Integração Jurídica Interamericana – As Convenções Interamericanas de Direito Internacional Privado e o Direito Brasileiro*. São Paulo: Ltr, 1998.

CASSIN, René. «La déclaration universelle et la mise en oeuvre des droits de l'homme» *in Recueil des Cours de l' Académie de Droit International de la Haye*, vol. 79, 1951, pp. 237-367.

_____. «La nouvelle conception du domicile dans le règlement des conflits de lois» *in Recueil des Cours de l´Académie de Droit International de la Haye*, vol. 34, 1930, pp. 655-809.

_____. «Les droits de l'homme» *in Recueil des Cours de l' Académie de Droit International de la Haye*, vol. 140, 1974, pp. 321-332.

CASTRO, Amílcar de. *Das execuções de sentenças estrangeiras no Brasil*. Belo Horizonte: Imprensa Oficial de Minas Gerais, 1939.

_____. *Direito Internacional Privado*. 5ª ed., rev. e atual. por Osíris Rocha. Rio de Janeiro: Forense, 2000.

CASTRO, Carlos Roberto Siqueira. "Aplicação dos Direitos Fundamentais às Relações Privadas" *in* PEREIRA, Antonio Celso Alves; ALBUQUERQUE, Celso R. D. de (Orgs.). *Estudos em Homenagem a Carlos Alberto Menezes Direito*. Rio de Janeiro: Renovar, 2003, pp. 227-246.

CAVALLIERI, Leila Arruda. *O direito internacional e a criança: adoção transnacional e nacionalidade do adotando*. Belo Horizonte: Arraes, 2017.

CAVERS David F. "A Critique of the Choice-of-Law Problem" *in Harvard Law Review*, vol. 47,1933, pp. 173-208.

_____." Contemporary conflicts law in American perspective" *in Recueil de Cours de l´Académie de Droit International de La Haye*, vol. 131, 1970, pp. 75-308.

_____. *The Choice-of-Law Process*. Ann Arbor: The University of Michigan Press, 1965.

_____. "The Two "Local Law" Theories" *in Harvard Law Review*, vol. 63, 1950, pp. 822-832.

CAVUTO, Thomas J. "Choice of Law: The Abandonment of Lex Loci Delicti--Should Virginia Follow the Trend?" *in University of Richmond Law Review*, vol. 13, 1978, pp. 133-148.

CHAPMAN, A.; CARBONETTI, B. "Human rights protections for vulnerable and disadvantaged groups: the contributions of the UN Committee of Economic, social and cultural rights" *in Human Rights Quartely*, vol. 33, 2011, pp. 682-732.

CLAPHAM, Andrew. *Human Rights in the private sphere*. Oxford: Clarendon Press, 1993.

CLARENCE SMITH, J.A. "Bartolo on the Conflict of Laws" *in The American Journal of Legal History*, vol. 14, 1970, pp. 174-183 e também pp. 247-275.

CLAVERO, Bartolomé. *Derecho global*. Por uma historia verosímil de los derechos humanos. Madrid: Trotta, 2014.

CLÈVE, Clèmerson Merlin. *A Fiscalização abstrata de constitucionalidade no direito brasileiro*. São Paulo: Ed. Revista dos Tribunais, 1995.

COESTER-WALTJEN, Dagmar. "The future of the Hague child abduction convention: the rise of domestic and international tensions – the european perspective" in *International law and politics*, vol. 33, 2000, pp. 59-82.

COHEN-JONATHAN, Gérard. *La Convention Européenne des Droits de l'Homme*. Paris: Economica, 1989.

COLLIER, J. G. *Conflict of Laws*. Cambridge: Cambridge University Press, 2001.

COMPARATO, Fábio Konder. *A afirmação histórica dos direitos humanos*.7ª ed., 3ª tiragem, São Paulo: Saraiva, 2011.

Conferência da Haia de Direito Internacional Privado. "Pérez-Vera Report. Explanatory Report on the 1980 Hague Child Abduction Convention", 1982. Disponível em: https://www.hcch.net/en/publications-and-studies/details4/?pid=2779. Acesso em: 08/06/2018.

_____. "Report And Conclusions of the fifth Meeting Of The Special Commission", The Hague: Permanent Bureau, 2006. Disponível em: <https://assets.hcch.net/upload/wop/abd_2006_rpt e.pdf>. Acesso em: 08/06/2018.

CONSTANT, Benjamin. "Da liberdade dos antigos comparada à dos modernos" *in Revista Filosofia Política* nº 2, Porto Alegre: L&PM, 1985, pp. 9-25. Disponível em: <http://caosmose.net/candido/unisinos/textos/benjamin.pdf>. Acesso: 23/05/2024.

COOK, Walter Wheeler. "The Logical and legal bases of the Conflict of Laws" *in Yale Law Journal*, vol. 33,1923-1924, pp. 457-488.

CORWIN, Edward. S. "The 'Full Faith and Credit' Clause" *in University of Pennsylvania Law Review*, vol. 81, n. 4, 1933, p. 371-389.

COSTA, José Augusto Fontoura; LOPES, Rachel de Oliveira. "Análise das Convenções sobre Restituição Internacional de Crianças Indevidamente Transportadas ou Retidas à Luz da Teoria dos Regimes Internacionais" *in Sequência (UFSC)*, vol. 37, p. 125-144, 2016.

COSTA, José Augusto Fontoura; GABRIEL, Vivian Daniele Rocha. "Direito Internacional Privado e ordem pública" *in* CARVALHO RAMOS, André de. *Direito Internacional Privado: Questões controvertidas.* Belo Horizonte: Arraes, 2015, pp. 48-59.

COSTA, José Augusto Fontoura. "Breve Análise da Convenção Interamericana para Restituição Internacional de Menores" *in* CASELLA, Paulo Borba; ARAÚJO, Nádia (coordenadores). *Integração Jurídica Interamericana: as convenções interamericanas de Direito Internacional Privado (CIDIPs) e o direito brasileiro.* São Paulo: LTr, 1998, pp. 537-563.

COSTA, Luiz Antônio Severo da. *Da aplicação do direito estrangeiro pelo juiz nacional.* Rio de Janeiro: Freitas Bastos, 1968.

COURTIS, Christian. "La eficacia de los derechos humanos en las relaciones entre particulares" *in* SARLET, Ingo Wolfgang (Org.). *Constituição, Direitos Fundamentais e Direito Privado.* 2ª ed., Porto Alegre: Livraria do Advogado, 2006, pp. 405-429.

COUTO E SILVA, Clóvis Veríssimo. "O direito civil brasileiro e perspectiva histórica e visão de futuro" *in Revista de Informação Legislativa*, vol. 25, n. 97, jan. /mar.1988, pp. 163-180.

COX Stanley E. "Substantive, Multilateral, and Unilateral Choice-of-Law Approaches" *in Willamette Law Review,* vol. 37, 2001, pp. 171-208.

CUNHA, Paulo Ferreira da. "Do constitucionalismo global" *in Revista Brasileira de Direito Constitucional,* n. 15, 2010, pp. 245-255.

CURRIE, Brainerd. "Comment on Babcock v. Jackson – a recent development in conflict of laws" *in Columbia Law Review,* n. 63, 1963, pp. 1233-1257.

_____. *Selected essays on the conflict of laws.* Durham: Duke University Press, 1963.

_____. "The disinterested third state" *in Law and Contemporary Problems,* vol. 28, 1963, pp. 754-794.

D'AVOUT, Louis. "Les lois de police" *in* AZZI, Tristan; BOSKOVIC, Oliveira (orgs). *Quel avenir pour la théorie générale des conflits de lois? Droit européen, droit conventionnel, droit commun.* Bruxelles: Bruylant, 2015, pp. 91-121.

DALLARI, Dalmo de Abreu. *Direitos humanos e cidadania.* São Paulo: Moderna, 1998.

_____. *Elementos de teoria geral do Estado.* 19ª ed, São Paulo: Saraiva, p. 168-170.

DALLARI, Pedro Bohomoletz de Abreu. *Constituição e Tratados Internacionais.* São Paulo: Saraiva, 2003.

DANE, Perry. "Vested Rights, Vestedness, and Choice of Law" *in Yale Law Journal,* vol. 96, 1987, pp. 1191-1276.

DE NOVA, Rodolfo. "Conflict of Laws and Functionally Restricted Substantive Rules" *in California Law Review,* n. 54, 1966, pp. 1569-1574.

_____. «Historical and Comparative Introduction to Conflict of Laws» *in Recueil des Cours de l' Académie de Droit International de la Haye*, vol. 118, 1966, pp. 435-642.

DE VISSCHER, Charles. "Méthode et système en droit international" *in Recueil des Cours de l'Académie de Droit International de la Haye*, vol. 138, 1973, pp. 75-79.

DEHART, G.F. "The Relationship between the 1980 Child Abduction Convention and the 1996 Protection Convention" *in New York University Journal of International Law and Politics*, vol. 33, 2001, pp. 83-101.

DEL VECCHIO, Giorgio. *A justiça*. Trad. de António Pinto de Carvalho. São Paulo: Saraiva, 1960.

DELMAS-MARTY, Mireille. *Le pluralisme ordonné*. Paris: Seuil, 2004.

_____. *Três desafios para um direito mundial*. Trad. de Fauzi Hassan Choukr. Rio de Janeiro: Lumen Juris, 2003.

DÉPREZ, Jean. «Droit international privé et conflits de civilisations - aspects méthodologiques» *in Recueil des Cours de l'Académie de Droit International de la Haye*, vol. 211, 1988, pp. 9-372.

DESPAGNET, Frantz. *Précis de Droit International Privé*. 4e. ed, Paris: Librarie de la Societé du Recueil Général des Lois et des Arrêts, 1904.

DIAS, Cristina M. Araújo. "A Jurisprudência do Tribunal Europeu dos Direitos do Homem e as novas formas de família" *in Revista Jurídica da Universidade Portucalense Infante D. Henrique*, n.15, 2012, pp. 35-48.

DIAS, Jorge de Figueiredo (org). *Internacionalização do direito no novo século*. Coimbra: Coimbra Editora, 2009.

DIAS, Maria Berenice. *Manual do Direito das Famílias*. 5ª Ed. São Paulo: Editora RT, 2009.

DICEY, A.V. "On Private International Law as a Branch of the Law of England" *in Law Quarterly Review*, n.6, 1890, pp. 1-21.

_____. "On Private International Law as a Branch of the Law of England – *continued*" *in Law Quarterly Review*, n.7, 1891, pp. 113-127.

DIMOULIS, Dimitri; MARTINS, Leonardo. *Teoria Geral dos Direitos Fundamentais*. 4ª ed, São Paulo: Atlas, 2012.

DINIZ, Maria Helena. "Código Civil de 1916" *in* BITTAR, Eduardo C.B., *História do Direito Brasileiro*. 2ª edição, São Paulo: Atlas, 2010, pp. 229-240.

DOLINGER, Jacob; TIBURCIO, Carmen. *Direito Internacional Privado – Parte Geral e Processo Internacional*. 12ª ed rev., atual. e ampl., Rio de Janeiro: Forense, 2016.

_____. "O DIP no Brasil no século XXI". *Revista Mexicana de Derecho Internacional Privado*, número especial, pp. 79-95, 2000.

_____. "The forum law rule in international litigation: lex fori or lex diligentiae? – unresolved choice-of-law issues in the transnational rules of civil procedure" *in Texas International Law Journal*, vol.33, 1997, pp. 425-461.

_____. *Vade-mécum de Direito Internacional Privado.* Rio de Janeiro: Renovar, 1994.

DOLINGER, Jacob. "A decadência do direito internacional norte-americano" *in* DOLINGER, Jacob. *Direito e Amor – e outros temas.* Rio de Janeiro: Renovar, 2009, pp. 155-203.

_____. *A evolução da ordem pública no Direito Internacional Privado.* Tese apresentada para o concurso à Cátedra de direito internacional privado da Faculdade de Direito da Universidade do estado do Rio de Janeiro. Rio de Janeiro, 1979.

_____. "A ordem pública internacional brasileira frente a casamentos homossexuais e poligâmicos" *in* DOLINGER, Jacob. *Direito e amor.* Rio de Janeiro: Renovar, 2009, pp. 283-302.

_____. "Da Dignidade da Diferença ao Moderno Direito Internacional Privado" *in* DOLINGER, Jacob. *Direito e Amor – e outros temas.* Rio de Janeiro: Renovar, 2009, pp. 131-143.

_____. "Dignidade: o mais antigo valor da humanidade. Os mitos em torno da Declaração Universal dos Direitos do Homem e da Constituição brasileira de 1988. As ilusões do Pós-Modernismo/Pós-Positivismo. A visão judaica" *in Revista de Direito Constitucional e Internacional.* vol. 18, n. 70, 2010, pp. 24-90.

_____. *Direito Civil Internacional.* Vol. I. A família no Direito Internacional Privado. Tomo Segundo. A criança no Direito Internacional. Rio de Janeiro: Renovar, 2003.

_____. *Direito Civil Internacional.* Vol. I. A família no Direito Internacional Privado. Tomo Primeiro. Rio de Janeiro: Renovar, 2007.

_____. *Direito Internacional Privado (Parte Especial) – vol. II – Contratos e obrigações no Direito Internacional Privado.* Rio de Janeiro: Renovar, 2007.

_____. "Direito Internacional Privado – o princípio da proximidade e o futuro da humanidade" *in Revista de Direito Administrativo,* n. 235, 2004, pp. 139-146.

_____. "Evolution of principles for resolving conflicts in the field of contracts and torts" *in Recueil des Cours de l'Académie de Droit International de la Haye,* vol. 283, 2000, pp. 187-512.

_____. "Ordem pública mundial: ordem pública verdadeiramente internacional no Direito Internacional Privado" *in Revista de informação legislativa.* ano 23, n. 90, abr/jun, 1986, pp. 205-232.

DORIA, Antonio de Sampaio. *Problemas de Direito Público.* Theses de concurso para lente substituto de Direito Constitucional, Direito Internacional Público e Privado, na Faculdade de Direito de São Paulo. São Paulo: Typ. Piratininga, 1919.

DREYZIN DE KLOR, Adriana "La primera Opinión Consultiva en MERCOSUR. ¿Germen de cuestión prejudicial?" *in Revista española de derecho europeo,* nº. 23, 2007, pp. 437-461.

DROZ, Georges A. L. «La Conférence de La Haye de droit international privé vingt--cinq ans après la création de son Bureau permanent: Bilan et perspectives = The Hague Conference on Private International Law 25 years after the founding of its

Permanent Bureau: achievements and prospects» *in Recueil de Cours de l´Académie de Droit International de La Haye*, vol. 168, 1980, pp. 123-268.

_____. «Regards sur le droit international prive comparé. Cours général de droit international privé» *in Recueil des cours de l´Académie de Droit International de La Haye*, vol 229, 1991, pp. 9-424.

DYER, Adair. "International Child Abduction by Parents" *in Recueil des Cours de l´Académie de Droit International de la Haye*, vol. 168, 1980, pp. 231-267.

_____. "The internationalization of family law" *in University of California, Davis Law Review*, vol. 30, 1997, pp. 625-645.

EECKHOUT, Veerle van den. "Corporate Human Rights Violations and Private International Law – The Hinge Function and Conductivity of PIL in Implementing Human Rights in Civil Proceedings in Europe: A Facilitating Role for PIL or PIL as a Complicating Factor?" (November 25, 2011). Disponível em: SSRN: https://ssrn.com/abstract=1964441. Acesso em: 12/06/2024.

EEK, Hilding. «Peremptory norms and private international law» *in Recueil des Cours de l´Académie de Droit International de la Haye*, vol. 139, 1973, pp. 1-74.

EHRENZWEIG, Albert A. "American conflicts law inits historical perspective: should the restatement be 'continued'?" *in University of Pennsylvania Law Review*, vol. 103, 1954, pp. 133-155.

_____. "Counter-Revolution in Conflicts Law – from Beale to Cavers" *in Harvard Law Review*, vol. 80, 1966, pp. 377-401.

_____. "Specific Principles of Private Transnational Law" *in Recueil des Cours de l´Académie International de la Haye*, vol. 167, 1968, pp. 167-369.

_____. "The Lex Fori: Basic Rule in the Conflict of Laws" *in Michigan Law Review*, vol. 58, 1960, pp. 637-688.

_____. "The Most "Significant Relationship" in the Conflicts Law of Torts – Law and Reason Versus the Restatement Second" *in Law and Contemporary Problems*, vol. 28, 1963, pp. 700-705.

ESPÍNOLA, Eduardo; ESPÍNOLA FILHO, Eduardo. *Tratado de Direito Civil Brasileiro*. Vol. II., Rio de Janeiro: Freitas Bastos, 1939.

_____. *Tratado de Direito Civil Brasileiro*. Vol. VII ("Do Direito Internacional Privado Brasileiro – Parte Geral"), Rio de Janeiro: Freitas Bastos, 1941.

ESPINOLA, Eduardo. *Elementos de Direito Internacional Privado*. Rio de Janeiro: Jacintho Ribeiro dos Santos, 1925.

EVRIGINIS, Dimitrios J. «Tendances doctrinales actuelles en droit international privé» *in Recueil des Cours de l´Académie International de la Haye*, vol. 118, 1966, pp. 313-433.

FACHIN, Luiz Edson. "A liberdade e a intimidade: uma breve análise das biografias não autorizadas" *in* SIMÃO, José Fernando; BELTRÃO, Silvio Romero (coords).

Direito civil: estudos em homenagem a José de Oliveira Ascenção. Vol 1, São Paulo: Atlas, 2015, pp. 376-394.

_____. *Direito Civil – sentidos, transformações e fim.* Rio de Janeiro: Renovar, 2015.

_____. "Los derechos fundamentales en la construccíon del derecho privado contemporáneo brasineño a partir del derecho civil-constitucional" *in Revista de Derecho Comparado*, nº.15, 2009, pp. 243-272.

_____. *Questões do direito civil brasileiro contemporâneo.* Rio de Janeiro: Renovar, 2008.

_____. *Teoria Crítica do Direito Civil.* Rio de Janeiro: Renovar, 2000.

FALLON, Marc. «Les conflits de lois et de juridictions dans un espace économique intégré» *Recueil des Cours de l´Académie de Droit International de la Haye*, vol. 253, 1995, pp. 9-282.

FARIA, José Eduardo. "Direitos humanos e globalização econômica: notas para uma discussão" *in Revista Estudos de Sociologia.* vol. 4, n. 6, 1999, pp. 5-20.

_____. *O direito na economia globalizada.* São Paulo: Malheiros, 2004.

FASSBERG, Celia Wasserstein. "Realism and Revolution In Conflict of Laws: In with a bang and out with a whimper" *in University of Pennsylvania Law Review,* vol. 163, 2015, pp. 1919-1944.

FAUVARQUE-COSSON, Bénédicte. "Règles impératives et instruments de droit souple" *in* HEUZÉ, V.; LIBCHABER, R.; VAREILLES-SOMMIÈRES, P. de. (orgs.). *Mélanges en l'honneur du Professeur Pierre Mayer.* Paris: LGDJ, 2015, pp. 195-205.

FAWCETT, James J.; SHÚILLEABHÁIN, Máire Ní; SHAH, Sangeeta. *Human Rights and Private International Law.* Oxford: Oxford University Press, 2016.

FAWCETT, James J. «Products liability in private international law: an european perspective» *in Recueil des Cours de l´Académie de Droit International de la Haye*, vol. 238, 1993, pp. 9-246.

FEDERAL CONSTITUTIONAL COURT. *Decisions of the Bundesverfassungsgericht – Federal Constitutional Court – Federal Republic of Germany.* Vol 5 – Family-Related Decisions - 1957-2010. Baden-Baden: Nomos, 2013.

FERNÁNDEZ ARROYO, Diego P. "As novas tendências do Direito Internacional Privado" *in Cadernos do Programa de Pós-Graduação em Direito – PPGDir./UFRGS*, n. 1, 2013., pp. 305-313.

_____. «Aspectos generales y particularidades relevantes de la nueva dimensión interna del derecho internacional privado argentino» *in Revista de Derecho Privado y Comunitario,* número extraordinário: claves del Código Civil e Comercial, 2015, pp. 399-439.

_____. (org). *Derecho Internacional privado de los Estados del Mercosur: Argentina, Brasil, Paraguay, Uruguay.* Buenos Aires: Zavalía, 2003.

_____. *Derecho Internacional Privado Interamericano – Evolución y Perspectivas.* Buenos Aires: Rubinzal-Culzoni, 2000.

_____. «El derecho internacional privado en el diván: tribulaciones de un ser complejo» *in Derecho internacional privado y derecho de la integración – Libro homenaje a Roberto Ruiz Díaz Labrano*. Asunción: Centro de Estudios de Derecho, Economía y Política 2013, pp. 17-35.

_____. «La contribución de la Organización de los Estados Americanos al derecho Internacional privado» *in XXXII Curso de Direito Internacional da Organização dos Estados Americanos*, 2005, Rio de Janeiro, pp. 191-212. Disponível em: http://www.oas.org/en/sla/dil/publications_digital_XXXII_ Course_on_International_Law_2005. Acesso em: 22/12/2017.

_____. «La convention interaméricaine sur la loi applicable aux contrats internationaux: certains chemins conduisent au-delà de Rome» *in Revue Critique de Droit International Privé*, vol. 84,1995, pp. 178-186.

_____. «La nueva configuración del derecho internacional privado del MERCOSUR: ocho respuestas contra la incertidumbre» *in Jurídica*, 1998, pp. 267-285.

_____. "What's new in latin american private international law?" *in Yearbook of Private International Law*, volume 7, 2005, pp. 85-117.

FERNÁNDEZ TOMÁS, Antonio. "Sobre eficacia de la Carta de Derechos Fundamentales de la Unión Europea" *in* HERRERO DE LA FUENTE, Alberto A. (coord.). *La Carta de Derechos Fundamentales de la Unión europea. Una perspectiva pluridisciplinar*. Zamora: Fundación Rei Afonso Henriques, 2003, pp. 33-48.

FERRARI, Franco. "Forum (and law) shopping" *in* BASEDOW, Jürgen; RÜHL, Giesela; FERRAI, Franco; MIGUEL ASENSIO, Pedro de (editores). *Encyclopedia of Private International Law*. Edward Elgar Publishing, 2017. Versão on-line. Disponível em https: //www.elgaronline.com/view/nlm-book/9781782547228/b-9781782547235-F_9.xml. Acesso em: 15/02/2024.

_____. "Forum Shopping: A Plea for a Broad and Value-Neutral Definition" *in NYU Lectures on Transnational Litigation, Arbitration and Commercial Law – NYU School of Law, Public Law Research Paper n. 14-39*, 2013, pp. 1-33.

FERRARI, Luigi Bravo. «Les rapports entre les contrats et les obligations délictuelles en droit international privé» *in Recueil des Cours de l´Académie de Droit International de la Haye*, vol. 146, 1974, pp. 341-452.

FERREIRA FILHO, Manoel G. *Os direitos humanos fundamentais*, 2. ed. São Paulo: Saraiva, 1998.

FERRER CORREIA, António. "A revisão do código civil e o Direito Internacional Privado" *in* FERRER CORREIA, António *Estudos vários de Direito Internacional Privado*. Coimbra: Universidade de Coimbra (por ordem), 1982, pp. 279-307.

_____. «La doctrine des droits acquis dans un système des règles de conflit bilaterales» *in Estudos vários de Direito Internacional Privado*. 2ª tiragem, Coimbra: Universidade de Coimbra, 1982, pp. 59-104.

_____. «Les problèmes de codification en droit international privé» *in Recueil des Cours de l´Académie International de la Haye*, vol. 145, 1975, pp. 57-203.

_____. *Lições de Direito Internacional Privado - I.* Coimbra: Almedina, 2000.

_____. "Miaja de la Muela e a tendência 'substancialista' em Direito Internacional Privado" *in* FERRER CORREIA, António. *Estudos vários de Direito Internacional Privado.* 2ª tiragem, Coimbra: Universidade de Coimbra, 1982, pp. 255-278.

_____. "O novo Direito Internacional Privado português" *in Estudos vários de Direito Internacional Privado.* 2ª tiragem, Coimbra: Universidade de Coimbra, 1982, pp. 3-57.

_____. "Principais interesses a considerar na resolução dos conflitos de leis" *in* FERRER CORREIA, António. *Direito Internacional Privado - Estudos Jurídicos III.* Coimbra: Atlântida Editral, 1970, pp. 84-92.

FIECHTER-BOULVARD, F. «La notion de vulnerabilité et sa consécration par le droit» *in* COHEY-CORDET, Frederique. *Vulnerabilité et Droit. Le développement de la vulnerabilité et ses enjeux en droit.* Grenoble: Presses Universitaires de Grenoble, 2000, pp. 13-32.

FINKEY, Dana Beth. "The Hague Convention on the Civil aspects of International Childhood Abduction: Where are we, and where do we go from here?" *in Hastings International Law & Comparative Law Review,* vol. 30, 2007, pp. 505-522.

FIORINI, A. «Enlèvements internationaux d'enfants - solutions internationales et responsabilités étatiques» *in McGill Law Journal,* vol. 51, 2006, pp. 1-47.

FOELIX, M. *Traité du droit international privé, ou, Du conflit des lois de différentes nations en matière de droit privé.* 3ª ed., Paris: Marescq et Dujardin, 1856.

FONSECA, José Roberto Franco da. "Considerações críticas sobre alguns temas de Direito Internacional Privado" *in Verba Juris: anuário da pós-graduação em direito,* vol. 8, n.8, 2009, pp. 21-40.

FORGIONI, Paula. *Fundamentos do Antitrust.* São Paulo: Ed. RT, 1998.

FOYER, Jacques. "Lois de police et principe de souveraineté" *in* D'AVOUT, L.; BURREAU, D.; MUIR-WATT, H. (orgs.). *Mélanges en l'honneur du Professeur Bernard Audit. Les relations privées internationales.* Paris: LGDJ, 2014, pp. 339-358.

_____. «Problèmes de conflits de lois en matière de filiation» *in Recueildes Cours de l´Académie de Droit International de la Haye,* vol. 193, 1985, pp. 9-117.

FRAGISTAS, Charlambo M. «La compétence internationale en droit international privé» *in Recueil des Cours de l´Académie de Droit International de la Haye,* vol. 104, 1964, pp. 159-272.

FRANCESCAKIS, Phocion. *La théorie du renvoi et les conflits de systèmes en droit international privé.* Paris: Sirey, 1958.

_____. "Lois d'application immédiate et droit du travail. L'affaire du comité d'entreprise de la "Compagnie des Wagons-lits" *in Revue critique de droit international privé,* 1974, pp. 273-296.

_____. "Quelques précisions sur les "lois d'application immédiate" et leurs rapports avec les règles de conflits de lois" *in Revue critique de droit international privé.* Année 1966, pp. 1-18.

_____. «Y a-t-il du nouveau en matière d'ordre public?» *in Travaux du Comité français de droit international privé*, 27-30e année, 1966-1969, 1970, pp. 149-178.

FRANKENSTEIN, Ernst. «Tendances nouvelles du droit international privé» *in Recueil des cours de l´Académie de Droit International de La Haye*, vol. 33, 1930, pp. 241-350.

FRANZINA, Pietro, "The law applicable to divorce and legal separation under regulation (EU) n.º 1259/2010 of December 2010" *in Cuadernos de Derecho Transnacional*, vol. 3, n.2, 2011, pp. 85-129.

FRASER, Nancy. "From Redistribution to Recognition? Dilemmas of Justice in a 'Post--Socialist' Age" *in New Left review*, n. 212, 1995, pp. 68-93.

FREITAS, Augusto Teixeira de. *Código civil: esboço*. Rio de Janeiro: Typographia Universal de Laemmert, 1860.

FRESNEDO DE AGUIRRE, Cecilia. "Obligaciones de alimentos" *in* FERNÁNDEZ ARROYO, Diego P. (coord). *Derecho internacional privado de los estados del Mercosur: Argentina, Brasil, Paraguay, Uruguay*. Zavalía, Buenos Aires, 2003, pp. 809-840.

_____. "Public Policy: Common Principles *in* the American States" *in Recueil des Cours de l´Académie de Droit International de la Haye*, vol. 379, 2016, pp. 73-396.

FRIEDRICH, Tatyana. *Norma imperativa: a conexão dos direitos humanos com o Direito Internacional Privado*. Tese de Doutorado apresentada ao programa de pós-graduação em Direito da Universidade Federal do Paraná, Curitiba, 2005.

_____. *Normas Imperativas de Direito Internacional Privado:* Lois de Police. Belo Horizonte: Fórum, 2007.

FRIGO, M. "Circulation des biens culturels, détermination de la loi applicable et méthodes de règlement des litiges" *in Recueil des Cours de l´Académie de Droit International de la Haye*, vol. 375, 2014, pp. 89-474.

FROHER, Estelle. *L'incidence de la convention européenne des droits de l'homme sur l'ordre public international français*. Bruxelles: Bruylant, 1999.

FUJITA, Jorge. "Filiação na Contemporaneidade" *in* CHINELATO, Silmara Juny de Andrade; SIMÃO, José Fernando; ZUCCHI, Maria Cristina (orgs.). *O direito de família no terceiro milênio: Estudos em homenagem a Álvaro Villaça Azevedo*. São Paulo: Atlas, 2010, pp. 465-487.

GAJA, Giorgio. «Jus cogens beyond the Vienna convention» *in Recueil des cours de l´Académie de Droit International de La Haye*, vol. 172, 1981, pp. 271-316.

GAMA E SILVA, Luis Antonio. *A ordem pública em Direito Internacional Privado*. Monografia de concurso à docência-livre de direito internacional privado, na Faculdade de Direito da Universidade de São Paulo. São Paulo, 1944.

_____. *As qualificações em Direito Internacional Privado*. Tese apresentada para o concurso de Professor Titular de direito internacional privado da Faculdade de Direito da Universidade de São Paulo. São Paulo, 1953.

GAMILLSCHEG, F. "Rules of public order inprivate international labour law" *in Recueil des Cours de l´Académie de Droit International de la Haye, vol.* 181, 1983, pp. 285-347.

GANNAGÉ, Léna. "A propos de l'"absolutisme" des droits fondamentaux" *in Vers de nouveaux équilibres entre ordres juridiques – Liber amicorum Hélène Gaudemet--Tallon*. Paris: Dalloz, 2008, pp. 265-284.

_____. *La hiérarchie des normes et les méthodes du droit international privé: étude de droit international privé de la famille*. Paris: LGDJ, 2001.

_____. «Les méthodes du droit international privé à l'épreuve des conflits de cultures» *in Recueildes Cours de l´Académie de Droit International de la Haye*, vol. 357, 2011, pp. 223-490.

_____. «L'ordre public international à l´éprevue du relativisme des valeurs» *in Travaux du Comité Français de Droit International Privé. Années 2006-2007 et 2007-2008.* Paris: Pédone, 2010, pp. 205-232.

GARCÍA ROCA, Javier; SANTOLAYA, Pablo (coords.). *La Europa de los Derechos. El Convenio Europeo de Derechos Humanos*. Madrid: Centro de Estudios Políticos y Constitucionales, 2005.

GARCÍA ROCA, Javier; FERNÁNDEZ SÁNCHEZ, Pablo A. (orgs.). *Integración europea a través de derechos fundamentales: de un sistema binario a otro integrado.* Madrid: Centro de Estudios Políticos y Constitucionales, 2009.

GARCÍA ROCA, Javier. *El margen de apreciación nacional en la interpretación del convenio europeu de derechos humanos: soberanía e integración*. Navarra/Pamplona: Civitas/Thomson Reuters, 2010.

GARCÍA, Angeles Mateos. *A teoria dos valores de Miguel Reale – fundamento de seu tridimensionalismo jurídico.* Trad. de Talia Bugel. São Paulo: Saraiva, 1999.

GAUDEMET-TALLON, Hélène. «La désunion du couple en droit international privé» *in Recueil des Cours de l' Académie de Droit International de la Haye*, vol. 226, 1991, pp. 9-279.

_____. «L'utilisation de règles de conflit à caractère substantiel dans les conventions internationales (l'exemple des Conventions de La Haye) *in L'internationalisation du droit. Mélanges en l'honneur de Yvon Loussouarn*. Paris: Dalloz, 1994, pp. 181-192.

_____.»Le pluralisme en droit international privé: richesses et faiblesses (le funambule et l'arc-en-ciel). Cours général de droit international privé» *in Recueil des Cours de l´Académie de Droit International de la Haye*, vol. 312, 2005, pp. 9-488.

GIALDINO, Curti. "La volonté des parties en Droit International Privé" *in Recueil des Cours de l´Académie de Droit International de la Haye*, vol. 137, 1972, pp. 751-938.

GIORGIANNI, Michele. "O direito privado e as suas atuais fronteiras". Trad. Maria Cristina de Cicco, *in Revista dos Tribunais*, nº 747, 1998, pp. 35-55.

GLENN, Hugh Patrick. «La conciliation des lois» *in Recueil des Cours de l´Académie de Droit International de la Haye*, vol. 364, 2012, pp. 187-470.

GOLDMAN, Berthold. «Les conflits de lois dans l'arbitrage international de droit privé» *in Recueil des cours de l´Académie de Droit International de La Haye*, vol. 109, 1963, pp. 347-485.

GOLDSCHMIDT, Werner. *Derecho Internacional Privado. Derecho de la Tolerancia.* 7.ed. Buenos Aires: Ediciones Depalma, 1990.

_____. *Sistema y filosofia del derecho internacional privado.* Tomo I, 2ª ed., Buenos Aires: Ediciones Juridicas Europa-America, 1952.

GOLDSTEIN, Gérald. «La cohabitation hors mariage en droit international privé» *in Recueil des cours de l´Académie de Droit International de La Haye*, vol. 320, 2006, pp. 9-389.

GÓMEZ ROBLEDO, Antonio. «Le ius cogens international: sa genèse, sa nature, ses fonctions» *in Recueil des cours de l´Académie de Droit International de La Haye*, vol. 172, 1981, pp. 9-218.

GONZAGA, Eugênia Augusta; MEDEIROS, Jorge Luiz Ribeiro de (orgs). *Ministério público, sociedade e a lei brasileira de inclusão da pessoa com deficiência.* Brasília: ESMPU, 2018.

GONZÁLEZ CAMPOS, Julio D. «Diversification, spécialisation, flexibilisation et matérialisation des règles de droit international privé» *in Recueil des Cours de la Académie de Droit International de la Haye*, vol. 287, pp. 9-426.

GOTHOT, Pierre. «La méthode unilatéraliste face au droit international privé des contrats» *in Droit international privé: travaux du Comité français de droit international privé, 1e année, 1975-1977*, 1979, pp. 201-232.

_____. «Le renouveau de la tendance unilatéraliste en droit international privé» *in Revue Critique de Droit International Privé*, vol. 60, 1971, pp. 1-36, pp. 209-243 e pp. 417-450.

GOUNOT, Emmanuel. *Le principe de l'autonomie de la volonté en droit privé.* Contribuition à l'étude critique de l'individualisme juridique. Paris: Arthur Rousseau, 1912.

GRAU, Eros. *Ensaio e discurso sobre a interpretação/aplicação do direito.* 4. ed. São Paulo: Malheiros, 2006.

GUASTINI, Riccardo. "La "constitucionalización" del ordenamiento jurídico: el caso italiano" *in* GUASTINI, Riccardo. *Estudios de teoría constitucional.* México/DF: Fontamara; 2003, pp. 153-183.

_____. «Sobre el concepto de constitución» *in* CARBONELL, Miguel. *Teoría del neoconstitucionalismo. Ensayos escogidos.* Madrid: Trotta, 2007, pp. 15-27.

GUEDJ, Thomas G. "The Theory of the Lois de Police, A Functional Trend *in* Continental Private International Law – A Comparative Analysis with Modern American Theories" *in American Journal of Comparative Law*, n.39, 1991, pp. 661-697.

GUERRA FILHO, Willis Santiago. "O princípio da proporcionalidade em Direito constitucional e em Direito privado no Brasil" *in* ALVIM, Arruda; CÉSAR, Joaquim Portes de Cerqueira; ROSAS, Roberto (coords.). *Aspectos controvertidos do novo código civil.* Escritos em homenagem ao Ministro José Carlos Moreira Alves. São Paulo: RT, 2003, pp. 583-595.

_____. "Princípio da proporcionalidade e teoria do direito" *in* GRAU, Eros Roberto; GUERRA FILHO, Willis Santiago (orgs.). *Direito constitucional*: estudos em homenagem a Paulo Bonavides. São Paulo: Malheiros, 2003.

GUILIANO, Mario. «La loi applicable aux contrats: problèmes choisis» *in Recueil des Cours de l´Académie de Droit International de la Haye*, vol. 158, 1977, pp. 183-270.

GUILLAUMÉ, Johanna. *L´affaiblissement de l´État-nation et le droit international privé.* Paris: L.G.D.J, 2011.

GUTZWILLER, Max. «Le développement historique du Droit International Privé» *in Recueil de Cours de l´Académie de Droit International de La Haye*, vol. 29, 1929, pp. 291-400.

HABERMAS, Jürgen. *Direito e democracia entre faticidade e validade.* Vol. II. Trad. Flávio B. Siebenechler. Rio de Janeiro: Tempo Brasileiro, 1997.

_____. "Struggles for recognition in the democratic constitutional State" (trad. de Shierry W. Nicholsen) *in* TAYLOR, Charles (org.). *Multiculturalism: examining the politics of recognition.* Princeton, New Jersey: Princeton University, 1994, pp. 107-148.

HALPERIN, Jean-Louis. *Entre nationalisme juridique et communauté de droit.* Paris: PUF, 1999.

HAMBRO, Edvard. "The relations between international law and conflict law" *in Recueil des cours de l'Académie de Droit International de la Haye*, vol. 105, 1962, pp. 1-68.

HAMMJE, Petra. "L'ordre public de rattachement" *in Travaux du Comité français de droit international privé.* Années 2006–2007 et 2007–2008. Paris: Pedone, 2010, pp. 153-156.

HANOTIAU, Bernard. «L'arbitralité» *in Recueil des Cours de l´Académie de Droit International de la Haye*, vol. 296, 2002, pp. 25-253.

HART, Herbert L.A. *O conceito de direito.* 2.a ed, Trad. A. Ribeiro Mendes. Lisboa: Fundação C. Gulbenkian, 1994.

HARTLEY, Trevor C. "Mandatory Rules *in* International Contracts: the common law approach" *in Recueil des Cours de l´Académie de Droit International de la Haye*, vol. 266, 1997, pp. 337-426.

_____. "The Modern Approach to Private International Law: International Litigation and Transactions from a Common-Law Perspective" *in Recueil des cours de l´Académie de Droit International de La Haye*, vol. 319, 2006, pp. 9-324.

HAY, Peter. "European Conflicts Law after the American Revolution - Comparative Notes" *in University of Illinois Law Review*, issue 5, 2015, pp. 2053-2074.

_____. «Flexibility versus predictability and uniformity in choice of law: reflections on current European and United States conflicts law» *in Recueil des Cours de la Académie de Droit International de la Haye*, vol. 226, 1991, pp. 282-412.

HAYAKAWA, Shinichiro. "International Aspects of Family Maintenance Law *in* Japan" *in Japanese Yearbook of International Law*, vol. 52, pp. 413-432.

HEALY, Thomas H. «Théorie générale de l'ordre public» *in Recueil des Cours de l´Académie de Droit International de la Haye*, vol. 9, 1925, pp. 407-557.

HECKE, Georges van. «Principes et méthodes de solution des conflits de lois» *in Recueil des Cours de l´Académie de Droit International de la Haye*, vol. 126, 1969, pp. 409-588.

HEILMAN, Raymond J. "Judicial Method and Economic Objectives in Conflict of Laws" *in Yale Law Journal*, vol. 43, 1934, pp. 1082-1108.

HEIN, J. von; RÜHL, G. "Towards a European Code on Private International Law?", *Crossborder activities in the EU Making life easier for citizens*. Policy Department C: Citizens' Rights and Constitutional Affairs, 2015, pp. 8-53. Disponível em: http://www.europarl.europa.eu/RegData/etudes/STUD/2015/510003/IPOL_STU(2015)510003_EN.pdf. Acesso em: 02/04/2018.

HENRIQUES, Ricardo. *Desigualdade racial no Brasil*: evolução das condições de vida na década de 90. Rio de Janeiro: IPEA, 2001. Disponível em: http://www.ipea.gov.br/portal/images/stories/PDFs/TDs/td_0807.pdf. Acesso em: 15/03/2024.

HERRANZ BALLESTEROS, Mónica. "International Child Abduction in the European Union: the Solutions Incorporated by the Council Regulation" *in Revue générale de droit*, vol. 34, 2004, pp. 343-364.

HERRERA FLORES, Joaquim. *A (re)invenção dos direitos humanos*. Trad. de Carlos Roberto Diogo Garcia, Antonio Henrique Graciano Suxberger, Jefferson Aparecido Dias. Florianópolis: Fundação Boiteux, 2009.

HERZOG, Peter E. «Constitutional limits on choice of law» *in Recueil de Cours de l´Académie de Droit International de La Haye*, vol. 234, 1992, pp. 239-330.

_____. 'The Conflict of Laws Revolution in New York-and Where Did It Leave Us" *in Syracuse Law Review*, vol. 50, 2000, pp. 1279-1316.

HESS, Burkhar; SPANCKEN, Stefanie. "Setting the Scene: The EU Maintenance Regulation" *in* BEAUMONT, Paul; HESS, Burkhard; WALKER, Lara; SPANCKEN, Stefanie (eds). *The recovery of maintenance in the EU and worldwide*. Oxford and Portland, Oregon: Hart Publishing, 2014, pp. 331-335.

HESSE, Konrad. *A força normativa da Constituição*. Trad. de Gilmar Ferrreira Mendes, Porto Alegre: Sérgio Antonio Fabris Editor, 1991.

_____. *Derecho constitucional y derecho privado*. Trad. de Ignacio Gutiérrez Gutiérrez. Madrid: Civitas, 1995.

HEYMANN, Jeremy. "Importing proportionality to the conflict of laws" *in* WATT, Horatia Muir; FERNÁNDEZ ARROYO, Diego P. (edits). *Private international law and global governance*. Oxford: Oxford University Press, 2014, pp. 277-289.

HIRONAKA, Giselda Maria Fernandes Novaes. "O conceito de família e sua organização jurídica" *in* PEREIRA, Rodrigo da Cunha. *Tratado de direito das famílias*. 2ª edição, Belo Horizonte: IBDFAM, 2016, pp. 27-100.

HONNETH, Axel. *Luta por reconhecimento*. A gramática dos conflitos sociais. Trad. de Luiz Repa. São Paulo: Editora 34, 2003.

HOOGSTRATEN, M.H. van. «La codification par traités en droit international privé dans le cadre de la Conférence de la Haye» *in Recueil des Cours de la Académie de Droit International de la Haye*, vol. 122, 1967, pp. 337-425.

HORWITZ, Morton J. *The transformation of American Law. 1870-1960: the crisis of legal orthodoxy*. New York: Oxford University Press, 1992.

HUCK, Hermes Marcelo. *Sentença estrangeira e lex mercatoria.* São Paulo: Saraiva, 1994.

Instituto de Direito Internacional. "De l'ordre public en droit international privé", Resolução adotada na sessão de Paris, 1910. Relator: Pasquale Fiore. Disponível em: http://www.idi-iil.org/app/uploads/2017/06/1910_paris_ 02_fr.pdf. Acesso em 25/01/2018.

_____. «Les obligations délictuelles en droit international privé». Resolução adotada na sessão de sessão de Edimburg, 1969. Relator: Otto Kahn-Freund. Disponível em: http://www.idi-iil.org/app/uploads/2017/06/1969_edi_04_fr.pdf. Acesso em: 04/03/2024.

_____. «Principes généraux en matière de nationalité, de capacité, de succession et d'ordre public», Sessão de Oxford, 1880. Disponível em: http://www.idi-iil.org/app/uploads/2017/06/1880_oxf_01_fr.pdf. Acesso em 25/01/2024.

_____. «Règles sur la détermination de la loi qui doit régir les obligations contractuelles à titre de droit supplétif». Resolução adotada na sessão de Florença, 1908. Relatores: HARBURGER, H.; BAR, Ludwig von. Disponível em: http://www.justitiaetpace.org/idiF/resolutionsF/1908_flo_02_fr.pdf. Acesso em: 21/06/2024.

_____. "The Autonomy of the Parties in International Contracts between private persons or entities". Resolução adotada na sessão de Basel, 1991. Relator: Erik Jayme. Disponível em: http://www.justitiaetpace.org/idiE/ resolutionsE/1991_bal_02_en.PDF. Acesso em: 21/06/2024.

_____. "The International Sale of Works of Art from the Angle of the Protection of the Cultural Heritage". Resolução adotada na sessão de Basel, 1991. Relator: Antonio de Arruda Ferrer-Correia. Disponível em: http://www.idi-iil.org/app/uploads/2017/06/1991_bal_04_en.pdf. Acesso em: 21/06/2024.

IRTI, Natalino. *L'età della decodificazione.* 4ª ed., Milano: Giuffrè, 1999.

JACQUET, Jean-Michel. «La fonction historique du droit international privé» *in Recueil des Cours de la Académie de Droit International de la Haye*, vol. 292, 2001, pp. 147-248.

JAEGER JR., Augusto. *Europeização do Direito Internacional Privado.* Curitiba: Juruá, 2012.

JAFFEY, A. J. E. "Choice of Law in Tort: A Justice-Based Approach" *in Legal Studies*, n. 2, 1982, p. 98-117.

_____. "The Foundations of Rules for the Choice of Law" *in Oxford Journal of Legal Studies*, n.2, 1982, p. 368-392.

JATAHY, Vera Maria Barreira. "O direito sucessório como exceção ao princípio constitucional da isonomia" *in* DOLINGER, Jacob (org). *A nova constituição e o Direito Internacional.* Rio de Janeiro: Freitas Bastos, 1987, pp. 175-182.

JAYME, Erik. "Formação progressiva do Direito Internacional Privado por parte dos juízes: a experiência americana e alemã até 1986" *in Cadernos do Programa de Pós-Graduação em Direito da Universidade Federal do Rio Grande do Sul*, vol. 1, n.1, 2003, pp. 69-91.

_____. «Identité culturelle et intégration: le droit international privé postmoderne» *in Recueildes Cours de l´Académie de Droit International de la Haye*, vol. 251, 1995, pp. 9-267.

_____. «Le droit international privé du nouveau millénaire: la protection de la personne humaine face à la globalisation / conférence prononcée le 24 juillet 2000» *in Recueil des Cours de l´Académie de Droit International de la Haye,* vol. 282, 2000, pp. 9-40.

_____. «Métodos para la concretización del orden público en el derecho internacional privado" *in Revista de la Facultad de Ciencias Jurídicas y Políticas.* nº 82, Caracas: Universidad Central de Venezuela, 1991, pp. 216-270.

_____. "O Direito internacional privado no novo milênio: a proteção da pessoa humana em face à globalização" *in* ARAUJO, Nadia de; MARQUES, Claudia Lima (orgs.). *O novo Direito Internacional – estudos em homenagem a Erik Jayme.* Rio de Janeiro: Renovar, 2005, pp. 3-20.

JIMÉNEZ BLANCO, Pilar. "Unmarried fathers and child abduction in european union law" *in Journal of Private International Law,* vol. 8, 2012, pp. 135-157.

JITTA, J. *Método de derecho internacional privado.* Trad. de J.F. Prida. Madrid: La España Moderna, 1911.

JOHNSON, Thomas A. "The Hague Child Abudction Convention: diminishing returns and little to celebrate for Americans" *in International Law and Politics,* vol. 33, 2000, pp. 125-178.

JOSSERAND, Louis. "A proteção aos fracos pelo direito" (original de 1939). Trad. Francisco de Assis Andrade *in Revista Forense,* ano XLVII, vol. CXXVIII, 1950, pp. 363-368.

JUENGER, Friedrich K. *Choice of Law and Multistate Justice.* Dordrecht, Boston, London: Martinus Nijhoff Publishers, 1993.

_____. *Choice of law and multistate justice.* New York: Transnational Publishers, 2005.

_____. "Forum Shopping, Domestic and International" *in Tulane Law Review*, vol. 63, issue 3, 1988-1989, pp. 553-574.

_____. "General Course on Private International Law" *in Recueil des Cours de l´Académie International de la Haye,* vol. 193, 1985, pp. 131-387.

_____. "How do you Rate a Century" *in Willamette Law Review,* vol. 37, 2001, pp. 89-122.

_____. "Mass Disasters and the Conflict of Laws" *in University of Illinois Law Review,* vol. 1, 1989, pp. 105-128.

_____. "Private international law or international private law?" *in The King's College Law Journal,* n. 5, 1994-1995, pp. 45-62.

_____. "The German Constitution Court and the Conflict of Laws" *in American Journal of Comparative Law,* vol. 20, Issue 2, 1972, pp. 290-298.

_____. "The Need for a Comparative Approach to Choice-of-Law Problems" *in Tulane Law Review,* vol. 73, 1998-1999, pp. 1309-1336.

KAHN-FREUND, O. «General problems of private international law» *in Recueil des Cours de l' Académie de Droit International de la Haye*, vol. 143, 1974, pp. 139-474.

_____. "Reflections on Public Policy *in* the English Conflict of Laws" *in Transactions of the Grotius Society*, vol. 39, 1953, pp. 39-83.

KANT, Immanuel. *Fundamentação da metafísica dos costumes*. Trad. de Pedro Quintela. Lisboa: Edições 70, 2011.

KASSIR, W. J. «Le renvoi en droit international privé – technique de dialogue entre les cultures juridiques» *in Recueildes Cours de l´Académie de Droit International de la Haye*, vol. 377, 2015, pp. 9-120.

KAY, Herma Hill. "Theory into Practice: Choice of Law in the Courts" *in Mercer Law Review*, vol. 34, 1983, pp. 521-592.

KEGEL, Gerhard. "Paternal Home and Dream Home: Traditional Conflict of Laws and the American Reformers" *in American Journal of Comparative Law*, vol. 27, 1979, pp. 615-634.

_____. «Story and Savigny» *in American Journal of Comparative Law*, vol. 37, 1989, pp. 39-66.

_____. "The crisis of conflict of laws" *in Recueil des Cours de l´Académie International de la Haye*, vol. 112, 1964, pp. 91-268.

KELSEN, Hans. *Teoria Geral do Direito e do Estado*. Trad. Luís Carlos Borges. São Paulo: Martins Fontes, 2000.

KENNEDY, Duncan. "Three Globalizations of Law and Legal Thought: 1850-2000" *in* TRUBEK, David; SANTOS, Alvaro (eds). *The New Law and Economic Development. A Critical Appraisal.* Cambridge: Cambridge University Press, 2006, pp. 19-76.

KESSEDJIAN, Catherine. "Mandatory Rules of International Arbitration, 'What are Mandatory Rules?'" *in American Review of International Arbitration*, vol. 18, 2007, pp. 147-154.

KIESTRA, Lowrens R. *The impact of the European Convention on Human Rights on Private International Law.* The Hague: T.M.C Asser, 2014.

KINSCH, Patrick. "Choice of Law Rules and the Prohibition of Discrimination under the European Convention on Human Rights" *in University of Luxembourg Law Working Paper n.* 01, 2011, pp. 1-13.

_____. «Droits de l'homme, droits fondamentaux et droit international privé» *in Recueil des Cours de l' Académie de Droit International de la Haye*, vol. 318, 2005, pp. 9-331.

_____. «L'apport de la jurisprudence de la Cour Européenne des Droits de l´Homme», *in* LAGARDE, Paul (org.). *La reconnaissance des situations en droit international privé.* Paris: Pedone, 2013, pp. 43-55.

_____. «Principes d'égalité et conflits de lois» *in Droit international privé: travaux du Comité français de droit international privé*, 16e année, Séance du 23 mai 2003, Présidence de Mme Hélène Gaudemet-Tallon, pp. 117-144.

_____. «Quel droit international privé pour une époque néolibérale?» *in* HEUZÉ, Vicent; LIBCHABER, Rémy; VAREILLES-SOMMIÈRES (orgs.). *Mélanges en l'honneur du Professeur Pierre Mayer: liber amicorum*. Paris: LGDJ, 2015, pp. 377-390.

KISH, I. «La loi la plus favorable» *in Ius et Lex. Festgabe zum 70. Geburtstag von Max Gutzwiller. Hrsg.von der Juristischen Fakultät der Universität Freiburg (Schweiz)*. Basel: Verlag Helbing & Lichtenhahn, 1959, pp. 373-393.

KOHLER, Christian. «Autonomie de la Volonte en Droit International Prive: un Principe universel entre liberalisme et etatisme» *in Recueil des Cours de l´Académie de Droit International de la Haye*, vol. 359, 2012, pp. 285-478.

KOMMERS, Donald. P. *The constitutional jurisprudence of the Federal Republic of Germany.* Second edition, Durham/London: Duke University Press, 1997.

KORN Harold L. "Big Cases and Little Cases: Babcock in Perspective" *in Albany Law Review*, vol. 56, 1993, pp. 933-940.

_____. "The Choice-of-Law Revolution: A Critique" *in Columbia Law Review*, vol. 83, 1983, pp. 772-973.

KRAUSE, Harry D.; MEYER, David D. "What family for the 21st century" *in American Journal of Comparative Law*, vol. 50, 2002, pp. 101-120.

KREUZER, Karl. "La propriété mobilière en droit international privé" *in Recueil des cours de l´Académie de Droit International de la Haye*, vol. 259, 1996, pp. 9-317.

KUHN, Arthur K. «La conception du droit international privé d'après la doctrine et la pratique aux Etats-Unis» *in Recueil des Cours de l´Académie International de la Haye*, vol. 21, 1928, pp. 189-278.

KUHN, Thomas S. *A estrutura das revoluções científicas*. Trad. de Beatriz V. Boeira e Nelson Boeira (original de 1962). São Paulo: Perspectiva, 2013.

LABRUSSE, Catherine. «Droit constitutionnel et droit international privé en Allemagne fédérale (à propos de la décision du Tribunal constitutionnel fédéral du 4 mai 1971)» *in Revue critique de droit international privé*, vol. 63, 1974, pp. 1-43.

LAFER, Celso. *A internacionalização dos direitos humanos – Constituição, Racismo e Relações Internacionais*. São Paulo: Manole, 2005.

_____. *A Reconstrução dos Direitos Humanos*. São Paulo: Companhia das Letras, 1991.

_____. "Declaração Universal de Direitos Humanos" *in* MAGNOLI, Demétrio. *A história da paz*. São Paulo: Contexto, 2008, pp. 297-329.

LAGARDE Paul. «Introduction au théme de la reconnaissance des situtions: rappel des points les plus discutés» *in* LAGARDE, Paul (org.). *La reconnaissance des situations en droit international privé*. Paris: Pedone, 2013, pp. 19-25.

_____. "La méthode de la reconnaissance – Est-elle l'avenir du droit international privé?" *in Recueil des Cours de l´Académie de Droit International de la Haye*, vol. 371, 2015, pp. 19-42.

_____. (org.). *La reconnaissance des situations en droit international privé*. Paris: Pédone, 2013.

_____. «La reconnaissance mode d'emploi» *in Vers de nouveaux équilibres entre ordres juridiques, Liber amicorum Hélène Gaudemet-Tallon*. Paris: Dalloz, 2008, pp. 481-501.

_____. «Le dépeçage dans le droit international privé des contrats» *in Rivista di diritto internazionale privato e processuale*, n. 11, 1975, pp. 649-677.

_____. «Le principe de proximité dans le droit international privé contemporain; cours général de droit international privé» *in Recueil des Cours de l´Académie de Droit International de La Haye*, vol. 196, 1986, pp. 9-238.

LAINÉ, Armand. *Introduction au Droit International Privé Contenant une etude historique et critique de la theorie des statuts et des rapports de cette theorie avec le code civil*. Tome I, Paris: Librairie Cotillon/F. Pichon Ed., 1888.

_____. «Le droit international privé en France considéré dans ses rapports avec la théorie des statuts» *in Journal du Droit International Privé et de la Jurisprudence Comparée*, vol. 12, 1885, pp. 129-143 e pp. 249-265.

LALIVE, Pierre A. «Problèmes relatifs à l'arbitrage international commercial» *in Recueil des Cours de la Académie de Droit International de la Haye*, vol. 120, 1967, pp. 569-725.

_____. «Tendances et méthodes en droit international privé: cours général» *in Recueil des Cours de la Académie de Droit International de la Haye*, vol. 155, 1977, pp. 3-424.

LANDO, Ole. "The conflict of laws of contracts: general principles (general course on private international law)" *in Recueil des cours de l´Académie de Droit International de la Haye*, volume 189, 1984, pp. 225-447.

LARENZ, Karl. *Derecho Civil* – Parte General. Trad. Miguel Izquierdo e Macías-Picavea. Madri: Editorial Revista de Derecho Privado, 1978.

LASSALE, Ferdinand. *A essência da Constituição*. Trad. de Walter Stönner, 5ª ed, Rio de Janeiro: Lumen Juris, 2000 (original de 1863).

LAURENT, F. *Droit Civil International*. Paris: Librairie A. Marascqm Ainé, 1880.

LAUTERPACHT, H. "The international protection of human rights" *in Recueil des Cours de l' Académie de Droit International de la Haye*, vol. 70, 1947, pp. 1-108.

LAYCOCK, Douglas. "Equality and the citizens of sister states" *in Florida State University Law Review*, vol. 15, 1987, pp. 431-448.

LEFLAR, Robert A. "Choice-Influencing Considerations in Conflicts Law" *in New York University Law Review*, vol. 41, 1966, pp. 267-327.

_____. "Conflicts of Law: More on Choice Influencing Considerations" *in California Law Review*, vol. 54, 1966, pp. 1584-1598.

_____. "Constitutional Limits on Free Choice of Law" *in Law and Contemporary Problems*, vol. 28, Issue 4, 1963, pp. 706-731.

LEQUETTE, Yves. «Le droit international privé de la famille à l'épreuve des conventions internationales» *in Recueildes Cours de l´Académie de Droit International de la Haye*, vol. 246, 1994, pp. 9-233.

_____.. «Le droit international privé et les droits fondamentaux» *in* CABRILLAC, Rémy; FRISON-ROCHE, Marie.-Anne; REVET, Thierry (orgs). *Libertés et Droits fondamentaux.* 18ème édition (revue et augmentée), Paris: Dalloz, 2012, pp. 115-141.

LEREBOURS-PIGEONNIÉRE, Paul. "La déclaration universelle dês droits de l´homme et le droit international privé français" *in Études offertes à Georges Ripert: Le droit privé français au milieu du XXème siècle.* Paris: Pichon et Durand-Auzias, 1950, pp. 255-271.

_____. *Précis de droit international privé.* 3ª ed, Paris: Dalloz, 1937.

LEUPRECHT, Peter; DELAS, Olivier. «Cinquante ans de Convention Europeenne des Droits de l'Homme – la Convention Europeenne: un chef d'oeuvre en péril?» *in Revue quebecoise de droit international,* vol. 13, issue 1, 2000, pp. VII-XXIVI.

LEWALD, Hans. "Conflits de lois dans le monde grec et romain" *in Revue Critique de Droit International Privé,* vol 57, 1968, pp 419-639.

_____. «Questions de droit international des successions» *in Recueil des Cours de l´Académie International de la Haye,* vol. 9, 1925, pp. 1-125.

_____. «Règles générales des conflits de lois. Contribution à la technique du droit international privé» *in Recueil des Cours de la Académie de Droit International de la Haye,* vol. 69, 1939, pp. 5-145.

LEWANDOWSKI, Enrique Ricardo. *Proteção dos direitos humanos na ordem interna e internacional.* Rio de Janeiro: Forense, 1984.

LIBCHABER, Rémy. «L´avenir d´un paradoxe» *in* HEUZÉ, Vicent; LIBCHABER, Rémy e VAREILLES-SOMMIÈRES, Pascal de (orgs.). *Mélanges em l´honneur du Professeur Pierre Mayer.* Paris: L.G.D.J, 2015, pp. 519-531.

LIMA, Alvino. "Da influência, no direito civil, do movimento socializador do direito" *in Revista da Faculdade de Direito da Universidade de São Paulo,* vol. 35, n. 1, 1939, pp. 199-213.

LIPSTEIN, Kurt. "Conflict of laws 1921-1971 – The way ahead" *in Cambridge Law Journal,* n.31 (1), april 1972, pp. 67-120.

_____."The Hague Conventions on Private International Law, Public Law and Public Policy" *in International and Comparative Law Quarterly,* vol. 8, issue 3, 1959, pp. 506-522.

_____. «The general principles of private international law» *in Recueil des Cours de l' Académie de Droit International de la Haye,* vol. 135, 1972, pp. 97-229.

LIPSTEIN, Kurt; BRUNSCHVIG, Jean S; JERIE, Fredrick; Rodman, Karl M. "The Proper Law of the Contract" *in St. John's Law Review,* vol. 12, april 1938, pp. 242-264.

LÔBO, Paulo Luiz Netto. "Constitucionalização do direito civil" *in Revista de Informação Legislativa,* ano 36, n. 141, 1999, pp. 99-109.

LOON, J. H. A. van. "International co-operation and protection of children with regard to intercountry adoption" *in Recueil des Cours de l´Académie de Droit International de la Haye,* vol. 244, 1993, pp. 191-456.

_____. «La méthode de la reconnaissance et les conventions de droit international privé de La Haye» *in* LAGARDE, Paul (org.). *La reconnaissance des situations en droit international privé.* Paris: Pédone, 2013, pp. 121-129.

_____. «The global horizon of private international law» *in Recueil des Cours de l´Académie de Droit International de la Haye*, vol. 380, 2016, pp. 9-108.

LOPES, José Reinaldo de Lima. *O Direito na História. Lições introdutórias.* 3ª ed., São Paulo: Atlas, 2009.

LOQUIN, Eric. «Arbitrabilité et protection des parties faibles» *in Droit International privé: travaux du Comité Français de droit international privé* (17e année, 2004-2006), 2008, pp. 135-164.

_____. «Les règles matérielles internationales» *in Recueil des Cours de l´Académie de Droit International de la Haye,* vol. 322, 2006, pp. 9-241.

LORENZEN, Ernest G. "Territoriality, Public Policy and the Conflict of Laws" *in Yale Law Journal,* vol. 33, 1924, pp. 736-751.

LORENZETTI, Ricardo Luis. *Fundamentos do direito privado.* São Paulo: RT, 1998.

LOUSSOUARN, Yvon; BOUREL, Pierre; VAREILLES-SOMMIÈRES, Pascal. *Droit International Privé.* 10ª ed. Paris: Dalloz, 2013.

LOUSSOUARN, Yvon. "Cours général de droit international privé" *in Recueil des Cours de l´Académie de Droit International de la Haye*, vol. 139, 1973, pp. 269-386.

_____. «La règle de conflit est-elle une règle neutre ?» *in Droit international privé: travaux du Comité français de droit international privé*, 3e année, tome 2, 1980-1981, 1981, pp. 43-68.

LOWE, Nigel. "A statistical analysis of applications made in 2008 under the Hague Convention of 25 october 1980 on the civil aspects of international child abduction. Part I". Cardiff University Law School. Disponível em: https://assets.hcch.net/upload/wop/abduct2011pd08ae.pdf. Acesso em: 30/06/2018.

LYNCH, David J.; LONG, Heather. "Trump escalates China trade war, threatens tariffs on $200 billion in products" *in The Washington Post,* edição on-line de 19 de junho de 2018. Disponível em https://www.washingtonpost.com/business/economy/trump-escalates-china-trade-war-announces-plan-for-tariffs-on-200--billion-in products/2018/06 /18/ac683f80-7355-11e8-b4b7-308400242c2e_story.html?noredirect= on&utm_ term=.198802d860ff. Acesso em: 20/06/2024.

MCCLEAN, David. "De Conflictu Legum: Perspectives on Private International Law at the Turn of the century (General Course on Private International Law)" *in Recueil des cours de l´Académie de Droit International de la Haye*, vol. 282, 2000, pp. 41-228.

MCCLEAN, John David. "The contribution of the Hague Conference to the development of private international law in Common Law countries" *in Recueil de Cours de l´Académie de Droit International de La Haye*, vol. 233, 1992, pp. 267-304.

MACCORMICK, Neil. "Beyond the Sovereign State" *in Modern Law Review*, vol. 56, nº 1, 1993, pp. 1-18.

MACHADO VILLELA, Álvaro da Costa. "O Direito Internacional Privado no Código Civil Brasileiro" *in Boletim da Faculdade de Direito da Universidade de Coimbra*. Ano III – nº 51 a 53. Coimbra: Imprensa da Universidade, 1920-1921.

_____. *Tratado Elementar (teórico e prático) de Direito Internacional Privado*. Vol. I, Coimbra: Coimbra Editora, 1921.

_____. *Tratado Elementar (teórico e prático) de Direito Internacional Privado*. Vol. II, Coimbra: Coimbra Editora, 1921.

MACHADO, João Baptista. *Âmbito de eficácia e âmbito de competência das leis*. Coimbra: Almedina, 1998 (reimpressão).

_____. *Lições de Direito Internacional Privado*. 3ª ed. Coimbra: Almedina, 1999.

MACHADO, Jónatas E M. *Direito da União Europeia*. 2ª ed., Coimbra: Coimbra Editora, 2014.

MADRID MARTÍNEZ, Claudia. "La protección internacional del consumidor, o de como el derecho internacional privado puede influir en la conducta de los proveedores de bienes y servicios" *in* AMARAL JÚNIOR, Alberto do; VIEIRA, Luciane Klein (coords.). *El Derecho Internacional Privado y sus Desafíos en la Actualidad*. Bogotá: Editorial Ibánez, 2016, pp. 155-196.

MAKAROV, A.N. «Conception du droit international privé d'après la doctrine et la pratique russes (U.R.S.S.)» *in Recueil de Cours de l´Académie de Droit International de La Haye*, vol. 35, 1931, pp. 473-604.

MALINTOPPI, Antonio. «Les rapports de travail en droit international privé» *in Recueil des Cours de l´Académie de Droit International de la Haye*, vol. 205, 1987, pp. 331-394.

_____. «Les rapports entre droit uniforme et droit international privé» *in Recueil des Cours de l´Académie de Droit International de la Haye*, vol. 116, 1965, pp. 1-87.

MALOY, Richard. "Forum Shopping – What's Wrong with That" *in Quinnipiac Law Review*, vol. 24, Issue 1 (2005), pp. 25-62.

MALUF, Carlos Alberto Dabus. *Curso de direito de família*. São Paulo: Saraiva, 2013.

MANCINI, Pasquale Stanislao. "De l´utilité de rendre obligatoires pour tous les États, sous la forme d´un ou de plusieurs traités internationaux, un certainnombre de règles générales de droit international privé pour assurer la décision uniforme des conflits entre les différentes législations civiles et criminelles", Relatório para o Instituto de Direito Internacional, 1874 *in Journal du Droit International Privé et de la Jurisprudence comparée*, juillet-aout, 1874, pp. 221-239 e pp. 284-304.

_____. *Direito Internacional*. Trad. de Ciro Mioranga (edição original em italiano de 1873), Ijuí: Unijuí, 2003.

MANN, F. A. "Conflict of laws and public law" *in Recueil des Cours de l' Académie de Droit International de la Haye*, vol. 132, 1971, pp. 107-196.

_____. "llegality in the Conflict of Laws" *in Modern Law Review*, vol. 21, 1958, pp. 130-137.

_____. "Statutes and the conflict of laws" *in British Year Book for International Law*, vol. 46, 1972-1973, pp. 117-143.

_____."The proper law in the conflict of laws" *in International and Comparative Law Quarterly*, vol. 46, 1987, pp. 437-453.

MARCHADIER, F. *Les objectifs généraux du droit international privé à l´épreuve de la Convention européenne des droits de l´homme.* Bruxelles: Bruylant, 2007.

MARIDAKIS, Georges S. «Introduction au droit international privé» *in Recueil des cours de l´Académie de Droit International de La Haye*, vol. 105, 1962, pp. 375-539.

MARIGHETO, Andrea. "O 'diálogo das fontes' como forma de passagem da teoria sistemático-moderna à teoria finalista ou pós-moderna do direito" *in* MARQUES, Claudia Lima (coord.). *Diálogo das Fontes – Do conflito à coordenação de normas do direito brasileiro.* São Paulo: RT, 2012, pp. 111-124.

MARÍN LÓPEZ, A. "Las normas de aplicacion necesaria em derecho internacional privado" *in Revista Española de Derecho Internacional*, vol. 23, 1970, pp. 19-41.

MARQUES, Claudia Lima; DELALOYE, María Laura. "El rol de los principios en la protección internacional del consumidor: la Declaración de Sofía de la International Law Association" *in* AMARAL JÚNIOR, Alberto do; VIEIRA, Luciane Klein (coords.) *El Derecho Internacional Privado y sus Desafíos en la Actualidad.* Bogotá: Editorial Ibánez, 2016, pp. 135-149.

MARQUES, Claudia Lima; JACQUES, Daniela Corrêa. 'Normas de aplicação imediata como um método para o Direito Internacional Privado de proteção do consumidor no Brasil" *in Cadernos do Programa de Pós-Graduação em Direito da UFRGS*, n. 01, 2004, pp. 65-96.

MARQUES, Claudia Lima; MIRAGEM, Bruno. *O novo direito privado e a proteção dos vulneráveis.* 2ª ed., São Paulo: RT, 2014.

MARQUES, Claudia Lima; RAMOS, Elaine da Silva. "Legal Aspects of Transsexualism in Brazilian Law – A Private Law Approach" *in The International Journal of Transgenderism.* vol. 1, n. 1, 1997. Disponível em: http://www.symposion.com/ijt/ijtc0105.htm. Acesso em: 15/05/2018.

MARQUES, Claudia Lima. "A insuficiente proteção do consumidor nas normas de Direito Internacional Privado – da necessidade de uma convenção interamericana (CIDIP) sobre a lei aplicável a contratos e relações de consumo" *in Revista dos Tribunais*, vol. 788, 2001, pp. 11-56.

_____. "A pessoa no mercado e a proteção dos vulneráveis no direito privado brasileiro" *in* MENDES, Gilmar Ferreira; GRUNDMANN, Stefan; MARQUES, Claudia Lima; BALDUS, Christian; MALHEIROS, Manuel. *Direito Privado, Constituição e Fronteiras.* Encontros da Associação Luso-Alemã de Juristas no Brasil. 2ª ed., São Paulo: RT, 2014, pp. 287-331.

_____. "A proposta brasileira de Convenção Interamericana de Direito Internacional Privado sobre a lei aplicável a alguns contratos com consumidores (CIDIP VII): temas e discussões no fórum de expertos da OEA" *in Cadernos do Programa de Pós-Graduação em Direito – PPGDir./UFRGS*, nºV, Mar./2006, pp. 75-106.

_____. "Autonomia dos vulneráveis no direito privado brasileiro" *in* MARQUES, Claudia Lima; BENICKE, Christoph; JAEGER Jr., Augusto (orgs). *Diálogo entre o direito brasileiro e o direito alemão.* Tomo II. Porto Alegre: Gráfica e Ed. RJR, 2016, pp. 41-84.

_____. *Confiança no comércio eletrônico e a proteção do consumidor (um estudo dos negócios jurídicos no comércio eletrônico).* São Paulo: RT, 2004.

_____. "Diálogo entre o Código de Defesa do Consumidor e o novo Código Civil: do "diálogo das fontes" no combate às cláusulas abusivas" *in Revista Direito do Consumidor,* São Paulo, n. 45, pp. 71-99, 2003.

_____. "Direito na pós-modernidade e a teoria de Eric Jayme" *in* OLIVEIRA JUNIOR, Jose Alcebíades de. (Org.). *Faces do multiculturalismo: teoria - política - direito.* Santo Ângelo: EDIURI, 2007, pp. 21-36.

_____. "Human Rights as a Bridge between Private International Law and Public International Law: the protection of Individuals (as Consumers) in the Global Market" *in* FERNÁNDEZ ARROYO, Diego P.; MARQUES, C. Lima (orgs.). *Derecho internacional privado y derecho internacional público: un encuentro necesario.* Asunción: CEDEP, 2011, pp. 363-389.

_____. "*Laudatio* para Erik Jayme – memórias e utopia" *in* ARAUJO, Nadia de; MARQUES, Claudia Lima (orgs). *O novo direito internacional – estudos em homenagem a Erik Jayme.* Rio de Janeiro: Renovar, 2005, pp. xv-xxv.

_____. "O "diálogo das fontes" como método da nova teoria geral do direito: um tributo a Erik Jayme" *in* MARQUES, Claudia Lima (coord.). *Diálogo das Fontes - Do conflito à coordenação de normas do direito brasileiro.* São Paulo: RT, 2012, pp. 18-66.

_____. "O novo Direito Privado brasileiro após a decisão da ADIn dos bancos (2.591): observações sobre a garantia institucional-constitucional do Direito do Consumidor e a Drittwirkung no Brasil" *in Revista de Direito do Consumidor,* n. 61, 2007, pp. 40-75.

_____. «Procédure civile internationale et MERCOSUR: pour un dialogue des règles universelles et régionales» *in Uniform Law Review - Revue de Droit Uniforme,* 2003, pp. 465-484.

MARTIN, James A. "Constitutional limitations on choice of law" *in Cornell Law Review,* vol. 61, n.2, 1976, pp. 185-230.

MARTINS-COSTA, Judith (Org.). *A boa-fé no direito privado: sistema e tópica no processo obrigacional.* São Paulo: RT, 1999.

_____. *A reconstrução do Direito Privado.* São Paulo: Editora Revista dos Tribunais, 2002.

_____. "Comentário ao artigo 5º, XXXI" *in* CANOTILHO, J.J. Gomes; MENDES, Gilmar Ferreira; SARLET, Ingo W.; STRECK, Lenio Luiz (coords). *Comentários à Constituição do Brasil.* São Paulo; Coimbra: Saraiva/Almedina, 2013, pp. 342-346.

_____. "Mercado e solidariedade social" *in* MARTINS-COSTA, Judith (org.). *A reconstrução do direito privado.* São Paulo: RT, 2002, pp. 611-661.

MARTINS, Leonardo (org.). *Cinquenta anos de jurisprudência do Tribunal Constitucional Federal alemão.* Montevidéu: Konrad Adenauer Stiftung, 2005, pp. 387-390.

_____. "Do vínculo do Poder Judiciário aos direitos fundamentais e suas implicações práticas" *in Revista da Escola Paulista da Magistratura,* ano 5, nº 2, 2004, pp. 89-127.

MARTINS, Natalia Camba. *Subtração internacional de crianças: as exceções à obrigação de retorno previstas na Convenção da Haia sobre os aspectos civis do sequestro internacional de crianças: interpretação judicial da adaptação da criança*. Curitiba: CRV, 2013.

MARTINY, Dieter. "Maintenance obligations in the conflict of laws" *in Recueil des Cours de l´Académie de Droit International de la Haye*, vol. 247, 1994, pp. 132-289,

MAUPAIN, Francis. «L'OIT, la justice sociale et la mondialisation» *in Recueil des Cours de l´Académie de Droit International de la Haye*, vol. 278, 1999, pp. 201-396.

MAURY, Jacques. «Règles générales des conflits de lois» *in Recueil des Cours de l'Académie de Droit International de La Haye*, vol. 57, 1936, pp. 325-570.

MAYER Pierre. "Droit au procès équitable et conflit de jurisdictions" *in Les nouveaux développements du procès équitable au sens de la Convention- Actes du Colloque du 22 mars 1996 en la grande chambre de la cour de cassation – Institut des Hautes Études Européennes*. Bruylant: Bruxelles, 1996, pp. 125-138.

_____. *Droit International Privé*. Paris: Montchrestien, 1977.

_____. *La distinction des règles et des décisions en droit international privé*. Paris: Dalloz, 1973.

_____. «La partie faible en droit international privé» *in* FONTAINE, Marcel; GHESTIN, Jacques (orgs). *La protection de la partie faible dans les rapports contractuels. Comparaisons franco-belges*. Paris: L.G.D.J., 1996, pp. 513-552.

_____. «La reconnaissance: notions et méthodes» *in* LAGARDE, Paul (org.). *La reconnaissance des situations en droit international privé*. Paris: Pedone, 2013, pp. 27-33.

_____. «Les lois de police». *Travaux du Comité Français de droit international privé. Journée commémorative du Cinquantenaire. Paris, 23 novembre 1985*. Paris: Éditions du CNRS, 1988, pp. 105-114.

_____. «Les méthodes de la reconnaissance en droit international privé» *in Le droit international privé: esprit et méthodes. Mélanges en l'honneur de Paul Lagarde*. Paris: Dalloz, 2005, pp. 547-573.

_____. «Le phénomène de la coordination des ordres juridiques étatiques en droit privé. Cours général» *in Recueildes Cours de l´Académie de Droit International de la Haye*, vol. 327, 2007, pp. 9-378.

MCCUE, Laura. "Left behind: the failure of the United States to fight for the return of victims of international child abduction" *in Suffolk Transnational Law Review*, vol. 28, 2004, pp. 85-112.

MCDOUGAL, Luther L. III. "The Real Legacy of Babcock v. Jackson: Lex Fori instead of Lex Loci Delicti and Now It's Time for a Real Choice-of-Law Revolution"' *in Albany Law Review*, vol. 56, 1993, pp. 795-806.

_____. "Towards the Application of the Best Rule of Law in Choice of Law Cases" *in Mercer Law Review*, vol. 35, 1984, pp. 483-534.

MCDOUGALL, Andrew de Lotbiniere. "International Arbitration and Money Laundering" *in American University International Law Review*, vol. 20, 2005, pp. 1021-1054.

MCELEAVY, Peter. "The New Child Abduction Regime in the European Union: Symbiotic Relationship or Forced Partnership" *in Journal of Private International Law*, vol. 1, 2005, pp. 5-34.

MEDEIROS, Marcelo; SOUZA, Pedro H. G. Ferreira de; CASTRO, Fábio Avila de. "O Topo da Distribuição de Renda no Brasil: Primeiras Estimativas com Dados Tributários e Comparação com Pesquisas Domiciliares (2006-2012)" *in DADOS - Revista de Ciências Sociais,* vol. 58, no. 1, 2015, pp. 7-36.

MEEUSEN, Johan. «Le droit international privé et le principe de non-discrimination» *in Recueil des Cours de la Académie de Droit International de la Haye*, vol. 353, 2011, pp. 9-184.

MEHREN, Arthur Taylor von. "Choice of Law and the Problem of Justice", *Law and Contemporary Problems*, vol. 41, 1977, pp. 27-43.

_____. "Choice-Of-Law Methodology" *in Cornell Law Review*, vol. 60, 1975, pp. 927-968.

MEIJERS, E. M. "L'Histoire des principes fondamentaux du Droit International Privé a partir du Moyen Age" *in Recueil des Cours de l´Académie de Droit International de la Haye,* vol. 49, 1934, pp. 547-681.

_____. «La question du renvoi», *Bulletin de l'Institut juridique international,* 1938, pp. 191-231.

MEINERO, Fernando Pedro. *Sucessões internacionais no Brasil.* Curitiba: Juruá, 2017.

MENDES, Gilmar Ferreira; BRANCO, Paulo Gustavo Gonet. *Curso de direito constitucional.* 10ª. ed. São Paulo: Saraiva, 2015.

MENDES, Gilmar Ferreira; COELHO, Inocêncio Mártires; BRANCO, Paulo Gustavo Gonet. *Hermenêutica constitucional e direitos fundamentais.* Brasília: Brasília Jurídica, 2000.

MENDES, Gilmar Ferreira. "Colisão de direitos fundamentais: liberdade de expressão e de comunicação e direito à honra e à imagem" *in Revista de Informação Legislativa,* ano 31, nº 122, 1994, pp. 297-301.

_____. "Direitos Fundamentais: eficácia das garantias constitucionais nas relações privadas; análise da jurisprudência da Corte Constitucional alemã" *in* MENDES, Gilmar Ferreira. *Direitos Fundamentais e Controle de Constitucionalidade: estudos de direito constitucional.* São Paulo: Saraiva, 1998, pp. 207-225.

_____. *Direitos Fundamentais e controle de constitucionalidade - estudos de direito constitucional.* São Paulo: Celso Bastos Editor/Instituto Brasileiro de Direito Constitucional, 1998.

MERCEDES ALBORNOZ, María; GONZÁLEZ MARTÍN, Nuria. "Aspectos transfronterizos de la gestación por sustitución" *in Anuario Mexicano de Derecho Internacional,* vol. XVI, 2016. Disponível em: https://revistas.juridicas.unam.mx/index.php/derecho-internacional/article/ view/524/784. Acesso em: 12/05/2024.

MERLIN, Simon. *Le droit d'aubane et la sucessibilité des étrangers*. Tournay: Imprimerie d'Houtekiet - Kenettenorf, 1837.

MESQUITA, Maria José Rangel de. *Introdução ao Contencioso da União Europeia*. Coimbra: Almedina, 2017.

MEZGHANI, Ali. "Méthodes de droit international privé et contrat illicite" *in Recueil des Cours de l'Académie de Droit International de la Haye*, vol. 302, 2003, pp. 119-430.

MIAJA DE LA MUELA, Adolfo. «Las normas materiales de derecho internacional privado» *in Revista Española de Derecho Internacional,* Vol. 16, No. 3, 1963, pp. 425-457.

_____. "Soluciones 'sanas' a los conflictos de leyes: 'favor negotii' y respecto a los derechos adquiridos" *in Revista Española de Derecho Internacional*, vol. 17, 1964.

MICHAELS, Ralf; PAUWELYN, Joost. "Conflict of Norms or Conflict of Laws? Different Techniques in the Fragmentation of Public International Law" *in Duke Journal of Comparative & International Law,* n. 22, 2012, pp. 349-376.

MICHAELS, Ralf. "Globalizing Savigny? The State in Savigny's Private International Law and the Challenge of Europeanization and Globalization" *in Duke Law School Legal Studies Paper,* no. 74, 2005, pp. 1-28.

_____. "Public and Private international law: German views on global issues" *in Journal of Private International Law,* Vol. 4, n. 1, pp. 121-138.

_____."The New European Choice-of-Law Revolution" *in Tulane Law Review,* vol. 82, 2008, pp. 1607-1644.

_____. "Towards a private international law for regulatory conflicts?" *in Japanese Yearbook of International Law*, vol. 59, 2016, pp. 175-201.

MILANOVIC, Branko. *Global Inequality: A New Approach for the Age of Globalization*. Cambridge: Harvard University Press, 2016.

MILLS, Alex. *The Confluence of Public and Private International Law, Justice, Pluralism and Subsidiarity in the International Constitutional Ordering of Private law.* Cambridge: Cambridge University Press, 2009.

_____. "The identities of private international law: lessons from the U.S. and EU revolutions" *in Duke Journal of Comparative and International Law,* vol. 23, 2013, pp. 445-475.

_____. "The Private History of International Law" *in International and Comparative Law Quarterly*. vol. 55, 2006, pp 1-50.

MIRAGEM, Bruno. "Conteúdo da ordem pública e os direitos humanos. Elementos para um direito internacional pós-moderno" *in* ARAUJO, Nadia de; MARQUES, Claudia Lima (orgs.). *O novo Direito Internacional - estudos em homenagem a Erik Jayme.* Rio de Janeiro: Renovar, 2005, pp. 307-354.

_____. "*Eppur si muove:* diálogo das fontes como método de interpretação sistemática no direito brasileiro" *in* MARQUES, Claudia Lima (coord.). *Diálogo das Fontes–*

Do conflito à coordenação de normas do direito brasileiro. São Paulo: RT, 2012. pp. 67-109.

MOMTAZ, Djamchid. "Le droit international humanitaire applicable aux conflits armés non internationaux" *in Recueil des Cours de l'Académie de Droit International de la Haye*, vol. 292, 2001, pp. 9-146.

MONACO, Gustavo Ferraz de Campos. *A proteção da criança no cenário internacional*. Belo Horizonte: Del Rey, 2005.

_____. *Controle de constitucionalidade da lei estrangeira*. São Paulo: Quartier Latin, 2013.

_____. *Guarda internacional de crianças*. São Paulo: Quartier Latin, 2012.

MORAES, Alexandre de. *Direito constitucional*. 33ª ed. São Paulo: Atlas, 2017.

_____. *Direitos Humanos Fundamentais – teoria geral. Comentários aos arts. 1º a 5º da Constituição da República Federativa do Brasil*. 9ª ed., São Paulo: Atlas, 2011.

MORAES, Maria Celina Bodin de. "A caminho de um direito civil constitucional" *in Revista Direito, Estado e Sociedade*, vol. I, julho/dezembro de 1991, pp. 126-163.

_____. "A constitucionalização do direito civil e seus efeitos sobre a responsabilidade civil" *in Direito, Estado e Sociedade*, vol. 9, n. 29, 2006, pp. 233-258.

_____. "O Direito Civil Constitucional" *in* CAMARGO, Margarida Maria Lacombe. *1988-1998 – Uma década de Constituição*. Rio de Janeiro: Renovar, 1999, pp. 115-127.

MOREIREA, Eduardo Ribeiro. *Obtenção dos Direitos Fundamentais nas Relações entre Particulares*. Rio de Janeiro: Lumen Juris, 2007.

MORRIS J. H. C., "The Proper Law of a Tort" *in Harvard Law Review*, vol. 64, 1951, pp. 881-895.

MORRIS, J. H. C.; CHESHIRE, G. C "The Proper Law of a Contract in the Conflict of Laws" *in Law Quarterly Review*, Vol. 56, Issue 3 (July 1940), pp. 320-339.

MORSELLO, Marco Fábio. "Direito Civil Constitucional e o direito de propriedade no Brasil e no direito comparado" *in Revista da Pós-Graduação da Faculdade de Direito da USP*, vol. 2, 2000, pp. 93-125.

MOSCONI, Franco. «Exceptions to the operation of choice of law rules» *in Recueil des Cours de l'Académie de Droit International de la Haye*, vol. 217, 1989, pp. 9-214.

MOTA DE CAMPOS, João; MOTA DE CAMPOS, João Luiz. *Manual de Direito Comunitário*. 4.a edição, Lisboa: Fundação Calouste Gulbenkian, 2004.

MOTILLA, Agustín. "La codificación como técnica de producción legislativa" *in Revista de Derecho Privado*, junio 1987, pp. 545-574.

MÜLLER-FREIENFELS, W. "Conflits of law and constitutional law" *in The University of Chicago Law Review*, vol. 45, 1978, pp. 598-611.

MURPHY, Kent. "The Traditional View of Public Policy and Ordre Public in Private International Law" *in Georgia Journal of International and Comparative Law*, vol. 11, 1981, pp. 591-616.

NAJURIETA, María Susana. «L'adoption internationale des mineurs et les droits de l'enfant» *in Recueil des Cours de l'Académie de Droit International de la Haye*, vol. 376, 2015, pp. 199-493.

NALDEMANN, Kurt H. "Wächter's essay on the collision of private laws of different States" *in American Journal of Comparative Law*, vol. 13, 1964, pp. 414-427.

NAZO, Georgette N. "Direito sucessório internacional: a aplicação excepcional da lei brasileira em herança de estrangeiro – (o § 33 do artigo 153 da C.F. de 1969)" *in* DOLINGER, Jacob (org). *A nova constituição e o Direito Internacional.* Rio de Janeiro: Freitas Bastos, 1987, pp.147-173.

NAZO, Nicolau. *Objeto e método do Direito Internacional Privado.* São Paulo, s/ed., 1952.

NEGREIROS, Teresa. *Teoria do contrato: novos paradigmas.* Rio de Janeiro: Renovar, 2002; TEPEDINO, Gustavo (Coord.). *Problemas de Direito Civil Constitucional.* Rio de Janeiro: Renovar, 2000.

NEVES, Marcelo. *Transconstitucionalismo.* São Paulo: Martins Fontes, 2009.

NIBOYET, J. P. *Cours de Droit International Privé Français.* Paris: Librairie du Recueil Sirey, 1949.

_____. "La théorie de l'autonomie de la volonté" *in Recueil des Cours de l'Académie de Droit International de la Haye*, vol. 16, 1927, pp. 1-116.

_____.»Le rôle de la justice internationale en droit international privé: conflit des lois» *in Recueil des cours de l'Académie de Droit International de La Haye*, vol. 40, 1932, pp. 153-235.

NINO, Carlos Santiago. *Ética y derechos humanos:* un ensayo de fundamentación. Barcelona: Ariel, 1989.

NOBRE, Marcos. *Choque de democracia. Razões da revolta.* Breve Companhia, 2013.

NOLDE, Boris. «La codification du droit international privé» *in Recueil de Cours de l'Académie de Droit International de La Haye*, vol. 55, 1936, pp. 299-432.

NORTH, Peter M. «Reform, but not revolution: general course on private international law» *in Recueil des Cours de l'Académie de Droit International de la Haye*, vol. 220, 1990, pp. 9-288.

NOVAIS, Jorge. *A dignidade humana. Vol II – Dignidade e inconstitucionalidade.* Coimbra: Almedina, 2017.

_____. *Direitos sociais. Teoria jurídica dos direitos sociais enquanto direitos fundamentais.* 2ª ed., Lisboa: AAFDL, 2016.

NUSSBAUM, Arthur. *Principios de Derecho Internacional Privado.* Trad. Alberto D. Schoo, Buenos Aires: Depalma, 1947.

_____. "Public Policy and the Political Crisis *in* the Conflict of Laws" *in Yale Law Journal*, vol. 49, issue 6, 1940, pp. 1027-1058.

_____. *Principles of private international law.* New York/London/Toronto: Oxford University Press, 1943.

NYGH, Peter E. "The Hague Marriage Convention — A Sleeping Beauty" *in* BORRÁS A.; BUCHER A.; STRUYCKEN, T.; VERWILGHENM. (eds). *E Pluribus Unum - Liber Amicorum Georges A.L. Droz - On the Progressive Unification of Private International Law - Sur l'unification progressive du droit international privé.* The Hague/Boston/London: Martinus Nijhoff Publishers, 1996, pp. 253-267.

_____. "The reasonable expectations of the parties as a guide to the choice of law *in* contract and *in* tort" *in Recueil des Cours de l´Académie de Droit International de la Haye,* vol. 251, 1995, pp. 269-400.

OCTAVIO, Rodrigo. *Direito Internacional Privado.* Parte Geral. Rio de Janeiro: Freitas Bastos, 1942.

_____. «L'Amérique et la Codification du droit international privé» *in Revue critique de Droit International Privé,* n. 25, 1930, pp. 633-665.

_____. *Manual do Código Civil Brasileiro - Introdução. Parte Segunda. Direito Internacional Privado.* Rio de Janeiro: Livraria Jacintho, 1932.

OPERTTI BADÁN, Didier. «Conflit de lois et droit uniforme dans le droit international privé contemporain: dilemme ou convergence? Conférence inaugurale, session de droit international privé» *in Recueil des Cours de l´Académie de Droit International de la Haye,* vol. 359, 2012, pp. 9-86.

_____. «Prólogo: Necesidad de un Derecho Internacional Privado del Mercosur» *in* FERNÁNDEZ ARROYO Diego P. (org). *Derecho Internacional privado de los Estados del Mercosur: Argentina, Brasil, Paraguay, Uruguay.* Buenos Aires: Zavalía, 2003, pp. 25-29.

OPPENHEIM, Felix E. "Justiça" *in* BOBBIO, Norberto; MATTEUCCI, Nicola; PASQUINO, Gianfranco. *Dicionário de política.* vol I, 4ª ed., Trad. Camen C. Varriale *et al.* Brasília: Ed. Unb, 1992, pp. 660-666.

OPREA, Alina. «Problemes de Conflits de Lois en Matiere D'Establissement de Filiation» *in Studia Universitatis Babes-Bolyai Jurisprudentia,* n.2, 2013, pp. 125-145.

ORTIZ AHLF, Loretta. «The human rights of undocumented migrants» *in Recueil des Cours de l´Académie de Droit International de la Haye,* vol. 369, 2013, pp. 43-160.

OVERBECK, Alfred E. von. «Divers aspects de l'unification du droit international privé, spécialement en matière de successions» *in Recueil des Cours de la Académie de Droit International de la Haye,* vol. 104, 1961, pp. 529-633.

_____. «L'application par le juge interne des conventions de droit international privé» *in Recueil de Cours de l´Académie de Droit International de La Haye,* vol. 132, 1971, pp. 1-106.

_____. «L' irrésistible extension de l'autonomie en droit international privé» *in Nouveaux Itinéraires en droit. Hommage à François Rigaux. Bibliothèque da la Faculté de droit de l'Université catholique de Louvain. XXII.* Bruxelles: Bruylant, 1993, pp. 619-636.

_____. «La contribution de la Conférence de La Haye au développement du droit international privé» *in Recueil de Cours de l´Académie de Droit International de La Haye,* vol. 233, 1992, pp. 9-98.

______. «Les questions générales du droit international privé à la lumière des codifications et projets récents: cours général de droit international privé» *in Recueil des Cours de la Académie de Droit International de la Haye*, vol. 176, 1982, pp. 9-258.

PALLARES, Beatriz. «Matrimonio y uniones no matrimoniales» *in* FERNÁNDEZ ARROYO, Diego P. (org.). *Derecho internacional privado de los estados del Mercosur*. Buenos Aires: Zavalia Ed., 2003, pp. 695-765.

PALSSON, Lennart. "Rules, problems and trends in family conflict laws: especially *in* Sweden" *in Recueil des Cours de l´Académie de Droit International de la Haye*, vol. 199, 1986, pp. 313-413.

PAMBOUKIS Charalambos P. "Droit international privé holistique: droit uniforme et droit international privé" *in Recueil des cours de l'Académie de Droit International de la Haye*, vol. 330, 2007, pp. 9-474.

______.»La renaissance-métamorphose de la méthode de la reconnaissance» *in Revue critique de Droit International Privé*, n. 97, 2008, pp. 513-560.

PARRA-ARANGUREN. Gonzalo. «General course of private international law: selected problems» *in Recueil des Cours de l´Académie de Droit International de la Haye*, vol. 210, 1988, pp. 13-223.

______. "Origen y evolucion del sistema anglo-americano de derecho internacional privado", separata da *Revista de Derecho y Legislación*, n. 45, 1966, pp. 3-76.

PATARRA, Neide Lopes (Coord). *Emigração e imigração internacionais no Brasil Contemporâneo*. 2ª. ed., São Paulo: FNUAP, 1995.

PATOCCHI, Paolo Michèle. *Règles de rattachement localisatrices et règles de rattachement à caractère substantie*. Genève: Librairie de l'Université et Georg et Cie SA, 1985.

PATON, Jennifer. "The Correct Approach to the Examination of the Best Interests of the Child in Abduction Convention Proceedings Following the Decision of the Supreme Court in Re E (Children) (Abduction: Custody Appeal)" *in Journal of Private International Law*, vol. 8, 2012, pp. 547-576.

PEREIRA, Jane Reis Gonçalves. "Apontamentos sobre a aplicação de normas de direito fundamental nas relações jurídicas entre particulares" *in* BARROSO, Luís Roberto (Org.). *A Nova Interpretação Constitucional: ponderação, direitos fundamentais e relações privadas*. Rio de Janeiro: Renovar, 2003, pp. 119-192.

______. *Interpretação constitucional e direitos fundamentais*. Rio de Janeiro: Renovar, 2006.

PEREIRA, Lafayette Rodrigues. *Projecto de Código de Direito Internacional Privado*. Rio de Janeiro: Imprensa Nacional, 1927.

PERLINGIERI, Pietro. *O direito civil na legalidade constitucional*. Ed. Brasileira organizada e traduzida por Maria Cristina de Cicco. Rio de Janeiro: 2008.

______. *Perfis do direito civil. Introdução ao direito civil constitucional*. Trad. de Maria Cristina de Cicco. 1ª ed., rev. e ampl. Rio de Janeiro: Renovar, 1999.

PERNICE, Ingolf. "Multilevel constitutionalism and the Treaty of Amsterdam: European constitution-making revisited" *in Common Market Law Review*, n. 36, 1999, pp. 703-750.

_____. "The Treaty of Lisbon: Multilevel Constitutionalism in Action" *in The Columbia Journal of European Law*, vol. 15, nº 3, 2009, pp. 350-407.

PETTITI, L.E., DECAUX, E., IMBERT, Pierre-Henri (orgs.). *La Convention Européenne des droits de l'homme, commentaire article par article.* Paris: Economica, 1995.

PHILIP, A. «General course on private international law» *in Recueil des Cours de la Académie de Droit International de la Haye*, vol. 160, 1978, pp. 1-74.

PI LLORENS, Montserrat. *Los derechos fundamentales en el ordenamiento comunitario.* Barcelona: Ed. Ariel, 1999.

PICONE, Paolo. «Le méthode de la référence à l´ordre compétent en Droit International Privé» *in Recueil des Cours de l´Académie de Droit International de la Haye*, vol. 197, 1986, pp. 229-420.

_____. «Les Méthodes de Coordination entre Ordres juridiques en Droit international privé – Cours général de droit international privé» *in Recueil des Cours de l´Académie de Droit International de la Haye*, vol. 276, 1999, pp. 9-288.

PIKETTY, Thomas. *O capital no século XXI.* Trad. de Monica Baumgarten de Bolle Rio de Janeiro: Intrínseca, 2014.

PILENKO, Alexander. «Le droit spatial et le droit international privé dans le projet du nouveau Code Civil français» *in Revue Hellénique de Droit International*, vol. 6, 1953, pp. 319-355.

PILLET, Antoine. *De l´ordre public en droit international privé.* Paris/Grenoble: F. Allier Père et Fils/ L.Larose et Forcel, 1890.

_____. «La théorie générale des droits acquis» *in Recueil des Cours de l´Académie de Droit International de la Haye*, vol. 8, 1925, pp. 485-556.

_____. *Principes de Droit International Privé.* Paris: Pedone, 1903.

_____. «Théorie continentale des conflits de lois» *in Recueil des Cours de l´Académie de Droit International de la Haye*, vol. 2, 1924, pp. 447-495.

PIMENTA BUENO, José Antônio. *Direito internacional privado e applicação de seus principios com referencia as leis particulares do Brazil.* Rio de Janeiro: Typographia Imp. e Const. de J. Villeneuve e C, 1863.

PINHEIRO, Luís de Lima. *Direito Internacional Privado.* Vol I. Introdução e Direito dos Conflitos. Parte Geral. Coimbra: Almedina, 2011.

PIOVESAN, Flávia. *Direitos Humanos e Justiça Internacional.* 2. ed. ampl. São Paulo: Saraiva, 2011.

_____. *Direitos Humanos e Justiça Internacional.* 2. ed. ampl. São Paulo: Saraiva, 2011.

_____. *Temas de direitos humanos.* 4ª ed., São Paulo: Saraiva, 2010.

PIVA, Rui Carvalho. "Alimentos" *in* SIMÃO, José Fernando; LAGRASTA NETO, Caetano. *Dicionário de Direito de Família.* Vol. 1, São Paulo: Atlas, 2015, pp. 424-427.

POCAR, Fausto. "La protection de la partie faible en Droit International Privé" *in Recueil des Cours de l´Académie de Droit International de la Haye*, vol. 188, 1988, pp. 339-417.

POLIDO, Fabrício Bertini Pasquot. "As famílias nas relações privadas transnacionais: aportes metodológicos do direito internacional privado" *in* CUNHA PEREIRA, Rodrigo da (org.). *Tratado de Direito das Famílias.*2ª Ed. Belo Horizonte: IBDFAM, 2016, pp. 883-936.

PONTES DE MIRANDA, Francisco Cavalcanti. "La conception du droit international privé d'après la doctrine et la pratique au Brésil" *in Recueil des cours de l´Académie de Droit International de la Haye*, vol. 39, 1932, pp. 551-677.

POTHIER, Robert-Joseph. *Oeuvres de Pothier contenant les traités du droit français. Dissertation sur Pothier. Traité des obligations.* Paris: Béchet aîné, 1824-1825.

PRATA, Ana. *A tutela constitucional da autonomia privada.* Coimbra: Almedina, 1982.

QUADRI, Rolando. *Lezioni di diritto internazionale privato.* 3ª. ed., Liguori: Nápoles, 1961.

QUEIROZ, Cristina M.M. *Direitos Fundamentais*: teoria geral. Coimbra: Coimbra, 2002.

QUERALT JIMÉNEZ, Argelia. *El Tribunal de Estrasburgo: una jurisdicción internacional para la protección de los derechos fundamentales.* Barcelona: Tirant lo Blanch, 2003.

______. *La interpretación de los derechos: del tribunal de estrasburgo al tribunal constitucional.* Madrid: Centro de Estudios Políticos y Constitucionales, 2008.

QUINN, Brian J. M. "The Failure of Private Ordering and the Financial Crisis of 2008" *in New York University Journal of Law & Business*, vol. 5, Issue 2, 2009, pp. 549-616.

QUISPE REMÓN, Florabel. "Ius cogens en el Sistema Interamericano: su relación con el debido proceso" *in Revista de Derecho*, núm. 34, 2010, pp. 42-78.

RAAPE, Léo. «Les rapports juridiques entre parents et enfants comme point de départ d'une explication pratique d'anciens et de nouveaux problèmes du droit international privé» *in Recueildes Cours de l´Académie de Droit International de la Haye*, vol. 50, 1934, pp. 401-544.

RABEL, Ernst. «Le problème de la qualification» *in Revue de Droit International Privé*, vol. 28, 1933, pp. 1-62.

______.*The conflict of laws: a comparative study*, vol. 2, 1960. Disponível em: https://repository.law.umich.edu/cgi/viewcontent.cgi?article=1011&context=michigan_legal_studies. Acesso em: 21/11/2017.

RABENHORST, Eduardo Ramalho. "Justiça" *in* BARRETO, Vicente de Paulo. *Dicionário de Filosofia do Direito.* Rio de Janeiro/São Leopoldo: Renovar/Ed. Unisinos, pp. 493-495.

RADICATI DI BROZOLO, Luca G. «Arbitrage commercial international et lois de police: considérations sur les conflits de juridictions dans le commerce international» *in Recueil des Cours de l´Académie de Droit International de la Haye*, vol. 315, 2005, pp. 265-501.

RAMOS, Elival da Silva. "A exigência da proporcionalidade no controle abstrato de normas brasileiro" *in* LEITE, George Salomão; SARLET, Ingo W.; CARBONELL, Miguel. *Direitos, deveres e garantias fundamentais.* Salvador: Juspodivm, 2011, pp. 347-373.

RAMOS, Elival da Silva. *A inconstitucionalidade das leis – vício e sanção.* São Paulo: Saraiva, 1994.

_____. *Controle de Constitucionalidade no Brasil – Perspectivas de Evolução.* São Paulo: Saraiva, 2010.

RAMOS, Rui Manuel Gens de Moura. "Aspectos recentes do Direito Internacional Privado português" *in* RAMOS, Rui Manuel Gens de Moura. *Das relações privadas internacionais. Estudos de Direito Internacional Privado.* Coimbra: Coimbra Editora, 1995, pp. 85-123.

_____. "As obrigações alimentares no Direito Internacional Privado da União Europeia" *in Boletim de Ciências Econômicas,* n. LVII/LVIII, 2014, pp. 2855-2902.

_____. *Da lei aplicável ao contrato de trabalho internacional.* Coimbra: Almedina, 1990.

_____. *Direito Internacional Privado e Constituição – introdução a uma análise das suas relações.* 3ª reimpressão, Coimbra: Coimbra Ed., 1994.

_____. "Dos direitos adquiridos em Direito Internacional Privado" *in* RAMOS, Rui Manuel Gens de Moura. *Das relações privadas internacionais. Estudos de Direito Internacional Privado.* Coimbra: Coimbra Editora, 1995, pp. 11-48.

_____. *Estudos de Direito Internacional privado da União Europeia.* Coimbra: Imprensa da Universidade de Coimbra, 2016.

RANGEL, Vicente Marotta. *Direito e relações internacionais. Legislação internacional anotada.* 9ª ed., São Paulo: RT, 2010.

RANIERI, Nina. *Teoria do Estado: do Estado de Direito ao Estado Democrático de Direito.* São Paulo: Manole, 2013.

RANOUIL, Véronique. *L'autonomie de la volonté. Naissance et évolution d'un concept.* Paris: Presses Universitaires de Frances, 1980.

RAWLS, John. *Uma teoria da justiça.* Trad. Almiro Pisetta, Lenita M. R. Esteves. São Paulo: Martins Fontes, 1997.

RCHID, Abderrazak Moulay. "Les droits de l'enfant dans les conventions internationales et les solutions retenues dans les pays arabo-musulmans" *in Recueil des Cours de l'Académie de Droit International de la Haye,* vol. 268, 1997, pp. 9-290.

REALE, Miguel. *O Projeto do Novo Código Civil.* São Paulo: Saraiva, 1999.

_____. *Pluralismo e liberdade.* 2ª ed., Rio de Janeiro: Expressão e Cultura, 1998.

_____. *Teoria tridimensional do direito. Preliminares históricas e sistemáticas.* São Paulo: Saraiva, 1968.

REESE, Willis L.A. "From the old restatement of conflict of laws to the new". Disponível em https://www.law.kuleuven.be/jura/art/9n3/reese.pdf. Acesso em: 27/12/2017.

REESE, Willis L.M. "Comments on Babcock v. Jackson, a Recent Development in Conflict of Laws" *in Columbia Law Review*, 1963, pp. 1251-1257.

_____. "Dépeçage: A Common Phenomenon in Choice of Law" *in Columbia Law Review,* vol. 73,1973, pp. 58-75.

_____. "Discussion of mayor areas of choice of law" *in Recueil des Cours de la Académie de Droit International de la Haye*, vol. 111, 1964, pp. 311-417.

_____. «General course on private international law» *in Recueil des Cours de la Académie de Droit International de la Haye*, vol. 150, 1976, pp. 1-193.

_____. "The Law Governing Airplane Accidents" *in Washington and Lee Law Review*, vol. 39, 1982, pp. 1303-1326.

REIMANN, Mathias. "Parochialism in American Conflicts Law" *in The American Journal of Comparative Law*, vol. 49, 2001.

REIS, Gabriel Valente dos. "Ordem Pública e cosmopolitismo" *in* TIBÚRCIO, Carmen; VASCONCELOS, Raphael; MENEZES, Wagner (Orgs.). *Panorama do Direito Internacional Privado atual e outros temas contemporâneos*. Festschrift ao professor Jacob Dolinger. Belo Horizonte: Arraes Editores, 2015, pp. 309-321.

REMIRO BROTONS, Antonio. «La reconnaissance et l'exécution des sentences arbitrales étrangères» *in Recueil des Cours de l´Académie de Droit International de la Haye*, vol. 184, 1984, pp. 169-354.

REMY, Benjamin. «Des notions de prévisibilité en matière de conflit de lois. Qui de l´oeuf? Qui de la poule?» *in Mélanges en l´honneur du Professor Pierre Mayer*. Paris: LGDJ, 2015, pp. 791-804.

REPPY, William A. "Eclecticism in choice of law: hybrid method or mishmash?" *in Mercer Law Review*, vol. 34, 1983, pp. 645-708.

RIBEIRO, Elmo Pilla. *O princípio da ordem pública em Direito Internacional Privado*. Porto Alegre, [S.ed.], 1966.

RIGAUX, François. François. «Droit public et droit privé dans l´ordre juridique international» *in Mélanges en L'honneur de Jean Dabin*. Bruxelles: Bruylant, pp. 247-263.

_____. *Droit public et droit privé dans les relations internationales*. Paris: Pédone, 1977.

_____. «Les concepts indeterminés en droit international privé et en droit communautaire» *in Estudos em homenagem à Professora Doutora Isabel de Magalhães Collaço*. Vol I,. Coimbra: Almedina, 2002, pp. 623-647.

_____. «Le conflit mobile en droit international privé» *in Recueil des Cours de la Académie de Droit International de la Haye*, vol.117, 1966, pp. 329-444.

_____. «Les notions d'égalité et discrimination en droit international privé belge» *in Travaux de l'association Henri Capitant des amis de la culture juridique française. Journée de Luxembourg, 31 mai au 4 juin 1961*. Paris: Dalloz, 1965.

_____. «Les situations juridiques individuelles dans un système de relativité générale. Cours géneral de droit international privé» *in Recueil des Cours de l´Académie de Droit International de la Haye*, vol. 213, 1989, pp. 9-407.

RILES, Annelise. "Managing regulatory arbitrage: a conflict of laws approach" *in Cornell International Law Journal*, vol. 47, 2014, pp. 63-119.

RIOS, Roger Raupp; RESADORI Alice Hertzog. "Direitos humanos, transexualidade e 'direito dos banheiros'" *in Direito & Práxis*, vol. 06, n. 12, 2015, pp. 196-227.

RIPERT, Georges. "Les règles du droit civil applicables aux rapports internationaux: (contribution à l'étude des principes généraux du droit visés au statut de la Cour permanente de justice internationale)" *in Recueil des Cours de la Académie de Droit International*, vol. 44,1933, pp. 565-664.

RIPLEY, Peter. "A defence of the established approach to the grave risk exception in the Hague child abduction Convention" *in Journal of Private International Law*, vol. 4, 2008, pp. 443-477.

ROCHA, Osíris. *Direito estrangeiro como critério de justiça*. Belo Horizonte: S/Ed, 1963. Tese apresentada para o concurso à cátedra de direito internacional privado da Faculdade de Direito da Universidade de Minas Gerais.

RODAS, João Grandino; MÔNACO, Gustavo Ferraz de Campos. *A Conferência da Haia de Direito Internacional Privado: a participação do Brasil*. Brasília: Fundação Alexandre de Gusmão/MRE, 2007.

RODAS, João Grandino. *Direito Internacional Privado brasileiro*. São Paulo: RT, 1993.

_____. "Elementos de conexão do Direito Internacional Privado brasileiro relativamente às obrigações contratuais" *in* RODAS, João Grandino (coord.). *Contratos Internacionais*. 3ª Ed. São Paulo: Revista dos Tribunais, 2002, pp. 19-65.

_____. "*Jus cogens* em Direito Internacional" *in Revista da Faculdade de Direito da Universidade de São Paulo*, vol. 69, nº2, 1974, pp. 125-136.

_____. "Prefácio" *in* BOUCAULT, Carlos Eduardo de Abreu. *Direitos Adquiridos no Direito Internacional Privado*. Porto Alegre: Sergio Fabris Ed., 1996, pp. 9-11.

RODRIGUES JUNIOR, Otávio Luiz. "A influência do BGB e da doutrina alemã no direito civil brasileiro do século XX" *in Revista dos Tribunais*, vol. 938, 2013, pp. 79-155.

RODRIGUEZ MATEOS, Pilar. "Perspectiva funcional del método de atribuición" *in Revista Española de Derecho International*, vol. XL, 1988, pp. 79-126.

ROMAN, J.F. "L'ordre public (notion générale) et les droits de l'homme» *in L'ordre public, concept et applications*. Les conferences du Centre de Droit privé et de Droit economique Vol. III, Bruxelles: Bruylant, 1995.

ROMANO, Gian Paolo. «La bilatéralité éclipsée par l'autorité: développements récents en matière d'état des personnes» *in Revue critique de Droit International Privé*, n. 95, 2006, pp. 457-519.

_____. «Les justiciables face à la comparaison des droits: vers la démocratisation d'un droit» savant?» *in Legal Engineering and Comparative Law – L'ingénierie juridique et le droit comparé. Rapports préparés par les collaborateurs à l'occasion du 25e anniversaire de l'Institut suisse de droit comparé à Lausanne*. Tome 1, Lausanne: Schulthess, 2008, pp. 95-139.

ROMANO, Santi. *O ordenamento jurídico*. Trad. de Arno Dal Ri Júnior. Florianópolis: Fundação Boiteux, 2008.

ROSS, G. W. C. "Has the Conflict of Laws Become a Branch of Constitutional Law?" *in Minnesota Law Review*, vol. 15, 1931, pp. 161-181.

ROTHENBURG, Walter Claudius. "Direitos Fundamentais e suas características", *Caderno de Direito Constitucional e Ciência Política*, n. 29, out./dez. 1999, pp. 5565.

_____. "O tempero da proporcionalidade no caldo dos direitos fundamentais" *in* OLIVEIRA NETO, Olavo de; LOPES, Maria Elizabeth de Castro (coords.). *Princípios processuais civis na Constituição*. Rio de Janeiro: Elsevier, 2008, pp. 283-319.

RUBIO LLORENTE, Francisco. "Una carta de dudosa utilidad" *in* MATIA PORTILLA, Francisco Javier (org.), *La protección de los derechos fundamentales en la Unión Europea*. Madrid: Civitas, 2002, pp. 169-201.

RÜCKERT, Joachim. "The Unrecognized Legacy: Savigny's Influence on German Jurisprudence after 1900" *in American Journal of Comparative Law*, vol. 37, 1989, pp. 121-137.

RUIZ-JARABO COLOMER, D. *El juez nacional como juez comunitario*. Madrid: Civitas/Fundación Universidad Empresa, 1993.

RUSSOMANO, Gilda Maciel Corrêa Mayer. *O objeto do Direito Internacional Privado*. Rio de Janeiro: José Konfino - Editor, 1956.

RUZYK, Carlos Eduardo Pianovski. "Filiação" *in* SIMÃO, José Fernando; LAGRASTA NETO, Caetano. *Dicionário de Direito de Família*. vol. 1, São Paulo: Atlas, 2015, pp. 424-427.

SAKMAR, Ata. «Le nouveau droit international privé turc» *in Recueil des Cours de l'Académie de Droit International de la Haye*, vol. 223, 1990, pp. 303-416.

SALAH MOHAMED MAHMOUD, Mohamed. "Loi d'autonomie et méthodes de protection de la partie faible en droit international privé" *in Recueil des Cours de l'Académie de Droit International de la Haye*, vol. 315, 2005, pp. 141-264.

SAMTLEBEN, Jürgen. "A codificação interamericana do direito internacional privado e o Brasil" *in* CASELLA, Paulo Borba; ARAUJO, Nadia de (coords). *Integração Jurídica Interamericana - As Convenções Interamericanas de Direito Internacional Privado e o Direito Brasileiro*. São Paulo: Ltr, 1998, pp. 25-45.

SANTOS, António Marques dos. *As Normas de Aplicação Imediata no Direito Internacional Privado*. Esboço de uma Teoria Geral. vol. I. Coimbra: Almedina, 1989.

_____. *As Normas de Aplicação Imediata no Direito Internacional Privado*. Esboço de uma Teoria Geral. vol. II. Coimbra: Almedina, 1989.

_____. "Constituição e Direito Internacional Privado" *in* MARQUES DOS SANTOS, António. *Estudos de Direito Internacional Privado e de direito público*. Coimbra: Almedina, 2004.

_____. "The new private international law rules of Macao" *in Yearbook of Private International Law*, vol. II, 2000, pp. 133-151.

SARLET, Ingo Wolfgang. *A eficácia dos direitos fundamentais*. 10ª ed. Porto Alegre: Livraria do Advogado, 2010.

_____. (Org.). *Constituição, Direitos Fundamentais e Direito Privado*. 2ª ed., Porto Alegre: Livraria do Advogado, 2006.

_____. *Dignidade da pessoa humana e direitos fundamentais.* Porto Alegre: Livraria do Advogado, 2001.

_____. Neoconstitucionalismo e influência dos direitos fundamentais no direito privado: algumas notas sobre a evolução brasileira". *Civilistica.com.* Rio de Janeiro, a. 1, n. 1, jul.-set./2012. Disponível em: <http://civilistica.com/neoconstitucionalismo/>. Acesso em: 01/06/2018.

SARMENTO, Daniel; GOMES, Fábio Rodrigues. "A eficácia dos direitos fundamentais nas relações entre particulares: o caso das relações de trabalho" *in Revista do Tribunal Superior do Trabalho,* vol. 77, n. 4,2011, pp. 60-101.

SARMENTO, Daniel; SOUZA NETO, Cláudio Pereira de. *Direito Constitucional – teoria, história e métodos de trabalho.* Belo Horizonte: Fórum, 2012.

SARMENTO, Daniel. "A constitucionalização do direito privado" *in Revista da Escola da Magistratura do Estado do Rio de Janeiro.* vol. 6, n. 23, 2003, pp. 272-297.

_____. "A normatividade da Constituição e a constitucionalização do direito privado" *in Revista da EMERJ,* vol. 6, n. 22, 2003, pp. 272-297.

_____. *A ponderação de Interesses na Constituição.* Rio de Janeiro: Lumen Juris, 2000.

_____. *Dignidade da pessoa humana.* 2ª ed., Belo Horizonte: Fórum, 2016.

_____. *Direitos Fundamentais e relações privadas.* 2ª ed., Rio de Janeiro: Lumen Juris, 2010.

_____. *Livres e iguais. Estudos de Direito Constitucional.* 2ª tiragem. Rio de Janeiro: Lumen Juris, 2010.

_____. "Ubiqüidade Constitucional: os dois lados da moeda" *in Revista de Direito do Estado,* vol. 2, 2006, pp. 83-118.

SAULLE, M. "*Jus Cogens* and human rights" *in Études en l'honneur de Roberto Ago,* vol. II, Milano: Giuffrè, 1987. pp. 385-396.

SAUTER, Wolf. "Proportionality in EU Law: A Balancing Act?" *in TILECDiscussion Paper* no. 2013. Disponível em: https://ssrn.com/abstract=2208467 ou http://dx.doi.org/10.2139/ssrn.220 8467. Acesso em: 15/06/2018.

SAVIGNY, Friedrich Carl von. *Sistema do Direito Romano atual, vol. VIII.* Tradução de Ciro Mioranga (edição original de 1849), Ijuí: Unijuí, 2004.

SCHMIDT, Guus E. "Equal Treatment of the Parties *in* International Maintenance Cases" *in* BASEDOW, Jurgen; MEIER, Isaak; SCHNYDER, Anton K.; EINHORN, Talia; GIRSBERGER Daniel (eds). *Private Law in the international arena. From national conflict rules towards harmonization and unification. Liber Amicorum Kurt Siehr.* The Hague: T.M.C. Asser Press, 2000, pp. 656-666.

SCHULZ, Andrea. "The 1980 Hague Child Abduction Convention and the European Convention on Human Rights" *in Transnational Law & Contemporary Problems,* vol. 12, 2002, pp. 355-392.

SCHWIND, Fritz. «Aspects et sens du droit international privé: cours général de droit international privé» *in Recueil des cours de l´Académie de Droit International de La Haye,* vol. 187, 1984, pp. 9-144.

_____. «Le divorce en droit international privé» *in Recueil des cours de l'Académie de Droit International de La Haye*, vol. 117, 1966, pp. 445-501.

SERPA LOPES, Miguel Maria de. *Comentário teórico e prático da Lei de Introdução ao Código Civil*. Vol. II. Rio de Janeiro: Livraria Jacintho Editora, 1944.

_____. *Comentários à Lei de Introdução ao Código Civil.* Vol. II, 2ª edição. Rio de Janeiro: Freitas Bastos, 1959.

SHAPIRA, Amos. "Private international law: aspects of child custody and child kidnapping cases" *in Recueil des Cours de l'Académie de Droit International de la Haye*, vol. 214, 1989, pp. 127-250.

SIEHR, Kurt. "International art trade and the law" *in Recueil des cours de l'Académie de Droit International de la Haye*, vol. 243, 1993, pp. 9-292.

SILBERMAN, Linda J. "Cooperative efforts in private international law on behalf of children: the Hague Children's Conventions" *in Recueil des Cours de l'Académie de Droit International de la Haye*, vol. 323, 2006, pp. 261-477.

_____. "Interpreting the hague abduction convention: in search of a global jurisprudence" *in University of California Davis School of Law Review*, vol. 38, 2005, pp. 1049-1086.

_____. "Patching up the abduction convention: a call for a new international protocol and a suggestion for amendments to ICARA" *in Texas International Law Journal*, vol. 38, 2003, pp. 41-62.

_____. "The Hague Child Abduction Convention Turns Twenty: Gender Politics and Other Issues" *in New York University Journal of International Law and Politics*, vol. 33, 2000, pp. 221-250.

SILVA, Alexandre Pereira da. "*Brexit:* desafios jurídicos internacionais, regionais e domésticos" *in Revista Jurídica da Presidência*, vol. 19, n. 117,2017, pp. 98-124

SILVA, José Afonso. *Aplicabilidade das normas constitucionais*. São Paulo: Revista dos Tribunais, 1968.

_____. *Comentário contextual à Constituição*. 2. ed. São Paulo: Malheiros, 2006.

SILVA, Virgílio Afonso da. *A constitucionalização do direito – os direitos fundamentais nas relações entre particulares*. Tese apresentada à Faculdade de Direito da Universidade de São Paulo como requisito parcial para a obtenção do título de Livre Docente junto ao Departamento de Direito do Estado, área de Direito Constitucional. São Paulo, 2004.

_____. *A Constitucionalização do Direito: os direitos fundamentais nas relações entre particulares*. São Paulo: Malheiros, 2005.

_____. "A evolução dos direitos fundamentais" *in Revista Latino-Americana de Estudos Constitucionais*, vol. 6, 2005, pp. 541-558.

_____. "O judiciário e as políticas públicas: entre transformação social e obstáculo à realização dos direitos sociais" *in* SARMENTO, Daniel; SOUZA NETO, Cláudio

Pereira. *Direitos sociais. Fundamentos, judicialização e direitos sociais em espécie.* Rio de Janeiro: Lumen Juris, 2008, pp. 587-599.

_____. "O proporcional e o razoável" *in Revista dos Tribunais*,n. 798, 2002, pp. 23-50.

_____. *Direitos fundamentais - conteúdo essencial, restrições e eficácia.* São Paulo: Malheiros, 2009.

SILVA, Paulo Thadeu Gomes da. *Os direitos dos índios*: fundamentalidade, paradoxos e colonialidades internas. São Paulo: Café com Leite, 2015.

SIMON, Walter. «La conception du droit international privé d'après la doctrine et la pratique en Allemagne» *in Recueil des Cours de la Académie de Droit International de la Haye*, vol. 15, 1926, pp. 433-533.

SKAPSKI, Józef. «Les obligations en droit international privé dans le cadre du commerce extérieur des pays socialistes» *in Recueil des Cours de l´Académie de Droit International de la Haye*, vol. 136, 1972, pp. 499-591.

SKOLER, Glen. "A Psychological Critique of International Child Custody and Abduction Law" *in Family Law Quarterly*, vol. 32, 1998, pp. 557-602.

SMIT, Hans. "Mandatory law inarbitration" *in American Review of International Arbitration*, vol. 18, 2007, pp. 155-173.

SOARES, Boni de Moraes. "Um réquiem ao velho juízo de delibação: homenagem póstuma à tradicional cognição no direito processual internacional brasileiro" *in* CARVALHO RAMOS, André de; MENEZES, Wagner. (Orgs.). *Direito Internacional Privado e a nova cooperação jurídica internacional.* Belo Horizonte: Arraes, 2015, pp. 53-78.

SOUZA, Osni. "Art. 1.829 a 1.856" *in* CHINELLATO, Silmara Juny; MACHADO, Antônio Cláudio da Costa. *Código Civil interpretado.* 11ª ed., São Paulo: Manole, 2018, pp. 1614-1630.

SPERDUTI, Giuseppe. «Théorie du droit international privé» *in Recueil des Cours de la Académie de Droit International de la Haye*, vol. 122, 1967, pp. 173-336.

STEIGER, Werner E. von. "La protection des mineurs en droit international privé" *in Recueil des Cours de l´Académie de Droit International de la Haye*, vol. 112, 1964, pp. 469-526.

STEIN, T., "La jurisprudencia de los tribunales alemanes en relación con el derecho comunitario europeo" *in Revista de Instituciones Europeas, n. 9,* 1982, pp. 785-807.

STEINMETZ, Wilson. *A Vinculação dos Particulares aos Direitos Fundamentais.* São Paulo: Malheiros, 2004.

STEWARD, Priscilla. "Access rights: a necessary corollary to custody rights under the Hague convention on the civil aspects of international child abduction" *in Fordham International Law Journal*, vol. 21, 1997, pp. 308-358.

STORY, Joseph. *Commentaries on the Conflict of laws, foreign and domestic, in regard to contracts, rights, and remedies, and especially in regard to marriages, divorces, wills, successions and judgments.* 4ª Ed. Boston: Little, Brown and company: 1852.

STRAZNICKY, Milorad. «Les conférences de droit international privé depuis la fin de la guerre mondiale» *in Recueil des Cours de la Académie de Droit International de la Haye*, vol. 44, 1933, pp. 439-563.

STRECK, Lenio Luiz. *Jurisdição constitucional e hermenêutica. Uma nova crítica do Direito.* 2ª ed., Rio de Janeiro: Forense, 2004.

STRENGER, Irineu. "*Da autonomia da Vontade:* direito interno e direito internacional" 2ª Ed. São Paulo: LTR, 2000.

_____. *Da Autonomia da Vontade em Direito Internacional Privado.* Dissertação para concurso à docência livre de direito internacional privado, na Faculdade de Direito da Universidade de São Paulo. São Paulo: 1967.

_____. *Direito Internacional Privado.* 4ª ed., São Paulo: LTr, 2000.

_____. *Direito Internacional Privado. Parte Geral.* São Paulo: RT, 1986.

_____. *Teoria Geral do Direito Internacional Privado.* São Paulo: Bushtsky/Ed. da Universidade de São Paulo, 1973.

STRUYCKEN, Antoon Victor Marie. "Co-ordination and Co-operation in Respectful Disagreement: General Course on Private International Law" *in Recueil des cours de l´Académie de Droit International de La Haye*, vol. 311, 2004, pp. 9-551.

_____. "La contribution de l'Académie au développement de la science et de la pratique du droit international privé" *in Recueil des Cours de l´Académie de Droit International de la Haye*, vol. 271, 1998, pp. 11-56.

SUDRE, Frédéric. *Droit international et européen des droits de l'Homme.* Paris: Presses universitaires de France, 1997.

SUIAMA, Sérgio. "Identidades, diferenças" *in Boletim Científico da Escola Superior do Ministério Público da União*, Brasília, a. III – n. 11, 2004, pp. 131-139.

SUPIOT, Alain. "A Legal Perspective on the Economic Crisis of 2008" *in International Labour Review*, vol. 149, issue 2, 2010, pp. 151-162.

SYMENONIDES, Symeon C. *Choice of law.* New York: Oxford University Press, 2016.

_____. *Codifying choice of law around the world.* New York: Oxford University Press, 2014.

_____. "Material justice and conflicts justice in choice of law" *in* BORCHERS P., ZEKOLL J. (eds). *International conflict of laws for the third millennium: Essays in honor of Friedrich k. Juenger.* New York: Transnational Publishers, 2001, pp. 125-140.

_____. SYMEONIDES, Symeon C. "Private International Law at the End of the 20th Century: Progress or Regress? General Report". *Xvth Congress of Comparative Law, Bristol, England, 1998,* in SYMEONIDES, Symeon. Private International Law at the End of the 20th Century: Progress or Regress? Great Britain: Kluwer International, pp. 03-79.

_____. "Private International Law: Idealism, Pragmatism, Eclecticism. General Course on Private International Law» *in Recueil des Cours de l´Académie International de la Haye,* vol. 384, 2017, pp. 33-385.

_____. "Result-Selectivism *in* Private International Law" *in Romanian Journal of Private International Law & Comparative Private Law,* n. 3, 2008, pp. 1-30.

_____. "The American Choice-of-law revolution in the courts: today and tomorrow" *in Recueil des Cours de l'Académie International de la Haye,* vol. 298, 2002, pp. 25-448.

_____. "The First Conflicts Restatement through the Eyes of Old: As Bad as Its Reputation" *in Southern Illinois University Law Journal,* vol. 32, 2007, pp. 39-82.

SZTAJN, Raquel. "Codificação, decodificação, recodificação: a empresa no código civil brasileiro" *in Revista de Direito Mercantil,* vol. 45, n. 143, 2006, pp. 11-20.

TALPIS, Jeffrey A. "Legal rules which determine their own sphere of application: a proposal for their recognition *in* Quebec private international law" *in Revue Juridique Themis,* vol. 17, 1982-1983, pp. 201-231.

TAVARES, André Ramos. *Curso de Direito Constitucional.* 5ª ed., São Paulo: Saraiva, 2007.

_____. "Direitos humanos fundamentais e a função do Estado-Juiz" *in* SALIBA, Aziz Tuffi *et al* (orgs). *Direitos fundamentais e a função do Estado nos planos interno e internacional.* Vol. 02, Belo Horizonte: Arraes, 2010, pp. 1-15.

_____. "Modelos de uso da jurisprudência constitucional estrangeira pela justiça constitucional" *in Revista Brasileira de Estudos Constitucionais.* Belo Horizonte, ano 3, n. 12, pp. 17-55, 2009.

TAYLOR, Charles. "The politics of recognition" *in* TAYLOR, Charles (org.). *Multiculturalism: examining the politics of recognition.* Princeton, New Jersey: Princeton University, 1994, pp. 25-73.

TELLINI, Denise Estrella. "O controle da ordem pública internacional e o controle da constitucionalidade do direito alienígena a ser aplicado: a responsabilidade do juiz do foro no respeito à ordem nacional ou estrangeira" *in Direito e Democracia - Revista de Ciências Jurídicas - ULBRA.* vol. 8, nº 2, jul/dez 2007, pp. 239-253.

TENÓRIO, Oscar. *Direito Internacional Privado.* vol. I, 11ª ed., Rio de Janeiro: Freitas Bastos, 1976,.

_____. *Lei de introdução ao Código Civil brasileiro.* 2ª ed, Rio de Janeiro: Borsoi, 1955.

TEPEDINO, Gustavo. "Direitos Humanos e Relações Jurídicas Privadas" *in* TEPEDINO, Gustavo. *Temas de Direito Civil.* Rio de Janeiro: Renovar, 1999, pp. 55-71.

_____. "O Código Civil, os chamados microssistemas e a Constituição: premissas para uma reforma legislativa" *in* TEPEDINO. Gustavo (coord.). *Problemas de Direito Civil - Constitucional* - Rio de Janeiro: Renovar, 2000, pp. 1-16.

_____. "Premissas Metodológicas para a Constitucionalização do Direito Civil" *in Revista de Direito do Estado,* ano 1, nº 2, abril/junho 2006, pp. 37-53.

_____. *Temas de Direito Civil.* Rio de Janeiro: Renovar, 1999.

TIBURCIO, Carmen; CALMON, Guilherme. *Sequestro internacional de crianças: comentários à Convenção da Haia de 1980.* São Paulo: Atlas, 2014.

TIBURCIO, Carmen. "Constituição e relações internacionais" *in Universitas Jus,* v. 25, 2014, pp. 1-24.

_____. "Constituição e Relações Internacionais" *in* TIBURCIO, Carmen; BARROSO, Luís Roberto. *Direito Constitucional Internacional.* Rio de Janeiro: Renovar, 2013, pp. 3-50.

_____. *Extensão e Limites da Jurisdição Brasileira: competência internacional e imunidade de jurisdição.* 1. ed. Salvador: Juspodivm, 2016.

TIMM, Luciano Benetti. "'Descodificação', constitucionalização e descentralização no direito privado: o Código Civil ainda é útil?" *in Revista de Direito Privado,* vol. 7, n. 27, 2006, p. 223-251.

TOMLJENOVIĆ, Vesna. "Maritime Torts – New Conflicts Approach: Is It Necessary?" *in Yearbook on Private International Law,* 1999, pp. 249-297.

TONOLO, Sara. "The protection of persons with disabilities in private international law" *in Cuadernos de Derecho Transnacional,* vol. 5, nº 1, 2013, pp. 273-280.

TORRES, Ricardo Lobo. "A legitimação dos direitos humanos e os princípios da ponderação e da razoabilidade" *in* TORRES, Ricardo Lobo (org). *A Legitimação dos Direitos Humanos.* Rio de Janeiro: Renovar, 2002, pp. 397-449.

TRIAS DE BES, J. M. «Règles générales des conflits de lois» *in Recueil des Cours de l'Académie de Droit International de la Haye,* vol. 62, 1937, p. 1-93.

TRIMMINGS, Katarina; BEAUMONT, Paul. "Article 20 of the 1980 Hague Abduction Convention" *in Journal of Comparative Law,* vol. 9, 2014, pp. 66-88.

_____. "International surrogacy arrangements: an urgent need for legal regulation at the international level" *in Journal of Private International Law,* vol. 7, no. 3, 2011, pp. 627-647.

TURP, Daniel. «La contribution du droit international au maintien de la diversité culturelle» *in Recueil des Cours de l'Académie de Droit International de la Haye,* vol. 363, 2012, pp. 333-453.

UBERTAZZI, Giovanni Maria. «Règles de non-discrimination et droit international privé» *in Recueil des Cours de l'Académie de Droit International de la Haye,* vol. 157, 1977, pp. 333-414.

VALERY, Jules. *Manuel de droit international privé.* Paris: Fontemoing et cie, 1914.

VALLADÃO, Haroldo. «Développement et intégration du droit international privé, notamment dans les rapports de famille: (cours général de droit international privé)» *in Recueil des Cours de l'Académie International de la Haye,* vol. 133, 1971, pp. 413-544.

_____. *Direito Internacional Privado*: em base histórica e comparativa, positiva e doutrinária, especialmente dos estados americanos. vol. 2. Rio de Janeiro: Freitas Barros, 1973.

_____. *Direito Internacional Privado. Direito Intertemporal, introdução e história do direito. Material de Classe.* 9ª ed., Rio de Janeiro: Freitas Bastos, 1977.

_____. *Direito Internacional Privado.* Vol. I.5ª ed., Rio de Janeiro: Freitas Bastos, 1980.

_____. *Direito Internacional Privado.* Vol. II. 2ª ed., Rio de Janeiro: Freitas Bastos, 1977.

_____. "Direito Internacional Privado da Filiação Natural" *in* VALLADÃO, Haroldo. *Estudos de Direito Internacional.* Rio de Janeiro: Livraria José Olympio, 1947, pp. 159-174.

_____. «Le droit international privé des états américains» *in Recueil des Cours de l´Académie de Droit International de la Haye,* vol. 81, 1952, pp. 1-115.

_____. "O princípio da lei mais favorável no DIP" *in Revista da Faculdade de Direito da Universidade de São Paulo,* vol. 76, 1981, pp. 53-61.

VALLE, Numa Pompílio do. *Família no Direito Internacional Privado.* São Paulo: Duprat & Comp, 1923.

VALLINDAS, Petros G. «La structure de la règle de conflit» *in Recueil des Cours de la Académie de Droit International de la Haye,* vol. 101, 1960, pp. 327-380.

VANDER ELST, Raymond; WESER, Martha. *Droit international privé belge et droit conventionnel international.* t. 1. Bruxelles: Bruylant, 1983.

VAREILLES-SOMMIÈRES, Pascal de. "Debats du 25 Janvier 2008" *in Droit International Privé:* Travaux du Comité français de droit international privé. Annés 2006-2007 et 2007-2008. Paris: Pedone, 2010, pp. 197-204.

_____. «L'exception d'ordre public et la régularité substantielle internationale de la loi étrangère» *in Recueil des cours de l´Académie de Droit International de La Haye,* vol. 371, 2015, pp. 153-272.

_____. «L´ordre public» *in* AZZI, Tristan; BOSKOVIC, Olivera. *Quel avenir pour la théorie générale des conflits de lois?* Bruxelles: Bruylant, 2015, pp. 169-188.

_____. *La compétence internationale de l'État en matière de droit privé. Droit international public et droit international privé.* Paris: LGDJ, 1997.

VARELA, João de Matos Antunes. "O movimento de descodificação do direito civil" *in* BARROS, Hamilton de Moraes (org). *Estudos Jurídicos em Homenagem ao Professor Caio Mário da Silva Pereira.* Rio de Janeiro: Forense, 1984, pp. 499-531.

VARELLA, Marcelo Dias. *Internacionalização do direito: Direito internacional, globalização e complexidade.* Tese apresentada na Faculdade de Direito da Universidade de São Paulo (USP), como exigência parcial à obtenção do título de Livre-Docência em Direito Internacional, 2012.

VASAK, Karel. «Le droit international des droits de l'homme» *in Recueil des Cours de l' Académie de Droit International de la Haye,* vol. 140, 1974, pp. 333-429.

VASCONCELOS, Raphael Carvalho de. "O Direito internacional privado e a Proteção do Ser Humano: A Falácia da Novidade" *in* CARVALHO RAMOS, André de. *Direito Internacional Privado: Questões Controvertidas.* Belo Horizonte: Arraes, 2015, pp. 270-288.

_____. «Ordem Pública no direito internacional privado e a Constituição» *in Revista Ética e Filosofia Política,* n. 12, vol. 2, julho de 2010, pp. 218-248.

VIANA, Rui Geraldo Camargo. *A família e a filiação.* Tese de Titularidade em Direito Civil da Faculdade de Direito da Universidade de São Paulo, 1996.

VINCENTE, Dário Moura. "Liberdades comunitárias e direito internacional privado" *in* VICENTE, Dário Moura. *Direito Internacional Privado - Ensaios.* Vol I, Coimbra: Almedina, 2002.

_____. "Liberdades comunitárias e direito internacional privado" *in* VICENTE, Dário Moura. *Direito Internacional Privado - Ensaios.* Vol III, Coimbra: Almedina, 2010, pp. 7-167.

VIEIRA DE ANDRADE, José Carlos. *Os direitos fundamentais na Constituição portuguesa de 1976.* Coimbra: Livr. Almedina, 1983.

VIEIRA, Oscar Vilhena. "A gramática dos direitos humanos" *in Boletim Científico da Escola Superior do Ministério Público da União.* a. I, nº 4, 2002, pp. 13-33.

VIERA, Luciane Klein. *La hipervulnerabiidad del consumidor transfronterizo y la función material del derecho internacional privado.* Buenos Aires: La Ley, 2017.

VILLELA, Álvaro da Costa Machado. "O Direito Internacional Privado no Código Civil Brasileiro" *in Boletim da Faculdade de Direito da Universidade de Coimbra,* ano VI - nº 51 a 53. Coimbra: Imprensa da Universidade, 1920-1921.

VILLELA, Anna Maria. «L´unification du droit international privé e Amérique Latine» *in Revue critique de droit international privé,* 1984, pp. 233-265.

_____. "Um privilégio de nacionalidade: o Direito Internacional Privado na Constituição brasileira" *in Revista de Informação Legislativa,* a. 17, n. 65, jan./mar. 1980, pp. 131-146.

VILLIGER, Mark. *Commentary on the 1969 Vienna Convention on the Law of Treaties.* Leiden: Brill, 2009.

VIRALLY, Michel. «Le principe de réciprocité dans le droit international contemporain» *in Recueil des Cours de l´Académie de Droit International de la Haye,* vol. 122, 1967, pp. 1-105.

VISCHER, Frank. "General course on private international law" *in Recueil des Cours de l´Académie de Droit International de la Haye,* vol. 232, 1992, pp. 9-255.

VITTA, Edoardo. «Cours général de droit international privé» *in Recueil des Cours de la Académie de Droit International de la Haye,* vol. 162, 1979, pp. 9-243.

VOULGARIS, Ioannis. «Le crédit-bail (leasing) et les institutions analogues en droit international privé» *in Recueil des Cours de l´Académie de Droit International de la Haye,* vol. 259, 1997, pp. 319-412.

VRELLIS, Spyridon. «Conflit ou coordination de valeurs en droit international privé a la recherche de la justice» *in Recueil des Cours de la Académie de Droit International de la Haye,* vol. 328, 2007, pp. 175-486.

_____. «La justice 'materielle' dans une codification du droit international prive» *in E Pluribus Unum - Liber Amicorum Georges Droz.* The Hague/Boston/London: Martinus Nijhoff Publishers, 1996, pp. 514-562.

WALKER, Lara; BEAUMONT, Paul. "Shifting the Balance Achieved by the Abduction Convention: The Contrasting Approaches of the European Court of Human Rights and the European Court of Justice" *in Journal of Private International Law*, vol. 7, 2011, pp. 231-250.

WALKER, Lara. "The Impact of the Hague Abduction Convention on the Rights of the Family in the Case-Law of the European Court of Human Rights and the UN Human Rights Committee: The Danger of Neulinger" *in Journal of Private International Law*, vol. 6, 2010, pp. 649-682.

WALKER, Neil. "The Idea of Constitutional Pluralism" in *The Modern Law Review*, n. 65, 2002, pp. 317-359.

WARDHAUGH, Bruce. "From Natural Law to Legal Realism: Legal Philosophy, Legal Theory, and the Development of American Conflict of Laws since 1830" *in Maine Law Review*, vol. 41, 1989, pp. 307-360.

WATT, Horatia Muir. «Aspects économiques du droit international privé – Réflexions sur l'impact de la globalisation économique sur les fondements des conflits de lois et de juridictions» *in Recueil des Cours de l'Académie de Droit International de la Haye*, vol. 307, 2004, pp. 29-383.

_____. "Enlèvement international d'enfant et ordre de retour: compétence et vie privée" *in Revue critique de droit international privé*, 2012, pp. 172-189.

_____. "European Federalism and the 'New Unilateralism" *in Tulane Law Review*, vol. 82, issue 5 (May 2008), pp. 1983-1998.

_____. "Evidence of an Emergent European Legal Culture: Public Policy Requirements of Procedural Fairness under the Brussels and Lugano Conventions" *in Texas International Law Journal*, vol. 36, 2001, pp. 539-554.

_____. "Fundamental rights and recognition in private international law" *in European Journal of Human Rights*, n.3, 2013, pp. 411-435.

_____. "Future directions" *in* WATT, Horatia Muir; FERNÁNDEZ ARROYO, Diego P. (edits). *Private international law and global governance.* Oxford: Oxford University Press, 2014, pp. 343-382.

_____. "Jurisprudence without confines: Private International Law as Global Legal Pluralism" *in Cambridge Journal of International and Comparative Law*, vol. 5, issue 3, 2016, pp. 388-403.

_____. «La globalisation et le droit international privé» *in* ANCEL, Bertrand; AUDIT, Mathias e LAGARDE, Paul (edits). *Mélanges en l'honneur du Professeur Pierre Mayer.* Paris: LGDJ, 2015, pp. 591-606.

_____. «La reconnnaissance entre philosophie politique et droit international privé: un rendez-vous manqué? *in* LAGARDE, Paul (org.). *La reconnaissance des situations en droit international privé.* Paris: Pedone, 2013, pp. 85-95.

_____. «Quelques remarques sur la théorie anglo-américaine des droits acquis» *in Revue critique de droit international privé*, n. 75, 1986, pp. 425-455.

_____. «Rapport de synthèse l´ávenir de la discipline: quelles perspectives méthodiques?»AZZI, Tristan; BOSKOVIC, Olivera. *Quel avenir pour la théorie générale des conflits de lois?*. Bruxelles: Bruylant, 2015, pp. 237-249.

_____. "Theorizing Private International Law" *in* ORFORD, Anne; HOFFMANN, Florian (eds.). *The Oxford Handbook of the Theory of International Law*. Oxford: Oxford Handbooks Online, 2016.

WEICK, Günter. "Human rights and private international law" *in* MACELDOWNEY, John; WEICK, Günter (eds). *Human Rights in Transition*. Frankfurt am Main: Peter Lang Publishing, 2003, pp. 193-200.

WEISS, André. *Manuel de Droit International Privé*. Paris: Recueil Sirey, 1928.

_____. *Traité théorique et pratique de droit international privé*. Tome troisième («Le conflit des lois»). Paris: Librairie de la Société du Recueil Général des Lois et des Arrêts, 1898.

WENGLER Wilhelm. «L'évolution moderne du droit international privé et la prévisibilité du droit applicable» *in Revue critique de droit international privé*, 1990, pp. 657-674.

_____. "Les principes généraux du droit international privé et leurs conflits" *in Revue Critique de droit international privé*, jan-mai, XLII-1953, pp. 37-60.

_____. «The general principles of private international law» *in Recueil des Cours de la Académie de Droit International de la Haye*, vol. 104, 1961, pp. 273-469.

WESTEN, Peter Kay. "False Conflicts" *in California Law Review*, vol. 55, 1967, pp. 74-122.

WIEACKER, Franz. *História do direito privado moderno*. 2ª ed, Trad. de Antonio Manoel Botelho Hespanha, Lisboa: Fundação Calouste Gulbenkian, 1980.

WOLFF, Martin. *Derecho Internacional Privado*. Tradução de José Rovira y Emergol. Barcelona: Editorial Labor, S.A, 1936..

WOLKMER, Antonio Carlos. "Pluralismo jurídico, direitos humanos e interculturalidade" *in Revista Seqüência*, nº 53, 2006, pp. 113-128.

_____. *Pluralismo jurídico. Fundamentos de uma nova cultura no Direito*. São Paulo: Alfa Omega, 2001.

WOUTERS, Jan; VAN KERCKHOVEN, Sven. "The EU's Internal and External Regulatory Actions after the Outbreak of the 2008 Financial Crisis" *in European Company Law*, vol. 8, issue 5, 2011, pp. 201-206.

YASSEEN, Mustafa Kamil «Principes généraux de droit international privé» *in Recueil des Cours de la Académie de Droit International de la Haye*, vol. 116, 1965, pp. 383-491.

YETANO, Toni Marzal. "The constitutionalization of autonomy in european family law" *in Journal of Private International Law*, vol. 06, n. 01, 2010, pp. 155-193.

YNTEMA, Hessel E. "The Comity Doctrine" *in Michigan Law Review*, Vol. 65, nº. 1, 1966, pp. 9-32.

ZAGREBELSKY, Gustavo. *El derecho dúctil*. Trad. Marina Gascón. 3. ed., Madrid: Trotta, 1999.

ZAMORA CABOT, F. J. "Derecho internacional privado y derechos humanos en el ámbito europeo" *in Papeles El tiempo de los derechos*, n. 04, 2012, pp. 1-12.

ZAREMBY, Justin. *Legal realism and American law.* New York/London: Bloomsbury Publishing, 2014.

EDITORA *Jus*PODIVM
www.editorajuspodivm.com.br
COLOR system
JUS3745